Olaf Brill

Der CALIGARI-
Komplex

belleville

Diese Arbeit lag dem Promotionsausschuss Dr. phil der Universität Bremen als Dissertation vor.
Gutachter: Prof. Dr. Wolfgang Emmerich, Prof. Dr. David Bathrick.
Das Kolloquium fand statt am 2.6.2003.

Gefördert durch ein Promotionsstipendium der Kommission für Forschungsplanung und wissenschaftlichen Nachwuchs (FNK) der Universität Bremen.

Überarbeitete, aktualisierte und erweiterte Fassung 2012.

belleville Verlag Michael Farin • Hormayrstr. 15 • 80997 München
Gestaltung: Heidi Sorg & Christof Leistl, München
Druck/Bindung: Druckerei Steinmeier, Deiningen
ISBN: 978-3-923646-77-7

Inhalt

Standbild: Im Cabinet des Dr. Caligari; hinten: Caligari (Werner Krauß), Cesare (Conrad Veidt)

Vorwort und Dank: Spurensuche in der Filmgeschichte

Was geschah wirklich in jenem Herbst des Jahres 1913, als der Schriftsteller Hans Janowitz am Hamburger Holstenwall angeblich eine Begegnung mit einem geheimnisvollen Mörder hatte, die ihm die Grundidee zum berühmtesten Manuskript der deutschen Filmgeschichte eingab? Welche Rolle spielte die »Muse« Gilda Langer, die die beiden Männer zusammenbrachte, die dieses Manuskript schließlich verfassten, Janowitz und den erfolglosen Theatermann Carl Mayer, der später der bedeutendste Drehbuchautor der Weimarer Zeit werden sollte? Stimmt es, dass es der spätere Star-Regisseur Fritz Lang war, der den Anstoß gab für die berüchtigte Rahmenhandlung, die in der Filmversion schließlich die Geschichte aus diesem Manuskript umschloss? Und was hatte der frühe Wintereinbruch im Jahr 1919 mit der Produktion des Films zu tun? – Solche Fragen waren es, mit denen ich mich befasste, als ich vor vielen Jahren begann, mich für den legendären deutschen Stummfilm DAS CABINET DES DR. CALIGARI zu interessieren. Mein allgemeines Ziel war damals, mit den vielen Legenden aufzuräumen, die diesen Film umgaben, und die wahre Geschichte hinter seiner Entstehung herauszufinden – eine Geschichte, die komplexer, aber auch interessanter war als alles, was dazu in vielen Jahren in den Kanon der Filmliteratur festgeschrieben worden war. Zu entwirren war ein inzwischen vermeintlich undurchdringbares Knäuel an Phantasiegeschichten, Halbwahrheiten und Widersprüchen, das in der umfangreichen Literatur immer wieder modifiziert und repetiert wurde, sodass man kaum noch feststellen konnte, was eigentlich richtig und was falsch war, und der Filmhistoriker Michael Hanisch schließlich seufzte: »Bis heute ist nicht einmal zu klären, wann der Film eigentlich gedreht worden ist.«[1] *

---

* Hochgestellte Zahlen verweisen auf Anmerkungen im Anhang ab S. 335. Diese enthalten meist nur Quellenangaben und Hinweise, die der vertieften Arbeit mit diesem Buch dienen. Erläuterungen, die schon beim ersten Lesen relevant sind, erscheinen (wie hier) als Fußnoten am Seitenende.

Die neueren Forschungsergebnisse haben den berühmten Film in gewisser Weise entzaubert. Viele der Geschichten, die immer wieder über CALIGARI erzählt wurden, erwiesen sich als Märchen und können nun nicht mehr unreflektiert weitererzählt werden. Dennoch ist DAS CABINET DES DR. CALIGARI ein herausragender Film geblieben: ein Psycho-Thriller, der das Publikum immer noch in seinen Bann zieht. Und CALIGARI ist vor allem das, was ich einen »Schlüsselfilm« nenne: ein Werk, das aus gutem Grund an einer zentralen Stelle der deutschen Filmgeschichte steht. Dieser Grund ist jedoch nicht mehr, dass der Film als »Meisterwerk« genialer Schöpfer angesehen wird, die ihn aus sich selbst heraus geschaffen haben. Stattdessen sehen wir CALIGARI heute als ein Erzeugnis seiner Zeit, das aus dem Strudel der kulturellen, politischen, filmpolitischen und ökonomischen Ereignisse unmittelbar nach dem Ersten Weltkrieg hervorging und diese trefflich reflektiert.

Dieses CALIGARI-Buch ist eine »neue Filmgeschichte« im Sinne der seit Mitte der 1980er Jahre so genannten »New Film History«. In der kurzen Einleitung zum ersten Hauptteil *Filmanalyse* werde ich erläutern, wie sich diese Arbeit in den Kontext der New Film History bettet und was genau ich unter dem Begriff »Schlüsselfilm« verstehe. Sodann wird der allgemeine Kontext untersucht, in dem der Film entstanden ist, mit einigen unerwarteten Ergebnissen: CALIGARI kann als Antwort auf die Frage der Kino-Debatte verstanden werden, die lautete: Kann Film Kunst sein? Diese Frage hatte von vornherein nicht nur einen ästhetischen, sondern vor allem einen ökonomischen Hintergrund: Wie können sich deutsche Filme aus der Masse der Weltproduktion hervorheben und die deutsche Filmindustrie wieder auf dem Weltmarkt Fuß fassen? Dabei stellt sich überraschenderweise heraus, dass der vielgerühmte expressionistische Stil des CALIGARI-Films sich bemühte, eher konformistisch als revolutionär zu sein. Herausragend dagegen bleibt die Erzählung: CALIGARI ist ein frühes Beispiel des Filmgenres Psycho-Thriller. Im zweiten Hauptteil *Entstehungsgeschichte* dann geht es um die konkreten Bedingungen, unter denen DAS CABINET DES DR. CALIGARI entstanden ist: seine Entwicklung von der Drehbuchidee zweier verzweifelter junger Männer bis hin zur Filmproduktion in den Decla-Ateliers Berlin-Weißensee. Dabei stellt sich heraus, dass viele der Legenden um diese Entstehungsgeschichte neu bewertet werden müssen, und viele bisher offene Fragen werden beantwortet. Im dritten Teil *Wirkung* werfe ich noch einen Blick auf die Folgen des Films: die Leben der Beteiligten nach CALIGARI; seine filmischen Nachfolger und Adaptionen, die uns neue Facetten an ihm entdecken lassen; und die zwiespältigen Interpretationen, die diesen Film noch interessanter machen. Ein ausführlicher *Anhang* gibt zeitgenössische Texte wieder und erfasst Daten, anhand derer man meine Quellen nachvollziehen oder die man zur weiteren Arbeit mit dem Stoff verwenden kann. Eine kurze Inhaltsangabe des Films steht im Anhang auf S. 367.

Eine solche Arbeit basiert immer auf den Leistungen und Erfolgen vieler vorangegangener Forscher. So gab es im Laufe der Zeit zahlreiche neue Entdeckungen, Dokumentenfunde und Aussagen von Zeitzeugen, die ein neues Licht auf die Geschichte des CABINETS DES DR. CALIGARI warfen. Als Ergebnis oft jahrelanger Detektivarbeit begannen Filmhistoriker, Spuren zu sichten, Legenden auszusortieren und eine konsistente Entstehungsgeschichte des Films zu rekonstruieren, vom kleinen Bändchen *Caligari und Caligarismus* der Deutschen Kinemathek bis zu Mike Budds Sammlung neuerer Aufsätze in *The Cabinet of Dr. Caligari – Texts, Contexts, Histories*.[2] Schließlich waren es drei herausragende Forschungsergebnisse, die mich Mitte der 1990er Jahre zu eigener Forschung angeregt haben:

1. Der Fund des CALIGARI-Drehbuchs durch Gero Gandert, die aufsehenerregendste Entdeckung der deutschen Filmforschung. Gandert erwarb von der Witwe des Schauspielers Werner Krauß das einzig erhalten gebliebene Exemplar dieses Buchs.[3] Nun konnten Filmhistoriker endlich einen Blick in das Manuskript werfen, das dem CALIGARI-Film zugrunde lag, und dieser Blick brachte Erstaunliches zutage: Offenbar hatte der Film erst im Produktionsprozess jenen letzten Schliff erhalten, der ihn zu etwas Besonderem machte. Keineswegs war zu erkennen, dass der Originaltext eine revolutionäre, gegen Krieg und Tyrannei gerichtete Botschaft enthalten hätte, wie ihm seit den 1940er Jahren angedichtet worden war. Somit ließ sich auch die These nicht mehr halten, diese Botschaft wäre von der Rahmenhandlung der geschäftstüchtigen Produzenten ins Gegenteil verkehrt worden.[4] Es stellte sich sogar heraus, dass bereits der Originaltext den Ansatz einer solchen Rahmenhandlung enthielt, die jedoch wesentlich konventioneller gehalten war als die schließlich realisierte.

2. Die Entdeckung einer viragierten (das heißt eingefärbten) Nitrokopie* des CALIGARI-Films durch Heiner Roß vom Internationalen Forum des Jungen Films im Besitz eines Filmarchivs in Montevideo. Auf der Grundlage dieser und einer weiteren im Archiv des British Film Institute in London aufgetauchten ebenfalls viragierten Nitrokopie fertigte das Bundesarchiv-Filmarchiv eine neue CALIGARI-Farbrestaurierung an, die im Jahr 1984 uraufgeführt wurde. Unabhängig davon stellte auch das Filmmuseum München eine Farbestaurierung her, die ebenfalls auf (anderem) in Uruguay gefundenem Material basierte. Diese neuen Rekonstruktionen stellten ein Bewusstsein wieder her, das in der filmgeschichtlichen Überlieferung inzwischen verloren gegangen war: In der Stummfilmzeit war es üblich, Filme einzufärben. Und das galt offenbar sogar für CALIGARI und mit-

---

* *Viragierung* von Filmen war in der Anfangszeit der Filmgeschichte die Regel. Filmszenen wurden wechselnd monochrom eingefärbt. Dazu gab es im Wesentlichen zwei Verfahren: die Kolorierung (tinting), bei der die Filmstreifen in Farbe getaucht wurden und damit die hellen Stellen des Filmbildes gefärbt wurden, und die Tonung (toning), bei der die Filmstreifen chemisch behandelt und damit die dunklen Stellen gefärbt wurden. Die unterschiedlichen Farben unterschieden Handlungsorte, innen und außen, Tag und Nacht, und erleichterten dem Zuschauer so die Orientierung im Film. Da Viragierungen auf Nitrofilm-Material aufgetragen wurden, blieben nur wenige erhalten, und Stummfilm uns als schwarzweiß in Erinnerung.

Nitrofilm: Bis Anfang der 1950er Jahre gebräuchliches Filmmaterial, leicht zersetzbar und extrem feuergefährlich. Ein Großteil der in der Anfangszeit der Filmgeschichte auf diesem Material aufgenommenen Filme ist zerstört. Von den meisten Filmen, die wir heute kennen, blieben nur Schwarzweiß-Kopien auf Sicherheitsfilm erhalten.

hin den gesamten expressionistischen Film, der Jahrzehnte lang nur als Schwarz-weiß-Film wahrgenommen worden war.[5]

3. Der Fund des CALIGARI-Vertrags durch Leonardo Quaresima. Der italienische Filmhistoriker hatte zu einem ganz anderen Thema in einem unerschlossenen Teil der im Bundesarchiv aufbewahrten Ufa-Akten recherchiert und war dabei unverhofft auf den Vertrag gestoßen, den die Decla-Film-Gesellschaft 1919 mit den CALIGARI-Autoren Mayer und Janowitz geschlossen hatte. Dieses Dokument erlaubte einen neuen Einblick in die Produktionsgeschichte des Films: Nicht nur konnte der Erwerb des Drehbuchs nun präzise datiert werden, aus den Vertragsbestimmungen konnte auch abgeleitet werden, dass die Autoren Änderungen ihres Skriptes zugestimmt und wahrscheinlich sogar daran mitgewirkt hatten.[6]

Es gab also Neues zu entdecken! Mit diesem Gedanken machte ich mich auf die Spurensuche und fand selbst einige weitere Puzzleteile bzw. die Stellen, an denen man vorhandene Puzzleteile einsetzen musste, um ein plausibles neues Bild der CALIGARI-Geschichte zu erhalten. Ich entdeckte die wahre Geschichte hinter dem »Mord am Holstenwall«, fand einen bisher unbekannten Text von Hans Janowitz, der ein neues Licht auf sein Verhalten im Jahr 1919 wirft, suchte auf einem schneebedeckten Friedhof nach einem verloren geglaubten Grabstein, habe mir Handschriften, Notenblätter, Adressbücher und Wetterberichte angesehen, Comics und Dissertationen gelesen, etliche CALIGARI-Aufführungen gesehen, vom Punkkonzert über die Projektion auf einer Leinwand aus Wasser bis hin zur Aufführung mit großem Orchester, und schließlich fand ich sogar heraus, wann »der Film eigentlich gedreht worden ist«. Das Ergebnis ist eine neue Darstellung des »berühmtesten deutschen Films«, mit einigen Überraschungen. Ich glaube damit die Geheimnisse des Films im Wesentlichen gelöst zu haben.

Dabei konnte ich mir Errungenschaften zunutze machen, die vorherigen Forschergenerationen nicht zur Verfügung standen: Mikroverfilmungen der wichtigsten Film-Fachzeitschriften machten zeitgenössische Quellen einfacher verfügbar als noch zu Zeiten, in denen man jedesmal in ferne Archive reisen musste, um einzelne Exemplare dieser Zeitschriften aufzuspüren; Video und später DVD und YouTube ermöglichten, Filme komfortabel und sorgfältig zu analysieren; Vernetzung durch Internet, E-Mail, Datenbanken und neuerdings soziale Netzwerke erlaubten weltweite Recherche, Informationsaustausch und Kontakt unter Historikern, Fans, Journalisten und allen anderen, die sich für Film interessierten; die Filmwissenschaft insgesamt wurde ab der zweiten Hälfte des zwanzigsten Jahrhunderts immer professioneller durchgeführt, und die Erschließung von Materialien der Archive und Filmmuseen hat Dokumente zugänglich gemacht, die früher verborgen geblieben sind; und schließlich haben zahlreiche herausragende Einzelarbeiten zur Biografieforschung seit Mitte der 1960er Jahre wichtige neue Erkenntnisse zu jenen Personen geliefert, die DAS CABINET DES DR. CALIGARI geschaffen haben.[8]

Mein besonderer Dank gebührt Wolfgang Emmerich, der meine Arbeit von Anfang an unterstützt hat. Die Kommission für Forschungsplanung und wissenschaftlichen Nachwuchs (FNK) der Universität Bremen hat die Ausweitung zur Dissertation in den Jahren 2000–2002 durch ein Stipendium gefördert. Von der Universität Bremen danke ich ferner David Bathrick, Inge Marszolek, Rainer Stollmann, Peter Holz und vor allem Thomas Schultke, der mir in der Anfangszeit ein wertvoller Gesprächspartner und Wegbegleiter war. Einer der ersten Filmhistoriker, mit denen ich ausführlich über CALIGARI korrespondiert habe, war Jürgen Kasten aus Berlin. Danke auch an Rolf Hempel aus Neuenhagen bei Berlin, Robert Dörner-Arenz aus Berlin, Nina Goslar vom ZDF, Mainz, Werner Sudendorf, Regina Hoffmann und Wolfgang Theis von der Deutschen Kinemathek – und Gero Gandert, der es zu spüren scheint, wenn im Filmmuseum jemand auftaucht, der sich für CALIGARI interessiert. Gerhard Ullmann vom Filmmuseum München schoss für uns Einzelbilder direkt aus den CALIGARI-Filmkopien des Museums. Hans-Michael Bock hat mich 2002 zu CineGraph und 2003 zum Filmportal geholt. Seitdem betrachte ich das kleine CineGraph-Institut in Hamburg als meine wissenschaftliche Heimat. Ein besonderer Dank geht an meine Kollegen Erika Wottrich und Johannes Roschlau für die wunderbare freundschaftliche Zusammenarbeit in all den Jahren. Die Stummfilm-Musiker Marie-Luise Bolte aus Hamburg und Stephan von Bothmer aus Berlin haben beim Entziffern der Grabstein-Melodie geholfen. Seit 2004 habe ich viele von Stephans Filmveranstaltungen eingeführt, seltsamerweise niemals CALIGARI (das holen wir nach dem Erscheinen dieses Buches aber nach!). In den Jahren 2005–2009 unterrichtete ich Filmgeschichte und Filmanalyse an einer Filmschule am Studio Hamburg. Auch die Diskussionen mit dortigen Kollegen und Studenten – und meine eigenen Kommentare beim Bewerten von deren Bachelorarbeiten – haben mich angespornt, meinem eigenen Buch den letzten Schliff zu geben. Den Verleger Michael Farin, der einfach die schönsten Filmbücher macht, habe ich zum ersten Mal während der Berlinale 2010 getroffen, neunzig Jahre nach der Uraufführung des CABINETS DES DR. CALIGARI. Zwei Jahre später halten wir jetzt das fertige Buch in den Händen.

Ich habe mit so vielen Menschen über CALIGARI gesprochen und korrespondiert, dass ich um Verzeihung bitte, hier nicht alle namentlich aufführen zu können, die dazu beigetragen haben, dieses Projekt zum Abschluss zu bringen. Ich danke der Deutschen Kinemathek/Museum für Film und Fernsehen Berlin, dem Bundesarchiv und dem Bundesarchiv-Filmarchiv Berlin, dem Deutschen Filminstitut (DIF) Frankfurt, den Universitätsbibliotheken Bremen, Berlin, Osnabrück und Hamburg, dem Deutschen Literaturarchiv Marbach, dem Wiener Stadt- und Landesarchiv, dem Österreichischen Staatsarchiv Kriegsarchiv Wien, dem Filmmuseum Potsdam, dem Südwestkirchhof Stahnsdorf und dem Kommunalkino Bremen. Einen Gruß an Karl-Heinz Schmid, der mir, als ich ohne Anmeldung eine ausverkaufte Vorführung von DAS CABINET DES DR. CALIGARI besuchen wollte, noch einen Stuhl ins Kino stellte. Herzlichen Dank auch an meine Eltern und meine Familie, die immer für mich da waren, wenn ich Hilfe brauchte.

Olaf Brill

TEIL 1:
FILMANALYSE

Einzelbild: Die schöne, geisterhafte Jane (Lil Dagover)

Einleitung:
Was sind Schlüsselfilme?

Frühe Bewertungen

Dieser erste Teil *Filmanalyse* nimmt das Filmwerk DAS CABINET DES DR. CALIGARI zum Ausgangspunkt und schaut sich den Zusammenhang an, in dem dieses Werk entstanden ist: Wie ist die Malerei in den CALIGARI-Film gekommen? Ist das Ergebnis wirklich ein expressionistischer Film? Und was war das eigentlich Revolutionäre am CABINET DES DR. CALIGARI?

Unsere Bewertung dieses Films wurde von den frühen Filmkritikern geprägt, deren Disziplin »Filmkritik« gerade erst Ende der 1910er, Anfang der 1920er Jahre Bedeutung erlangte, genau zu der Zeit als DAS CABINET DES DR. CALIGARI herauskam. So schrieb im Jahr 1922 der französische Schriftsteller, Filmkritiker, -regisseur und -theoretiker Louis Delluc (1890–1924), der kurz zuvor die erste CALIGARI-Aufführung in Paris organisiert hatte:

> Es ist der Rhythmus, der Caligari seine Eindringlichkeit verleiht. Zuerst ist dieser Rhythmus äußerst langsam, ja geradezu mit Absicht umständlich, es wird der Versuch gemacht, die Erwartungen auf die Folter zu spannen. Dann, wenn sich das vage Getriebe des Jahrmarkts zu drehen beginnt, wird das Tempo beschwingt, die Handlung konzentriert sich, beschleunigt sich, reißt mit, das Wort »Ende« überrascht uns wie eine Ohrfeige.[9]

1926 brachte Rudolf Kurtz (1884–1960), Drehbuchautor, Filmkritiker und Chefredakteur der Filmfachzeitschrift *Lichtbild-Bühne*, im Verlag der *Lichtbild-Bühne* sein Büchlein *Expressionismus und Film* heraus, eines der bedeutendsten Werke der frühen deutschen Filmpublizistik. CALIGARI stand dabei an zentraler Stelle:

> Der Anfang ist nicht übertroffen worden. [...] In »Caligari« ist ein Akkord angeschlagen, dessen Klangfülle durch seine Nachfolger nicht reicher, nicht kraftvoller geworden ist.[10]

Und 1930 erschien die erste Ausgabe des Buchs *The Film Till Now* des britischen Dokumentarfilmers und Filmkritikers Paul Rotha (1907–1984), einer der ersten Gesamtüberblicke über die bisherige, immer noch junge Filmgeschichte, der in den kommenden Jahrzehnten immer wieder erweitert wurde. Über CALIGARI schrieb Rotha:

> Like a drop of wine in an ocean of salt water, *The Cabinet of Dr. Caligari* appeared in the profusion of films during the year 1920. Almost immediately it created a sensation by nature of its complete dissimilarity to any other film yet made. It was, once and for all, the first attempt at the expression of a creative mind in the new medium of cinematography.[11]

Bereits diese frühen Kritiker versuchten die Frage zu beantworten, die auch hier wieder zur Debatte steht: Warum ist DAS CABINET DES DR. CALIGARI ein großer Film? Wir werden darauf ein paar überraschende Antworten finden.

New Film History

In der traditionellen Darstellung der Filmgeschichte ist oft von »Meisterwerken« die Rede. Demzufolge sei die Filmgeschichte zu betrachten als eine Abfolge herausragender Arbeiten, eben solcher Meisterwerke. Der ursprünglichen Wortbedeutung aus dem Handwerk gemäß ist ein Meisterwerk die vom Lehrling angefertigte Arbeit, mit der er den Meistertitel erlangt. Diesem Sprachgebrauch folgend könnten wir etwa sagen: DER MÜDE TOD war Fritz Langs Meisterwerk. In der Kunst bezeichnet der Begriff herausragende Werke eines Meisters. Also: DER MÜDE TOD war das erste von Fritz Langs Meisterwerken. Wir können sagen, nachdem ein Künstler den Meisterstatus erlangt hat, sind *per definitionem* alle seine Werke Meisterwerke. Oder wir können sagen, auch ein Meister kann einmal ein Werk fabrizieren, das kein Meisterwerk ist: DER MÜDE TOD war ein Meisterwerk Fritz Langs, THE BLUE GARDENIA war keines. All diese Wortverwendungen haben eins gemeinsam: Sie suggerieren, es gäbe einen einzelnen Meister, dem der Schöpfungsakt zugeschrieben werden könne. Diese Auffassung wird von der neueren Filmgeschichtswissenschaft nicht mehr geteilt.

Seit Mitte der 1980er Jahre war eine neue Herangehensweise der Filmgeschichtsschreibung auszumachen, die auch *New Film History* genannt wurde. Die Bezeichnung existiert spätestens seit Thomas Elsaesser (*1943) sie im Herbst 1986 als Titel einer Sammelrezension in der englischen Film-Fachzeitschrift *Sight & Sound* verwendete. Dort nennt Elsaesser zwei Gründe für die Entstehung der New Film History:[12]

– Unzufriedenheit mit der Überlieferung der traditionellen Filmgeschichte, und
– Verfügbarkeit einer größeren Menge von Material, z.B. über die frühe Stummfilmzeit, das durch Erhaltungs- und Restaurierungsprojekte der Filmarchive in aller Welt ans Tageslicht gekommen war.

In dem 1985 erschienenen Lehrbuch *Film History – Theory and Practice*, einem der von Elsaesser besprochenen Werke, konstatierten die Autoren Robert C. Allen und Douglas Gomery, dass Filmgeschichte als akademische Disziplin ernsthaft überhaupt erst seit den 1960er Jahren betrieben wurde und sich die Disziplin immer noch in einem embryonalen Stadium befände. Die traditionelle Filmgeschichtsschreibung habe Filmgeschichte in *narrativer* und nicht *historischer* Weise dargestellt, einschließlich z.B. der Versuchung, Lücken zu füllen, die Erzählung dramaturgisch zu konstruieren, Klatsch wiederzugeben usw.[13] Elsaesser charakterisiert die traditionelle Darstellung der Filmgeschichte als Erzählung einer »Abenteuergeschichte von Pionieren, Erfindern und Genies« und daher ungenau, simplifizierend und falsch.[14]

Resultat war, dass die *Daten neu geprüft* werden mussten. Charakteristisch für die New Film History ist daher ihre *empirische Ausrichtung:* Grundlage der Forschung müssen gesicherte Daten, und die Datenbasis muss möglichst breit sein. Beim Neurecherchieren, Verbessern und gegebenenfalls Ersetzen der alten Werke der Filmliteratur prüften die neuen Filmhistoriker aber nicht nur, welche Daten *verlässlich* waren, sondern erschlossen auch *neue ergiebige Datenquellen*, die von der bisherigen Forschung nicht berücksichtigt worden waren. Schon die in den 1970er Jahren begonnenen Rekonstruktionsprojekte der Filmarchive – mit zum Teil spektakulären Neuaufführungen z.B. des französischen Monumentalfilms NAPOLÉON im Jahr 1980 und der vom Bundesarchiv rekonstruierten Fassung des CABINETS DES DR. CALIGARI im Jahr 1984 – hatten gezeigt, dass für filmhistorische Forschung nicht nur die Filme selbst und die Memoirenliteratur nützlich sind, sondern auch andere Evidenzen, die zum Teil an ungewöhnlichen Orten zu finden waren: So wurden Zensurkarten, Klavierauszüge und Produktionsfotos benutzt, um unterschiedliche oder verstümmelte Versionen von Stummfilmen zu vergleichen und die Filme möglichst originalgetreu wiederherzustellen. Geschäftsunterlagen, Kataloge, Fachzeitschriften, Abrechnungen, Einträge im Handelsregister, Anzeigen in der Fachpresse, Gerichtsakten und ähnliche Quellen erwiesen sich oft als wichtigere Evidenzen als die Filme selbst. Elsaesser: »Um heute Filmgeschichte zu betreiben, muss man ein Wirtschaftshistoriker werden, ein Rechtsexperte, ein Soziologe, ein Architekturhistoriker, über Zensur und Steuerpolitik Bescheid wissen, Fachblätter und Fanmagazine lesen, sogar Lloyds Listen der Schiffe durchsehen, die während des Ersten Weltkriegs gesunken sind, um auszurechnen, wie viel von dem Filmmaterial, das nach Europa exportiert wurde, tatsächlich sein Ziel erreicht hat.«[15]

Die Aufgabe des Forschers besteht aber natürlich nicht nur im Sammeln, Anordnen und Präsentieren der Daten, sondern er muss sie auch *interpretieren:* Auf Grundlage der Datenbasis schafft er eine Theorie, die die Daten erklärt: Was geschah? Und warum? Diese Theorie muss dann durch weitere, gezielte empirische Forschung bestätigt werden, und sie darf nicht im Gegensatz zu den Daten stehen. So entstanden ausgehend von dem neu erworbenen Wissen *neue Theorien*, mit denen sich filmhistorische Entwicklungen besser und genauer erklären ließen als zuvor: Theorien, die Film nicht mehr als Ergebnis einzelner, großer Ereignisse sahen (wie die von Elsaesser »great man theories«[16] genannten Theorien, in denen große Meister und Genies die Geschichte vorantreiben), sondern als Ergebnis von Faktoren, die bisher wenig oder nicht berücksichtigt worden waren: hauptsächlich (aber keineswegs ausschließlich) ökonomische, industrielle und technologische. *Fragen*, die sie stellten, waren z.B.: Wie haben sich die Entwicklung der Technik und ökonomischer Druck auf die frühe Filmproduktion ausgewirkt? Wie kam es zur Entstehung von langen Spielfilmen statt Kurzfilmen? Wieso entstand der Tonfilm? Wieso entstand er nicht früher? Welche Konsequenzen hatte er?

Ein Beispiel für die neuen Theorien der New Film History war die *Wiederentdeckung des frühen Films*, das heißt der Periode vor 1913, bevor der Film sich zum Erzählfilm entwickelt hatte und vor Entstehung der langen Spielfilme. So wies der amerikanische Filmhistoriker Tom Gunning (*1949) darauf hin, dass unser Blick auf frühe Filmemacher wie die Gebrüder Lumière und Georges Méliès fälschlicherweise durch eine Tradition geprägt worden war, die sich erst später im Laufe der Filmgeschichte etabliert hatte, nämlich die strikte Trennung in Dokumentar- und Erzählfilm. Die traditionelle Filmgeschichtsschreibung hatte diese Tradition rückwirkend auch auf den frühen Film angewandt und unterschied ebenso strikt zwischen Lumières Dokumentarfilm-Realismus und Méliès' stilisierten Phantasiegeschichten. Gunning zeigte jedoch, dass auch Lumières Filme statt späteren Konzeptionen von Dokumentarfilm-Realismus eher dem magischen Theater der Jahrhundertwende verwandt waren, das Wissenschaft als Spektakel präsentierte. Die ersten Vorführungen sich bewegender Bilder gehören daher eher in den Kontext visueller Illusionen statt in den des filmischen Realismus.[17]

Von Meisterwerken zu Schlüsselfilmen

Die New Film History betrachtete eine komplexe Struktur von Faktoren als Ursache einzelner Ereignisse. Demzufolge fasste sie Filme nicht als »Meisterwerke« herausragender Einzelkünstler auf, sondern als Summe sozialer, wirtschaftlicher, politischer und anderer Faktoren. Damit rückten auch *andere Filme* in den Mittelpunkt der Untersuchungen, die bisher in filmgeschichtlichen Darstellungen keine Rolle gespielt hatten, z.B. die vernachlässigten Werke aus der Kurzfilmzeit vor 1913 oder Filme der Durchschnittsproduktion, die für die filmgeschichtliche Realität wesentlich typischer waren als einzelne hervorgehobene Kanonfilme. So entstanden zur Zeit der Weimarer Republik in Deutschland über dreitausend abendfüllende Spielfilme: Melodramen, Komödien, Historienfilme und Krimis – nicht nur die zwanzig oder dreißig bekannten »Meilensteine des expressionistischen Films«.

Vor diesem Hintergrund stellt sich die Frage: Warum sollen wir dann auch immer noch einzelne große Filme in den Mittelpunkt der Forschung stellen, und darunter gerade jene, die dem alten Kanon der »Meisterwerke« entsprechen wie DAS CABINET DES DR. CALIGARI? Und die Antwort lautet: Weil diese Filme gerade nicht »Meisterwerke« sind, also von einzelnen herausragenden Künstlern geschaffene Kunstwerke, die wir isoliert von der Geschichte ehrfürchtig bestaunen, sondern »Schlüsselfilme«, die Strömungen ihrer Zeit aufgreifen und in gebündelter Form repräsentieren. Der Begriff »Meisterwerk« ist absolut: Er steht für ein zeitloses Kunstwerk, das seine Sonderstellung einem genialen Schöpfungsakt verdankt. Der Begriff »Schlüsselfilm« ist relativ: Er steht für ein Werk, das sein Entstehen den Bedingungen seiner Zeit verdankt und diese Bedingungen reflektiert. Schlüsselfilme sind nicht unverbundene Teile eines Kanons bedeutender Filme, sondern Kinder ihrer Zeiten. Die Beschäftigung mit ihnen lenkt den Blick auf diese Zeiten und lehrt uns, sie besser zu verstehen, im selben Maße wie uns die Beschäftigung mit ihrer Entstehungszeit lehrt, Schlüsselfilme besser zu verstehen. Die Darstellung der traditionellen Filmgeschichtsschreibung dieser Filme als »Erstlinge«, die irgendeine neue Technik, Darstellungsform oder Geschichte zum ersten Mal präsentieren, hat sich fast immer als falsch erwiesen: Die Elemente, die diese Filme so berühmt gemacht haben, waren immer schon vorher vorhanden und wurden von diesen nur aufgegriffen und in geeigneter Weise gebündelt. Schlüsselfilme sind in meiner Explikation jene Filme, die die Strömungen der Zeit so zusammenfassen, dass sie als Stellvertreter dieser Strömungen gelten können. Sie sind sozusagen der »erste« perfekte Ausdruck dieser Strömungen innerhalb eines einzigen Werkes, an dem sich, ist dieser Ausdruck einmal gefunden, dann tatsächlich die nachfolgenden Filme orientieren. Die interessante Blickrichtung ist aber nicht, Schlüsselfilme als *Ausgangspunkt* historischer und filmhistorischer Entwicklungen zu sehen, sondern als *Ergebnis*.

Schlüsselfilme sind:

1. Ergebnis einer filmgeschichtlichen Evolution: Ihre Erzählung, Ästhetik und ihr Filmstil sind in Vorläuferwerken schon vorhanden. Sie sind Repräsentanten der Zeiten, in denen sie entstanden sind: denn sie fassen vorherige Entwicklungen in einem Werk zusammen und werden daher von ihren Zeitgenossen als besonders komplett angesehen.

2. Resultate der Leistungen von Kollektiven (im Gegensatz zu von einzelnen »Meistern« geschaffenen »Meisterwerken«). Die einzelnen Beteiligten sind allerdings hoch begabte Künstler, die es verstehen, die Strömungen der Zeit zu bündeln. Sie stehen oft erst am Anfang ihrer Karrieren und werden durch den Schlüsselfilm zu »Stars«.

3. kommerzielle Filme und auch Publikumserfolge: Sie entstehen genau zu dem Zeitpunkt, an dem die Mittel zur Verfügung stehen und die Strömungen der Zeit so etabliert sind, um sie zu vermarkten. Fünf Jahre vorher hätte dieser Schlüsselfilm nicht entstehen können, sonst wäre er dann entstanden.

4. Auslöser von Wellen ähnlicher Filme, die wiederholen, was im Schlüsselfilm bereits seinen Ausdruck gefunden hat.

All dies trifft auf DAS CABINET DES DR. CALIGARI zu, den Forschungsgegenstand dieses Buchs. Es wäre sicherlich leicht, das Zutreffen dieser Eigenschaften auch für andere Schlüsselfilme zu zeigen, etwa CITIZEN KANE (1941), STAR WARS (1977) oder THE MATRIX (1999).

Was CALIGARI betrifft, so sind die letzten beiden Punkte – der Erfolg und das Hervorrufen einer Welle ähnlicher Filme (nämlich des deutschen expressionistischen

Films) – Gegenstand der meisten bisherigen Auseinandersetzungen mit diesem Film. Interessanter als die Auswirkungen des Films zu bestaunen, ist aber sich anzusehen, wie er entstanden ist und warum er ein Schlüsselfilm seiner Zeit geworden ist. Daher befasst sich dieses Buch hauptsächlich mit den ersten beiden Punkten: Dieser erste Hauptteil *Filmanalyse* behandelt Ästhetik, Stil und Erzählung des Films und zeigt, wie sie im Kontext zeitgenössischer Entwicklungen entstanden sind. Und der zweite Hauptteil *Entstehungsgeschichte* spürt dann den konkreten Bedingungen seiner Entstehung nach und den Beiträgen der kreativen Kräfte, die daran beteiligt waren. DAS CABINET DES DR. CALIGARI ist ein Werk vieler Meister. Für seine Entstehung ist kein einzelner Faktor verantwortlich, sondern alle zusammen. Ich versuche zu zeigen, dass CALIGARIS Originalität darin besteht, nicht etwas ganz Neues zum ersten Mal gemacht zu haben, sondern Entwicklungen seiner Zeit in einem Werk zu vereinen. Kurz gesagt: Ich versuche zu zeigen, dass CALIGARI ein Schlüsselfilm ist.

Neben anderem ist dies meine Antwort auf die Frage: Warum ist CALIGARI auch heute noch ein großer Film? Warum sollten wir ihn uns ansehen? Und damit eine Antwort auf die allgemeinere Frage: Warum sollten wir überhaupt Filme sehen? Selbstverständlich gibt es darauf viele Antworten: Filme unterhalten, belehren, bewegen, verzaubern, sind Beiträge zu Diskussionen, Dokumente ihrer Zeit, Zeugnisse der Begabung ihrer Schöpfer usw. Meine spezielle Antwort hier lautet: Neben all diesen Dingen sind bestimmte Filme auch deswegen interessant, weil sich in ihnen Entwicklungen zeigen, die vorher stattgefunden haben. Wenn wir CALIGARI sehen, erfahren wir etwas über Kunst, Literatur, Film und Gesellschaft am Ende der 1910er Jahre in Deutschland, und wir sehen die Spuren der Menschen, die von all diesen Erscheinungen geprägt waren. DAS CABINET DES DR. CALIGARI konnte nur zu diesem bestimmten Zeitpunkt entstehen. Und wenn wir den Film heute wiedersehen, dann können wir uns besonders gut hineinversetzen in die Menschen, die bei seiner Aufführung im Februar 1920 zum ersten Mal sahen, wie der unheimliche Schausteller Dr. Caligari die Zuschauer in sein Cabinet lockte.

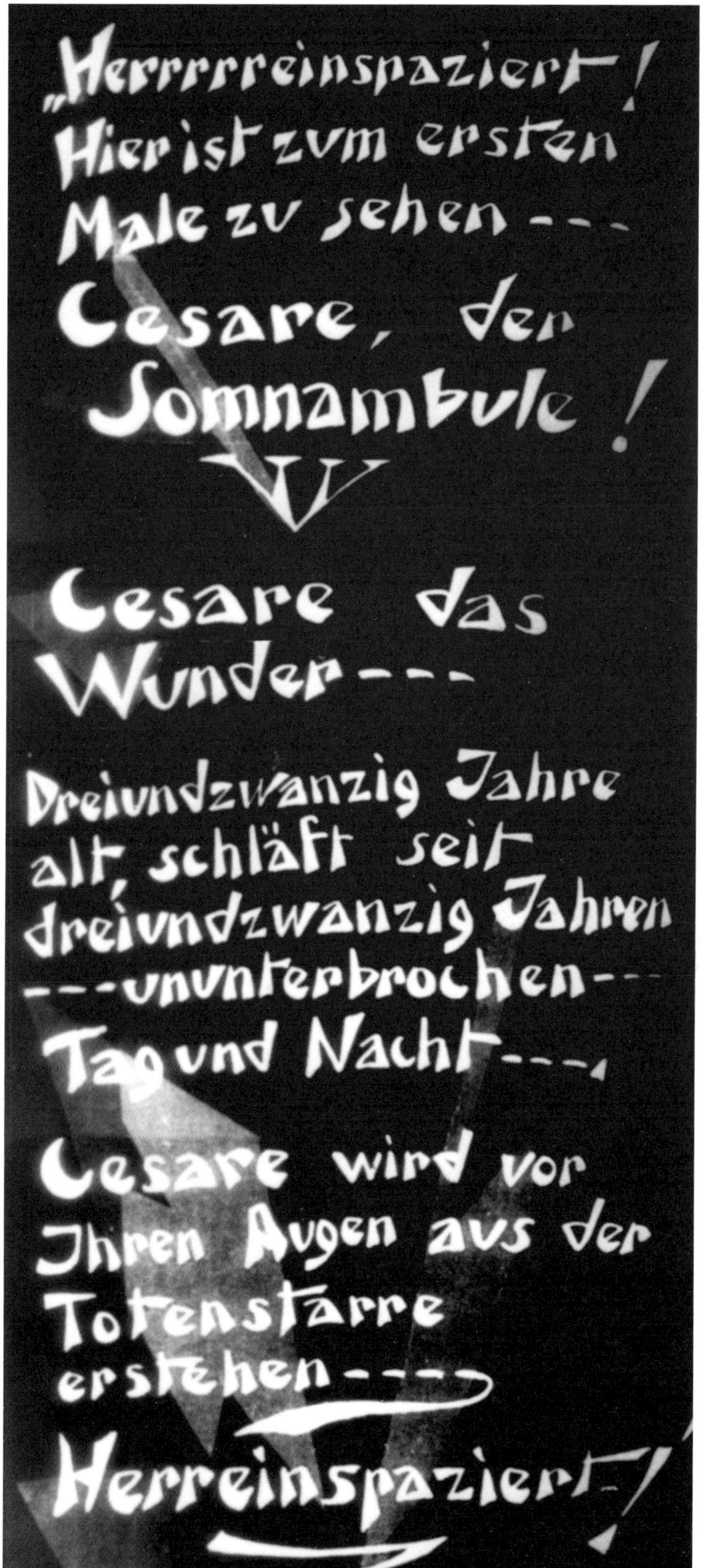

„Herrrrreinspaziert!
Hier ist zum ersten
Male zu sehen ---

Cesare, der
Somnambule!
$\bigvee$

Cesare das
Wunder ---

Dreiundzwanzig Jahre
alt, schläft seit
dreiundzwanzig Jahren
--- ununterbrochen ---
Tag und Nacht ---.

Cesare wird vor
Ihren Augen aus der
Totenstarre
erstehen ---

Herreinspaziert!

Rolltitel

Einzelbild: Vor dem Cabinet des Dr. Caligari (Werner Krauß)

Ästhetik:
Kunst im Film

Die Tradition des Zurschaustellens

»Herrrrreinspaziert!« ruft der unheimliche Schausteller, der sich Dr. Caligari nennt. Auf dem Jahrmarkt gibt es an jeder Ecke eine neue Sensation, und jede Attraktion steht in Konkurrenz zu jeder anderen. Da gibt es die Karussells, die Tombolas und Kuriositätenkabinette. Und so muss der vermeintliche Doktor schon mit einem besonderen Anreiz aufwarten, um die vorbeiströmenden Zuschauer ausgerechnet in sein Cabinet zu locken. Kräftig läutet er die Glocke, entrollt ein Plakat und verkündet mit großen Worten die zu erwartende Sensation.

Mit seinem Marktgeschrei, der Plakatwerbung, dem Versprechen kommender Sensationen und der großen Schau im Inneren seines Cabinets verweist dieser Dr. Caligari auf der Kinoleinwand des Jahres 1920 nicht nur auf die aktuellen Vermarktungsstrategien des neuen Mediums Film, sondern blickt auch auf dessen Anfang zurück: Ein Vierteljahrhundert zuvor, am 1. November 1895, hatten die Brüder Max und Emil Skladanowsky im Berliner Varieté Wintergarten die erste öffentliche Vorführung eines Filmprogramms in Europa präsentiert. Es handelte sich um eine kurze Revue jeweils nur wenige Sekunden langer Filmchen, von denen jeder in einer Schleife gleich mehrfach gezeigt wurde, darunter der Tanz einer Kindergruppe, das gegen einen Boxer antretende Känguru, ein Jongleur und der Ringkampf der Herren Greiner und Sandow. Am Ende waren die Skladanowskys selbst zu sehen, die vor die Kamera traten und sich verbeugten – was sie auf der Bühne des Wintergartens dann auch leibhaftig taten.[18] Fast zwei Monate später führten auch Auguste und Louis Lumière in einem Pariser Café ihr eigenes Filmprogramm vor, ein Ereignis, das heute wegen seiner den Skladanowskys überlegenen Technik als eigentliche Geburtsstunde der Kinematographie gilt. Die berühmtesten 1895 gezeigten Filme der Lumières waren L'ARRIVÉE D'UN TRAIN EN GARE DE LA CIOTAT (Die Ankunft eines Zuges auf dem Bahnhof in La Ciotat) und LA SORTIE D'USINE LUMIÈRE À LYON (Arbeiter verlassen die Lumière-Werke): bewegte Bilder, die Szenen aus dem Alltag festhielten. Die erste Heimat des Kinos war zum einen das Varieté und zum anderen der Jahrmarkt, wo die einzelnen

Filme, die nur wenige Minuten lang waren, zu kleinen Programmen zusammengestellt und vorgeführt wurden.[19]

Der amerikanische Filmhistoriker Tom Gunning, einer der Protagonisten der New Film History, hat darauf hingewiesen, dass das frühe Kino sich fundamental vom späteren *Erzählkino* unterschied. Die Skladanowskys, Lumières und ihre Zeitgenossen versuchten nicht in erster Linie, eine Geschichte zu erzählen, sondern sahen das Kino eher als Weg, dem Publikum verschiedene Eindrücke zu präsentieren, von der eingefangenen Realität der Lumières zu den Film-Zaubereien des Georges Méliès. Sie waren mehr Schausteller als Geschichtenerzähler, orientierten sich eher am Varieté und dem »magischen Theater« der Jahrhundertwende mit seinen optischen Tricks als am Theater oder der Literatur als Vorbild. Selbst wenn ihre Filme mit einer rudimentären Handlung ausgestattet waren wie etwa Méliès' LE VOYAGE DANS LA LUNE (1902, Die Reise zum Mond), dann gab diese Handlung eigentlich nur einen Rahmen dafür ab, eine Reihe der magischen Möglichkeiten des Kinos zu demonstrieren. Gunning prägte dafür den Begriff *Cinema of Attractions*.[20]

Erst in der Zeit etwa ab 1906 folgte dem Kino der Attraktionen das Erzählkino, wie wir es heute kennen, das sich die Literatur und das Theater als Vorbild nahm. Etwa zur gleichen Zeit wurde aus dem Wanderkino ein stationäres Kino. Filme wurden von nun an hauptsächlich an festen Veranstaltungsorten gezeigt, bis hin zur Entstehung der dem Theater nachempfundenen Lichtspielpaläste. Eine dieser prächtigen Aufführungsstätten war das 1912/13 erbaute Marmorhaus am Kurfürstendamm mit seiner modernen Architektur, der weißen Marmorfassade und dem prächtigen, von dem Maler César Klein expressionistisch gestalteten Kinosaal. Hier fand am 26. Februar 1920, also nicht ganz fünfundzwanzig Jahre nach der ersten Vorführung der Brüder Skladanowsky im Wintergarten-Varieté, die Welturaufführung des CABINETS DES DR. CALIGARI statt: nicht mehr die Präsentation kurzer bewegter Bilder, sondern ein abendfüllender Spielfilm, der sein Publikum in erster Linie dadurch unterhielt, dass er eine Geschichte erzählte. Aber das Kino der Attraktionen war nicht ganz verschwunden. Die Präsentation optischer Tricks, kinematographischer Effekte und das Zurschaustellen der magischen Möglichkeiten des Kinos wurden, so Gunning, zu einem Teil des Erzählkinos. Und auch CALIGARI ist ein Teil dieser Tradition.

Dadurch, dass DAS CABINET DES DR. CALIGARI in seine Erzählung die Tradition des Zurschaustellens einbindet, die den Beginn der Filmgeschichte geprägt hat, wirft der Film am Ende des ersten Vierteljahrhunderts der Filmgeschichte einen selbstbewussten Blick zurück in die Vergangenheit des Kinos. Aber der wesentliche Punkt kommt erst noch: CALIGARI gab am Tag seiner Uraufführung auch eine Antwort auf die drängende Frage nach der *Zukunft* des Kinos: Kann Film Kunst sein?

Kunst im Film: Das Cabinet des Dr. Caligari; links: Werner Krauß

Die entscheidende Tatsache, die die Filmgeschichte veränderte, war, dass Filme länger wurden. Dies hatte vor allem zwei Auswirkungen:

1. Film wurde ein Medium, in dem Geschichten erzählt wurden, wie im Theater oder in der Literatur, und
2. Filme wurden nun von einem Kollektiv geschaffen, nicht mehr nur von einem einzigen Autor.

Diese beiden Faktoren führten zu zwei Fragen, die im Mittelpunkt der Debatten standen, die ab ca. 1909 unter dem Stichwort »Kino-Debatte« in der intellektuellen Szene um das neue Medium Film geführt wurden: in den Feuilletons der Tageszeitungen, den Kulturzeitschriften und den neu gegründeten Film-Fachzeitschriften (unter anderem *Der Kinematograph* 1907, *Erste Internationale Film-Zeitung* 1907, *Lichtbild-Bühne* 1908). Die beiden Fragen, um die sich alles drehte, waren:

1. Kann Film Kunst sein? und
2. Wer ist dann der Künstler?

Als die Brüder Skladanowsky Anfang November 1895 im Berliner Varieté Wintergarten ihr boxendes Känguru vorführten, waren sie Autoren, Produzenten, Erfinder und Erbauer der Kamera und des Projektors, Regisseure, Kameramänner und Filmvorführer in einem. Der Ruhm, Schöpfer ihrer Filme zu sein, gebührte ihnen und ihnen allein. Mit der beginnenden Industrialisierung der Filmproduktion aber begann eine immer stärkere Spezialisierung, und es war durchaus nicht selbstverständlich, wem aus dem Kollektiv die größte künstlerische Bedeutung bei der Schöpfung der Filmkunst zukam.

Die Filmindustrie stellte eine – nicht ganz – *andere* Frage: Wie konnte sie ihre Filme attraktiver machen (und damit mehr Geld verdienen)? Zwei Antworten auf diese Frage waren a) die Welle der so genannten Autorenfilme im Jahr 1913: Filme nach Vorlagen bekannter Autoren, und b) die Einführung des Star-Systems nach amerikanischem Vorbild in den 1910er Jahren: Stilisierung einzelner Schauspieler zu Stars. Diese beiden Phänomene kann man auch als Antworten der Filmindustrie auf die zweite Frage der Kino-Debatte(n) lesen: Der ausschlaggebende Künstler ist a) der Autor der Literaturvorlage, oder b) der Star-Schauspieler. Beide Antworten, unabhängig davon ob sie von den Filmproduktionsfirmen aus rein marktwirtschaftlichem Interesse herausgestellt wurden, wurden auch in den intellektuellen Debatten diskutiert, bei denen im Vordergrund Fragen der Kunst und der intellektuellen Anerkennung standen, im Hintergrund aber immer auch handfeste ökonomische Interessen der Intellektuellen selbst: etwa die Befürchtung der Theaterleute, das Kino könne ihnen Zuschauer wegnehmen, oder das Ringen der Filmleute um höhere Gagen.

Kann Film Kunst sein?

Ein Großteil der Kino-Debatte in den Jahren 1909–1913 konzentrierte sich auf den Vergleich Kino/Theater: Kann Kino dem Theater Konkurrenz sein? Denn Kino, nach der bloßen Präsentation optischer Effekte in seiner Anfangszeit nun in seiner neuen Form als narratives Medium, orientierte sich offensichtlich am Vorbild Theater: Im Film agierten Schauspieler in Dramen, manchmal sogar nach klassischen Vorlagen, und selbst die neu entstehenden Kinotheater oder Lichtspielpaläste ahmten das traditionelle Theater nach. Theaterkritiker Kurt Pinthus (1886–1975), der sowohl bedeutender Vermittler des literarischen Expressionismus als auch früher Kinofan war,[21] stellte 1913 amüsiert fest, dass man jetzt zur Vorpremiere einer Kinovorstellung eine Einladungskarte auf gutem Büttenpapier bekäme mit der Aufforderung, im Abendanzug zu erscheinen, und im Kinotheater gebe es Foyer, Garderobe, Parkett, Logen, Orchester, Vorhang und Applaus nach jedem Akt, »wie im wirklichen Theater«.[22] Viele Theaterleute sahen das Kino als erbitterte Konkurrenz: Das Hildesheimer Theater etwa konstatierte 1913, seine Besucherzahlen seien zugunsten des Kinos um 50% zurückgegangen, Theater-Lobbyisten warnten vor der »Gefahr des ›Kientopp‹«, und Theaterverbände verboten ihren Mitgliedern die Mitwirkung an Filmen.[23] Argumentativ wurde vorgebracht, Film könne mit seiner Ausrichtung am Visuellen und am Trivialen keine Kunst sein, sondern nur Massenware. Die Debatte erreichte ihren vorläufigen Höhepunkt im Jahr 1913. Ihre wesentlichen Beiträge sind inzwischen anhand einer Reihe kommentierter Textsammlungen gut dokumentiert.[24] Daher beschränke ich mich hier auf einen Schlüsseltext: Kurt Pinthus' berühmte Besprechung eines italienischen Monumentalfilms, Enrico Guazzonis QUO VADIS? (1912), im *Leipziger Tageblatt*.[25] Ausgehend von diesem Text erschließen sich vier wesentliche Elemente der Kino-Debatte:

1. Der besprochene Film QUO VADIS? ist eine Adaption des Romans von Henryk Sienkiewicz (1846–1916), des Literaturnobelpreisträgers von 1905, also eines namhaften Autors. Dies zeigt die Annäherung, die Film und Literatur vollzogen: Der Film einerseits verwendete berühmte Werke der Literatur als Vorlage und warb mit den Namen berühmter Autoren, die literarischen Autoren andererseits gestatteten, dass ihre Werke Grundlage einer Verfilmung wurden.

2. Der Rezensent Kurt Pinthus war promovierter Literaturwissenschaftler, Theaterkritiker des *Leipziger Tageblatts* und Lektor im Leipziger Kurt-Wolff-Verlag, also Angehöriger der intellektuellen Szene. Die Besprechung erschien im Feuilleton des *Leipziger Tageblatts*, dessen Platz zuvor Theater- und Literaturbesprechungen reserviert war. Das neue Medium Film begann also Gegenstand intellektueller Auseinandersetzung zu werden, geführt von Intellektuellen in ihren Publikationsorganen.

3. Die Haltung der intellektuellen Szene gegenüber Film, Filmbesprechungen im Feuilleton und Debatten über Film im Allgemeinen war jedoch zunächst überwiegend ablehnend: Wie Pinthus später berichtete, beschwerten sich die Leser

Kurt Pinthus' Kinobuch, erschienen 1913

darüber, dass er eine so niedere Angelegenheit wie das Kino ernst nähme und mit dem Theater vergliche, und die Zeitungsmänner warfen ihm vor, den für Theater- und Literaturkritik zur Verfügung stehenden Platz missbraucht und damit das Blatt schwer geschädigt zu haben.[26]

4. Und schließlich zeigt der Inhalt von Pinthus' Besprechung bereits, wie die Debatte von einer grundsätzlichen Ablehnung der intellektuellen Szene zu einer produktiven Debatte über die künstlerischen Möglichkeiten des Films wurde: Pinthus grenzt Theater und Kino gegeneinander ab und weist beiden ihre Aufgaben zu: Dem Theater gehört das Wort, dem Kino das Visuelle, z.B. der Brand Roms und die Wagenrennen in QUO VADIS? Laut Pinthus, der sich eindeutig als Verehrer des Kinos bezeichnet, sollte der Film nicht versuchen, das Theater oder die Literatur nachzuahmen, sondern auf seine eigenen Mittel setzen und damit eine genuine Kunst des Kinos begründen. Er griff seine Ideen später im Jahr 1913 wieder auf mit der – bereits in der QUO-VADIS?-Besprechung beworbenen – Veröffentlichung des ambitionierten *Kinobuchs*, in dem Pinthus »Kinostücke« junger Schriftsteller abdruckte, die er gebeten hatte, genuine Filmentwürfe vorzulegen, nicht Adaptionen aus dem Theater oder der Literatur. Unter den Einsendern waren z.B. Walter Hasenclever, Else Lasker-Schüler und Max Brod.

Erste Kandidaten für die Schöpfung von Kunst im Film waren, analog zu Literatur und Theater: die Autoren. Aber genuine Filmautoren gab es noch nicht, und die traditionellen Schriftsteller zögerten, ihre Werke zur Grundlage von Filmen machen zu lassen. Die Schriftsteller befürchteten: wenn sie für den Film arbeiteten, würde dies ihrem literarischen Renommee schaden. Heinrich Lautensack überraschte Kurt Pinthus, als er ihm für sein *Kinobuch* ein bereits fertiges Drehbuch schickte, das er ungenannt für die Continental-Kunstfilm GmbH geschrieben hatte und das bereits verfilmt und aufgeführt worden war (Otto Ripperts ZWISCHEN HIMMEL UND ERDE, 1913). Pinthus vermutet im Vorwort zur Neuausgabe des *Kinobuchs*, dass in jenen Jahren »des Geldes wegen« auch andere »wirkliche Dichter« das gleiche getan haben.[27] Erst nach 1920 – um die Pointe vorwegzunehmen: nach CALIGARI – galt die Hauptfrage der Kino-Debatte: ob Film Kunst sein könne? als positiv entschieden, und Schriftsteller hatten keine Bedenken mehr, an Filmversionen ihrer Werke mitzuarbeiten oder Filmszenarios zu entwerfen.[28]

Aber die Filmindustrie buhlte, um die Reputation ihrer Filme anzuheben, schon 1912 um die Mitarbeit in anderen Medien renommierter Künstler. Die beiden größten deutschen Produktionsfirmen Deutsche Bioscop GmbH und Projektions-AG »Union« (PAGU) starteten Kampagnen, Filme nach Werken bekannter Autoren herauszubringen, die so genannten Autorenfilme, die 1913 auf den Markt kamen. Sie warben mit den Namen der Schriftsteller, die sie unter Vertrag genommen hatten, unter anderem Hanns Heinz Ewers, Alfred Schirokauer, Ludwig Ganghofer, Oscar Blumenthal, Jakob Wassermann, Gerhart Hauptmann, Lothar Schmidt. Auch namhafte Bühnenschauspieler wie Alexander Moissi (1880–1935) und Albert Bassermann (1867–1952) ließen sich für den Film verpflichten, und sogar der Leiter des Deutschen Theaters Max Reinhardt (1973–1943) führte Regie in zwei Filmen für die PAGU: EINE VENETIANISCHE NACHT und DIE INSEL DER SELIGEN (beide 1913).[29]

In diesem Jahr 1913 ragten zwei Filme heraus. Sie gelten als erste Beispiele für den künstlerischen Film:

1. Max Macks DER ANDERE, der bereits im Januar 1913 uraufgeführt wurde und damit einer der ersten Autorenfilme war, verfasst von Paul Lindau nach seinem Theaterstück. Der Film handelt von einem Rechtsanwalt (im Stück: Staatsanwalt), der eine Doppelexistenz führt, eine Variante von Stevensons *Dr. Jekyll and Mr. Hyde*. Die eigentliche Sensation des Films war, dass die Hauptrolle dargestellt wurde von Albert Bassermann, dem Star des Deutschen Theaters. Das war der Grund, warum sich Theaterkritiker den Film ansahen und, noch vor Pinthus' QUO-VADIS?-Besprechung, in den Feuilletons besprachen.

2. Stellan Ryes DER STUDENT VON PRAG, herausgekommen im August 1913, verfasst von Hanns Heinz Ewers, der erste Filmauftritt des Bühnenschauspielers Paul Wegener (1874–1948). Der Film behandelte ebenfalls das Doppelgänger-Thema, und Wegener, der daraufhin als Regisseur und Darsteller eine Reihe

phantastischer Filme schuf (den ersten GOLEM für die Deutsche Bioscop 1914, und die Märchenfilme der PAGU, z.B. RÜBEZAHLS HOCHZEIT und HANS TRUTZ IM SCHLARAFFENLAND, beide 1917), Wegener sollte nachgerade zum Synonym für den künstlerischen deutschen Film vor dem Krieg werden.

Das Star-System

In Konkurrenz zum Anspruch, den Autor der literarischen Vorlage als ausschlaggebenden Filmkünstler anzusehen, etablierte das Star-System eine andere Antwort: ausschlaggebend seien die Schauspieler. Sie wurden in der Werbung und im Film selbst im Vorspann und mit Einführungsbildern vorgestellt, und die Produktionsfirmen kündigten die geplanten Filme der kommenden Saison als »Serien« einzelner Schauspieler an, die bei ihnen unter Vertrag standen, z.B. Mia May (May-Film GmbH.), Hella Moja (Hella-Moja-Film GmbH.), Mady Christians (Berliner Film-Manufaktur GmbH.), Lotte Neumann (Deutsche Mutoskop- und Biograph GmbH.), Ellen Richter (Frankfurter Film GmbH.) und Ressel Orla (Decla-Film-Ges. Holz & Co.).

Damit erhöhte die Industrie das Interesse des Publikums an ihren Filmen, warb mit renommierten Namen und baute andere zu Stars auf. Bald stiegen die Honorare der Stars ins Unermessliche: Im Juni 1919 meldete der *Film-Kurier* Tagesgagen von 1.000 Mark.[30] Im Januar 1920 stand in der Kulturzeitschrift *Das Tage-Buch* zu lesen, die Schauspieler Reinhold Schünzel und Emil Jannings bekämen 2.000 Mark Tagesgage, die Schauspielerin Henny Porten für jeden Film 44.000 Mark, ihr Jahreseinkommen werde auf 600.000 Mark geschätzt.[31] Im Dezember 1920 berichtete dieselbe Zeitschrift, das Jahreseinkommen des nach Amerika engagierten Film-Stars Pola Negri sei fast 20.000.000 Mark, und machte Vorschläge, wie sie diese Summe ausgeben könne.[32]

Neben diesen unverhältnismäßigen Beträgen gab es vor allem zwei Kritikpunkte am Star-System:

1. Um auf jeden Fall einen Star zu präsentieren, machte es auch unbedeutende Schauspieler zu Stars, und
2. es rückte oft nur einen einzigen Star-Schauspieler in den Blickpunkt, statt das ganze Schauspieler-Ensemble.

Aber auch auf der intellektuellen Ebene war es durchaus sinnvoll, die Schauspieler hervorzuheben. Denn es herrschte Einigkeit darüber, dass das Wichtigste im Theater und in der Literatur das Wort war. Dem Film aber fehlte das Wort. Die Schauspieler waren es, die, eines ihrer Mittel beraubt, andere Formen des Ausdrucks schaffen mussten. Die intellektuellen Autoren sahen die Schauspielkunst also tatsächlich als Faktor, der dem Film Qualität verlieh. Die Filmauftritte der Theaterstars Albert Bassermann und Alexander Moissi hatten für Aufsehen gesorgt, und große Filmschauspieler wie die Dänin Asta Nielsen (1881–1972) wurden für ihre Darstellung gerühmt. Als Anfang August 1919 Ernst Lubitschs Film RAUSCH nach dem Theaterstück von August

Film-Stars der 1910er Jahre: Mia May, Hella Moja, Ressel Orla, Ellen Richter

Rausch (1919, Ernst Lubitsch): Asta Nielsen, Alfred Abel

Strindberg in Berlin Premiere hatte, war die Sensation nicht die Verfilmung der Literaturvorlage, sondern der Star des Films, Asta Nielsen. B.E. Lüthge, Autor einer Vor-
besprechung im *Film-Kurier*, schrieb:

> Der Film »Rausch« ist nicht Strindberg. Was ist an dem Strindbergschen Stück
> »Strindbergisch«? Es sind *die Worte*, der Atem, der maßlose Haß der Geschlech-
> ter, der grüblerisch, in furchtbar-hirnverrücktem Verfolgungswahnsinn die beiden
> aufeinander hetzt und sie aneinander zerreibt, selbst als sie sich noch lieben. Das
> ist Strindberg. Das ist hier nicht. (Im 5. Akt ist ein Ansatz.)
> Aber es ist ein anderes Kunststück fertig gebracht worden. Zum erstenmal im Film
> ist *Kunst*.
> Kunst aus verschiedenen Gründen: Kunst, wie man die Handlung des Stücks in
> Anlehnung an Strindberg zu einem Film machte. Kunst, wie man ein Konglome-
> rat, eine Symphonie aller mitwirkender Faktoren herstellte (etwa wie eine Auffüh-
> rung vom »Rosenkavalier«, wo alles *gleichmäßig* mitwirken muß, Maler, Sänger,
> Dichter, Komponist, Orchester, Regisseur). *Kunst wie — Asta Nielsen spielt.*
> Aber dieses letzte ist das erste.
> Mit ihr steht und fällt der Film.[33]

Aufstand der Regisseure

Insbesondere die Regisseure fühlten sich durch das Auftreten der Film-Stars heraus-gefordert. Ernst Lubitsch (1892–1947), der junge Regisseur von RAUSCH, schrieb einen Artikel, in dem er – als explizite Antithese zu vorherigen Äußerungen Asta Nielsens – die Bedeutung des Regisseurs für den Film hervorhob. Der Text wurde im Juli 1919 auf der Titelseite des *Film-Kuriers* veröffentlicht,[34] und als sich daraufhin auch Lu-bitschs ältere Kollegen zu Wort meldeten, machte der *Film-Kurier* eine Artikelreihe daraus, in der »nacheinander alle bekannten Regisseure zu Worte kommen« sollten. In den folgenden Wochen erschienen Texte von Arzen von Cserepy, Richard Oswald, Ewald André Dupont, Joe May, und schließlich Urban Gad, dem »Senior der Filmre-gie« und Ex-Ehemann von Asta Nielsen.[35] Sie diskutierten Gestaltungsmittel des Films wie Dialog, Zwischentitel, Großaufnahmen, Zwischenschnitte usw., die alle in die künstlerische Verantwortung des Regisseurs fielen. Das neue Schlagwort hieß: Ensem-ble-Film, der dem Star-Film entgegengestellt wurde. Statt auf einzelne Stars zuge-schnittene Filme zu produzieren, sollte die Aufmerksamkeit dem ganzen Ensemble gleichwertiger Schauspieler gelten. Eine Zusammenfassung des Diskussionsstands im Jahr 1919 gibt ein Autor der *Lichtbild-Bühne*:

> Bei uns in Deutschland ist einstweilen die Produktion fast bei jeder Firma noch auf den Star eingestellt, nur die Maxim-Film-Gesellschaft und einige wenige Fir-men haben in dankenswerter Weise gezeigt, daß es absolut nicht darauf an-kommt, einen zugkräftigen Starnamen für einen Film zu haben, um aus dem Film einen Kassenerfolg zu machen, sondern daß ein gutes Manuskript, ein erstklas-siger Regisseur und ein Ensemble, in dem jede, auch die kleinste Rolle, gut besetzt und gut durchgespielt ist, ein großer Erfolg sein kann. Zweifellos wird es eine ge-raume Zeit dauern, bis das Publikum der deutschen Lichtspieltheater auf den Star verzichten wird. Wirkliche Filmstars, wie Henny Porten, Pola Negri, Mia May, Gun-nar Tolnaes, Max Landa und andere werden immer ihr Publikum haben und mit Recht. Was aber an Durchschnittsschauspielern und Schauspielerinnen gewalt-sam zum Filmstar hochposaunt wird, wird allmählich verschwinden und die Ensem-blefilms werden an Stelle dieser sogenannten Star- oder Serienfilms treten.[36]

Stand der Debatte 1919

Im Jahr 1919 gab es bereits einige Filme, die beanspruchen konnten, künstlerisch zu sein, besonders die bekannter Theaterleute wie Paul Wegener und Max Reinhardt. Ihnen stand allerdings eine größere Menge Schund gegenüber, mit dem sich genauso Geld verdienen ließ. Nach der Abschaffung der Zensur in Deutschland im Novem-ber 1918 war die Filmproduktion geprägt von einer Welle so genannter Sexualfilme (auch Aufklärungs- oder Sittenfilme), die sich explizit sexuellen Themen wie etwa Homosexualität und Geschlechtskrankheiten widmeten, und die 1919 ihren Höhepunkt fand.[37] Diese Entwicklung wurde sowohl von Rechten als auch von Linken bekämpft.

Die Rechten forderten, um dem Verfall der Sitten entgegenzuwirken, eine Wiedereinführung der Zensur (die im Mai 1920 auch stattfand). Proto-Faschist Karl Brunner (1872–1944), Historiker und Germanist, Herausgeber der Zeitschrift *Hochwacht*, Chef der Berliner Zensur und strammer Verfechter deutscher Art, schrieb Ende 1919, er bekämpfe

> die Machenschaften derer, die die großartige Erfindung des Kinematographen für ihre verwerflichen Zwecke *gefälscht*, seine Entwicklung *in den Sumpf geführt haben*, in dem er zum Schaden und Fluch des Volkes geworden ist und in ungeheuren Mißkredit bei allen anständig Denkenden geraten mußte.[38]

Die Linken sahen in der kapitalistischen Struktur der Filmproduktion das Übel. Die Sozialistin und Frauenrechtlerin Clara Zetkin (1857–1933), ebenfalls Ende 1919:

> Die »Filmkunst« spekuliert auf die niedrigsten Leidenschaften, die brutalsten Instinkte, um ein unerzogenes, sensationslüsternes, wie ein übersättigtes und stärkste Nervenaufpeitschung verlangendes Publikum anzulocken und die Lichtspieltheater zu füllen. Es münzt die Schwächen, Rückständigkeiten, Entartungstriebe der Bevölkerung zu Geld, das bekanntlich nicht stinkt, auch wenn es aus Schmutz und Blut aufgehoben wird.[39]

Zur Kunst im Film gab es drei Haltungen:

1. Bescheidenheit: Film hat erreicht, was er kann. Wenn er gut gemacht ist, kann er angenehme Belletristik sein, aber keine Kunst. Diese Haltung nahm Anfang 1919 in der *Weltbühne* der Journalist, Drehbuchautor und Dramaturg der »Union« Rudolf Kurtz an,[40] Jahre vor seinem Loblied auf den künstlerischen Film in *Expressionismus und Film*.[41]

2. Orientierung am Theater: Film ist dem Theater keine Konkurrenz, da ihm das Wort und damit der dramatische Dialog fehlt. Daher kann Film zwar in Teilaspekten Kunst sein, aber nicht in seiner Gesamtheit. So argumentierte im Juni 1919 in einem Leitartikel der neu gegründeten, täglich erscheinenden Film-Fachzeitschrift *Film-Kurier* der Regisseur und Kameramann Eugen Illés (1877–1951). Allerdings, so Illés weiter, gelte dieses Verdikt nur für Film in seiner gegenwärtigen Form. Es sei nur eine technische Frage, und damit nur eine Frage der Zeit, bis der Tonfilm dramatischen Dialog auch im Film möglich mache, und dann könne Film eine dem Theater gleichwertige und sogar überlegene Kunst sein.[42]

3. Forderung einer Filmkunst: Film kann nicht Kunst werden, indem er das Theater imitiert. Er muss nach einer genuinen Filmkunst suchen, die sich der spezifischen Ausdrucksmittel des Films bedient. Diese Haltung, die schon 1913

Kurt Pinthus in seiner Quo-Vadis?-Besprechung geäußert hatte, vertrat in einem Vortrag, der im Juni 1919 in der ebenfalls in diesem Jahr gegründeten Kulturzeitschrift *Die neue Schaubühne* abgedruckt wurde, der Schriftsteller und Drehbuchautor Carl Hauptmann (1858–1921), Bruder des bekannteren Gerhart Hauptmann. Er war der Ansicht, nicht das gesprochene Wort, sondern die Darstellung von Gebärde sei die Sprache des Films.[43]

Die Szene erwartete einen Film, den sie als Durchbruch der Kunst im neuen Medium ansehen könne. Er sollte kommen.

Film und Malerei

Worin könnte nun eine genuine Filmkunst bestehen, die nicht bloß versuchte, die Literatur und das Theater nachzuahmen? Schon Kurt Pinthus deutete an, dass die Antwort auf diese Frage lauten könnte: im Visuellen – denn das sei es, was das Besondere des Mediums Films ausmache.

Der Filmhistoriker Leonardo Quaresima (*1947) hat vor kurzem daran erinnert, dass in der Kino-Debatte bereits 1913, in der Phase des »Autorenfilms«, die Malerei als Vorbild für den Film diskutiert wurde.[44] So findet sich in einer Umfrage, die die Filmfachzeitschrift *Der Kinematograph* im März 1913 unter Schriftstellern und Bühnenautoren durchführte, ein Beitrag des Schriftstellers Victor Blüthgen (1844–1920), der die »Kinokunst« als »bewegte Malerei« bezeichnet, die »als solche eine neue Kunstgattung und damit einen Kulturfortschritt« bedeutet.[45] Der zwei Generationen jüngere Schriftsteller August Hermann Zeiz (1893–1964) argumentierte im Juli in einem Artikel in der *Ersten Internationalen Film-Zeitung*, die »Lichtspielkunst« sei der Malerei ähnlicher als dem Theater und müsse idealerweise beides vereinen:

> Lichtspielkunst ist nicht, wie großmäulige Dummköpfe fortfahren zu behaupten, ein entartetes Kind der Bühne. Lichtspielkunst ist etwas ganz Neues, das mit dem Theater noch nicht einmal das Schauspielerische in dem Maße, wie Laien denken gemein hat. Der Kinokünstler hat ganz andere Aufgaben als der Bühnenkünstler und der Kinoregisseur sollte, wenn es auch grotesk klingt, eher eine Schule für Raumkunst und dekorative Malerei, als eine Theaterschule besucht haben. Lichtspielkunst will das Malerische mit dem Literarischen zu einem neuen künstlerischen Ausdruck verschweißen.[46]

Und im August forderte der Autor Gustav Taudien in einem Artikel im *Kinematograph* »Maler-Dichter«, die in der Lage sind, Kinodramen visuell zu gestalten.

> Bei der Häufigkeit, mit der immer wieder darauf hingewiesen wird, dass beim Filmdrama diejenigen Momente in erster Linie zu berücksichtigen wären, die sich durch das Auge den Weg zu unserem Verständnisse bahnen, ist es schier verwun-

derlich, dass man hier nicht schon längst den Hinweis auch auf denjenigen erkannt hat, der allein, schon wegen seines Berufs, ausschlaggebend sein sollte, wo
es gilt, zu entscheiden, worin und wie dasjenige beschaffen sein muss, was nur
durch das Auge, und zwar ebenfalls ohne Worte, das Verständnis des Beschau-
ers finden soll. Es ist – *der Maler.* […]

Dass nun die Bühnenautoren, die beim Theater mehr oder weniger Glück
gehabt haben, das Kino auf eine angemessene Höhe bringen sollen, ist wenig
einleuchtend. Psychologische Entwicklungen, philosophische Probleme, oder gar
finstere Vererbungstheorien kinematographisch wiedergeben zu wollen, ist einfach
Quatsch. Eher könnte man sich noch vorstellen, dass eine Barfusstänzerin eine
Fjordlandschaft tanzt. Sicher ist aber, dass die Kinematographie, wenn sie sich bewusst bleibt, dass sie nur durch das Auge zu wirken imstande ist, eine selbständige Kunst werden kann, die sich ohne Scheu neben das Theater stellen könnte,
wie eine Gemäldegalerie als Bildungsinstitut stets ihre berechtigte Existenz neben
einer Universität, einer Bibliothek usw. behaupten wird.[47]

Quaresima interpretiert diesen Text als ein Zeugnis der Moderne, »einer Epoche, in
der sich die visuelle Dimension an die Seite des Wortes stellt.«[48] Im Jahr 1913 löste der
Artikel eine kurze, polemische Debatte mit einem unter dem Kürzel J.W. publizieren-
den Autor der *Lichtbild-Bühne* aus, dem das von Taudien verordnete Primat des Malers zu weit ging und der die Auffassung vertrat, Malerei könne zwar eine Rolle bei der
Filmkunst spielen, aber der eigentliche Autor des Kinodramas müsse der Dichter sein
und nicht der Maler.[49]

Nicht nur in der intellektuellen Debatte, sondern auch im Film selbst erlangte das
Vorbild der Malerei immer größere Wichtigkeit, wie aus Äußerungen der Regisseure
und Filmkritiker hervorgeht. Im Jahr 1913 entstanden in Deutschland Die Insel der
Seligen von Berlins Theaterpapst Max Reinhardt und in Dänemark De Dødes Ø (Die
Toteninsel) von Vilhelm Glückstadt nach Motiven des Schweizer Malers Arnold Böck-
lin. In einer Kritik zu Stellan Ryes Der Student von Prag mit Paul Wegener schrieb
J.W. in der *Lichtbild-Bühne*:

Nicht nur Surrogate für irgendwelche Kunst vermag der Film zu geben, vielmehr
ist er ein Mittel, um selbständige Kunstwerte eigenster Art zu schaffen. Um es einfach und klar auszudrücken: der Film schlägt die Brücke zwischen Malerei und
Dichtkunst, jenen Künsten, die wir bisher als durch unüberbrückbare Scheide-
wände voneinander getrennt anzusehen gewöhnt waren. Seine Mittel sind weitere als die des Malers, denn er vereinigt in sich das Wesen des Bildes mit dem
der Bewegung und führt so ins Gebiet des Dramatischen hinüber, das Dramatische
aber mag er nicht völlig in sich aufzunehmen, denn es ermangelt des Wortes.[50]

Und zu Max Macks Der letzte Tag hieß es:

Es ist kein eigentliches Drama, das uns die Kammerlichtspiele mit Lindaus »Der letzte Tag« vorgeführt[.] Das Malerische steht im Vordergrunde, und von diesem Gesichtspunkte aus muß das ganze Werk beurteilt werden, wenn man ihm gerecht werden will. Wer lediglich den Maßstab des Dramatischen daran legt, kann zu einer gerechten Würdigung nicht kommen. Denn nicht eine eigentliche Handlung gibt diesem Werke das Gepräge, vielmehr zieht unser ganzes Interesse auf sich die greise Gestalt des Gelehrten in seinen visionären Träumen. Es ist also ein malerisches Motiv wie nur irgend eins, das diesem Werke zugrunde liegt. Die Visionen selbst, die greifbar an unserem Auge vorüberziehen, und die wir also mit dem alten Manne miterleben, geben nur den Hintergrund des Gemäldes ab und verhelfen ihm zu dramatischer Stärke.[51]

Anfang 1914 konstatierte der Regisseur Mack zu Beginn seines Aufsatzes »Das Motiv« (bezogen auf Landschaftsaufnahmen):

Unter den vielen Begabungen, die bei dem modernen Kinoregisseur als selbstverständlich vorausgesetzt werden, ist die des malerischen Sehens eine der notwendigsten und – unbekanntesten.[52]

Dies war die Situation vor dem Großen Krieg: Das Kino hatte sich vom Kino der Attraktionen, das die Schauwerte und die Visualität des neuen Mediums in den Vordergrund stellte, zum Erzählkino entwickelt, das sich die Literatur und das Theater zum Vorbild nahm. In dieser Phase entstand die Kino-Debatte mit der Frage: ob Film Kunst sein könne? Und eine mögliche Antwort auf diese Frage war: Kino könne Kunst sein, wenn es sich weniger Literatur und Theater als vielmehr die Malerei zum Vorbild nähme und damit, wie in seiner Anfangszeit, wieder das Visuelle herausstellte. Unklar war, inwieweit Visualität und Erzählkino zusammenpassten. Wie wir bereits wissen, war sechs Jahre später DAS CABINET DES DR. CALIGARI der Film, der als Durchbruch der Kunst im neuen Medium gefeiert wurde. CALIGARI war eine Antwort auf die zeitgenössische Debatte: ein Film, der sich visuell an die Malerei anlehnt und gleichzeitig eine komplexe Geschichte erzählt.

»Etwas ganz Neues«?[55] Expressionismus!

Expressionismus war die neue, wilde Strömung, die Anfang der 1910er Jahre hervorgetreten war und sich dann im Laufe des Jahrzehnts in der modernen Kunst etabliert hatte: die Darstellung des inneren Erlebens statt des äußeren Abbilds, zuerst in der Malerei und der bildenden Kunst allgemein, dann auch in Literatur und Theater, den beiden Vorbildern des Erzählfilms. Die neue Richtung grenzte sich direkt gegen Naturalismus und Impressionismus in der Malerei ab, aber auch gegen die neue Erfindung der Fotografie, die zum Medium Film geführt hatte, und die zuallererst ein Konkurrent der Malerei in der naturgetreuen Abbildung war. In der Literatur fand der Begriff

Oben: Die Wupper: Bühnenbildentwurf von Ernst Stern,
unten: Das Cabinett des Dr. Calligari: Kulissenentwurf von Walter Reimann (beide 1919)

»Expressionismus« ab dem Weltkrieg Anwendung auf die junge, fortschrittliche Kunst allgemein, die die alte, traditionelle Kunst ablösen wollte.[54]

Die expressionistische Malerei und das expressionistische Theater bildeten schließlich die Vorbilder für die Ästhetik des CALIGARI-Films, der genau am Endpunkt des »expressionistischen Jahrzehnts«[55] und damit nicht am Anfang, sondern am Ende der expressionistischen Welle entstand. Diese hatte nun ihren Höhepunkt erreicht, war dem Großstadtpublikum wohlbekannt und konnte kommerzialisiert werden. So erinnerten die CALIGARI-Bühnenbilder an Ernst Sterns Bühnenbildentwürfe zum Theaterstück *Die Wupper* (siehe linke Seite), und als Conrad Veidt mit flackernden Lidern die Augen öffnete und »an einer Mauer entlangstreifte, [...] als habe die Mauer ihn ausgedünstet«,[56] da folgte er dem Stil von Ernst Deutsch, der nach seiner Darstellung der Titelrolle in der Dresdener Aufführung von Walter Hasenclevers Jugenddrama *Der Sohn* (1914, Aufführung 1916) als Begründer der expressionistischen Schauspielkunst und expressionistischer Darsteller schlechthin galt: »Ernst Deutsch [...] schritt in Trance durch die Akte, Abbild des Ekstatikers, tiefäugig, glühend, gegängelt von höherem Willen.«[57] Sowohl Ernst Stern als auch Deutsch arbeiteten auch für den Film: Stern unter anderem für F.W. Murnaus SATANAS (1919), Ernst Lubitschs DIE BERGKATZE und DAS WEIB DES PHARAO (beide 1921) und Paul Lenis DAS WACHSFIGURENKABINETT (1923/24); Deutsch wurde nach einigen frühen Filmauftritten spätestens ab 1919 zu einem gefragten Filmdarsteller, unter anderem in Karlheinz Martins radikal expressionistischem Film VON MORGENS BIS MITTERNACHTS (1920) nach dem Stück von Georg Kaiser (1912, uraufgeführt 1917).[58]

Orientierung des CALIGARI-Stils am expressionistischen Theater hatte den Vorzug, dass es die Visualität der Malerei mit der Narrativität des Theaters verband und somit als besonders geeignetes Vorbild für das Medium Film dienen konnte, das gerade zu der Zeit, als CALIGARI entstand, vor der Frage stand, wie es eine genuine Filmkunst schaffen konnte, begründet auf der Visualität des Mediums, aber angesichts der Tatsache, dass dieses Medium sich zu einem Medium des Geschichtenerzählens entwickelt hatte. Auf einen weiteren Theatereffekt, den der expressionistische Film übernahm, haben sowohl Siegfried Kracauer als auch Lotte Eisner bereits hingewiesen: die Gestaltung des Raums durch die Beleuchtung, wie sie Max Reinhardt 1917 in seiner Aufführung von Reinhard Sorges expressionistischem Drama *Der Bettler* inszeniert hatte.[59] Die Zeit war reif für den expressionistischen Film. Jedoch gab es bereits expressionistische Filme vor dem CABINET DES DR. CALIGARI.

Expressionismus, Weltkrieg und Film

Ein großes Thema des Expressionismus war der Weltkrieg, sogar noch bevor er Realität wurde: Die jungen wilden Künstler wollten etwas grundsätzlich Neues schaffen, und viele von ihnen sehnten die große Katastrophe geradezu herbei, von der sie sich eine reinigende Erneuerung der Gesellschaft erhofften. Nach Kriegsbeginn wurde die tatsächliche Kriegserfahrung in den Bildern, Schriften und anderen Werken expressionistischer Künstler reflektiert.[60]

Als der Krieg kam, spielte er auch eine wichtige Rolle für die Entwicklung einer anderen Kunst: des Films. Der Weltkrieg bot dem Film neue Aufgaben, die er besser erfüllen konnte als alle anderen Massenmedien: *Dokumentation* eines historischen Großereignisses durch bewegte Bilder, *Propaganda* für die Kriegsbeteiligung des jeweils eigenen Landes und, in den Filmen, die sich nicht direkt mit der Katastrophe befassten, *Ablenkung* der Bevölkerung von den Schrecken des Krieges. Zudem führte die Abschottung der internationalen Märkte durch den Weltkrieg zur Entstehung starker einheimischer Filmindustrien und der Entwicklung nationaler Filmidentitäten. Expressionismus, Weltkrieg und der Film: alles Erzeugnisse der modernen Welt zu Beginn des 20. Jahrhunderts, dienten und beförderten sich also gegenseitig.[61]

Daher war es folgerichtig, dass sich auch der erzählende Film mit dem Weltkrieg und seinen Folgen auseinandersetzte, explizit und implizit. Anton Kaes interpretiert auch DAS CABINET DES DR. CALIGARI als Reflektion des Weltkriegs und der Erfahrung in den Schützengräben.[62] Doch bereits 1919, im Jahr, in dem CALIGARI entstand, gab es jedenfalls zwei große Filmwerke, die explizit Kriegsneurosen darstellten, jeweils in der Form von Wahnsinnsvisionen, und beide müssen zu den Vorläufern des expressionistischen Films gezählt werden.

Reflektionen des Krieges: J'ACCUSE und NERVEN

Beide Filme, Abel Gances französischer Antikriegsfilm J'ACCUSE (Ich klage an, angeregt durch Henri Barbusses kurz zuvor erschienenes Kriegstagebuch)[63] und Robert Reinerts »Monumental-Film« NERVEN gehörten lange Zeit zu den vergessenen Filmen, mit denen Filmhistoriker sich nicht befasst haben, weil sie ihnen nicht zur Analyse vorlagen. NERVEN galt als verschollen, bis erst vor kurzer Zeit neues Material auftauchte, das 2005 auf dem Stummfilmfestival in Pordenone präsentiert und schließlich in einer vom Münchner Filmmuseum rekonstruierten Fassung 2008 auf den Berliner Filmfestspielen wiederaufgeführt und im selben Jahr auch auf DVD veröffentlicht wurde.[64] J'ACCUSE wurde von Lobster Films in Zusammenarbeit mit dem Nederlands Filmmuseum neu rekonstruiert und ist ebenfalls 2008 auf DVD erschienen.[65]

Gances J'ACCUSE ist die Geschichte zweier Soldaten des Ersten Weltkrieges, die beide die gleiche Frau lieben: Der grobe François Laurin ist mit Edith verheiratet, der sanftmütige Jean Diaz ihr Liebhaber. Als François einberufen wird, schickt er Edith aus Eifersucht zu seinen Eltern. Doch Edith wird von Deutschen entführt und deportiert. Daraufhin meldet sich Jean an die Front, wo er in den Schützengräben als vorgesetzter Offizier auf François trifft. Im Kriegseinsatz lernen die beiden Kameraden Respekt voreinander, und jeder erkennt, dass auch der andere Edith zutiefst liebt. Jean erkrankt und kommt zurück nach Hause. Dort trifft er auf Edith, der es gelungen ist, vor den Deutschen zu fliehen. Doch sie ist von deutschen Soldaten vergewaltigt worden und hat ein Kind geboren. Damit François nichts davon erfährt, bittet sie Jean für das Kind zu sorgen. Doch als François auf Heimaturlaub ist, erfährt er von Ediths Kind und hält Jean für den Vater. Es kommt zu einem Kampf der beiden Männer, den Edith nur beenden kann, indem sie François die Wahrheit erzählt. Jetzt schwören die Männer, die Deutschen für das Verbrechen zu bestrafen, das Edith angetan wurde, und gehen beide als Freunde zurück in den Krieg. François fällt, Jean kehrt in geistig zerrüttetem Zustand zu Edith zurück. Er versammelt die Einwohner der kleinen Stadt in Ediths Haus, um die Rückkehr ihrer toten Angehörigen aus dem Krieg zu erwarten. In seinem Wahn, oder auch einer kollektiven Vision, erheben sich die Toten von den Schlachtfeldern und kehren in einem grauenhaften Marsch zurück, um die Lebenden an ihr Opfer zu gemahnen.

Gances Anklage gegen den Krieg wurde zum Teil noch während des Krieges gedreht und enthält Material, das Gance während der Schlacht aufnahm. Für andere Szenen wurden Soldaten für kurze Zeit von der Front abgezogen, um Gance als Statisten zur Verfügung zu stehen. So sehen wir, als zu Beginn der Titelschriftzug »J'accuse« von Soldaten mit ihren Körpern geformt wird, echte Soldaten des aktuell stattfindenden Weltkriegs. Und als in der Schlussszene die Toten von den Schlachtfeldern aufstehen und nach Hause zurückkehren, sind dies Soldaten, die wussten, dass sie wahrscheinlich tatsächlich bald sterben würden. Ein Großteil von ihnen fiel kurz darauf in der Schlacht von Verdun.[66]

Nicht nur sein Thema macht J'ACCUSE mindestens zu einem Vorläufer des expressionistischen Films; der Film enthält auch Symbole und Stilisierungen: So künden an mehreren Stellen die Augen einer Eule, an anderen tanzende Skelette von den bevorstehenden Schrecken des Krieges. Am Anfang hat Jean, der Dichter, Visionen von einer besseren Welt, am Ende von der Rückkehr der Toten, die die Lebenden anklagen. Technisch werden die Visionen in J'ACCUSE mit Doppelbelichtungen dargestellt, und einmal wird der Marsch der Toten im Splitscreen-Verfahren in Kontrast zu einem Siegesmarsch am Triumphbogen gesetzt. Der Filmhistoriker Kevin Brownlow (seit November 2010 Träger eines Ehren-Oscars) schrieb, nachdem er J'ACCUSE in den 1960er Jahren in einer Retrospektive gesehen hatte:

> Seen today, J'ACCUSE is unexpectedly powerful. Creativity bursts out of its every scene. The picture bristles with ideas; like the force of a shock-troop assault, it carries you along with its narrative, throws you into its objective, and leaves you at the end shaken and sobered.[67]

Die amerikanischen Filmhistoriker und Gance-Biografen Steven Philip Kramer und James Michael Welsh schreiben J'ACCUSE Eigenschaften eines Schlüsselfilms des französischen Kinos zu:

> With the creation of J'ACCUSE (completed and released in 1919), a new epoch begins in the career of Abel Gance and in the history of the French cinema. It is nearly impossible to convey the extraordinary experience one undergoes in seeing the original J'ACCUSE; one comes away from it with the impression that Gance himself must have gone through the same kind of rapid evolution which he prophesied for mankind. J'ACCUSE is a complete and perfect work of cinema. It is not

merely the precursor of a new art form: it is both precursor and perfect actualization. Gance, and the French cinema with him, has come into his own.[68]

Und als eine deutsche Film-Fachzeitschrift 1920 DAS CABINET DES DR. CALIGARI ankündigte, erwähnte sie J'ACCUSE explizit als Vorläufer:

> Das expressionistische Experiment […] greift jetzt auch auf den Film über. Die Franzosen haben als erste einen halben Schritt in dieser Richtung gemacht mit dem Film »J'ACCUSE« (einer dem »Feuer« von Barbusse nachgebildeten Kriegsanklage), der ganz in linearer Stilisierung aufgenommen wurde. Ein neuer Decla-Film, der jetzt hier unter der Regie von Dr. Robert Wiene aufgenommen wird, »Das Kabinett des Dr. Caligari« (von Karl Meyer) geht nun bis ans Ziel.[69]

Auch der CALIGARI-Vorläufer NERVEN von Robert Reinert kam 1919 heraus und befasste sich explizit mit den Folgen des Ersten Weltkriegs. Unmittelbar zuvor hatte Reinert OPIUM herausgebracht, und seine beiden Filme beanspruchten, besondere Geisteszustände abzubilden: ein Merkmal des Expressionismus. »Der gewaltigste Erfolg im Marmorhaus war OPIUM«, warb Reinert im März 1919 in der Fachpresse, »NERVEN wird den Erfolg von OPIUM bei weitem übertreffen!«[70] Im neuen Film lässt Reinert seine Protagonisten von einer Nerven zerrüttenden Situation in die nächste geraten. Die Werbung und die zeitgenössischen Kritiker stellten den Film als Komposition um ein Thema dar, im Gegensatz zum konventionellen erzählenden Film:

> Seit Erfindung der Kinematographie meint man die künstlerischen Gesetze des Films in der gleichen Richtung suchen zu müssen wie beim Epos, beim Roman. Eine völlig andere Richtung schlägt hier zum ersten Male Robert Reinert ein. Er will durch das Laufbild in ähnlicher Weise künstlerische Werte schaffen wie es die Musik, die Symphonie tut. Nicht in Epik, in eine Geschehnisreise setzt er inneres Erleben um; symphonisch will er uns einen Seelenzustand, ein Stück Gefühlswelt vermitteln durch nebeneinandergesetzte Bilder, bald symbolisch, bald real, oft beides phantastisch durcheinandergewirbelt. Mit der Sprache des Films, mit Bildern blutiger Straßenkämpfe, Fabrikstädte einäschernder Explosionen, einsamer Verzweiflung, wilden Verfolgungswahns, stolzer Schlösser, stummer Hochalpen-Majestät will Reinert, der Künstler, uns das wissen machen, was er beim Klang des Wortes »Nerven« empfindet. Von dieser künstlerischen Voraussetzung ausgehend, daß wir hier vor einem Film-Tonwerk, nicht vor einem Film-Epos stehen, wird die Handlung, die bei diesem das Entscheidende, durchaus zur Nebensache; sie wird zum schmalen Band, das das Ganze nur lose zusammenhält.[71]

Aus heutiger Sicht erkennen Filmhistoriker NERVEN als eine unmittelbare Reflektion des Weltkriegs, direkter noch als später CALIGARI. So schreibt Stefan Drößler, Leiter des Filmmuseums München, der auch für die Rekonstruktion von NERVEN verantwortlich war:

Expressionistisches Filmplakat, Grafik von Josef Fenneker

Die Erfahrung des Ersten Weltkriegs schwebt über dem gesamten Film. Wenn zu Beginn die Fabrik von Roloff scheinbar grundlos in die Luft fliegt und eine Katastrophe auslöst, dann ist dies als eine Metapher für die Kriegerfahrung zu verstehen, als sich die neuen Maschinen der Moderne erstmals gegen den Menschen wandten und industrielles Töten ermöglichten.[72]

Tatsächlich erzählt NERVEN eine komplexe Geschichte vom Niedergang zweier Familien in den Revolutionswirren nach dem Weltkrieg: Als seine neue Fabrik am Tag ihrer Eröffnung durch eine Explosion zerstört wird, erleidet Fabrikbesitzer Roloff eine Nervenkrankheit. Roloffs Schwester Marja, die Träumen von der Revolution nachhängt, ist mit einem Mann verlobt, den sie nicht liebt. Ein Gärtnerbursche, der Marja liebt, stürzt sich ihr zuliebe in den politischen Kampf und kommt dabei ums Leben. Marja hingegen liebt den frommen Lehrer Johannes, der die friedliche Revolution predigt. Um ihrer Hochzeit zu entgehen, gibt Marja vor, Johannes habe sie vergewaltigt. Roloff, dessen Nerven immer mehr zerrüttet werden, glaubt daraufhin, wirklich Zeuge der Vergewaltigung geworden zu sein und beeidet dies vor Gericht. Johannes' blinde Schwester will ihm helfen, stürzt ihn aber damit nur noch tiefer ins Verderben. Johannes hat ebenfalls eine verbotene Liebe: Er begehrt jedoch nicht Marja, sondern Roloffs Frau Elisabeth. Daher schweigt er vor Gericht und wird verurteilt. Schließlich erfährt Roloff jedoch, dass die Vergewaltigung durch Johannes erlogen war, widerruft seine Aussage, und Johannes wird freigelassen. Angeblich um den Wahnsinnsvisionen zu entkommen, in die er immer mehr abgleitet, begeht Roloff mit Johannes' Hilfe Selbstmord. Nun werden Johannes und Roloffs Witwe Elisabeth ein Paar. Doch da erfahren sie, dass Roloff in den Tod gegangen ist, um ihrer Liebe nicht mehr im Wege zu stehen. Aus Verzweiflung legt Elisabeth einen Brand, bei dem Johannes' blinde Schwester ums Leben kommt. Elisabeth geht daraufhin ins Kloster. Inzwischen hat Marja doch noch ihren Verlobten geheiratet und sich mit ihm dem bewaffneten Kampf angeschlossen. Als dieser getötet wird, setzt Marja, die eigentlich immer noch Johannes liebt, ihrem Leben ein Ende. Schließlich beginnen Johannes und Elisabeth geläutert ein neues, einfaches Leben in der Natur.

NERVEN ist ein wilder, gewalttätiger Film, der viele Themen seiner Zeit aufgreift und damit eine Momentaufnahme der deutschen Befindlichkeit nach dem Ersten Weltkrieg darstellt. Er enthält Kriegs- und Wahnsinnsvisionen, in denen z.B. Roloff von seinem eigenen Ich verfolgt wird oder glaubt, die Vergewaltigung Marjas durch Johannes gesehen und seine Frau Elisabeth erwürgt zu haben. Dargestellt werden diese Visionen durch Mehrfachbelichtungen, stärker noch als in J'ACCUSE. Als Roloff aus Angst verrückt zu werden einen berühmten Nervenarzt aufsucht, erklärt dieser zu Ursachen der Nervenkrankheit: »Die fortschreitende Zivilisation, der Kampf ums Dasein, Angst und Schrecken des Krieges, die Sünden der Eltern.« (Zwischentitel). Zwar enthält NERVEN keine expressionistisch stilisierten Bühnenbilder wie CALIGARI, doch das Thema und die Ausführung machen auch Reinerts Werk mindestens zu einem beachtlichen Vorläufer, uraufgeführt zwei Monate vor CALIGARI. Filmhistoriker Philipp Stiasny findet sogar:

Sein Radikalismus stellt Nerven in eine Linie mit dem fast gleichzeitig entstandenen Cabinet des Dr. Caligari […]. Die dadaistisch anmutende Irrenhausgeschichte über Suggestion, Somnambulie und Mord erscheint beinahe wie ein ausgeschmückter Seitenstrang von Nerven.[73]

Und David Bordwell gelangt zu dem Schluss:

The Cabinet of Dr. Caligari would have looked less innovative if generations of historians had seen Nerven […].[74]

Auch die zeitgenössischen Kritiker sahen das künstlerische Potenzial von Nerven, betrachteten ihn aber nur als Vorspiel zum expressionistischen Film, der erst noch kommen sollte: »Ein expressionistischer Hauch liegt über dem Ganzen«, schrieb ein Kritiker,[75] und ein anderer sah voraus, »daß man vermutlich auch in Bälde von einem expressionistischen Film wird reden können«[76] – das allerdings zu einer Zeit, als die Spatzen es schon von den Dächern pfiffen, dass die Decla Das Cabinet des Dr. Caligari gedreht hatte.

Andere expressionistische Filme vor Caligari

J'accuse und Nerven waren nicht die einzigen Caligari-Vorläufer, die expressionistische Elemente enthielten. 1915 hatte sich in Russland der expressionistische Theaterregisseur und -produzent Vsevolod Meyerhold auf die Suche nach der Kunst im Film gemacht und nach Oscar Wildes Roman den heute verschollenen Film Portret Doriana Greya (Das Bildnis des Dorian Gray) inszeniert, über den der amerikanische Filmhistoriker Jay Leyda sagt:

It was original and daring as few films before it or since have dared to be. Russian artists who saw it and then The Cabinet of Dr. Caligari a few years later in Europe, tell me that if it had been shown abroad it would have surpassed Caligari's reputation as a heightening of film art. It was undoubtedly the most important Russian film made previous to the February Revolution.[77]

Ebenfalls bereits 1915 experimentierte auch J'accuse-Regisseur Abel Gance in Frankreich mit verzerrten Bildern: In seinem avantgardistischen Kurzfilm La folie du Dr. Tube zeigte er einen eierköpfigen Wissenschaftler, der durch ein Pulver die Welt um sich herum absurd verformt. Lotte Eisner interpretiert dies als Darstellung der Welt eines Wahnsinnigen und stellt Gances Methode, die verrückte Welt mittels Zerrspiegeln darzustellen, der Methode des späteren expressionistischen Films gegenüber, der denselben Effekt mittels des Dekors zu erreichen versuchte.[78]

Und in Österreich entstanden 1919, parallel zu Caligari, die heute verschollenen expressionistischen Filme Homo immanis und Inferno des Autors und Regisseurs

Paul Czinner (1890–1972), von dem wir später noch mehr erfahren werden.[79] Zur Pressevorführrag von INFERNO hielt Czinner einen Vortrag über Expressionismus und Filmkunst. Die zeitgenössische Fachpresse schrieb:

> Er [Czinner] findet, daß der Film als reine Ausdruckskunst besonders geeignet sei, kosmischen Gedankenwelten zur sinnfälligen Verkörperung zu verhelfen, dem Seelischen, von der beengenden Fessel des Wortes nicht beeinträchtigt, körperliche Hülle zu verleihen.[80]

Der Filmhistoriker Walter Fritz, Chronist des österreichischen Films, schreibt über INFERNO:

> Das Werk Paul Czinners entstand zur selben Zeit wie in Deutschland »Das Kabinett des Dr. Caligari«. War dort die Stilisierung der Realität zur linearen Grauenhaftigkeit der Ausgeliefertheit das Wichtigste, so war es in Österreich die sinnlich gesteigerte Überwirklichkeit real eingeführter und inhaltlich-optischer Szenen der Phantastik, gespeist von Dantes oder Boschs Höllenvisionen: im »Inferno« recken sich Tausende Hände den Neuankömmlingen entgegen. Erde und Hölle sind noch als getrennte Sphären gedacht, während es im »Caligari« um eine »irdische Hölle« oder eine »höllische Erde« geht.[81]

Und später:

> Daß Österreich einen so frühen Beitrag zur Entwicklung des expressionistischen Films geleistet hat, war bisher unbekannt.[82]

In deutschen Filmen des Jahres 1919 tauchten immer wieder Elemente der Stilisierung auf, seien es die »»lebenden‹ oder doch ›belebten‹ Titel und Inschriften«[83] in Reinerts NERVEN oder die stilisierten Kulissen in Ernst Lubitschs DIE PUPPE. Vor allem aber in der Werbung auf Plakaten oder Anzeigen in der Fachpresse war die expressionistische Malerei bereits auf dem Vormarsch: Mit expressionistischen Zeichnungen geworben wurde z.B. für Rochus Glieses MALARIA, Bruno Zieners MORPHIUM und Friedrich Zelniks SPIRITISMUS. NERVEN warb mit expressionistischen Grafiken des Plakatmalers Josef Fenneker, Johannes Guters Filme DAS GLÜCK DER IRREN und EWIGER STROM mit Zeichnungen von Robert Neppach, des späteren Bühnen- und Kostümbildners von Karlheinz Martins VON MORGENS BIS MITTERNACHTS.

Monate bevor die CALIGARI-Werbekampagne verkündete, dass »der erste expressionistische Film« geschaffen worden sei, erklang der Ruf nach dem expressionistischen Film in der deutschen Fachpresse. Im August 1919 erschien unter dem Titel »Der expressionistische Film« ein Text von Gertrud David im *Kinematograph*: Sie machte den Vorschlag, um aus dem Film Kunst zu machen, ihn nicht als Imitat des Theaters oder der Literatur zu betreiben, sondern eine genuine Filmkunst zu schaffen, die den Film als ideales Ausdrucksmittel des Expressionismus benutzt. Sie forderte den radi-

Expressionistische Werbemotive für zwei Filme von Johannes Guter, 1919

kalen expressionistischen Film. Wo die Malerei das innere Erleben nur in starrer Weise wiedergebe, könne der Film es im Fluss der Bewegung darstellen:

> Der expressionistische Film könnte natürlich [...] auf jeden durchgehenden Gedanken, auf jeden »Inhalt« verzichten. Durch das Ineinanderfließen von Bildern, das Uebereinanderkopieren von Aufnahmen, eventuell in verschiedenen Größenverhältnissen, durch all die verschiedenen Trickmöglichkeiten, denen sich unter Umständen auch das gezeichnete Trickbild anschliessen würde, ist die Filmtechnik in der Lage, alles Traumhafte, Visionäre, Unwirkliche besser wiederzugeben als irgend eine andere Augenkunst, besser als die Malerei, das Theater, von der Skulptur ganz zu schweigen.[84]

Als CALIGARI kam, galt das alles nur noch als Vorgeschichte. CALIGARI hat jedoch nicht den Status eines einzigartigen Erstlings, sondern den eines Schlüsselfilms: Die vorangegangene Entwicklung hin zum expressionistischen Film fand in CALIGARI genau zum richtigen Zeitpunkt ihren Ausdruck, sodass es eben dieser Film war, der als erster komplett expressionistischer Film wahrgenommen wurde. In CALIGARI kam alles zusammen: Die Antwort auf die Frage nach der Kunst im Film, die Reflexion der Schrecken des gerade beendeten Weltkriegs, und endlich auch die vollkommene expressionistische Stilisierung des Filmbildes. Wie wir im nächsten Kapitel sehen werden, kam CALIGARI noch eine andere Schlüsselrolle zu: die eines Filmes, der dazu dienen sollte, dass die nach dem Krieg abgeschottete deutsche Filmindustrie wieder auf dem Weltmarkt Fuß fassen konnte.

Einzelbild: Cesare (Conrad Veidt) überfällt Jane (Lil Dagover) in ihrem Schlafzimmer

Filmstil:
Hollywood mit kleinen Fehlern

Die Tiefe des Bildes

In der Nacht. Die schöne Jane liegt im weißen Nachtgewand in ihrem Bett im Vordergrund des Bildes. Da erscheint hinten am Fenster eine schwarze Gestalt. Zum ersten Mal sehen wir den Mörder, der in der kleinen Stadt Holstenwall umgeht: Es ist Cesare, der Somnambule.* Er zerbricht das Fenster und dringt mit einem Dolch bewaffnet in Janes Schlafzimmer ein. Von hinten kommt er langsam näher ans Bett heran. Doch als er den Dolch auf die Schlafende hinab stoßen will, zögert er. Cesare kann die weiße Schönheit nicht erdolchen, wie er es mit den anderen Opfern getan hat. Da erwacht Jane, und es kommt zu einem wilden Kampf. Am Ende ist Jane bewusstlos, und Cesare nimmt sie mit. Zerrt sie zum Fenster, trägt sie unterm Arm hinaus.

Diese Szene aus DAS CABINET DES DR. CALIGARI (Einstellungen 172–186)[85] zeigt, abgesehen von dem nervenaufpeitschenden Inhalt, zwei ganz unterschiedliche Eigenschaften kommerzieller Filme der 1910er Jahre:

1. Die Szene ist in mehrere Einstellungen geteilt: Zuerst wird uns in einer Totalen die im Vordergrund schlafende Jane und der im Hintergrund am Fenster erscheinende Cesare gezeigt (172), dann sehen wir in einer näheren Einstellung Cesare am Fenster (173), dann wieder die Totale mit dem Gesamtbild (174), usw.
2. Innerhalb einer Einstellung bewegen sich die Figuren nicht nur nach links und rechts über die zweidimensionale Leinwand, sondern auch *in der Tiefe des Bildes*: Jane liegt im Vordergrund des Bildes, und der Somnambule kommt aus dem Hintergrund heran.

---

* *Somnambule:* Schlafwandler; Cesare ist aber eigentlich ein Schlafsüchtiger.

Diese beiden Eigenschaften der Filmkonstruktion repräsentieren zwei unterschiedliche Systeme Ende der 1910er Jahre: Nach dem Vormarsch des Hollywood-Kinos und seiner Prägung des Welt-Kinos galt die Komposition des einzelnen Bildes in der Tiefe (*depth staging*) zu dieser Zeit als veraltet und »europäisch«: Die Handlung in einer einzigen Einstellung zu präsentieren, in der die Figuren sich vom Hinter- in den Vordergrund bewegten oder Vorder- und Hintergrund gleichermaßen wichtig waren, galt als Rückgriff auf die theaterhafte Inszenierung im frühen Film (und kam erst später durch Regisseure wie z.B. Orson Welles wieder zu Ruhm). Das neue System war die amerikanische Montage-Technik: Der Regisseur wies den Zuschauer nicht mehr durch die Komposition eines einzelnen Bildes darauf hin, was wichtig war und was nicht, sondern durch die Anordnung verschiedener Einstellungen, von denen z.B. die erste eine einführende Totale und die nächsten Nah- oder Detailaufnahmen einzelner Figuren oder Objekte zeigen konnten.

Der Filmhistoriker David Bordwell (*1947) analysiert die wiederentdeckten Filme Robert Reinerts (und unmittelbaren CALIGARI-Vorläufer) OPIUM und NERVEN als bewusste Kombination des neuen Montage-Stils mit der »veralteten« *Depth-staging*-Technik,[86] und auch in CALIGARI werden beide Verfahren angewandt, etwa in der Anfangsszene als Jane sich von hinten den beiden Männern auf der Parkbank nähert und nach vorne an ihnen vorbeigeht (4–12) oder in der Szene, in der Franzis Dr. Caligari verfolgt, und zwar einerseits in mehreren aufeinander folgenden Einstellungen und andererseits auf der vertikalen Achse ins Bild hinein (225–227). Die Szene, in der Cesare die Entführung Janes abbricht, ist eine mit 36 Sekunden besonders lange Einstellung, die nicht durch Schnitte sondern durch Komposition des Bildes konstruiert ist: Cesare trägt Jane eine Straße hinunter. Von den Dienern verfolgt, lässt er sie vorne liegen und flieht nach vorne heraus aus dem Bild (siehe Frontispiz, S. 2). Die Diener finden die bewusstlose Jane und tragen sie nach hinten aus dem Bild hinaus, während Männer aus dem Dorf den Somnambulen nach vorne verfolgen (Einstellung 196).

Der Filmemacher und -theoretiker Noël Burch (*1932) hat argumentiert, dass der CALIGARI-Film zwar innerhalb des Systems etablierter filmischer Konventionen entstanden sei, das er den *Institutional Mode of Representation* (IMR) nennt, aber durch seine Verwendung einerseits stilisierter und flach wirkender Bilder, andererseits der Komposition des Bildes in der Tiefe eine selbstbewusste Auseinandersetzung mit dem neuen System darstelle, das CALIGARI zum »ersten großen Film der Moderne« mache.[87] Burch vertrat allerdings die Auffassung, dass die flach wirkenden Bilder die »primitive« und die Komposition in der Bildtiefe die »moderne« Seite des Filmemachens repräsentiere:

> Caligari's imagery plays constantly on a carefully sustained ambiguity. The film's notorious visual style presents each tableau as a flat, stylized rendering of a deep space, achieved by a design of dramatically oblique strokes so plainly graphic, producing effects of relief so artificial that they immediately recall the tactile surface of the engraver's page. But at the same time the movement of the actors within these frames is always along the axis of the lens and perpendicular to the

picture plane, in a style reminiscent of the staging in depth of Jasset or Perret, say. Thus, the same images seem to produce two historical types of spatial representation at once, two types which are as it were superimposed on one another.[88]

Das System der Kontinuität

Wie modern ist DAS CABINET DES DR. CALIGARI? Von Anfang an wurde der CALIGARI-Film als Durchbruch der Kunst im Medium Film gefeiert, hauptsächlich wegen seines visuellen Stils, der sich am Expressionismus der Malerei orientierte. Wie jedoch gezeigt wurde, kam in CALIGARI der Expressionismus lediglich genau zu dem Zeitpunkt in den Film, als er kommerziell verwertbar wurde. Und expressionistische Kunst wurde im CALIGARI-Film als das adaptiert, was sie auch schon vorher war: Malerei. Ist denn dann wenigstens der *filmische Stil* CALIGARIS so bahnbrechend, wie Burch nahelegt, »expressionistisch« womöglich? So wurde CALIGARI immer wieder dargestellt: Als expressionistisches Meisterwerk, in dem nicht nur die Kulissen expressionistisch stilisiert, sondern auch »bizarre Kamerawinkel«[89] zu sehen waren und Schnitttechniken, die die »Norm der Zeit untergruben«.[90]

Der australische Filmhistoriker Barry Salt (*1933) hat in seinem Standardwerk *Film Style and Technology* festgestellt, dass solche Bemerkungen häufig auf vorschnellen Urteilen beruhen, gefällt ohne dass die Filme tatsächlich genau untersucht wurden. Er hat daraufhin in seiner grundlegenden Forschungsarbeit Elemente des Filmstils wie Kamerawinkel und Schnitttechniken auf Grundlage einer großen Anzahl gesichteter Filme beschrieben und miteinander verglichen, sodass wir nun sehr genau wissen, welche Elemente des Filmstils zu welcher Zeit aufgekommen sind. Ich verwende hier Salts Werk als Hintergrundstatistik, die Behauptungen der Art »Alle Filme der Zeit benutzten Parallelmontage und Rückblende« oder »Die subjektive Kamera ist in Filmen der Jahre 1914–1919 kaum zu finden« empirisch stützt.[91] Wenn man sich den CALIGARI-Film genau ansieht, dann kommt man zu dem überraschenden Ergebnis, dass CALIGARI nicht der revolutionäre Versuch ist, einen neuen expressionistischen Filmstil zu etablieren, sondern im Gegenteil der Versuch, die etablierten Konventionen einzuhalten.

Laut Salt setzte sich in der Periode von 1914–1919 im amerikanischen Film das Hollywood-System der Kontinuität (*system of continuity*) durch, jener Kanon von Konventionen, der zum professionellen Standard des kommerziellen Films weltweit wurde und die Sehgewohnheiten des Kinopublikums bis heute bestimmt. Die 1910er Jahre markieren die größte Veränderung, die der kommerzielle Film jemals durchmachte, wichtiger noch als der Übergang vom Stummfilm zum Tonfilm ein Jahrzehnt später: Statt ausschließlich Kurzfilme, wurden nunmehr längere Filme mit Spielhandlung produziert. Als Reaktion auf diese neue Situation entstanden zwei unterschiedliche Stile, die für das weltweite Kino prägend wurden: der europäische und der amerikanische. In Europa inszenierte man Szenen eher (aber keineswegs ausschließlich) wie auf der Bühne: Man filmte in langen, weiten Einstellungen, und die Aufgabe des Regisseurs war wie die eines Theaterregisseurs, durch Anordnung des Bühnenbildes, der Requisiten und Schauspieler den Blick des Zuschauers auf das jeweils wichtige zu lenken (*mise en scène*). Die Organisation des Bildes in der Tiefe (*depth staging*) ist ein Merkmal dieses Stils. In Amerika zerlegte man den Film eher (aber keineswegs ausschließlich) in mehrere Einstellungen, zeigte wichtiges in Nahaufnahmen und schnitt zwischen Gesprächspartnern hin und her (*montage, editing*). Die Konventionen, die nun entstanden, betrafen unter anderem die Bewegungen und Anordnungen von Objekten in aufeinanderfolgenden Bildern, oder allgemeiner: die Möglichkeiten des Filmschnitts und der Kamera. Wenn eine Szene in mehrere Einstellungen geteilt wurde, was war da eigentlich zu beachten, damit das Publikum die einzelnen Einstellungen als zusammenhängend interpretiert?

Im Jahr 1919, als CALIGARI entstand, hatte das System der Kontinuität in Hollywood Fuß gefasst: Alle Regisseure hielten sich mit wachsender Routine an die ungeschriebenen Kontinuitätsregeln. In Europa versuchte man es ihnen gleich zu tun, allerdings mit zeitlicher Verzögerung. Die Regisseure waren noch im europäischen, theaterhaften Stil verwurzelt und der »Amerikanismus« wurde vom Feuilleton argwöhnisch beobachtet.[92] Aber der amerikanische Film hatte bereits seinen Siegeszug um die Welt angetreten und begann, auch die Sehgewohnheiten des europäischen Publikums zu prägen. Als die deutsche Filmindustrie begann sich Gedanken darüber zu machen, wie sie wieder deutsche Filme auf dem Weltmarkt platzieren könnte, war klar, dass diese Filme in einem filmischen Stil gedreht sein mussten, den das weltweite Publikum akzeptierte und nicht als altmodisch empfand. DAS CABINET DES DR. CALIGARI war einer dieser Filme, die für ein potenzielles weltweites Publikum gedreht wurden. Der Film ist ein bewusster Versuch, das System der Kontinuität anzuwenden, mit einigen absichtlichen Abweichungen und kleinen Fehlern.

Einstellungslängen und -größen

Erste, einfache Maße, um einzelne Filme einer Periode, Perioden untereinander, Filme einzelner Regisseure oder amerikanische und europäische Filme untereinander zu vergleichen, sind durchschnittliche Einstellungslänge und Verteilung der Einstellungsgrößen. Die *Einstellung* (nicht etwa das Einzelbild) wird oft als kleinste Einheit des Films bezeichnet: Sie ist ein Schnipsel Film mit einer kontinuierlichen Bewegung. Bei der Montage werden diese einzelnen Schnipsel zum ganzen Film zusammengesetzt. *Einstellungsgrößen* können z.B. so klassifiziert werden, von Nahen zu Weiten:

Detail (D)
Groß (G)
Nah (N)
Halbnah (HN)
Amerikanisch (A)
Halbtotale (HT)
Totale (T)

CALIGARI (in der analysierten Fassung) besteht aus 315 Einstellungen (ohne Titel und Textinserts), die durchschnittliche Einstellungslänge (Gesamtlänge durch Anzahl der Einstellungen) ist 10,7 Sekunden. Es gibt Passagen, in denen die Einstellungen sehr kurz sind, besonders herausragend der Anfang des Films (Beginn der Rahmenhandlung bis zur ersten Rückblende: 19 Einstellungen, gesamt 67 Sekunden, Durchschnitt 3,5 Sek.), und es gibt Passagen, in denen die Einstellungen sehr lang sind, besonders herausragend die erste Rückblende zum Direktor der Irrenanstalt, in der der Somnambule eingeliefert wird (die längste Einstellung im Film: 91 Sek.).[93]

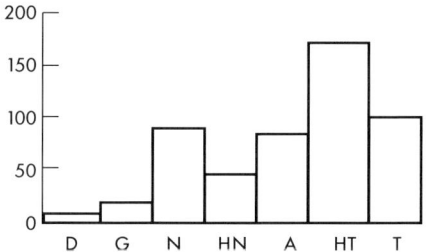

Diagramm 1: CALIGARI, Anzahl der einzelnen Einstellungsgrößen pro 500 Einstellungen.

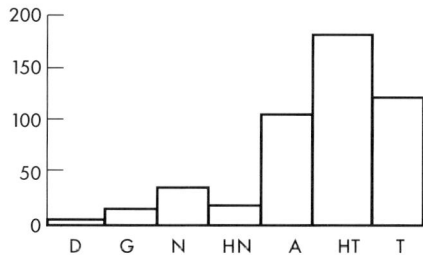

Diagramm 2: CALIGARI, Länge der einzelnen Einstellungsgrößen in Sekunden pro 500 Sekunden.

Das erste Diagramm zeigt die Verteilung der einzelnen *Einstellungsgrößen*. 53,65 % der Einstellungen im Film sind totale (Halbtotale und Totale), die mit Abstand am häufigsten benutzte ist die Halbtotale (allein 33,97 %). Immerhin 42,22 % der Einstellungen sind nahe (Nah, Halbnah und Amerikanisch). Deutlicher wird die Dominanz der totalen Einstellungen, wenn wir die *Längen* vergleichen (Diagramm 2): Hier sind 63,25% totale und nur 34,52% nahe, da die totalen länger gezeigt werden als die nahen. Fast zwei Drittel der Bilder, die wir im Film sehen, sind also Totalen oder Halbtotalen. Laut Salt sank in den Jahren 1914–1919 in Amerika die durchschnittliche Einstellungslänge und es wurden weniger totale und mehr nahe Einstellungen verwendet. In Europa fand diese Entwicklung mit zeitlicher Verzögerung statt. Ein Vergleich mit den von Salt vorgelegten Statistiken zeigt, dass CALIGARI in beiden Maßen hinter dem Standard der Zeit zurück liegt.[94]

Einführungseinstellungen

Das System der Kontinuität war eine Antwort auf die Frage: Wie filmte und montierte man eine Szene, die eine kontinuierliche Handlung erzählte, aber aus mehreren Einstellungen zusammengesetzt war, und zwar so, dass der Zuschauer der Handlung folgen konnte, ohne durch die Schnitte abgelenkt zu sein? Wo die eine Einstellung endete, sollte die nächste direkt anschließen, und der Zuschauer sollte nicht merken, dass er eine

Abfolge einzelner zusammenmontierter Einstellungen sah, sondern die Handlung als kontinuierlichen Fluss wahrnehmen. Eine der Konventionen, die das System verwendete, war die der *Einführungseinstellung (establishing shot)*:

Beispiel 1: Die ersten beiden Einstellungen im CABINET DES DR. CALIGARI

1 Halbtotale   2 Nahaufnahme

Ein junger und ein alter Mann sitzen auf einer Parkbank, der alte beendet gerade die Erzählung seiner Geschichte. Zuerst sehen wir die beiden Männer und ihre Umgebung in der Halbtotalen, und erst dann den alten Mann allein in einer Nahaufnahme. Die Konvention, die hier angewendet wurde, lautet: *Zeige dem Zuschauer zuerst den ganzen Handlungsort, und dann die Details!* So wird die Information aus dem großen Bild in das kleine übertragen: Wenn wir den alten Mann allein sehen, wissen wir bereits, wo er sich befindet, und dass z.B. links von ihm der junge Mann sitzt. So geht es auch im Rest des Films weiter: Jeder neue Handlungsort in CALIGARI wird mit einer Halbtotalen oder Totalen eingeführt, und dann erst sehen wir nähere Ausschnitte in dem so definierten Raum. Wenn ein Handlungsort einmal auf diese Weise eingeführt ist und er später noch mal vorkommt, kann bereits eine nähere Einstellung gezeigt werden.

Beispiel 2: Beginn von Sequenzen am Platz vor Caligaris Zelt

51 Totale   58 Halbtotale   152 Totale (näher als 51)

Der Platz vor Caligaris Zelt wird in Einstellung 51 mit einer Totalen eingeführt. Als er unmittelbar darauf (aber am nächsten Handlungstag) noch einmal vorkommt, genügt eine Halbtotale (58). Und als er viel später wieder auftaucht (152), wird zur Erinnerung wieder eine Totale benutzt, die aber näher ist als die ursprüngliche Einführungseinstellung. Die Kameraposition in den Bildern 51 und 152 hätte nicht vertauscht sein dürfen.

Beispiel 3: Weg zwischen Irrenanstalt und Villa des Direktors

243 Franzis kommt zur Villa   T66 Zwischentitel   244 Zurück zur Irrenanstalt

In dieser Bildfolge wird ein denkwürdiger Handlungsort unspektakulär eingeführt: der Weg zwischen Irrenanstalt und Villa des Direktors (wo der Direktor später im Film wahnsinnig wird: »Du musst Caligari werden«). Die Szene zeigt auch, wie die Einführungseinstellung zusammen mit der Bewegung der Figuren verschiedene Handlungsorte räumlich einander zuordnet: In Bild 243 kommt Franzis von hinten links den Weg entlang und trifft vorne rechts den älteren Arzt, der den in seiner Villa schlafenden Direktor überwacht. »Er schläft«, sagt der Zwischentitel, und in 244 gehen die beiden Männer zurück nach links hinten, um in der nächsten Szene das Büro des Direktors in der Irrenanstalt zu durchsuchen. Die Irrenanstalt ist also links, dazwischen der Weg, und rechts die Villa des Direktors.

Beispiel 4: Alans Studentenzimmer

25 Einführungseinstellung   96 Mord in der Schlafecke   104 Nach dem Mord

Hier wird die visuelle Orientierung erst im Nachhinein hergestellt. Am Anfang der Binnengeschichte wird Alans Studentenzimmer mit einer Halbtotalen eingeführt (25). Ganz rechts angeschnitten sehen wir bereits die Schlafecke, in der Alan später ermordet wird. Aber in der Mordszene wird die Schlafecke wie ein eigener Raum eingeführt (96), die beste visuelle Verbindung zu Alans Stube ist der Stuhl, der links vom Bett steht. Wenn wir uns nicht ganz genau an die ursprüngliche Einführungseinstellung erinnern, könnte dies irgendein Schlafzimmer sein, und wenn wir den im Bett liegenden Mann nicht erkennen, erfahren wir erst in der nächsten Szene durch die Hauswirtin, dass es Alan war, der da ermordet wurde. Erst als Franzis und die Wirtin schließlich Alans Stube betreten (104, wie 25), wird uns der räumliche Zusammenhang klar: Wir erkennen Alans Stube, und als Franzis zum Bett stürzt, sehen wir, dass es in der rechten Ecke des Zimmers war, in der Alan ermordet wurde.

Im Drehbuch vorgesehen war eine längere Einführung der Mordszene, in der gezeigt wird, wie Alland zu Bett geht (II. Akt, 18. Bild).[95] Es ist möglich, dass auch eine Einführungseinstellung gefilmt wurde, die das ganze Zimmer mit dem auf der rechten Seite schlafenden Alan zeigt. Damit wäre die visuelle Verbindung zwischen Alans Stube und der Schlafecke von vornherein hergestellt und wir wüssten sofort, wo der Mord stattfindet und wer ermordet wird. Es wäre auch nicht mehr so verwirrend, dass zwar rechts an der Wand der Schatten Cesares hochsteigt, sich Alan aber voller Entsetzen nach links wendet. Ein Standbild ist erhalten geblieben, das im Film fehlt. Es zeigt Alans Stube in einer Halbtotalen wie in Einstellung 25, und auf der rechten Seite Cesare, der mit dem Dolch in der hoch erhobenen Hand auf den im Bett liegenden Alan losgeht.[96]

Standfotos sind Bilder, auf denen ein Standfotograf Szenen aus dem Film nachstellt. Er nimmt sie bei den Dreharbeiten auf, mit Schauspielern in Originalkulissen,

Standbild: Cesare (Conrad Veidt) ermordet Alan (Hans Heinrich von Twardowski)

aber Kameraposition und Posen können von den gefilmten Bildern abweichen. Es ist daher auch möglich, dass dieses Bild nie so gefilmt wurde. Ich halte es für wahrscheinlich, dass es zwar gefilmt wurde, aber es eine bewusste Entscheidung war, das Bild nicht in den Film zu nehmen. Der Grund dafür könnte gewesen sein, dass diese Einstellung nicht nur eindeutig zeigt, wer ermordet wird und wo er ermordet wird, sondern auch, dass Cesare der Mörder ist. Den Mord stattdessen ausschließlich als Schattenspiel an der Wand zu zeigen, gibt der Szene eine geheimnisvolle Ambivalenz. Der Schatten an der Wand gehört zwar Cesare, ist aber schwer zu erkennen. Erst später im Film ist Cesare eindeutig als Einbrecher mit Dolch zu sehen, in der Szene in Janes Schlafzimmer.

Ein weiteres Standbild, das so nicht im Film zu sehen ist, zeigt nach dem Mord Alans gramerfüllte Wirtin, den sinnierenden Franzis und tatsächlich auch den in seinem Bett ermordeten Alan. Im Film ist die Leiche Alans wohl schon weggebracht worden, und wir sehen nur, wie Franzis zum anscheinend leeren Bett stürzt, in dem der Freund ermordet worden ist.

Standbild: Die Wirtin (Elsa Wagner), Franzis (Friedrich Fehér) und (im Bett) der ermordete Alan (Hans Heinrich von Twardowski)

Bewegungsrichtungen

Beispiel 5: Vom Polizeirevier ins Gefängnis

206 Polizeirevier ← 207 Treppe ← 208 Gefängnis ←

In dieser Szene vom Anfang des fünften Aktes schauen Franzis und die Polizisten am Tag nach der versuchten Entführung Janes nach, ob der gefangene Verbrecher noch in seiner Zelle ist. Auf dem Weg vom Polizeirevier ins Gefängnis gehen sie die ganze Zeit nach links (die Pfeile zeigen die Bewegungsrichtung an). Dies ist eine der ältesten Kontinuitätsregeln, die in Filmen angewandt wurde: *Wenn eine Figur von A nach B geht, lass sie auf der Leinwand immer in die gleiche Richtung gehen!* Das lässt sich technisch meist einfach dadurch erreichen, die Kamera in allen Einstellungen auf die gleiche Seite der AB-Achse zu stellen. Auch heute noch lernt jeder Filmstudent, dass der sogenannte *Achsensprung (crossing the line, 180 degree rule)* ein Verstoß gegen diese Kontinuitätsregel ist. (Das gilt übrigens auch bei Szenen ohne Bewegung: Wird ein Dialog zweier Figuren in mehreren Einstellungen gefilmt, soll die Kamera in jeder Einstellung auf der gleichen Seite der Achse zwischen den beiden Figuren bleiben.) Natürlich darf eine Figur die Bewegungsrichtung wechseln, wenn sie dies im Bild tut, z.B. könnte Franzis in Einstellung 207 es sich anders überlegen und nach rechts zurück zum Polizeirevier gehen. Aber wenn der Darsteller das Bild in eine Richtung verlässt, dann soll er im anschließenden Bild in die gleiche Richtung gehen. So hat der Zuschauer den Eindruck einer kontinuierlichen Bewegung auf ein Ziel zu, und die Handlungsorte des Films werden räumlich sortiert: Rechts ist das Polizeirevier, dazwischen liegt die Treppe, und links ist das Gefängnis. Sollte die Figur später im Film wieder von B nach A zurückgehen, bewegt sie sich in die andere Richtung, wie in diesem Beispiel:

Beispiel 6: Janes Entführung

  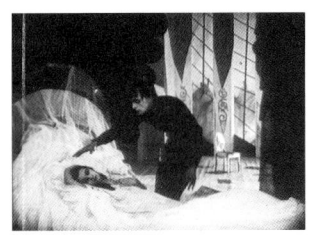

171 Mauer ←   177 In Janes Schlafzimmer ←   180 Janes Schlafzimmer ←

184 Janes Schlafzimmer →   192 Dächer →   195 Mauer →

Dies ist die Szene, in der Cesare mit dem Dolch in Janes Schlafzimmer eindringt und schließlich die Bewusstlose mit sich nimmt. Auf dem Hinweg geht er nach links, auf dem Rückweg nach rechts. Der vorübergehende Richtungswechsel im Zickzack über die Dächer in Bild 192 ist kein Regelverstoß, weil er im Bild stattfindet, nicht zwischen den Schnitten. Die Szene zeigt uns auch, wie die Handlungsorte räumlich zueinander angeordnet sind: Links ist das Schlafzimmer, dann kommen die Dächer, und rechts ist die Mauer in Olfens Garten (wo Jane früher im Film von Alans Ermordung erfahren hat). Auch die anderen Handlungsorte lassen sich auf diese Weise eindeutig zueinander in Beziehung setzen, z.B. der Jahrmarkt und seine Umgebung:

Beispiel 7: Holstenwall-Jahrmarkt

151 Vor dem Jahrmarkt →   152 Vor Caligaris Zelt →   160 In Caligaris Zelt →

Jane geht allein auf den menschenleeren Holstenwall-Jahrmarkt und begegnet Dr. Caligari. In seinem Zelt konfrontiert Caligari sie mit Cesare, dem Somnambulen. Alle drei Handlungsorte kommen im Film mehrfach vor. Aber als wir den Platz vor Caligaris Zelt zum ersten Mal sehen (in Einstellung 51, ähnlich 152), können wir ihn nicht räumlich dem in der vorherigen Einstellung (20, wie 151) gezeigten Platz vor dem Jahrmarkt zuordnen, denn Einstellung 51 zeigt uns einfach Caligaris Zelt, vor dem viele Jahrmarktsbesucher auf- und abströmen. Erst diese Szene mit Jane (und eine spätere mit Franzis, 164–165) zeigt uns, dass Caligaris Zelt rechts vom Platz vor dem Jahrmarkt liegt. Zu Caligaris Wohnwagen kommen wir übrigens, wenn wir in Bild 152 nach hinten rechts gehen (wird gezeigt in den Einstellungen 165–166).

Das folgende Beispiel zeigt die Inszenierung der wilden Verfolgungsjagd zwischen Dr. Caligari und Franzis. Die Kontinuitätsregel der Bewegungsrichtung wurde offenbar bewusst angewandt:

Beispiel 8: Verfolgungsjagd vom Jahrmarkt zur Irrenanstalt

224 Caligaris Wohnwagen ← 225 Feldweg ↑ 225 Feldweg →

226 Brücke → ↓ 227 Anderer Feldweg ↑ 228 Vor der Irrenanstalt ←

Die allgemeine Richtung der Verfolgungsjagd ist nach links (erstes und letztes Bild), aber zwischendurch läuft Caligari vorübergehend kurz nach rechts (ganz am Ende von 225 und zu Beginn von 226, als er auf die Straße kommt, auf der Cesare Jane liegen gelassen hat). Das ist nur erlaubt, weil vorher ein neutrales Bild eingefügt wurde, das die Möglichkeit eröffnet, die Richtung zu wechseln: In 225 läuft Caligari von uns weg, in 226 am Ende auf uns zu, 227 ist wieder ein neutrales Bild, und schließlich geht es wieder nach links. Danach landet auch Franzis vor der Irrenanstalt und geht auch in der Anschlussszene im Hof der Irrenanstalt nach links weiter. Insgesamt ergibt sich der Eindruck einer langen Jagd durch die Nacht (tatsächlich bricht währenddessen der Tag an). Wir wissen nicht genau, wo die Irrenanstalt liegt, aber im Verhältnis zu den anderen Handlungsorten ist es links von uns.

Die Beispiele 5–8 zeigen auch, wie durch die Zerlegung von Szenen in mehrere Einstellungen Zeit gespart wird: Alle diese Szenen würden länger dauern, wenn man sie in der Realität beobachten, im Theater aufführen oder im Film in nur einer Einstellung zeigen würde. Die Verfolgungsjagd zwischen Caligari und Franzis dauert in der Filmerzählung die ganze Nacht, kann im Film aber durch die Zerlegung in fünf Einstellungen in weniger als einer Minute dargestellt werden. Das ist möglich, weil zwischen den Schnitten Zeit vergeht, die nicht gezeigt wird. Schnitte raffen also die Zeit, und das System der Kontinuität sorgt dafür, dass zusammenhängende Handlungen trotzdem als fließende Bewegung wahrgenommen werden.

Betreten von Räumen

Es gibt einen Spezialfall der Bewegung von einer Einstellung in die nächste, in dem Caligari sich nicht an die Kontinuitätsregel der Bewegungsrichtung hält: Immer wenn sich ein Darsteller nicht über mehrere Einstellungen von A nach B bewegt (wie in den Beispielen 5–8), sondern einfach eine Einstellung verlässt und in der nächsten einen anderen Handlungsort betritt, z.B. ein Gebäude oder ein anderes Zimmer, dann stellt der Regisseur die Kamera auf die gegenüber liegende Position und ändert dadurch (mit einem Achsensprung) die Bewegungsrichtung.

Beispiel 9: Franzis' Wohnung

31 Vor Franzis' Wohnung ← 32 Franzis' Stube →

Dieser Stil wird konsequent angewandt (in mindestens sieben Fällen, mit einer Ausnahme, siehe Beispiel 11), sodass ich annehme, dass es sich um eine bewusste Entscheidung handelt. Es ist eine Eigenart des europäischen Films, die vom amerikanischen Kontinuitäts-Stil abweicht, oder ein persönlicher Stil, den sich Caligari-Regisseur Robert Wiene angewöhnt hat. Er wendet diesen Stil auch z.B. noch in seinen späteren Filmen Genuine (1920), Orlacs Hände (1924) und Der Rosenkavalier (1925) an, obwohl in all diesen Filmen auch gelegentlich »richtige« Bewegungsrichtungen beim Betreten von Räumen vorkommen und Wiene den Stil zunehmend abmildert, indem er die Figuren Räume durch Eingänge in der Mitte des Bildes betreten lässt.

Die Ausnahme in Caligari, in der beim Betreten eines Raumes die Bewegungsrichtung eingehalten wird, finden wir in der Szene, als Franzis zum zweitenmal das

Büro des Direktors betritt. Es gibt insgesamt vier Szenen in CALIGARI, in denen Franzis vom Flur in das Büro geht bzw. umgekehrt. Die Regel ist, dass beim Schnitt die Bewegungsrichtung gewechselt wird (diesmal übrigens ohne die Kamera auf die Gegenposition zu stellen), so:

Beispiel 10: Franzis betritt das Büros des Direktors I

234 Flur →   235 Büro des Direktors ←

Suggeriert wird, dass wenn man über den Flur durch die Tür geht, dann durch einen Eingang vorne rechts ins Büro kommt. Auch in zwei weiteren Szenen, in denen der Bote (270) bzw. die Träger mit Cesare (278) ins Büro kommen, kommen sie von rechts. Aber als Franzis und die Ärzte nachts während der Direktor schläft in das Büro eindringen, um es zu durchsuchen, kommen sie von links:

Beispiel 11: Franzis betritt das Büros des Direktors II

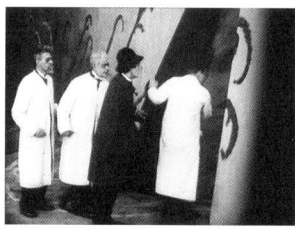   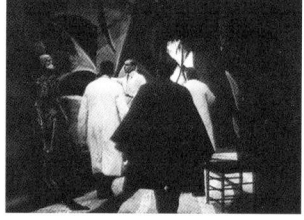

245 Flur →   246 Büro des Direktors →

Diese Szene entspricht zwar der Kontinuitätsregel der Bewegungsrichtung, widerspricht aber der im Film gegen die Kontinuitätsregel eingeführten Anordnung der Orte, wonach man vom Flur rechts vorne ins Büro kommt (die Abführung des überwältigten Direktors in Bild 278 nach links dagegen widerspricht dem nicht, denn links könnte sich ja ein weiterer Ausgang befinden, der nicht zum Flur führt).

Beispiel 12: Ménage à trois

86 Totale   87 Nah   88 Totale

Eine Sequenz aus drei Einstellungen: Zuerst stehen Alan und Franzis im Vordergrund und lesen das Fahndungsplakat nach dem Holstenwall-Mörder. Im Hintergrund links kommt eine Frau (Jane) ins Bild. Die Männer gehen zu ihr und begrüßen sie. In der Nahaufnahme sehen wir, dass sie verzaubert sind von dem Mädchen. Schließlich setzen sich die Drei in Bewegung und gehen in der Totalen vorne links ab. Beachte die Reihenfolge der Personen: In Bild 86 geht zuerst Franzis zu Jane und schüttelt ihre Hand. Er bleibt rechts von ihr stehen. Alan kommt hinzu, schüttelt ebenfalls Janes Hand und geht um die beiden herum, sodass er jetzt links und Jane in ihrer Mitte steht. In den nachfolgenden Bildern bleibt diese Reihenfolge erhalten. Das ist die Kontinuitätsregel der Figuren: *In einer Sequenz mit fließender Bewegung müssen Figuren am Anfang jeder Einstellung in der gleichen Reihenfolge bleiben wie am Ende der vorhergehenden! Änderungen der Reihenfolge müssen im Bild gezeigt werden!*

CALIGARI spielt zu einer Zeit, als Männer noch mit dem Hut auf die Straße gingen. Wenn man ins Haus ging, wurde der Hut abgenommen. Ebenso, wenn man jemanden auf der Straße begrüßte. In Bild 86, als Franzis zu Jane geht, nimmt er den Hut ab. In der Nahaufnahme behält er den Hut in der Hand. In Bild 88, als die Drei sich in Bewegung setzen, setzt er ihn wieder auf und behält ihn auch in der nachfolgenden Einstellung auf. Alan ist ein junger Mann, der sich nicht um solche Konventionen schert: Er behält seinen Hut die ganze Zeit auf. Angewandt wurde die Kontinuitätsregel der Requisiten: *In einer Sequenz mit fließender Bewegung müssen Requisiten am Anfang jeder Einstellung dort sein, wo sie am Ende der vorhergehenden waren! Bewegungen der Requisiten müssen im Bild gezeigt werden!*

Beispiel 13: In Caligaris Zelt

71 Halbtotale   72 Nah   75 Halbtotale

CALIGARI ist ein Versuch, diese Regeln einzuhalten. Bei den Hüten gelingt dies fehlerfrei: Als Dr. Caligari vor dem Zelt seine Schaustellung anpreist, hat er einen Zylinder auf dem Kopf und behält ihn auch in den folgenden Einstellungen auf (52–71). In Bild 71 führt er die Hand zum Hut, nimmt ihn in Bild 72 ab und behält ihn in den folgenden Einstellungen in der Hand (72–75). In Bild 75 setzt er ihn wieder auf und behält ihn auf (75–83). Auch bei Caligaris Brille in der gleichen Sequenz soll die Kontinuitätsregel der Requisiten angewandt werden: Vor und im Zelt hat er seine Brille hochgeschoben auf der Stirn (52–75). Erst in Bild 75 (nachdem er den Zylinder wieder aufgesetzt hat) schiebt er sie auf die Nase und und behält sie dort (75–83). Aber in den Groß- und Nahaufnahmen zu Beginn der Zeltsequenz hat sich ein Fehler eingeschlichen: Caligari hat seine Brille auf der Nase statt auf der Stirn (63–67):

Beispiel 14: Caligaris Brille

63 Groß   67 Nah

Systematische Darstellung:

Bild	Hut	Brille
52–62		Stirn
63–67	auf	Nase – *Fehler!*
68–71		
72	nimmt ihn ab	Stirn
73–74	ab	
75	setzt ihn auf	schiebt sie auf die Nase
76–83	auf	Nase

Der Fehler ist vermutlich dadurch entstanden, dass einige Groß- und Nahaufnahmen in Caligaris Zelt separat gefilmt wurden. Einstellung 63 wird übrigens als Einstellung 161 später im Film noch einmal verwendet (und als Titelbild dieses Buchs). In der dazugehörigen Szene, in der Jane in Caligaris Zelt kommt, trägt Caligari seine Brille allerdings die ganze Zeit auf der Nase.

Weitere Fehler

Die Suche nach Fehlern hat sich zu einem Hobby von Filmfans entwickelt, und selbst in den aufwändigsten Filmen finden sich immer noch zahlreiche solcher *goofs*.[97] Auch in CALIGARI kommen noch mehrere Fehler vor, die ich hier nicht komplett aufführe. Sie lassen sich auf mangelnde Routine beim Anwenden der Kontinuitätsregeln zurückführen, und vermutlich darauf, dass zusammenhängende Szenen nicht zusammenhängend aufgenommen wurden. Einige sind *Requisitenfehler:* Als Franzis und die Ärzte nachts in Caligaris Büro eindringen, hat Franzis zunächst seinen Hut auf dem Kopf (245), dann plötzlich in der Hand (246, siehe Beispiel 11), der ältere Arzt trägt in den Einstellungen 245, 248 und 273 eine dunkle Krawatte, in den anderen Einstellungen der Sequenz eine helle, usw. Andere *Fehler bei der Positionierung von Figuren in Massenszenen:* Als der Verbrecher ins Polizeirevier gebracht wird, umringen ihn in der Halbtotalen die Männer, die ihn gefasst haben (Einstellung 128). In der nächsten Einstellung (129), einem Schwenk in der Nahaufnahme, sollen dieselben Männer gezeigt werden. Dabei steht einer, der vorher rechts stand, jetzt links vom Gefangenen, und einer fehlt (siehe Beispiel 26). Als Franzis und die Polizisten vom Polizeirevier ins Gefängnis gehen, geht zunächst Franzis voran (206–207), dann plötzlich die Polizisten (208, siehe Beispiel 5). Das folgende Beispiel zeigt einen *Fehler der räumlichen Anordnung:*

Beispiel 15: In Caligaris Büro

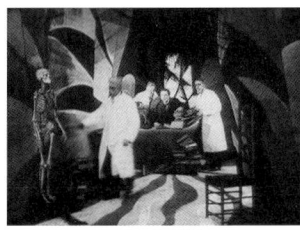 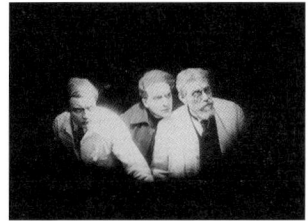 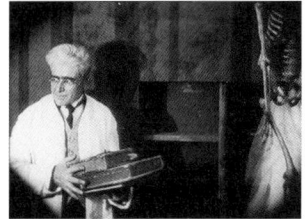

246 Halbtotale   247 Nah   248 Nah

Franzis und die Ärzte sind im Büro des Direktors und durchsuchen die Unterlagen auf seinem Schreibtisch. Da hat der ältere Arzt (der mit der wechselnden Krawattenfarbe!) eine Idee und geht zur Wand auf der linken Seite. Er schiebt das Skelett ein Stück weiter nach links und durchstöbert rechts davon einen Schrank (246). Die drei Männer hinter dem Schreibtisch sehen ihm aufmerksam zu (247). Er holt aus dem

Schrank einen Stapel Bücher, schlägt das obere auf, nickt, und geht zurück zu den anderen (248). Die Nahaufnahmen 247 und 248 passen gut zueinander: Es sind die einzigen beiden direkt aufeinander folgenden Einstellungen im ganzen Film, bei denen die Blickrichtungen der Kamera fast im rechten Winkel zueinander stehen:

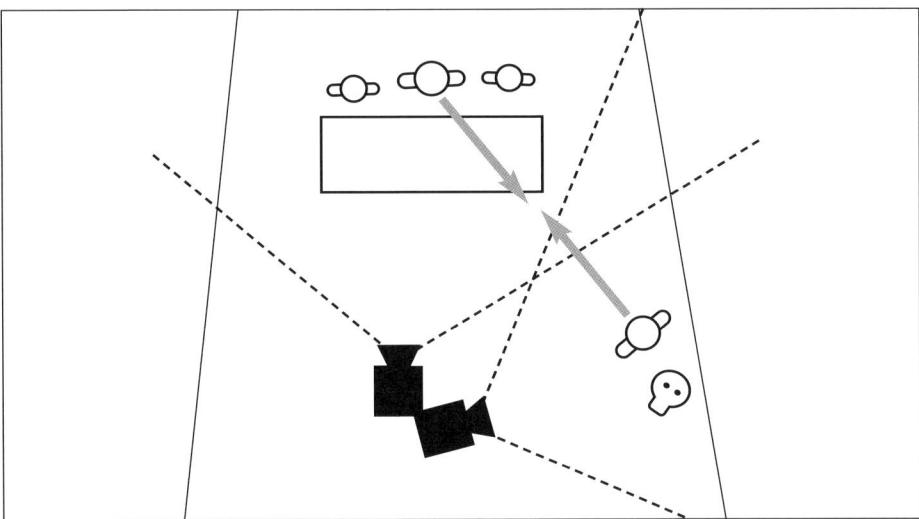

Diagramm 3: Blickrichtungen der Kamera und Figuren

Das Diagramm zeigt, dass sich die Figuren genau anblicken (Pfeile): Die drei Männer hinter dem Schreibtisch blicken nach rechts (aus ihrer Sicht links) zu dem älteren Arzt hinüber, und der ältere Arzt blickt nach links (aus seiner Sicht rechts) zu ihnen zurück. Das Diagramm zeigt aber auch, dass sich der ältere Arzt in den Nahaufnahmen 247–248 auf der rechten Seite des Büros befinden müsste, während die einführende Halbtotale 246 ihn auf der linken Seite gezeigt hatte. Auch das Skelett stand in 246 links vom Schrank mit den Büchern, und in 248 rechts davon. Die beiden Nahaufnahmen würden besser zu 246 passen, wenn sie gespiegelt wären (allerdings wäre dann die Reihenfolge der drei Ärzte am Schreibtisch falsch, und der ältere Arzt würde das Buch von hinten aufschlagen).

Schuss – Gegenschuss

Die meisten Szenen in CALIGARI sind frontal aufgenommen, wie ein Theaterstück. Wir haben bereits gesehen, dass der Regisseur beim Betreten von Räumen die Bewegungsrichtung wechselt und dabei meist die Kamera auf die gegenüber liegende Position stellt (Achsensprung). Es gibt im Film noch drei andere Szenen, bei denen die Kamera auf die gegenüber liegende Position wechselt:

59 Sicht aus dem Publikum   60 Gegenschuss: das Publikum

Das ist eine klassische *Schuss-Gegenschuss-Konstruktion* (*reverse-angle cutting*): Erst wird eine Theaterbühne gezeigt, und dann aus der gegenüber liegenden Sicht das Publikum und seine Reaktion auf das Geschehen auf der Bühne. Auch im Zelt geht es so weiter:

Beispiel 17: In Caligaris Zelt

73 Caligari und Cesare   74 Franzis und Alan im Publikum   75 Alan tritt an die Bühne heran …
auf der Bühne

76 … und stellt die   79 Cesare antwortet   81 Alans Reaktion
verhängnisvolle Frage

Schuss-Gegenschuss-Konstruktionen sind ein typisches filmisches Mittel, das in der Zeit von 1914–1919 verstärkt eingesetzt wurde. In der Zeit zuvor wurde dieses Mittel lediglich benutzt, um eine Theaterbühne und im Gegenschuss das Publikum zu zeigen, wie hier in CALIGARI. Doch nun wurde das Verfahren auch in anderen Zusammenhängen angewandt. Laut Salt zeigen gerade Schuss-Gegenschuss-Konstruktionen, dass das System der Kontinuität in Europa später etabliert wurde als in Amerika: In europäischen Filmen fand er noch Anfang der 1920er Jahre in etwa der Hälfte der Schuss-Gegenschuss-Konstruktionen Achsensprünge.[98]

Bei Schuss-Gegenschuss-Konstruktionen muss nicht notwendigerweise ein Achsensprung stattfinden, denn die Achse ist nicht horizontal, wie beim Betreten von Räumen nach links oder rechts, sondern vertikal. In den hier gezeigten Beispielen aus CALIGARI wechselt die Kamera zwar auf die gegenüber liegende Position, bleibt aber auf einer Seite der Achse zwischen den Figuren, sodass z.B. in 76 Alan nach links schaut, und Cesare in 79 nach rechts zurück blickt. CALIGARI wendet also das Schuss-Gegenschuss-Verfahren zwar selten, aber gekonnt an. Das dritte Beispiel einer Schuss-Gegenschuss-Konstruktion in CALIGARI ist die Szene, in der Olfen und Franzis Caligari in seinem Wohnwagen aufsuchen, um den Somnambulen zu untersuchen:

Beispiel 18: Caligaris Wohnwagen

 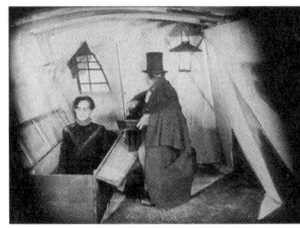 

123 Außen   124 Innen   125 Außen

In Bild 123 nähern sich die Männer dem Wohnwagen, und Franzis klopft an die Tür. In Bild 124 wechselt die Kamera auf die gegenüber liegende Position ins Innere des Wohnwagens. Caligari, der gerade den Somnambulen füttert, hört das Klopfen und geht nach hinten zur Tür. Und in Bild 125 wechselt die Kameraposition wieder nach außen, Dr. Caligari öffnet die Tür und steigt hinaus. In diesem Beispiel steht die Kamera geradezu genau auf der Achse.

Subjektive Kamera

In CALIGARI wird die Subjektivität der ganzen Geschichte ausgedrückt vor allem durch die expressionistische Gestaltung und die Erzähltechnik der Rahmenhandlung, nicht durch eine adäquate Kameraführung. *Subjektive Kameraperspektiven* (*point of view shots*) werden nur selten und behutsam eingesetzt. Einige der folgenden Beispiele könnten auch als objektive Perspektiven interpretiert werden, die nur dem Blickwinkel einer Figur sehr ähnlich sind. Ich nenne dies »quasi-subjektive Einstellungen«. Ein Beispiel dafür ist die schon betrachtete Szene, in der Caligari zum erstenmal vor sein Publikum tritt (Beispiel 16). Wir sehen das Publikum im Gegenschuss aus seiner Sicht (60). Der Blickwinkel von oben (*high-angle shot*, Aufsicht) trägt bei zu dem

Eindruck, dass wir hier durch Caligaris Augen sehen. Aber ist es wirklich seine Sicht, oder sehen wir nur einfach das Publikum von der Bühne aus? In der vorangegangenen Einstellung (59) steht die Kamera zwar inmitten des Publikums, repräsentiert aber nicht die Sicht einer bestimmten Figur: Franzis und Alan, die sich im Publikum befinden, sind weiter vorne zu sehen (Franzis links mit dunklem, Alan rechts mit hellem Hut). Auch in Beispiel 17 werden zwar Alan und Cesare im Schuss-Gegenschuss gezeigt, blicken aber an der Kamera vorbei und nicht in die Kamera. Hier repräsentiert die Kamera also eindeutig nicht die subjektive Sicht einer Figur. In drei Szenen sehen wir Einstellungen aus Franzis' Sicht. Hier das erste Beispiel:

Beispiel 19: Caligaris Wohnwagen: Caligari und Cesare

166 Halbtotale   167 Nah   168 Franzis' Sicht

Die subjektive Einstellung 168 wird sorgfältig vorbereitet: Wir sehen Franzis, der sich anschleicht und durch das Fenster blickt, erst in einer Halbtotalen (166), dann noch einmal in einer Nahaufnahme (167), und erst dann seine subjektive Sicht durch das Fenster: Caligari sitzt mit geschlossenen Augen neben der Kiste, in der anscheinend Cesare liegt und schläft (168). Die Aufsicht verstärkt den Eindruck, dass es sich hier um eine subjektive Sicht handelt. Diese Einstellung kommt im Film noch dreimal vor, in 193, 213 und 215, wobei 213 einfach nur Caligari und Cesare im Wohnwagen zeigt und nicht Franzis' Sicht repräsentiert.

Beispiel 20: Gefängniszelle: Der angekettete Verbrecher

209 Nah   210 Totale

Beispiel 21: Vor Caligaris Wohnwagen: In der Kiste liegt eine Puppe

 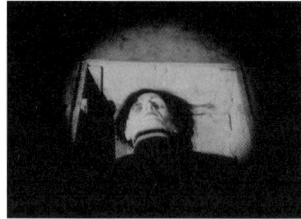

222 Halbtotale 223 Nah: Franzis' Sicht

Auch in den letzten beiden Beispielen sehen wir zunächst Franzis, der auf etwas blickt (209, 222), und dann, was er sieht: den angeketteten Verbrecher in seiner Zelle (210), bzw. die Kiste mit der Puppe (223). Die starke Aufsicht in Beispiel 21 verstärkt den subjektiven Eindruck. In 222 wendet sich Franzis, obwohl er am Kopfende der Kiste steht, so, dass er aus unserer Richtung auf die Puppe blickt. Andernfalls wäre für seine subjektive Sicht ein Gegenschuss nötig gewesen, der die Puppe auf dem Kopf zeigt: eine ganz ungewöhnliche Perspektive, die noch nicht zu den filmischen Ausdrucksmitteln der Zeit gehörte.

Beispiel 22: Mord an Alan

 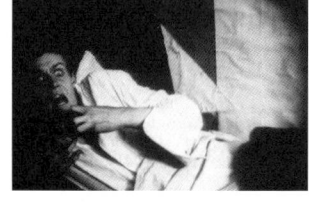 

97 Detail (1 Sek.) 99 Nah (1 Sek.) 100 Nah (11 Sek.)

Formal herausragend ist die Szene, in der Alan ermordet wird: Die Einstellungen sind extrem kurz, die Kamera sehr nah dran. Der Mörder ist nur indirekt zu sehen, als Schatten an der Wand. Die drei Bilder könnten seine subjektive Sicht sein, eindeutig ist das aber nicht. Die eindeutigste subjektive Perspektive des CALIGARI-Films dagegen finden wir in einer Quelle *außerhalb* des Films: auf einem Werbeplakat, das den Zuschauern des Jahres 1920 wohl bekannt gewesen sein dürfte. Es zeigt ebenfalls empor gereckte Hände, allerdings von der anderen Seite, aus Sicht des Opfers Alan:

70

Werbemotiv, Grafik von Erich Ludwig Stahl und Otto Arpke

Die Kamera ist in CALIGARI meist starr. Es gibt im Film fünf *Schwenks* (horizontal: *pans, panning shots*; vertikal: *tilts, tilting shots*), davon drei Begleitschwenks, die der Bewegung einer Figur folgen (einen leichten Korrekturschwenk in 181, als Cesare Jane angreift, habe ich hier nicht mitgezählt) ...:

Beispiel 23: Janes Boudoir   Beispiel 24: Vor Caligaris Zelt   Beispiel 25: Irrenanstalt

139 Jane steht auf ↑   152 Jane nähert sich dem Podest →   305 Der Direktor kommt ↓
        die Treppe runter

... und zwei Schwenks über eine unbewegte Gruppe von Personen in der Nahaufnahme:

Beispiel 26: Im Polizeirevier   Beispiel 27: In Caligaris Büro

   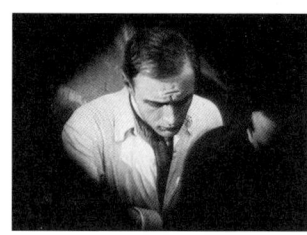

29 Männer mit Hüten ←   255 Ärzte und Franzis lesen →

Auch ungewöhnliche *Kameraperspektiven* (*angle shots*) kommen sehr selten vor. Blickwinkel von oben (*high-angle shots*, Aufsichten) kommen vor in zwei Situationen:

1.) Bei subjektiver Sicht: Caligaris Blick auf sein Publikum (Beispiel 16: 60, auch 70, 74, 76, 77, 81, 82), Franzis' Blick in Caligaris Wohnwagen (Beispiel 19: 168, auch 193, 213, 215) und Franzis' Blick auf die Cesare-Puppe (Beispiel 21: 223).

2.) Wenn liegende Personen gezeigt werden, wie in den folgenden Beispielen.

Beispiel 28: Schlafzimmer der Diener   Beispiel 29: Villa des Direktors   Beispiel 30: Zelle in der Irrenanstalt

185 Die Diener erwachen   252 Der Direktor schläft   280 Der Direktor auf der Pritsche
von Janes Schrei

Im Film vor 1920 wurden wie in CALIGARI die meisten Szenen mit starrer Kamera aus Augenhöhe aufgenommen. Hohe und niedrige Perspektiven repräsentierten fast immer die subjektive Sicht einer Figur oder zeigten Massenszenen in der Totalen von oben. Schwenks gab es hauptsächlich bei Außenaufnahmen, und als die Kamera immer näher an die Schauspieler herankam, als Begleitschwenk, genauso wie wir dies auch in CALIGARI gesehen haben.[99]

Parallelmontagen und Rückblenden

Die Handlung in CALIGARI wird nicht geradlinig erzählt, sondern in Parallelmontagen und Rückblenden. Schon zu Beginn der Binnenhandlung, bei der Einführung der Figuren, wird hin und her geschnitten zwischen Dr. Caligari, der nach Holstenwall kommt und seine Show vorbereitet (23, 35–54) und Alan und Franzis, die auf den Jahrmarkt gehen (25–34, 57). Als Franzis und Olfen beschließen, aktiv in die Handlung einzugreifen (sie verdächtigen Caligari und planen eine Untersuchung seines Somnambulen), wird zwischen jeweils zwei Parallelhandlungen hin und her geschnitten, die sich schließlich zu einem Handlungsstrang vereinen (Parallelmontage, *intercutting, cross-cutting between parallel actions*):

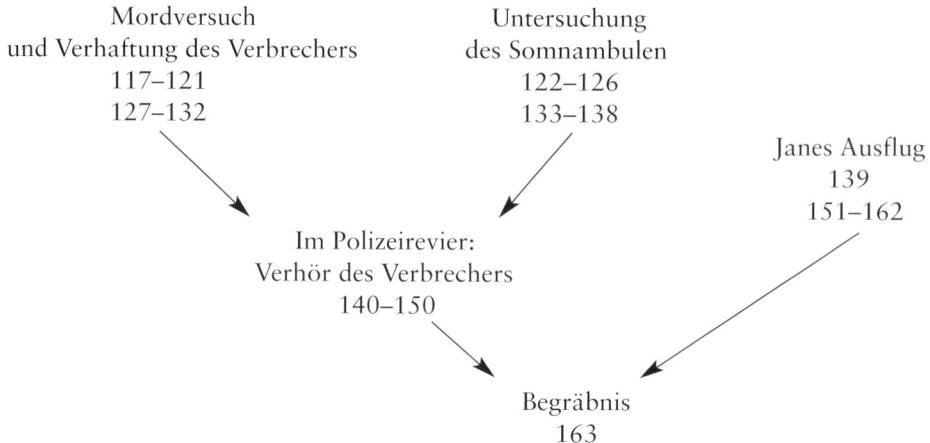

Mordversuch
und Verhaftung des Verbrechers
117–121
127–132

Untersuchung
des Somnambulen
122–126
133–138

Janes Ausflug
139
151–162

Im Polizeirevier:
Verhör des Verbrechers
140–150

Begräbnis
163

In der ersten Parallelhandlung wird eine neue Figur eingeführt: der Verbrecher, der bei einem nächtlichen Mordversuch gefasst wird (117–121). Franzis und Olfen wissen nichts davon und setzen am nächsten Morgen ihr Vorhaben in die Tat um, den Somnambulen zu untersuchen (122–126). Gleichzeitig wird der Verbrecher zur Polizei gebracht (127–132). In Caligaris Wohnwagen erreicht Franzis und Olfen die Nachricht, dass ein Täter verhaftet wurde. Sie brechen ihre Untersuchung ab und begeben sich zum Polizeirevier (133–138). Noch bevor die beiden Parallelhandlungen in einen einzigen Handlungsstrang münden, beginnt eine neue Parallelhandlung: Jane ist beunruhigt über das lange Ausbleiben des Vaters und beschließt, nach ihm zu suchen (139). Gleichzeitig sind Franzis und Olfen im Polizeirevier angekommen und nehmen am Verhör des Verbrechers teil (140–150). Jane geht zum Jahrmarkt und trifft dort ihrerseits Caligari und Cesare (151–162). In der darauf folgenden Begräbnisszene sind Franzis, Jane und Olfen schließlich wieder vereint (163).

Schon in der nächsten Szene wird wieder zwischen zwei Parallelhandlungen hin und her geschnitten:

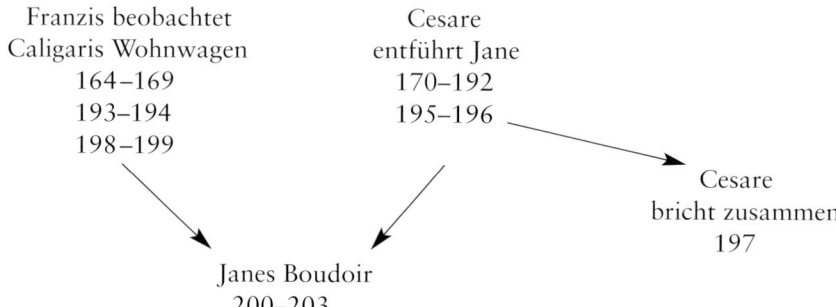

Franzis beobachtet
Caligaris Wohnwagen
164–169
193–194
198–199

Cesare
entführt Jane
170–192
195–196

Cesare
bricht zusammen
197

Janes Boudoir
200–203

Während Franzis Caligaris Wohnwagen beobachtet, dringt Cesare in Janes Schlafzimmer ein und entführt sie. In 196 wird die Übermacht der Verfolger so groß, dass Cesare Jane auf der Straße zurücklässt und später allein auf dem Feld zusammenbricht (197). Damit ist Cesare vorerst aus dem Spiel. Franzis verlässt in 198–199 seinen Beobachtungsposten und trifft in 200–203 wieder auf Jane. Ab hier verläuft die Handlung wieder geradlinig, bis zur Aufdeckung von Caligaris Geschichte.

Es gibt zwei Rückblenden (*flashbacks*), die beide Teil von Parallelmontagen sind. Wie bekannt, ist der ganze Film in eine Rahmenhandlung geschachtelt. Während am Ende des Films einfach zur Rahmenhandlung zurück geschnitten wird, wird der Anfang der Binnengeschichte sorgfältig eingewoben, wie die Auftragung auf eine Zeitachse zeigt:

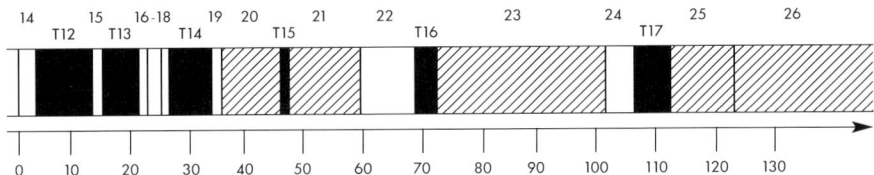

Diagramm 4: Beginn der Rückblende zur Binnengeschichte
Weiß = Einstellungen im Park (Rahmenhandlung)
Schwarz = Zwischentitel, in denen Franzis anhebt, die Geschichte zu erzählen
Schraffiert = Rückblenden zur Binnengeschichte

Wir sehen, dass nach Beginn der Binnenerzählung (schraffiert) noch zweimal zum Erzähler (weiß) zurück geschnitten wird, bevor die Binnengeschichte schließlich als ununterbrochene Handlung zu laufen beginnt. Die Einschübe mit Rückblenden werden immer länger und jeweils durch Zwischentitel (schwarz) explizit eingeleitet: »Die kleine Stadt wo ich geboren bin —« (T14), »Er—« (T16) und »Alan, mein Freund« (T17). Der Übergang zu und von den Rückblenden geschieht durch Iris-Abblende (*iris-out*) der einen und darauf folgende Iris-Aufblende (*iris-in*) der anderen Szene. Wenn direkt vor dem Übergang ein Titel steht, wird auf Abblende (22) oder Aufblende (25) verzichtet: T16 ist durch einen direkten Schnitt mit dem vorangegangenen Bild 22 verbunden, in dem Franzis die Geschichte erzählt, erst danach kommt die Aufblende zur Rückblende. T17 dagegen ist durch einen direkten Schnitt mit dem nachfolgenden Bild 25 verbunden, in dem zum erstenmal Franzis' Freund Alan auftritt, und Franzis, der Erzähler wurde bereits vorher abgeblendet (in 24). T16 gehört zur Rahmenhandlung, T17 schon zur Binnengeschichte, so wie bei einer Rückblende im Tonfilm, bei der wir zuerst den Erzähler sehen und hören und dann die Geschichte sehen, aber am Anfang noch den Erzähler hören (*voice-over*).

Am Ende des fünften Aktes finden wir eine komplexe Schachtelung, in der vier Ebenen miteinander verwoben sind:

1.) Der Direktor schläft (Gegenwart, 242, 252, 262)
2.) Franzis und die Ärzte durchsuchen sein Büro
   (Gegenwart, 243–251, 253–261, 263–268)
3.) Text: Caligaris Geschichte (Textinserts, I4–I10)
4.) Bild: Caligaris Geschichte (Rückblende, 260, 265–268)

Die vier Ebenen sind verwoben nicht nur inhaltlich durch die Geschichte und formal durch die Parallelmontage, sondern auch visuell durch eine Person, einen Ort und einen Gegenstand, die jeweils in mehreren Ebenen auftauchen: der Direktor (1, 4), sein Büro (2, 4), und das Somnambulismus-Buch, das Grundlage seiner Zwangsvorstellungen ist (2, 3, 4).

Ebenen 1 und 2 sind Parallelhandlungen in der Film-Gegenwart der Binnengeschichte, zwischen denen auf der Oberfläche der Schachtelung hin und her geschnitten wird. Vorangestellt ist ein Zwischentitel, der diese Zweiteilung einführt: »Während der Direktor jetzt unter Beobachtung gestellt, in seiner Villa schläft –« (T65) – durchsuchen Franzis und die Ärzte sein Büro! Ebene 2, in der die Männer das Büro durchsuchen, ist eindeutig dominierend: Sie ist etwa 30-mal so lang wie Ebene 1, die nur aus jeweils einer Einstellung mit dem schlafenden Direktor besteht. 3 und 4 sind Unterebenen von 2, in der die Männer Caligaris Geschichte erfahren. Sie wird zuerst in Texten, dann auch im Bild gezeigt:

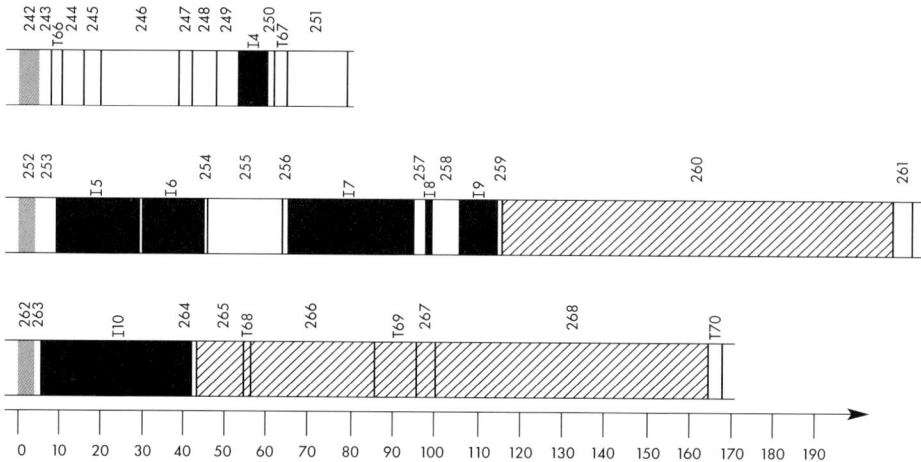

Diagramm 5: Während der Direktor schläft, erfahren die Männer Caligaris Geschichte
Grau = Einstellungen mit dem schlafenden Direktor
Weiß = Einstellungen im Büro
Schwarz = Textinserts
Schraffiert = Rückblenden

Wir sehen, dass sowohl die Textinserts als auch die Rückblenden immer länger werden: Beim ersten Mal (243–251) werden praktisch nur Franzis und die Ärzte gezeigt, die das Büro durchsuchen, und es kommt ein Textinsert vor mit dem Titelblatt des Somnambulismus-Buches (I4); beim zweiten Mal (253–261) dominieren die Textinserts: Franzis und die Ärzte lesen zuerst das Caligari-Kapitel im Somnambulismus-Buch (I5–I7), dann das Tagebuch des Direktors (I8–I10), und dann wird derart vorbereitet auch der Inhalt der Tagebucheinträge im Bild gezeigt (lange Einstellung 260); und beim dritten Mal (263–268) sehen wir abermals eingeleitet durch ein Textinsert (I10) fast nur noch die Rückblende, in der der Direktor der Zwangsvorstellung erliegt, nach Vorlage des Buches Verbrechen zu begehen: »Du musst Caligari werden« (265–268). Der Übergang zu und von den Rückblenden (vom Büro des Direktors in der Gegenwart zum Büro des Direktors in der Vergangenheit und zurück) findet statt durch gleichzeitige Iris-Abblende der einen und Iris-Aufblende der anderen Szene, wobei beide Szenen kurz gleichzeitig im Bild zu sehen sind (259/260, 260/261, 264/265), nur am Ende gibt es eine Iris-Abblende ins Schwarze (268). Damit enden Rückblende, Parallelmontage und der fünfte Akt. Der sechste Akt beginnt mit einer Iris-Aufblende zu Franzis und den Ärzten (269), und dann wird die Geschichte geradlinig zuende erzählt.

Rückblende und Parallelmontage waren Ende der 1910er Jahre etablierte filmische Mittel. Rückblenden entstanden aus der Darstellung von Träumen und Visionen, die es schon in der Kurzfilm-Zeit gab: In G.A. Smiths LET ME DREAM AGAIN (1900), der nur aus zwei Einstellungen besteht, küsst ein Mann eine fremde, schöne Frau. In der zweiten Einstellung liegt er im Bett und küsst seine eigene, hässliche Ehefrau. Der Übergang zwischen den Bildern geschieht durch Unscharfwerden des einen und dann Scharfwerden des anderen Bildes. Später wurde dieser Übergang durch Überblenden gestaltet. Bereits 1909 kam in J. Stuart Blacktons NAPOLEON – MAN OF DESTINY (1909) eine Rahmenhandlung vor: Nach der Schlacht von Waterloo denkt Napoleon zurück an Szenen aus seinem Leben. In diesem Film gibt es auch eine *Vorschau (flashforward)*: Napoleon sieht sich im Exil auf St. Helena. Und 1912 gibt es die klassische Form der Rückblende, in der ein Mann eine Geschichte erzählt, wie in CALIGARI: In Oscar Apfels THE PASSER-BY (1912) erzählt ein alter Mann auf einer Junggesellenparty seine Geschichte. Sie wird zunächst durch Zwischentitel eingeleitet, dann kommt eine Nahaufnahme des Erzählers, von der übergeblendet wird zum ersten Bild der Rückblende. Die Bilder sind visuell miteinander verbunden: Das letzte Bild der Rahmenhandlung zeigt den alten Mann, der die Geschichte erzählt, das erste Bild der Rückblende in der gleichen Pose viel jünger denselben Mann, der jetzt eine Figur der Geschichte ist.[100]

Die Erfindung der Parallelmontage wird allgemein D.W. Griffith zugeschrieben (THE FATAL HOUR, 1908),[101] aber es gab auch frühere Beispiele wie den Vitagraph-Film THE HUNDRED-TO-ONE SHOT (1906). Griffith entwickelte das Verfahren dann weiter. In seinem berühmtesten Film INTOLERANCE (1916) schnitt er nicht nur während des ganzen Films zwischen vier Parallelhandlungen hin und her, sondern auch innerhalb dieser vier zu weiteren Parallelhandlungen und Rückblenden. Wie die Rückblende war die Parallelmontage Ende der 1910er Jahre ein im kommerziellen Film häufig angewandtes Verfahren, das verwendet wurde, um gleichzeitig ablaufende Handlungen zu zeigen oder Spannung aufzubauen, wenn z.B. zwei Züge aufeinander zu rasen wie in Raymond B. Wests THE FEMALE OF THE SPECIES (1918). Das Verfahren war jedoch in Europa noch weniger gebräuchlich als in Amerika.[102] Der Einsatz von Parallelmontagen ist also ein guter Indikator dafür festzustellen, wie sehr ein europäischer Film dieser Zeit die Hollywood-Konventionen beherrschte.

In CALIGARI werden diese Konventionen in der Tat virtuos beherrscht. Auch Fritz Lang verwendet sie in moderner Weise im unmittelbar zuvor von derselben Firma (Decla-Film-Gesellschaft) produzierten Film DER GOLDENE SEE, dem ersten Teil seiner Filmserie DIE SPINNEN: DER GOLDENE SEE beginnt damit, dass ein alter Mann eine Flasche mit einem Hilferuf ins Meer wirft, die der Sportler und Abenteurer Kay Hoog (Carl de Vogt) später findet und daraufhin in ein wildes Abenteuer gerät. Aber statt dies geradlinig zu erzählen, geht der Film nach dem Wurf der Flasche ins Meer zunächst weiter im Yachtclub von San Francisco, wo Kay Hoog und seine Gegnerin Lio Sha (Ressel Orla) auf gesellschaftlicher Ebene als Figuren eingeführt werden und Hoog dann in mehreren Rückblenden erzählt, wie er am Morgen desselben Tages die Flaschenpost gefunden und mit seinen Recherchen begonnen hat, den Absender ausfindig zu machen. Die Rückblenden werden so eingeführt wie in CALIGARI: Zuerst wird der Erzähler gezeigt, dann Titel, in denen er beginnt, die Geschichte zu erzählen, dann auch die Geschichte im Bild. Der Sinn der Erzählstruktur der Rückblende in DER GOLDENE SEE ist, dass Lio Sha so vom Inhalt der Flaschenpost und vom Schatz im goldenen See erfährt und sich ebenfalls auf die Spur setzen kann. Die Expeditionen ins Reich der Inkas, die Kay Hoog und Lio Sha daraufhin unabhängig voneinander vorbereiten, werden in Parallelhandlungen gezeigt, zwischen denen mehrmals hin und her geschnitten wird. Lang benutzt Parallelmontage auch, um Spannung aufzubauen, wenn etwa zwischen dem von Banditen verfolgten Kay Hoog und dem abfahrbereiten, rettenden Ballon hin und her geschnitten wird, oder zwischen der badenden Naëla und der herannahenden Schlange. Später im Film kommt noch einmal eine Rückblende vor, als Kay Hoog den Tempel der Inkas erreicht und sieht, dass Lio Sha gefangen genommen wurde. Ein Indianer erzählt, wie er sie zuvor entführt hat. Die Rückblenden in DER GOLDENE SEE beschreiben Handlungen, deren unmittelbare Konsequenzen wir bereits zu sehen bekommen haben, die Rückblenden in CALIGARI enthüllen nach und nach die Lösung der im Film auftretenden Rätsel.

Blenden

Die *Irisblenden* in CALIGARI sind oft beschrieben worden. Sie passen gut zum expressionistischen Dekor und hinterlassen einen bleibenden Eindruck besonders beim heutigen Zuschauer, der Irisblenden nicht mehr kennt. Im Film gibt es 28 *Iris-Aufblenden* (*iris-ins*), 28 *Iris-Abblenden* (*iris-outs*), außerdem 147 Einstellungen, in denen das Bild von einer *Irismaske* (*matte*) oder einer nur zum Teil geöffneten Irisblende umrahmt (kaschiert) wird und 3 normale *Überblenden* (*dissolves*). Iris-Auf- und Abblenden werden dazu benutzt, *Sequenzen* einzuleiten und zu beenden, das heißt zeitlich zusammenhängende Handlungsabschnitte. Abblende einer Einstellung und anschließende Aufblende der nächsten bedeutet, dass dazwischen Zeit verstrichen ist. Aufblenden zeigen immer einen neuen Handlungsort, Abblenden immer das letzte Bild eines Handlungsortes (mit einer Ausnahme, siehe rechts Beispiel 32), und es gibt keine Ab- und Aufblenden inmitten fließender Handlungen. Meistens (aber nicht immer) bilden jeweils eine Auf- und eine Abblende ein Paar, das einen Handlungsabschnitt einleitet und beendet:

Beispiel 31: Janes Ausflug

151 Aufblende: Jane geht auf den Jahrmarkt.

162 Jane flieht aus Caligaris Zelt. Abblende.

Danach beginnt der nächste Handlungsabschnitt. Neben der visuellen Kontinuität werden in Beispiel 31 auch durch die Auf- und Abblende drei zusammenhängende Handlungsorte räumlich miteinander verbunden: der Platz vor dem Holstenwall-Jahrmarkt (151), der Platz vor Caligaris Zelt (152–159) und das Innere von Caligaris Zelt (160–162). Auch die Rahmenhandlung wird durch Auf- und Abblenden eingeleitet und beendet (und dadurch noch einmal von der Binnenhandlung abgegrenzt). Und der ganze Film beginnt mit einer Aufblende und endet mit einer Abblende.

Es gibt sechs einzelne Einstellungen, die mit einer Aufblende beginnen und mit einer Abblende enden: Die drei Einschübe in der Rahmenhandlung am Anfang (20, 21, 23), das erste Mal, als Caligari in seinem Wohnwagen gezeigt wird (90), die Szene nach dem Begräbnis (163) und die lange Szene in der Rückblende, in der der Direktor wahnsinnig wird (268). All dies sind Einstellungen, die deutlich von den jeweils vorangegangenen und nachfolgenden abgegrenzt sind. 90 (Caligari im Wohnwagen) dient dazu zu zeigen, dass Zeit verstrichen ist zwischen der Szene davor, in der Franzis und Alan mit Jane spazieren gehen, und der Szene danach, in der Franzis und Alan allein nach Hause gehen. 163 (die Einstellung nach Alans Begräbnis) ist die einzige Szene, die am Nachmittag des vierten Handlungstages der Binnenhandlung spielt, bevor Franzis in der Nacht Caligaris Wohnwagen beobachtet und der Somnambule das Mädchen entführt.

In einer einzigen Szene wird nach einer Abblende nicht der Handlungsort gewechselt:

Beispiel 32: Der Verbrecher schleicht durch Holstenwall

 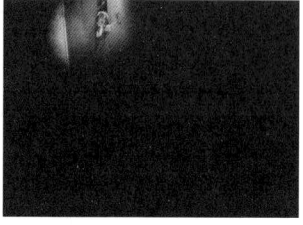

117 Der Verbrecher betritt ein Haus. Abblende.

118 Aufblende: »Mörder – – – Hilfe, Mörder – –«

In 117 schleicht sich der Verbrecher in das Haus der alten Frau, und die Irisblende schließt sich. In der nächsten Einstellung öffnet sich die Irisblende über demselben (etwas weiteren) Bild, zeigt aber nur das Fenster oben links, aus dem die Frau um Hilfe schreit. Ab- und Aufblende dienen auch hier dazu zu zeigen, dass zwischen den Einstellungen Zeit verstrichen ist (in der der Verbrecher in das Zimmer der alten Frau eingedrungen ist und versucht hat, sie zu ermorden).

Beispiele 31 und 32 zeigen bereits, dass Irisblenden nicht immer auf die Bildmitte ausgerichtet sind, sondern auch benutzt werden, den Blick auf bestimmte Personen oder Gegenstände zu lenken: Bei Caligaris erstem Auftreten (23) schließt sich die Blende, bis nur noch sein Kopf zu sehen ist, verharrt dort eine Weile und schließt sich dann ganz; ähnlich in 162, als Caligari Jane nachblickt; und in 315, der berühmten letzten Einstellung des Films. In 50 und 57 (Jahrmarkt) öffnet sich die Blende über einem Karussell bzw. Leierkastenmann und Karussell: Hier passen die kreisrunde Irisblende, das drehende Karussell und die schiefen expressionistischen Formen wunderbar zusammen. In 122 öffnet sich die Blende zunächst nur um Caligaris Kopf und zieht dann erst auf und zeigt den Rest des Bildes. Weitere Blenden, die sich einfach nur um bestimmte Personen öffnen oder schließen, gibt es in 105, 150, 281 (Franzis), 138 (Caligari), 151, 170 (Jane) und 268 (der Direktor wird wahnsinnig und geht aus dem Bild, die Irisblende schließt sich um seine letzte Position).

147 Bilder sind durch *Irismasken* oder nur zum Teil geöffnete Irisblenden eingerahmt. Dabei gibt es vier unterschiedliche Formen der Einrahmung:

Beispiel 33: Einrahmungen mit Irismasken oder -blenden

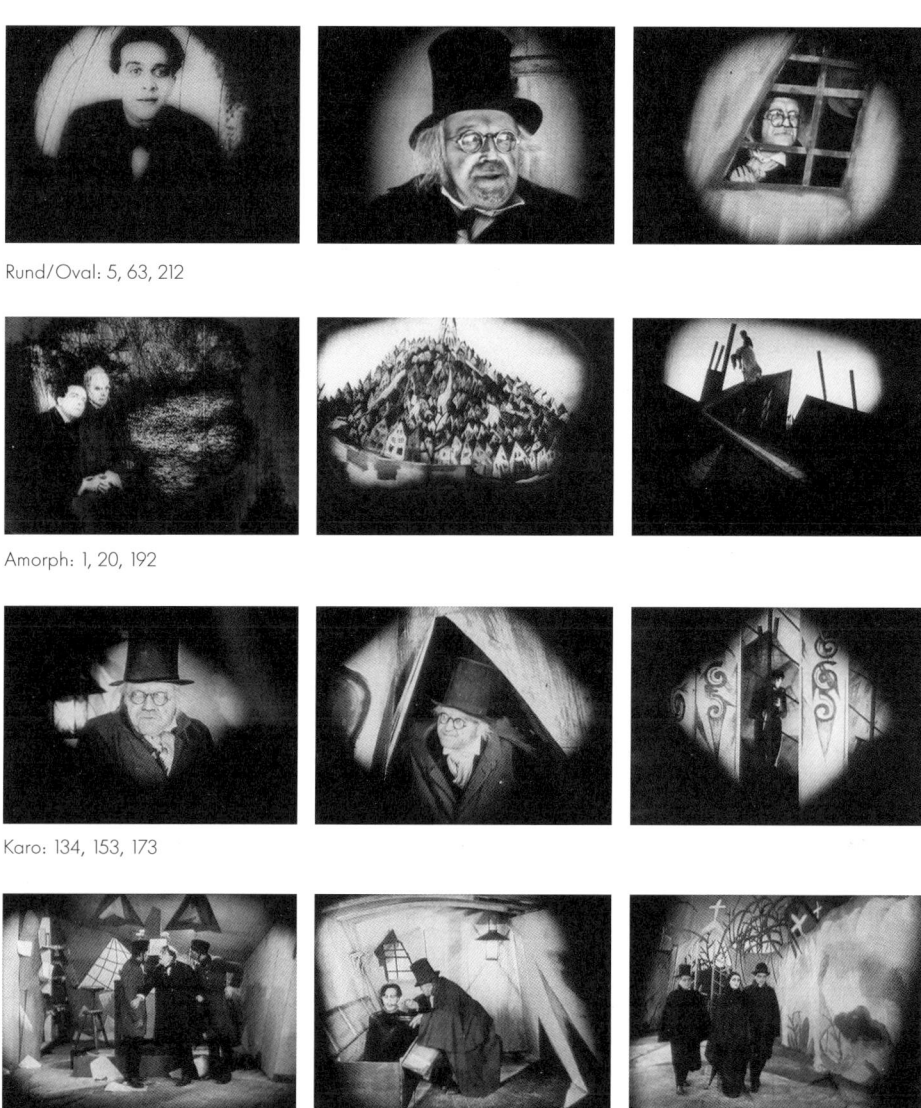

Rund/Oval: 5, 63, 212

Amorph: 1, 20, 192

Karo: 134, 153, 173

Nur leichte Kaschierung an den Seiten: 107, 122, 163

In 85 wird die Blende wie ein Zoom benutzt (»Iris-Zoom«, meine Terminologie):

85 Irisblende umrahmt das Plakat ...   ... zieht dann auf, zeigt   ... und schließt sich wieder
                              Alan und Franzis ...   um Plakat

Die herausragende Verwendung von Blenden in CALIGARI ist eine Überblendung mit zwei Irisblenden: gleichzeitige Ab- und Aufblende an verschiedenen Punkten des Bildes, sodass kurzzeitig beide Einstellungen zu sehen sind. Diese spektakuläre Technik wird verwendet für die Übergänge im fünften Akt von Franzis und den Ärzten, die das Tagebuch des Direktors lesen, zum Direktor in der Rückblende, und zurück (259/260, 260/261 und 264/265, der Übergang 268/269 zwischen den Akten V und VI geschieht durch einfache Abblende ins Schwarze, Akt-End- und Anfang-Titel, und Aufblende aus dem Schwarzen).

Beispiel 35: Überblendung mit Irisblenden

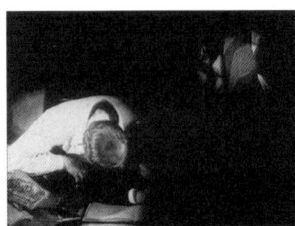  

259/260 Abblende der einen und Aufblende der nächsten Einstellung

Schließlich gibt es auch drei normale *Überblendungen* in CALIGARI, bei denen ein Bild in das andere übergeht (32/33, 114/115, 200/201), diese erfüllen aber nur die Funktion, beim Schnitt von einer weiten Einstellung zu einer näheren mit denselben Figuren am selben Handlungsort einen sanften Übergang herzustellen. Der Grund für diese Art des Übergangs könnte gewesen sein, dass Haltung oder Bewegungen der Schauspieler nicht ganz übereinstimmten, sodass der Zuschauer bei einem harten Schnitt eine Diskontinuität bemerkt hätte.

Im Film der Jahre 1914–1919 waren Irisblenden, die in der Kamera, nicht beim Filmschnitt erzeugt wurden, nichts Ungewöhnliches. In Amerika wurden sie von Griffith populär gemacht (BIRTH OF A NATION, 1915), der sich angewöhnt hatte, jede einzelne Einstellung mit einer Iris-Aufblende zu beginnen und mit einer Iris-Abblende zu

Oben: Erster Dialogtitel im Film, unten: Phantasievoller spanischer Zwischentitel

beenden (beim Schnitt fielen dann einige dieser Blenden weg). Im allgemeinen wurden Irisblenden jedoch nur benutzt, um Sequenzen einzuleiten und zu beenden, wie in CALIGARI. Laut Salt nahm die Verwendung der Irisblende in Amerika etwa 1918 ab, und viele Filme benutzten stattdessen Überblenden. In Europa dagegen wurden Irisblenden zu dieser Zeit erst populär, und CALIGARI markiert einen Zeitpunkt, zu dem noch in vielen europäischen Filmen Irisblenden zu sehen waren. Es gab auch Iris-Auf- und Abblenden von einem anderen Punkt als der Bildmitte, um den Blick auf eine bestimmte Person oder einen Gegenstand zu lenken (aber seltener), und Salt vermutet, dass auch die gleichzeitige Iris-Abblende des einen und Iris-Aufblende des nächsten Bildes schon in Filmen vor 1920 vorhanden war, die nicht erhalten geblieben sind.[103]

Titel, Textinserts, Kulissenaufschriften

Die originalen Vorspann- und Zwischentitel des Films waren in expressionistisch stilisierter Schrift ausgeführt. Sie sind, soweit bekannt, nur in einer 16mm-Schwarzweiß-Kopie der Deutschen Kinemathek erhalten geblieben. Alle neuen Rekonstruktionen des Films, die expressionistisch gestaltete Zwischentitel verwenden, beziehen sich auf diese Kopie. Es sind allerdings auch in im Ausland aufgetauchten Exportversionen expressionistisch stilisierte Zwischentitel in anderen Sprachen vorhanden. So enthielten die in Uruguay gefundenen viragierten Nitrokopien, die die Grundlage für die neueren Farbrekonstruktionen des Films bildeten, spanische Titel, die zwar in Druckschrift, aber zum Teil auf expressionistisch gestalteten Hintergrund gesetzt waren (siehe S. 83 unten und rechte Seite). Diese Titel wurden wahrscheinlich in Südamerika gefertigt. Die im Archiv des British Film Institute gefundene viragierte Nitrokopie enthielt den deutschen sehr ähnliche englische Titel in expressionistischer Schrift auf neutralem Grund, die wahrscheinlich in Deutschland hergestellt wurden (siehe S. 87).[104]

Die Originalversion des CABINETS DES DR. CALIGARI enthält 81 *Titeltafeln*, davon 20 Film-, 51 Dialog- und 10 Erzähltitel. *Filmtitel* nenne ich Vor- und Abspann-, Akt-Anfang- und -End-Titel, *Dialogtitel* solche, in denen eine der Figuren spricht, und *Erzähltitel* solche, in denen die Handlung erzählt wird. Da die Binnenhandlung von Franzis erzählt wird, sind die dort vorkommenden Erzähltitel Franzis' subjektive Sicht, aber der Zuschauer vergisst dies, während er den Film sieht.[105]

Die Rückblende zur Binnenhandlung wird, wie wir schon gesehen haben, behutsam eingeführt. Dies geschieht auch auf der Ebene der Titel: Die ersten Titel, in denen Franzis dem alten Mann die Geschichte erzählt, sind Dialogtitel: »Die kleine Stadt wo ich geboren bin —« (T14), »Er —« (T16), »Alan, mein Freund« (T17). Aber als die Geschichte zu laufen beginnt (mit 25, dem ersten Bild, das Alan zeigt), sind es Erzähltitel: Wir nehmen nicht mehr wahr, dass Franzis dem alten Mann die Geschichte erzählt, sondern sehen sie als Schilderungen eines übergeordneten Erzählers. Dieser Eindruck wird noch durch zwei Tatsachen bekräftigt: 1.) in den Erzähltiteln der Binnenhandlung kommt keinerlei Referenz auf den Erzähler (»ich«) vor, und 2.) die Erzähltitel der Binnenhandlung sind nicht in Anführungsstriche gesetzt.

El Gabinete del Dr. Calegari: Zwischentitel aus der südamerikanischen Exportversion

Die meisten Titel im Film sind Dialogtitel. Diese übernehmen auch eine klassische Funktion, die in Filmen der Zeit meist von Erzähltiteln geleistet wurden: die *Vorstellung der Figuren*. Die Vorstellung Alans geschieht noch ganz im Stil von Erzähltiteln, wird aber auch mit einem Dialogtitel gemacht. In T17 sagt Franzis nämlich: »Alan, mein Freund«, und im nächsten Bild (25) tritt Alan zum erstenmal auf. Auch Caligari wird unmittelbar vorher auf ähnliche Weise eingeführt, allerdings nur als geheimnisvoller »Er—« (T16, vor 23). Als Zuschauer, die einen Film namens DAS CABINET DES DR. CALIGARI sehen, wissen wir natürlich schon, um wen es sich handelt, aber er stellt sich uns später auch namentlich vor, mit einer Visitenkarte: »Dr. Caligari.« (I2, vor 37). Cesare hat natürlich einen ganz großen Auftritt: Er wird als große Sensation vorgestellt, lange bevor er auftritt, zuerst im Dialog Caligaris mit dem Stadtsekretär, dann auf Caligaris Plakat und durch Caligaris Ankündigungen vor und im Zelt. Das Mädchen Jane tritt zuerst als geisterhafte Erscheinung in der Rahmenhandlung auf (4–9), und der Erzähler Franzis stellt sie vor: »Das ist meine Braut —« (T11). Ihren Namen erfahren wir hier nicht, und auch in der ganzen Binnengeschichte wird sie nur durch ihre Beziehung zu den Männern beschrieben: »Alan, wir lieben sie beide.« (T37), »Ist mein Vater nicht hier — der Medizinalrat Olfen —?« (T53) Erst am Ende der Rahmenhandlung nennt Franzis ihren Namen: »Jane … ich liebe Sie … wollen Sie nicht endlich meine Frau werden« (T76). Franzis selbst taucht zum erstenmal in der Rahmenhandlung auf und beginnt sogleich als Erzähler, die anderen Figuren zu beschreiben (»Das ist meine Braut —« T11, »Er—« T16, »Alan, mein Freund« T17). Erst bei seinem ersten Auftritt in der Binnenhandlung wird er eher beiläufig mit Namen genannt: »Komm Franzis, wir wollen zum Jahrmarkt —!« (T18).

Während Actionszenen wie die Entführung Janes ganz ohne Titel auskommen, ist die Sequenz, in der Franzis und die Ärzte Caligaris Geschichte herausfinden, extrem textlastig. Hier dienen *Textinserts* dazu, die komplexen Zusammenhänge der Geisteskrankheit des Direktors zu schildern, die durch Bilder alleine nicht zu verdeutlichen gewesen wären. Textinserts sind Bilder von Texten, die die Figuren im Film sehen: Extrablätter (I1, I3), Caligaris Visitenkarte (I2), das Somnambulismus-Buch (I4-I7) und das Tagebuch des Direktors (I8-I10). In Einstellung 85 wird das Fahndungsplakat vom Mord am Holstenwall durch einen »Iris-Zoom« wie ein Textinsert eingeführt (Einstellung 85, siehe Beispiel 34, S. 82). Es ist aber eigentlich eine Kulissenaufschrift, das heißt ein Text, der im laufenden Bild zu sehen ist. Kulissenaufschriften werden in CALIGARI dazu benutzt, Handlungsorte zu bezeichnen: Im Flur vor dem Büro des Stadtsekretärs (35–37) und im Büro selbst (38–49) sind §§-Zeichen an den Wänden, im Gefängnis die Zellennummern 4 und 5 (208), und als Franzis die Irrenanstalt erreicht, steht dort die Aufschrift »IRRENANSTALT« (229).

Hier sehen wir, dass Kulissenaufschriften ein Problem sind beim Einsatz des Films in anderen Sprachen. Das Holstenwall-Plakat in Beispiel 38 wird in anderen Sprachversionen durch ein Textinsert mit der Übersetzung des Textes ersetzt, und dann zur Szene mit Alan und Franzis geschnitten, ohne Iris-Zoom. Die deutlich lesbare Aufschrift »Irrenanstalt«, vor der Franzis in Einstellung 229 steht, sollte wohl ebenfalls durch ein Textinsert in der jeweiligen Sprache ersetzt werden, aber die englischspra-

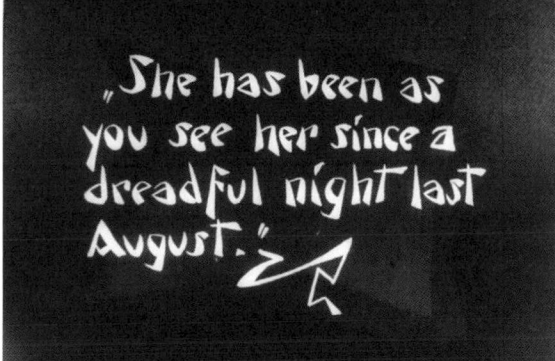 

The Cabinet of Dr. Caligari: Titel aus der englischen Exportversion

chigen Fassungen, die ich kenne, lassen 229 einfach ganz wegfallen und gehen direkt über von 228 (Franzis kommt vor der Irrenanstalt an, siehe Beispiel 8) zu 230 (Franzis betritt den Hof der Anstalt). Es wurde jedoch in Deutschland in den 1920er Jahren mindestens eine Exportversion des Films in englischer Sprache hergestellt: Die viragierte Kopie, die im Archiv des British Film Institute entdeckt wurde, enthielt expressionistische Titel in englischer Sprache, die wahrscheinlich in Deutschland angefertigt wurden, darunter auch einen, der in der deutschen Version fehlt: Als der Stadtsekretär in Einstellung 49 einen anderen Beamten heranruft, um ihm den Schausteller Dr. Caligari weiterzureichen, kanzelt er diesen als »Fakir« ab (siehe oben wiedergegebenen Titel aus der englischen Version). Der deutlichste Hinweis auf die Planung einer englischen Exportversion schon beim Drehen ist die Kulissenaufschrift in Einstellung 228, auf die wir nur einen flüchtigen Blick erhaschen: Erst Caligari und dann Franzis erreichen die Irrenanstalt, und die Kulissenaufschrift lautet: »Insane asylum«, in allen deutschen und englischen Fassungen, die ich kenne. Wurden mehrere Fassungen gefilmt? Etwa auch eine deutsche Fassung von 228, oder englische von 85 und 229? Wir wissen es nicht, bisher ist noch nie irgendwo eine Spur von ihnen aufgetaucht.

Beispiel 36: DU MUSST CALIGARI WERDEN

268 Schrifteinblendung

Die herausragende Verwendung von Text im Film ist die Szene, in der der Direktor wahnsinnig wird und überall im Bild der Schriftzug eingeblendet wird: DU MUSST CALIGARI WERDEN. Die Schrift erscheint zuerst über dem Direktor und verschwindet, als er danach fassen will, dann rechts an der Wand, dann wieder Buchstabe für Buchstabe am Himmel, dann überall Buchstabe für Buchstabe: DU MUSST CALIGARI WERDEN bzw. nur CALIGARI. Der Direktor taumelt aus dem Bild, und es bleibt noch eine Weile der Schriftzug CALIGARI stehen, auch als sich die Irisblende um die letzte Position des Direktors schließt. Eine gelungene Visualisierung des Wahnsinns, in den der Direktor abgleitet, und ein weiteres Beispiel dafür, wie ein außerfilmischer Text die Rezeption beeinflusst, ähnlich wie beim Wissen um den Namen der Titelfigur: »Du musst Caligari werden« ist eine Phrase, die den zeitgenössischen Zuschauern durch die Werbekampagne für den Film schon von Anfang an bekannt war,[106] und hier erkennen sie, was dieser Ausdruck letztlich zu bedeuten hat. Technisch ist diese Szene eine Überblendung zweier Aufnahmen: des animierten Titels, und des Bildes, auf dem Schauspieler und Kulissen zu sehen sind. Der Effekt wurde im Nachhinein erzeugt, nicht in der Kamera aufgenommen. In beiden ausländischen Kopien, die die Grundlage der Bundesarchiv-Fassung bildeten, wurden statt der deutschen englische Titel eingeblendet: BE CALIGARI.[107]

Die Verwendung von Titeln, Textinserts und Kulissenaufschriften in CALIGARI ist auf der Höhe der Zeit: Während in der Kurzfilmzeit fast alle Titel Erzähltitel waren, da keine Zeit war, eine lange Handlung in Dialogen zu erzählen, wurden in der Phase von 1914–1919 Erzähltitel durch Dialogtitel abgelöst, wobei alle Filme immer noch ein paar Erzähltitel verwendeten, z.B. zur Vorstellung der Hauptfiguren. Die allmähliche Ablösung von Erzähl- durch Dialogtitel fand in Europa mit Verspätung statt, und Salt bemerkt, dass hier die meisten Filme (im Gegensatz zu CALIGARI) sogar noch 1919 wenig Dialogtitel enthielten.[108] Die *Stilisierung* von Zwischentiteln wie in CALIGARI war sogar so ungewöhnlich, dass im *Film-Kurier* im August 1920 unter der Überschrift »Der künstlerische Zwischentitel im Film« ein Text über die in gotischer Schrift angefertigten Zwischentitel für Paul Wegeners neuen Film DER GOLEM, WIE ER IN DIE WELT kam erscheinen konnte, in dem es hieß:

> Die Schrifttitel des Films »Das Kabinett des Dr. Caligari« haben wohl der Öffentlichkeit zum ersten Male gezeigt, wie sehr die Art der Schrift imstande ist, den inneren Gehalt des Films zu unterstreichen.[109]

Aber es gab auch schon früher künstlerisch gestaltete Titel: 1916 tauchten in einer großen Anzahl amerikanischer Filme Titeltafeln mit Illustrationen auf, in THE FEMALE OF THE SPECIES (1916) gab es sogar Tafeln mit abstrakten Hintergründen in einer Art Art-deco-Stil,[110] und 1919 zeigten sowohl Abel Gance in J'ACCUSE als auch Robert Reinert in NERVEN stilisierte Titel, die mit Hilfe von Menschenkörpern geformt wurden. Auch Texteinblendungen im Bild gab es schon früh: In J. De Grasses Film DOLLY'S SCOOP (1916) wurden Dialogtitel über den sprechenden Personen eingeblendet. Wie bei den Irisblenden gilt auch bei der Verwendung künstlerischer Zwischentitel und eingeblendeter Texte in CALIGARI: Sie waren nichts völlig Neues, aber sie passten ungewöhnlich gut zur expressionistischen Gestaltung und zum Motiv des Wahnsinns.

Viragierung

Die Tatsache, dass Stummfilme bis in die 1920er Jahre hinein in der Regel in einer viragierten, das heißt eingefärbten Fassung vorgeführt wurden, war lange Zeit aus dem Gedächtnis der Filmliteratur verschwunden. Das lag an einem *Auswahleffekt*: Da in der Stummfilmzeit zunächst ausschließlich mit dem leicht zersetzbaren und extrem feuergefährlichen Nitrofilmmaterial gearbeitet wurde, waren es zumeist nur Umkopierungen auf Sicherheitsfilm in schwarzweiß, die später überhaupt in Archiven und Sammlungen erhalten geblieben sind. So kam es, dass die Auswahl der Stummfilmfassungen, die in späterer Zeit rezipiert wurden, hauptsächlich aus diesen Schwarzweiß-Kopien bestand und der Stummfilm somit als Schwarzweiß-Film im Gedächtnis geblieben ist.

Erst in den 1970er Jahren wurde die Viragierung als Merkmal alter Stummfilme wiederentdeckt, und es kam sogar zum Fund viragierter Kopien des CABINETS DES DR. CALIGARI, von denen eine zur Grundlage der neuen Rekonstruktion des Bundesarchiv-Filmarchivs wurde, die 1984 in Düsseldorf uraufgeführt wurde. Anlässlich dieser Wiederaufführung schrieb der Referatsleiter des Bundesarchiv-Filmarchivs Helmut Regel:

So hätte Lotte Eisner in ihrer »Dämonischen Leinwand« auch etwas über die Virage – als künstlerisches Mittel – schreiben können, wenn ihr der deutsche Stummfilm nicht eben nur in Schwarzweiß – durch die später gezogenen Kopien der Cinémathèque Française – bekannt gewesen wäre.[111]

Tatsächlich standen Eisner beim Verfassen der *Dämonischen Leinwand* wohl keine viragierten Filmkopien zur Analyse zur Verfügung, und sie hat in ihrem Buch nichts zur Praxis der Einfärbung von Stummfilmen in den 1920er Jahren geschrieben. Doch war ihr diese Praxis gewiss vertraut: Gegen Ende der Stummfilmzeit hatte die promovierte Kunsthistorikerin begonnen, in Berlin als Journalistin beim *Film-Kurier* zu arbeiten, und in dieser Zeit ist sie bestimmt täglich ins Kino gegangen und hat viele eingefärbte Stummfilme gesehen. Bei den Berliner Filmfestspielen 1976 war sie es dann, die gegenüber Heiner Roß vom Internationalen Forum des Jungen Films die beiläufige Bemerkung machte, sie sei wohl die letzte Person gewesen, die CALIGARI in Farbe gesehen habe. Roß, der spätere Leiter des Metropolis-Kinos in Hamburg, war es dann, der tatsächlich in Uruguay die viragierte Kopie des CALIGARI-Films aufspürte, die zur Grundlage der neuen Rekonstruktion wurde.[112]

Der CALIGARI-Film, so wie wir ihn heute kennen, weist drei unterschiedliche Färbungen auf:

1.) braungelb als vorherrschende Färbung sowohl für Außen- wie Innenaufnahmen (z.B. 50–83, Franzis und Alan auf dem Jahrmarkt und in Caligaris Zelt),
2.) blaugrün für Nachtexteriors, Nachtinteriors ohne Lampenlicht und alle Zwischentitel (z.B. 268, der Direktor wird wahnsinnig), und
3.) blassrosa für Janes Boudoir (114–116, 139, 200–203).[113]

Herausragend ist die Färbung zweier Szenen, die in einer Mischung aus *toning* und *tinting* eingefärbt wurden: der Anfang der Rahmenhandlung, in dem Franzis beginnt die Geschichte zu erzählen (1–19, 22, 24) und die Szene, in der Franzis Jane von der Ermordung Alans berichtet (112–113). In diesen Szenen wurde der Untergrund braungelb gefärbt und dann das Bild blaugrün getont, was zu einem unheimlichen fluoreszierenden Effekt führt.

Auffällig ist schließlich noch die Einstellung, in der Franzis und die Ärzte nachts das Büro des Direktors betreten (246): Zunächst ist es dunkel, und das Bild daher blau gefärbt. Doch dann schaltet einer der Ärzte das Licht ein, und die Färbung wechselt inmitten der Einstellung zu braungelb. Diesen Effekt habe ich gelegentlich in Stummfilmen der 1910er Jahre gesehen, wenn Figuren beim Betreten oder Verlassen von Räumen oder beim Schlafengehen das Licht ein- oder ausschalten (oder Kerzen entzünden oder ausblasen), z.B. in Louis Feuillades französischen Kriminalserien FANTÔMAS (1913/14), LES VAMPIRES (1915/16) und JUDEX (1916), in denen ständig maskierte Gestalten in dunkle Räume eindringen, oder in August Bloms dänischem Schifffahrtfilm ATLANTIS (1913). Sebastian Hesse beschreibt einen solchen Effekt in Rudolf Meinerts WILLIAM VOSS CONTRA SHERLOCK HOLMES (1915).[114]

Promo-Foto mit Werner Krauß

Licht und Schatten

Eine der vielen Legenden, die über die Entstehungsgeschichte des CABINETS DES DR. CALIGARI erzählt wurden,[115] war die von Erich Pommer verbreitete Geschichte, er habe die Zustimmung zu den berühmten stilisierten Kulissen gegeben, da so Licht und Schatten auf die Dekorationen gemalt und der Produktionsgesellschaft Strom für die Beleuchtung gespart werden konnte:

> Das Studio hatte ein sehr beschränktes Kontingent an Strom und Licht. Und an dem Tage, als uns mitgeteilt wurde, daß wir das Monatskontingent erschöpft hatten (einige Tage vor Monatsende), brachten meine drei Künstler einen Vorschlag vor, der mir absurd, ja sogar reaktionär erschien – »Warum nicht Lichter und Schatten auf die Kulissen für diesen ›Caligari‹-Film malen?«[116]

Tatsächlich wurde CALIGARI so wie jeder andere deutsche Film zu der Zeit beleuchtet: 1919 fand in Amerika der Übergang statt von natürlichem Licht durch ein Glashaus-Dach zu völlig mit Kunstlicht aufgenommenen Filmen, Europa und Deutschland hinkten den amerikanischen Standards etwas hinterher.[117] CALIGARI, vollständig im Studio produziert, wurde zwar in einem Glashaus aufgenommen, das 1914 gebaut worden war, um Filme durch das Sonnenlicht zu beleuchten, wurde aber, wie deutlich im Film zu erkennen ist, zusätzlich beleuchtet mit Scheinwerfern von vorne, links und rechts der Kamera. Kristin Thompson kommt in ihrer Analyse zu dem Schluss, dass dies den damals in Deutschland üblichen Standards entsprach und durch die Lichteffekte, die in CALIGARI auf die Kulissen gemalt wurden (z.B. Sonnenlicht, das durch Fenster scheint oder Licht, das anscheinend von einer Straßenlaterne ausgeht), keine Scheinwerfer gespart wurden, die sonst zur Anwendung gekommen wären.[118]

Licht und Schatten wurden in CALIGARI gezielt eingesetzt. Einige Kulissen werden von unten beleuchtet, um eine unheimliche Atmosphäre zu erzeugen, z.B. die Bühne, auf der Caligari den Somnambulen aus seiner dunklen Nacht erweckt (62–78). In einigen der Szenen, in denen Franzis über die Treppe zum Polizeirevier geht, ist sogar der Dampf der Jupiterlampe zu sehen, die die Szene von links unten beleuchtet (106, 127, 207). Der herausragende Einsatz der Beleuchtung erfolgt in der Szene, in der Alan ermordet wird (96–100, siehe Beispiel 22): Alan liegt im Bett und schläft, da steigt rechts an der Wand der Schatten seines Mörders hoch. Alan erwacht. Seine abwehrend empor gereckten Hände nützen nichts mehr. Der Schatten hat jetzt seine Hand erhoben, darin ein Dolch. Alan keucht vor Entsetzen. Als Schattenspiel an der Wand sehen wir, wie der Eindringling Alan packt und schließlich mit dem Dolch auf ihn einsticht. Die Darstellung des Mörders gibt diesem einen dämonischen Touch: Alan wird von einem Schatten ermordet! Gleichzeitig verhindert sie, dass wir in dem Täter sofort den Somnambulen Cesare erkennen. Diese Szene ist die gelungene Ausführung eines Konzepts, das seit 1915 gelegentlich in Filmen verwendet wurde: In Cecil B. DeMilles MARIA ROSA (1915) sehen wir den Schatten des Bösewichts, bevor er selbst ins Bild kommt,[119] und auch in der Vergewaltigungsszene in Abel Gances J'ACCUSE (1918/19) tauchen die deutschen Soldaten mit ihren Spitzhauben nur als Schatten an der Wand auf. Auch bei der Beleuchtung hat CALIGARI auf die Mittel seiner Zeit zurückgegriffen, und diese Mittel passten ungewöhnlich gut zu dem Film, der da im Jahr 1919 in Berlin-Weißensee entstand.

Caligari-Dreharbeiten: Modell des Decla-Glashauses, rekonstruiert von Hermann Warm

Einzelbild: Der Somnambule erwacht (Conrad Veidt)

Erzählung: Expressionismus, Schauerroman, Psycho-Thriller

Der Moment des Expressionismus

Der Somnambule Cesare öffnet die Augen. Langsam, mit flackernden Lidern. Dann vollständig aufgerissen. Jetzt starrt er uns an. Erwacht aus seiner dunklen Nacht, um den Lebenden den Tod zu prophezeien. Eine Szene puren Horrors, sie steht im Mittelpunkt des Films DAS CABINET DES DR. CALIGARI, an der Grenze zwischen Tag und Nacht, Vergangenheit und Zukunft, Leben und Tod. Aus ihr erschließt sich, was vorher war: Die Freunde sind auf den Jahrmarkt gegangen und in die Vorführung des unheimlichen Schaustellers Dr. Caligari geraten. Und was nachher kommt: Alan, einer der Freunde, wird den Somnambulen fragen: »Wie lange werde ich leben?« Cesare wird antworten: »Bis zum Morgengrauen.« Und in der Nacht wird Alan das nächste Opfer des Serienmörders, der in der kleinen Stadt Holstenwall umgeht. Franzis, der andere Freund, wird in den Wirbel der furchtbaren Ereignisse geraten. Als seine Nachforschungen ihn in ein Irrenhaus führen, erfährt er, wie alles zusammenhängt. Aber das Irrenhaus wird er nie wieder verlassen.

»Als der Somnambule seine Augen zum ersten Mal öffnete, schrie eine Frau im Publikum«, erzählte Drehbuchautor Hans Janowitz später von seinem Erlebnis der Uraufführung.[120] Und auch Film- und Kulturkritiker Siegfried Kracauer fand in CALIGARI Szenen, die Expressionismus ausatmeten: »Werner Krauß als Caligari glich einem gespenstischen Zauberkünstler, der selber die Linien und Schatten wob, durch die er schritt. Und wenn Conrad Veidts Cesare an einer Mauer entlangstreifte, so war es nicht anders, als habe die Mauer ihn ausgedünstet.«[121] Diese besonderen Momente in CALIGARI sind es, die wirklich expressionistisch sind, nicht die angemalten Kulissen. Sie sind, so wie von den expressionistischen Künstlern postuliert, Ausdruck inneren Erlebens statt Darstellung äußerer Wirklichkeit. Und das innere Erleben, das sie darstellten, spiegelte das trostlose Dasein nach den Schrecknissen des gerade beendeten Ersten Weltkriegs, so wie die programmatischen und literarischen Schriften des Expressionismus nach dem tatsächlichen Ereignis nicht mehr vom Krieg als reinigendem Erlebnis träumten, sondern die Erfahrungen in den Schützengräben wiedergaben.[122]

Interessanterweise war das dem Film zugrunde liegende Drehbuch nicht in einem dem literarischen Expressionismus vergleichbaren Stil geschrieben. Sondern es war erst die filmische Umsetzung, die aus diesem Manuskript hervorging, die als expressionistisches Werk gedeutet werden kann. Wenn also Hans Janowitz sein eigenes Buch ganz unbescheiden »das beste, künstlerischste und stärkste Film-Drehbuch, das je geschrieben wurde« nennt,[123] so kann dies nur eine Berechtigung haben, wenn nicht das Drehbuch als eigenständiges Kunstwerk angesehen wird, sondern in seiner Funktion als Vorlage für die Dreharbeiten als Teil des *Gesamtkunstwerks* Film. Der Literatur- und Filmwissenschaftler Siegbert S. Prawer (1925–2012) hat das CALIGARI-Drehbuch einmal ein »Schulbeispiel filmgerechten Schreibens« genannt.[124]

Vorbild Schauerromantik: Hoffmann, Poe & Co.

Bei der Betrachtung des Drehbuchs von Carl Mayer und Hans Janowitz stellt Prawer fest, dass das

> Drehbuch mit den Wortballungen und -kaskaden, der »expressiven« Gefühlsglut, den Anklagen, Erlösungsrufen und eschatologischen Schrecknissen – ganz zu schweigen von der »O Mensch«-Rhetorik des deutschen Expressionismus – fast nichts gemein hat. Die »Abendstimmung« des Anfangs, in gepflegter Parklandschaft [...], weist eher auf Neuromantik und Jugendstil, während die Haupthandlung vor allem der schwarzen Romantik, den Gefährnissen und grotesken Schrecknissen in Erzählungen von Hoffmann, Tieck oder Arnim sowie der gespenstischen und dämonischen Thematik des frühen deutschen Films verwandt ist.[125]

Die *Erzählung* des CALIGARI-Drehbuchs und -Films stammt aus der Literatur, aber nicht der jungen expressionistischen Literatur des 20., sondern literarischen Strömungen des 18. und 19. Jahrhunderts: der Romantik, Schauerromantik, dem Detektivroman und, allgemein, der fantastischen Literatur. All diesen Gattungen ist gemein, dass sie im Jahr 1919, als die CALIGARI-Autoren der Decla-Film-Gesellschaft ihr Drehbuch vorlegten, in Deutschland sehr populär waren, z.B. die Werke von Gustav Meyrink (*Der Golem*, 1915; *Das grüne Gesicht*, 1916) und Hanns Heinz Ewers (*Der Student von Prag*, 1900; *Alraune*, 1911), die auch mit großem Erfolg für den Film adaptiert wurden. Schon die Filmkritiker, die CALIGARI bei der Uraufführung gesehen hatten, später Siegfried Kracauer, Lotte Eisner und natürlich auch Siegbert S. Prawer haben darauf hingewiesen, dass der Stoff dem Geist zweier großer Vorbilder entspricht: E.T.A. Hoffmann und Edgar Allan Poe.[126]

Es ist insbesondere Hoffmanns bekannte Erzählung *Der Sandmann* (1817), die viele Gemeinsamkeiten mit dem CALIGARI-Stoff aufweist: In einer kleinen Stadt lebt der Student Nathanael. Als der Wetterglashändler Coppola in seine Stube kommt, glaubt Nathanael in ihm den Advokaten Coppelius zu erkennen, den »Sandmann« aus

Das Cabinet des Dr. Caligari: Figuren wie aus den Geschichten von Hoffmann und Poe

Oben: Werner Krauß, unten: Lil Dagover (links), Conrad Veidt (rechts)

seiner Kindheit, der kleinen Kindern die Augen ausreißt. Coppelius war einst für den Tod von Nathanaels Vater bei alchemistischen Experimenten verantwortlich. Durch ein Fernglas, das Nathanael nun Coppola abkauft, beobachtet er Olimpia, die seltsame Tochter des Physikprofessors Spalanzani, die ihn immer mehr in ihren Bann zieht. Er beginnt sich mit ihr zu treffen und will ihr sogar einen Heiratsantrag machen. Doch dann ertappt er Coppola und Spalanzani bei einem Streit und erkennt, dass Olimpia nichts anderes ist als eine von den beiden Männern gefertigte mechanische Puppe. Da verfällt Nathanael dem Wahnsinn. Auf dem Ratsturm stehend, glaubt er in der Menge den Advokaten Coppelius zu erblicken und stürzt sich hinab in den Tod. – Wie in CA-LIGARI kommt ein vermeintlich Fremder mit italienisch klingendem Namen in eine Kleinstadt und zerstört mit Hilfe eines unheimlichen Halbwesens das Leben eines jungen Mannes. Der Fremde Coppola ist nicht einfach nur ein reisender Händler, der von außen in die Stadt kommt, sondern er findet in der Stadt gleich mehrere Doppelgänger: Er ist auch der Sandmann, das Monster aus Nathanaels Kindheit, und dieser wiederum ist identisch mit dem Advokaten Coppelius, der nur nach außen hin ein ehrenwerter Anwalt ist, in Wirklichkeit aber Verbrechen mit tödlichem Ausgang begeht. Genauso stellt sich im CABINET DES DR. CALIGARI heraus, dass der Schausteller Dr. Caligari, der neu in die Stadt kommt, identisch ist mit dem Direktor der städtischen Irrenanstalt, der gleichzeitig ein Verbrecher ist, der hinter den Serienmorden steht, die die Stadt erschüttern. Die leblose Puppe Olimpia aus dem *Sandmann* erscheint im CA-LIGARI-Film einerseits in der Gestalt Janes, die von Cesare wie eine Puppe fortgetragen wird und danach wie ein Geist wirkt, andererseits als Cesare selbst, der Caligaris Marionette ist und während er seine Mord-Streifzüge unternimmt von Caligari durch eine Puppe im Sarg ersetzt wird. Der Jüngling Franzis ist verliebt in die Puppe Jane und beobachtet die Puppe Cesare.

Es fällt nicht schwer, auch eine Erzählung Poes zu finden, die dem CALIGARI-Stoff besonders nahe steht: In der Kurzgeschichte *The System of Doctor Tarr and Professor Fether* (1845) besucht ein Reisender eine Privat-Irrenanstalt in Frankreich. Während eines bizarren Abendessens, bei dem sich die Gäste sehr merkwürdig verhalten und das langsam zu einer richtigen Orgie wird, erklärt ihm der Direktor der Anstalt, es sei einmal geschehen, dass die Irren die Aufseher überwältigt, in die Zellen gesperrt und ihre Rollen übernommen hätten. In diesem Moment erhebt sich ein wahnsinniges Gebrüll. Die Insassen sind aus den Zellen ausgebrochen, schon dringen sie in den Speisesaal ein, sie sehen aus wie schwarze Monster. Es stellt sich heraus, dass der vermeintliche Direktor früher wirklich einmal Direktor des Irrenhauses war, sich dann aber sein Geist verwirrt hatte und er als Insasse in seine eigene Anstalt gekommen war. Als Anführer der Irren hatte er die Aufseher überwältigen, mit Teer und Federn übergießen und in die Zellen sperren lassen. – Wie in CALIGARI haben wir hier das Motiv des Direktors der Irrenanstalt, der selber wahnsinnig wird und es versteht, seine Umwelt über diesen Wahnsinn zu täuschen. Die Irren und die Gesunden wechseln die Plätze, und die Frage entsteht: Können wir wirklich erkennen, wer auf welcher Seite steht, und auf welcher Seite *wir* stehen? Das Ende von Poes Kurzgeschichte, in dem uns der Erzähler darüber informiert, dass er in allen Bibliotheken Europas vergeblich nach den Werken des »Doktors Teer und Professors Feder« gesucht habe, von denen ihm der Direktor erzählt habe, lässt uns am Geisteszustand des Mannes zweifeln, der uns die ganze Geschichte erzählt hat.

Erzählstrategien des Fantastischen

Der Erzählforscher Holger Jörg hat in seiner 1994 vorgelegten Dissertation darauf hingewiesen, dass die Erzählstruktur des klassischen deutschen fantastischen Films ihren Ursprung in der Volksprosa hat, also vornehmlich mündlich überlieferten »einfachen Formen« wie Märchen, Sage, Schwank usw. Seine Dissertation hat den Titel *Die sagen- und märchenhafte Leinwand*, eine Anspielung auf Lotte Eisners *Dämonische Leinwand*.[127] Jörg kommt darin zum Schluss, dass die Erzählstruktur des Mediums Film generell auf die einfachen Formen der Volksprosa zurückgeht. Dasselbe könnte man auch über das Genre des Fantastischen sagen. Vielleicht gibt es daher diese Affinität zwischen dem Fantastischen und dem Medium Film.

Sowohl die Volksprosa und die fantastische Literatur als auch das Medium Film benutzen ähnliche Strategien, um ihre fantastischen Erzählungen dem Zuhörer, Leser oder Zuschauer besonders nahe zu bringen. Dabei passen sie sich jeweils den besonderen Bedürfnissen des Mediums an: In der mündlichen Überlieferung dient der Erzähler als Zeuge, der uns die Wahrheit des Gesagten persönlich bekräftigt und daher besonders glaubhaft erscheint. Seine Geschichte wird in der Ich-Perspektive erzählt oder zumindest so eingeleitet, bevor sie gegebenenfalls zur Geschichte eines Dritten übergeht. Daran anlehnend ist auch in der fantastischen Literatur die Ich-Perspektive ein probates Mittel, die Distanz des Lesers zum Erzähler zu verringern und damit die unglaubliche Handlung glaubhaft zu machen. Laut dem Literaturwissenschaftler Tzvetan Todorov ist es eine leicht nachprüfbare empirische Tatsache, dass fantastische Geschichten gewöhnlich aus Sicht eines Ich-Erzählers erzählt werden.[128] Schon ein Blick auf die Erzählungen *Der Sandmann* und *The System of Doctor Tarr and Professor Fether* liefert Belege für diese These.

Auch Das Cabinet des Dr. Caligari beginnt mit einer mündlichen Erzählsituation. Ein junger und ein alter Mann sitzen auf einer Parkbank und erzählen einander Geschichten. Der Film setzt ein, als der alte Mann seine Geschichte beendet:

> »Es gibt Geister – – – Überall
> sind sie um uns her – – –
> mich haben sie von
> Haus und Herd –
> von Weib und Kind
> getrieben – –« (T 10)

Ihnen begegnet eine entrückte junge Frau im weißen Kleid, die der junge Mann seine Braut nennt, und dies zum Anlass nimmt, seine Geschichte zu erzählen:

Oben: Rahmenhandlung: Franzis (Friedrich Fehér) erzählt dem alten Mann (Hans Lanser-Ludolff) seine Geschichte,
unten: Binnenhandlung: Alan (Hans Heinrich von Twardowski) erzählt Franzis vom Jahrmarkt in Holstenwall

> »Was ich mit dieser
> erlebt habe, ist noch
> viel seltsamer, als
> das, was Sie
> erlebt haben – –« (T 12)

Aber die Erzählstrategien des Fantastischen müssen dem jeweiligen Medium angepasst werden. Was in der Literatur funktioniert, muss nicht genau so auch im Medium Film funktionieren. So gibt es eine wichtige Veränderung zwischen Drehbuch und Film, die eine literarische Strategie ins Medium Film übersetzt: Als die Binnenhandlung aus Sicht des Protagonisten einsetzt, wird im Drehbuch, wie es dem literarischen Vorbild und der mündlichen Erzählsituation entspricht, in Francis' Ich-Perspektive weitererzählt, die dem Leser eines Buchs den Erzähler besonders nahe bringt. Im Drehbuch sind also nicht nur die Dialogtitel (wie die oberen beiden) in Ich-Form verfasst, sondern auch die Erzähltitel, z.B.:

> Als wir uns am nächsten Tag zum
> Jahrmarktsfest begaben, ahnten wir nicht,
> daß sich inzwischen ein grauenhaftes
> Verbrechen ereignet … (II. Akt, 1. Bild).[129]

Beim Filmesehen allerdings begibt sich der Zuschauer in den Fluss der Erzählung, und in Ich-Form verfasste Erzähltitel, die ihn daran erinnern, dass die ganze Geschichte von einem Ich-Erzähler vorgetragen wird, würden ihn von diesem Fluss nur wieder distanzieren. Daher sind im fertigen CALIGARI-Film nur die *Dialog*titel (in denen eine Figur spricht) in Ich-Form verfasst, und alle *Erzähl*titel (die die Handlung beschreiben) in einer neutralen Perspektive, z.B.:

> In dieser Nacht
> geschah das erste
> einer Kette
> geheimnisvoller
> Verbrechen. (T28)

So befinden wir uns während der Erzählung der Binnenhandlung ganz im Fluss der Geschichte und werden erst am Schluss wieder daran erinnert, dass uns die Geschichte aus Franzis' Sicht erzählt wurde. Dieses kleine Detail der Drehbuchbearbeitung zeigt, wie sehr das Drehbuch noch den literarischen Vorbildern verpflichtet war und wie adäquat die Drehbuch-Textvorlage ins Medium Film übersetzt wurde.

Eine weitere Strategie, uns fantastische Geschichten realistisch zu vermitteln, ist ihre Einbettung in einen pseudo-dokumentarischen Rahmen. Präsentation der Erzählung in Form von Briefen, Tagebüchern und anderen Dokumenten ist ein Merkmal der romantischen Literatur des 18. und 19. Jahrhunderts, und wir brauchen nicht weiter zu gucken als bis zu Hoffmanns *Der Sandmann* oder, um ein sehr bekanntes Beispiel herauszugreifen, Bram Stokers achtzig Jahre später erschienenem Roman *Dracula* (1897), um zu sehen, wie in der fantastischen Literatur der Handlung durch solche Dokumente der Anstrich von Authentizität gegeben wird. Auch Stummfilme wie CALIGARI, oder um beim *Dracula*-Beispiel zu bleiben F.W. Murnaus NOSFERATU (1921), benutzen solche Dokumente, um Authentizität zu vermitteln, und pseudo-dokumentarische Elemente haben sich als effektive Erzählstrategie des Horrorfilms im zwanzigsten und einundzwanzigsten Jahrhundert erwiesen. So wird gerne darauf verwiesen, dass ein Film auf Tatsachenberichten beruhe, oder es wird durch Einblendung präziser Orts- und Zeitangaben ein dokumentarischer Anschein erweckt, etwa bei der amerikanischen Fernsehserie THE X-FILES (1993–2002, Akte X – Die unheimlichen Fälle des FBI), die Anfang der 1990er Jahre einen neuen Horror-Boom auslöste. Andere Filme erwecken gar den Anschein, sie würden ganz oder teilweise aus dokumentarischem Material bestehen, wie SNUFF (1976), CANNIBAL HOLOCAUST (1980), THE BLAIR WITCH PROJECT (1999), [•REC], PARANORMAL ACTIVITY (beide 2007), CLOVERFIELD (2008), TROLLJEGEREN (2010, Trollhunter), APOLLO 18 (2011) und CHRONICLE (2012). Man nennt dieses Genre auch *found footage films*.

CALIGARI und *Frankenstein*

Wie stark die CALIGARI-Erzählung als Umsetzung literarischer Vorbilder der Schauerromantik ins Medium Film angesehen werden muss, zeigt ein Vergleich mit der Erzählstruktur von Mary Shelleys Roman *Frankenstein* (1818):

–   Die *Frankenstein*-Geschichte ist in eine Rahmenhandlung in Briefform gekleidet: Captain Robert Walton, ein Forscher auf Entdeckungsfahrt zum Nordpol, beschreibt seiner Schwester in England, wie er und seine Männer, während ihr Schiff vom Treibeis der Arktis eingeschlossen ist, einen entkräfteten Mann auflesen: Victor Frankenstein. Dieser erzählt Walton seine Lebensgeschichte. Die Binnenhandlung ist nun Waltons Wiedergabe von Frankensteins Erzählung in dessen Worten: Frankenstein erzählt von seinen Forschungen an der Universität Ingolstadt, wie er das Geheimnis des Lebens entdeckt, aus Leichenteilen ein Geschöpf zusammensetzt und es zum Leben erweckt. Doch das Monster verschwindet und ermordet später in der Schweiz Frankensteins kleinen Bruder. In einer Berghütte trifft Frankenstein sein Geschöpf wieder, das ihm nun seine Lebensgeschichte erzählt. In einer Binnenhandlung in der Binnenhandlung erfahren wir nun in den Worten des Monsters, was ihm seit seiner Erschaffung widerfahren ist: Es hat sprechen und lesen gelernt, wurde aber wegen seines abstoßenden Äußeren von den Menschen gehasst. Da lernte es, seinerseits seinen Schöpfer zu hassen und ermordete dessen kleinen Bruder. Von Frankenstein verlangt das Monster nun, ihm eine Gefährtin zu schaffen. An diesem Punkt wird die Geschichte wieder aus Frankensteins Sicht

The EDISON KINETOGRAM

VOL. 2   **MARCH 15, 1910**   **No. 4**

SCENE FROM

FRANKENSTEIN

FILM No. 6604

EDISON FILMS RELEASED FROM MARCH 16 TO 31 INCLUSIVE

Caligari-Vorfahr: Charles Ogle als Monster in der ersten Frankenstein-Verfilmung (1910)

fortgesetzt: Er beginnt auf den Orkneyinseln tatsächlich mit der Arbeit an einer Gefährtin für sein Geschöpf, zerstört diese jedoch. Als das Monster daraufhin Frankensteins Braut tötet, jagt dieser sein Geschöpf bis ins ewige Eis der Arktis, wo er völlig entkräftet von Waltons Schiff aufgelesen wird. In der Rahmenhandlung beschreibt Walton nun das Ende der Geschichte aus eigener Anschauung: Nachdem Frankenstein die Geschichte erzählt hat, stirbt er vor Erschöpfung. Da taucht das Monster am Totenbett auf und nimmt Abschied von seinem Schöpfer. Es verschwindet auf einem Floß im Eismeer. Walton aber, als sein Schiff vom Treibeis befreit ist, bricht seine Forschungsreise ab und kehrt zurück nach England.

– Auch die CALIGARI-Geschichte ist in eine Rahmenhandlung gekleidet: Zwei Männer sitzen auf einer Parkbank und erzählen einander Geschichten. Da erscheint eine geisterhafte Frau, die einmal die Braut des einen Mannes, Franzis, war: Jane. Nun beginnt Franzis seine Geschichte zu erzählen. In der Binnenhandlung erfahren wir, wie Franzis und Jane dem unheimlichen Schausteller Dr. Caligari begegnen, der mit Hilfe seines Mediums, des Somnambulen Cesare, die kleine Stadt Holstenwall in Angst und Schrecken versetzt. Cesare ermordet Franzis' Freund Alan und macht den Versuch, Jane zu entführen. Als Franzis Dr. Caligari verfolgt, gerät er in ein Irrenhaus am Rande der Stadt und erkennt, dass Caligari identisch mit dem Direktor dieser Anstalt ist. Franzis und die Ärzte finden Unterlagen und ein Tagebuch, aus dem sie die Geschichte Dr. Caligaris erfahren: Der Direktor war dem Wahn verfallen, zu beweisen, dass man einen Somnambulen zum Mord treiben könne. Als ein Somnambule in seine Anstalt eingewiesen wurde, begann er als Dr. Caligari mit diesem über die Jahrmärkte zu ziehen und schreckliche Mordtaten zu verüben. Franzis und die Ärzte konfrontieren den Direktor mit ihren Erkenntnissen, stecken ihn in eine Zwangsjacke und werfen ihn in eine Zelle seines eigenen Irrenhauses. Nun ist die Binnenhandlung beendet, und wir kehren zurück zu den beiden Männern auf der Parkbank, zu einer der überraschendsten Schlusswendungen der Filmgeschichte: Franzis erzählt, dass der Wahnsinnige seit diesem Tage seine Zelle nicht mehr verlassen habe. Aber jetzt erfahren wir, dass die beiden Männer Insassen der Irrenanstalt sind, unter denen sich auch Jane und Cesare befinden. Als Franzis den Direktor sieht, den er für den verbrecherischen Dr. Caligari hält, greift er ihn an. Und nun ist es Franzis, der in eine Zwangsjacke gesteckt und in eine Zelle des Irrenhauses geworfen wird.[*]

---

[*] Die Rahmenhandlung ist hier so erzählt, wie sie schließlich im Film umgesetzt wurde. Im Drehbuch ist auch eine Rahmenhandlung vorhanden, die aber etwas einfacher strukturiert ist und ohne die Schlusswendung auskommt: Franzis und Jane sitzen mit Freunden auf der Terrasse eines Landhauses. Als ein paar Zigeunerwagen vorbeiziehen, erinnern sie sich an die Geschichte des Dr. Caligari, die sich vor zwanzig Jahren ereignet hat, und erzählen sie ihren Freunden. Wie die Rahmenhandlung im Drehbuch endet, ist nicht überliefert, da im einzig erhaltenen Drehbuchexemplar die letzten Seiten fehlen. (Zur Rahmenhandlung im Drehbuch siehe S. 173f.)

Beide Geschichten, *Frankenstein* und CALIGARI, enthalten Rahmenhandlungen, aus deren Perspektive die ganze Geschichte erzählt wird. Innerhalb der Rahmenhandlungen kommen weitere eingerahmte Erzählungen aus Sicht einer anderen Figur vor: Frankensteins Geschöpf in der Berghütte und der Direktor in seinem Tagebuch erzählen uns aus eigener Sicht, wie sie zu den Mördern wurden, die wir aus der Binnenhandlung kennen. Und schließlich tauchen in beiden Geschichten Figuren der Binnenhandlung in der Rahmenhandlung wieder auf, und zwar andere als die jeweiligen Erzähler: Captain Walton begegnet am Ende Frankensteins Monster, dessen Geschichte er gerade erfahren hat, und der Mann auf der Parkbank, dem Franzis seine Geschichte erzählt hat, erkennt, dass Figuren aus der Geschichte tatsächliche Insassen des Irrenhauses sind, in dem sie sich befinden.

Das Auftauchen von Figuren der Binnenhandlung in der Rahmenhandlung trägt zur Authentizität der Geschichte bei. Für Walton ist dies ein Indiz dafür, dass die fantastische Geschichte, die er gerade aus dem Mund eines Sterbenden erfahren hat, der Wahrheit entspricht. Er zieht daraus eine Lehre: Blinder Forscherdrang kann die Familie zerstören und ins Verderben führen. Daraufhin bricht Walton sein eigenes gewagtes Unternehmen ab und kehrt zurück zu seiner Schwester nach England. Der Mann von der Parkbank in CALIGARI, der womöglich selbst Insasse der Irrenanstalt ist, in der sich alles abspielte, hat mehrere Optionen, Franzis' Geschichte zu interpretieren: Sie könnte ein neues Licht auf die Insassen und den Direktor der Anstalt werfen, in der sie sich befinden. Oder sie könnte, wenn die Insassen und der Direktor in Wirklichkeit eine andere Geschichte haben als die von Franzis erzählte, ein Anzeichen für Franzis' Wahnsinn sein. Als Franzis am Ende der Raserei verfällt und sich auf den Direktor stürzt, da gleicht er Nathanael aus dem *Sandmann*, der sich vom Ratsturm stürzt. Aber ist die Bosheit der Figuren aus Nathanaels Geschichte ein bloßes Phantasieprodukt, oder existieren diese Figuren auch in der Realität und es ist ihnen nur gelungen, den Erzähler in den Wahnsinn zu treiben?

Genre-Motive:
Wahnsinnige und Doppelgänger

Die Adaption von Motiven der Schauerromantik für den Film war zur CALIGARI-Entstehungszeit nichts Ungewöhnliches. Im Jahr 1919 kam etwa das Wahnsinnsmotiv in zahlreichen Filmen vor: Robert Reinerts OPIUM zeigte die Träume eines Opiumrauchers, sein NERVEN Wahnsinnsvisionen, Rochus Glieses MALARIA Fieberphantasien, Carl Boeses DER TEUFEL UND DIE MADONNA Phantastereien eines hysterischen Mädchens. In DER MANDARIN besucht ein junger Schriftsteller ein abgelegenes Irrenhaus, wo er die Geschichte eines Mannes erfährt, der wahnsinnig wird, als er einen Talisman in Gestalt eines Mandarins ersteht, der ihm alle Frauen gefügig macht. DIE SCHRECKENSNACHT IM IRRENHAUSE IVOY ist eine Variante von Poes *Doctor Tarr and Professor Fether*, in der die Verrückten die Kontrolle über das Irrenhaus übernehmen. Und in WAHNSINN, mit CALIGARI-Star Conrad Veidt als Produzent, Regisseur und Haupt-

Wahnsinnsmotiv in Filmen aus dem Jahr 1919

darsteller, wird ein Mann wahnsinnig, als sein Freund und seine Geliebte ihn betrügen.[130] »Es liegt etwas vom Geiste E.T.A. Hoffmanns in dieser aus Realem und Spukhaftem gemischten Phantasie«, schrieb ein Uraufführungs-Kritiker über WAHNSINN.[131]

Eine besondere Bedeutung kommt in CALIGARI dem Motiv des Doppelgängers zu, ein zentrales Motiv der Romantik und der fantastischen Literatur, das eine Verbindung herstellt zwischen Romantik, Expressionismus, Psychoanalyse und Film. Eine umfangreiche Analyse dieses Motivs in Literatur und Stummfilm wurde vor kurzem von Gerald Bär vorgelegt:[132] Der Doppelgänger ist eine »Spaltungsphantasie«, bei der eine Persönlichkeit auf mehrere Figuren verteilt wird. So wie im *Sandmann* Coppola ein Doppelgänger Coppelius' ist, der wiederum der Schreckgestalt des Sandmanns entspricht, ist in CALIGARI der Direktor der Irrenanstalt auch der unheimliche Schausteller Dr. Caligari, der wiederum auf eine mythische Caligari-Gestalt zurückgeht; Cesare ist der schlafende Somnambule, das mordende Monster, die Puppe im Sarg und ein Insasse der Irrenanstalt, usw. Das Motiv ist mythologisch viel älter, der Begriff »Doppelgänger« wurde jedoch geprägt in Jean Pauls Roman *Siebenkäs* (1796/97), in dem ein armer Anwalt mithilfe eines Freundes seinen eigenen Tod vortäuscht und die Rolle des Freundes annimmt, dann fortgeführt in Pauls *Die Doppeltgänger* (1800), spielt eine große Rolle im Werk E.T.A. Hoffmanns (*Die Elixiere des Teufels*, 1815; *Die Doppeltgänger*, 1821) und wurde in der Literatur seit der Romantik oft verwendet, so in Edgar Allan Poes *William Wilson* (1839), Fjodor M. Dostojewskis *Der Doppelgänger* (1846), Robert Louis Stevensons *The Strange Case of Dr. Jekyll and Mr. Hyde* (1886), Guy de Maupassants *Le Horla* (1887) und Oscar Wildes *The Picture of Do-

106

rian Gray (1890), um nur einige der bekanntesten Beispiele zu nennen. Es wurde in der Literatur des Expressionismus aufgegriffen und ist das zentrale Motiv der wichtigsten deutschen Vorkriegsfilme, Max Macks DER ANDERE (1913) und Stellan Ryes DER STUDENT VON PRAG (1913), sowie vieler anderer deutscher Filme vor CALIGARI: Henrik Galeens und Paul Wegeners DER GOLEM (1914), Otto Ripperts HOMUNCULUS (1916), Richard Oswalds HOFFMANNS ERZÄHLUNGEN (1916) und DAS BILDNIS DES DORIAN GRAY (1917), Ernst Lubitschs DIE PUPPE (1919), usw. Weiterhin blieb das Motiv in der Filmgeschichte präsent, bis z.B. zu David Finchers FIGHT CLUB (1999) oder Terry Gilliams THE IMAGINARIUM OF DOCTOR PARNASSUS (2009), der einen passenden deutschen Verleihtitel bekam: DAS KABINETT DES DR. PARNASSUS.

Interessanterweise wurde das Doppelgängermotiv seit dem 18. Jahrhundert nicht nur in der Literatur der Romantik behandelt, sondern gleichzeitig auch in Psychologie und Psychiatrie untersucht, aus denen Ende des 19. Jahrhunderts die Psychoanalyse hervorging. Wurden Doppelgängervisionen zunächst noch als Anzeichen der Geisteskrankheit, genauer der Schizophrenie, gedeutet, sind sie bei Freud Projektionen des Unbewussten. Sein im CALIGARI-Jahr 1919 erschienener Aufsatz *Das Unheimliche*[133] schließlich ist eine Studie von Hoffmanns *Der Sandmann*. So schließt sich der Kreis zwischen Literatur, Film und Psychologie, der uns in der Interpretation des Films zu der zentralen Frage führen wird: Ist Franzis wirklich wahnsinnig, oder ist die Situation komplexer und der CALIGARI-Film findet eine eigene Wahrheit tief im Inneren der Seele?

Detektivroman, Horror und das Fantastische

DAS CABINET DES DR. CALIGARI ist, zumindest zum Teil, ein Detektivroman. Denn die CALIGARI-Erzählung schildert die Aufklärung der Verbrechen eines Serienmörders durch eine zielgerichtete detektivische Ermittlung. Detektivromane entstanden nach Vorläufern wie E.T.A. Hoffmann und Edgar Allan Poe und fanden Ende des 19. Jahrhunderts durch Arthur Conan Doyles Figur des Sherlock Holmes ihre typische Ausprägung als »Rätselroman«.[134] In den 1910er Jahren erreichten vor allem englische und amerikanische Detektivromane ihre höchste Popularität, die Jahre 1914 bis 1939 werden auch das »Golden Age« des Detektivromans genannt.[135] In Deutschland hatte sich in den 1910er Jahren das Genre des Detektivfilms etabliert, dessen Erfolg erst just gegen Ende des Jahrzehnts nachließ,[136] als CALIGARI entstand. So ist die CALIGARI-Erzählung auch eine Umsetzung von Motiven populärer Detektivromane und -filme. Da taucht z.B. im Drehbuch eine Verfolgungsjagd in Droschken auf, wie man sie von STUART WEBBS oder NICK CARTER kannte (V. Akt, 9.–11. Bild).[137] Diese Szene ist möglicherweise einfach wegen der eingeschränkten Möglichkeiten beim Dreh im Studio schließlich nicht realisiert worden. Aber auch die ursprüngliche Drehbuch-Rahmenhandlung, in der Francis und Jane aus einer Distanz von zwanzig Jahren eine Detektivgeschichte erzählen, in der am Ende der Verbrecher verhaftet wird und somit das Gute über das Böse siegt, entspricht eher dem klassischen Detektivroman als die schließlich realisierte Rahmenhandlung mit ihrem verstörenden Ende. So ist also das Drehbuch noch eher an Motiven der populären Detektivromane orientiert, aber in der Verarbeitung zur Filmversion greift die CALIGARI-Erzählung wieder stärker auf die Schauerromantik im Stile Hoffmanns oder Poes zurück, in der bleiche Jünglinge in den Wirbel furchtbarer Ereignisse geworfen werden.

CALIGARI ist natürlich auch ein Horrorfilm, also ein Vertreter jenes aus der Schauerromantik hervorgegangenen Genres, in dem der Ursprung der unheimlichen Ereignisse keineswegs immer einer rationale Erklärung findet. Siegbert S. Prawer hat daher seine Studie des Horrorfilms *Caligari's Children* genannt.[138] Und Georg Seeßlen und Claudius Weil schreiben in ihrem Standardwerk *Kino des Phantastischen*:

> Als den zentralen Mythos des Horror-Genres erachten wir den Mythos vom Halbwesen, also von einem Wesen, das halb Mensch, halb Tier oder halb lebendig, halb tot oder halb Mensch, halb Dämon ist. Dieser Mythos realisiert sich in einem Klima des Phantastischen, das durch Bedrohlichkeit und die Unerklärbarkeit der Erscheinungen charakterisiert ist.[139]

Wer würde diesen Mythos perfekter verkörpern als der Somnambule Cesare, ein Wesen zwischen Tag und Nacht, Schlafen und Wachen, Vergangenheit und Zukunft, Leben und Tod? Seeßlen und Weil nennen Cesare als Beispiel für »Wesen, die nicht tot und nicht lebendig sind«.[140] Auch der bleiche Jüngling Franzis und natürlich Dr. Caligari sind Halbwesen zwischen den Welten des Wahnsinns und der Rationalität. Und wir können nicht wie ein Detektiv entscheiden, wer von ihnen welcher Welt angehört: Ist Dr. Caligari der Wahnsinnige oder Franzis?

In der Explikation des Literaturwissenschaftlers Tzvetan Todorov[141] ist das Thema des Fantastischen die Grenze zwischen rational erklärbarer Welt und dem Übernatürlichen. Todorov unterscheidet zwischen

- dem Unheimlichen (*l'etrange*): etwas anscheinend Übernatürliches wird rational erklärt,
- dem Wunderbaren (*le merveilleux*): das Übernatürliche existiert, und
- dem Fantastischen (*le fantastique*): der Unschlüssigkeit zwischen beiden.

Im Unheimlichen behalten die (bisher anerkannten) Naturgesetze und unser wissenschaftlich/rationales Verständnis der Welt ihre Gültigkeit, im Wunderbaren akzeptieren wir, dass etwas mit den (bisher anerkannten) Naturgesetzen oder unserem wissenschaftlich/rationalen Verständnis der Welt nicht stimmt und geändert werden muss, das Fantastische befindet sich an der Grenze zwischen diesen beiden. Sein eigentliches Thema ist daher die Frage: Gibt es das Übernatürliche und müssen wir unser rationales Weltbild entsprechend ändern? In der Realität ist diese Frage unbeantwortet, in der Fiktion ist das Fantastische, so Todorov, »stets bedroht; es kann sich jeden Augenblick verflüchtigen«,[142] nämlich dann, wenn eine Lösung hin zum Unheimlichen oder Wunderbaren gewählt wird. Im klassischen Kriminalroman ist der Held ein rationaler Detektiv, der mit beiden Füßen fest auf der Erde steht und eine Lösung findet, die mit den anerkannten Naturgesetzen in Einklang steht: Sherlock Holmes löst den Fall in *The Hound of the Baskervilles* (1901/02), weil er nicht an übernatürliche Flüche oder Geisterhunde glaubt, sondern irdischen Ursachen für die unheimliche Erscheinung auf die Spur kommt und den Täter überführt. In Geschichten, die die Welt des Übernatürlichen akzeptieren, muss der Held ein, ich nenne es einmal, übernatürlicher Detektiv sein, der auf Grundlage neuer Naturgesetze handelt, wie Van Helsing in *Dracula* (1897), der die Vampire besiegen kann, weil er weiß, dass man sie pfählen und enthaupten muss.

Sherlock Holmes lebt in der Welt unserer Realität, in der die Lösungen stets rational sind, Van Helsing in einer fiktiven Welt, in der die Existenz des Übernatürlichen postuliert wird und so mit adäquaten Mitteln bekämpft werden kann. Wirklich interessant ist jedoch die Ambiguität des Fantastischen, in der die Frage gestellt wird: Kann ein vermeintlich übernatürliches Phänomen rational erklärt werden, oder existiert das Wunderbare? In der Literatur erkennt Todorov auch Mischformen des Fantastischen, nämlich das Fantastisch-Unheimliche (wenn die Ambiguität lange aufrecht erhalten und dann eine rationale Lösung gewählt wird) und das Fantastisch-Wunderbare (wenn die Ambiguität lange aufrecht erhalten und dann eine übernatürliche Lösung gewählt wird).[143] Beispiele für Erzählungen, die die Ambiguität des Fantastischen bis zum Schluss aufrecht erhalten sind Prosper Mérimées Kurzgeschichte *La Venus d'Ille* (1837) und Henry James' Roman *The Turn of the Screw* (1898). In Jan Potockis Roman *Le manuscrit trouvé à Saragosse* (entstanden 1803–1815, dt. *Die Handschrift von Saragossa*) gerät der Held in eine Reihe seltsamer Vorkommnisse, die immer deutlicher als übernatürliche Ereignisse interpretierbar werden, und sagt dann: »Ich war nun fast bereit, zu glauben.« Todorov kommentiert: »[I]n dieser Formel findet der Geist des Fantastischen komprimiert Ausdruck.«[144] Die Formel wird Ende des 20. Jahrhunderts reflektiert in Mulders Bekenntnis »I want to believe« aus der Fernsehserie THE X-FILES (1993–2002, Akte X – Die unheimlichen Fälle des FBI). Mulder ist eine Mischung aus bleichem Jüngling der Schauerromantik und Vampirbekämpfer Van Helsing: eine Figur, die das Übernatürliche akzeptiert und versucht, ihm mit adäquaten Waffen zu begegnen. Als Gegenfigur wird ihm die Skeptikerin Scully zur Seite gestellt, die nur glaubt, was sich wissenschaftlich beweisen lässt. Ein Gegenmotiv zu Mulders Glaubensbekenntnis ist die zweite Leitformel der Serie: »Trust no one«.

Auch in CALIGARI gibt es diesen Widerstreit zwischen Glauben- und Erklären-Wollen: Hat Franzis, der in der Binnenhandlung als rationaler Detektiv agiert, die furchtbaren Dinge aufgeklärt, die ringsum geschehen? Dann ist die Binnenhandlung »unheimlich«, jedoch versetzt die Rahmenhandlung uns den Schock, dass der wahnsinnige Verbrecher den rationalen Detektiv überwältigt und in eine Zwangsjacke steckt. Oder finden wir die Rationalität in der Rahmenhandlung? Dann ist die Binnenhandlung die »wunderbare« Erzählung eines kranken Geistes. In beiden Fällen sind wir mit dem Phänomen des Wahnsinns konfrontiert – entweder Caligaris oder Franzis' – und der Frage, ob dieser rational erklärt oder sogar geheilt werden kann, wie der Direktor im letzten Augenblick des Films in Aussicht stellt, ohne dies jedoch näher zu erläutern. Das Horror-Genre, oder das Fantastische, rührt an elementare Fragen, von denen wir letztlich nicht wissen, ob wir sie rational erklären können: Was ist die Natur des Geistes? Was ist Realität? Und wie erkennen wir sie?

Caligari, ein Psycho-Thriller

Das Genre, in das Caligari rückblickend idealerweise einsortiert werden muss, ist der Psycho-Thriller. Denn weder ist die Caligari-Erzählung eine Detektivgeschichte, bei der die Aufklärung des Verbrechens im Mittelpunkt stünde – vielmehr ist der Detektiv Franzis eher ein Getriebener wie die Protagonisten der Schauerromantik. Noch erleben wir jene wirklich übernatürlichen Monster, die das Horror-Genre bevölkern – vielmehr sind die Caligari-Monster gefangen im eigenen Wahnsinn.

Im Psycho-Thriller spielt sich der Thrill im Innern ab. Der Protagonist ist einer unheimlichen Bedrohung ausgesetzt, die er als Einziger wahrnimmt. Auf sich allein gestellt, muss er beweisen, dass die Bedrohung real ist, und herausfinden, wie sie bekämpft werden kann. Andernfalls gleitet er in den Wahnsinn ab oder findet den Tod, so wie Nathanael im *Sandmann*. Im Psycho-Thriller kann die Hauptfigur im eigenen Wahn gefangen bleiben, so wie Norman Bates in Psycho (1960) oder Nina in Black Swan (2010). Manchmal ist sie Opfer einer Intrige, das in Wahnsinn oder Tod getrieben werden soll, wie Paula in Gaslight (1944, Das Haus der Lady Alquist) oder Christina in Les diaboliques (1955, Die Teuflischen). Die Hauptfigur könnte auch selbst ein Täter sein, der nach dem Verbrechen keine Ruhe mehr findet, wie der Ich-Erzähler in Poes Kurzgeschichte *The Tell-Tale Heart* (1843, Das verräterische Herz) oder die Mörder in Fritz Langs The Woman in the Window (1944, Gefährliche Begegnung) und House by the River (1950). Figuren des Psycho-Thrillers können vor der Frage stehen, ob sie selbst die gesuchten Verbrecher sind, wie die von Gregory Peck dargestellten Figuren ohne Gedächtnis in Spellbound (1945, Ich kämpfe um dich) und Mirage (1965, Die 27. Etage) oder die Detektive in Angel Heart (1987) und Shutter Island (2010), die in Wirklichkeit auf der Suche nach einer fürchterlichen Wahrheit über sich selbst sind. »In einem Thriller steht das Verbrechen selbst, nicht seine Aufklärung, nicht seine Motivation, nicht seine Determination im Vordergrund«, definiert Georg Seeßlen.[145]

Wahnsinn und Rettung liegen im Psycho-Thriller eng beieinander. So ist Das Cabinet des Dr. Caligari mit seinem wahnsinnigen Verbrecher, der keinem rationalen Motiv folgt, und dem Helden, der seinerseits in den Wahnsinn getrieben werden soll und beim Versuch das Rätsel zu lösen ganz auf sich allein gestellt ist, der frühe Vertreter eines Filmgenres, das es zu diesem Zeitpunkt eigentlich noch gar nicht gab. Und hier sind wir auch wieder zurück beim Moment des Expressionismus, den herausragenden Szenen des Caligari-Films: Denn was die expressionistischen Künstler Anfang des 20. Jahrhunderts als Essenz ihrer Kunst bezeichnet haben, war auch das, was den modernen Psycho-Thriller ausmacht: der Blick ins Innere der Seele.

Psycho-Thriller in Caligari-Tradition: Shutter Island (2010, Martin Scorsese)

TEIL 2:
ENTSTEHUNGSGESCHICHTE

Einzelbild: Zwei Männer auf der Parkbank (Friedrich Fehér, Hans Lanser-Ludolff)

Einleitung:
Vorsicht, Legenden!

Von Widersprüchen zu Anekdoten

Die traditionelle Filmgeschichtsschreibung wimmelte von Legenden, falschen, oberflächlichen und inakkuraten Darstellungen. Sie erzählte Filmgeschichte, wie Thomas Elsaesser das formulierte, als »Abenteuergeschichte von Zauberern, Erfindern und Genies«,[146] akzeptierte Anekdoten und Selbstdarstellungen leichtgläubig als Fakten und machte sie obendrein zur Grundlage kühner Folgerungen. DAS CABINET DES DR. CALIGARI ist dafür das beste Beispiel. Um seine Entstehungsgeschichte sind so viele Legenden entstanden, dass CALIGARI allein dafür berühmt geworden ist. Die Darstellungen der Beteiligten widersprachen sogar einander, und trotzdem nahm die Filmgeschichtsschreibung sie alle in den Kanon auf, versuchte immer wieder, einige Legenden auf Kosten anderer auszusortieren, und erfand auch gelegentlich neue hinzu. »Bis hierher stimmt es. Alles andere ist unrichtig.« So hat Fritz Lang einmal die Darstellung der CALIGARI-Geschichte in Siegfried Kracauers berühmtem Buch *From Caligari to Hitler* kommentiert – und fügte gleich seine eigene CALIGARI-Legende hinzu, er sei es gewesen, der den Vorschlag gemacht habe, die Szene vom Beginn des Films, in der Franzis und der alte Mann auf der Parkbank sitzen, in normalem Stil zu drehen, um dem Publikum klarzumachen, »daß der expressionistische Stil die verzerrte Welt der Irren darstellte.«[147] *Gegen die Caligari-Legenden* hat der Bühnenbildner Hermann Warm explizit seine Variante der CALIGARI-Geschichte genannt und schilderte darin seine Sicht der Ereignisse: Lang wird darin übrigens überhaupt nicht erwähnt, stattdessen seien es er und seine Kollegen Walter Reimann und Walter Röhrig gewesen, die vorgeschlagen hätten, die Rahmenhandlung naturalistisch darzustellen.[148]

Die Geschichten von Lang und Warm sind Beispiele für CALIGARI-Legenden, bei denen die Erzähler ihre eigene Leistung in den Mittelpunkt stellen. Und es sind Beispiele für Legenden, die einander *widersprechen*: Es gibt keine mögliche Interpretation, in der beide Geschichten zugleich wahr sein können. Lang erzählt, er sei ursprünglich als CALIGARI-Regisseur vorgesehen gewesen und habe als Reaktion auf den expressionistischen Stil die naturalistische Darstellung der Anfangsszene vorgeschlagen; Warm erzählt, ihm sei das CALIGARI-Drehbuch übergeben worden, als Robert Wiene bereits der Regisseur war, und erst danach seien er und seine Kollegen auf die Idee des expressionistischen Stils gekommen.[149] Für sich genommen ist jede dieser Darstellungen stimmig, aber zusammen genommen sehen wir, dass nicht Lang vorher auf den expressionistischen Stil reagiert haben kann, wenn der erst nachher mit Wiene und den Malern kam.

In der traditionellen Filmgeschichtsschreibung wurden solche Widersprüche nicht hinterfragt und aufgelöst, sondern beide Varianten unbedenklich nebeneinander erzählt und zu Anekdoten über die Entstehungsgeschichte des CABINETS DES DR. CALIGARI geformt. Ein Beispiel dafür ist die Bearbeitung der Geschichte durch den Filmjournalisten Curt Riess in der anekdotenhafte Serie *Das gab's nur einmal* in der Wochenzeitschrift *Der Stern*: Riess schildert die Ereignisse der CALIGARI-Vorproduktion mit ausgefeilten Dialogen, als sei er selbst dabei gewesen. In der Fassung, die zuerst im *Stern* erschien, lässt er Produzent Erich Pommer und Regisseur Robert Wiene über das Drehbuch reden, und Wiene zeigt sich skeptisch: »Die Leute werden das nicht fressen!«[150] In der Buchversion derselben Serie findet Wiene keine Zeit, das Drehbuch zu lesen und erklärt, als Pommer ihn danach fragt, kurzerhand: »Ich finde das Drehbuch großartig!«[151] Hier hat sich der Erzähler offenbar alles einfach ausgedacht.

Die vier Fehler der traditionellen Filmgeschichtsschreibung

Schon das kleine Beispiel von Langs und Warms Darstellungen der Bearbeitung des CALIGARI-Drehbuchs zeigt, dass wir vertrauenswürdig klingenden Darstellungen in der Filmliteratur nicht ohne weiteres Glauben schenken dürfen. Aber wie sich zurechtfinden in der verwirrenden Vielzahl falscher, missverständlicher und widersprüchlicher Darstellungen? Wie können wir die falschen Darstellungen von den richtigen unterscheiden, die richtigen erkennen und die Legenden aussortieren? Es sind vier Fehler filmgeschichtlicher Rekonstruktion, die zu der misslungenen Darstellung der traditionellen Filmgeschichtsschreibung geführt haben:

1. *Ex-post-Vorurteil.* Allgemein gesagt besteht ein Ex-post-Vorurteil darin, Rahmenbedingungen der Gegenwart auf die Vergangenheit anzuwenden (Annahme der Gegenwartsähnlichkeit der Vergangenheit). So war es z.B. ein Ex-post-Vorurteil, als Siegfried Kracauer zu Beginn seines Buchs *From Caligari to Hitler* schrieb, die Geschichte des deutschen Films vor dem Ersten Weltkrieg wäre nur »Vorgeschichte, eine Frühzeit, der an sich keine Bedeutung beizumessen ist.«[152] Diese Einschätzung basierte auf der Annahme, Film müsse ausschließlich als Medium des Geschichtenerzählens angesehen werden, zu dem es sich tatsächlich erst in den 1910er Jahren entwickelt hat. Erst die Lösung von dieser gegenwartsbezogenen Sicht brachte die Erkenntnis, dass es

den frühen Filmemachern nicht um das Geschichtenerzählen, sondern um die Präsentation optischer Tricks ging, und führte so zu einer Neubewertung des frühen Films als *Cinema of Attractions*.[153] Ein Ex-post-Vorurteil ist es auch, Filme ausschließlich im Lichte einer Interpretation zu sehen, die mehr die Rahmenbedingungen ihrer eigenen Entstehungszeit reflektiert als die Rahmenbedingungen der Entstehungszeit der Filme. Auch dafür ist das einschlägige Beispiel Kracauers Theorie in *From Caligari to Hitler*, die die deutsche Filmgeschichte ausschließlich aus Sicht der Entwicklung zum Nationalsozialismus beschreibt und dabei andere Einflüsse überhaupt nicht zur Kenntnis nimmt.[154]

2. *Vertrauen auf »Erster Hand«-Quellen.* Die traditionelle Filmgeschichtsschreibung hat übermäßiges Vertrauen den Aussagen von Zeitzeugen gewährt, die etwa bei einer Filmproduktion dabei waren und es deswegen ja wissen müssen! Schon die Tatsache, dass einige Aussagen von Zeitzeugen einander widersprechen, zeigt aber, dass diese oft unzuverlässig sind. Tatsächlich sind diese Aussagen oft mehr Resultat einer nachträglichen Rekonstruktion als Ausdruck der Erinnerung an die historischen Fakten. Dieser Punkt ist so bedeutend, dass ich ihn im nächsten Abschnitt und mit einer darauf folgenden Fallstudie zur Geschichte vom »Mord am Holstenwall« genauer ausführen will (S. 118–134).

3. *Die Bestätigungs-Illusion.* Durch die Verbreitung von Legenden in der Filmgeschichtsschreibung, die exponential voneinander abgeschrieben wurden und die so in immer mehr Quellen auftauchten, entstand der Eindruck, diese wären immer besser bestätigt. Dabei gehen sie oft auf nur eine, dazu unsichere Quelle zurück. Beispiele sind die Legende von Fritz Langs Beitrag zum CALIGARI-Film (s.o.), die zum erstenmal 1946 in einer Quelle auftauchte und später nur allein von Fritz Lang persönlich bezeugt wurde,[155] und die Legende der Verbindung der CALIGARI-Maler zur Berliner »Sturm«-Gruppe.[156]

4. *Schließlich: Der Auswahl-Effekt.* Komplementär zur Bestätigungs-Illusion ist der Auswahl-Effekt, der dadurch entsteht, dass die Menge der verfügbaren Daten beschränkt ist. Wir können die CALIGARI-Entstehungsgeschichte nur auf Grundlage der Quellen rekonstruieren, die uns zufälligerweise zur Verfügung stehen, und je ungenauer, vorurteilsbasierter und allgemein von geringerer Anzahl diese Quellen sind, desto verzerrter wird das Bild sein, das wir uns machen.

Resultat dieser Kritik an der traditionellen Filmgeschichtsschreibung muss zum einen sein, die CALIGARI-Forschung auf eine breitere empirische Basis zu stellen, mit neuen Quellen, die bisher wenig oder gar nicht beachtet wurden, und die insbesondere die Rahmenbedingungen der Entstehungszeit beleuchten, zum anderen eine präzise Quellenkritik, die uns sagt, welche Quellen zuverlässig sind und welche nicht.

»Pommer weiß nichts mehr«:
Die Erinnerung von Zeitzeugen

Ende der 1920er Jahre begann die Ufa aus handfesten wirtschaftlichen Interessen, ihre Akten nach den CALIGARI-Urheberrechten zu durchsuchen. Angesichts des beginnenden Tonfilm-Zeitalters erschien eine Neubearbeitung des Stoffes attraktiv, und die Ufa war Rechtsnachfolgerin der Decla-Film-Gesellschaft, die 1920 mit der Deutschen Bioscop zur Decla-Bioscop fusioniert und 1921 in die Ufa aufgegangen war. Ein Sachbearbeiter notierte am 15.8.1929, er werde Erich Pommer wegen Erwerb der CALIGARI-Rechte durch die Decla befragen. Pommer hatte inzwischen eine steile Karriere als Produktionsleiter der Ufa hinter sich, deren Höhepunkt die Produktion von Fritz Langs monumentalem Science-Fiction-Film METROPOLIS (1925–27) war. Zwar wurde Pommers Vertrag dann wegen des grenzenlos überschrittenen Budgets von METROPOLIS nicht verlängert und er ging vorübergehend in die USA, wurde aber schon 1927 wieder von der Ufa unter Vertrag genommen. Bei der Recherche danach, wie die Decla damals das CALIGARI-Drehbuch erworben hatte, lag dieses Ereignis schon zehn Jahre zurück. Der Sachbearbeiter der Ufa notierte in die Akte: »Pommer weiß nichts mehr« und gab den Vorgang am 5.9.1929 vorerst zu den Akten.[157]

Diese Aktennotiz des Ufa-Mitarbeiters sagt etwas aus über die Brauchbarkeit der Aussagen von Zeitzeugen: Unser Gedächtnis funktioniert nicht wie ein Tonbandgerät, das Erinnerungen zuverlässig aufzeichnet und abrufbereit hält. Die Gedächtnisforschung hat vielmehr gezeigt, dass das Gedächtnis wie ein Geschichtenerzähler funktioniert, der Motive aus verschiedenen Quellen aufgreift, umstrukturiert, ändert und neu konstruiert.[158] Wir vergessen also nicht nur Fakten, wir erfinden auch neue hinzu, tauschen unangenehme Erinnerungen gegen schönere aus, rücken unsere eigene Leistung mehr in den Mittelpunkt, und konstruieren unsere Lebensgeschichte mit dramaturgischen Höhepunkten und Pointen: je öfter wir sie erzählen, umso besser und ausgefeilter. Natürlich erinnern wir uns auch an Dinge, die wirklich stattgefunden haben. Und natürlich müssen wir für die Forschung Aussagen aus »erster Hand« heranziehen, von Leuten, die wirklich dabei gewesen sind. Aber es ist nicht angebracht, solchen Aussagen übermäßig zu vertrauen. Folgende drei Indikatoren bieten Gründe, an der Zuverlässigkeit der Aussagen von Zeitzeugen zu zweifeln:

1. Aussagen finden lange nach dem beschriebenen Ereignis statt.

Eine Erinnerung wird umso unzuverlässiger, je mehr Zeit seit dem beschriebenen Ereignis vergangen ist. Jemand, der sich an ein Jahre oder Jahrzehnte zurückliegendes Ereignis erinnert, ist weniger durch das eigentliche Ereignis beeinflusst als durch andere inzwischen auf ihn einwirkenden Informationen, z.B. hat die Vertreibung aus Europa durch ein tyrannisches Regime den Drehbuchautor Hans Janowitz dazu bewogen, in seiner direkt nach der Flucht nach Amerika niedergeschriebenen CALIGARI-Geschichte zu behaupten, er und Carl Mayer hätten das CALIGARI-Drehbuch in der

Das Cabinet des Dr. Caligari: Woran erinnert sich Jane (Lil Dagover)?

pazifistischen Absicht verfasst, vor Krieg und Tyrannei zu warnen, und heftig protestiert, als sie erfuhren, dass die Produzenten ihre Geschichte in eine Irrenhaus-Rahmenhandlung gekleidet hatten.[159]

Zeitzeugen benutzen auch Darstellungen aus anderen Quellen, um die nach einiger Zeit getrübte eigene Erinnerung aufzufrischen. Ein gutes Beispiel dafür ist Lil Dagovers Autobiografie, die 1979 erschienen ist, sechzig Jahre nach den darin beschriebenen CALIGARI-Dreharbeiten. Tatsächlich wurde der Text von einem Ghostwriter, dem Journalisten Willibald Eser, verfasst, der eine ausführliche Literaturrecherche betrieben und so Dagovers eigene Erinnerungen ergänzt hat. Im Vorwort dankt Dagover Eser, ihr sei durch seine Recherche »manches aus meiner Vergangenheit wieder ins Bewußtsein gekommen, was ich schon vergessen hatte.«[160] Tatsächlich gelangen so Legenden aus anderen Quellen in die Lebenserinnerungen von Zeitzeugen.

Schließlich ein Beispiel für einen Rückkopplungseffekt nach vielen Jahren bietet Paul Rotha, Filmhistoriker, Dokumentarfilmer und enger Freund des Drehbuchautors Carl Mayer. 1938 erzählte er nach Gesprächen mit Mayer, das CALIGARI-Drehbuch habe ursprünglich bereits eine Rahmenhandlung enthalten,[161] eine Aussage, die tatsächlich stimmt, denn wie wir inzwischen aus dem erhaltenen Drehbuchexemplar wissen, gibt es da die »Landhaus-Terrassen-Rahmenhandlung«, in der Francis die Geschichte aus einigem zeitlichen Abstand erzählt. Der Filmjournalist Herbert G. Luft konnte das 1954 nicht wissen und interpretierte Rothas Äußerung so, das Drehbuch habe schon die aus dem Film bekannte Irrenhaus-Rahmenhandlung enthalten.[162] Als

Rotha nun Jahrzehnte danach noch einmal einen Text über Carl Mayer schrieb, übernahm er Lufts Version und schrieb, Mayer habe ihm erzählt, er habe die Irrenhaus-Rahmenhandlung erfunden.[163] Die Information wurde also ursprünglich von Rotha in die Welt gesetzt, dann von Luft wider besseren Wissens verfälscht, und schließlich hat Rotha Lufts Version als eigene Erinnerung ausgegeben.

Eine kleine Liste wichtiger Aussagen von Zeitzeugen zum CABINET DES DR. CALIGARI zeigt, dass alle diese Aussagen mehr als zwanzig Jahre nach den beschriebenen Ereignissen entstanden. Sogar Erich Pommer, der schon zehn Jahre danach »nichts mehr wusste«, hat seine Erinnerungen mehrfach noch einmal hervorgeholt. Notiert wurde jeweils das erste Auftreten der Aussage, ältere Quellen, die näher an der CALIGARI-Produktion im Jahr 1919 dran wären, gibt es also nicht:

Hans Janowitz	1940	21 Jahre danach[164]
Fritz Lang	ca. 1946	27 Jahre danach[165]
Erich Pommer	1947	28 Jahre danach[166]
Hermann Warm	1954	35 Jahre danach[167]
Werner Krauß	1954	35 Jahre danach[168]
Erich Pommer	1962	43 Jahre danach[169]
Giuseppe Becce	1969	50 Jahre danach[170]
Lil Dagover	1979	60 Jahre danach[171]

2. Aussagen sind Selbstdarstellungen.

Erzähler, die selber aktiv in der Erzählung auftauchen, neigen dazu, ihre eigene Leistung in den Vordergrund zu stellen. Für viele der Beteiligten war DAS CABINET DES DR. CALIGARI der Schlüsselfilm ihrer persönlichen Karrieren. Und viele haben sich selbst den alleinigen Ruhm für seinen Erfolg zugeschrieben:

– Drehbuchautor Hans Janowitz vertrat die Auffassung, allein der Drehbuchautor sei der Schöpfer eines Films und alle anderen an der Produktion Beteiligten spielten nur eine untergeordnete Rolle. So beginnt er seine CALIGARI-Entstehungsgeschichte: Der Drehbuchautor sei für den Film das, was der Architekt für den Bau eines Hauses sei.[172] Später nennt er das Film-Drehbuch eine »Zwangsjacke für den Regisseur«, und der Film sei nur die Umsetzung dessen, was die Drehbuchautoren vorgeschrieben hätten.[173]
– Filmarchitekt Hermann Warm war der Ansicht, er und seine Kollegen Walter Reimann und Walter Röhrig seien die eigentlichen Schöpfer des Films, die mit den von ihnen geschaffenen expressionistischen Kulissen den sensationellen CALIGARI-Stil kreiert haben: »In diesem einzigen (besonderen) Fall will ich gelten lassen, daß die Dekors zum Hauptausdrucksmittel wurden!«[174]
– Decla-Chef Erich Pommer schrieb den Erfolg CALIGARIS einer von ihm initiierten Werbekampagne zu. Um diese Behauptung zu bekräftigen, erzählte er

sogar, der Film sei in Berlin zweimal aufgeführt worden: Bei seiner ersten Aufführung hätte ihn das Publikum ausgebuht und er sei nach nur zwei Tagen aus dem Programm genommen worden. Dann hätte Pommer die Werbekampagne organisiert, CALIGARI erneut aufgeführt, und diesmal sei der Film begeistert gefeiert worden.[175]

– Der Komponist Giuseppe Becce erzählte ebenfalls, CALIGARI sei zweimal aufgeführt worden, aber bei seiner ersten Aufführung wegen der unpassenden Musik ein Misserfolg gewesen. Dann habe Becce eine CALIGARI-Originalmusik geschrieben, der Film sei erneut aufgeführt worden und diesmal ein voller Erfolg gewesen.[176]

– Schauspieler Werner Krauß (Dr. Caligari) erzählte, er sei es gewesen, der für CALIGARI die passenden Kostüme organisiert und das expressionistische Make-up kreiert habe. Er schrieb den Erfolg den Leistungen der Schauspieler zu: Robert Wiene war am Erfolg CALIGARIS »unschuldig, die Schauspieler waren schuld: Conrad Veidt und ich und die Dagover.«[177]

– Und sogar Schauspieler Friedrich Fehér (Franzis) erhob später den Anspruch, Schöpfer des CALIGARI-Films gewesen zu sein: Er sei es gewesen, der die berüchtigte Rahmenhandlung erfunden und sogar inszeniert habe.[178]

3. Aussagen sind nach dramaturgischen Gesichtspunkten konstruiert.

Die Konstruktion einer Geschichte findet sowohl im Gedächtnis der Zeitzeugen statt, als auch in der Verarbeitung durch Autoren der Filmliteratur. Menschen wollen in erster Linie nicht historische Fakten wiedergeben, sondern Geschichten erzählen. Dabei benutzen sie Motive aus ihrer Erinnerung, ordnen sie neu an, stellen neue Zusammenhänge her, füllen Lücken, erfinden farbige Details hinzu, geben Vermutungen und Klatsch wieder, usw. Auch die Darstellung von Geschichte und Filmgeschichte überhaupt als Ergebnis herausragender Leistungen Einzelner (Feldherren, Produzenten, Regisseure, …) ist eine solche dramaturgische Konstruktion: Komplexe Vorgänge werden als zielgerichtetes Wirken von Individuen beschrieben. Und natürlich finden sich auf der Ebene konkreter Entstehungsgeschichten einzelner Filme etliche Anekdoten, die nach den Regeln des Geschichtenerzählens nachträglich konstruiert wurden. Ein solcher Fall ist Hans Janowitz' Geschichte vom »Mord am Holstenwall«, die ich hier genauer untersuchen will. Sie führt uns zurück ins Jahr 1913, und zu den ältesten Dokumenten, die zur konkreten Entstehungsgeschichte des CABINETS DES DR. CALIGARI gehören.

Fallstudie: Der Mord am Holstenwall

Die Holstenwall-Erzählung ist eine Mordgeschichte, die Hans Janowitz angeblich im Oktober 1913 in Hamburg persönlich erlebt hat. Laut Janowitz hat er die Geschichte im Winter 1918/19 seinem Freund Carl Mayer vorgetragen,[183] und sie sei der Nukleus und die Inspiration für das Drehbuch zum CABINET DES DR. CALIGARI gewesen. Später hat Janowitz die Geschichte öfter zu Papier gebracht, vor allem in seiner Anfang der 1940er Jahre fertiggestellten Erzählung der Entstehungsgeschichte des CALIGARI-Films *»Caligari« – The Story of a Famous Story,* in der er ihr ein ganzes Kapitel widmet:

An einem Oktoberabend des Jahres 1913 schlendert Janowitz über den Hamburger Dom, den Jahrmarkt zwischen Reeperbahn und Holstenwall, und hält nach einem hübschen Mädchen Ausschau, das er in der Menge entdeckt hat. Er glaubt, aus der Ferne ihr Lachen zu hören, folgt einer Gruppe Jugendlicher in den Holstenwall-Park und beobachtet sie heimlich. Janowitz sieht, wie ein Mädchen und ein Junge in den Büschen herumbalgen, und plötzlich bemerkt er im Schatten der Büsche einen Mann, der die Szene ebenfalls beobachtet, ein Mann von bürgerlicher Erscheinung, mit rundem Hut und Herrenmantel. Einen kurzen Moment lang begegnen sie einander, dann geht Janowitz, der die jungen Leute aus den Augen verloren hat, wieder seiner Wege. Aber am nächsten Tag liest er in der Zeitung in großen Schlagzeilen: »Schauerliches Sexualverbrechen am Holstenwall! Die junge Gertrud …. ermordet!« Im Glauben, dass das Mädchen, das er in der Nacht zuvor beobachtet hat, die ermordete Gertrud ist, nimmt er eine Woche später an der Beerdigung des Opfers teil. Und dort sieht er in der Menge den Mann aus dem Gebüsch wieder, der ihn ebenfalls erkennt, und von dem er jetzt fest glaubt, dass er der Mörder ist, die Bestie in Gestalt eines Bürgers. Dem Mann gelingt es, unerkannt in der Menge zu verschwinden und Janowitz grübelt darüber nach, dass dies eine Prophezeiung des Krieges gewesen sein könnte.[180]

Diese Geschichte war so gut, dass Siegfried Kracauer, dem Janowitz sein Manuskript in den 1940er Jahren zur Verfügung stellte, eine Kurzfassung davon an den Anfang seines CALIGARI-Kapitels in *From Caligari to Hitler* setzte.[181] Klarerweise dominiert in Janowitz' Holstenwall-Geschichte im Gegensatz zu Kracauers Variante nicht die politische Deutung, sondern die sexuelle Komponente: Das Mädchen war schlank, mit einem schnellen kleinen Gang, der ihren raschelnden blauen Rock hin- und herschwingen ließ,[182] ein wunderschönes, liebenswertes Geschöpf mit funkelnden braunen Augen und sprudelndem, frühlingshaftem Lachen,[183] hingemordet von einer Bestie in den Kleidern eines Bürgers,[184] ein Mädchen, jung, geliebt und betrunken von der Freude des Lebens.[185] So beschreibt Janowitz, wie er im Holstenwall-Park das Lachen des Mädchens hört:

I believed it was the laughter of the girl for whom I had been searching, and I could now discern a group of boys and girls in the shadows, and thought I recognized her figure amongst them in the darkness. Was that she, running between the bushes pursued by a boy who caught her up, and from whom she freed herself by force? The wild chase continued further into the bushes, into the black shadows, with the adolescent hearty in pursuit.[186]

Silvester 1952 ließ Janowitz in New York die Holstenwall-Geschichte noch einmal Revue passieren. Er verfasste ein etwas unbeholfenes Manuskript mit dem Titel *Some*

Das Cabinet des Dr. Caligari: Jane (Lil Dagover) im Park, wie eine lebende Tote

new chapters on Holstenwall and Dr. Caligari – Trying telling another tale of »The Cabinet of Dr. Caligari«, in dem er die Geschichte der fiktiven Stadt Holstenwall schildert und den Versuch macht, noch einmal in poetischer Form die Geschichte des CABINETS DES DR. CALIGARI zu erzählen. In diesem Text tritt Janowitz, der Geschichtenerzähler, sowohl als Autor auf, der das Drehbuch zum CALIGARI-Film geschrieben hat, als auch als ehemaliger Bewohner der Stadt Holstenwall und Student der fiktiven Universität Hollyoak, der dort einige Semester studiert hat:

> [...] try to believe me, I say, ladies and gentlemen, there is more Eros in the swing of an outgrown skirt in the old streets of such university cities than on hundreds of miles of leg shows of hundreds of great white ways of all the Broadways of the Americans – more prove for God Eros' existance in our time in one half inch hole in the side of one poor cotton hose of a certain young lady who went to college at the university of Hollyoak = Holstenwall, in the tenth or twenties of our »vertrackt« century. You dont know, you havent been there. I have. I studied there for some semesters – I was no regular, I studied what I pleased, history, literature, of course, some philosophy, mathematics even – [...] And I loved – I loved – I loved that college girl of mine with the hole at the side of her left stocking.[187]

Nachdem Kracauer seine Kurzfassung der Holstenwall-Geschichte in *From Caligari to Hitler* veröffentlicht hatte, gelangte die Geschichte in so gut wie jeden längeren Text über CALIGARI nach 1947, manchmal ausgeschmückt mit weiteren Details, gerne auch mit stärkerer Betonung der Sexualität des ermordeten Mädchens. So beschrieb der amerikanische Experimentalfilm-Regisseur Stan Brakhage (1933–2003) in seinem Buch *Film Biographies* explizit, wie Janowitz Gertrud und ihren Freund beobachtet und zuhört, wie sie im Gebüsch Liebe machen.[188] Und Curt Riess reimt sich in *Das gab's nur einmal* das Gespräch zusammen, das Mayer und Janowitz im Winter 1918/19 auf ihrer Bude in Berlin geführt haben mögen und schmückt die Holstenwall-Geschichte mit zahlreichen Details aus: Das Geschehen ist in den August 1913 verlegt, die Nacht war schwül, das Mädchen eine kecke Prostituierte, der Täter klein und dick usw.[189]

Mit den Motiven Sexualität und Tod passt die Holstenwall-Geschichte gut in Janowitz' übriges Œuvre: Sie ist eigentlich eine Variante seiner Kurzgeschichte *Das zierliche Mädchen*, die der 22-jährige Janowitz im März 1913 in einer literarischen Zeitschrift veröffentlicht hatte: Ein Jüngling liebt ein 16-jähriges Mädchen aus dem Arbeiterviertel, das gerne zum Zirkus und zum Jahrmarkt geht, masochistisch veranlagt ist und sich mit Männern einlässt, von denen einer dann auch wie ein wildes Tier über sie herfällt und sie ermordet.[190] Hier sind viele Motive bereits beisammen, die Janowitz auch in der Holstenwall-Geschichte verwendet: das heranwachsende Mädchen, das sich viel zu früh mit Männern einlässt und dafür bestraft wird, der Jüngling, der sie beobachtet, der Jahrmarkt, die Herkunft aus dem Arbeiterstand, der Sexualmord.

Das zierliche Mädchen und die Holstenwall-Geschichte sind tatsächlich Rohmaterial des CALIGARI-Stoffs (in dem die Stadt, in der sich alles abspielt, den Namen »Holstenwall« erhält): Wie in CALIGARI ist die Hauptperson hilfloser Zeuge eines furchtbaren Verbrechens, und Janowitz deutete in die Holstenwall-Geschichte im Nachhinein sogar jene Prophetie hinein, die er auch seinem und Mayers CALIGARI-Drehbuch zuschrieb:

> From Monday to Saturday of the following week I pondered this matter and then, in a spate of words, I wrote an essay, deducing from this murder the downfall of the white race in a great, unprecedented and bloody catastrophe.
>   It was a prophecy of war.[191]

Als er nach dem Mord an dem Mädchen in aufgewühltem Zustand beschließt, an der Beerdigung Gertruds teilzunehmen, tragen ihn seine Füße zunächst zurück zum Holstenwall:

> It was as though my steps had been directed.
>   Yonder I saw the tower of the Bismarck Memorial rising: In Bismarck's shadow murder will come to Europe! And a bloody authority, with an iron sword in its hands, even as the granite giant yonder rises above me, will rise above us all, all whom we cherish, all that we hold most dear![192]

Laut Urteil der Filmhistoriker Uli Jung und Walter Schatzberg müssen spätere Kapitel, in denen Janowitz die Interpretation seines eigenen CALIGARI-Stoffs als Metapher

Bismarck-Denkmal in Hamburg, nahe des Holstenwalls

für Preußentum, Krieg und Tyrannei weiter treibt, kritisch gelesen werden, da die Gestaltung des einzigen Originalexemplars des Manuskripts in der New York Public Library den Schluss zulässt, dass es zu einem späteren Zeitpunkt nochmal von Janowitz bearbeitet wurde:

> Der Verdacht ist nicht ganz von der Hand zu weisen, daß dies nicht das Manuskript ist, das Janowitz Kracauer gezeigt hat. Vielmehr könnte es durchaus sein, daß er seine Darstellung noch einmal verändert und/oder erweitert hat, als er las, was Kracauer auf theoretischer Ebene daraus gefolgert hatte.[193]

Der Mordfall Gertrud Siefert

Der Mord am Holstenwall hat wirklich stattgefunden, am angegebenen Ort und relativ präzise zur angegebenen Zeit. In seiner *Story of a Famous Story* nannte Janowitz als Datum einen Sonntagabend Ende Oktober 1913 (also den 19. oder 26.10.1913),[194] an anderer Stelle spricht er von Herbst 1913,[195] in einem späteren Manuskript von Oktober, November 1913.[196] Kracauer und alle nachfolgenden Autoren haben das Datum Oktober 1913 übernommen (bis auf Curt Riess, der das Ereignis in den schwülen August verlegte). Tatsächlich wurde die kleine Gertrud Siefert in der Nacht von Sonntag, den 2. November auf Montag, den 3. November 1913 ermordet, ihr Begräbnis fand eine Woche später, am Sonntag, den 9.11.1913 statt. Die zeitgenössischen Tageszeitungen geben detailliert Auskunft über die historischen Fakten. Aber alles war etwas anders, als Janowitz dies erzählt. Am Tag nach dem Mord berichtet eine Hamburger Zeitung:

> *Ein gräßliches Verbrechen an einem Kinde*
> ist heute morgen in den Anlagen beim Holstenwall entdeckt worden. Dort wurde die furchtbar zugerichtete Leiche der *acht Jahre alten Gertrud Siefert,* Tochter des Postboten* Siefert, Peterstraße 34, aufgefunden. Das Kind ist das *Opfer eines Lustmordes* geworden. Wir erfahren über das Verschwinden des Kindes und die Entdeckung der grausigen Tat folgendes:
> Um 10 Uhr gestern abend teilte die Mutter der kleinen Gertrud Siefert der Polizeibehörde mit, daß ihre Tochter seit 7 Uhr abends verschwunden war und daß alle Nachforschungen bei Nachbarn und Bekannten vergeblich verlaufen seien. Die fünf Jahre alte Schwester der Verschwundenen hatte gesehen, *wie ein fremder Mann Gertrud angeredet* hatte und hat vernommen, daß der Fremde der Schwester Schokolade versprochen hat, worauf Gertrud sich mit dem Manne entfernte. Auf Grund dieser verdächtigen Anzeichen wurde sofort mit allen verfügbaren Kräften die Untersuchung aufgenommen. Die in dem an alle Polizeiwachen verteilten

---

* Die *Neue Hamburger Zeitung* vom 7.11.1913 bezeichnet Siefert als Zierfischhändler.

Telegramm gegebene *Beschreibung des Täters* lautet: »Etwa 1,70 Meter groß, blondes Haar, kleiner blonder Schnurrbart, bekleidet mit grauem Jackett und schwarzem Hut.« – In entsetzlicher Angst verbrachten die Eltern der Vermißten die Nacht, sie konnten ebenso wie die Behörde keine Spur ihres Lieblings entdecken. Heute vormittag nach 9 Uhr erfolgte die *Auffindung der Leiche* in einem Gebüsch der Anlagen am Holstenwall. Ungefähr 60 Meter von der Brücke entfernt, die die Glacis-Chaussee mit dem Holstenwall verbindet, auf dem Plateau über den dritten Weg vom Stadtgraben, wollte ein in Altona wohnender Arbeiter im Gebüsch seine Notdurft verrichten. Entsetzt prallte er zurück, vor ihm lag, als er etwa 5 Schritte in das Gebüsch eingedrungen war, die Leiche eines kleinen Mädchens. Der Mann machte sofort der Polizei Anzeige, die den Fundort der Leiche in weitem Umkreise absperrte. Kriminalkommissar Stolten begab sich an den Tatort, wohin ihm später der Oberregierungsrat Dr. Stürcken, Kriminalinspektor Ploetz und der Vorsteher der zuständigen Inspektion, C. Pfeiffer, folgten. Die Inaugenscheinnahme der Leiche ergab, daß *Lustmord* vorliegt.[*] Der Polizeiarzt konstatierte, daß sämtliche Schlagadern durchgeschnitten und die Leiche vollkommen blutleer war, es muß deshalb angenommen werden, daß der Mord an einer anderen Stelle verübt und

die Leiche an den Fundort geschleppt

worden ist. Im näheren Umkreise des Fundortes wurde auch kein Blut gefunden. An der Leiche wurden Spuren entdeckt, die darauf schließen lassen, daß der Täter den Versuch gemacht hat, *die Leiche zu vergraben*. Er muß aber bei dieser Tätigkeit gestört worden sein. Der Verdacht ist nicht von der Hand zu weisen, daß hier derselbe Täter in Frage kommen könnte, der am 12. Juli 1912 den Knaben Dordowsky und am 7. Januar den Kontorboten Müller ermordete, denn auch diese Leichen wurden blutleer aufgefunden. Auch der Mörder des Knaben Dordowsky wurde gesehen, er wurde ebenfalls als ein blonder Mensch bezeichnet, der über 1,70 Meter groß ist. Polizeihunde wurden auf die Spur gesetzt, leider vergebens; denn einmal war der Weg am Gebüsch vorbei schon von zahlreichen Personen begangen, und dann waren infolge des Regens auch alle Spuren verwischt worden. [...][197]

Ein in grausigem Detail vorgetragener Mordfall, der uns an die späteren bekannten Serienmörder Carl Großmann in Berlin, Fritz Haarmann in Hannover und Peter Kürten in Düsseldorf erinnert und natürlich an den auf diesen Fällen basierenden von Peter Lorre gespielten Kindermörder in Fritz Langs bedeutendstem Film M (1931). Hans Janowitz war im November 1913, als der Mord am Holstenwall geschah, tatsächlich als Regieassistent und Komparse am Deutschen Schauspielhaus wohnhaft in Hamburg.[198] Aber kann er ein Zeuge der Geschehnisse gewesen sein, so wie er es in seiner Holstenwall-Erzählung beschrieben hat?

---

[*] An dieser Stelle fügt der *General-Anzeiger für Hamburg-Altona* vom 4.11.1913, der diesen Bericht aus der *Neuen Hamburger Zeitung* vom Tag zuvor im wesentlichen übernommen hat, folgendes schauerliches Detail ein: »Die Leiche wies einen Schnitt vom Oberschenkel bis zum Leib auf, einen zweiten Schnitt, der die Gedärme zu Tage treten ließ, vom Oberschenkel bis zum Nabel.«

Einige Details in Janowitz' Geschichte geben präzise die Fakten des Mordfalls wieder: Tatsächlich wurde ein junges Mädchen namens Gertrud ermordet, ihre Leiche wurde im Holstenwall-Park gefunden, und sie wurde eine Woche später unter großer Anteilnahme der Öffentlichkeit beerdigt. Aber Gertrud Ottilie Siefert war ein 8-jähriges Schulmädchen, das von ihrem Mörder mit Schokolade vom Elternhaus in der Peterstraße 34 fortgelockt wurde, keine geschlechtsreife Heranwachsende, der die Burschen nachlaufen.[199] Janowitz erzählt, er habe sie im Park herumtollen sehen – aber sie war wahrscheinlich schon tot, als ihr Mörder versuchte, sie in den Holstenwallanlagen zu verstecken. Daraus folgt, dass die Beobachtungen, die Janowitz' Ich-Erzähler in der Holstenwall-Geschichte gemacht hat, wahrscheinlich nicht authentisch sind. Und falls doch, dann kann Janowitz unmöglich angenommen haben, das Mädchen, das er im Park gesehen hat, wäre die in der Zeitung beschriebene kleine Gertrud gewesen.

Aus den Zeitungen vom Montag und Dienstag erfahren wir weitere Details über das Verbrechen: Die ermordete Gertrud Ottilie Siefert, geb. 19.9.1905 in Hamburg, lag auf dem Rücken, als sie aufgefunden wurde,[200] ihre Knie waren gekrümmt.[201] Der Polizeiphotograph machte Aufnahmen,[202] und mit der Leitung der Untersuchung wird Kriminalkommissar Pisselhop von der Inspektion C befasst, dem das große Fahndungskommando der Kriminalpolizei zugeteilt ist, und der extra aus seinem Urlaub zurückberufen wurde.[203] Die Beschreibung des mutmaßlichen Täters stammt von der fünf- oder neunjährigen[204] Schwester der Ermordeten, die gesehen hat, wie der Mann mit Gertrud fortgegangen ist. Allerdings wird ihr kein großes Vertrauen geschenkt, da sie noch ein Kind ist. Erst als auch ein Nachbar eine Beschreibung des Mannes abgibt, wird diese als wahrscheinlich zutreffend bezeichnet:

> Diese Beschreibung, die von einem älteren Zeugen namens Fritz Bockhold, der Peterstraße 28, dritte Etage wohnt, herrührt, hat viel wahrscheinliches für sich. Nach Bockholds Angaben ist der Mann, der die Siefert fortlockte, nicht, wie die Schwester der Ermordeten zu erkennen glaubte, ein aus dem Arbeiterhause stammender Mann, sondern ein Herr, der *in den besseren Kaufmannskreisen zu suchen ist*. Der Unbekannnte, der einen glatten schwarzen, bis über die Knie reichenden Paletot trug, und mit dunkler Hose und schwarzen Stiefeln bekleidet war, soll zirka 27 Jahre alt, zirka 1,73 m groß, schlank, schmächtig, doch nicht mager sein, eine ziemlich große Nase, hellblondes Haar, gleichen ungestutzten Schnurrbart und schmales bleiches verlebtes Gesicht haben. Mitteilungen von Personen, die irgendwelche Angaben zur Mordtat oder über das Verschwinden und spätere Auffinden der Leiche machen zu können glauben, werden ersucht, sich im Stadthaus, zweiter Stock, im Zimmer 102, zu melden.[205]

Da hätten wir das Vorbild für den »Bürger« aus Janowitz' Geschichte, und wir sehen, dass die präzisen Details, die Riess in seiner Version der Geschichte angibt, allesamt falsch geraten sind: Der Gesuchte ist nicht klein und dick und 45 Jahre alt, sondern groß und schlank und 27 Jahre alt, es war nicht Sommer, sondern Herbst, und Gertrud war keine Prostituierte, sondern ein 8-jähriges Schulmädchen. Dabei hätte Riess einfach in den zeitgenössischen Tageszeitungen nachzuschlagen brauchen, die uns mit erstaunlich detaillierten Informationen versorgen, sogar dem Namen und der Adresse eines Zeugen, der den Täter identifizieren könnte (Fritz Bockhold, Peterstraße 28, dritte Etage). Am Montag-Abend wird von zwei möglichen weiteren Zeugen berichtet:

> Kinder haben gestern abend beobachtet, wie *zwei junge Leute* hinter dem Mann mit der kleinen Siefert hergingen. Die Polizei legt besonderen Wert darauf, daß sich die beiden jungen Leute unverzüglich der Polizei stellen, da man durch sie vielleicht bestimmte Angaben für die Ermittlung des Mörders erhalten kann.[206]

Am nächsten Tag erfahren wir genauer, warum die Jungen hinter dem Mann hergingen:

> Die Schwester der Ermordeten wollte, als Gertrud sie mit dem Manne verließ, mitgehen; sie wurde aber zurückgeschickt und weinte. Zwei junge Männer fragten das Kind nach seinem Kummer und sagten ihm, es solle nur ruhig sein und zurückbleiben, sie selbst wollten dem Manne nachgehen und sehen, wo er mit dem Kinde abbleibe. Es liegt der Behörde sehr viel daran, daß diese beiden jungen Männer sich unverzüglich melden.[207]

Es muss den beiden jungen Männern schwergefallen sein, sich bei der Polizei zu melden, denn sie haben dem Kind versprochen, sich um seine Schwester zu kümmern und versagt. Hier finden wir allerdings das Motiv des Mannes, der den Mörder mit dem Mädchen sieht, aber nichts unternimmt und am nächsten Tag aus der Zeitung erfährt, dass das Mädchen ermordet wurde. Einer der beiden jungen Männer meldete sich noch am Montag tatsächlich bei der Polizei,[208] der andere am Dienstag:[209]

> Beide jungen Männer haben den Mann mit dem Mädchen verfolgt, sie gingen hinter dem Paare bis in die Anlagen am Holstenwall, hier verloren sie den Mörder mit seinem Opfer aus den Augen.[210]

Die Täterbeschreibung der jungen Männer entspricht der, die der Zeuge Fritz Bockhold abgegeben hat und wird von vier Kindern bestätigt.[211] Unter großer Anteilnahme der Öffentlichkeit finden die kriminalpolizeilichen Untersuchungen statt, von denen die Zeitungen während der ganzen Woche ausführlich berichten: Am Montag und Dienstag wird die Umgebung des Tatorts weitläufig abgesperrt und von Polizisten mit Hunden durchsucht. An beiden Tagen findet sich eine große Anzahl Schaulustiger ein.[212] Nach der Spurensicherung durch die Gerichtskommission, den Polizeiarzt und die Kriminalpolizei wird die Leiche am Montag ins Hafenkrankenhaus geschafft[213] und am Dienstagnachmittag obduziert. Dabei wird festgestellt, dass das Kind vergewaltigt und erwürgt wurde:

Zum Mord am Stadtgraben. Die Sektion der Leiche der kleinen Gertrud Siefert hat im Hafenkrankenhause am Dienstag nachmittag stattgefunden. Die ursprüngliche Annahme, daß der Mörder das Kind durch die beiden Bauchschnitte getötet, hat sich als irrig erwiesen. Das Kind ist vielmehr von dem Mörder zunächst in nicht wiederzugebender Weise mißbraucht worden. Hierbei hat der Verbrecher das Kind gewürgt, wobei der Tod durch Erstickung eintrat. Es besteht nunmehr die Annahme, daß der Mörder nach der Tat auf den Gedanken kam, durch das Aufschlitzen der Leiche den Anschein zu erwecken, als ob der Mord von einem Sadisten ausgeführt worden ist.[214]

Intensiv sucht man nach weiteren Zeugen, die jemanden beim Transport der Leiche gesehen oder blutbefleckte Kleidung gefunden haben. Bereits am Montag hatte die Polizeibehörde für Hinweise zur Ergreifung des Täters 1000 Mark Belohnung ausgesetzt[215] (dieselbe Summe wie später in DAS CABINET DES DR. CALIGARI, Einstellung 85). Die lockende Belohnung und das enorme öffentliche Interesse, das an diesem Fall bestand, führt dazu, dass sich zum Dienstag schon 25 Zeugen bei der Polizei melden, die Aussagen zur Sache machen.[216] Im Laufe der Woche werden es immer mehr: Am Dienstag-Abend werden bereits 100 Aussagen gemeldet,[217] Mittwoch-Abend 150,[218] Donnerstag-Morgen 300[219] (möglicherweise eine Übertreibung). Die Aussagen führen sogar zu mehreren Festnahmen und Gegenüberstellungen mit den Zeugen (und der Empfehlung an die Kriminalpolizei, einen Hellseher zu Rate zu ziehen), jedoch ohne Erfolg, sodass die Zeugensuche am Ende der Woche in Resignation über die vielen unbrauchbaren Zeugenaussagen mündet. Dennoch wird weiter nach Zeugen gesucht:

> Namentlich Logisgeber werden darauf aufmerksam gemacht, sofort Anzeige zu erstatten, wenn sie einen Einlogierer haben, auf den die Beschreibung paßt, und der vielleicht am Sonntag abend mit schmutziger Kleidung nach Haus gekommen ist. Auch wenn in leerstehenden Gelassen etwas verdächtiges gefunden wird, würde sich eine sofortige Anzeige empfehlen.[220]

Noch am Freitag heißt es:

> *Noch keine Spur von dem Lustmörder!* Da der Kriminalpolizei es bisher nicht gelungen ist, auf die Spur des Mörders der kleinen Siefert zu kommen, wendet sie sich erneut an das Publikum mit der Bitte, bei der Suche nach dem Verbrecher Hilfe zu leisten. Insbesondere ist nötig, daß alle Personen, die am Sonntag von 8 bis 2 Uhr nachts die Anlagen des Stadtgrabens zwischen Holstenwall und Glacischaussee passierten und irgend etwas Auffälliges bemerkten, sich melden. Kriminalkommissar *Pisselhop* von der Inspektion C weist darauf hin, daß sich jedermann direkt an ihn selbst wenden kann und er jedem *absolute Diskretion* sowohl in der Voruntersuchung wie auch später zusichert. Kommissar Pisselhop ist im Stadthause, Zimmer 102, zu sprechen.[221]

Die vielen Zeugenaussagen in der Woche des Mordes sagen uns bereits etwas über Legendenbildung: Ein Mordfall ist in den Medien, und plötzlich will jeder etwas gesehen haben. Jeder Zeuge hatte schließlich eine Geschichte zu erzählen. Und die Vielzahl dieser Geschichten zeigt, dass die meisten davon wirklich nur Geschichten sind, denn der Mörder wird sich wohl kaum vor 150 Zeugen gezeigt haben.

Janowitz hat seine Geschichte nicht der Polizei erzählt. In einem späteren Manuskript gibt er an, er habe befürchtet, er wäre selber verdächtigt worden:

> The police?
> But my knowledge would mean nothing to them. Imagination of a young poet gone love-crazy. They would suspect me, a stranger in town.[222]

Es ist angesichts der großangelegten öffentlichen Suchaktion jedoch unplausibel, dass er sich nicht als Zeuge gemeldet haben sollte, wenn er an jenem Sonntagabend wirklich etwas beobachtet hätte. In Janowitz' Geschichte hört er im Holstenwall-Park das Lachen des Mädchens, die mit Freunden zusammen ist, und dann sieht er den anderen Mann, den Bürger, der das Mädchen ebenfalls beobachtet. Tatsächlich befand sich die kleine Gertrud, als sie den Park betrat, bereits in der Hand ihres Entführers. Was wohl tatsächlich geschehen ist, ist, dass Janowitz 1913 in Hamburg den Mordfall in der Zeitung verfolgt und mit der lebhaften Phantasie eines jungen Romanciers daraus eine Story gemacht, die er in Ich-Form erzählt und fortan als selbst erlebte Geschichte weitererzählt hat.

Am Freitag und Samstag meldeten die Zeitungen, dass die Leiche nunmehr von der Staatsanwaltschaft freigegeben worden ist und Gertruds Beerdigung am Sonntagnachmittag um 13:30 Uhr vom Hafenkrankenhause aus erfolgen würde. Außerdem gab es in Hamburg-Altona einen weiteren Lustmord. Die kleine Helene Cornelsen wurde umgebracht, der mutmaßliche Täter, ein 22-jähriger Arbeiter sofort verhaftet. Er hatte vorher noch versucht, sich die Pulsadern aufzuschneiden, wurde aber daran gehindert und gestand noch am selben Tag die Tat. Für den Mord am Holstenwall kam er nicht in Betracht, weil er dafür ein Alibi aufweisen konnte. Angesichts dieser Mordfälle warnte ein Autor der *Neuen Hamburger Zeitung* vom Samstag unter dem Titel »Der zweite Mädchenmord« vor den Gefahren der Straße und der drohenden Verlockung für die Kinder. Und im *Hamburger Echo* erschien am Sonntag, dem Tag von Gertruds Beerdigung, ein sozialkritischer Kommentar unter der Überschrift »Verbrechen an Kindern«. Der Autor argumentiert, dass es wichtiger sei als solche Verbrecher dingfest zu machen und womöglich hinzurichten, die Zustände zu ändern, die vor allem Arbeiterkinder in die Hände von Sexualtätern treiben: Ihre Eltern haben keine Zeit für sie und es gibt keine Spielplätze, sodass sie auf der Straße sind, und sie entbehren oft das Nötigste, sodass sie mit Leckereien leicht zu locken sind. Gertruds Beerdigung gestaltete sich zu einem gewaltigen Trauerzug. Ein Mann störte die Zeremonie durch Zwischenrufe und wurde festgenommen. Sofort verbreitete sich das Gerücht, der Mörder sei verhaftet worden – hier taucht also das Motiv der Wiederbegegnung mit dem Mörder auf dem Friedhof auf:

Das Cabinet des Dr. Caligari: Verhaftung und Verhör des Verbrechers (Ludwig Rex)

Trauerfeier für das Opfer des Lustmordes. Die Beerdigung der ermordeten Gertrud Siefert, die am Sonntag, 2. November, in den Anlagen am Holstenwall einem Mordbuben zum Opfer fiel, gestaltete sich gestern zu einer gewaltigen Trauerkundgebung. Tausende von Menschen hatten sich vor dem polizeilich abgesperrten Hafenkrankenhaus eingefunden. In der Mitte der kleinen Kapelle stand der Sarg, nur die Verwandten und nächsten Bekannten waren zugelassen worden. *Pastor Schwieger* hielt eine tiefempfundene Trauerrede, in der er das scheußliche Verbrechen streifte und den gebeugten Eltern und Geschwistern Trost spendete. Der Seelsorger* führte in warmen Worten aus, daß es auch im Jenseits ein Weiterleben gebe, und daß die kleine Gertrud verklärt auf die Leiden der Welt herniedersehe. Dann ergriff *Rektor M. Pollähn* von der Volksschule Poolstraße das Wort. In ergreifender Rede führt er aus, daß die Ermordete ein Liebling ihrer Lehrerinnen und ein getreuer Kamerad ihrer Mitschülerinnen war. Sie galt als ein Liebling der Schule und das Lehrerkollegium habe es sich deshalb auch nicht nehmen lassen, sich um den Sarg zu scharen. Die reiche Blumenspende der Lehrer und Lehrerinnen wie die der Mitschülerinnen legten das beredte Zeugnis ab für die trauernde Teilnahme. Trösten könnte er (Redner) die tiefgebeugten Eltern und Geschwister nicht, aber er könnte den Schmerz lindern, wenn er erklärte, daß Gertrud der Schule unvergessen bleiben wird. – Der Leichenzug führte am Elternhaus der Ermordeten und bei der Schule vorbei, beide Male wurde eine kurze Rast gemacht. Auf dem Ohlsdorfer Friedhof erfolgte in der Nähe der zweiten Kapelle die Beisetzung. Kandidat Roth hielt noch eine Ansprache, dann senkte sich der kleine Sarg langsam in die Gruft. Auch der Beisetzung wohnte eine ungeheure Menschenmenge bei. – Während der Beerdigung gab es einen *unangenehmen Zwischenfall*. Ein Arbeiter störte die Andacht durch Zwischenrufe. Er wurde verhaftet. Es verbreitete sich das Gerücht, der Mörder sei festgenommen worden. Der Verhaftete kommt für den Mord nicht in Frage, er wird aber steckbrieflich von der Staatsanwaltschaft gesucht. Es handelt sich um einen 34 Jahre alten Küpergesellen.[223]

Der zweite Mord und die stagnierenden Ermittlungen der Kriminalpolizei führten dazu, dass das öffentliche Interesse am Holstenwall-Mord in der zweiten Woche nachließ. Am Montag und Dienstag erschienen noch Berichte von der Beerdigung der kleinen Gertrud, und das war das Ende der Geschichte vom Mord am Holstenwall. Soviel wir wissen, wurde der Mord an Gertrud Siefert niemals aufgeklärt.

Janowitz hat die Geschichte nicht selber erlebt, so wie er sie erzählt. Sondern er bediente sich einfach verschiedener Motive aus der Berichterstattung zum Mordfall Gertrud Siefert, von dem er sicherlich mit großer Anteilnahme im November 1913

---

* Wieder übernimmt der *General-Anzeiger für Hamburg-Altona* vom 11.11.1913 den Bericht der *Neuen Hamburger Zeitung* vom Vortag zum Großteil und fügt an dieser Stelle noch folgenden Zusatz ein: »streifte alle Greuel, denen zahllose Christen zum Opfer gefallen waren, bis in das graue Altertum hinein und«.

in der Zeitung gelesen hatte: Der Mord am Hamburger Holstenwall, die Beschreibung des Mörders als Bürger, der Zeuge, der das sich anbahnende Verbrechen beobachtet, aber nichts unternimmt, die Schlagzeilen am nächsten Tag in der Zeitung, und die Wiederbegegnung mit dem Mörder auf dem Friedhof. Eine Geschichte, bei der uns vor allem Mitgefühl mit den Verwandten des ermordeten Mädchens bewegt, war jedoch nicht nach seinem Geschmack, daher machte er aus dem 8-jährigen Mordopfer ein älteres, geschlechtsreifes Mädchen wie die Titelfigur in seiner im selben Jahr publizierten Kurzgeschichte *Das zierliche Mädchen*. Und aus dem Zeitungsleser, der er 1913 war, machte er einen Ich-Erzähler, der die ganze Geschichte persönlich erlebt und durchlitten hat, einen Doppelgänger Janowitz', der in Wirklichkeit nur in seiner Phantasie existierte. Einmal hat er sich als eine Art »Seelenreporter« bezeichnet,[224] der dem Erlebnis seine visionäre, poetische Form gegeben hat. Doch fortan erzählte er, er selbst sei tatsächlich dieser Ich-Erzähler gewesen und habe die Geschichte persönlich erlebt. Über sein 1940 vollendetes Manuskript und Kracauers Version in *From Caligari to Hitler* fand die Geschichte vom Mord am Holstenwall dann als Janowitz' Erlebnis Einlass in die Filmliteratur. So entstehen Legenden!

Schlussfolgerungen zum Umgang mit Quellen

Ein profaner aber interessanter Aspekt der Holstenwall-Geschichte ist die Datierung, die Janowitz angibt: Sie ist erstaunlich präzise, und sie allein hat es möglich gemacht, überhaupt die historischen Fakten mit Janowitz' Erzählung zu vergleichen: Janowitz datiert den Holstenwall-Mord auf Ende Oktober 1913,[225] tatsächlich fand er in der Nacht von Sonntag, den 2.11. auf Montag, den 3.11.1913 statt, also gerade mal eine Woche später. Dies ist ein Hinweis darauf, dass obwohl Erzählungen in der Regel durch nachträgliche dramaturgische Konstruktionen geprägt sind, Details wie Datierungen auch nach vielen Jahren noch vollkommen präzise sein können: Sie können uns Hinweise auf tatsächliche Ereignisse geben. Das bedeutet aber keineswegs, dass auf solche Details in der Regel Verlass ist: So lag auch Janowitz z.B. vollkommen daneben, als er das Todesdatum der Schauspielerin Gilda Langer mit April/Mai 1919 angab[226] (tatsächlich: 31.1.1920). Hier richtete sich die Datierung nach seiner vorherigen dramaturgischen Konstruktion der Gilda-Langer-Legende, die besagte, dass die Schauspielerin die Hauptrolle im CABINET DES DR. CALIGARI übernehmen sollte, aber vor Beginn der Dreharbeiten starb.[227]

»Erster Hand«-Darstellungen der Erinnerung von Zeitzeugen können also Anhaltspunkte zur Ermittlung der tatsächlichen Geschehnisse bieten, müssen aber kritisch hinterfragt werden. Ich leite folgende Prinzipen zur Bewertung solcher Quellen ab:

– Quellen sind zuverlässiger, je kürzer der Zeitraum zwischen Ereignis und Bericht ist. Sind zehn Jahre oder mehr vergangen, müssen Zweifel an der Erinnerungsfähigkeit des Zeitzeugen obligatorisch sein.

- Zeitgenössische Quellen sind glaubwürdiger als Rückblicke, die später entstanden sind.
- Vorsicht bei Quellen, die die Funktion haben, der Selbstdarstellung des Erzählers zu dienen, oder den Eindruck machen, eine gut konstruierte Geschichte zu erzählen.
- Weite Verbreitung von Behauptungen ist *kein* Indiz für ihre Richtigkeit. Wir müssen diese Aussagen zu ihrer (oft einzigen) Quelle zurück verfolgen, und für diese Quelle gelten dann die hier angegebenen Regeln.
- Aber später entstandene Behauptungen können Indizien für Tatsachen enthalten. Diese müssen von zeitgenössischen Quellen bestätigt werden.
- Es *steigert* die Glaubwürdigkeit einer Quelle, wenn sie von anderen *unabhängigen* Quellen bestätigt wird, oder konsistent zu anderen glaubhaften Quellen ist (konsistent = widerspruchsfrei, das heißt es ist möglich, dass beide Quellen zugleich wahr sind).

Unsere Strategie bei der Ermittlung der wahren Entstehungsgeschichte des CABINETS DES DR. CALIGARI, wie bei der Ermittlung von Fakten der Filmgeschichte allgemein, muss also sein, die historischen Rahmenbedingungen zu beachten, Lücken im Wissen anzuerkennen, und unabhängige Belege zu suchen, vor allem zeitgenössische Quellen, die die bekannten Aussagen bestätigen oder (noch besser) widerlegen können. Man nennt dieses Verfahren Falsifikationismus (nach Karl Popper),[228] und es ist wahrscheinlich die Essenz wissenschaftlichen Vorgehens insgesamt: Theorien sollen uns unter anderem sagen, in welchen Fällen sie falsch wären. Wenn wir gezielt nach solchen Widerlegungsfällen suchen, sind die Theorien, die dieses Verfahren überleben, besonders robust. In der Filmgeschichtsschreibung heißt das, dass wir weniger den Abenteuergeschichten von Zauberern, Erfindern und Genies Glauben schenken sollten, sondern neu recherchieren, um herauszufinden, welche Aussagen zuverlässig sind, und welche nicht.

Die Entstehungsgeschichte des CABINETS DES DR. CALIGARI besteht aus zwei Phasen: Da die Anfertigung des Film-Drehbuchs keine Auftragsarbeit einer Filmproduktionsfirma war, sondern ohne Auftrag von zwei unabhängigen Autoren durchgeführt wurde, behandelt das nächste Kapitel die Schaffung des Drehbuchs. Nachdem es den beiden Autoren dann gelang, ihr Drehbuch einer Produktionsfirma zu verkaufen, begann die zweite Phase mit der tatsächlichen Filmproduktion.

Beide Phasen sind überwuchert von Legenden und müssen von diesen befreit werden. Die zentrale Legende der ersten Phase (Schaffung des Drehbuchs) ist die von Siegfried Kracauer verbreitete Interpretation, die beiden Autoren hätten mit ihrem Buch eine »revolutionäre« Botschaft vermitteln wollen.[229] Die Legenden der zweiten Phase (Produktion des Films) ranken sich vor allem um die Frage, wie der Expressionismus in den CALIGARI-Film kam und welche Bedeutung ihm zugedacht war. Doch in beiden Fällen erweisen sich zeitgeschichtliche Zusammenhänge als wichtiger als nachträgliche Interpretationen.

Einzelbild: Verliebte Jungs (Friedrich Fehér, Hans Heinrich von Twardowski)

Drehbuch: Zwei Autoren
schreiben einen Film

Berlin nach dem Weltkrieg

Das Jahrhundert hatte seine Unschuld verloren. Nach der industriellen Revolution des 19. Jahrhunderts war der Beginn des 20. geprägt vom Einzug der Produkte dieser Entwicklung in den Alltag. Fortschritte von Wissenschaft und Technik wurden in Massenproduktion umgesetzt: Thomas Edisons Glühbirnen beleuchteten Straßen und Lichtreklamen der Großstädte, und Henry Fords Automobile lösten im Straßenbild nach und nach die von Pferden gezogenen Droschken ab. Zwei Produktionszweige auf Grundlage dieser neuen Techniken wurden in den ersten beiden Jahrzehnten des Jahrhunderts radikal ausgebaut: die Film- und die Kriegsindustrie.

Der Erste Weltkrieg, eine Materialschlacht, die mit Panzern, U-Booten, Giftgas und Bombenabwürfen aus Flugzeugen geführt wurde, hinterließ zehn Millionen Tote, Großstädte voller Kriegsinvaliden und Millionen Menschen, die an den körperlichen und psychischen Folgen des Krieges litten. Die Spanische Grippe, eine Pandemie, die in den Jahren 1918–1920 in mehreren Wellen die Welt überrollte, forderte noch einmal eine Vielzahl der Todesopfer des Krieges.[230]

Die politischen Folgen des Krieges waren eine staatliche Neuordnung Europas und Auflösung monarchischer Strukturen durch »Revolutionen«, so das Ende des russischen Zarenreichs durch die Oktoberrevolution 1917 und die Ablösung des deutschen Kaiserreichs durch die Weimarer Republik 1918/19. »Die Novemberereignisse von 1918 Revolution zu nennen«, schrieb jedoch Siegfried Kracauer in *From Caligari to Hitler*, »hieße den Begriff mißbrauchen.«[231] Er beurteilte im Nachhinein die Weimarer Republik als unstabile Übergangszeit, die in direkter Linie zur Unterwerfung unter die Hitler-Diktatur führte. 1919, im »Jahr, in dem unsere Welt begann«,[232] war die deutsche Wirtschaft zerstört, die Versorgungslage mit Lebensmitteln und Kohlen für den Winter knapp, und der Kriegsverlierer Deutschland sah einer ungewissen Zukunft entgegen. Im Januar, als im thüringischen Weimar die verfassunggebende Versammlung des neuen Staates vorbereitet wurde, herrschten in der Haupt- und einzigen deutschen Millionenstadt Berlin die Straßenkämpfe des Spartakusaufstands und im Rest des Reiches Aufruhr.[233]

Um sich von den Schrecken der Vergangenheit und des Alltags abzulenken, gingen die Menschen ins Kino, ein Vergnügen für die Massen, das eine neue Attraktion darstellte und billiger war als ein Theaterbesuch. Dem Kino kamen in dieser Zeit drei grundsätzlich verschiedene Funktionen zu:

- Ablenkung und Unterhaltung für die Massen,
- mächtige neue Industrie in Deutschland,
- und die Intellektuellen diskutierten die Frage: ob Film Kunst sein könne?[234]

In dieser Situation trafen im Jahr 1918 inmitten des Hexenkessels Berlin die späteren CALIGARI-Drehbuchautoren Carl Mayer und Hans Janowitz aufeinander, zwei sehr unterschiedliche junge Männer: der eine ein sensibler, doch mit allen Wassern gewaschener Grazer, der versuchte, beim Theater Fuß zu fassen; der andere ein emporstrebender Dichter aus Böhmen, der gerade aus den Schützengräben des Krieges zurückgekehrt war. Sie repräsentierten genau die beiden intellektuellen Strömungen, die sich in dieser Zeit mit dem neuen Medium Film auseinandersetzten: das Theater (Mayer) und die Literatur (Janowitz). Und sie hatten beide schon einen langen Weg hinter sich.

Carl Mayer, der Filmdichter

Leben und Werk Carl Mayers (1894–1944) ist durch drei grundlegende Forschungsarbeiten erfasst: Zunächst Rolf Hempels in den 1960er Jahren veröffentlichtes, akribisch recherchiertes Standardwerk *Carl Mayer – Ein Autor schreibt mit der Kamera*, das uns vor allem eine große Anzahl Quellen zur Biografie Mayers zur Verfügung stellt. Dann Jürgen Kastens aus den 1990er Jahren stammendes *Carl Mayer: Filmpoet* mit dem Untertitel: *Ein Drehbuchautor schreibt Filmgeschichte*, das vor allem Mayers Filme behandelt, aber auch Lücken in Hempels Arbeit füllt und neue Forschung präsentiert. So hat Kasten z.B. entdeckt, dass Mayer 1917 Initiator der »Dramatischen Gesellschaft« und 1919 Regisseur des Theaterstücks *Die Vorhölle* war.[235] Und schließlich der prächtige von Michael Omasta, Brigitte Mayr und Christian Cargnelli herausgegebene Band *Carl Mayer Scenar[t]ist*, erschienen 2003 anlässlich einer Veranstaltungsreihe der europäischen Kulturhauptstadt (und Mayers Heimatstadt) Graz, in dem der neueste Forschungsstand zu Mayer präsentiert wird, z.B. zahlreiche neu recherchierte Details zur Biografie und ein bei einer Recherche im Österreichischen Filmmuseum gefundener Satz Standfotos zu dem verschollenen Mayer-Film DER PUPPENMACHER VON KIANG-NING aus dem Jahr 1923.[236]

Carl Mayer wurde am 20. Februar 1894 als vierter von insgesamt sechs Brüdern in Graz geboren, der Hauptstadt der österreichischen Provinz Steiermark. Seine Eltern waren aus Wien stammende Juden: der Kaufmann Josef Mayer und seine Frau Elisabeth, geborene Schneider. Mayers Kindheit und Jugend, von Hans Janowitz später »ein

Kapitel aus einem Roman von Dickens« genannt,[237] war geprägt von der unstabilen finanziellen Lage der Familie: Der Vater, angeblich durch Spekulationen zu Wohlstand gelangt, hatte sich bereits als junger Mann zur Ruhe gesetzt, war jedoch der Spielsucht verfallen und hatte das Familienvermögen bald verbraucht. Er beging im Jahr 1914 Selbstmord.[238]

Mayer besuchte ab 1900 die evangelische Schule am Kaiser-Josef-Platz in Graz, ab 1905 das K. K. II. Staatsgymnasium Graz in der Lichtenfelsgasse. Er war ein hochintelligenter Junge, der aber an der Schule keinen besonderen Gefallen fand. Die erste Gymnasialklasse musste er wiederholen, weil er zu einer Prüfung nicht erschienen war. Er verließ das Gymnasium schließlich ohne Abschluss Ende 1909 und musste seitdem zum Lebensunterhalt der Familie beitragen.[239] Seine Mitschü-

Carl Mayer, 1911

ler beschrieben ihn später als Außenseiter, der sich Allen gegenüber überlegen, zynisch, aber nicht bösartig benahm. Er wollte zum Theater oder als Redakteur zu einer großen Zeitung.[240] Spätere Wegbegleiter beschrieben sein Erscheinungsbild als freundlich, leise, klein, mit großem Kopf, wachen Augen und scharfem Verstand. So Hans Feld, Filmkritiker und Leitender Redakteur des *Film-Kuriers*:

Ein Titanenkopf, Beethoven-gleich, auf einem gedrungenen Körper. Klare Augen, hinter denen sich viel Erlebtes spiegelte. Und ein gütiges feines Lächeln, das ihn selten verließ. Er kam und ging, wie es ihn trieb. Mitunter sah man ihn täglich; dann verschwand er auf Wochen. Nie hatte man das Gefühl einer Trennung. Man setzte dort fort, wo man aufgehört hatte.[241]

Und Paul Rotha, Dokumentarfilmer und Freund aus Mayers Londoner Zeit:

An autumn leaf floating on a soft wind; always a smile in those eyes. That was the image of Carl which I carried with me when not in his company, and that is the image I have today – nearly thirty-six years after his death. He never wore a hat to cover his mass of luxurious hair. Sometimes he resembled Beethoven. His clothing was always nondescript. You could never hear him walk. He would just appear, with the same smiling greeting, »Hallo, Paul!«[242]

Ca. 1903 hatte Mayer einen Unfall beim Schlittenfahren, der ihm ein lebenslanges Handicap eintrug: Er brach sich ein Bein, und als Folge davon blieb sein Sprunggelenk steif. Diese Verletzung war es wahrscheinlich, die ihn vor dem Kriegsdienst bewahrte. Als er 1918 – zu einer Zeit, als er bereits in Berlin lebte – doch noch zum Militärdienst nach Wien einberufen wurde, bescheinigten die Ärzte einen Tag später: »Zu jedem Landsturmdienste untauglich.«[243]

1911 war Mayer Schauspieleleve am Theater der Stadt Graz, im August suchte er ein Engagement als Schauspieler in Wien, ging dann allerdings nach Graz zurück. Ende des Jahres löste der Vater die Wohnung in Graz auf, reiste mit Frau und Gouvernante nach Monte Carlo und schickte die drei jüngsten Söhne zu Verwandten nach Wien.[244] Carl, der älteste der drei, schlug sich mit verschiedenen Gelegenheitsarbeiten in Österreich und Deutschland durch. 1912 war er in Wien unter drei verschiedenen Adressen gemeldet und reiste dann am 17. August nach Amberg, Bayern ab, wo er im Stadttheater als Sekretär und Komparse arbeitete.[245] Im Jahr 1913 tauchte er in Wien wieder auf und war dort zwischen 18. Mai und 1. Oktober unter sechs verschiedenen Adressen gemeldet. Als Beruf gab er zuerst noch Schauspieler an, dann Akquisiteur und Vertreter.[246] Laut Janowitz reparierte er Barometer, arbeitete für einen Optiker, war Chorsänger in Linz, Salzburg und Innsbruck, Komparse, Theatersekretär, dramaturgischer Berater, Bühnenbildner, Theaterregisseur, und Zeichner in München.[247] 1913 waren er und sein Bruder Otto auch in Innsbruck am Theater tätig, möglicherweise arbeitete er dort sogar als Dramaturg. Belegt ist diese Tätigkeit nicht, lediglich ein dünner Theater-Almanach, den die Brüder im Selbstverlag herausgaben, zeugt von ihrer Tätigkeit am Theater.[248] 1916 ging Mayer wieder nach Deutschland und arbeitete in der Sommerspielzeit für drei Monate in einem Theater in Bad Steben, Landkreis Hof. Im *Deutschen Theater-Adreßbuch* wurde er aufgeführt als Mitarbeiter in der Verwaltung und sogar als Schauspieler und Spielleiter, eine Regiearbeit Mayers aus dieser Zeit ist jedoch nicht belegt.[249]

1917 landete er beim Berliner Residenztheater, Blumenstr. 9, das 700 Personen fasste und zu der Zeit von Eugen Robert (1877–1944) geleitet wurde. Die Stars waren Rosa Valetti (1878–1937) und Julius Szalit (Lebensdaten unbekannt). Mayer war als Kassierer, Komparse und Regieassistent tätig.[250] Er benutzte die sichere finanzielle Grundlage der Stelle, die ihn wahrscheinlich zum ersten Mal in seinem Leben mit einem regelmäßigen Einkommen versorgte, um eigene Projekte zu lancieren. Dazu gehörte die Gründung zweier Organisationen im Jahr 1917, von denen später noch die Rede sein wird: Nach dem Vorbild von Max Reinhardts »Jungem Deutschland« initiierte er die »Dramatische Gesellschaft«, mit der er Stücke junger Autoren in Mittagsvorstellungen des Residenztheaters aufführen wollte – es kam jedoch zunächst keine einzige Aufführung zustande.[251] Und gemeinsam mit der Schauspielerin Gilda Langer gründete er die Scheinfirma »Star-Film-Comp.«, die durch eine Werbekampagne in der Film-Fachpresse auf Mayer als Film-Autor und Langer als Darstellerin aufmerksam machen wollte – doch auch die angekündigten Filme der »Gilda-Langer-Serie 1917– 18« mit dem Ensemble des Residenztheaters wurden niemals realisiert.[252]

O 27, Blumenstraße 9 nahe Untergrundbahnhof Klosterstr.

Das Theater faßt zirka 700 Personen.

I. RANG-FAUTEUIL · I. RANG LOGEN · ORCHESTER-LOGEN · PARKETT · RECHTS A. · A. LINKS · ORCHESTER-SESSEL

Orchester- u. Proszeniums-Loge	8,50 M.	Orchester-Sessel	8,50 M.	Parkett „C"	5,— M.	Zweiter Rang-Balkon	2,50 M.
I. Rang-Loge u. Mittel-Loge	7,— „	Parkett „A"	7,— „	Parkett „D"	4,— „	Zweiter Rang	1,50 „
I. Rang-Fauteuil	6,— „	Parkett „B"	6,— „	Parkett „E"			

Näheres an der Theaterkasse und den Anschlagsäulen.

Reservierte Billette f. d. Wochent. müssen am Tage d. Vorstellung bis abends 7½ Uhr, solche f. d. Sonntags-Vorstellg. bis Sonntag mittag abgeh. werden. Vorverk. a d Tagesk. v. 11—2 Uhr, im „Invalidendank" u a d Theaterk v. Warenh. A. Wertheim. Teleph Bestellg. werd. entgegengen. durch Tel. Kst. 228. Vorverkaufsgebühr für jeden Platz 50 Pfg. Kassenstunden: 11—2 u. von 6½ Uhr ab

Berliner Residenztheater, Blumenstr. 9

Mittelfristig erwies sich jedoch Mayers Interesse für die Filmbranche als erfolgreich. Er wurde später der bedeutendste Drehbuchautor des Weimarer Kinos, der nicht nur das Drehbuch zum CABINET DES DR. CALIGARI schrieb, sondern auch der »Wegbereiter fast aller einschneidenden Form- und Motivveränderungen« des klassischen deutschen Stummfilms in der ersten Hälfte der 1920er Jahre war.[253] Kameramann Karl Freund sagte einmal über ihn:

> Carl Mayer war der einzige hundertprozentige Filmschreiber, den ich kennengelernt habe. Der Film war das erste und einzige Medium, in dem er schuf, und die Kamera war das erste künstlerische Instrument, das er benutzte. Es war nicht nur, daß er das Filmmedium »verstand«. Ein Skript von Carl Mayer war schon ein Film.[254]

Es war 1917, als Mayer im Umfeld des Residenztheaters erste Kontakte zu einigen Protagonisten der Berliner Film- und Theaterszene knüpfte, darunter der expressionistische Schriftsteller und *Sturm*-Rezitator Rudolf Blümner, Paul Wegeners Filmarchitekt und Regieassistent Rochus Gliese, der als Detektiv JOE DEEBS populäre Frauenschwarm Harry Liedtke und der expressionistische Schauspieler Ernst Deutsch, der aus Prag stammte und dort mit dem gleichaltrigen Hans Janowitz zur Schule gegangen war.

Zu Leben und Werk Hans Janowitz' (1890–1954) existieren erst seit kurzer Zeit fundierte Forschungsarbeiten. Er trug das Schicksal des »zweiten Mannes«[255] als Filmautor hinter Carl Mayer, als Schriftsteller hinter seinem Bruder Franz und als Interpret der Filmgeschichte hinter Siegfried Kracauer. Außer seiner Mitwirkung am Drehbuch zum CABINET DES DR. CALIGARI war über ihn lange Zeit fast gar nichts bekannt. Ein von Gero Gandert Ende der 1970er Jahre aus New York mitgebrachter Teilnachlass, bestehend aus Briefen und Manuskripten, befindet sich in der Deutschen Kinemathek in Berlin. Wichtigstes Dokument darin ist eine Kopie von Janowitz' Rückblick auf die CALIGARI-Entstehungsgeschichte: »*Caligari*« – *The Story of a Famous Story*, dessen Original sich in der Billy Rose Theatre Collection der New York Public Library befindet. Darin hat Janowitz auch einen biografischen Abriss über sich selbst verfasst.[256] Biografische Forschungsarbeiten zu Janowitz wurden in den 1990er Jahren vorgelegt von den Literaturwissenschaftlern Dieter Sudhoff und Rolf Rieß. Sudhoff hat einen umfangreichen Band zu Leben und Werk von Hans' Bruder Franz Janowitz (1892– 1917) herausgegeben und dort und anderswo Texte von Hans wieder abgedruckt und biografische Abrisse verfasst.[257] Rieß hat verschiedene bio- und bibliografische Texte zu Janowitz verfasst und 1999 zur Neuausgabe von Janowitz' Roman *Jazz* im Weidle-Verlag beigetragen.[258] Mit den Brüdern Hans, Franz und Otto Janowitz hat sich die Musikwissenschaftlerin Irmgard Schartner befasst.[259]

Hans Janowitz wurde am 2. Dezember 1890 als zweites von insgesamt vier Geschwistern in der böhmischen Kleinstadt Poděbrady (Podiebrad) nahe Prag geboren. Er wuchs in der ländlichen, tschechischen Umgebung in großbürgerlichen Verhältnissen auf: Die deutsch-jüdische Familie kam aus Brandeis und besaß dort einen Gutshof und eine Ölmühle, die der Großvater aufgebaut hatte. Der Vater Gustav, zunächst Pianist und Landwirt, zog nach Poděbrady, übernahm von dort aus das Unternehmen seines Vaters und gründete eine weitere Ölmühle in Poděbrady. Die Kinder, drei Brüder und eine Schwester, geboren zwischen 1888 und 1892, erhielten bis zu ihrem zehnten Lebensjahr Privatunterricht und wurden zweisprachig (deutsch/tschechisch) erzogen.[260] 1900 schickten die Eltern Janowitz nach Prag, wo er das Gymnasium besuchte. Seine Klassenkameraden waren unter anderem die späteren Schriftsteller Franz Werfel, Willy Haas und Paul Kornfeld, ein Freund aus der Schulzeit der spätere Schauspieler Ernst Deutsch.[261] Geprägt durch das literarisch-musikalische Umfeld des Elternhauses und inspiriert durch die neuen Bekanntschaften in Prag, entwickelte Janowitz die Ambition, Schriftsteller zu werden und begann, Gedichte zu schreiben. Er lernte Max Brod und Franz Kafka kennen und führte seinen jüngeren Bruder Franz in den literarischen »Prager Kreis« ein. Franz begann ebenfalls Gedichte zu schreiben und wurde bald als der begabtere Dichter eingeschätzt.[262]

1909 ging Janowitz nach München, wurde wahrscheinlich auf Wunsch des Vaters Angestellter einer Getreidefirma, und studierte Geschichte und Soziologie. 1910/11 leistete er seinen Wehrdienst in Salzburg.[263] Ab 1912 veröffentlichte er Literaturbesprechungen, Gedichte, Aphorismen und Erzählungen in literarischen Zeitschriften

wie den *Herderblättern*, dem *Brenner* und
der einzigen Ausgabe von Max Brods Jahr-
buch *Arkadia*. Seine Werke werden dem literarischen Expressionismus zugeordnet,[264]
seine Themen sind oft Sexualität und Gewalt,
wie z.B. in der Kurzgeschichte *Das zierliche
Mädchen*, die er 1913 im *Brenner* veröffentlichte.[265] Den größten literarischen Einfluss
auf ihn übte Karl Kraus aus, der Herausgeber der *Fackel*, den Janowitz bewunderte
und wahrscheinlich in Wien kennen lernte.
Kraus wiederum wurde auf den jungen Bruder Franz aufmerksam und förderte ihn. Der
ältere Bruder Otto trat in Wien als Kraus'
ständiger Klavierbegleiter auf.[266]

Hans Janowitz, 1918

Nach eigenen Angaben veröffentlichte
Janowitz 1913 einen kleinen Band *Johannes-
Stunde* mit religiösen Gedichten, der ihm das
Angebot eintrug, Missionar in Afrika zu werden. Dann ging er ans Theater und wurde
Regieassistent und Komparse am Deutschen
Schauspielhaus in Hamburg. Angeblich verfasste er 1913 auch den ersten Teil einer groß
angelegten Bühnen-Trilogie *Ein Prager Fast-
nachtsspiel um 1913*, die unvollendet geblieben und nicht erhalten ist. Im Nachhinein
behauptete er, darin den Weltkrieg vorausgesehen zu haben.[267]

Bei Kriegsbeginn 1914 wurde Janowitz als Soldat der Österreichischen Armee
eingezogen. Er ging nach Krasnik, Polen, wurde Offizier (Oberleutnant) und führte
eine eigene Kompanie an der Front.[268] Am 24.10.1917 wurde sein Bruder Franz an der
italienischen Front schwer verwundet und starb am 4.11. an seinen Verletzungen. Um
seinen literarischen Nachlass entbrannte ein Streit zwischen Karl Kraus und Max
Brod.[269] Brod bat seinen Freund Franz Kafka um Rat. Dieser schlug vor, Hans Janowitz einzuschalten: »Ich werde an Hans Janowitz schreiben, er ist dir wohlgesinnt.
… Auch von ihm hast du in Arkadia zwei hübsche Skizzen gebracht. Übrigens willst
du ja nichts als die Wahrheit. Und ich halte ihn für gerecht.«[270] Janowitz reagierte
jedoch abweisend und stellte sich auf die Seite von Kraus. Der Konflikt zwischen Brod
und Kafka auf der einen und Kraus und Janowitz auf der anderen Seite zog sich bis
1920 hin, bis schließlich der Vater Gustav Janowitz begütigend eingriff.[271]

Als 1918 der Weltkrieg endete, die österreich-ungarische Monarchie zerschlagen
und die Tschechoslowakische Republik gegründet wurde, war Hans Janowitz ein
Überlebender. Er ging nach Berlin, um sein Glück erneut beim Theater zu versuchen.
Es ist anzunehmen, dass er seinen Lebensunterhalt zunächst bei einer Zeitung ver-
diente,[272] diese Tätigkeit ist jedoch nicht nachgewiesen. Durch den Tod seines Bruders

und den Einfluss Karl Kraus' zum Kriegsgegner geworden, plante er nach eigenen Angaben, seine Trilogie *Ein Prager Fastnachtsspiel um 1913* zu vollenden und von Max Reinhardt inszenieren zu lassen.[273] Und er kannte jemanden aus dem Ensemble von Reinhardt am Deutschen Theater, einen Freund aus seiner Schulzeit: den Schauspieler Ernst Deutsch.

Zusammentreffen der CALIGARI-Autoren

Janowitz' Schulfreund Ernst Deutsch (1890–1969) war über Wien und Dresden nach Berlin gekommen und inzwischen ein beachteter Theaterschauspieler. Seit seiner Darstellung der Titelrolle in Walter Hasenclevers Stück *Der Sohn* (1916 in Dresden, 1918 in Berlin) galt er als Begründer expressionistischer Schauspielkunst.[274] Bereits vor dem Ende des Krieges, auf Urlaub von der italienischen Front, knüpfte Janowitz den erneuten Kontakt zu Deutsch in Berlin. Deutsch führte Janowitz in die Berliner Theaterszene ein und kam auf die Idee, ihn mit Carl Mayer vom Residenztheater bekannt zu machen.[275] Janowitz schreibt:

> I must give, Ernst Deutsch, and only to him, the credit of sponsorship of our future collaboration, Carl Mayer's and mine. He was insistant. He must have felt that I, as soldier for many years, and as a poet of some standing from youth, had to get nearer to the behind-the-scenes-problems of stage and film to make my dramatic ideas work and practically usable. Carl Mayer was a practical man behind the scenes for some years. He had some notion how to handle actors and how to rehearse, how to deal with directors, architects, painters, electricians. My stories already printed before the war in some rather exclusive magazins [sic] in Austria and Germany, had proved a high grade of phantasy, of design of human characters, of dialog potentialities.[276]

Mayer und Janowitz, so verschieden ihre verschlungenen Lebensläufe in diesem verrückten Jahrhundert gewesen waren, und so verschieden ihre Leidenschaften, hatten doch einiges gemeinsam: Sie hatten eine Vorliebe fürs Theater, bewegten sich im Umfeld der Theater- und jungen Filmszene und sahen sich als Künstler, hatten aber als solche noch keine besonderen Erfolge vorzuweisen. Und sie sollten noch mehr gemeinsame Vorlieben entdecken. Fürs Erste machte Mayer Janowitz mit einer jungen Schauspielerin vom Residenztheater bekannt, der er sehr zugeneigt war. Ihr Name war Gilda (eigentlich Hermengild) Langer (1896–1920).

Über die Schauspielerin Gilda Langer und ihre Rolle bei der Entstehung des CABINETS
DES DR. CALIGARI war bis in die 1990er Jahre kaum etwas bekannt. Langer wurde
in einigen Aufsätzen von Herbert G. Luft erwähnt und in Rolf Hempels Carl-Mayer-
Buch, später wurde ihre Lebensgeschichte genauer untersucht in Forschungsarbeiten von mir und Thomas Schultke und unabhängig von uns Brigitte Mayr.[277] Hans
Janowitz widmet Langer in seiner CALIGARI-Entstehungsgeschichte ein ganzes Kapitel[278] und schreibt ihr den entscheidenden Anstoß zu, der Mayer und Janowitz zu einem
Drehbuchautoren-Team machte: »Du bist ein Dichter, er ist ein Dramaturg, ihr solltet
zusammen ein Film-Drehbuch schreiben!«[279]

Laut Herbert G. Luft war Langer eine der Theater-Schauspielerinnen, die jeder-
mann dränge, ein Film-Drehbuch mit einer Hauptrolle für sie zu schreiben.[280] Zeitgenössische Berichte kennzeichnen sie als atemberaubende Schönheit, die alle Männer
bezauberte, ein quirliges Wesen mit wunderschönen Augen und einem unbezähmbaren
Haarschopf. Carl Mayer soll sehr verliebt in sie gewesen sein: die große unerfüllte Liebe
seines Lebens, und wenn wir den Quellen trauen wollen: die einzige.[281] Sie verlobte
sich mit anderen Männern,[282] aber nicht mit Mayer. Das später von Luft verbreitete
Gerücht, sie sei auch noch lesbisch gewesen,[283] verstärkt das Bild der unwiderstehli-
chen Circe: Langer verführte nicht nur Männer, sondern auch Frauen. Ihr früher Tod
im Jahr 1920, kurz bevor CALIGARI ins Kino kam, steht in hartem Gegensatz zu ihrer
Jugend und Schönheit, erhöht diese im Nachhinein und umweht Langers Lebensgeschichte mit Tragik. Edgar Allan Poe hat den Tod einer schönen Frau einmal das poe-
tischste Thema der Welt genannt, Elisabeth Bronfen hat die Kulturgeschichte der Darstellung schöner Frauenleichen untersucht.[284] Hans Janowitz macht ausführlich von
diesem Topos Gebrauch, wenn er im Rückblick Langers Lebensgeschichte und die
CALIGARI-Entstehungsgeschichte als vom Schicksal geprägt darstellt:

> Fate knocked at our doors, that summer of 1918, when we were brought together
> by the tender understanding of a woman, who was to die, just as it does in the first
> bars of the great »Fifth Symphony« of Beethoven. This is what inspired our collab-
> oration! This made our success! This is the real story behind the creation of »The
> Cabinet of Dr. Caligari«![285]

Über Gilda Langers Kindheit und Jugend ist wenig bekannt. Sie ist wie Hans Janowitz
im Sudetenland geboren und aufgewachsen: in dem kleinen Städtchen Oderfurt (heute
Prívoz), einem Vorort von Ostrau (Ostrava) in Mähren (Morava). Die Umgebung ist
ländlich, von Gebirge und Wald geprägt, die Bevölkerung überwiegend katholisch,
so auch Langer. Zuletzt gemeldet war sie in Troppau (Opava),[286] 30 km nordwestlich
von Ostrau. Janowitz erzählt eine Geschichte über ihre Jugend, die von Sex, Besessen-
heit und Tod handelt und sich damit in sein übriges literarisches Repertoire fügt – und
in seine Erzählung der CALIGARI-Geschichte als Abfolge tragischer Ereignisse, verbun-

Gilda Langer: Star-Postkarten, Atelier Anny Eberth, Berlin

den durch das »Schicksalsthema«: Demnach stirbt die Mutter kurz nach ihrer Geburt. Mit 13 ist Gilda, die Janowitz in seiner *Story* nach der späteren CALIGARI-Hauptfigur stets »Jane« nennt, wohlgeformt und das schönste Mädchen der Stadt. Ihr Vater, ein böhmischer Schuhmacher, wird von dem Gedanken besessen, ihr immer neue Schuhe zu machen und sie ihr anzuziehen. Er will, dass sie Tänzerin wird, bestellt ihr Ballettkleider und besteht darauf, sie ihr selbst anzuziehen. Als Nachbarn und Lehrer bemerken, dass seine Zuneigung zur Tochter ein wenig zu weit geht, wird er festgenommen und verurteilt. Gilda/Jane verlässt die Schule, geht zuerst nach Wien und dann nach Berlin. Ihr Vater kann den Skandal und den Verlust seiner Tochter nicht ertragen und begeht Selbstmord.[287] Es fällt nicht schwer, hier nach dem *Zierlichen Mädchen* und der Holstenwall-Geschichte eine weitere literarische Adaption des Themas des heranwachsenden und sexuell anziehenden Mädchens zu erkennen, von dem Janowitz offenbar besessen war.

Tatsächlich verließ Langer ihre Heimat Mähren erst im Alter von 18 Jahren und ging in die nächstgelegene Metropole Wien, um eine Karriere als Schauspielerin zu beginnen. Laut Janowitz verlobte sie sich mit einem Offizier, der später im Krieg fiel.[288] In Wien lernte Langer dann vermutlich während des Krieges den zwei Jahre älteren Carl Mayer kennen, obwohl ein gemeinsamer Aufenthalt in der Stadt nicht belegt ist.[289] Mayers Schwägerin Margarete erzählte später: »Gilda war ein Mädchen aus Wien. Sie war sehr hübsch. Carl war sehr verliebt in sie und nahm sie mit nach Berlin.«[290] 1917 tauchen Langer und Mayer erstmals gemeinsam in unseren Unterlagen auf, als An-

gestellte des Residenztheaters in Berlin: Langer als Nebendarstellerin, Mayer als Dramaturg und Regieassistent.[291] In Berlin wohnte Gilda Langer bis zu ihrem Tod am Kaiserdamm 111.[292]

Wie man ein Film-Star wird

In der Hierarchie des Residenztheaters spielten sowohl Mayer als auch Langer nur eine untergeordnete Rolle. Aber beide hatten höhere Ambitionen. Und gemeinsam versuchten sie, ihre Position am Residenztheater zu nutzen, um höher hinauszukommen. In dieser historischen und persönlichen Situation schien es geradezu ein natürliches Ziel, ihre Bemühungen in Richtung Filmbranche zu lenken. So war das Star-System inzwischen etabliert und führte dazu, dass auch so mancher Star geboren wurde, der kein besonderes Talent aufwies. Ein zeitgenössischer Feuilletonist seufzte:

Ich will den schönen Film »Wege, die zum Abgrund führen« sehen, aber nicht ein mehr oder weniger talentloses Starchen, das einen klapprigen Gaul aus dem Tattersall zärtlich umhalst oder neckisch ein Blümlein zerpflückt oder den Sonnenschirm auf- und zumacht. Mir genügen vollständig »Wege, die zum Abgrund führen«. Mir genügen sogar Talente, die keine Stars sind.[293]

Und ein anderer Autor derselben Zeitschrift spöttelte über junge Mädchen, die in Kaffeehäusern herumlungerten in der Hoffnung, von Regieassistenten angesprochen und für den Film entdeckt zu werden,

> um einzugehen aus dem Purgatorium in die ewige Seligkeit der Jupiterlampe.
> Markt. Gesichtermarkt. Linienmarkt. Beinemarkt. Mähnenmarkt. Typenmarkt.
> Markt für lebende — ach ja, wirklich »lebende«? — Kinobedarfsartikel. Schnatternde
> Ware. Süß lächelnde Ware. Stumpfsinnig vor sich hin stierende Ware. Aufgeregt
> am Stengel der Hoffnung hin und her wackelnde Ware. Früh vom schwachen Ast
> der Kindheit in den Dreck gefallene Ware. Alte, junge, blonde, braune, schwarze,
> weibliche, männliche, mit Rouge übermalte oder mit der Naturasche des Alltags
> gebleichte Ware. Kinderware, die zart und jung noch, daß sie wie an einer unsichtbaren Nabelschnur am Leib der Mutter hängt, die gleich mitgekommen ist,
> um zu handeln, zu verhandeln, zu zerhandeln.[294]

Im Jahr 1917 versuchte auch Carl Mayer, auf die angehimmelte Kollegin Gilda Langer als Filmschauspielerin aufmerksam zu machen (und auf sich als Autor dieser Filme). Er schaltete in Film-Fachzeitschriften Anzeigen einer Scheinfirma namens Star-Film-Comp. (später: Filmhaus Günther & Co.), in denen er eine Reihe von Filmen der »Gilda-Langer-Serie 1917–18« ankündigte, nach Drehbüchern von Eberhard von Nathusius und Carl Mayer, unter Regie von Walter Schmidthäßler, und neben Gilda Langer in der Hauptrolle die Schauspieler Rosa Valetti, Julius Szalit, Julius Falkenstein und Josef Schildkraut, Namen aus dem Ensemble des Residenztheaters. Die Premiere der ersten beiden Filme stünde unmittelbar bevor, und es werde bereits der dritte *Die Geschichte der schönen Pawlowna* von Carl Singer und Rudolf Strauß vorbereitet. Ganzseitige Anzeigen stellten auf Starfotos »Gilda Langer vom Residenztheater« vor.[295] Auch existieren eine Reihe Star-Postkarten aus dieser Zeit, die im Atelier der Berliner Fotografin Anny Eberth entstanden (siehe letzte Doppelseite). Jedoch ist keiner der angekündigten Filme nachgewiesen. Der Filmhistoriker Jürgen Kasten bezweifelt, dass sie jemals gedreht wurden.[296]

    War Gilda Langer eines jener talentlosen Mädchen, das lediglich von dem Gedanken beseelt war, ein Film-Star zu werden? Ihre Theaterkarriere verlief im Jahr 1917 anscheinend völlig erfolglos. Langers einzige belegte Tätigkeit am Residenztheater ist eine Nebenrolle in dem Lustspiel *Dyckerpotts Erben*[297] unter der Regie des am Theater angestellten Spielleiters Rudolf Blümner und neben Gaststar und Joe-Deebs-Darsteller Harry Liedtke. Die Besprechungen des Stücks in der Presse waren verhalten, die Theaterkritiker lobten vor allem die Stars des Residenztheaters Julius Falkenstein und Rosa Valetti und waren nicht besonders angetan von der jungen Schauspielerin Gilda Langer als Fräulein Else, »eine neue Erscheinung mit Haarschopf-Dimensionen, unter denen vielleicht vorhandene Spuren des Talentes verschwanden.«[298] Stefan Großmann nannte Langer in der *Vossischen Zeitung* eines »jener hübschen, in sich selbst verliebten Geschöpfe, die zum Theater, fürcht ich, nur in flüchtigen Beziehungen stehen.«[299] Und der Kritiker der *Welt am Montag* urteilte: »Einzig Frl. Langer

schien nicht am Platze. Sie suchte vergeblich nach dem rechten Ton eines kleinbürger-
lichen Backfisches.«[300]

Trotzdem zahlten sich die Kontakte aus, die Langer und Mayer am Residenztheater zur Filmszene geknüpft hatten, und noch im Laufe des Jahres 1917 gelang es Langer tatsächlich, eine Hauptrolle beim Film zu bekommen, und zwar neben Harry
Liedtke, ihrem Bühnenpartner aus *Dyckerpotts Erben* in Alexander von Antalffys
und Paul Lenis exotischem Abenteuerfilm DAS RÄTSEL VON BANGALOR, der als »die
Sensation für 1918«[301] angekündigt wurde und eine wilde Flucht durch drei Erdteile,
prächtige Kulissen und eine leidenschaftliche Liebesgeschichte aufzuweisen hatte, ein
Vorgeschmack auf Hunderte in Deutschland gedrehter exotischer Reise- und Abenteuerfilme, die in den nächsten Jahren folgen sollten.[302] Langer spielte die Tochter des
englischen Gouverneurs in Indien, die entführt und von einem indischen Fürsten gefangen gehalten wird. Liedtke als schottischer Arzt verliebt sich und rettet sie. Der finstere Fürst verfolgt das Paar durch die ganze Welt. Als er erkennt, dass ihre Liebe nicht
zu besiegen ist, gibt er das Mädchen frei und richtet sich selber. Der Fürst, ein »ziem-
lich dämonischer Inder« wurde gespielt von Conrad Veidt in einer seiner ersten Film-
rollen,[303] die bereits seiner späteren »Turban-Rolle« in Joe Mays DAS INDISCHE GRAB-
MAL (1921) ähnelte. DAS RÄTSEL VON BANGALOR hatte am 11.1.1918 in Hamburg
Premiere, lief dort fünf Wochen mit großem Erfolg, startete am 7.2.1918 in Berlin
und am 15.3.1918 in Wien. 2009 wurde ein 12,4 Meter langes Filmfragment im Archiv der Deutschen Kinemathek als Teil des RÄTSELS VON BANGALOR identifiziert. Es
zeigt eine etwa dreißig Sekunden lange Szene mit Langer und Liedtke, das einzige bewegte Bild von Langer, das wir heute kennen.[304]

Gilda Langer entwickelte auf der Leinwand offenbar eine Qualität, die sie auf der
Bühne nicht erreicht hatte. Die Filmkritiker lobten im Gegensatz zu den Theaterkriti-
kern nicht nur ihr glänzendes Aussehen, sondern manchmal sogar ihre schauspielerische Leistung:

> Als die Tochter des Gouverneurs betritt Gilda Langer zum ersten Male die Film-
> bühne, mit einem Erfolge, der sie zu den schönsten Hoffnungen unserer Kunst macht.
> Gilda Langer verbindet eine sichere Beherrschung der schauspielerischen Mög-
> lichkeit mit einer faszinierenden Eleganz der Erscheinung.[305]

1918 hatte Langer den Sprung vom Theater zum Film geschafft. Sie tauchte im Ensemble der Projektions-AG »Union« (PAGU) auf, die sie als »vielversprechendes Talent,
das im ›Rätsel von Bangalor‹ Aufsehen erregte« vorstellte und für die laufende Saison
»6 bis 8 Serien-Films« mit ihr ankündigte,[306] von denen mindestens zwei realisiert
wurden: RINGENDE SEELEN, unter der Regie von Eugen Illés[307] und DAS MÄDCHEN MIT
DEM GOLDHELM, Regie Victor Janson.[308] Auch DAS RÄTSEL VON BANGALOR wurde nun
von der PAGU vertrieben und als Film ihrer Gilda-Langer-Serie beworben.[309]

Gilda Langer bei der Decla

Im Jahr 1919 wurde Langer von der Decla-Film-Gesellschaft engagiert,[310] bei der zu dieser Zeit der 28-jährige Drehbuchautor Fritz Lang seine ersten Regiearbeiten inszenierte.[311] Die Decla erhob den Anspruch, Gilda Langer ganz neu als Star aufzubauen. In einer Anzeige mit Starfoto kündigte die Firma an, Langer werde »erstmalig« in Langs DER HERR DER LIEBE spielen, einem von der Decla verliehenen Erotikthriller der neu gegründeten Helios-Film-Gesellschaft.[312] Die Fachpresse fragte sich angesichts der Ankündigung, ob es für eine Schauspielerin genüge, nur schön auszusehen, oder ob sie auch Talent aufweisen müsse:

> Gilda Langer, eine der schönsten Frauen Berlins, die im Film nie recht zur Geltung kam, debütiert von neuem in dem Decla-Film »Herr der Liebe«. Nach der Union hat nunmehr die Decla den Versuch gemacht, diese für deutsche Verhältnisse ungewöhnlich schöne Schauspielerin herauszubringen. […] Gilda Langer ist die typische Vertreterin des angelsächsischen Typus und ist mit ihrem aschblonden Haar und dem feinen Gesicht zweifellos eine der apartesten Erscheinungen unter den Berliner Schauspielerinnen. Ihre körperlichen Vorzüge werden genügen, manche Mängel der Darstellung, die durch mangelnde Uebung erklärlich sind, zu beseitigen. Jedenfalls ist der Film »Herr der Liebe« schon deshalb ein äußerst amüsantes Experiment, weil man in ihm zum Ausdruck bringen wird, ob die reine klassische Schönheit einer Frau für den Film genügt, oder ob es erst eines stark dramatischen Talentes bedarf, um sich als Filmschauspielerin durchzusetzen.[313]

DER HERR DER LIEBE wurde schließlich als fertiggestellt gemeldet,[314] jedoch von der Zensurbehörde wegen zuviel Erotik mit Jugendverbot belegt:[315] Der jähzornige ungarische Edelmann Vasile Disescu (Carl de Vogt) lebt mit seiner Geliebten Yvette (Langer) in einem Schloss in den Karpaten. Angestachelt durch einen erotischen Tanz von Suzette (Sadjah Gezza), der Tochter des Gutsnachbarn, schläft er mit der Dienerin Stefana (Erika Unruh). Yvette rächt sich, indem sie den jüdischen Hausierer Lazar (Max Marlinski) verführt. Am Ende erwürgt Disescu Yvette und erschießt sich an ihrer Leiche. In einem späteren Zensurgutachten wurden Szenen Langers beanstandet, in denen sie z.B. im »oben eng anschließenden, unten durchsichtigen Gewande« auftritt, »durch das zeitweise die Brustwarze der Yvette sichtbar wird, ihre wollüstigen Bewegungen sowie ihre verlangenden Blicke, die den Hausierer zum Beischlaf anreizen sollen, sind geeignet, die Lüsternheit des Beobachters in geschlechtlicher Beziehung stark anzuregen und so entsittlichend zu wirken.«[316] Ende September 1919 wurde der Film in einer Pressevorführung in den Richard-Oswald-Lichtspielen gezeigt, die von den Kritikern wohlwollend besprochen wurde:[317]

> Der Film, der seinerzeit soviel Aufregung in den Gemütern strenger Polizeibeamten hervorgerufen hat, ist nunmehr zum ersten mal öffentlich gezeigt worden. Ohne irgendwie Anstoß oder Bedenken zu erregen, wie gleich festgestellt werden muß.

Das Rätsel von Bangalor (1917): Harry Liedtke, Gilda Langer

[...] Das Milieu und die Charakterzeichnung erfordern Szenen von sinnlich-bruta-
ler Wirkung und es war schwer, dabei die Linie des guten Geschmackes einzuhalten. Daß dies überall gelungen ist, mag als einer der bedeutsamsten Vorzüge
dieses Films gelten, der durch seine packende dramatische Kraft und die eindrucksvolle Straffheit der Handlung ganz ungewöhnlich fesselt. Selbst Szenen, die in
ihren Grundmotiven gewagt erscheinen könnten, wie etwa der Augenblick, da der
Gutsherr den betrunkenen Zechkumpanen seine schlafende Frau zeigt, oder die
erotisch-vibrierende Szene mit dem Hausierer, sind in ihrer Gestaltung durchaus
dezent und künstlerisch gelungen.[318]

Endlich gab es auch positive Kritiken zu Langers Schauspielkunst:

Gilda Langer ist voll schalkhafter Lebensfreude und leidenschaftlicher Hingebung
in den intimen Szenen an der Seite ihres Gatten, sie trifft das Minenspiel heimli-
cher Eifersucht und duldenden Schmerzes in derselben Vollendung, wie ihre Züge
den Haß und die Gefühle befriedigter Rache auszudrücken verstehen. Ihr Partner
de Vogt bemüht sich, der faszinierenden Kunst Gilda Langers nahezukommen.[319]

Selbst der Kritiker der zuvor skeptischen *Illustrierten Film-Woche* zeigte sich überzeugt:

> Gilda Langer ist insofern eine Überraschung, als sie in diesem Film Zweifler davon überzeugt hat, daß sie nicht nur eine schöne Frau ist, sondern auch eine Darstellerin großen Stils, die entschieden seit ihrem letzten Filmdebut sich schauspielerisch ganz unerwartet schnell entwickelt hat.[320]

Damit stand Langers Weg als Film-Star nichts mehr im Wege. Ende 1919 bekam sie einen Vertrag als Hauptdarstellerin bei der Decla, die sie neben Ressel Orla, Lil Dagover und Carola Toelle als Star der kommenden Saison ankündigte.[321] Langer unternahm eine Reise nach Schweden, wahrscheinlich zu Werbezwecken, und die Fachpresse meldete, dass sie danach im zweiten Teil von Fritz Langs Abenteuerserie DIE SPINNEN, DAS BRILLANTENSCHIFF und im von Carl Mayer geschriebenen Film *Das lachende Grauen* auftreten würde.[322] Im BRILLANTENSCHIFF kommt Langer jedoch nicht vor. Neben Ressel Orla, die ihre Hauptrolle der bösen Lio Sha aus dem ersten Teil fortsetzte, wurde die zweite weibliche Rolle der Ellen, Tochter des Diamantenkönigs, von Thea Zander dargestellt.

Die Decla schaltete eine Anzeige mit Starfoto von Gilda Langer in der Fachpresse und kündigte nun an, dass sie im Laufe des Monats Dezember in einem großen »Decla-Exclusiv-Film« spielen werde.[323] Wir wissen nicht, welcher Film gemeint ist. Wir kennen keine weiteren Filme, in denen Langer eine Hauptrolle spielte. Wir wissen nur, dass sie im BRILLANTENSCHIFF nicht mitspielte und dass *Das lachende Grauen* nicht mehr realisiert wurde.[324] Laut Todesnachrichten in der Fachpresse stand Langer in den Vorbereitungen für Hauptrollen in zwei Filmen, als sie starb,[325] dies war aber erst am Samstag, den 31. Januar 1920. Von Mayers Bruder Victor gibt es eine dramatische Schilderung von Probeaufnahmen, zu denen Langer am Montag danach erwartet wird. Das Filmteam erfährt auf dem Set, dass sie gestorben ist. Der Autor spielt mit dem Motiv des wunderschönen jungen Mädchens, das stirbt kurz bevor der große, neue Film realisiert werden kann, in dem sie als Star groß herausgekommen wäre. Dennoch besitzt die Schilderung eine gewisse Glaubwürdigkeit, denn sie enthält ein Detail, das der Autor einer vollständig erfundenen Geschichte nicht wissen könnte: Langers Adresse am Kaiserdamm.

> Am Montag war Pommer da, auch einige Leute von der Presse. Die Jupiterlampen zischten — wir warteten noch auf den Star. Eine ganze Stunde lang warteten wir. Schließlich eilte der Hilfsregisseur ans Telefon, um ihre Wohnung am Kaiserdamm anzurufen. Als er aus der Zelle trat, war er weiß wie eine getünchte Wand und brachte zunächst kein Wort hervor. Dann: Sie kommt nicht. Sie wird – nie kommen, nie mehr – sie – ist – tot.[326]

Ende Januar 1920 wurde Gilda Langer Opfer der Spanischen Grippe, die in einer weiteren Welle Berlin erreicht hatte. Nach kurzer Krankheit – verschiedene Quellen nennen drei Tage[327] – starb sie am 31. Januar um 10 Uhr vormittags. Als Todesursache wird eine Lungen- und Herzaffektion angegeben.[328] Herbert G. Luft verbreitete später das Gerücht, Gilda Langer sei drogenabhängig gewesen, ihr Tod sei Folge einer Lungenentzündung und möglicherweise einer Überdosis Drogen gewesen.[329]

Langers Tod und CALIGARI

Es lag nahe, Langers Geschichte narrativ aufzuarbeiten. Janowitz und Luft,[330] und diejenigen, die von ihnen abgeschrieben haben, erzählen Langers Lebensgeschichte so, dass sie die weibliche Hauptrolle in DAS CABINET DES DR. CALIGARI spielen sollte, doch bevor der Film realisiert werden konnte starb und dann durch Lil Dagover ersetzt wurde. Tatsächlich mögen Carl Mayer und Hans Janowitz zwar Langer für die Hauptrolle in dem von ihnen geschriebenen Film favorisiert haben, doch als sie ihr CALIGARI-Drehbuch an die Decla verkauften, wählte diese die Besetzung und engagierte für die Frauenrolle Dagover. Die Dreharbeiten waren abgeschlossen, bevor Langer krank wurde und starb.[331]

Kurz vor ihrem Tod hatte sich Langer mit dem österreichischen Regisseur Paul Czinner (1890–1972) verlobt,[332] der später die Schauspielerin Elisabeth Bergner heiratete und mit ihr so wundervolle Filme machte wie NJU (1924), DER GEIGER VON FLORENZ (1925/26) und FRÄULEIN ELSE (1928/29). Hans Janowitz, der diese Verlobung wohl als Angriff auf Langers Verehrer Carl Mayer verstand (der pikanterweise später eng mit Czinner und Bergner zusammenarbeitete), flocht die Verlobung in die CALIGARI-Entstehungsgeschichte ein – und nahm es dabei mit der Chronologie nicht so genau:

> Eight days before her untimely death, Jane* made the acquaintance of a man who had written some successful plays. He fell in love with Jane. In a whirlwind she fell in love with him. They were engaged in a whirlwind. And were to be married in a whirlwind. All this with a man she had met only twenty-four hours before. Carl Mayer fought against this cyclonic occurence, stimulated by this man. He advised her against such haste. But the advice of her unselfish and self-effacing friend was not heeded. On the following day Jane was preparing to leave Berlin. She had packed her bags and was ready to leave town, immediately after her marriage. The vortex around Jane closed in. She was stricken by a sudden attack of influenza which rendered her plans impossible. This beautiful, angelic, ashblond creature, intent on having her own way, had to give way to a death-dealing illness. On the third day of her delirious illness Jane died. A tempest of illness swept away the twenty-three year old girl.[333]

Auch in einem viel späteren Text zürnt Janowitz Czinner noch:

---

* Jane = Gilda Langer

Ich habe ihn [Carl Mayer] einmal in seinem Leben vollkommen betrunken gesehen – tagelang, wochenlang. Es sah nicht mehr so aus, daß er damals zu sich zu-
rückfinden würde. Das war im (ich glaube) April 1919* – nach dem Tode seiner
Gilda Langer, der schönsten, verheißungsvollsten, mondänsten Frau auf der Berliner Bühne. Sie starb an Grippe – am dritten oder vierten Tag da das Fieber sie
überfallen hatte – 23 Jahre alt. Acht Tage zuvor hatte sie sich plötzlich, zu aller
Überraschung, mit dem falschen Manne verlobt, einem Salon-Hypnotiseur und
Möchtergern-Dramatiker, der aus Wien eingetroffen war und die Café-Society
von Berlin unsicher machte. Eine Frau hatte eben, so hieß es, um seinetwillen
Selbstmord begangen – durch Fenstersprung – elegant, schön, mondän, eine
durch Morphium zerstörte Bühnen-Begabung. Und nun war Gilda, eine Woche
nach dem Abgleiten zu diesem Fraiseur, an Grippe gestorben – die Frau, für die
wir Jane geschrieben hatten, das Mädchen, Francis' Braut im »Cabinet des Dr. Caligari«.[334]

Die Verlobung Langers mit Czinner hatte nichts mit der CALIGARI-Entstehungsgeschichte zu tun: Zuerst entstand DAS CABINET DES DR. CALIGARI mit Lil Dagover in
der weiblichen Hauptrolle, dann lernte Langer Czinner kennen und verlobte sich, dann
erkrankte Langer und starb. Janowitz erzählt, dass Langer bereits die Koffer gepackt
hatte, Czinner sofort heiraten und Berlin danach Hals über Kopf verlassen wollte.
Doch auch das erscheint unwahrscheinlich, da sie wenige Tage darauf im Studio zu
Aufnahmen für einen großen Film erwartet wurde. Wir können Janowitz' Variante also
nur als moralische Fabel lesen über ein junges Mädchen, das sich mit dem falschen
Manne einlässt und dafür mit dem Tod bestraft wird, fast so wie in seiner Kurzgeschichte *Das zierliche Mädchen*.[335]

Für Janowitz war Langers Geschichte Teil des Schicksalsthemas, das die CALI-
GARI-Entstehungsgeschichte begleitet. Und tatsächlich wirken Teile des Films DAS CA-
BINET DES DR. CALIGARI wie ein Echo auf Gilda Langers Tod – eine Tatsache, die Mayer
und Janowitz kaum entgangen sein dürfte, als sie den Film einen Monat nach Langers
Tod bei seiner Uraufführung noch einmal sahen: Der Somnambule Cesare, ein leben-
der Toter, ist dreiundzwanzig Jahre alt – so alt wie Langer, als sie starb. »Wie lange
werde ich leben?« fragt Alan, und der Somnambule antwortet: »Bis zum Morgengrauen!« – das Leben hielt auch für Gilda Langer keine tröstlichere Antwort bereit.
Selbst die Dreiecksbeziehung im Film bietet sich an, als Kommentar zur Dreiecksbeziehung Langer/Mayer/Czinner oder Langer/Mayer/Janowitz gelesen zu werden.[336]

Soviel wir wissen, haben sich weder Paul Czinner, der überraschende Verlobte,
noch Carl Mayer, der unglücklich Verliebte, jemals wieder über Gilda Langer geäußert. Rührselige Nachrufe erschienen von Decla-Dramaturg Julius Sternheim (1881–
1941), der im *Film-Kurier* ein langes Gedicht veröffentlichte:

---

* Datum: Erinnerungstäuschung.

Gilda Langer ist tot . . . !
Ein Singen ist, ein Rauschen im Blut,
Stechender Schmerz. –
Rote Nebel wallen, senken sich – –
Heben sich langsam.
Von weither Glockenläuten . . .
Gilda Langer . . . tot . . . !

Rote Nebel –
Werden Schleier, zarte, durchsichtige, weiße Schleier.
Ueberall läuten Glocken . . .
Gilda . . . Langer . . . tot . . . ?
Jubelnd bricht Sonne durch,
Strahlendes Blau, golden durchleuchtet,
Ganz feine, spinnwebene Strahlen –
Gilda Langers Augen,
Ueberragt von dem seidenden Glanz
Nie gebändigter Lockenfülle. –
Eine Hand, durchsichtig, feingeadert
Faßt in den Schopf
Schiebt eine goldene Welle in die Stirn.
Die Augen strahlen und lächeln – . . . tot?

Rote Nebel wallen,
Werden Schleier, zart, weiß; durchsichtig.
Glocken läuten – überall.
Hell, jauchzend – –
Glocken . . . ?
Dunkelen Klang, eigen bewegter Stimme
Höre ich:
Gilda Langer hat nicht unter uns gelebt
Nur besucht hat sie uns auf Erden.
Das Mädchen aus der Fremde . . .
Schön und wunderbar.

Rote Nebel – weiße, lichte Schleier . . .
Du warst schön, Gilda Langer,
Du warst Märchen.
Aber nicht jeder schaut ein Märchen
– – – eine Würde, eine Höhe
Entfernte die Vertraulichkeit.
Und deshalb durfte mancher dich nicht kennen
Den du erkannt hattest.

Du duldetest es nicht!
Rote Nebel –
Deine Hülle tragen wir zu Grabe.
Du, dein Geistiges steigt gleich lichten,
Zarten, durchsichtigen Schleiern auf
Und webt um uns – –

Und du, Freund – der du zurückbleibst –
Was betrübt dich deine Seele
Und ist so ruhelos dein Herz – ?
Wohl sind dir Tränen Speise, Tag und Nacht,

Weil du dich fragst:
Wo bist du, Gott!
Freund! Danke ihm –
Er hat geholfen! [337]

Und, erschienen viele Monate nach ihrem Tod, geschrieben womöglich unmittelbar danach, von Hans Janowitz:

Es war einmal diese Frau. Seit Sonnabend, 31. Januar 1920, 10 Uhr 15 Minuten vormittags, ist sie nicht mehr. Sie starb. Sie starb, weil sie dem Sterben keinen Widerstand entgegenzusetzen hatte. Keinen Widerstand: das ist es, was uns sterblich macht! Melancholie ist der heimliche Verräter des Lebens an den Tod. Es stirbt, wer irgend etwas hier verneint, was das Leben nicht missen will. Dieses Etwas? Mysterien. Ein Nichts und ein Alles. Eine seelische Stellung zu den Dingen der Erde. Eine Verschiebung des Ausblicks in das Jammertal. Eine Geringfügigkeit. Eine Freude vielleicht, ganz klein und fast nichtig, auf die man verzichtet hat – und irgendwo schlägt da dem Ablauf eines Lebens seine Uhr. – Widerstandslosigkeit vor dem Tode?! Die Widerstandslosigkeit einer Dreiundzwanzigjährigen? So lag das Herz dieses triebzarten Lebens frei in dem Sturme der Todeskrankheit? War dieses Mädchens Jugend denn nicht: Kraft zu leben? War sie nicht eher: *Kraft der Feinheit, leben nicht zu können???*
Wandelnde Psyche war sie, und ist dahin. Musik und Blumenduft war ihr Atem, Wort, Auge, Schritt. Verirrte Seele, Kind aus den Gefilden eines fremden Werweiß-wo: so bist Du, Weiße, mit dem schwarzen Engel uns entlaufen?
Hat sie nun ihren Geist aufgegeben, Freunde, oder ihren Leib?! Trauert! Trauert! Denn ein solches Märchen, wie dieses war, das Märchen von Gilda Langer, wird Gott euch nicht wieder erzählen. [338]

In einer Todesanzeige tauchen neben Czinner als Verlobtem drei Brüder – Victor, Albert und Heinrich – auf. [339] Als Nutzungsberechtigter der Grabstelle auf dem Südwestkirchhof Stahnsdorf ist zunächst unter Langers Adresse »der Bruder« eingetragen, der nach ihrem Tod wohl für kurze Zeit nach Berlin gekommen war, um den Nachlass zu regeln, danach Carl Mayer, der dann offenbar bis zum Jahr 1930 Zahlungen für die Grabpflege geleistet hat (Totenregisterkarte Hermengild Langer, siehe nächste Seite). Die Beerdigung seiner Wegbegleiterin fand statt am Mittwoch, den 4. Februar 1920, 16 Uhr von der kleinen Holzkapelle aus, die dort immer noch steht. Wer von da aus weitergeht, gelangt an ein kleines Friedhofsgebäude, durch dessen Torbögen er in den Block Lietzensee gehen kann, vorbei an einem alten Brunnen in einen verwilderten Teil des Waldfriedhofs, in dem viele Grabsteine umgestürzt, von Moos überwuchert und mit Laub bedeckt sind. Neuerdings finden hier wieder Urnen-Bestattungen unter Bäumen statt. Im Jahr 2009 hat Polanski hier in der Nähe eine Szene von THE GHOST WRITER gedreht. Und hier, im Gartenblock I, liegt auch der umgestürzte Grabstein Gilda Langers. Thomas Schultke, Sandra Görlitz und ich fanden ihn im Winter 1994/95, als die Gräber und Gärten des Friedhofs mit Schnee bedeckt waren.[340] Als wir den Grabstein von Schnee, Moos, Eis und Dreck befreiten, entdeckten wir zuerst die Noten, die Janowitz beschrieben hatte. Er hatte, im Einklang mit dem Schicksalsthema, das in seiner Erzählung die CALIGARI-Entstehungsgeschichte begleitet, geschrieben:

> On Jane's gravestone, a block of white marble, there is an unusual inscription, under her name and life-dates; it is a melody; the Leitmotiv of the first movement of Beethoven's Fifth Symphony.
>   The Theme of Fate.[341]

Doch auch diesmal hatte Janowitz die Fakten ein wenig zurechtgebogen, damit sie besser in seine Erzählung passten. 1920, nach dem Schock von Langers Tod, war es vermutlich Carl Mayer, der Filmdichter, der ohne Worte den wohl poetischsten Nachruf verfasst hatte: Auf das Grabmal aus weißem Stein ließ er den Namen einmeißeln: GILDA LANGER, ohne Daten, und darunter nur vier Notenzeilen mit einer Melodie:

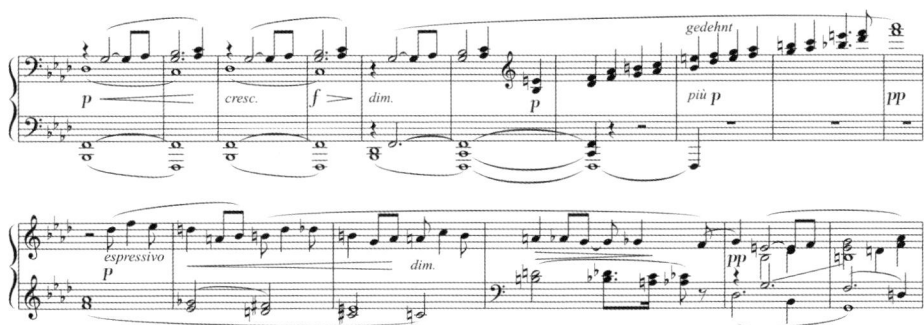

Sie stammt jedoch nicht von Beethoven, sondern von Wagner: *Tristan*, aus dem Vorspiel zu Akt III.[342] Auch eine Geschichte von Liebe und Tod.

Lfd. Nr/6503 der Grab- und Beerdigungsliste.

Name und Vorname: *Langer Hermengild*

Stand: *Schauspielerin*

Wohnung: *Charlottenburg Kaiserdamm 111*

Geburtstag: *16. Mai 1896*

Sterbetag: *31. Januar 1920.*

Tag der Beerdigung: *4. Februar 1920*

Ansteckende Krankheit: —

Ueberwiesen von: *Lietzensee* Nr. *39.*

Beerdigt auf: Block *L.* Feld *G. Bl. I* Straße *Garten* Grabstelle Nr. *171*

Wer nimmt die Rechte an dem Grabe bezüglich der Ruhezeit und Pflege wahr: *172 gestrichen*

Dr. Souler Charlottenburg Kaiserdamm 111.

Vordruck 5 K.
III. 19. 10000

Gießpflege ist gezahlt für die Jahre:									
1920	1921	1922	1923	1924	1925	1926	1927	1928	1929
1930	1931	1932	1933	1934	1935	1936	1937	1938	1939
1940	1941	1942	1943	1944	1945	1946	1947	1948	1949

Totenregisterkarte Hermengild Langer, Vorder- und Rückseite

Ernst Deutsch hatte, als Janowitz im Jahr 1918 auf Fronturlaub in Berlin weilte, Janowitz und Mayer miteinander bekannt gemacht, Mayer hatte Janowitz Langer vorgestellt, und Langer, inzwischen ein aufstrebendes Filmsternchen, hatte den beiden Männern vorgeschlagen, gemeinsam ein Film-Drehbuch zu schreiben.[343] Nach dem Krieg, im Winter 1918/19, als Janowitz wieder nach Berlin kam und Langer die ersten Schritte einer wirklichen Filmkarriere machte, trafen sich die beiden Männer wieder, die unterschiedliche Ambitionen, aber auch etliche Gemeinsamkeiten hatten. Und sie machten sich tatsächlich daran, das Drehbuch zu schreiben, das zum legendenumwobensten Text der deutschen Filmgeschichte wurde.

Die zentrale Legende, die sich um DAS CABINET DES DR. CALIGARI rankt, ist die Behauptung: Carl Mayer und Hans Janowitz hätten als überzeugte Pazifisten das CALIGARI-Drehbuch mit der expliziten »revolutionären« Absicht geschrieben, Staatsautorität und Autorität allgemein anzuprangern – jene Autorität, die Europa gerade in den schrecklichen Krieg geführt hatte, den sie überlebt hatten. Diese Legende dient der Stützung der *Janowitz-Kracauer-Interpretation des Films,*[344] die besagt, dass die Binnenhandlung des Films eine pazifistische Botschaft enthält: Dr. Caligari stehe für die tyrannische Staatsautorität, und Cesare für das hypnotisierte Volk, das von ihr missbraucht und in den Krieg geschickt wird. Das Ende der Binnenhandlung, wo der verrückte Dr. Caligari festgenommen und in eine Zwangsjacke gesteckt wird, zeige, dass die gefährliche Staatsautorität überwältigt werden muss. Die Rahmenhandlung des Films, in der Dr. Caligari jedoch als fürsorgliche Vaterfigur und sein Gegner als wahnsinnig dargestellt wird, drehe diese Aussage um und mache, um mit Siegfried Kracauer zu sprechen, aus einem »revolutionären« einen »konformistischen« Film.[345] Diese Umkehrung wiederum nimmt Kracauer als Beleg für seine weitergehende These, in CALIGARI zeige sich die Sehnsucht der Deutschen nach einem Tyrannen.[346]

Janowitz hat diese Interpretation leidenschaftlich vertreten und stützt sie mit einer Anzahl von Tatsachenbehauptungen, die er als Zeuge und Beteiligter der beschriebenen Ereignisse mit dem Anspruch von Authentizität wiedergibt, und die alle dazu dienen, die pazifistische Intention der Autoren zu belegen: Die diffamierende Rahmenhandlung sei dem Film *gegen den Willen der Autoren* hinzugefügt worden, die Autoren hätten gegen die Hinzufügung der Rahmenhandlung *vehement protestiert* usw. Von diesen Legenden soll später noch die Rede sein.[347] Das Problem mit ihnen ist:

– Sie sind von Janowitz zwanzig Jahre nach den Ereignissen aufgeschrieben worden, auf der Flucht vor den Nazis, unter dem Eindruck des neuen Krieges und mit seiner Heimat Europa am Rand der Katastrophe. Janowitz' Erinnerungen an 1919 sind 1940 verklärt nicht nur durch sein Vorgehen als Autor, der den historischen Ereignissen eine narrative Form gibt, sondern auch durch den Wunsch, die eigene, nachträglich politische Interpretation des eigenen Films zu stützen.

– Die tatsächliche Ausführung des Drehbuchs legt nahe, dass die Autoren damit keine pazifistische Botschaft transportieren wollten. Das Drehbuch liegt der Forschung erst seit den 1970er Jahren vor und wurde erst in den 1990er Jahren als Buch veröffentlicht,[348] sodass die Bewertung dieser Quelle durch Filmwissenschaftler[349] relativ neu ist und sich die Tatsachenbehauptungen, die die Janowitz-Kracauer-Interpretation stützen, lange halten konnten.

Die Interpretation, so suggestiv sie vor allem von Kracauer vorgetragen wurde, bezieht sich nur im Nachhinein auf den fertigen Film und nicht auf die Situation, in der das Drehbuch tatsächlich entstand. Die Behauptung, die Autoren hätten diese Interpretation explizit beabsichtigt, ist eine nachträgliche Konstruktion Janowitz', die durch das aufgetauchte Drehbuch widerlegt ist. Die tatsächliche Situation, die zur Entstehung des CALIGARI-Drehbuchs führte, muss jedoch differenziert dargestellt werden: Waren Mayer und Janowitz Pazifisten? Ja. Aber waren sie von dem Gedanken beseelt, im CABINET DES DR. CALIGARI eine pazifistische Botschaft zu transportieren? Nein.

Janowitz und Mayer waren Pazifisten

Die pazifistische Gesinnung der beiden CALIGARI-Autoren zur Zeit, als sie gemeinsam das Drehbuch verfassten, ist belegt, und zweifellos war sie Gegenstand ihrer Konversation und verband die beiden jungen Männer.

Janowitz war Soldat gewesen, Offizier sogar, und hatte den Krieg vom Beginn bis zum Ende mitgemacht. Die Erfahrung des Krieges, der Verlust des Bruders und der Einfluss von Karl Kraus hatten ihn zum Pazifisten gemacht. Zurückgekehrt als Überlebender, schrieb er politische Aufsätze für die Zeitschriften *Der Friede* und *Der Revolutionär*, später auch für *Die Weltbühne*, die keinen Zweifel an seinem pazifistischen Engagement in der Zeit direkt nach dem Ersten Weltkrieg lassen:

> Der einfältigste Bursche draußen, den man im Soldatenkittel fürs Vaterland sterben hieß, hat es empfunden, daß es mit rechten Dingen nicht zugehen kann, wenn der pulsierende Menschenleib in ein Gebiet verbannt ist, wo tötende, aber »ingenieuse« Erfindungen auf ihn losgelassen sind. Denn: wie wehrlos war doch der Lebendige vor der Maschine! Daß er selbst eine Maschine trug, hat ihn nicht wehrhaft gemacht. Wehrhaft waren einzig die Waffen, nicht ihre Träger. Eisen schoß auf Eisen. Die Toten konnten einander nichts anhaben, auch wenn sie – seelenlose Gegner – aneinander in Splitter gingen.
>
> Aber daß in jener Auseinandersetzung, die die Rüstungsindustrien zweier Welten miteinander hatten, lebendige Menschen standen, daß nicht Herz gegen Herz stand, sondern Waffe gegen Waffe, und die Herzen trotzdem brechen mußten: das war das Ergebnis des tragischen Irrtums eines von Lüge und Phrasen verführten, dem Grauen, dem Abgrund preisgegebenen Geschlechts. Und daß die irrenden Herzen die Wirkung der Waffe nicht bloß der Waffe zuschrieben, sondern

auch dem Herzen drüben: von diesem allzu wehen Irrtum, der die Kindlichkeit unserer Mannheit beweist, lebten die Regisseure der Tollwut hüben und drüben. So nahm der lebendige Organismus, anstatt Rache zu nehmen an der Waffe, Rache am Bruder, am lebendigen Organismus, Rache an sich selbst: und der einfältige Bursche im Soldatenkittel drückte ab, wenn er selbst im Feuer lag … Der Feind war natürlich nicht der Franzose, der Engländer, der Russe und Italiener: der gemeinsame Feind aller war die Waffe und die, die sie geschmiedet hatten. Sie hätte zerbrochen werden müssen, sobald erkannt war, daß der Kampf unsinnig, weil immer ungleich war: Stahl gegen Menschenfleisch, Hart gegen Weich, Tod gegen Leben![350]

Mayer war bis fast zum Ende des Krieges nicht zum Militärdienst eingezogen worden, wahrscheinlich aufgrund der Beinverletzung aus seiner Kindheit. Als er im Oktober 1918 doch noch nach Wien einberufen wurde, wurde er schon am nächsten Tag wieder ausgemustert.[351] Janowitz erzählte später, dass Mayer ein leidenschaftlicher Pazifist war, der sich dem Kriegsdienst unbedingt entziehen wollte. Der Legende nach gab es in Berlin einen Militärarzt, der Mayer trotz der Beinverletzung einziehen wollte. Mayer-Biograf Rolf Hempel fand dafür einen von Janowitz unabhängigen Beleg: Mayers Bruder Otto glaubte sich daran zu erinnern, »daß Carl in Berlin vorwiegend mit dem Militärarzt Streit hat, einem eingefleischten Militaristen, der Mayer haßt, verfolgt und als Simulanten bezeichnet.«[352] Janowitz stilisierte diesen Konflikt zu einem »geistigen Duell«, bei dem Mayer vorgab, geistesgestört zu sein, und sein Widersacher, ein Militärpsychiater, versuchte, ihn als Simulant zu überführen.[353] Dies sei eine ihrer Inspirationsquellen gewesen: der Nukleus des CALIGARI-Stoffs, der die antiautoritäre Botschaft bereits enthält. Kracauer hat diese Darstellung aufgegriffen,[354] und von dort aus fand sie ihren Weg in viele Filmgeschichten. Es gibt jedoch keinen Beleg dafür, dass Mayer tatsächlich einer psychiatrischen Untersuchung unterzogen wurde, Geistesgestörtheit simuliert oder ein Psychiater ihn drangsaliert hat. Wiederum ist diese Legende vermutlich eine Mischung aus Janowitz' Phantasie, seinem Wunsch, die eigene Interpretation zu belegen und authentischen biografischen Details, z.B. Mayers tatsächlicher pazifistischer Haltung und der tatsächlichen ärztlichen Untersuchung Mayers in den letzten Wochen des Krieges.

Als Mayer und Janowitz Ende 1918 einander näher kennen lernten, entsprangen daraus zwei Projekte: das eine, auf Anregung Gilda Langers ein Film-Drehbuch zu schreiben, war zunächst zweitrangig; das andere, eine Kombination zweier ihrer unvollendeter vorheriger Projekte, ambitionierter: Janowitz hatte vor dem Krieg nach eigenen Angaben den ersten Teil seiner geplanten Dramen-Trilogie *Ein Prager Fastnachtsspiel um 1913* geschrieben, die er zunächst von Max Reinhardt inszenieren lassen wollte.[355] Und Mayer hatte 1917 nach dem Vorbild von Reinhardts »Jungem Deutschland« die »Dramatische Gesellschaft« gegründet, mit der er Stücke junger Autoren in Mittagsvorstellungen des Residenztheaters aufführen wollte, von der aber nie eine Aufführung herausgekommen war.[356] Nun griff Mayer seine Theateridee wieder auf und wollte nach Janowitz' Aussage unter anderem den ersten Teil von dessen Trilogie auf die Bühne bringen.[357]

Als erstes Stück, das Mayer nun in der »Dramatischen Gesellschaft« aufführte, wählte er jedoch nicht Janowitz' *Fastnachtsspiel* (möglicherweise war dies doch noch nicht ganz fertig), sondern das expressionistische Antikriegs-Drama *Die Vorhölle* von Rudolf Leonhard, das die Qualen eines im Lazarett sterbenden Soldaten beschreibt. Soviel wir wissen war dies Mayers erste und einzige Regiearbeit am Theater, aufgeführt in einer einzigen Mittagsvorstellung am 23. März 1919, nicht im Residenztheater, sondern im Kleinen Schauspielhaus, mit Julius Szalit als sterbendem Soldat und der jungen Helene Burger als mitleidender Krankenschwester (Gilda Langer war zu dem Zeitpunkt schon ins Filmgeschäft gewechselt), in Nebenrollen Paul Biensfeldt (Militärarzt) und Georg John (Wärter). Aus einer Besprechung:

> Es war gestern Mittag sicherlich eine der qualvollsten Stunden, die jemals Zuhörern im Theater bereitet worden sind. ... sie (Autor und Regisseur) werden sich darauf berufen, daß die Qual und ihr Aufschrei, ihr Unmaß und ihre Sinnlosigkeit der Inhalt des Dargestellten sei; also käme es vor allem darauf an, die Qual anschaulich und fühlbar zu machen. Das ist geschehen. ... Hier enthüllt sich mit der Absichtlichkeit der pazifistische Gedanke; vielleicht war er dem Dichter das Dringendste. Der Zuhörer merkt kaum darauf, er ist benommen, zerrüttet, zusammengedrückt von der grauenhaften Stimmung dieser Lyrik.[358]

Die Mehrheit des Publikums schwieg, eine Minderheit zischte. Die Besprechungen in der Tagespresse waren wohlwollend,[359] und auch Hans Janowitz steuerte eine Besprechung für die Wiener Zeitschrift *Der Friede* bei, in der er zuvor schon publiziert hatte.[360] Dennoch waren nach dieser einzigen Aufführung die Geldmittel der »Dramatischen Gesellschaft« verbraucht, und sie brach zusammen. Mayer und Janowitz waren zwar zwei ambitionierte junge Künstler, aber jetzt war ihnen das Geld ausgegangen.[361]

Auch später noch, als sie das CALIGARI-Drehbuch verkauft hatten und somit wieder zu Geld gekommen waren, planten Mayer und Janowitz gemeinsame literarische Projekte, z.B. die Organisation von Vorlesungen Karl Kraus' in Berlin. So ist ein Telegramm Janowitz' an Kraus vom 15.5.1919 überliefert:

> Erbitte Zustimmung für Berliner Aufführung Letzte Nacht Herbst dieses Jahres Vorstellung außerhalb der Theaterbetriebe in von uns zu mietendem Theater Übernehme gesamte Leitung mit befreundetem Regisseur Carl Mayer dessen menschl. und fachliche Eignung in Ihrem Sinne
> Herzlich grüßt Ihr Hans Janowitz[362]

Die eigentlich interessante Frage nach dem CALIGARI-Drehbuch ist: Warum haben Mayer und Janowitz es gerade *nicht* benutzt, ihre pazifistische Haltung explizit zu reflektieren? Und die Antwort lautet: Ihr Drehbuch diente ihnen vor allem dem Zweck der ökonomischen Verwertung: kurzfristig, um ein Honorar dafür zu bekommen, und langfristig, um einen Einstieg ins Filmgeschäft zu bekommen, als Brotberuf.

Zur Stellung des Drehbuchautors

Der Beruf des Drehbuchautors war zunächst nicht besonders hoch angesehen. Als Filme noch nichts als optische Tricks oder einaktige Sketche waren, brauchten die Produzenten oft nicht einmal ein Drehbuch. Erst als die Filme länger wurden und Geschichten erzählten, entstand der Bedarf nach Drehbuchautoren. Anders als beim Theater, wo der Autor der Vorlage, nach der das Stück aufgeführt wird, als der ausschlaggebende Künstler angesehen wird, der die Theaterkunst schafft, wurden die Filmautoren jedoch meist gar nicht beachtet. Während die Star-Schauspieler exorbitante Summen verdienten, und auch die Star-Schriftsteller, die der Autorenfilm-Welle von 1913 ihre berühmten Namen zur Verfügung stellten, lukrative Honorare einstrichen, wurden die eigentlichen Film-Drehbuchautoren oft nicht einmal genannt und mussten sich mit einem einmaligen Honorar von ein paar hundert Mark pro Manuskript zufrieden geben.[363] In einem Leitartikel des *Film-Kuriers* klagte noch im September 1919 Wilhelm Rath unter der Überschrift »Und der Verfasser?«:

> Im Reich der Filmerei hat das Verfassertum bekanntermaßen überhaupt noch keine mit bloßem Auge wahrnehmbare Stellung. So viel Tag für Tag von Regisseur, Diva, Divus, Operateur,[*] Verleiher usw. die Rede ist, so seltsam wenig vom Autor. Das zeigt sich ebenso in allen Formen der Reklame wie bei Erörterung grundsätzlicher Fragen etwa in der Fachpresse.[364]

Diese Geringschätzung des Drehbuchautors ist unter anderem darauf zurückzuführen, dass der Beruf noch keine professionellen Standards entwickelt hatte. Die Industrie benötigte Drehbuchautoren, die es verstanden, aus Theater- und Literaturvorlagen »kurbelreife« Film-Drehbücher zu machen, die den technischen Anforderungen einer Filmproduktion entsprachen. Und die Film-Befürworter in der Kino-Debatte suchten nach Autoren, die für das Medium spezifische Manuskripte schrieben, die den Film in den Rang eines Kunstwerkes heben konnten. Im November 1918, etwa ein Jahr vor Raths Klage im *Film-Kurier*, veröffentlichte die Redaktion der Fachzeitschrift *Der Film* unter der Überschrift »Der Schrei nach dem Filmautor« einen Text von Julius Sternheim, Drehbuchautor und Dramaturg der Decla-Film-Gesellschaft (und Verfasser des auf S. 155f zitierten Gedichts auf die verstorbene Gilda Langer):

> Uns fehlt für die großen Films in erster Linie das *große Sujet* oder, besser gesagt, der *Filmdichter, der eine große Idee filmtechnisch zu meistern versteht.* Das liegt zum Teil an einer gewissen Saloppheit, mit der gerade Schriftsteller von Rang heute noch bisweilen an die Aufgabe eines Kinodramas herantreten, zum Teil auch an den im Verhältnis zu den Schauspielergagen sicherlich nicht hohen *Autorenhonoraren.*[365]

---

[*] Operateur = Kameramann.

Die Frage der Autorenhonorare war tatsächlich entscheidend: Ohne Anerkennung des Drehbuchautors kein ausreichendes Honorar, und ohne ausreichendes Honorar kein professioneller Drehbuchautor, der es verstand, ein Kunstwerk zu schaffen. Der Autor Richard Kühle vom Verband deutscher Filmautoren gab Mitte 1919 an, Drehbuchautoren ließen sich häufig mit 300 Mark für ein Manuskript abspeisen, der Tarif des Verbands sei immerhin 1200 Mark.[366] Der Verband war im Januar 1919 als Interessenvereinigung des neuen Berufsstandes gegründet worden, seine Ziele waren die wirtschaftliche und rechtliche Besserstellung der Drehbuchautoren, unter anderem durch die Forderung nach:[367]

- Mindesthonoraren,
- Beteiligung der Autoren am Einspielergebnis (Tantiemen),
- Recht der Autoren an Mitwirkung bei der Produktion der Filme und
- Nennung der Autorennamen im Film selbst, bei der Filmankündigung und in der Werbung.

Anfang 1919 war die Situation also, dass Drehbuchautoren zwar immer noch einen niedrigen Status hatten, aber Bestrebungen zu erkennen waren, diesen Status anzuheben. Von Film-Manuskripten wurde eine originale Idee und eine professionelle Gestaltung verlangt, und als Gegenleistung durften die Autoren eine zufrieden stellende Bezahlung erwarten. Und das war es schließlich, was den Ausschlag gab für die Schaffung des Drehbuchs zum CABINET DES DR. CALIGARI.

Ein Job in der Filmindustrie

Carl Mayer und Hans Janowitz steckten ihr pazifistisches Engagement in ihre Theater- und (im Falle Janowitz) Literatur-Projekte, und betrachteten ihr zweites Projekt, das Film-Drehbuch, als Einstieg in einen lukrativen Brotberuf. Die Kino-Debatte war Ende 1918/Anfang 1919 so weit, dass die Möglichkeit von Kunst im Film zwar diskutiert wurde, es unter Intellektuellen aber immer noch als anrüchig galt, in der Kinobranche zu arbeiten. Vor allem Janowitz hatte mit Sicherheit Vorbehalte dagegen, seinen Namen mit einem Film-Projekt in Zusammenhang zu bringen. Zwei Bedingungen führten dazu, dass das CALIGARI-Drehbuch trotzdem entstand:

1. Ein Drehbuch zu schreiben war finanziell attraktiv geworden, und
2. Mayer und Janowitz brauchten dringend Geld.

Die erste Bedingung war Anfang 1919 gegeben, als der Verband deutscher Filmautoren gegründet worden war und Mayer und Janowitz in der Film-Fachpresse lesen konnten und von ihren Freunden in der Filmbranche erfuhren, dass Drehbuchautoren durchaus gefragt waren, die in der Lage waren, ein »kurbelfertiges« Drehbuch abzuliefern, und dass professionelle Drehbuchautoren inzwischen mit einem Honorar rechnen konnten, das nicht mehr im Hundert-, sondern im Tausend-Mark-Bereich lag. Zudem hatte ihre Freundin Gilda Langer ihnen vorgemacht, wie man im Filmgeschäft Fuß fassen konnte: Sie hatte 1918 bereits Hauptrollen in Filmen der PAGU gespielt, war 1919 von der Decla engagiert worden und würde in Kürze eine Hauptrolle spielen neben den Decla-Stars Ressel Orla und Carl de Vogt in Fritz Langs zweitem Film DER HERR DER LIEBE.

Die zweite Bedingung war erfüllt, als die Aufführung der *Vorhölle* gelaufen war, wahrscheinlich schon vorher, als sich abzeichnete, dass Mayers Job im Residenztheater eine Sackgasse und mit der »Dramatischen Gesellschaft« kein Geld zu machen war. Der Filmhistoriker Jürgen Kasten nimmt an, dass Mayer im März 1919, als *Die Vorhölle* im Kleinen Schauspielhaus herauskam, schon nicht mehr dem Residenztheater angehörte, das kurz darauf von den Geschäftemachern Alfred und Fritz Rotter übernommen wurde.[368] Mayer hatte seine Zeit und kreative Energie in die »Dramatische Gesellschaft« investiert, und nach deren Misserfolg hatte er einerseits wieder die Zeit, sich anderen Projekten zu widmen, andererseits war es evident, dass nun das Problem der Existenzsicherung vordringlich war: Carl Mayer brauchte einen neuen Job, und soviel wir wissen ging es Hans Janowitz nicht besser.

Zu diesem Zeitpunkt hatten Mayer und Janowitz sehr wahrscheinlich schon begonnen, das CALIGARI-Drehbuch zu schreiben: Janowitz gibt für das Schreiben einen Zeitraum von 6–8 Wochen an,[369] und der Termin der Fertigstellung muss vor dem 19. April 1919 liegen, dem Datum der Vertragsunterzeichnung.[370] Sie hatten also mit dem Schreiben schon vor der Aufführung der *Vorhölle* begonnen, vermutlich Anfang März 1919, als Mayer noch mitten in den Vorbereitungen für die Theater-Aufführung steckte. Nach dem 23. März 1919, dem Tag der Aufführung, intensivierten sie die Arbeit an dem Film-Drehbuch.

Inspirationen für das CALIGARI-Drehbuch

Das Drehbuch, das Mayer und Janowitz in diesen sechs Wochen anfertigten, war ein Schriftstück, das formal und inhaltlich den Anforderungen der Filmindustrie entsprach:

1. Es musste »kurbelfertig« sein, das heißt so geschrieben, dass es sofort vom Regisseur in einen Film umgesetzt werden konnte, und
2. es sollte ein Originalstoff sein, der zum vorgesehenen Programm der jeweiligen Produktionsfirma passte.

Das CALIGARI-Drehbuch ist unterteilt in Akte und Einstellungen, enthält Beschreibungen der Handlung, Zwischentitel, Angaben zu Einstellungsgrößen und Blenden, technische Angaben stehen auf der linken, Inhaltsbeschreibungen auf der rechten Seite: ein professionelles Film-Drehbuch, oder wie es der Literaturwissenschaftler Siegbert S. Prawer genannt hat: ein »Schulbeispiel filmgerechten Schreibens«.[371]

Die Handlung ist inspiriert von Motiven der Detektivliteratur und Schauerromantik, Hoffmann und Poe, wie sie in den populären Filmen des Jahres 1919 anzutreffen waren. Explizit nennt Janowitz die Märchenfilme Paul Wegeners als Inspirationsquelle,[372] und auch Mayer erinnerte sich daran, dass ihn der Vorkriegsfilm DER STUDENT VON PRAG inspirierte.[373] Dazu kamen Motive aus eigener biografischer Erfahrung, insbesondere

– Janowitz' Geschichte vom Mord am Holstenwall (mit dem Motiv des Jünglings, der mit einem ungeheuren Verbrechen konfrontiert wird) und
– Mayers Geschichte von der Konfrontation mit dem Militärarzt (auf dem die Figur des Dr. Caligari basiert).

Janowitz nannte sich den Vater des CALIGARI-Drehbuchs, der den Samen eingepflanzt habe, Mayer die Mutter, die ihn empfangen und ausgetragen habe,[374] das heißt Janowitz sah sich vor allem als Ideenlieferant, während Mayer die Ausarbeitung übernahm, also die eigentliche Arbeit des Schreibens. Später bemaß Mayer Janowitz' Anteil am CALIGARI-Drehbuch mit 1/3.[375]

Als weitere biografische Inspirationen, die der CALIGARI-Stoff ihm verdanke, nannte Janowitz:[376]

– die geheimnisvolle Atmosphäre seiner Heimatstadt Prag, und
– sein Drama *Prager Fastnachtsspiel um 1913*.

Alle diese Informationen sind uns hauptsächlich durch Janowitz' nachträglich verklärte Schilderung überliefert, die er in den 1940er Jahren benutzte, um ihre pazifistische Motivation beim Schreiben des CALIGARI-Drehbuchs zu belegen (und damit die Janowitz-Kracauer-Interpretation zu stützen). Inzwischen wissen wir, dass Janowitz' Darstellung des Mordfalls Gertrud Siefert hauptsächlich seiner Phantasie entsprungen ist, ähnlich konstruiert wirkt die Legende von Mayers Militärarzt. Das *Prager Fastnachtsspiel* benutzt er für die Behauptung, er habe darin den Ersten Weltkrieg vorausgesehen (und auch mit CALIGARI vor Staatsmacht und Weltkrieg warnen wollen), und der Hinweis auf Prag deutet an, dass sie sich von der fantastischen Literatur inspirieren ließen, wie sie z.B. auch von Stellan Rye, Henrik Galeen und Paul Wegener verwendet wurde in DER STUDENT VON PRAG (1913) und DER GOLEM (1914). Es bleibt aber festzuhalten, dass Mayer und Janowitz einander Geschichten aus ihren Leben erzählten und Motive aus persönlichen Erlebnissen benutzten, um den CALIGARI-Stoff zusammenzutragen. Während sie das Drehbuch schrieben, ließen sie sich laut Janowitz von drei zufälligen Begebenheiten inspirieren:

– *Der Rummel in der Kantstraße.* Mayer und Janowitz gingen in Berlin öfter zum Jahrmarkt in der Kantstraße. Eines Tages entdeckte Mayer dort eine neue Attraktion, zu der er Janowitz mitnahm. Ein Schild warb mit dem Text: »Mensch oder Maschine?« Und dann führte ein Schausteller angeblich einen

Inspirationen für das Aussehen Dr. Caligaris: Arthur Schopenhauer, Jean-Martin Charcot

Mann vor, der wie hypnotisiert wirkte, Ketten zerriss und andere Kraftakte vollbrachte und Worte von sich gab, die sich wie Voraussagen der Zukunft anhörten. Laut Janowitz war das die ausschlaggebende Inspiration, sie gingen in seine Wohnung in der Passauer Straße, redeten die ganze Nacht und begannen dann, das CALIGARI-Drehbuch zu schreiben.[377] Paul Rotha berichtet ebenfalls von dem Jahrmarktsbesuch, von dem Mayer ihm erzählt habe: Demnach habe Mayer den Jahrmarkt zufällig entdeckt, als er einmal durch Charlottenburg geschlendert war, hatte allein die Show mit einem »elektrischen Mann« gesehen und dann Janowitz nur davon berichtet.[378] Jürgen Kasten vermutet, der fragliche Jahrmarkt könnte der ganzjährig geöffnete Jahrmarkt Luna-Park in Halensee gewesen sein, nicht weit entfernt von Mayers Wohnung in der Hektorstraße 8, und bezweifelt, dass Mayer den Jahrmarkt nicht kannte und nur zufällig entdeckte.[379] So wie Janowitz die Jahrmarktsshow schilderte, gelangte sie auch ins Drehbuch: Sie war die Anregung für die Szene, in der Caligari den Somnambulen Cesare erweckt und dieser Franzis' Freund Alan voraussagt, dass er im Morgengrauen sterben werde. Im Drehbuch zerreißt Cesare auch eine Kette,[380] ein Detail, das im fertigen Film fehlt.

— *Das Aussehen Caligaris* lehnten die Autoren an ein Portrait des deutschen Philosophen Arthur Schopenhauer (1788–1860) an: Als sie in einer der Nächte, in der sie gemeinsam am Drehbuch arbeiteten, um drei Uhr morgens Schluss gemacht und beschlossen hatten, am nächsten Tag weiterzumachen, waren sie noch auf der Suche nach einem Namen für ihre Hauptfigur. Janowitz durchblätterte ein paar Bücher an seinem Bett, und eines der Bücher enthielt ein Bild Schopenhauers.[381] Im Drehbuch wird Calligari bei seinem ersten Erscheinen dann auch so beschrieben: »Ein gespenstisch aussehender, alter Herr im dunklen fliegenden Mantel, Gehrock und hohem Zylinder, trippelt die Straße entlang […]. Die über dem Rücken verschlossenen Hände halten einen Kugelstock. Der Kopf gemahnt an die Züge Schopenhauers.«[382] Es ist aber nicht unwahrscheinlich, dass die Autoren auch an die Züge Paul Wegeners dachten, oder an John Gottowt (= Isidor Gesang, 1881–1942), der im ersten STUDENT VON PRAG den unheimlichen Magier Scapinelli dargestellt hatte,[383] eine Rolle, die in Henrik Galeens späterem Remake aus dem Jahr 1926 niemand anderer übernahm als Werner Krauß (Dr. Caligari). Anton Kaes erkennt im Aussehen Caligaris Ähnlichkeit zum berühmten französischen Psychiater Jean-Martin Charcot (1825–1893), einem Lehrer Freuds.[384]

– *Den Namen* »Caligari« fand Janowitz angeblich im nächsten Buch an seinem Bett, nach dem er griff: einer seltenen Ausgabe von Stendhals Briefen, die er bei einem Trödler gekauft habe. Stendhal (= Henri-Marie Beyle, 1783–1842) beschreibt in einem dieser Briefe angeblich, wie er aus den Napoleonischen Kriegen nach Mailand zurückkehrt, seinen ersten Abend in der Scala verbringt und dort in einer Theaterloge einem Offizier namens Caligari vorgestellt wird. Die Details dieser Geschichte hat Janowitz als Parallele zu seiner eigenen Biografie aufgebaut: Auch er war ein Schriftsteller und Offizier, der aus dem Krieg kam, als er in Berlin in einer Theaterloge des Residenztheaters Gilda Langer vorgestellt wurde.[385] Die Geschichte lässt sich so allerdings in Stendhals Briefen nicht wiederfinden. Stendhal hat zwar tatsächlich an einigen Feldzügen Napoleons teilgenommen, ist nach Waterloo 1814 nach Mailand zurückgekehrt, hat dort die Scala besucht und diese Besuche oft in Briefen und anderswo beschrieben, ein Caligari wird dort aber nicht erwähnt.[386] Stendhal kannte jedoch eine Reihe Caliari und Cagliari, sodass Janowitz und Mayer möglicherweise einen dieser Namen gefunden und sie ihn dann zu »Caligari« (bzw. im Drehbuch »Calligari«) umgeformt haben. Dazu passt auch die Schilderung von Hans Feld, der angibt, von Mayer erfahren zu haben, das Wort »Caligari« sei eine Umformung von »Cagliari« (wobei Feld allerdings auf die italienische Hafenstadt referiert).[387] Siegbert S. Prawer hat darauf hingewiesen, dass dämonische Figuren in der Schauerliteratur oft mit italienischen Namen versehen worden sind, von Ann Radcliffes *The Italian* (1797) über E.T.A. Hoffmanns Coppelius/Coppola im *Sandmann* (1817) bis zu Scapinelli im nach der Vorlage des Schriftstellers Hanns Heinz Ewers entstandenen Film DER STUDENT VON PRAG (1913).[388] Nach Brigitte Mayrs Recherche hat Mayer vielleicht auch an einen Schauspieler gedacht, der 1914 mit ihm und seinem Bruder Otto zusammen am Theater in Innsbruck war – der hieß Louis Kaligar.[389]

Wunschkandidaten der Autoren: Paul Wegener als Dr. Caligari, Ernst Deutsch als Cesare

So entstand das CALIGARI-Drehbuch: Angeregt durch die Schauspielerin Gilda Langer, vorangetrieben durch die Notwendigkeit, Geld zu verdienen, inspiriert durch fantastische Literatur und Filme, vermischt mit persönlichen Erlebnissen, fertigten die beiden jungen Männer ein Drehbuch, mit dem sie bei einer Filmproduktionsfirma vorstellig werden wollten. Janowitz beschreibt ihre finanzielle Situation beim Schreiben des Drehbuchs:

> After a period of four weeks we got into some rather unpleasant difficulties. I had neglected my work for the newspapers and Mayer had neglected his theater, as a result no money was forthcoming, and so we had to pawn our silver cigarette cases. Now we could pay for our food until the script was completed, and our landlady was prepared to wait for the rent. So it was that the script was finished.[390]

Laut Janowitz hatten sie beim Schreiben an drei Schauspieler gedacht: Paul Wegener als Caligari, Ernst Deutsch als Cesare und Gilda Langer als Jane. Sie wollten das Drehbuch zuerst Paul Wegener anbieten.[391] Wegeners Mitarbeiter Rochus Gliese, den Carl Mayer vom Residenztheater kannte, schreibt:

> Ich lernte Mayer (und seinen damaligen Mitautor Janowitz) während meiner Filmarbeit mit Paul Wegener kennen, als beide uns ihren Filmentwurf Caligari anboten. Trotz unseres Interesses zerschlug sich die Verhandlung, weil die Autoren eine

auf ein paar Stunden begrenzte Entscheidungsfrist zur Bedingung machten, wie sie freimütig zugaben, aus dringendem Geldmangel. Wann Wegener und mir das Manuskript angeboten wurde, weiß ich nicht mehr. Ich weiß nur noch, daß wir damals die Wegener-Filme bei Davidson im Union-Film drehten.[392]

Der Vertrag, den Mayer und Janowitz schließlich mit der Decla schlossen, trägt das Datum 19.4.1919.[393] Es ist anzunehmen, dass sie das Drehbuch kurz vor diesem Datum fertig stellten und dann begannen, es Produzenten anzubieten mit dem Ziel, zu einem sofortigen Vertragsabschluss zu kommen. Wegener, ihre erste Wahl, war nicht verfügbar, weil er laut Janowitz auf einer Theatertournee in Hamburg war.[394] Tatsächlich trat Wegener am 22. und 23. April 1919 bei einem Gastspiel in Hamburg in Gerhart Hauptmanns Stück *Michael Kramer* auf,[395] eine Gastspielreise, zu der er möglicherweise schon einige Tage zuvor aufgebrochen war, z.B. zur Premiere des Stücks am 18. April. Der Filmhistoriker Wolfgang Jacobsen hat darauf hingewiesen, dass auch Richard Oswald später behauptet hat, das CALIGARI-Drehbuch von Carl Mayer angeboten bekommen zu haben, er habe aber abgelehnt.[396] Schließlich boten Carl Mayer und Hans Janowitz das CALIGARI-Drehbuch Erich Pommer von der Decla-Film-Gesellschaft an, bei der ja auch Gilda Langer inzwischen untergekommen war. Und diesmal hatten sie Erfolg.

Das Krauß-Drehbuchexemplar

Das einzige überlieferte Drehbuch-Exemplar zum CABINET DES DR. CALIGARI ist ein Arbeitsexemplar aus dem Nachlass des Schauspielers Werner Krauß. Krauß hat es in seiner Autobiografie beschrieben, die 1958 erschien, am Ende seines Lebens:

> So entstand dieser merkwürdige Film: »Wir schicken Ihnen das Drehbuch hinaus. Morgen früh fangen wir mit den Aufnahmen an.« Das Titelblatt hatten drei Maler gezeichnet.[*]
>
> Das Urmanuskript war ganz anders, als der Film dann wurde. Da war es eine wahre Begebenheit, die sich in Italien zugetragen hatte. Im Film war es dann die Phantasie eines Irren, um die Dekorationen zu motivieren.[397]

Gero Gandert, damals Kustos der Deutschen Kinemathek, hat dieses Exemplar Ende der 1970er Jahre aufgestöbert und für die Kinemathek erworben. Er und andere haben die Geschichte des Drehbuch-Funds oft erzählt:[398] Sein Kollege Werner Sudendorf (der heutige Leiter der Marlene-Dietrich-Collection der Deutschen Kinemathek) hatte in einer Pariser Buchhandlung einige komplette Jahrgänge der deutschen Film-Fach-

---

[*] Gemeint: Die drei Maler Hermann Warm, Walter Reimann und Walter Röhrig. Tatsächlich stammt das Titelblatt nur von Walter Reimann.

Drehbuch-Titelblatt von Walter Reimann

zeitschrift *Film-Kurier* entdeckt, und Gandert kam daraufhin nach Paris, um über deren Erwerb zu verhandeln. Aber der Besitzer hatte es sich inzwischen anders überlegt: Er wollte nicht an Deutsche verkaufen. Enttäuscht besuchten die beiden Deutschen stattdessen die Filmjournalistin und -historikerin Lotte Eisner, die Autorin der *Dämonischen Leinwand,* die Ende der 1920er Jahre bis 1933 selbst Journalistin beim *Film-Kurier* gewesen war, dann vor den Nazis nach Paris geflohen war und seit 1945 für die Cinémathèque Française arbeitete.[399] Als Gandert Eisner fragte, ob sie wisse, wo man noch deutsche Stummfilmdrehbücher finden könne, kramte sie aus ihrer Erinnerung eine mehr als 25 Jahre zurückliegende Begegnung mit Werner Krauß, der ihr in einer Hamburger Theatergarderobe erzählt habe, er besäße das CALIGARI-Manuskript, würde es aber um nichts in der Welt hergeben. Daraufhin nahm Gandert Kontakt zu Liselotte Krauß in Wien auf, der Witwe des Schauspielers, der 1959 gestorben war. Vierzehn Tage später teilte Frau Krauß mit, sie habe das Drehbuch gefunden, und trat in Verhandlungen über den Erwerb mit der Kinemathek ein. Weitere vierzehn Tage später teilte sie mit, nur Akt I bis III seien vorhanden, sie wolle aber noch mal in ihrem Sommerhaus am Mondsee in der Nähe von Salzburg nach dem Rest suchen. Tatsächlich fand sie dort die Akte IV bis VI, und schließlich gelang es Gandert nach langwierigen Verhandlungen und mit Hilfe eines Großsponsors, das Drehbuch für die Kinemathek zu erwerben, »nicht nur das kostbarste, sondern auch das kostspieligste Einzelstück unserer Sammlung« (Gandert).[400]

Äußere Form des Drehbuchs

Bei dem Krauß-Drehbuchexemplar handelt sich um 130 lose Seiten aus dünnem Durchschlagpapier und ein Titelblatt aus Pappe. Alle Seiten und das Titelblatt weisen am linken Rand eine Vielzahl Einstichlöcher von Heftklammern auf, die Seiten und das Titelblatt waren also wohl zusammengeheftet, bevor das Exemplar in Krauß' Besitz auseinander gerissen wurde. Das Titelblatt ist eine schwarzweiße Original-Zeichnung in Tusche und Kohle, signiert von Walter Reimann. Auch Bleistiftstriche der Vorzeichnung sind zu erkennen. Die Skizze zeigt in konventioneller Darstellung die Szene, in der Dr. Calligari(s) dem Publikum Caesare vorstellt, »der somnambule Mensch«, und trägt den Titel: »Das Cabinett des Dr. Calligari«. Die einzelnen Seiten sind größtenteils Durchschläge eines Typoskripts, manche Seiten Original-Typoskript. Auf der Seite mit dem 18. Bild des II. Aktes wird das Typoskript in Handschrift fortgeführt, und liegt bis Ende des III. Aktes nur in Handschrift vor, in zwei unterschiedlichen Handschriften, ebenfalls als Durchschlag (insgesamt 29 ganze Seiten in Handschrift). Mit dem IV. Akt setzt das Typoskript wieder ein. Es ist also anzunehmen, dass es sich bei dem Krauß-Exemplar des CALIGARI-Drehbuchs um eine zu Vervielfältigungszwecken in mehreren Durchschlägen angefertigte Abschrift des Original-Drehbuchs handelt, die zur Vorbereitung auf die Dreharbeiten an die Mitwirkenden verteilt wurde. Beim Zusammenlegen sind in das Krauß-Exemplar nicht nur Durchschlag-, sondern auch Original-Typoskript-Seiten der Abschrift geraten. Es ist möglich, dass jedes so angefertigte Exemplar des CALIGARI-Drehbuchs eine Originalzeichnung von Walter Reimann als Titelblatt enthielt.[401]

Inhalt des Drehbuchs

Das Drehbuch weicht inhaltlich noch stark vom späteren Film ab, so wie Werner Krauß es auch behauptet hat.[402] Siegfried Kracauer stellte es Hans Janowitz folgend so dar, als sei die »Originalhandlung« des Drehbuchs einfach nur die Binnengeschichte des Films, ohne den hinzugefügten Irrenhaus-Rahmen, der die starke Aussage der Binnenhandlung umgedreht habe,[403] aber Kracauer kannte das tatsächliche Drehbuch nicht. Die Robert-Wiene-Biografen Uli Jung und Walter Schatzberg nutzten einen Vergleich des inzwischen vorliegenden Drehbuchs mit dem Film, den wir kennen, gerade die Schwächen des Drehbuchs den Stärken des Films gegenüberzustellen und kommen zu dem Schluss, dass der Film seine Qualität vor allem der Bearbeitung durch den Regisseur Robert Wiene verdankt.[404]

Klar ist, dass Krauß' Drehbuch-Version ein früher Bearbeitungsstand des Manuskripts ist, das noch erhebliche Änderungen durchlief, bis daraus der Film wurde, den wir heute kennen. Auch wenn das Krauß-Exemplar nicht das Originalmanuskript aus der Hand der Autoren, sondern eine für die Filmproduktion angefertigte, möglicherweise schon bearbeitete Vervielfältigung ist, dürfen wir annehmen, dass es nah dran ist an der ursprünglichen Version, die Mayer und Janowitz im April 1919 bei der Decla abgeliefert haben.

Einige Beispiele für Unterschiede zwischen Drehbuch und Film:

– Die größte Überraschung war, dass das Drehbuch bereits eine *Rahmenhandlung* enthält, die sich allerdings von der schließlich im Film realisierten unterscheidet: 20 Jahre nach den Ereignissen in Holstenwall werden Francis und Jane bei einer Abendgesellschaft auf der Terrasse eines Landhauses durch vorbeifahrende Zigeunerwagen an ihr damaliges Erlebnis erinnert, und Francis beginnt, seinen Freunden die Geschichte zu erzählen … Wo die Film-Rahmenhandlung den Helden der Binnenerzählung zum Verlierer, den Bösewicht zum Sieger macht und uns mit der Frage zurücklässt: wie weit Franzis' subjektive Erzählung der Wahrheit entspricht? beschreibt die Drehbuch-Rahmenhandlung die Binnengeschichte vom Sieg über das Böse einfach als lange zurückliegendes schreckliches Ereignis. Der Rahmen im Drehbuch schließt sich nicht: Das 21. Bild des VI. Aktes zeigt Calligaris in der Irrenhaus-Zelle. Im 22. Bild stehen Francis und Jane innig umschlungen vor einer Tafel, die Calligaris' und seiner Opfer gemahnt, es folgt noch die Angabe: »Bild blendet ab und geht allmählich über in 23/Bild/«, dann ist keine weitere Seite mehr überliefert. Wahrscheinlich folgten noch eine oder mehrere Seiten, die den Schluss der Rahmenhandlung auf der Terrasse enthalten. Es ist auch wahrscheinlich, dass diese Drehbuch-Rahmenhandlung tatsächlich von den Autoren Mayer und

IV. Akt, 9. Bild: Allans Geist erscheint, Skizze von Walter Reimann

Janowitz stammt, denn Mayer hat in den 1930er Jahren gegenüber seinem Freund Paul Rotha angedeutet, dass sein Manuskript bereits eine Rahmenhandlung enthielt, die einfacher war als die schließlich realisierte.[405]

– Die *Vorstellung des Somnambulen* erfolgt im Drehbuch anders als im Film: Wir sehen Caesare schon im I. Akt, beim Aufbau von Calligaris' Bude. Zunächst wird das Schild »Der somnambule Mensch« angeschlagen, und eine gaffende Menschenmenge schaut zu (19. Bild). Dann kommt Calligaris' Budenwagen mit Caesares Kiste an, die von Arbeitern auf das Podium vor der Bude gestellt und von Calligaris geöffnet wird, und die Menge erblickt zum ersten Mal den Somnambulen, der »mit weitaufgerissenen Augen bewegungslos ins Weite starrt« (24. Bild), die Szene von Reimanns Titelblatt! Auch als Francis und Allan im II. Akt Calligaris' Show besuchen, steht Caesare schon »mit weit aufgerissenen Augen« auf dem Podium vor der Bude (5. Bild), im Inneren des Zeltes dann erweckt Calligaris den Somnambulen, und »ganz zart und entfernt [gerät] irgend etwas wie Erschauern in sein [Caesares] Gesicht!« (9. Bild). Der vormals starre Caesare kommt zu Atem und gerät in zuckende Bewegung. Er kippt vornüber, und Calligaris »fängt ihn […] grinsend auf und stellt ihn wie einen Hampelmann wieder auf seinen Platz zurück.« (9. Bild). Zum Beweis seiner unglaublichen Fähigkeiten lässt Calligaris Caesare eine eiserne Kette zerreißen (19. Bild). Im Gegensatz zu dieser eher clownesken Einführung wird die Spannung auf den ersten Auftritt Cesares im Film erzählerisch geschickt aufgebaut: Wir erfahren zuerst über Caligaris Anmeldung im Stadtamt von dem Somnambulen, dann durch Caligaris Anpreisungen vor und im Zelt, und als Cesare schließlich aus seiner Kiste tritt und die Augen öffnet, ist das ein Moment des Horrors und des Expressionismus und die erinnerungswürdigste Szene des ganzen Films.

— Die *Dreiecksbeziehung Francis-Jane-Allan* ist im Buch weniger konfliktgeladen als im Film, zum einen da wir aus der Drehbuch-Rahmenhandlung bereits wissen, dass Francis und Jane seit zwanzig Jahren ein Paar sind, zum anderen durch den Altersunterschied zwischen Francis und Allan, der im Buch explizit benannt wird: Francis ist »Privatlehrer in Holstenwall« (I. Akt, 3. Bild), Allan »ein junger Student« (I. Akt, 8. Bild). Als die Freunde nach Caesares verstörender Prophezeiung mit Jane spazieren gehen, sagen sie sich zum Abschied nur »ein paar freundschaftliche Worte, und reichen sich die Hände« (II. Akt, 16. Bild) – und sehen sich dann nie wieder. Im Film viel stärker: »Alan, wir lieben sie beide …« sagt Franzis. »Wir wollen ihr die freie Wahl lassen – Wir aber wollen Freunde bleiben, wie ihre Wahl auch ausfallen möge …« Dann reichen sie sich innig die Hände und verabschieden sich. Nach Allans Ermordung kommt im Drehbuch ein übernatürliches Element vor, das im Film fehlt: Allans Geist erscheint und blickt auf das von seinem Begräbnis kommende trauernde Paar Francis und Jane herab. »Die Erscheinung tritt still an die Seite des Paares und blickt die beiden in grosser Jnnigkeit an. Während sich nun ihre Hände aus tiefem Gefühl heraus langsam finden, zergeht die Gestalt in der Luft.« (IV. Akt, 9. Bild). Der tote Freund gibt dem neuen Paar also seinen Segen, eine Szene, die übrigens auch von Walter Reimann in seinen Vorskizzen gezeichnet wurde (siehe Bild links).[406]

— Die *Verfolgung Calligaris' durch Francis*, die im Irrenhaus endet, im Film in einer traumartigen Sequenz zu Fuß durch eine ländliche Gegend, sodass wir annehmen müssen, die Irrenanstalt liegt am Rande von Holstenwall, findet im Drehbuch in Droschken statt und führt in eine »in hellster Morgensonne liegende […] Grossstadt« (V. Akt, 9. Bild), die im folgenden »X« genannt wird (V. Akt, 19. Bild; VI. Akt, 17. Bild). Nachdem Francis den Anstaltsdirektor als Calligaris identifiziert hat, schreibt er Olfens in Holstenwall ein Telegramm und bittet informiert zu werden wie die dortige Untersuchung ausgegangen ist (V. Akt, 19. Bild). Dann finden und lesen Francis und die Ärzte Calligaris' Tagebuch, Olfens meldet sich telefonisch und berichtet, man habe Caesares Leichnam gefunden (VI. Akt, 16.–17. Bild). Francis lässt den Toten nach X bringen und konfrontiert den Direktor damit. Im Film ist nicht klar, ob Cesare tot oder nur in seine totenähnliche Starre zurückgefallen ist, und er taucht dann ja auch in der Rahmenhandlung noch einmal auf.

– Die *Zwischentitel der Binnenhandlung* (die im Drehbuch wesentlich ausführlicher sind als im Film) sind im Drehbuch in der Ich-Perspektive des Erzählers Francis formuliert, im Film jedoch nicht, sodass wir Zuschauer den Eindruck haben, wir sehen einen objektiven Bericht und vergessen, dass der Film mit jener seltsamen Rahmenhandlung begonnen hat. Viele Erzähltitel aus dem Drehbuch wurden entfernt und stattdessen die Handlung direkt im Bild erzählt, die Vorwegnahme eines Stilmerkmals Mayers späterer Drehbücher, in denen er gerade vermochte, Filmbilder so zu erzählen, dass keine Zwischentitel nötig sind, wie in seinen »Kammerspielfilmen«, die fast vollständig auf Zwischentitel verzichten. Dies ist möglicherweise ein Hinweis darauf, dass es Mayer war, der an der Bearbeitung seines eigenen, noch unvollkommenen CALIGARI-Drehbuchs für die Decla mitgewirkt hat.

Einen genaueren Vergleich zwischen Drehbuch und Film hat Jürgen Kasten verfasst.[407] Für einen eigenen Vergleich eignet sich die veröffentlichte Textfassung des Drehbuchs in Verbindung mit dem Filmprotokoll im Anhang S. 367–394.

Formale Gestaltung des Drehbuchs

Auf den nächsten Seiten folgen noch einige Anmerkungen zur Form des Drehbuchs, die vor allem für Wissenschaftler wichtig sind, die sich ganz präzise mit dem Buch und seiner Bearbeitung befassen wollen. Leser, die sich für diese Details nicht so sehr interessieren, dürfen gerne weiterblättern bis S. 179 und dort bei »Stil des Drehbuchs« weiterlesen.

Das Drehbuch ist unterteilt in sechs Akte, die wiederum in einzelne durchnummerierte Einstellungen (»Bilder«) unterteilt sind. Handlungsorte sind meist als Überschrift zu Beginn jedes Bildes genannt, ferner enthält das Drehbuch Angaben zu Einstellungsgrößen, Blenden und Zwischentiteln. Technische Angaben wie »Nahaufnahme«, »Titel« usw. stehen auf der linken, Handlungsbeschreibungen auf der rechten Seite. Die Schreibweise filmtechnischer Angaben ist nicht einheitlich, so heißt es z.B. im I. Akt »1. Bild«, weiter aber nur »2.«, »3.«, »4.« usw., »Aufblenden« und »Abblenden« erscheint zum Teil in Klammern, ist mal groß, mal klein geschrieben usw.[408] Das Drehbuch enthält Korrekturen, aber nicht so viele Änderungen, wie wir sie von Drehbüchern, die aus der Hand von Regisseuren stammen, gewöhnt sind. Ein Vergleich mit Carl Mayers Drehbuch *Der grüne Kuss* bietet sich an: das Drehbuch, das Mayer unmittelbar in Anschluss an CALIGARI schrieb, und das später die Vorlage bildete für Murnaus Film DER BUCKLIGE UND DIE TÄNZERIN (1920). Es liegt in der Kinemathek in Berlin vor, die es 1994 zusammen mit einigen anderen Drehbüchern aus dem Nachlass Murnaus erhalten hat. Es ist das Arbeitsexemplar des Regisseurs und enthält viele nachträgliche Änderungen, Kommentare, Anweisungen, Tabellen, zusätzliche Angaben zu auftretenden Figuren, benötigten Requisiten, Tageszeit der Szene, Blenden und Zwischentiteln in verschiedenen Handschriften. Wenn eine Szene abgedreht war, hat Murnau wie üblich die Seite durchgestrichen.[409]

Im Vergleich dazu enthalten die Typoskript-Seiten des CALIGARI-Drehbuchs nur minimale nachträgliche Änderungen, meist Korrekturen von Schreibfehlern oder kleine stilistische Verbesserungen. Einige Änderungen sind mit Schreibmaschine vorgenommen worden, indem alter Text mit »xxx« gestrichen und neuer Text darüber eingefügt wurde oder einfach zu ergänzender Text über der betreffenden Stelle eingefügt wurde. Einige Beispiele:

Nachträgliche Korrekturen (ergänzter, neuer Text kursiv; evtl. gestrichener, alter Text dahinter kursiv in eckigen Klammern):

–   Das 9. Bild des II. Aktes ist die Einstellung, in der Caesare die Augen öffnet, ein Höhepunkt sowohl des Drehbuchs als auch des Films. Im Drehbuch steht: »Unter dem Blick Calligaris, der neben ihm stehend, sich in ihn bohrt, gerät nun ganz zart und entfernt irgend etwas wie *Erschauern [Bewegung]* in sein Gesicht!«
–   Im 9. Bild des IV. Aktes, Allans Beerdigung, heißt es: »Leichenträger mit schwerer Bahre und einiges stille Volk verlassen langsam*en Schrittes* den Friedhof durch die Pforte.«
–   Im 33. Bild des IV. Aktes, nach Janes Rettung und der Enthüllung, dass ihr Entführer Caesare war, heißt es: »Francis verabschiedet sich schnell, nimmt einen Diener mit sich und eilt *mit ihm* zum Ausgang.«

Sofortige Korrekturen von Schreibfehlern (gestrichener Text kursiv in eckigen Klammern):

–   Im 12. Bild des II. Aktes sehen Francis und Allan das Plakat, auf dem von dem ersten Mord berichtet und die Belohnung von 1000 Mk. ausgeschrieben wird. Die Aufschrift lautet: »*[Morgen Hols]* Mord in Holstenwall!«
–   Im 13. Bild des II. Aktes heißt es in einem Titel: »Wir *[beschlossen]* folgten der Einladung Janes und begleiteten sie nach ihrem Landhaus.«
–   Im 26. Bild des IV. Aktes, bei der Jagd auf Caesare, heißt es: »Die *[Fol]* Verfolger kommen näher«.
–   Im 18. Bild des V. Aktes, nach der Enthüllung, dass der Direktor der Irrenanstalt Calligaris ist, in einem Titel: »Die Aerzte *[sch]* erschauerten.«

Andere, wenige Streichungen und Einfügungen sind nachträglich per Hand vorgenommen worden:

– In der Personenliste zu Beginn des Drehbuchs ist »Calligaris« zu »Calligari«, »Somnambule« zu »Somnambuler« und »Alan« zu »Allan« geändert. Später im Skript heißt es meist »Calligaris«, gelegentlich »Calligari«. Allan taucht in den Versionen »Alan«, (meistens) »Allan« und »Alland« auf.
– Im 2. Bild des I. Aktes, der Rahmenhandlung auf der Terrasse, wird aus »herrlich« »herrlichen«, »Heitere Stimmen« »Heitere Stimmung«, »verständnis innig« »verständnisinnig«, und am Ende des Titels sind fehlende Anführungszeichen handschriftlich ergänzt.
– 14. Bild des I. Aktes, Calligari auf dem Festplatz: »Er mengt sich inmitten der Arbeiter, Zigeuner und lärmenden Kinder, blickt in alle Richtungen der Wiese und geht dann *auf [an]* eine noch unbebaut gebliebene, Stelle zu«.
– 16. Bild des I. Aktes, Calligari in der Amtsstube: »Als der alte Herr herantritt, weisen *[ihm]* der bereits etwas senile Amtsschreiber, sowie ein Amtsdiener einem zerlumpt aussehenden Landstreicher, die Türe/.«

Die gröbsten Änderungen im CALIGARI-Drehbuch sind natürlich die komplett handschriftlichen Passagen vom Ende des II. Aktes bis zum Ende des kurzen III. Aktes, von Allans Ermordung bis zur Verhaftung des mutmaßlichen Täters, der im Drehbuch den Namen Jakob Straat trägt und dort auch schon bei Caesares Erweckung (II. Akt, 7. Bild) und unmittelbar vor dem Mord an Allan aus einer Spelunke kommend (II. Akt, 17. Bild) aufgetreten war. Die handschriftlichen Passagen entsprechen weitestgehend der dann im Film realisierten Version: Nur die Szene, in der Jakob Straat auf der Straße in Holstenwall gefasst wird, ist im Film vorgezogen worden (möglicherweise erst beim Schnitt), und die Zwischentitel sind im Film gekürzt und verbessert worden (wahrscheinlich erst bei der Nachbearbeitung).

Handschrift 1 setzt ein mitten in der Szene am Ende des II. Aktes, als Allan zu Bett geht, unmittelbar vor seiner Ermordung, unten auf der Typoskript-Seite, und führt dann die Szene auf der nächsten Seite fort. Es folgt die »eindrucksvolle Szene« (Kasten)[410] von Allans Ermordung, die im Film als Schattenspiel mit extrem kurzen Einstellungen dargestellt worden ist, im Drehbuch als Aufeinanderfolge stimmungsvoller Bilder (II. Akt, 19. Bild):

[in Handschrift 1:]

19. Schwarze Bildfläche (aus der sich in den nächsten Augenblicken folgende Lichtzeichnungen entwickeln:
a) ein grüner Lichtstrich (Mond)
b) ein Stück Vorhang in der Transparenz des deutlicher werdenden Mondlichts
c) schattenhafte Jagd hinter dem Vorhang:

d) Licht und Schatten rasen durcheinander.
    Im Wirbel taucht ein in seiner Linie grell beleuchteter Arm mit einem Reflex
    blitzender Dolch auf, dem sich in Abwehr ein Körper entgegenbäumt.
    Kampf!!!
e) langsames abblenden in wieder schwarze Bildfläche.

Ende des II. Aktes

Handschrift 2 setzt ein, als Francis in Allans Zimmer begreift, dass sich die Weissagung des Somnambulen erfüllt hat, und geht bis einschließlich zu der Szene, in der
Olfen beschließt, den Somnambulen zu untersuchen. Dies ist genau die Stelle, in der
im Film die Ergreifung des vermeintlichen Täters (Jakob Straat) kommt, im Drehbuch
geht es hier aber weiter mit Handschrift 1 und der Szene, in der Francis und Olfen zum
ersten Mal versuchen, Calligaris' Wohnwagen zu durchsuchen. Am Ende des III. Aktes
folgt noch einmal Handschrift 2.

Während Handschrift 1 in sauberem, gleichmäßigem Duktus so aussieht, als habe
der Schreiber einen fertigen Text transkribiert, macht Handschrift 2 den Eindruck,
schneller geschrieben zu sein, als ob der Schreiber den Text noch während des Schreibens entworfen hat. So finden wir in Handschrift 2 auch erneute Änderungen, nachträglich oder während des Schreibens vorgenommen. Z.B. hieß der Zwischentitel des
11. Bildes im III. Akt, nachdem Francis Jane von der Ermordung Allans berichtet hat,
zunächst (später gestrichener Text kursiv):

Ich bat Jane, mich zu ihrem Vater zu führen, *der mir als* erfahrener Arzt *vielleicht*
über die mysteriöse Weissagung des hellsichtigen Somnambulen *Aufschluß geben
könnte …*

und wurde dann geändert zu (hinzugefügter Text kursiv):

Ich bat Jane, mich zu ihrem Vater zu führen, *da ich den* erfahrenen Arzt über die
mysteriöse Weissagung des hellsichtigen Somnambulen *befragen wollte.*

Stil des Drehbuchs

Eine Analyse der Formmerkmale der Drehbücher Carl Mayers hat Jürgen Kasten
vorgelegt.[411] Mayer hat seine späteren Drehbücher in einem eigenwilligen Stil geschrieben, der »expressionistisch« genannt worden ist.[412] Er reduziert die Sprache auf
das Wesentliche: benutzt knappe, unvollständige Sätze, oft nur einzelne Wörter, z.B.
Subjekt (»Wilton.«, »Gina.«)[413] oder Adverb (»Da.«, »Jetzt.«), zerschneidet Sätze
durch Interpunktion in einzelne Teile (»So geht er. Langsam. Die Strasse hinab.«).[414]
All das dient ihm dazu, die Aufmerksamkeit auf das Wesentliche zu lenken, einen eigenen Rhythmus zu erzeugen und die Filmbilder quasi beim Lesen schon im Kopf ent-

stehen zu lassen, ohne jedoch die Kreativität des Regisseurs, der Kameraleute und Schauspieler einzuengen. »Mayer denkt in Bildern.« (Kasten).[415]

In Kenntnis dieses Stils Mayers späterer Drehbücher aber ohne aktuellen Einblick in das CALIGARI-Drehbuch haben Zeitgenossen im Nachhinein auch dem CALIGARI-Drehbuch diese »expressionistische« Sprachform angedichtet: Walter Reimann nannte das CALIGARI-Drehbuch laut Lotte Eisner »dieses merkwürdige Szenario, das in einer expressionistischen Sprache geschrieben scheint«,[416] Hermann Warm sprach von dem »eigenartige[n], sonderbare[n] Stil, in dem dieses Buch von Carl Mayer geschrieben war«,[417] und schon 1926 tat Rudolf Kurtz in seinem Standardwerk *Expressionismus und Film* so, als kenne er das CALIGARI-Drehbuch und schrieb Mayer gemeinsam mit Janowitz zu, »[d]er eigentliche Schöpfer des expressionistischen Filmmanuskripts« zu sein,[418] analysierte CALIGARI dann aber anhand des Films und Mayers Schreibstil anhand des Drehbuchs zu Lupu Picks Kammerspielfilm SYLVESTER, das kurz zuvor veröffentlicht worden war.[419]

Der überwiegende Teil des CALIGARI-Drehbuchs ist jedoch sprachlich konventionell gestaltet. Die Entwicklung hin zu Mayers expressionistischem Schreibstil, die mit *Der grüne Kuss* einsetzt, ist in CALIGARI nur ansatzweise zu finden, z.B. wenn er in knappen Worten einen neuen Schauplatz einführt (18. Bild im I. Akt):

Heller Trubel. Einzelne Buden bereits geöffnet. Ausrufer davor. Schiesstätten, Volk. Kinder. Zigeuner. Ringelspiele. etc. […]

Einige Beschreibungen im CALIGARI-Drehbuch können als Anregungen für die expressionistische visuelle Gestaltung des Films interpretiert werden, so ist mehrfach die Rede von »schiefe[n] Häuser[n] « (II. Akt, 17. Bild; III. Akt, 15. Bild [eigentlich: 16.]) oder einer »winklig verbogene[n] Gasse« (I. Akt, 7. Bild), ähnlich wie auch in Mayers Drehbuch *Der grüne Kuss*, das er fertiggestellt hatte, bevor die CALIGARI-Dreharbeiten begannen (»Eine winklige Gasse. Verbogen stehen die Häuser.«, I. Akt, 6. Bild). Einen direkten Vorschlag, den CALIGARI-Stoff in stilisierten Kulissen umzusetzen, gibt es in dem erhaltenen Drehbuch-Exemplar jedoch nicht. Das CALIGARI-Drehbuch hat den visuellen Stil des CALIGARI-Films angeregt nicht durch eine expressionistische Sprachform, sondern durch seinen Inhalt, der 1919 in den Augen der mit der Ausführung der Kulissen betrauten Maler eine expressionistische Umsetzung nahelegte. So hieß es im zur Premiere des Films erschienenen *Illustrierten Film-Kurier*:

[D]ie expressionistisch-originelle Form der Malerei […] ist, wie die Herren [Maler] einstimmig und zu Recht betonten, keine sensationelle Absicht, sondern notwendig begründet in der Idee eines Manuskriptes.[420]

Und Walter Reimann, einer der Maler, schrieb später:

Selbstverständlich ist für ein besonders charakteristisches Motiv immer irgendeine bestimmte Auffassungsform am zweckmäßigsten; diese darf aber nicht von irgendwoher genommen und dem Motiv aufgepropft werden; sondern sie bildet sich aus dem Charakter und der Stimmung des ihr zugrunde liegenden Manuskripts.[421]

Letztlich findet sich sogar eine Anregung, die Geschichte als Wahnsinnsphantasie zu interpretieren, im Drehbuch. Im 16. Bild des V. Aktes, als Francis entdeckt, dass der Direktor der Irrenanstalt identisch mit Dr. Calligaris ist, heißt es:

Titel: Und da war esmir, als hätte ich selbst den Verstand
     verloren/ . [sic]

Identifizierung der Handschriften

Eine offene Frage ist: Wem gehören die Handschriften, in denen das Ende des II. Aktes und der III. Akt des Krauß-Exemplars verfasst sind? Es ist anzunehmen, dass es sich bei dem vorliegenden Drehbuch-Exemplar um eine zum Zweck der Vervielfältigung für die Mitwirkenden angefertigte Abschrift von Mayers und Janowitz' Original handelt, die im Büro der Decla entstanden ist. Aber während Handschrift 1 gut von einer Sekretärin stammen könnte, ist bei Handschrift 2, in der anscheinend sogar noch während des Schreibens Veränderungen vorgenommen worden sind, die Vermutung naheliegend, dass sie von jemandem stammt, der am kreativen Prozess des Filmemachens beteiligt war. Die Filmhistoriker Uli Jung und Walter Schatzberg vermuten, es könne sich um die Handschriften von Carl Mayer und Hans Janowitz handeln. Als Beleg führen sie den Drehbuch-Vertrag an, in dem die Autoren sich verpflichtet hatten, für Änderungen am Drehbuch zur Verfügung zu stehen.[422]

Ein Vergleich der Drehbuch-Handschriften mit denen von Personen, die als Schreiber in Frage kommen, erweist sich als schwierig: Zum einen liegen die Drehbuch-Handschriften nicht im Original vor, sondern nur als Kopie vom Durchschlagpapier. Zum anderen liegen von einigen der Kandidaten, die hier in die engere Auswahl kommen, nur wenig Handschriftenproben vor: Da wären die Autoren Carl Mayer und Hans Janowitz, die laut Vertrag für Änderungen am Drehbuch zur Verfügung zu stehen hatten; der Regisseur Robert Wiene, dem es oblag, das Drehbuch nach seinen Wünschen für die Verfilmung umzugestalten; und der Dramaturg Julius Sternheim, dessen Beruf es war, Drehbücher für Regisseure »kurbelfertig« zu machen.

- *Carl Mayer:* Die Filmhistorikerin Brigitte Mayr hat im Archiv der Akademie der Künste Berlin und dem Deutschen Literaturarchiv Marbach Handschriften Mayers aus den 1920er Jahren gefunden: Briefe an Herbert Ihering vom 1.12.1922 und 28.1.1923, ein Telegramm an Hermann Sudermann vom 30.9.1927 sowie Briefe an Paul Czinner vom 6.12.1933 und 22.12.1933.[423] Weitere handschriftliche Briefe Carl Mayers gibt es nur aus seiner Londoner Zeit (1930er und 1940er Jahre): Zwei Briefe an die Ufa mit Eingangsstem-

4. **Francis Zimmer:**

Francis beendet eben, die
Schleife bindend seine Garde
robe. Plötzlich horcht er auf
Es hat geläutet. Er geht in
den Korridor.

<u>Titel:</u> Herr Francis – –! Herr
Francis.!! – – der junge
Herr Alland ist – tot!

Titel:

Ich bat Jane, mich
zu ihrem Vater zuführen,
~~der mir als erfahrener
Arzt vielleicht~~ über die
mysteriöse Weissagung des
hellsichtigen Somnambulen
~~Aufschluß geben könnte~~ ...
befragen wollte.

Die beiden Handschriften aus dem Drehbuch

peln vom 10.4.1935 und 6.5.1935 befinden sich im Bundesarchiv Berlin, im Briefwechsel der Ufa um CALIGARI-Rechte (demselben Bestand, in dem der CALIGARI-Drehbuchvertrag aufgetaucht ist),[424] zwei Briefe an seinen Bruder Otto Mayer, abgestempelt 2.12.1939 und 1.10.1942, befinden sich im Archiv des Filmmuseums Potsdam.

– *Hans Janowitz:* Im Gegensatz zu Carl Mayer liegen von Hans Janowitz im Nachlassarchiv der Deutschen Kinemathek außerordentlich viele Handschriften vor, allerdings auch nur aus den 1940er und 1950er Jahren. Weitere Handschriften von Janowitz befinden sich im Karl-Kraus-Archiv der Wiener Stadt- und Landesbibliothek,[425] sowie im Brenner-Archiv Innsbruck, den Alma Mahler-Werfel papers der University of Pennsylvania,[426] der Bayerischen Staatsbibliothek München und im Deutschen Literaturarchiv Marbach.[427]

– *Robert Wiene:* Die Zentralkartei der Autographen weist zwei Handschriften Robert Wienes nach, davon eine aus dem Jahr, in dem CALIGARI entstanden ist: einen Brief Wienes an den Schauspieler und Theaterleiter Carl Meinhard (1875–1949) vom 10.5.1919.[428] Ein in Zusammenhang mit einer geplanten CALIGARI-Neuverfilmung geschriebener handschriftlicher Brief Wienes an den Ingenieur, Trickspezialisten und Experimentalfilmer Oskar Fischinger vom 7.1.1936 wurde als Faksimile in den *Filmkundlichen Mitteilungen* des Deutschen Instituts für Filmkunde abgedruckt.[429]

– *Julius Sternheim:* Von Julius Sternheim liegen keine aussagekräftigen Handschriften vor, weder im Bundesarchiv[430] noch in den Nachlass- und Schriftgutarchiven der Kinemathek Berlin.[431] Auch in der Zentralkartei der Autographen wird keine Schriftprobe nachgewiesen.[432] Im Deutschen Literaturarchiv Marbach, in dem sich die Nachlässe von Carl und Thea Sternheim befinden, gibt es weder dort noch in anderen Beständen Briefe, Manuskripte oder sonstige handschriftliche Dokumente von Julius Sternheim. Lediglich in einem Gästebuch Carl Sternheims taucht der handschriftliche Eintrag auf: »Julius Sternheim und Frau« vom 13.10.1909[433] (wenige Tage nach ihrer Heirat), es ist allerdings nicht gesichert, ob diese Handschrift von Julius Sternheim stammt.

Ein Handschriftenvergleich durch einen qualifizierten Experten wurde wegen der schlechten Materiallage noch niemals unternommen, dies ist vielleicht die letzte offene Forschungsfrage zum CABINET DES DR. CALIGARI. Von all diesen bekannten Handschriften zeigen auf den ersten Blick lediglich Mayers eine große Ähnlichkeit zu Handschrift 2 im CALIGARI-Drehbuch. Mayer, der auch den größten Anteil an der Ausarbeitung hatte, dem eigentlichen Schreiben des Drehbuchs, er könnte es gewesen sein, der, nachdem die Autoren ihr Buch an die Decla verkauft hatten, tatsächlich vertragsgemäß für nachträgliche Änderungen zur Verfügung stand. Vielleicht war es seine Einbindung in die Nachbearbeitung des Drehbuchs im Produktionsprozess des CALIGARI-Films, die ihn schulte für all die anderen »filmgerechten« und »expressionistischen« Drehbücher, die er in den 1920er Jahren noch schreiben sollte.

Einzelbild aus animiertem Vorspanntitel

Produktion: Eine aufstrebende Film-Gesellschaft

Die deutsche Filmindustrie nach dem Weltkrieg

Die Isolation des Deutschen Reiches nach dem Ersten Weltkrieg führte zu einem Boom der deutschen Filmindustrie, die zur drittgrößten Industrie des Landes wurde, mit einem geschätzten jährlichen Umsatz von über einer Milliarde Reichsmark.[434] Ein Einfuhrverbot ausländischer Filme, die vor dem Krieg einen großen Teil des Marktes ausgemacht hatten, bewirkte, dass deutsche Filme den heimatlichen Markt nun ganz allein erobern konnten. Die Zahl der produzierten Spielfilme stieg von 340 im Jahr 1918 auf 470 im Jahr 1919 und dann den Höchststand der Stummfilmzeit, 510 im Jahr 1920; die Zahl der Kinos nahm von 2299 im Jahr 1918 über 2836 im Jahr 1919 auf 3422 im Jahr 1920 zu, mit weiter steigender Tendenz.[435]

Aber die deutsche Filmindustrie hielt ihren Blick auf den Entwicklungen im Ausland, mit denen sie früher oder später würde konkurrieren müssen: Zum einen war da die Furcht vor der Wiedereinführung ausländischer Filme in den deutschen Markt, zum anderen die Absicht, deutsche Filme wieder in ausländische Märkte auszuführen und, wie es damals hieß, »den Weltmarkt zu erobern.« Es galt, dem internationalen, das heißt vor allem amerikanischen Produktionsstandard zu entsprechen, wofür z.B. die Adaption des Systems der visuellen Kontinuität eine Voraussetzung war. Aufmerksam beobachtete man internationale Entwicklungen. So wies die Film-Fachzeitschrift *Lichtbild-Bühne* in ihren Ausblicken auf die neue Saison zu Beginn des Jahres 1919 darauf hin, in Amerika gehe der Trend weg vom Star-Film hin zum Ensemble-Film mit Primat des Regisseurs. Außerdem war man auf der Suche nach dem Besonderen, das deutsche Filme im internationalen Markt auszeichnen würde. So empfahl die *Lichtbild-Bühne* der deutschen Filmindustrie, auf die Produktion von Lustspielen zu setzen.[436]

Zwei Bedingungen waren es, die die deutsche Filmproduktion des Jahres 1919 prägten:

1. Die Filmindustrie wollte auf dem Weltmarkt konkurrieren.
2. Dazu trieb sie die Bildung großer Konzerne voran.

Der Geschäftsmann Erich Pommer (1889–1966) sah die Lage in einer Standortbestimmung aus dem Jahr 1920 so:

> Ohne die Massierung deutschen Kapitals würde das Ausland die deutsche gesamte Filmindustrie nach Willen regieren, wäre in der Lage, uns mit seinen Erzeugnissen zu überfluten und uns eine Konkurrenz unmöglich zu machen. Nur durch ihre weitausschauende Politik sind die deutschen Großfirmen heute in der Lage, in all diesen Fragen regulierend zu wirken und einen nicht zu unterschätzenden Druck auf das Ausland auszuüben, das, gegen die Vorkriegszeit einer völlig veränderten Situation gegenüberstehend, nun gezwungen ist, Rücksichten auf Deutschland zu nehmen, an die es ohne Bestehen der Konzerne niemals gedacht haben würde. Bestünde die deutsche Filmindustrie heute noch aus lauter kleineren Einzelfirmen, so würde England, Amerika, Frankreich und Italien vermöge ihres Trusts mit einer großzügigen Handbewegung diese molekularen Einsprengungen im deutschen Wirtschaftsleben einfach fortwischen, bestenfalls die wertvolleren aufkaufen, in jedem Falle aber sie unter ihre Kontrolle zwingen.[437]

Pommers Decla

Dieser Erich Pommer stand im Jahr 1919, als das Caligari-Drehbuch fertiggestellt wurde, vor einem beispiellosen Aufstieg und wurde in den 1920er Jahren der bedeutendste Filmproduzent der Weimarer Republik. Mit Caligari beginnt »der Mythos des kreativen Produzenten Pommer«, schreibt der Filmhistoriker und Pommer-Biograf Wolfgang Jacobsen.[438] Pommers Leistung war aber nicht die kreative Einflussnahme auf den Film, sondern die Schaffung der wirtschaftlichen Voraussetzungen zu seiner Entstehung und Vermarktung. Seine Erfolgsgeschichte im Filmgeschäft hatte Pommer 1907 bei der deutschen Abteilung der französischen Produktionsfirma Gaumont in Berlin begonnen, er wurde innerhalb kürzester Zeit Direktor der Gaumont-Filiale in Wien und wechselte dann zur Eclair, ebenfalls einer französischen Produktionsfirma, die zum Vertrieb ihrer Filme auf dem deutschen Markt Filialen in Berlin und Wien errichtet hatte (éclair, frz. = Lichtblitz). Pommer wurde Direktor der Eclair-Filiale in Wien, wo er auch begann, eigene Filme zu produzieren. Schließlich ging er als Generalvertreter der Eclair für Zentraleuropa, Dänemark, Schweden, Norwegen und Polen nach Berlin. Schon vor der Kriegserklärung des Deutschen Reiches an Frankreich im August 1914 nannte sich die Firma in Deutschland »Deutsche Eclair«, aus der 1915 die Decla-Film-Gesellschaft Holz & Co. hervorging, gegründet mit dem Kapital des Kinobesitzers und Filmverleihers Fritz Holz. Holz schied bereits im selben Jahr aus der Geschäftsleitung aus, und Pommer wurde die treibende Kraft der neuen Firma, neben seinem Bruder Albert Pommer (1886–1946) und dem Kaufmann Erich Morawsky

(1890–1958). Die Decla produzierte Filme der Regisseure Carl Wilhelm (1872–1935), Alwin Neuß (1879–1935) und Otto Rippert (1869–1940), mit Stars wie Hella Moja (1896–1937) und Ressel Orla (1889–1931), und in Lustspiel-Serien Harry Lamberts-Paulsen (1895–1928) und Hanne Brinkmann (1895–1984). Höhepunkt der Saison 1918/1919 war Otto Ripperts zweiteiliger Film DER WEG, DER ZUR VERDAMMNIS FÜHRT nach dem Drehbuch von Julius Sternheim, ein Produkt der Sexualfilm-Welle, dessen erster Teil DAS SCHICKSAL DER AENNE WOLTER im September 1918, und der zweite HYÄNEN DER LUST im März 1919 uraufgeführt wurde.[439]

Decla-Werbung

Am Jahreswechsel 1918/1919 stand die Decla am Beginn einer stetigen Expansion: Sie erweiterte ihr Personal und ihre Geschäftsräume, dehnte ihren Film-Verleih auf ganz Deutschland und Österreich-Ungarn aus und stellte ihr ambitioniertes Filmproduktions-Programm für die nächste Saison vor. Ihre Geschäftsräume umfassten nun alle vier Stockwerke des Sandsteinhauses in der Friedrichstraße 22, auf dem nun die Aufschrift stand: »Decla-Haus«. Im 1. und 2. Stock waren Direktion, Vertrieb und Kasse untergebracht, im 3. Stock Fabrikation und Dramaturgie, im 4. die Verleih-Abteilung. Zur Direktion gehörten Erich Pommer und Julius Sternheim, die Dramaturgie leitete Wolfgang Geiger, den Verleih Hermann Saklikower, die Presse-Abteilung Julius Urgiß (1873–1948). Hinzu kam die bevorstehende Eröffnung von Filialen in Frankfurt, Hamburg, München, Düsseldorf, Budapest, Wien und Prag. Neben dem eigenen Filmprogramm verlieh die Decla die Filme der Hella-Moja-Film-Gesellschaft und der Helios-Film-Gesellschaft.[440]

Das Produktions-Programm für die Saison 1919/1920, das die Decla Anfang 1919 ankündigte und das schließlich ab September 1919 in die Kinos kommen sollte, umfasste drei Serien mit insgesamt 14 Filmen: Die *Weltklasse-Serie* (4 Filme) sollte aufwändige Filme von internationalem Format bringen, die *Frauenklasse* (6 Filme) Dramen und Liebesfilme, und die *Abenteurerklasse* (4 Filme) ein Genre, »das in Deutschland bisher noch völlig unbekannt, durch seine Eigenart und seine Erschöpfung kinematographischer Möglichkeiten berechtigtes Aufsehen erregen wird«.[441] Wie sich herausstellen sollte, war damit die vierteilige Abenteuerserie DIE SPINNEN gemeint, eine Mischung aus Kriminalgeschichte und Western, angelehnt an die in Amerika und Frankreich erfolgreichen Serials.[442] Die Regisseure, die diese Serien inszenieren, und die Schauspieler, die in ihnen agieren sollten, wurden jeweils mit einem eigenen Profil vorgestellt.

Decla-Werbung zur Saison 1919/20

DECLA
DIE NEUE
ORGANISATION

VERTRIEB
II· STOCK

FABRIKATION
III· STOCK

VERLEIH
IV· STOCK

Unser ausführliches Programm, das eine
Anzahl großer Überraschungen birgt,
veröffentlichen wir demnächst

PICHE PATHE

DECLA HAUS
BERLIN · SW·48· FRIEDRICHSTR 22

Regisseure: Otto Rippert, der Altmeister, sollte die Filme der Weltklasse-Serie inszenieren, Josef Coenen, der Routinier, die der Frauenklasse, und als Regisseur der Abenteurerklasse vorgesehen war der Neuling Fritz Lang (1890–1976), der nach einer Verwundung im Krieg begonnen hatte, Drehbücher für Joe May zu schreiben, dann in Wien von Erich Pommer entdeckt und als Dramaturg für die Decla engagiert worden war und im Jahr 1919 seine ersten Filme inszenieren sollte.[443]

Schauspieler: Theodor Becker (1880–1952), Theaterschauspieler und Charakterdarsteller, sollte der Hauptdarsteller der Weltklasse-Serie sein, Carola Toelle (1893–1958), jugendliche, blonde Schönheit und erfahrene Filmschauspielerin, Hauptdarstellerin der Frauenklasse, und Carl de Vogt (1885–1970), jugendlicher Held, Hauptdarsteller der Abenteurerklasse, mit möglichen Ausflügen in die Frauen- und Weltklasse. Dazu kamen als Darsteller für alle drei Klassen die elegante, rassige und sportliche Ressel Orla (1889–1931), der subtile Künstler Werner Krauß (1884–1959), die liebliche und wandlungsfähige Lil Dagover (1887–1980) und das Allroundtalent Paul Morgan (1886–1938). Später nahm die Decla noch Erika Unruh vom Deutschen Theater fest unter Vertrag.[444] Auch Gilda Langer war von der Decla engagiert worden,[445] aber zunächst an die Helios-Film-Gesellschaft ausgeliehen, wo Fritz Lang Anfang 1919 mit Carl de Vogt, Ressel Orla und Paul Morgan aus dem Decla-Ensemble seine ersten Regieerfahrungen machte (Halbblut, Der Herr der Liebe). Auch andere Mitglieder des Decla-Ensembles traten in Helios-Filmen auf, z.B. Lil Dagover und Werner Krauß in Phantome des Lebens (Arbeitstitel *Die gestohlene Lebensfreude*), und auch zum Helios-Film Totentanz schrieb Fritz Lang das Buch, Otto Rippert führte Regie und Werner Krauß trat als Darsteller auf.

Die Titel der einzelnen Filmprojekte nannte die Decla zu Beginn 1919, als sie ihr Programm vorstellte, noch nicht. Es ist anzunehmen, dass lediglich die ersten Teile der drei Serien schon konkret geplant waren: Der erste Frauenklasse-Film Die Insel der Glücklichen unter der Regie von Josef Coenen, nach einem Drehbuch von Wolfgang Geiger, mit Paul Otto, Carola Toelle und Werner Krauß, ein Liebesfilm über einen Fürsten und die Tochter eines Sozialistenführers (erste Ankündigung 22.2.1919);[446] der erste Weltklasse-Film Pest in Florenz, unter der Regie von Otto Rippert, nach einem Drehbuch von Fritz Lang, mit Theodor Becker, Marga von Kierska und Otto Mannstaedt, über eine Kurtisane, die Lust und Laster in das fromme Florenz der Renaissance bringt, bis schließlich alle von der Pest dahingerafft werden (erste Ankündigung 8.3.1919);[447] und der erste Abenteurer-Film Der goldene See, Buch und Regie Fritz Lang, mit Carl de Vogt, Ressel Orla und Lil Dagover, dem ersten Teil der groß angelegten Serie Die Spinnen (erste Ankündigung 29.3.1919).[448] Das Caligari-Drehbuch kaufte die Decla erst im April 1919 an und produzierte Caligari schließlich als dritten Film der Weltklasse-Serie. Die folgende Liste zeigt, welche Filme schließlich realisiert wurden:[449]

Decla-Weltklasse, 4 Filme
1. Pest in Florenz (Otto Rippert)
2. Harakiri (Arbeitstitel *Madame Butterfly*, *Butterfly*, Fritz Lang)

3. Das Cabinet des Dr. Caligari (Robert Wiene)
4. Das Blut der Ahnen (Arbeitstitel *Ein sterbendes Geschlecht*, Karl Gerhardt)[450]

Decla-Frauenklasse, 6 Filme
1. Die Insel der Glücklichen (Josef Coenen)
2. Das ewige Rätsel (Josef Coenen)
3. Die Ehe der Frau Mary (Josef Coenen)
4. Der falsche Schein (Emil Justitz)
5. Opfer (Ernst Fiedler-Spies)
6. Frauenruhm (Arbeitstitel *Zwischen Ruhm und Frauenglück*, *Um Ruhm und Frauenglück*, Ernst Fiedler-Spies)

Decla-Abenteurerklasse, 4 Filme »Die Spinnen«
1. Der goldene See (Fritz Lang)
2. Das Brillantenschiff (Fritz Lang)
3. (Arbeitstitel *Um Asiens Kaiserkrone*, nicht realisiert)
4. (Arbeitstitel *Im Spinnennetz*, nicht realisiert)[451]

Die Liste zeigt auch, dass die Regie nicht wie geplant vergeben wurde: Otto Rippert, als Regisseur der Weltklasse-Serie angekündigt, realisierte am Ende nur deren ersten Film, Pest in Florenz, das ehrgeizigste und teuerste Projekt der gesamten Produktion, mit dem die Decla den Weltmarkt erobern wollte.[452] Die Dreharbeiten zogen sich wohl länger hin als erwartet, sodass Rippert nicht für den schon im März 1919 zusammen mit Pest in Florenz angekündigten zweiten Weltklasse-Film *Lucifer* (Drehbuch Paul Otto) zur Verfügung stand.[453] Das *Lucifer*-Projekt wurde abgebrochen, und als zweiter Weltklasse-Film ein Stoff aus der Schublade geholt, den die Decla schon in der Saison 1918/1919 mit Rippert als Regisseur produzieren wollte: *Madame Butterfly*.[454] Wie sich die Verzögerung von Pest in Florenz auf die Filme der Frauenklasse und die Vergabe von Regie-Aufträgen bei Filmen der Decla-Produktion auswirkte, werden wir in einem der nächsten Abschnitte sehen (*Exkurs: Analyse der Meldungen in Film-Fachzeitschriften*, S. 198–210). Zunächst aber fügte die Decla den Möglichkeiten für die kommende Saison ein weiteres Element hinzu: Pommer kaufte von Mayer und Janowitz das Caligari-Drehbuch.

Erwerb des Caligari-Drehbuchs

Der spätere Filmjournalist, Drehbuchautor, Kulturwissenschaftler und Schriftsteller Herbert Lewandowski (1896–1996) arbeitete Anfang 1919 im dritten Stock des Decla-Hauses zusammen mit Wolfgang Geiger in der Dramaturgie. Später schreibt er, ihre Arbeit habe darin bestanden, »die eingehenden Manuskripte durchzusehen und mit höflichen negativen Antworten zurückzuschicken«. Vom Eingang des Caligari-Drehbuchs haben sie laut Lewandowski nichts mitbekommen:

Während ich in der dritten Etage meist über eingesandten Filmmanuskripten brütete, gingen in der ersten Etage große Dinge vor sich. Direktor Pommer war nach Weimar gereist und mit einer jungen Schauspielerin namens Martha Daghofer zurückgekommen. Man beriet, wie sie als Filmstar heißen sollte, und Fritz Lang schlug den Namen Lil Dagover vor. Unter diesem Namen wurde sie dann auch in dem Film »Das Kabinett des Dr. Caligari« neben Werner Krauß und Conrad Veidt herausgestellt. Dieser von Dr. Robert Wiene inszenierte erste expressionistische Film wurde unter größter Diskretion in der Direktions-Etage, wo neben Erich Pommer noch Julius Sternheim, ein Bruder des Dichters Carl Sternheim, tätig war, zusammengebraut – und von all dem drang kein Sterbenswörtchen in die dritte Etage. Die Überraschung bei der Uraufführung war gewaltig; der Film erregte größtes Aufsehen im In- und Ausland, die ganze Welt sprach von »Caligari«.[455]

Mitte April 1919 brachten Carl Mayer und Hans Janowitz ihr fertiges Drehbuch direkt zum Direktor der Decla-Film-Gesellschaft Erich Pommer. Es gibt zwei Varianten dazu, wie dies geschah:

1. Erich Pommer erzählt, eines Tages kamen zwei junge Burschen während der Mittagspause in sein Büro und fragten nach Herrn Pommer. Da er nicht gestört werden wollte, ließ er die beiden in dem Glauben, er sei ein Sekretär und versuchte sie abzuwimmeln. Aber sie blieben hartnäckig, und schließlich ergab er sich in sein Schicksal und hörte sie an. Als sie erfuhren, dass er Pommer war, bestanden sie darauf, ihm ihr Manuskript vorzustellen, das etwas ganz Neues darstellen sollte. Sie lasen ihm daraus vor, und sie blieben drei Stunden. Am Ende kaufte Pommer das Drehbuch und gab ihnen einen Scheck über 800 Mark.[456]

2. Hans Janowitz erzählt, er habe Erich Pommer schon vorher gekannt. Fritz Lang habe sie einander bekannt gemacht und Janowitz für einen Posten in der Dramaturgie vorgeschlagen. Pommer habe vorgeschlagen, Janowitz solle erst einmal ein Film-Drehbuch schreiben, und als sie mit dem CALIGARI-Drehbuch fertig waren, rief Janowitz Pommer an und erzählte ihm, sie hätten das beste Drehbuch geschrieben, das es jemals für einen Film gegeben hatte. Pommer machte gegenüber Julius Sternheim, der auch gerade in seinem Büro war, einige empörte Bemerkungen über diese Dreistigkeit, lud die beiden Autoren aber für vier Uhr nachmittags am selben Tag in sein Büro ein. Als sie kamen, waren Pommer und Sternheim da, und Carl Mayer trug das Drehbuch vor. Danach stiegen sie sofort in die Honorarverhandlungen ein, und die Autoren verließen das Büro um acht mit einem Vertrag über 6500 Mark, die Hälfte davon in bar, die Hälfte als Scheck, mit einer Option auf weitere 1000 Mark, falls der Film ins Ausland verkauft würde. Darauf leisteten Mayer und Janowitz sich ein Luxusmahl im Hotel Hessler, und am nächsten Tag holten sie ihre Zigarettenetuis vom Pfandleiher.[457]

Erich Pommer

Der Vertrag, den die Decla mit den Autoren schloss, ist erhalten. Der italienische Film-historiker Leonardo Quaresima fand ihn Anfang der 1990er Jahre wieder, als er im Bundesarchiv alte Ufa-Akten studierte.[458] Der Vertrag trägt das Datum 19.4.1919, wurde unterschrieben von Mayer und Janowitz und lautet über eine Summe von 4000 Mark, die den Autoren noch am selben Tag in bar ausgezahlt werde. Dafür er-hielt die Decla die Verwertungsrechte an dem Manuskript. Ausdrücklich behält sie sich vor, Änderungen am Manuskript vorzunehmen und den Zeitpunkt zu bestimmen, an dem sie den Film auf den Markt bringt. Die Autoren verpflichten sich, an Änderungen des Skriptes und nach den Dreharbeiten an der Festsetzung der Titel mitzuwirken und eine kurze Beschreibung für eine Werbebroschüre zu verfassen. Dem Vertragstext ist nachträglich hinzugefügt:

> Die Autorennamen werden [*in Handschrift hinzugefügt*: im Film selbst wie überhaupt nach Möglichkeit] in allen Decla-Reklamen dieses Films ausdrücklich genannt. –

– eine Errungenschaft aus der Debatte um die Rechte der Drehbuchautoren, die z.B. der Verband deutscher Filmautoren in seiner Satzung Anfang 1919 ausdrücklich ge-fordert hatte.[459] Die 4000 Mark in bar, die die Autoren erhielten, waren für die da-malige Zeit ein Spitzenhonorar. Mitte 1919 nennt Richard Kühle in den »Mitteilungen des Verbandes deutscher Filmautoren« 300–600 Mark als Summe, die üblicherweise für ein Filmdrehbuch bezahlt wird, 1200 Mark nach Tarif des Verbandes deutscher Filmautoren, 1500 Mark erstrebenswert aber utopisch.[460]

Carl Mayer und Hans Janowitz hatten ihre finanziellen Probleme kurzfristig und langfristig gelöst. Das CALIGARI-Drehbuch hatte seinen Zweck erfüllt und ihnen den Einstieg ins Filmgeschäft ermöglicht. Sie gönnten sich ein Festmahl, lösten ihre versetz-ten Zigarettenetuis ein, und sie bekamen weitere Auftragsarbeiten aus der Filmbranche: Mayer schrieb unmittelbar darauf drei weitere Drehbücher für die Decla:[461]

- *Der grüne Kuss* (Arbeitstitel für DER BUCKLIGE UND DIE TÄNZERIN, 1920, F. W. Murnau),[462]
- *Das lachende Grauen*, in dem Gilda Langer die Hauptrolle spielen sollte (nicht realisiert)[463] und
- *Die große Lüge* (Arbeitstitel für JOHANNES GOTH, 1920, Karl Gerhardt).[464]

Janowitz (als Hans Yanow) zwei für die Centaur-Film-Gesellschaft:

- EWIGER STROM (1920, Johannes Guter)[465] und
- *Der Teufel ist so alt wie die Welt* (nicht realisiert).[466]

Und die Decla-Film-Gesellschaft hatte ein weiteres Film-Drehbuch zur Verfügung, um ihr ehrgeiziges Programm für die Saison 1919/1920 in die Tat umzusetzen. Die Vor-bereitungen für den ersten Weltklasse-Film PEST IN FLORENZ und den ersten Aben-teurer-Film der SPINNEN-Serie, DER GOLDENE SEE, waren in vollem Gange, der erste

erster Film der Folge

Der goldene See

Werbung zum ersten Film der Abenteurer-Klasse, Grafik von Safis

Frauenklasse-Film DIE INSEL DER GLÜCKLICHEN abgedreht und der Beginn der Dreharbeiten des zweiten, DAS EWIGE RÄTSEL, just an dem Tag in der Fachpresse gemeldet worden, an dem der CALIGARI-Drehbuchvertrag unterzeichnet wurde.[467] DAS CABINET DES DR. CALIGARI sollte schließlich der dritte Film der Decla-Weltklasse-Serie werden.

Inzwischen trieb Erich Pommer die Expansion der Decla voran. Noch in der ersten Jahreshälfte 1919 trat der Geschäftsmann, Filmproduzent, Verleiher und Kinobesitzer David Oliver als Teilhaber in die Decla-Direktion ein und erweiterte dadurch das Kapital der Firma, von der Fachpresse auf insgesamt 15 Mio. Mark beziffert. Die Decla wurde von der oHG zur KG umgewandelt.[468] Dann übernahm sie die Produktionsgesellschaft des österreichischen Filmregisseurs Rudolf Meinert (1882–1943), der ebenfalls Decla-Direktor wurde und die Leitung der Decla-Produktionsabteilung übernahm.[469] Während die Uraufführung der inzwischen fertig gestellten ehrgeizigsten Projekte der laufenden Saison bevorstand: des ersten Films von Fritz Langs Abenteurer-Serie DIE SPINNEN: DER GOLDENE SEE, und des ersten Films der Weltklasse-Serie: Otto Ripperts PEST IN FLORENZ, und während Rudolf Meinert die Produktion der restlichen geplanten Filme voran trieb, darunter auch DAS CABINET DES DR. CALIGARI, war Erich Pommer damit beschäftigt, für den Beginn des Jahres 1920 einen noch größeren Coup vorzubereiten: die Fusion der Decla mit der Deutschen Bioscop zur Decla-Bioscop.[470]

Wann fanden die CALIGARI-Dreharbeiten statt?

So lautet eine zentrale Forschungsfrage. Drei wichtige Zeitzeugen haben Angaben gemacht, die die Dreharbeiten zum CABINET DES DR. CALIGARI in einen Zeitraum zwischen August und Oktober 1919 datieren:

- *Hermann Warm* hat behauptet, die Dreharbeiten fanden im »Spätsommer« 1919 statt, unter der Produktionsleitung von Rudolf Meinert, der Mitte 1919 bis Mitte 1920 Produktionsleiter der Decla gewesen sei.[471]
- *Erich Pommer* hat angegeben, nach dem Ankauf des Drehbuchs sei eine Pause von vier oder fünf Monaten entstanden, bevor die eigentlichen Filmaufnahmen geplant worden seien.[472] Zusammen mit der Information, dass die Decla das Drehbuch Ende April 1919 erworben hat, ergibt das rechnerisch einen Produktionsanlauf Ende August bis Ende September 1919.
- *Fritz Lang* hat gesagt, zunächst sei er für die CALIGARI-Regie vorgesehen gewesen, habe aber verzichten müssen, weil er nach dem Erfolg seines ersten Teils der SPINNEN, DER GOLDENE SEE, sofort mit den Dreharbeiten zum zweiten Teil DAS BRILLANTENSCHIFF habe beginnen müssen.[473] Demnach hätte die CALIGARI-Produktion nach der Premiere von DER GOLDENE SEE stattgefunden, also nach dem 3.10.1919.

Entgegen diesen Angaben ist die neuere Forschungsliteratur zu der Auffassung gelangt, dass CALIGARI später gedreht wurde, und datiert die Dreharbeiten zwischen November 1919 und Januar 1920. Sie führt dafür drei verschiedene Evidenzen aus zeitgenössischen Quellen an:

1. *Produktionsmeldungen in zeitgenössischen Film-Fachzeitschriften.* Diese berichteten ab Januar 1920 von den Dreharbeiten zum CABINET DES DR. CALIGARI, wurden jedoch von Filmhistorikern unterschiedlich interpretiert: So deutet Jürgen Kasten eine Meldung über den Ankauf des CALIGARI-Drehbuchs von Mitte Oktober 1919 als Termin für den wahrscheinlichen Produktionsanlauf, und Meldungen über das Ende der Drehvorbereitungen Anfang Januar 1920 als leicht verspätete Mitteilungen: Die Dreharbeiten seien zu diesem Termin wahrscheinlich schon abgeschlossen gewesen.[474] Barry Salt dagegen verwendet dieselben Quellen, deutet aber die Produktionsmeldungen vom Januar 1920 als aktuelle Mitteilungen und schließt daraus, dass der Beginn der CALIGARI-Dreharbeiten nicht vor Ende Dezember 1919 gewesen sein könne.[475]

2. *Rudolf Meinert war CALIGARI-Produktionsleiter.* Diese Angabe Hermann Warms, in den 1970er Jahren noch ungläubig zur Kenntnis genommen,[476] ist in der Forschungsliteratur inzwischen unumstritten, es gibt dafür auch zeitgenössische Belege.[477] Die Forschungsliteratur datiert die Übernahme der Meinert-Film-Gesellschaft durch die Decla und Meinerts Übernahme des Postens des Produktionsleiters bei der Decla auf Ende November/Anfang Dezember 1919, basierend auf Meldungen in zeitgenössischen Film-Fachzeitschriften.[478]

3. *Der Produktionsbericht, der im* Illustrierten Film-Kurier *zum Filmstart erschien.*[479] Dieser unter dem Namen Claus Groth veröffentlichte Text schildert, wie der Verfasser, durch die Werbekampagne zum Filmstart neugierig geworden, die Decla-Ateliers in Berlin-Weißensee aufsucht und den Dreharbeiten zum CABINET DES DR. CALIGARI zusieht. Demnach wäre der Film noch gedreht worden, als die Werbekampagne schon lief, die erst ab dem 10.1.1920 durch Anzeigen in den Fachzeitschriften nachweisbar ist, zuerst nur mit Nennung des Filmtitels, und ab dem 24.1. auch mit dem berühmten Slogan: »Du musst Caligari werden«.[480]

Allerdings basieren die Datierungen aufgrund dieser drei Evidenzen allesamt auf der Berichterstattung der zeitgenössischen Film-Fachpresse, von der unklar ist, wie verlässlich sie ist und ob man den darin angegebenen Datierungen trauen kann. Im August und September 1919 gab es eine Debatte über die Beeinflussung der Fachzeitschriften durch die Filmindustrie, ausgelöst durch einen Artikel des Filmregisseurs E.A. Dupont in der neuen Film-Tageszeitung *Film-Kurier,* in dem Dupont dem Filmjournalismus vorwarf, nicht zwischen redaktionellem Teil und Reklame zu unterscheiden und von den Produktionsfirmen gekauft zu sein.[481] Auch der *Film-Kurier* war nicht gegen Einflussnahme der Industrie gefeit. Seine Ableger-Publikation *Illustrierter Film-Kurier* war ein reines Reklame-Produkt, das Produktionsfirmen dazu diente, für ihre neu anlaufenden Werke zu werben. So ist der im zum Filmstart von CALIGARI erschienenen *Illustrierten Film-Kurier* abgedruckte Produktionsbericht von »Claus Groth« wahrscheinlich nicht in der Redaktion des *Film-Kurier* entstanden, sondern in der Reklameabteilung der Decla. Filmhistoriker Jürgen Kasten hat mir gegenüber schon frühzeitig die stichhaltige Vermutung geäußert, hinter dem Namen verberge sich Julius Sternheim, Direktor und Dramaturg der Decla.[482] Sternheims/Groths Schilderung der parallel zur Werbekampagne stattfindenden Dreharbeiten folgt wohl hauptsächlich dramaturgischen und werbestrategischen Gründen und ist daher als Evidenz zur Datierung der Dreharbeiten wertlos.

Exkurs: Analyse der Meldungen
in Film-Fachzeitschriften

Um konkrete Aussagen über die Brauchbarkeit von Produktionsmeldungen in zeitgenössischen Film-Fachzeitschriften zur Datierung der CALIGARI-Dreharbeiten zu erhalten, untersuche ich zunächst die allgemeinere Frage: In welchem Verhältnis stehen das Veröffentlichungsdatum einer Produktionsmeldung und darin angegebene (meist relative) Daten zum Berichteten? Wie können wir, kurz gesagt, von Produktionsmeldungen auf den tatsächlichen Ablauf der Filmproduktion schließen? Grundlage der Untersuchung sind die Meldungen über Filme der Decla-Film-Gesellschaft der Saison 1919/1920 in den vier wichtigsten Film-Fachzeitschriften:

- *Lichtbild-Bühne* (Berlin, 12./13. Jg.),
- *Der Film* (Berlin, 4./5. Jg.),
- *Film-Kurier* (Berlin, 1./2. Jg.) und
- *Der Kinematograph* (Düsseldorf, 13./14. Jg.).

Außerdem habe ich gelegentlich andere Zeitschriften herangezogen, z.B. *Die FilmWelt* (Berlin, 13. Jg.), *Erste Internationale Film-Zeitung* (Berlin, 13./14. Jg.) und *Film-Tribüne* (Berlin, 1./2. Jg.).

Grundlagen

Die analysierten Film-Fachzeitschriften haben in ihren Rubriken mit vermischten Meldungen, z.B. »Was die L.B.B. erzählt« in der *Lichtbild-Bühne* oder »Aus dem Glashaus« im *Film-Kurier*, Pressemitteilungen der Filmproduktionsfirmen über den Produktionsstatus ihrer Filme meist unverändert und unkommentiert veröffentlicht. Die redaktionelle Bearbeitung bestand lediglich in der Auswahl der veröffentlichten Texte, ihrer eventuellen Kürzung und dem Zeitpunkt ihres Abdrucks. Aus den veröffentlichten Meldungen lassen sich zur Produktion eines deutschen Films in der Saison 1919/1920 vier nacheinander liegende Phasen ablesen:

1. *Projekt in Planung:* Der Drehbuchautor hat das Drehbuch verfasst, die Produktionsfirma hat es erworben und erwägt eine spätere Verfilmung. Typische Formulierungen: Nennung des Filmtitels und der Hinweis, dass die Produktionsfirma das Drehbuch angekauft habe.

2. *Vorproduktion:* Die konkrete Planung der Dreharbeiten beginnt. Die Produktionsfirma engagiert den Regisseur, die Schauspieler und die anderen Mitwirkenden und bereitet die Dreharbeiten vor. In dieser Phase werden z.B. die Kulissen entworfen und gebaut. Typische Formulierungen: »Die Vorbereitungen laufen demnächst an«, »… sind angelaufen«, »…sind beendet«, und die Nennung von Mitwirkenden an dem geplanten Film.

3. *Dreharbeiten:* Die eigentlichen Dreharbeiten teilen sich in zwei Abschnitte, die jeweils mehrere Wochen dauern können:

   a) *Studioaufnahmen,* die normalerweise einen Großteil der Filmaufnahmen ausmachen, und

   b) *Außenaufnahmen,* für die das Filmteam manchmal an entfernte Drehorte reisen muss.

   Beide Abschnitte können in den Produktionsmeldungen in ihrem Fortschritt beschrieben werden: »Die Atelieraufnahmen beginnen demnächst«, »… haben begonnen«, »… sind in vollem Gange«, »… sind beendet.«

4. *Nachproduktion:* Nach den Dreharbeiten wird das vorhandene Material gesichtet, die zu verwendenden Einstellungen und die Zwischentitel ausgewählt und der fertige Film zusammengeklebt, oder wie wir heute sagen: montiert oder geschnitten. Die Fertigstellung des Films wurde so angekündigt: »Der Film ist demnächst vorführbereit«, dann: »… ist vorführbereit« und Angabe des Uraufführungstermins. Auch die Komposition der Musik, wenn eine Originalmusik in Auftrag gegeben wird, gehört zur Nachproduktion.

Nicht immer wird jede dieser Phasen durch Produktionsmeldungen in den Fachzeitschriften reflektiert: Manchmal erfahren wir in der ersten Meldung, die einen neuen Filmtitel nennt, dass die Dreharbeiten bereits angelaufen sind (DAS EWIGE RÄTSEL,[483] DIE EHE DER FRAU MARY,[484] OPFER[485]), in diesen Fällen ist also über die Planungs- und Vorproduktionsphase nicht berichtet worden. Und manchmal wird der Titel lange vor der konkreten Planung der Dreharbeiten genannt, die Meldung dient dann möglicherweise hauptsächlich dem Titelschutz (in den ersten Ankündigungen zu PEST IN FLORENZ und *Lucifer* explizit erwähnt).[486]

Produktionsmeldungen erschienen gleich oder ähnlich lautend meist zeitnah in mehreren Zeitschriften, das heißt am gleichen Erscheinungstag oder innerhalb weniger Tage. Überraschenderweise war oft die wöchentlich erscheinende *Lichtbild-Bühne* die erste Quelle, die eine Meldung brachte, nicht etwa die Tageszeitung *Film-Kurier*.* Meldungen in *Der Film* hinkten oft eine Woche hinter der *Lichtbild-Bühne* her, wohl bedingt durch einen ungünstigeren Redaktionsschluss. Auch größere Verzögerungen kamen vor: Eine Meldung über Gilda Langer erschien in *Lichtbild-Bühne* und *Der Film* am 19.4., in der *Film Welt* aber erst am 17.5., vier Wochen später.[487] Eine Meldung über DER GOLDENE SEE erschien in der *Lichtbild-Bühne* am 21.6., im *Film-Kurier* am 24.6., im *Kinematograph* am 25.6., in *Der Film* am 28.6., und in der *Film-Tribüne* erst am 4.7. Die *Film Welt* brachte eine Meldung, die in den genannten Ausgaben von *Der Kinematograph, Der Film* und *Film-Tribüne* erschien, gar erst in ihrer Sammelausgabe vom 13.9., also über elf Wochen später.[488] In der kommenden Untersuchung ist daher immer das Erstveröffentlichungsdatum einer Meldung ausschlaggebend.

Die Formulierungen der Meldungen mit Ausdrücken wie: »Die Aufnahmen beginnen im Laufe dieser Woche«, »… in den nächsten Tagen …«, »… zurzeit …«, »… soeben …«, »… sind in vollem Gange« usw. legen nahe, dass sie von aktuell stattfindenden Produktionsfortschritten berichten. Da diese Meldungen in den Presseabteilungen der Produktionsfirmen formuliert wurden, nicht in den Redaktionen der Fachzeitschriften, sind es jedoch zwei Faktoren, die auch die in der Erstveröffentlichung einer Meldung angegebenen Daten relativieren:

1. *Es vergeht Zeit zwischen Formulierung und Veröffentlichung.* Da die hier betrachteten Meldungen meist innerhalb kurzer Zeit durch mehrere Fachzeitschriften veröffentlicht wurden und den Presseabteilungen und Zeitschriftenredaktionen klar gewesen sein muss, dass sich Formulierungen wie die oben angegebenen auf die aktuelle Woche beziehen, nehme ich an, dass die Herausgabe der Pressemitteilung durch die Produktionsfirma innerhalb einer Woche vor dem Erstveröffentlichungsdatum liegt.

2. *Die Presseabteilung der Produktionsfirma (hier also der Decla) kann entscheiden, welche Information sie herausgibt, und wann sie sie herausgibt.* Eine der Hauptfragen dieser Untersuchung ist: Haben die Produktionsfirmen überhaupt ehrlich von ihren Produktionsfortschritten berichtet? Da die Pressemitteilungen primär die Funktion der Werbung für Filme erfüllten, nicht die der Information für die Fachwelt, ist es möglich, dass die Presseabteilungen z.B. einen Vorteil darin sahen, Produktionsfortschritte verspätet mitzuteilen, damit Meldungen über den Film die Werbekampagne zum Kinostart begleiteten.

---

* Die erste Ausgabe des *Film-Kuriers* erschien am 31.5.1919. Nach kurzer Anlaufphase erschien die Zeitung täglich außer montags.

Vorab-Informationen in Meldungen der Planungs- und Vorproduktionsphase sind keine verlässlichen Angaben, sogar wenn konkrete Daten angegeben werden. Es kam vor, dass

Filmprojekte angekündigt, die später nicht realisiert wurden:
–   Als zweiter Weltklasse-Film wurde *Lucifer* angekündigt, aber nicht produziert, sondern durch HARAKIRI ersetzt.
–   Als dritter Frauenklasse-Film wurde *Die blonde Lo* angekündigt, aber nicht produziert, sondern durch DIE EHE DER FRAU MARY ersetzt.
–   Die Anfang des Jahres angekündigten Teile 3 & 4 der Abenteurer-Serie DIE SPINNEN wurden am Ende nicht mehr realisiert.

Zeitpläne angegeben, die später verschoben wurden:
–   Der Beginn der Dreharbeiten von PEST IN FLORENZ wurde zuerst für April angekündigt,[489] dann wurde im Mai und Juni aber noch von der laufenden Vorproduktion berichtet,[490] und schließlich wurde der Anlauf der Dreharbeiten erst im Juni gemeldet.[491]
–   Ähnlich bei HARAKIRI (*Butterfly*): Beginn der Dreharbeiten angekündigt für Juli,[492] Berichte über die Vorproduktion noch im August und September,[493] erste Meldung vom Anlauf der Dreharbeiten im September.[494]

Personal genannt, das dann doch nicht am Film beteiligt wurde:[*]
–   Erika Unruh statt Lil Dagover als Schauspielerin im Helios-Film PHANTOME DES LEBENS (*Die gestohlene Lebensfreude*).[495] Hier handelte es sich um eine vom *Film-Kurier* erzeugte Falschmeldung, denn die anderen Zeitschriften nannten in einer ansonsten gleichlautenden Meldung korrekt Lil Dagover.[496] Die Decla korrigierte den Irrtum in einer expliziten Berichtigung der Falschmeldung.[497]
–   Joseph Coenen statt Fritz Lang als Regisseur von HARAKIRI (*Butterfly*).[498] In den darauf folgenden Produktionsmeldungen wurde der Regisseur nicht mehr explizit genannt. Erst am 14.9. meldete der *Film-Kurier* Fritz Lang als Regisseur.[499] Offenbar war Coenen zunächst als Regisseur vorgesehen und wurde dann durch Lang ersetzt.
–   Gilda Langer statt Thea Zander als Schauspielerin in DAS BRILLANTENSCHIFF.[500] Diese Meldung erschien noch in der Dreharbeiten-Phase. Gilda Langer kommt jedoch im BRILLANTENSCHIFF nicht vor. Hier muss angenommen werden, dass in der Decla-Pressestelle irgendwas durcheinander gebracht wurde (z.B. die beiden ähnlich lautenden Namen Gilda Langer und Thea Zander).

---

[*]   Dies ist auch häufig der Grund für falsche Angaben in filmografischen Datensammlungen.

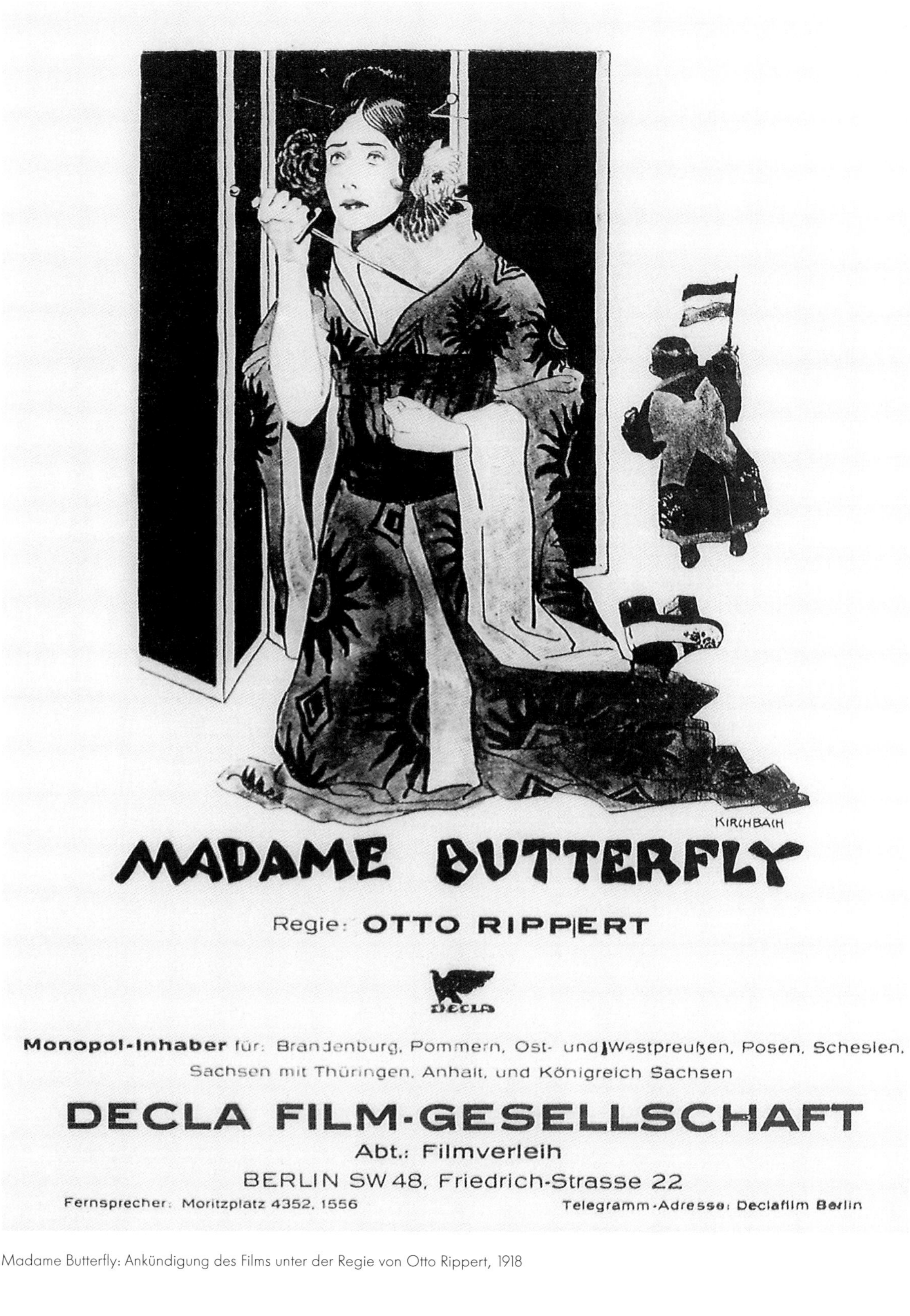
KIRCHBACH
MADAME BUTTERFLY
Regie: OTTO RIPPERT
DECLA
Monopol-Inhaber für: Brandenburg, Pommern, Ost- und Westpreußen, Posen, Schesien,
Sachsen mit Thüringen, Anhalt, und Königreich Sachsen
DECLA FILM-GESELLSCHAFT
Abt.: Filmverleih
BERLIN SW 48, Friedrich-Strasse 22
Fernsprecher: Moritzplatz 4352, 1556
Telegramm-Adresse: Declafilm Berlin

Madame Butterfly: Ankündigung des Films unter der Regie von Otto Rippert, 1918

Wenn aber ein *definitiver Produktionsstatus* gemeldet wurde, nehme ich an, dass dieser zum Zeitpunkt der Meldung auch zutraf. Als definitiven Produktionsstatus bezeichne ich insbesondere begonnenen Anlauf und erfolgten Abschluss der Dreharbeiten. Einfach gesagt: Wenn berichtet wird, dass die Dreharbeiten begonnen haben oder beendet sind, nehme ich an, dass sie vor dem Zeitpunkt dieser Meldung tatsächlich begonnen haben bzw. beendet waren. Es gibt möglicherweise ein Gegenbeispiel für diese Annahme, allerdings aus der vorherigen Saison 1918/1919: Die Decla meldete in einer Anzeige, die Aufnahmen zu *Madame Butterfly* seien »in vollem Gange«.[501] Der Film ist unseres Wissens nicht realisiert worden: Das Projekt verschwand 1918 in der Versenkung, tauchte erst 1919 bei der Planung für die neue Saison wieder auf und wurde schließlich Ende des Jahres unter dem Titel HARAKIRI von Fritz Lang als zweiter Decla-Weltklasse-Film inszeniert. Es ist möglich, dass die Decla hier 1918 einen Produktionsstatus gemeldet hat, den es noch gar nicht gab; es kann aber auch sein, dass die Dreharbeiten tatsächlich angelaufen waren, dann aber abgebrochen wurden. Insgesamt gibt es keine Anhaltspunkte dafür, dass die Decla in der Saison 1919/1920 einen definitiven Produktionsstatus gemeldet hat, der nicht tatsächlich auch zutraf. Wenn wir z.B. auf die hinterher nicht realisierten Projekte blicken, sehen wir, dass von diesen nur die Planungs- und Vorproduktions-Phase gemeldet wurde, nicht etwa voreilig schon der Anlauf der Dreharbeiten.

Auswahl relevanter Produktionsmeldungen

Aus den bisher gemachten Vorüberlegungen geht hervor, dass wir uns, um Aufschluss über Drehzeiten eines Films zu erhalten, *Erstveröffentlichungsdaten* der Meldungen ansehen sollten, die einen *definitiven Produktionsstatus* des Films angeben, das heißt *erfolgter Beginn und Abschluss der Dreharbeiten*. Diese Daten geben an, wann die Dreharbeiten des Films definitiv angelaufen bzw. beendet waren, wir wissen aber noch nicht, um wie viel sie verspätet sind. Außerdem ziehe ich noch die Veröffentlichungsdaten von *Drehberichten* in der Fachpresse heran, die selbstverständlich ebenfalls Mitteilungen über einen definitiven Produktionsstatus sind: Bei Abdruck eines Drehberichts waren die Dreharbeiten definitiv angelaufen, wahrscheinlich sogar abgeschlossen.

Zum besseren Überblick dient das Diagramm auf der nächsten Seite, das die relevanten Produktionsmeldungen zu Filmen der Decla-Film-Gesellschaft der Saison 1919/1920 darstellt. Außerdem sind zwei Filme der Helios-Film-Gesellschaft eingetragen, DER HERR DER LIEBE und PHANTOME DES LEBENS (*Die gestohlene Lebensfreude*). Der vierte Weltklasse-Film DAS BLUT DER AHNEN (*Ein sterbendes Geschlecht*) ist nicht mehr dargestellt, weil seine Produktion in die nächste Saison 1920/1921 fällt.[502]

Für jeden Film steht ein waagerechter Balken. Der Beginn des Balkens stellt die erste Nennung des Filmtitels in der Fachpresse dar, das Ende das Datum der Premiere bzw. bei den nicht realisierten Projekten die letzte Nennung in der Fachpresse. Bei Veröffentlichung gleich oder ähnlich lautender Meldungen in den verschiedenen Fachzeitschriften wurde nur das Erstveröffentlichungsdatum notiert. Als Anlauf der Außenauf-

DECLA-FILME DER SAISON 1919/1920

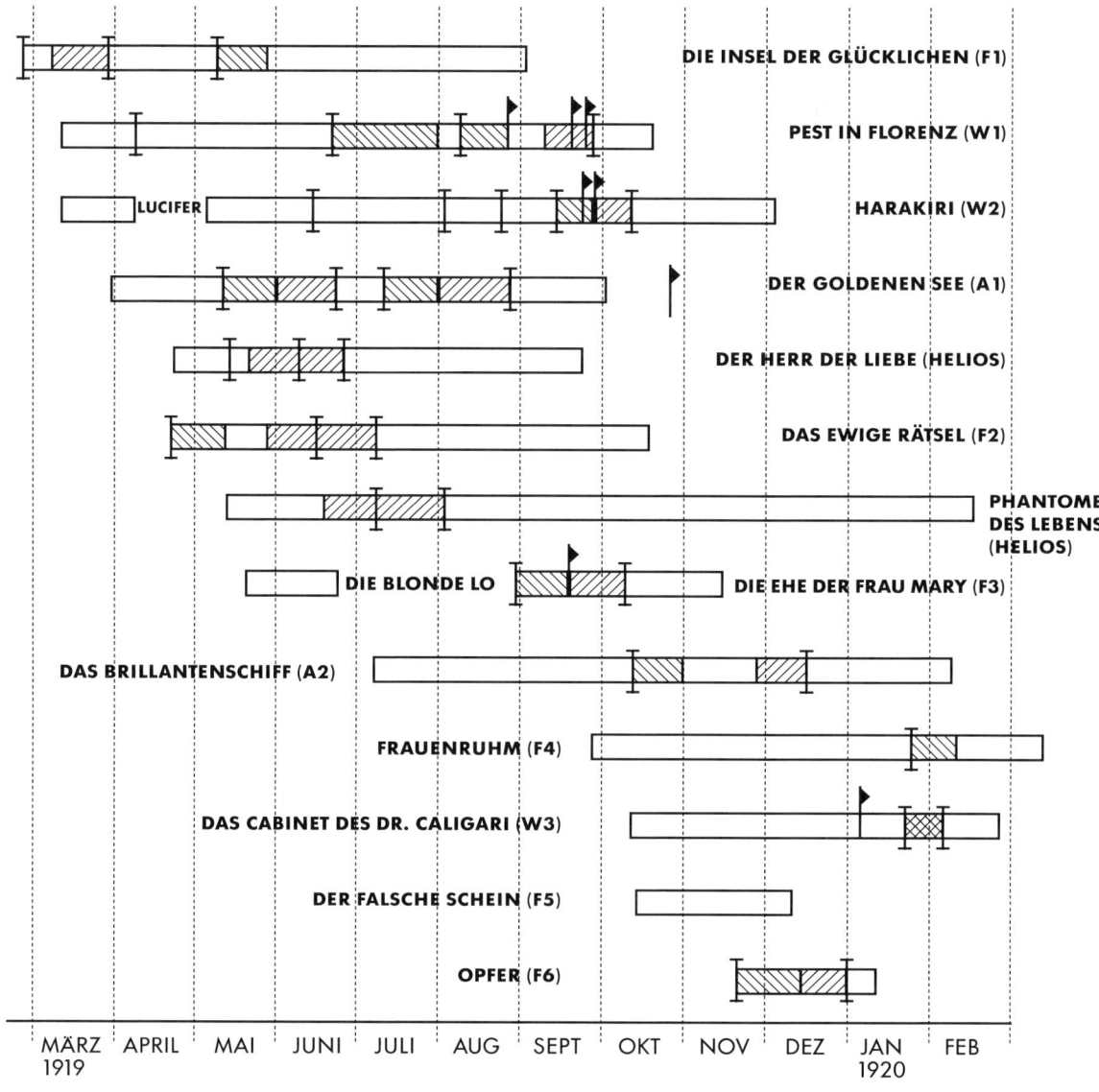

DIE INSEL DER GLÜCKLICHEN (F1)

PEST IN FLORENZ (W1)

LUCIFER   HARAKIRI (W2)

DER GOLDENEN SEE (A1)

DER HERR DER LIEBE (HELIOS)

DAS EWIGE RÄTSEL (F2)

PHANTOME DES LEBENS (HELIOS)

DIE BLONDE LO   DIE EHE DER FRAU MARY (F3)

DAS BRILLANTENSCHIFF (A2)

FRAUENRUHM (F4)

DAS CABINET DES DR. CALIGARI (W3)

DER FALSCHE SCHEIN (F5)

OPFER (F6)

MÄRZ 1919 | APRIL | MAI | JUNI | JULI | AUG | SEPT | OKT | NOV | DEZ | JAN 1920 | FEB

Ankündigung unmittelbar bevorstehender Dreharbeiten

Meldung angelaufener Dreharbeiten

Meldung beendeter Dreharbeiten

Erscheinungsdatum von Drehbericht

nahmen wurde auch die Meldung gewertet, das Filmteam sei zum Drehort abgereist. Im Falle der SPINNEN, die frühzeitig durch Anzeigen angekündigt wurden, habe ich die erste Anzeige vom 29.3. als erste Nennung für DER GOLDENE SEE gewertet, obwohl dort zunächst nur der Reihentitel DIE SPINNEN auftaucht.[503] Auch in den darauf folgenden Meldungen, die bereits vom Beginn der Dreharbeiten berichten, taucht nur der Reihentitel DIE SPINNEN auf,[504] die erste Nennung der vier Einzeltitel erfolgt erst in einer Anzeige am 5.7.,[505] als die Dreharbeiten zu DER GOLDENE SEE schon beendet waren.

Die senkrechten Markierungen bedeuten:

1. *Einfache schwarze Striche* sind Meldungen über den unmittelbar bevorstehenden Beginn der Dreharbeiten (»Aufnahmen beginnen demnächst«, »… im Laufe dieser Woche« usw.; beachte: dies ist *kein* definitiver Produktionsstatus!).
2. *Schwarze Striche mit folgender schraffierter Fläche* sind definitive Meldungen über begonnene Dreharbeiten (»Aufnahmen haben begonnen«, »… sind in vollem Gange« usw.).
3. *Schwarze Striche mit vorangehender schraffierter Fläche* sind definitive Meldungen über abgeschlossene Dreharbeiten (»Aufnahmen sind beendet«).
4. *Striche mit Fähnchen* geben die Veröffentlichung von Drehberichten an.

Die schraffierten Flächen sollen die vermutete Dauer der Dreharbeiten andeuten: Ich habe für jeden Film pauschal drei Wochen angenommen, es sei denn anders gemeldet wie bei PEST IN FLORENZ, deren Dreharbeiten mindestens sechs Wochen gedauert haben sollen.[506] Wenn innerhalb eines Balkens mehrere in die gleiche Richtung schraffierte Flächen auftauchen, dann sind dies zuerst Studio- und dann Außenaufnahmen.

Wie verspätet erschienen Meldungen über einen definitiven Produktionsstatus?

Anlauf und Abschluss der Dreharbeiten wurden vermutlich immer erst mit wenigstens leichter Verspätung gemeldet. Um also die tatsächlichen Drehzeiten zu erhalten, müssen die schraffierten Flächen im Diagramm auf der Zeitachse nach links verschoben werden. Aber wie weit, und alle um den gleichen Faktor?

Zwei Beispiele, die konkrete Aussagen erlauben:

1. *Fritz Langs Dreharbeiten zu DER GOLDENE SEE und DER HERR DER LIEBE.* Fritz Lang hat seine zweite Regiearbeit für die Helios-Film-Gesellschaft, DER HERR DER LIEBE, komplett mit Studio- und Außenaufnahmen inszeniert zwischen den Studio- und Außenaufnahmen seines ersten Abenteurer-Films für die Decla, DIE SPINNEN Teil 1: DER GOLDENE SEE. Am 10.5. meldeten Fachzeitschriften, die Studioaufnahmen zu DER GOLDENE SEE unter der Regie von Fritz Lang seien »bereits im Gange«.[507] In denselben Ausgaben melden sie be-

reits, die Studioaufnahmen für DER HERR DER LIEBE »beginnen im Laufe dieser Woche.«[508] Am 17.5. gehen die Aufnahmen zu DER HERR DER LIEBE »ihrer Vollendung entgegen«,[509] am 7.6. sind sie fertiggestellt und es werden Außenaufnahmen im Riesengebirge angekündigt,[510] die am 25.6. als beendet erklärt werden.[511] Gleichzeitig erfolgt erst die Meldung vom Ende der Studioaufnahmen zu DER GOLDENE SEE und die Ankündigung dessen Außenaufnahmen.[512] Offensichtlich haben die Studioaufnahmen zu DER HERR DER LIEBE tatsächlich im Laufe der Woche begonnen, für die sie angekündigt waren, und die Studioaufnahmen zu DER GOLDENE SEE waren um den 10.5. bereits beendet. Gemeldet wurde ihr Ende aber erst am 21.6., sechs Wochen später.

2. *Dreharbeiten zu DAS BRILLANTENSCHIFF mit Kameramann Karl Freund.* Karl Freund (1890–1969) war 1919 selbständiger Kameramann, der ein Spezial-Laboratorium betrieb und seine Dienste in Film-Fachzeitschriften anbot.[513] Sein Engagement für DAS BRILLANTENSCHIFF (den zweiten SPINNEN-Teil) ist ein Anhaltspunkt für die tatsächliche Drehzeit dieses Films. Es wurde zuerst für den Monat Oktober 1919 gemeldet,[514] dann verlängert bis zum 15.11.[515] und schließlich sogar bis zum 1.12..[516] Wenn diese Daten zutreffen und DAS BRILLANTENSCHIFF somit im Oktober und November 1919 gedreht wurde, können wir feststellen, wie akkurat die Produktionsmeldungen waren: Der Beginn der Dreharbeiten wurde am 11.10. gemeldet,[517] am 24.10. sind sie »in vollem Gange« bzw. gehen »ihrem Ende entgegen«,[518] und am 14.12. wird erstmals ihr Ende gemeldet,[519] mit zwei Wochen Verspätung.[520]

Aus diesen Beobachtungen leite ich folgende Annahmen ab:

– Meldungen mit relativen Zeitangaben über den *begonnenen Anlauf* von Dreharbeiten sind vermutlich dann einigermaßen zutreffend, wenn die Dreharbeiten vorher angekündigt wurden (»… beginnen im Laufe dieser Woche … «) und ihr Anlauf dann in einer etwas späteren Meldung bestätigt wird, die in den angegebenen Zeitrahmen passt (»… haben begonnen«, »… sind beendet«). Beispiele: DIE INSEL DER GLÜCKLICHEN, DER HERR DER LIEBE.
– Meldungen über den *erfolgten Abschluss* von Dreharbeiten können mit erheblicher Verspätung (2–6 Wochen) erscheinen, z.B. gleichzeitig mit der Ankündigung der nächsten Produktionsphase (Außenaufnahmen oder Nachproduktion). Beispiele: DER GOLDENE SEE, DAS BRILLANTENSCHIFF.

Interdependenzen von Projekten

Der wichtigste Film, den die Decla in der Saison 1919/1920 plante, war PEST IN FLORENZ, der erste Film der so genannten Weltklasse. Mit diesem Film wollte die Decla beweisen, dass sie auf dem Weltmarkt konkurrieren konnte, er hatte das größte Budget, die sorgfältigste Vorbereitung und die längsten Dreharbeiten. Der Filmarchitekt

PEST IN FLORENZ

Erster Film der Decla-Weltklasse: Pest in Florenz, Grafik von Safis

Franz Jaffé, ein Königlicher Baurat, baute in einer aufwändigen Außenkulisse auf dem Gelände vor dem Decla-Atelier in Berlin-Weißensee das Florenz der Renaissance nach, in dem Autor Fritz Lang und Regisseur Otto Rippert Szenen der Wollust, der Dekadenz und des Untergangs abspielen lassen würden.[521] Der Aufbau dieser außergewöhnlichen Kulisse verzögerte sich wahrscheinlich, sodass die eigentlichen Dreharbeiten später als geplant begannen. Die Dreharbeiten in Berlin-Weißensee dauerten dann mindestens 6 Wochen,[522] für Außenaufnahmen in Süddeutschland wurden noch einmal 3–4 Wochen veranschlagt,[523] und in einer Meldung im *Film-Kurier* nach Ende der Dreharbeiten wies die Decla explizit auf die ungewöhnlich lange Produktionszeit hin, die sich (inklusive Vorbereitungen) über sechs Monate erstreckt habe.[524] Ausgehend von dem Diagramm und mit einem etwas genaueren Blick auf einige Details können wir sehen, wie die Verzögerung von Pest in Florenz andere Projekte beeinflusst hat:

1. *Pest in Florenz dauert länger als geplant.* Am 8.3.1919 nannte die Decla die Titel ihrer ersten beiden geplanten Weltklasse-Filme Pest in Florenz und *Lucifer*.[525] Dieser Termin kennzeichnet wahrscheinlich den Anlauf der Vorproduktion von Pest in Florenz, denn kurz darauf erschienen die ersten Ankündigungen des unmittelbar bevorstehenden Drehbeginns für April.[526] Tatsächlich wurde der Drehbeginn jedoch verschoben: Noch am 3.5. meldete die *Lichtbild-Bühne*, der Hauptdarsteller Theodor Becker habe seine Theater-Gastspielreisen unterbrochen, halte sich derzeit in Berlin auf und nehme an den letzten Vorbereitungen zu Pest in Florenz teil.[527] Am 7.6. wurde das Ende der Vorbereitungen im Decla-Atelier Berlin-Weißensee angezeigt, die Außenbauten seien »im Aufbau begriffen«, die Innendekorationen »nahezu vollendet«,[528] die Anfertigung der Kostüme wurde gar erst eine Woche später angezeigt.[529] Erst am 19.6. wurden schließlich die Hauptdarsteller genannt und definitiv der Beginn der Dreharbeiten angezeigt.[530]
2. *Josef Coenen soll den zweiten Weltklasse-Film inszenieren.* Da Otto Rippert länger als geplant mit Pest in Florenz beschäftigt war, konnte er den als zweiten Weltklasse-Film geplanten *Lucifer* nicht mehr realisieren. Die Decla legte daraufhin *Lucifer* auf Eis und kündigte stattdessen als zweiten Weltklasse-Film *Butterfly* an. Die Regie vergab sie an Josef Coenen, den Regisseur der Decla-Frauenklasse.[531] Der konnte dafür seinen zu diesem Zeitpunkt geplanten dritten Frauenklasse-Film *Die blonde Lo* nicht mehr realisieren, und die Decla legte dieses Projekt zugunsten der Weltklasse ebenfalls auf Eis.
3. *Auch die Butterfly-Dreharbeiten verzögern sich, und Fritz Lang übernimmt das Projekt.* Die *Butterfly*-Dreharbeiten unter der Regie Coenens waren ursprünglich für Anfang Juli geplant.[532] Dann kündigte die Decla aber noch im August den baldigen Beginn der Dreharbeiten an, diesmal ohne Nennung Coenens,[533] und als schließlich der Beginn der Dreharbeiten definitiv im September gemeldet wurde, war der Regisseur nicht mehr Josef Coenen sondern Fritz Lang,[534] der das Projekt schließlich unter dem Titel Harakiri zwischen

seinen beiden Spinnen-Filmen in Hamburg-Stellingen realisierte.[535] Coenen inszenierte in der Zwischenzeit für die Helios-Film-Gesellschaft Phantome des Lebens *(Die gestohlene Lebensfreude)*, und ging dann zurück zur Decla-Frauenklasse, als deren dritten Film er Die Ehe der Frau Mary inszenierte. Danach drehte Coenen keine Filme für die Decla mehr. Die Frauenklasse wurde von anderen Regisseuren fortgesetzt. Im Februar 1920 meldete die Presse, Coenens Vertrag mit der Decla wurde gütlich gelöst.[536]

Der Filmhistoriker Georges Sturm vermutet, dass Coenen in Wirklichkeit den Dreharbeiten des dritten Frauenklasse-Films *Die blonde Lo* nicht gewachsen war, der als ungewöhnlich groß ausgestattet angekündigt wurde, und Lang die Situation ausnutzte, um ihn vom Regiestuhl von *Butterfly* zu verdrängen.[537] Möglich ist auch, dass Lang die Regie für *Butterfly* einfach deshalb bekam, weil dessen Außenaufnahmen wie die beiden Spinnen-Teile auf dem Decla-Gelände im Hagenbeck-Tierpark in Hamburg-Stellingen gedreht werden sollten. Jedenfalls wurden durch all diese Turbulenzen die Produktionsmeldungen zu Die Ehe der Frau Mary und Harakiri später als ohnehin üblich herausgegeben, sodass wir annehmen müssen, diese Filme wurden wesentlich früher gedreht als gemeldet. Dies zeigt auch die Veröffentlichung von Drehberichten, in beiden Fällen noch bevor das Ende der Dreharbeiten gemeldet wurde.[538] Wahrscheinlich waren die Dreharbeiten zu diesen Zeitpunkten schon beendet. Und wahrscheinlich fanden die Dreharbeiten zu beiden Filmen parallel zueinander statt, sodass die Harakiri-Dreharbeiten auf der Zeitachse ein ganzes Stück weiter nach links verschoben werden müssen.

Schlussfolgerung: Caligari*-Dreharbeiten*

Die Meldungen zur Caligari-Produktion bieten im Vergleich zu den anderen Filmen ein ungewöhnliches Bild. Auf den ersten Blick fällt auf:

– Ein *Drehbericht* erschien bereits vor der ersten definitiven Meldung vom Anlauf der Dreharbeiten,[539]
– der *Abstand* zwischen den Meldungen vom definitiven Anlauf und Abschluss der Dreharbeiten ist ungewöhnlich kurz,[540] und
– insgesamt ist die *Zeitspanne zwischen Drehberichterstattung und Filmpremiere* ungewöhnlich kurz.

Das bedeutet, die Decla hat die Meldungen von den Caligari-Dreharbeiten mit großer Verspätung herausgegeben. Die erst im Januar 1920 erschienenen Produktionsmeldungen waren Teil der gezielten Werbekampagne für den Film. Das bedeutet aber auch, dass wir die Caligari-Produktionsmeldungen nicht mehr zur Grundlage verlässlicher Datierungen machen können. Sogar die Ende November 1919 erschienenen Meldungen von der Übernahme der Meinert-Film-Gesellschaft durch die Decla, Rudolf Meinerts Berufung ins Decla-Direktorium und seiner Übernahme der Funktion des Produktionsleiters können verspätete Mitteilungen sein. Zwar enthalten diese Formulierungen, die Aktualität andeuten.[541] Doch sind dies relative Zeitangaben, und zwar relativ zum Datum, an dem eine Pressemitteilung der Decla verfasst wurde, die allein Grundlage aller dieser Meldungen in der Fachpresse war. Ich nehme an, die Decla hat schon diese Pressemitteilung mit einiger Verzögerung herausgegeben, die Decla-Meinert-Fusion fand bereits deutlich vor November 1919 statt, und DAS CABINET DES DR. CALIGARI wurde unter Produktionsleiter Meinert geplant und gedreht im September/Oktober 1919.[542] Die überraschende Erkenntnis dieser Analyse der Produktionsmeldungen in zeitgenössischen Film-Fachzeitschriften ist also, dass die ursprünglichen Datierungen von Warm, Pommer und Lang stimmen können und sogar verträglich mit der Aussage sind, dass Rudolf Meinert der Produktionsleiter war. Die Dreharbeiten zum CABINET DES DR. CALIGARI fanden tatsächlich im »Spätsommer« 1919 statt, bevor Anfang November 1919 ein früher Wintereinbruch Berlin in ein Schneechaos stürzte (siehe nächsten Abschnitt). Und sie fanden tatsächlich parallel zu den Dreharbeiten von DER GOLDENE SEE statt, von denen absolute Angaben in der Fachpresse eindeutig aussagen, dass sie im Oktober 1919 mit Kameramann Karl Freund begannen. Als die Meldungen von Meinerts Eintritt in die Decla erschienen, waren die CALIGARI-Dreharbeiten schon beendet, und die Decla machte sich in aller Stille daran, die Werbekampagne für diesen ungewöhnlichen Film zu planen.

Ende des Exkurses zur Analyse der Meldungen in Film-Fachzeitschriften.

Neudatierung: CALIGARI war bereits im November 1919 abgedreht

In der Nacht zu Samstag, dem 1. November fiel im Deutschen Reich der erste Schnee des Winters 1919/1920. Zuerst schwebten nur ein paar leichte Flocken aus dem Himmel über Berlin. Aber am Sonntag fegte der eisige Ostwind durch die Straßen. Es blieb kalt, der Schnee bedeckte die Stadt, und am Wochenende darauf setzte so starker Schneefall ein, dass er Berlin in ein Verkehrs- und Versorgungschaos stürzte. Straßenbahn-, Droschken- und Güterzugverkehr funktionierten nur noch stark eingeschränkt, die Versorgung mit Kohlen, Kartoffeln und Milch geriet in Gefahr. Am Montag, den 10. November hatte die Temperatur -6,4° C erreicht und die Schneedecke eine Höhe von 12 cm. Auf den Bürgersteigen türmten sich meterhohe Schneemassen. Die städtische Straßenreinigung stellte Tausende Hilfskräfte ein. Hunderte Wagen, Schneekarren und von Pferden gezogene Schneepflüge mit doppelter Bespannung waren Tag und Nacht bei der Arbeit. Der Schnee konnte nicht wie in den Jahren zuvor in die Kanalisation entsorgt werden, wo er durch das heiße Wasser der Fabriken aufgetaut worden war, denn diesmal lagen durch Kohleknappheit und Streiks viele Fabriken still, sodass der Schnee nicht aufgetaut worden wäre sondern die Rohre verstopft hätte. Es blieb nichts anderes übrig, als ihn in die Flüsse und Kanäle Berlins abzutransportieren. Und der Schneefall nahm noch zu. Am nächsten Wochenende erreichte die Temperatur -6,9° C und die Schneedecke eine Höhe von 35 cm, mit noch steigender Tendenz. Der Magistrat Berlin wandte sich in einem Aufruf an die Bürger, bei der Beseitigung der Schneemassen mitzuhelfen, da sonst die Ernährung zusammenbreche. Erst gegen Ende November traten Tauwetter und eine mildere Witterung ein.[543]

Zu dieser Zeit erschienen in den Film-Fachzeitschriften die ersten Meldungen von der Übernahme der Meinert-Film-Gesellschaft durch die Decla und Rudolf Meinerts Eintritt in die Direktion der Decla.[544] Der Österreicher Rudolf Meinert war zu dem Zeitpunkt bereits ein erfolgreicher Filmregisseur, der auf eine zehnjährige Tätigkeit in der Filmindustrie zurückblicken konnte.[545] Seine bekanntesten Filme waren die Sherlock-Holmes-Adaption DER HUND VON BASKERVILLE (2 Teile, 1914), die insgesamt neunzehn Filme der HARRY-HIGGS-Detektivserie (1916–1919) mit Hans Mierendorff, und zuletzt für die Frankfurter Film Co. mbH sieben Filme der Ellen-Richter-Serie 1918/19, und für die eigene Produktionsfirma das Historiendrama FERDINAND LASSALLE (1918) und die Maxim-Gorki-Adaption NACHTASYL (1919). Als die Meinert-Film-Gesellschaft in die Decla aufging, übernahm Meinert den Direktionsposten des Produktionsleiters, und so ungefähr das Erste, was er in seiner neuen Funktion zu bewältigen hatte, war die Produktion des dritten Decla-Weltklasse-Films DAS CABINET DES DR. CALIGARI. Meinerts Einstieg bei der Decla, seine Übernahme des neuen Postens und die CALIGARI-Vorproduktion und -Dreharbeiten fanden aber schon deutlich vor den Meldungen in den Fachzeitschriften statt, vor dem Wintereinbruch, sodass Hermann Warm später schreiben konnte, CALIGARI sei im »Spätsommer« entstanden.

Dies war die Situation, die Rudolf Meinert vorfand, als er den Posten des Produktionsleiters der Decla übernahm: Nachdem der erste Weltklasse-Film PEST IN FLORENZ von Otto Rippert verzögert, der zweite *Lucifer* abgebrochen und schließlich Fritz Lang als zweiten Weltklasse-Film HARAKIRI zwischen den beiden Teilen der SPINNEN in Hamburg-Stellingen drehte, wurde die Entscheidung getroffen, als nächsten Weltklasse-Film DAS CABINET DES DR. CALIGARI zu produzieren. Herbert Lewandowski, der zu der Zeit in der Dramaturgie in der dritten Etage des Decla-Hauses arbeitete, schrieb später, CALIGARI »wurde unter größter Diskretion in der Direktions-Etage, wo neben Erich Pommer noch Julius Sternheim [...] tätig war, zusammengebraut – und von all dem drang kein Sterbenswörtchen in die dritte Etage.«[546]

Das Ende der Dreharbeiten von HARAKIRI wurde Mitte Oktober in der Fachpresse gemeldet,[547] gleichzeitig erschien die erste Erwähnung überhaupt von DAS CABINET DES DR. CALIGARI: die Mitteilung, die Decla habe von Carl Mayer CALIGARI und zwei andere Drehbücher angekauft,[548] wie wir wissen ein halbes Jahr nachdem dies tatsächlich geschehen war, und vier Monate nachdem die Rex-Film-Gesellschaft den Ankauf von *Der grüne Kuss* gemeldet hatte, dem Drehbuch, das Carl Mayer *nach* CALIGARI geschrieben hatte.[549] Die Decla hat den Zeitpunkt, an dem sie die erste CALIGARI-Meldung herausgegeben hat, also mit Absicht gewählt: Die Meldung kann als gezielte Vorbereitung der CALIGARI-Werbekampagne gelesen werden und erfolgte zu einem Zeitpunkt, als mit den Dreharbeiten bereits begonnen worden war. HARAKIRI war schon im September abgedreht, und Fritz Lang hatte im Oktober mit den Dreharbeiten zum zweiten Teil der Spinnen, Das Brillantenschiff begonnen, wie die früh erschienenen Drehberichte zu Harakiri[550] und die Meldungen über das Engagement von Karl Freund für Das Brillantenschiff[551] zeigen. Parallel zum Brillantenschiff, im Oktober 1919 fanden in Berlin-Weißensee die Dreharbeiten zum Cabinet des Dr. Caligari statt.

Der neue Decla-Direktor und Produktionsleiter Rudolf Meinert hatte sich gleichzeitig um Caligari in Berlin und Das Brillantenschiff in Hamburg zu kümmern, während Decla-Direktor Erich Pommer die Neustrukturierung der Firma und den Beginn des Auslandsvertriebes vorantrieb. Decla-Direktor Julius Sternheim stand Meinert wahrscheinlich als Dramaturg und Pressechef zur Seite.

Regie: Robert Wiene

Fritz Lang, dem nach der Verzögerung von Pest in Florenz die Regie des zweiten Weltklasse-Films Harakiri anvertraut worden war, könnte als Regisseur auch des dritten Weltklasse-Films Caligari erwogen worden sein. Lang selbst hat später diese Legende verbreitet. Seine Darstellung ist: Er war als Caligari-Regisseur fest vorgesehen und an der Planungsphase des Films beteiligt, wurde dann aber von dem Projekt abgezogen, da er schneller als geplant den zweiten Teil der Spinnen inszenieren sollte, nachdem der erste ein großer Publikumserfolg geworden war.[552] Diese Darstellung ist falsch. Als der erste Spinnen-Teil Der goldene See uraufgeführt wurde (3.10.1919), waren die Dreharbeiten zum zweiten Teil Das Brillantenschiff bereits geplant und sogar gerade angelaufen. Die Legende von Langs Caligari-Regie, die 1946 zum erstenmal auftauchte, 27 Jahre nach den in Frage stehenden Ereignissen,[553] reflektiert Langs Wunsch, seinen Namen mit dem Film zu verbinden, der nach seiner Uraufführung als Durchbruch der Kunst im Medium Film angesehen wurde.

Otto Rippert als ursprünglich für die Weltklasse-Serie vorgesehener Regisseur wäre die natürliche Wahl für die Caligari-Regie gewesen, aber auch er machte es nicht. Vielleicht war er noch mit der Nachbearbeitung des ersten Weltklasse-Films Pest in Florenz beschäftigt, der im Oktober uraufgeführt werden sollte. Jedenfalls drehte Rippert nach Pest in Florenz keine Filme für die Decla mehr. Er wurde zwar noch als Regisseur für den vierten Weltklasse-Film Das neue Kanaan (Drehbuch Gernot Bock-Stieber) angekündigt,[554] aber auch dieses Projekt wurde schließlich abgebrochen und als vierter Weltklasse-Film schließlich von Karl Gerhardt Das Blut der Ahnen (Arbeitstitel Ein sterbendes Geschlecht, Drehbuch Robert Wiene) realisiert. Ende Januar meldete die Fachpresse, Ripperts Vertrag mit der Decla wurde gütlich gelöst.[555] Für die kommende Saison verpflichtete die Decla dann die Regisseure Karl Gerhardt und Heinz Stahl-Nachbaur.[556] Im März wurde gemeldet, dass auch Lang die Decla verlassen habe.[557]

Statt Lang oder Rippert wurde für Caligari ein Regisseur engagiert, der noch nicht für die Decla gearbeitet hatte: Robert Wiene (1873–1938), Sohn des Dresdner Theaterschauspielers Carl Wiene und älterer Bruder des ebenfalls als Filmregisseur

Robert Wiene

tätigen Conrad Wiene, mit dem Robert gelegentlich verwechselt wurde.[558] Robert Wiene hatte in Berlin und Wien Jura studiert, als Jurist in Weimar gearbeitet und war dann über das Theater zum Film gekommen. Seit 1912 arbeitete er als Filmautor und -regisseur, schrieb unter anderem Drehbücher für die Deutsche Bioscop, und war ab 1915 als Dramaturg, Autor und Regisseur für die Messter-Film GmbH Berlin tätig, für die er etliche Henny-Porten-Filme schrieb und auch drei inszenierte. Er arbeitete unter anderem mit dem Regisseur Rudolf Biebrach, dem Kameramann Karl Freund und dem Komponisten Giuseppe Becce zusammen. 1919 gründete er in Wien eine Berufsvereinigung der Filmregisseure.[559] Unmittelbar vor CALIGARI schrieb er das Drehbuch und übernahm die »künstlerische Oberleitung« von F.W. Murnaus zweitem Film SATANAS (1919), in dem Conrad Veidt die Titelrolle des gefallenen Engels spielt, der zurück in den Himmel will und dafür im Stil von Griffith' INTOLERANCE (1916) verschiedene Zeitepochen durchstreift, in denen er hofft, das Gute im Menschen zu finden. In Wienes Filmen tauchen einige Schauspieler auf, die wir dann in CALIGARI wiedersehen: Friedrich Fehér (DIE RÄUBERBRAUT, 1916), Conrad Veidt (FURCHT, 1917; OPFER DER GESELLSCHAFT, 1919; SATANAS, 1919), Elsa Wagner (DAS WANDERNDE LICHT, 1916; DIE LEBENDE TOTE, 1919; SATANAS, 1919).

Wiene ist als Regisseur des CALIGARI-Films oft unterschätzt worden. Während es für die zeitgenössische Kritik selbstverständlich war, dass der Regisseur der eigentliche Schöpfer des Films ist,[560] haben die nach Wienes Tod erschienenen beiden maßgeblichen Bücher über den expressionistischen Film Wienes Leistung nachhaltig diskreditiert: Siegfried Kracauer in *From Caligari to Hitler* (1947) macht Wiene für die Irrenhaus-Rahmenhandlung verantwortlich, die seiner Meinung nach die Aussage des Films umgedreht und damit dem Film geschadet habe,[561] und Lotte Eisner in *L'Écran démoniaque* (1952) kanzelt Wiene als »zweitklassig« ab und wirft ihm vor, er habe sich als Schöpfer des expressionistischen Films gefeiert, während es in Wirklichkeit die Maler waren, die ihm ihre fortschrittlichen Ideen aufgezwungen hätten.[562] In einer anderen Quelle verbreitet sie sogar ein Gerücht, das sie angeblich 1927 als Journalistin in Berliner Filmstudios gehört hat: Die meisten Szenen von CALIGARI habe man gedreht, während Wiene beim Frühstück in der Kantine saß.[563] In den 1990er Jahren haben vor allem die Filmhistoriker Uli Jung und Walter Schatzberg unermüdlich darauf hingewiesen, dass dieser Eindruck zu Unrecht besteht und dass Wienes Qualitäten als Regisseur entscheidend zum Erfolg des CABINETS DES DR. CALIGARI beigetragen haben. Sie analysieren insbesondere seine Bearbeitung des Drehbuchs und widersprechen auch Kracauers Interpretation, die Irrenhaus-Rahmenhandlung habe den Film abgeschwächt, im Gegenteil: Gerade die Rahmenhandlung habe dem Film Zweideutigkeit und so erst Tiefe gegeben.[564]

Tatsächlich ist es wenig glaubhaft, dem Regisseur nur eine Nebenrolle bei der Produktion des CALIGARI-Films zuzusprechen: Robert Wiene war zu dem Zeitpunkt ein erfahrener Autor, Dramaturg und Regisseur, von der Decla sicherlich mit einem stattlichen Honorar bedacht. Er war verantwortlich für die Besetzung, die Bearbeitung des Drehbuchs und natürlich für die eigentlichen Dreharbeiten. Er hat den expressionistischen Stil wenn nicht kreiert, so doch jedenfalls gebilligt. Und es gibt Hinweise, dass er, als er 1919 das CALIGARI-Drehbuch erhielt, sowohl dem Stoff als auch dem neuen Stil aufgeschlossen gegenüberstand:

- Die Tatsache, dass sein Vater (Carl Wiene, 1848–1913) am Ende seines Lebens leicht geistesgestört gewesen sein soll, verleitete sogar Kracauer Janowitz folgend zu der Bemerkung, der Fall des verrückten Dr. Caligari sei für Wiene nichts Neues gewesen.[565] Tatsächlich enthält Wienes Œuvre vor CALIGARI (freilich neben vielen Komödien) psychologische Dramen, durch die sich die Motive Wahnsinn, Hypnose, Okkultismus und Tod ziehen: In DAS WANDERNDE LICHT (1916) wird ein Mann von seinem Diener fast in den Wahnsinn getrieben, bis sich herausstellt, dass es der Diener ist, der wahnsinnig ist; in GEFANGENE SEELE (1917) hält ein skrupelloser Hypnotiseur eine Frau unter seinem Einfluss; in DAS LEBEN EIN TRAUM (1917) bewahrt ein Arzt eine Frau vor dem Wahnsinn, indem er ihr suggeriert, ihre schrecklichen Erlebnisse seien nur ein Alptraum gewesen; in FURCHT (1917) erhält ein Mann eine Todesprophezeiung, die ihn langsam in den Wahnsinn treibt, bis er sich am Ende selbst umbringt; und in der dritten Episode von SATANAS (1919) wird aus einem jungen Dichter ein grausamer Diktator, der am Ende dem Wahnsinn verfällt:[566] alles Vorgriffe auf DAS CABINET DES DR. CALIGARI.

- Seinem vor CALIGARI fertiggestellten Film SATANAS (1919, Drehbuch und »künstlerische Oberleitung«)[567] bescheinigten die zeitgenössischen Kritiker, er habe den Weg zum stilisierten, künstlerischen Film beschritten,[568] CALIGARI war demnach einfach der nächste Schritt. Über seine filmische Umsetzung des CALIGARI-Drehbuchs schrieb Wiene später: »Die Idee dieses Films entstand bei mir aus dem Willen zum Subjektivismus.«[569] Und über Expressionismus im Film: »Für den expressionistischen Künstler bedeutet das Aeußere zugleich das Aeußerliche. Er aber will das Innerliche wiedergeben, den stärksten (malerischen oder dichterischen) Ausdruck finden für das, was er erlebt hat.«[570] Rudolf Kurtz später in einem Brief an Lotte Eisner: »Ich halte meinen Freund Wiene, wie ich aus zahlreichen Gesprächen während der Inszenierung des Caligarifilms weiß, für den Kraftquell der Gestaltung dieses Films: ich halte es für widernatürlich zu glauben, daß dieser Regiestil von Außen her, etwa durch Dekorationsentwürfe an einen Regisseur herangetragen werden kann.«[571]

Als in Hermann Warms Darstellung die Maler an Wiene die Idee herantrugen, CALIGARI expressionistisch zu stilisieren, da, so gibt auch Warm trotz seiner Geringschätzung der Leistung des Regisseurs zu, »[erkannte Dr. Wiene] sofort die Möglichkeiten und erklärte sich für die Durchführung dieses Stils.«[572]

Die drei Maler
und die expressionistische Gestaltung

Hermann Warm (1889–1976) war zwar nicht der älteste, aber der erfahrenste Filmarchitekt unter den »drei Malern«, die die Kulissen für DAS CABINET DES DR. CALIGARI entwarfen. Er war vor dem Krieg Theatermaler gewesen und 1912 zur Vitascope GmbH Berlin gegangen, wo er unter anderem die Kulissen entworfen hatte zu Filmen von Max Mack (DIE BLAUE MAUS, WO IST COLETTI?, beide 1913), Harry Piel (MENSCHEN UND MASKEN, 1913; DIE MILLIONEN-MINE, 1914) und Rudolf Meinert (DER HUND VON BASKERVILLE, 1914). Nach dem Krieg wurde er von der Decla engagiert und entwarf in der Saison 1919/1920 unter anderem Innendekorationen zu DIE SPINNEN, DIE INSEL DER GLÜCKLICHEN – und PEST IN FLORENZ, für den er auch seine Freunde Walter Reimann (1887–1936) und Walter Röhrig (1893–1945) zum Film holte. Nur Reimann hatte auch zuvor bereits Filmbauten entworfen, für ein paar kleinere Filme der Societäts-Film GmbH.[573]

Laut Warm erhielt er das CALIGARI-Drehbuch von Rudolf Meinert in Gegenwart von Robert Wiene, den er bei der Gelegenheit kennen lernte,[574] das könnte im September oder sogar August 1919 gewesen sein, als entschieden war, dass DAS CABINET DES DR. CALIGARI der nächste Decla-Weltklasse-Film werden sollte und Meinert Wiene als Regisseur engagiert hatte. Dabei sei kein besonderer Hinweis auf die beabsichtigte Gestaltung des geplanten Films gegeben worden: Warm sollte seinerseits Vorschläge machen und am nächsten Tag vorlegen. Er ging mit dem Drehbuch zu seinen Freunden und Kollegen Reimann und Röhrig. Angeblich noch am selben Tag kamen sie auf die Idee, die Kulissen im Stil des malerischen Expressionismus zu gestalten, sie diskutierten bis in die Nacht hinein und fertigten sogar die ersten Entwürfe an. Am nächsten Vormittag präsentierte Warm Meinert und Wiene die Idee.[575] Im Gegensatz dazu äußerte Erich Pommer in einem Brief an die Ufa, Warm habe zunächst realistische Entwürfe vorgelegt, und erst später habe man sich zu dem expressionistischen Stil entschlossen.[576]

Die zeitgenössische Kritik und die spätere Fachliteratur (und auch Erich Pommer im eben erwähnten Brief) schrieben das Verdienst der expressionistischen Gestaltung meist kollektiv den »drei Malern« zu, die in der gemeinsamen Diskussion auf diese Idee gekommen waren und den Stil dann auch im Film ausgeführt haben. Der berühmte Ausspruch »Das Filmbild muß Graphik werden«, mit dem die Gestaltungsidee der Maler charakterisiert wurde, wurde schon jedem Einzelnen von ihnen in den Mund gelegt.[577] In der späteren Selbstbeschreibung der Maler stellen Warm und Reimann jeweils ihren eigenen Anteil in den Vordergrund (nur vom Jüngsten und anscheinend Bescheidensten Röhrig gibt es keine Überlieferung): Warm schrieb, er allein sei schon beim Lesen des Drehbuchs auf den Gedanken gekommen, für diesen Stoff müssten besonders stilisierte Kulissen geschaffen werden und habe diese Ansicht seinen Freunden vorgetragen, woraufhin Reimann dann lediglich einen Schritt weiter gegangen sei und Expressionismus für die Gestaltung vorgeschlagen habe.[578] Gegen diese Darstellung spricht Pommers Behauptung, Warm habe zunächst realistische Entwürfe vorgelegt. Reimann schrieb in einem Aufsatz zur CALIGARI-Gestaltung, in dem er Warm mit keinem Wort erwähnt, »während der Aufnahmen gab es Tage, in denen außer Walter Röhrig und mir alle den Mut zur Weiterarbeit verloren hatten«.[579] Lotte Eisner nennt Reimann den »eigentlichen Schöpfer der Caligari-Ideologie«,[580] und in einem (einzigen) zeitgenössischen Bericht von Alfred Rosenthal wird allein Walter Reimann als Gestalter des expressionistischen CALIGARI-Stils genannt[581] (in allen anderen »die drei Maler«). Unbestritten ist, dass a) Hermann Warm das Drehbuch als Erster in die Hand bekam, und b) der entscheidende Anstoß für die Idee der expressionistischen Gestaltung von Walter Reimann kam.

Explizit bestreitet Warm, dass etwa von anderer Seite die Idee einer stilisierten Gestaltung an sie herangetragen worden sei.[582] Er wendet sich damit gegen den Anspruch, etwa Wiene oder Meinert hätten eine Anregung gegeben, aber auch gegen die Darstellungen von Siegfried Kracauer und insbesondere Ernst Jaeger, in denen bereits bevor die »drei Maler« mit dem Film befasst wurden, einer der Drehbuchautoren (bei Kracauer ist es Janowitz, bei Jaeger Mayer) den Prager Zeichner und Schriftsteller Alfred Kubin (1877–1959) für die visuelle Gestaltung des Films vorgeschlagen hatte.[583] Tatsächlich sind diese Darstellungen jedoch glaubhaft, denn es gibt dafür zwei unabhängige Belege von Hans Janowitz und Erich Pommer:

– Janowitz schreibt, er habe die Bemerkung ins Drehbuch geschrieben, die Kulissen sollen im »Kubin'schen Stil« gestaltet werden. Dann versuchten die Autoren, Kubin selbst für die Gestaltung zu gewinnen, der sagte jedoch ab, woraufhin Janowitz vorgeschlagen habe, die Decla solle einen anderen Künstler mit ausgefallenem Stil engagieren, der zu der ungewöhnlichen Geschichte passe. Die Kulissen seien hinterher nur deshalb *expressionistisch* stilisiert worden, weil seine Bemerkung im Drehbuch als »kubistischer Stil« interpretiert worden sei.[584]

– Auch laut Pommer äußerten die Autoren zunächst den Wunsch, den Film in Kubins Stil zu gestalten, machten daraufhin den Versuch, den Künstler selbst zu engagieren, und waren dann erst von ihrem Vorhaben abzubringen, nachdem sie eine Probeszene mit der expressionistischen Gestaltung durch die drei Maler gesehen hatten.[585]

Zwar vermischt Pommer hier im Nachhinein wohl zwei Dinge: zum einen den Vorschlag der Autoren, Kubin zu engagieren, zum anderen die geänderte Haltung der Autoren zur Verfilmung ihres Drehbuchs, allerdings nicht nach einer Probeszene, sondern nach einer internen Voraufführung des fertigen Films (siehe S. 249f). Und Janowitz' Äußerung ist die typische Darstellung eines Filmschaffenden, der gerade seinem Anteil die entscheidende Rolle zum Gelingen des Gesamtwerks zumisst (hier: der erfolgreiche expressionistische Stil ginge auf die direkte Anregung Janowitz' zurück). Jedoch sind dies zwei voneinander unabhängige Äußerungen, die in dem Detail übereinstimmen, dass die Drehbuchautoren den Namen »Kubin« ins Spiel gebracht haben. Diese Darstellung ist also plausibel. Wie verträgt sie sich mit Warms Anspruch, die

Idee eines ausgefallenen Stils sei einzig und allein von den drei Malern geschaffen worden?

Ich glaube, hier liegt eine ähnliche Situation vor wie bei der Schilderung Fritz Langs, er habe etwas zum Gelingen des berühmten Films beigetragen: Es kann ja sein, dass Lang und Pommer in der ersten Etage des Decla-Hauses einmal über CA-LIGARI gesprochen haben. Später hat Lang daraus die Legende konstruiert, den entscheidenden Anstoß für ein wichtiges Element des Films gegeben zu haben. Jedoch zeigen die Widersprüche in seiner Darstellung, dass es sich um eine nachträgliche Konstruktion handelt. Sein Gespräch mit Pommer, worum immer es da gegangen sein mag, hatte wahrscheinlich nicht den geringsten Einfluss auf die spätere tatsächliche Produktion des Films. Ähnlich verhält es sich wohl mit dem »Kubin«-Vorschlag der Drehbuchautoren: Dieser ist wahrscheinlich tatsächlich einmal gemacht worden, und Janowitz hat daraus später die Legende konstruiert, der Vorschlag sei ausschlaggebend für den »kubistischen« Stil gewesen. Jedoch kommt jedenfalls im Krauß-Drehbuchexemplar keine Bemerkung über Kubin vor, und auch Warms Darstellung der Ideenfindung durch die drei Maler ist plausibel, sodass das, was tatsächlich passiert ist, wahrscheinlich dies ist: Die Drehbuchautoren haben gegenüber Pommer zwar den Wunsch nach Kubin geäußert, dieser ist jedoch nicht in die Vorproduktions-Phase überliefert worden, als Meinert mit der Vorbereitung des CALIGARI-Films befasst war. Da haben dann die Maler, Wiene und Meinert unabhängig von der Idee der Autoren den expressionistischen CALIGARI-Stil entwickelt.

Zwei weitere Mutmaßungen darüber, worauf der CALIGARI-Stil letztlich gegründet haben könnte, finden sich in der Literatur:

– Die Legende, die »drei Maler« gehörten der expressionistischen *Sturm*-Gruppe um Herwarth Walden an, entstand 1930, als zwei unterschiedliche Quellen allerdings etwas völlig anderes behaupteten: die eine besagte, CALIGARI-Regisseur Robert Wiene habe der *Sturm-Theater*gruppe angehört,[586] die andere, Herwarth Walden habe den CALIGARI-Malern vorgeworfen, sie hätten den *Sturm*-Stil plagiiert.[587] Siegfried Kracauer machte daraus eine Verbindung der Maler zum *Sturm*-Kreis,[588] und von dort aus fand diese Legende weite Verbreitung.

Tatsächlich war *Der Sturm* keine expressionistische Künstlergruppe wie *Die Brücke* oder *Der Blaue Reiter*, sondern ein Unternehmen zur Verbreitung und Förderung expressionistischer Kunst. Der Redakteur, Herausgeber und Galerist Walden (= Georg Lewin, 1878–1941) hatte Anfang der 1910er Jahre in Berlin den Verlag, die Zeitschrift und die Galerie *Der Sturm* gegründet, mit denen er die neue expressionistische Kunst offensiv propagierte und damit zu ihrem zentralen Organisator und Förderer wurde. Sein Anspruch war, »alle Künstler, die eine führende Bedeutung für den Expressionismus haben, an einer Stelle [zu vereinen].«[589] *Der Sturm* war einerseits Vorkämpfer des avantgardistischen Expressionismus, andererseits Ausgangspunkt dessen Kommerzialisierung. Walden organisierte Ausstellungen in Berlin, ganz Eu-

Die Wandlung: Bühnenbild Robert Neppach, Regie Karlheinz Martin (Tribüne, Berlin 1919)

ropa, den USA und Japan, eine *Sturm*-Kunstschule, *Sturm-Abende* mit Rezitationen expressionistischer Dichter, sogar eine *Sturm-Bühne* mit eigener Zeitschrift (nach einer einzigen Aufführung in Berlin von Lothar Schreyer nach Hamburg verlegt).[590]

In den Ausstellungen und Veröffentlichungen des *Sturm* sind Arbeiten der drei CALIGARI-Maler nicht nachgewiesen. Und als Quelle der Legende muss vor allem Waldens indirekt überlieferte Aussage gelten, *Der Sturm* habe CALIGARI beeinflusst – jedoch nicht, weil die CALIGARI-Schöpfer Mitglieder der *Sturm*-Bewegung gewesen wären, sondern im Gegenteil weil sie die *Sturm*-Ideen plagiiert hätten. Huntly Carter zitiert Walden, der gesagt haben soll, die CALIGARI-Maler hätten ohne darauf hinzuweisen die Ideen Arnold Topps kopiert,[591] eine Aussage, die sich wahrscheinlich gründet auf die unmittelbar der CALIGARI-Werbekampagne vorausgegangene Arnold-Topp-Ausstellung, die im Dezember 1919 in der *Sturm*-Galerie in der Potsdamer Str. 134a stattfand. Tatsächlich finden sich in der Zeitschrift *Der Sturm* oft polemische Äußerungen Waldens gegen die »Mitläufer«, die echte Kunst nur kopieren,[592] den expressionistischen Film hielt er allerdings keiner Bemerkung für würdig. Die einzige Erwähnung CALIGARIS in der Zeitschrift *Der Sturm* stammt von Waldens engem Mitarbeiter Rudolf Blümner, der mit Carl Mayer und Gilda Langer am Residenztheater gearbeitet hatte und als Filmschauspieler der Branche nahe stand (heute wohl am ehesten bekannt als Verteidiger des von Peter Lorre verkörperten Kindermörders in Fritz Langs M, 1931). In einer »bitterböse[n] Kritik«[593] bespöttelte er das Kunstpublikum, das Original und Nachahmer verwechselt und Mitläufer für echte Künstler hält: »In der Ausstellung des ›Sturm‹ hing ein Gemälde von Lyonel Feininger. – – ›Sieh mal, Lotte,‹ sagte ein Besucher, ›ganz wie Doktor Caligari.‹«[594]

– Der Filmhistoriker Barry Salt vertrat die Auffassung, die CALIGARI-Kulissen seien direkt inspiriert durch die Bühnenbilder der Uraufführung von Ernst Tollers *Die Wandlung* in der Tribüne in Berlin, geschaffen von Robert Neppach unter der Regie von Karlheinz Martin, dem späteren Team des expressionistischen Films VON MORGENS BIS MITTERNACHTS. Da die Uraufführung der *Wandlung* in Berlin am 30.9.1919 stattfand, bezichtigt Salt den CALIGARI-Maler Hermann Warm der Geschichtsfälschung, da Warm als Zeitraum der Dreharbeiten (und des Baus der Kulissen) den »Spätsommer« 1919 angegeben hatte.[595] Salt meint, Warm habe dieses Datum absichtlich vor die Uraufführung der *Wandlung* gelegt, um dem Vorwurf des Plagiats auszuweichen, und CALIGARI sei erst nach dem 30.9. entstanden. Als unabhängigen Beleg führt er jene Produktionsmeldungen in Film-Fachzeitschriften an, die nahe legen, dass CALIGARI nicht vor Dezember 1919 gedreht wurde. Wie wir inzwischen wissen, waren diese Produktionsmeldungen verspätete Mitteilungen der Decla-Presseabteilung und CALIGARI wurde tatsächlich im »Spätsommer« 1919 gedreht, mit Anlauf der Dreharbeiten (und Schaffung der expressionistischen Kulissen) wahrscheinlich vor der Premiere der *Wandlung*.

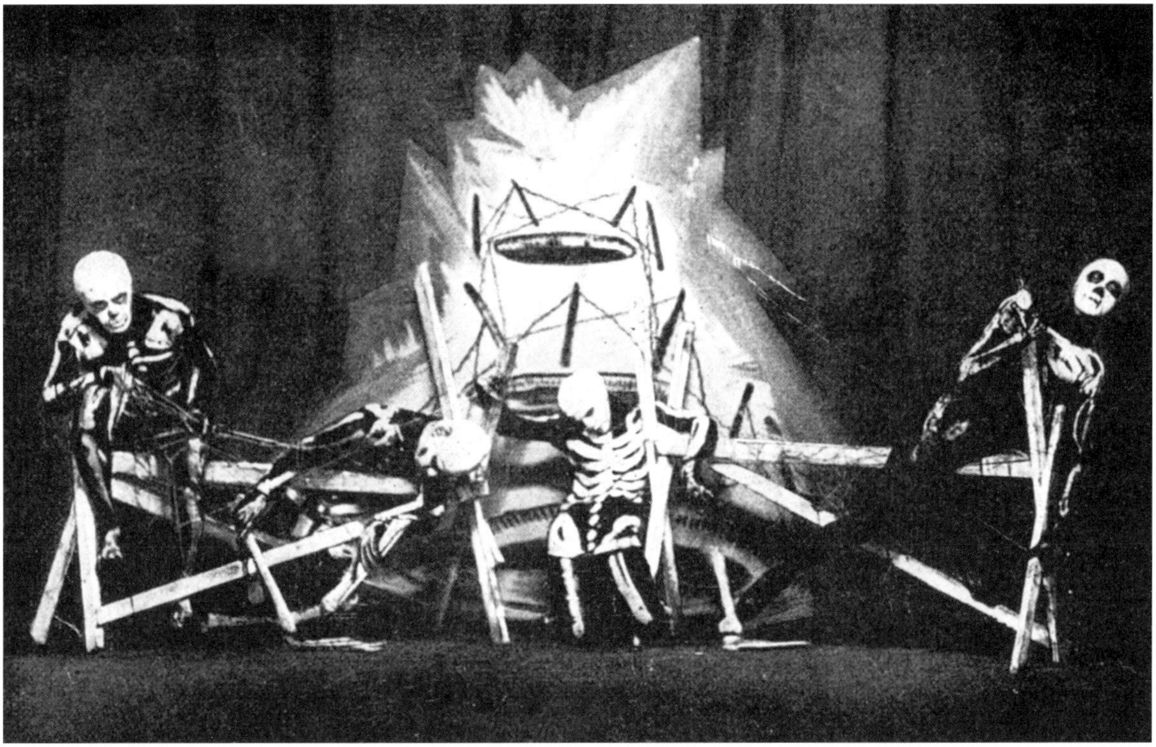

Die Wandlung (1919)

Unabhängig davon, welche konkreten Vorbilder den CALIGARI-Malern vorgeschwebt haben mögen, war Expressionismus im Jahr 1919 allgegenwärtig: Innerhalb eines Jahrzehnts war die avantgardistische Kunstrichtung zum kommerzialisierbaren Produkt geworden, und das Feuilleton forderte bereits seine Anwendung im Medium Film.[596] Ohne konkret nachweisen zu müssen, dass die Maler in Berlin etwa das Bühnenstück *Die Wandlung* (dessen Uraufführung wahrscheinlich nach Beginn der CALIGARI-Dreharbeiten stattfand) oder die Arnold-Topp-Ausstellung (die definitiv nach Ende der Dreharbeiten stattfand) gesehen hätten, war die expressionistische Idee in diesem Jahr naheliegend, und Vorbilder, allein in der Malerei, gab es zuhauf. Auch die expressionistischen Bauten des Vergnügungsparks Luna-Park in Berlin-Halensee könnten als Inspiration für die Kulissen des CALIGARI-Jahrmarkts gedient haben,[597] und der Bühnenbildner Ernst Stern (1876–1954), der auch für den Film arbeitete, fertigte für die Uraufführung des Stücks *Die Wupper* von Else Lasker-Schüler expressionistische Bühnenentwürfe an, die ebenfalls bereits starke Ähnlichkeit zu Caligaris Cabinet aufweisen.[598] Die Uraufführung fand am 27.4.1919 im Deutschen Theater in Berlin statt, also nur etwa eine Woche nachdem die Decla gerade das CALIGARI-Drehbuch angekauft hatte.

Als Hermann Warm Produktionsleiter Meinert und Regisseur Wiene den Vorschlag der drei Maler unterbreitete, die Bühnenbilder des Films expressionistisch zu gestalten, soll Wiene sofort begeistert gewesen sein, Meinert habe sich einen Tag Bedenkzeit erbeten und erst am Tag darauf sein OK für den vorgeschlagenen Stil gegeben: Diese Art der Durchführung sei verrückt, aber wenn sie es so verrückt wie möglich machten, könne der Film ein Sensationserfolg werden.[599] Es ist ungewiss, ob die Übergabe des Drehbuchs an Warm, der Vorschlag der Maler, die Zustimmung des Regisseurs und die Entscheidung Meinerts tatsächlich innerhalb dieser zwei Tage vonstatten gegangen sind; klar ist, dass mit der Entscheidung Meinerts der Startschuss gegeben war für das Unternehmen »expressionistischer Film«. Nach Warms Darstellung habe Meinert den Stil sogar gegen den Widerstand eines Teils der Decla-Direktion durchgesetzt.[600] Während die Maler nun ihre Kulissen entwarfen, waren es Meinert, Wiene und Sternheim, die sich noch einmal das Drehbuch vornahmen und sich die Pressekampagne überlegten, mit der sie den »ersten expressionistischen Film« zur Sensation des Frühjahrs 1920 machen wollten.

Irrenhaus-Rahmenhandlung und Bedeutung
der expressionistischen Gestaltung

Die zweite wesentliche Entscheidung nach der expressionistischen Gestaltungsidee war die Änderung der im Drehbuch vorgegebenen Rahmenhandlung zu der berüchtigten Irrenhaus-Rahmenhandlung: Zwei Männer sitzen auf einer Bank im Park und erzählen einander Schauergeschichten, die sie angeblich selbst erlebt haben. Franzis erzählt die Geschichte vom CABINET DES DR. CALIGARI. Am Ende der Geschichte erfahren wir, dass die beiden Männer Insassen von Dr. Caligaris Irrenhaus sind, das bevölkert ist mit Figuren aus Franzis' Geschichte. Als der Direktor, der am Ende der Geschichte in eine Zelle gesteckt wurde, die Treppe hinunter kommt, stürzt Franzis sich auf ihn und ruft: »Er ist Caligari … Caligari … Caligari!« Jetzt wird Franzis in die Zelle gesteckt, der Direktor macht die rätselhafte Bemerkung, nun kenne er den Weg zu seiner Gesundung, und das Wort »Ende« überrascht uns wie eine Ohrfeige.[601]

Wer aber war es, der dem Drehbuch den letzten Schliff gegeben und dabei auch die Irrenhaus-Rahmenhandlung hinzugefügt hat? Sie entstand wahrscheinlich erst spät im Produktionsprozess, nach der Idee der expressionistischen Gestaltung durch die Maler. Denn das Krauß-Drehbuchexemplar enthält, obwohl es bereits bearbeitet wurde, noch die alte Rahmenhandlung, und wir wissen, dass es ihm ausgehändigt wurde, als die Maler bereits mit dem Film befasst waren (es enthält ein Deckblatt von Walter Reimann), nach Krauß' eigenem Bekunden sogar nur einen Tag vor den Dreharbeiten.[602] Aus diesem Grund kann die Irrenhaus-Rahmenhandlung auch nicht von Fritz Lang stammen, der stets behauptet hat, er habe den Vorschlag zur »normalen« Gestaltung der Rahmenhandlung gemacht in der Intention, dem Publikum klarzumachen, »daß der expressionistische Stil die verzerrte Welt der Irren darstellte.«[603]

Hermann Warm stimmte Lang in einem Punkt zu, nämlich in der Sache der *Intention* der Irrenhaus-Rahmenhandlung. Warm erklärte wie Lang später, der Expressionismus habe der Darstellung des Albtraums eines Wahnsinnigen gedient und die Rahmenhandlung der Klarstellung dieses Sachverhalts. Die Maler hätten daher auch für den Schluss-Rahmen eine vollkommen naturalistische Darstellung vorgeschlagen, seien aber mit dieser Meinung nicht durchgedrungen und hätten dann die expressionistischen Kulissen des Schluss-Rahmens durch Übermalung nur etwas abgemildert.[604] Das klingt, als wäre der Schluss-Rahmen nur durch Zufall so geraten, dass man ihn auch ganz anders interpretieren kann, als Lang und Warm dies für möglich hielten. Dagegen erklärte Walter Reimann, dass es nicht der Intention der Maler entsprach, den Expressionismus als Darstellung der Welt eines Irren zu begreifen:

> Dieser Film war ein Anfang, ein Versuch, neue Wege für den Film zu finden. Wodurch es aber kam, daß dieser Weg bis heute noch nicht weiter beschritten wird, ja, daß er sogar in Vergessenheit gerät und zu versanden droht, das liegt daran, daß die Prominenten des deutschen Filmfachs, die tonangebenden Leiter der Produktion, *diesen Film von Anfang an mißverstanden haben und auch noch nicht Ursache und Absicht desselben verstehen.* Man ist heute noch allgemein der Ansicht, daß die dem Film eigentümliche Auffassungsform lediglich des Irrsinnmotivs wegen gewählt wurde; dadurch ist der Verdacht entstanden, diese Formgebung – landläufig expressionistisch genannt – sei die patentierte Auffassung des Irrsinns und deswegen zu anderem Zweck nicht verwendbar.[605]

Es ist eine Sache der Interpretation, ob wir sagen sollen, die Rahmenhandlung drehe den Film um, indem sie den Sieg über das Böse zu einer expressionistisch gestalteten Irrenfantasie erkläre, oder sie mache ihn erst tiefgründig, da sie die Frage nach der Wahrheit der Binnengeschichte offen lasse, und damit auch die Frage nach der Funktion der expressionistischen Gestaltung. Die Filmhistoriker Uli Jung und Walter Schatzberg schreiben das Verdienst der doppelbödigen Gestaltung der Rahmenhandlung dem Regisseur Robert Wiene zu und interpretieren die Rahmenhandlung anders als Lang und Warm:

> Indem er zum Beispiel die expressionistischen Dekorationen in den Schluß-Rahmen hinein übernimmt, vermeidet Wiene eine scharfe Trennung zwischen Phantasie und Realität. Dadurch erhöht er die Spannung und gibt dem Film zugleich seine hermeneutische Offenheit. Die Verlängerung der expressionistischen Dekorationen in den Schluß-Rahmen bildet das ikonographische Bindeglied zur letzten Szene des Films. Die expressionistischen Verzerrungen der Räumlichkeiten, in denen psychiatrische Arbeit geleistet wird, veranlassen den Zuschauer, sich zu fragen, ob er denn letztendlich herausgefunden hat, was Wirklichkeit und was Phantasie ist. Die letzte Szene zeigt Caligari in seiner Rolle als gütiger Psychiater, eine Stütze der Gesellschaft. Aber ganz am Ende läßt Wiene ihn direkt in die Kamera schauen und schließt eine Iris-Blende um seinen Kopf. Ikonographisch wird der Zuschauer so an das erste Auftreten Caligaris, in seiner Rolle als verrückter Scharlatan erinnert, denn auch hier hatte Wiene eine Iris-Blende um Caligaris Kopf geschlossen. Diese ikonographische Assoziierung stellt die Solidität des Bürgers Caligari und seines Versprechens, Francis zu heilen, in Frage.[606]

Jung und Schatzberg argumentieren hier überzeugend, dass Robert Wiene die Rahmenhandlung *absichtlich* im Sinne ihrer Interpretation ausgeführt hat, damit also keineswegs die Absicht hatte, bloß die Binnenhandlung als Irrenfantasie zu diskreditieren. Wie auch immer Wienes wahre Intentionen aussahen, muss die Hinzufügung und Ausführung der Irrenhaus-Rahmenhandlung ihm und seinem Team zugeschrieben werden, zu dem auch der Produktionsleiter Rudolf Meinert und der Dramaturg Julius Sternheim gehörten. So wie die drei Maler gemeinsam die expressionistische Gestaltungsidee entwickelt hatten, waren es diese drei erfahrenen Filmautoren, die das Caligari-Drehbuch noch mal einer gründlichen Revision unterzogen und damit den Film schufen, den wir heute kennen.

Besetzung

Werner Krauß (1884–1959), der in der Saison 1919/1920 bei der Decla unter Vertrag stand, bekam die Rolle des Dr. Caligari.[607] Der wandlungsfähige Darsteller hatte zum Ensemble der Reinhardt-Bühnen gehört, war in expressionistischen Theaterstücken hervorgetreten und von dem Theaterkritiker Herbert Ihering zum idealen expressionistischen Darsteller erklärt worden. Im Verriss einer Aufführung der Sturmbühne von August Stramms *Sancta Susanna*, Regie Lothar Schreyer, schloss Ihering mit den Worten: »[W]enn die Sturmbühne wüßte, was eine konzentrierte, geistige, geballte, rhythmische, expressionistische Bühnenkunst ist, so brauchte sie nur die brennenden Schöpfungen eines Schauspielers theoretisch fortzubilden: die phantastischen Gestalten von

Werner Krauß   Lil Dagover

Werner Krauß.«[608] Krauß' erste Filmrolle war Conte Dapertutto in Richard Oswalds
HOFFMANNS ERZÄHLUNGEN (1916), und ebenso wie Conrad Veidt war er dann in vielen Oswald-Filmen aufgetreten, unter anderem im ersten TAGEBUCH EINER VERLORE-
NEN (1918) und dem ersten Teil der PROSTITUTION (1919). Die Decla kündigte ihn Anfang 1919 als fest engagierten Hauptdarsteller für die neue Saison an:

> Liebe zur Kunst, zur wahren Kunst im Film, ist es, was diesen Darsteller wieder
> zum Film und zur »Decla« gezogen hat. So subtil wie er, hat kaum einer noch die
> feinsten Nuancen im Spiel zum Ausdruck gebracht. Ob er nun in der
>   »Decla-Weltklasse«
> in nur von ihm zu lösenden Aufgaben erscheinen wird, oder ob er einen Charak-
> ter verinnerlichen wird, der im Rahmen der
>   »Decla-Frauenklasse«
> Gestaltung verlangt, oder ob er Raum finden wird, um eine der mannigfachen
> Rollen in den Filmen der
>   »Decla-Abenteurerklasse«
> zu verkörpern, immer wird sein Erscheinen vom Publikum mit tiefer Genugtuung be-
> grüßt werden, immer werden die von ihm dargestellten Menschen eine eigene
> Note haben.[609]

Krauß erzählt zu seinem Engagement bei der Decla:

Damals hatte ich einen Vertrag bei der Decla. Ich bekam monatlich soundsoviel und mußte filmen. Manchmal hatte ich vierzehn Tage nichts zu tun, die Gage blieb die gleiche. Also sozusagen auf Abruf.[610]

Vor CALIGARI war er 1919 aufgetreten in Josef Coenens Frauenklasse-Filmen DIE INSEL DER GLÜCKLICHEN und DAS EWIGE RÄTSEL und den Helios-Filmen TOTENTANZ (Otto Rippert, Buch Fritz Lang) und PHANTOME DES LEBENS (Josef Coenen, Arbeitstitel *Die gestohlene Lebensfreude*).

Ebenso wie Krauß gehörte auch *Lil Dagover* (1887–1980) zum Decla-Ensemble der Saison 1919/1920.[611] Krauß erzählte: »Sie wohnte da in einem Hotel am Potsdamer Platz, lag den ganzen Tag im Bett und aß Pralinen. Aber dann kam aus Amerika die schlanke Mode, und da wurde sie ganz schlank, und sie sieht heute noch phantastisch aus.«[612] Der Legende nach hatte Robert Wiene die ihm unbekannte, schöne junge Dame eines Tages im Jahr 1917 in Weimar auf der Straße entdeckt und angesprochen: ob sie nicht zum Film wolle? Martha Daghofer, so hieß die junge Dame, wandte sich entrüstet ab. Aber später traf sie den Mann von der Straße wieder, der, wie sich herausstellte, tatsächlich ein Filmregisseur und recht gut mit ihrem Mann bekannt war, dem Schauspieler Fritz Daghofer.[613] Die schöne junge Dame spielte dann zwar vor CALIGARI nicht für Robert Wiene, aber beim Film landete sie schließlich doch, änderte ihren Namen in Lil Dagover und machte sich auf dem Papier um zehn Jahre jünger: Zeit ihres Lebens behauptete sie, 1897 geboren, also bei der CALIGARI-Produktion Anfang zwanzig gewesen zu sein, nicht Anfang dreißig, was tatsächlich der Fall war. Erst kurz nach ihrem Tod (mit 92, nicht 82 Jahren) enthüllte eine ehemalige Schulkameradin die Wahrheit über Lil Dagovers Alter.[614] Vor ihrem festen Engagement für die Decla war sie in ein paar Filmen aufgetreten von Alwin Neuß (DAS LIED DER MUTTER, 1918; DER VOLONTÄR, 1918), E.A. Dupont (DIE MASKE, 1919) und Carl Froelich (DER TÄNZER, 1. Teil, 1919), und in ihrer Ankündigung zu Beginn der neuen Saison verkündete die Decla dann:

Die Freunde der »Decla« werden dieser Dank wissen, daß es endlich gelungen ist, auch Lil Dagover fest für den Film zu verpflichten. Die Fülle der ihr im Rahmen des »Decla«-Programms zugedachten Aufgaben war der Anreiz, der sie vermochte, ihre bisherige Künstlerlaufbahn mit dem Kreis der »Decla«-Künstler zu vertauschen. Die Grazie ihrer Erscheinung wird die Filme der
    »Decla-Weltklasse«
verschönen, mit dem bezwingenden Schimmer ihrer Persönlichkeit wird sie durch die Bilder der
    »Decla-Frauenklasse«
huschen, und auch als das süße Mädel, als der Punkt, um den sich alles dreht, in den Filmen der
    »Decla-Abenteurerklasse«
der anerkannte Liebling des Publikums sein.[615]

Film-Kurier

Illustrierte Wochenbeilage

№ 1.　　　Einzelheft　20 Pf.　　　27. September 19.

phot. Schenker　　　links **Reffel Orla**　　　phot. Mac Walten
rechts **Gilda Langer**

phot. Binder　　**Lil Dagover**　　**Carola Toelle**　　phot. Binder

Die vier Hauptdarstellerinnen der Decla

Hauptdarstellerinnen der Decla, 1919/20: Ressel Orla, Gilda Langer, Lil Dagover, Carola Toelle

Vor CALIGARI spielte sie 1919 mit Werner Krauß in dem Helios-Film PHANTOME DES LEBENS (Josef Coenen, Arbeitstitel *Die gestohlene Lebensfreude*), sowie zwei exotische Rollen in Fritz-Lang-Filmen: das Indianermädchen Naëla im ersten Teil der SPINNEN, dem ersten Abenteurerfilm DER GOLDENE SEE, und die Japanerin O-Take-San im zweiten Weltklasse-Film HARAKIRI. Als CALIGARI parallel zum zweiten Teil der SPINNEN, DAS BRILLANTENSCHIFF gedreht werden sollte, soll Robert Wiene, der Mann von der Straße in Weimar, der inzwischen von der Decla für die CALIGARI-Regie engagiert worden war, sie angerufen und gefragt haben:

> »Spinnen Sie noch immer bei Fritz Lang mit? Auch im zweiten Teil?«
> Ich [Lil Dagover] sagte: »Leider nein, ich sterbe im ersten Teil.«
> Darauf er: »Wie schön! Dann kann ich ja über Sie verfügen!«[616]

Gilda Langer, die zu dem Zeitpunkt wirklich Anfang zwanzig war (und ihren 24. Geburtstag nicht mehr erleben sollte), wurde für die Frauenrolle in CALIGARI nicht erwogen, die Decla hatte offensichtlich Anderes mit ihr vor: Sie bekam einen Vertrag als Hauptdarstellerin, die Decla kündigte sie Ende des Jahres neben Ressel Orla, Lil Dagover und Carola Toelle als Star der kommenden Saison an (siehe letzte Seite) und meldete, sie werde im Laufe des Monats Dezember in einem großen »Decla-Exclusiv-Film« spielen.[617]

Der große Coup, den Robert Wiene in der Besetzung des CABINETS DES DR. CALIGARI landete, war die Verpflichtung von *Conrad Veidt* (1893–1943) als Somnambule Cesare.[618] Das frühere Mitglied von Max Reinhardts Ensemble am Deutschen Theater war 1917 zum Film gekommen. Für Robert Wiene hatte Veidt in FURCHT (1917) seine erste »Turban-Rolle« gespielt: einen indischen Priester, der dem von Bruno Decarli gespielten Grafen prophezeit, er habe nur noch sieben Jahre zu leben, ein Vorgriff auf die Prophezeiung Cesares im CABINET DES DR. CALIGARI. In DAS RÄTSEL VON BANGALOR (1917, Alexander von Antalffy, Paul Leni) spielte Veidt neben Gilda Langer und Harry Liedtke erneut einen dämonischen Inder,[619] und für Richard Oswald spielte er neben Reinhold Schünzel unter anderem Phileas Fogg in DIE REISE UM DIE ERDE IN 80 TAGEN (1919), den homosexuellen Pianisten Paul Körner im wohl berühmtesten Aufklärungsfilm ANDERS ALS DIE ANDERN (1919) und sechs verschiedene Rollen im Episodenfilm UNHEIMLICHE GESCHICHTEN (1919). In F.W. Murnaus SATANAS (1919), geschrieben und unter »künstlerischer Oberleitung« von Robert Wiene, war er der gefallene Engel, und schließlich gründete er seine eigene Produktionsfirma, übernahm in WAHNSINN (1919) zum erstenmal die Regie und auch gleich die Hauptrolle eines Mannes, der langsam in den Wahnsinn abgleitet, und als er von einer Zigeunerin eine Todesprophezeiung erhält, seinem Schicksal nicht entrinnen kann. Veidt dürfte im Oktober 1919, als WAHNSINN herauskam und CALIGARI gedreht wurde, einer der bestbezahlten Schauspieler Deutschlands gewesen sein.

Friedrich Fehér (1889–1950) spielte die eigentliche Hauptrolle in CALIGARI: den jungen Mann, der in den Wirbel der furchtbaren Ereignisse gerät, aus dessen Sicht die ganze Geschichte erzählt wird und der am Ende im Irrenhaus landet. Der Österreicher Fehér war seit 1912 in Filmen der Deutschen Mutoskop- und Biograph GmbH (DMB) aufgetreten (unter anderem OPFER DER SCHANDE, 1912; STÜRME, 1913), in denen er teilweise auch Regie führte (DAS BLUTGELD, EMILIA GALOTTI, KABALE UND LIEBE, DIE RÄUBER, alle 1913; DIE MISSION EINES TOTEN, 1919), aber auch in Filmen der PAGU (DER SCHUSS IM TRAUM, 1915, Max Mack) und der Messter Film GmbH (DIE RÄUBERBRAUT, 1916, Robert Wiene). Er war auch Mitglied der österreichischen Berufsvereinigung der Filmregisseure, die Robert Wiene 1919 in Wien gegründet hatte.[620]

Hans Heinrich von Twardowski (1898– 1958) spielte eine kurze aber wichtige Rolle in CALIGARI: den Freund, der ermordet wird und damit den Wirbel der Ereignisse auslöst. Twardowski kam nach dem Großen Krieg nach Berlin und war dort als expressionistischer Schriftsteller und Schauspieler, Kabarettist und Rezitator tätig. 1918 erschien die

Conrad Veidt

erste Ausgabe seines kleinen Büchleins mit Literaturparodien, die zum Teil vorher schon in der *Weltbühne* erschienen waren, *Der rasende Pegasus*,[621] über den Kurt Tucholsky schrieb: »Seit Gumppenbergs Teutschem Tichterroß – vom alten Mauthner zu schweigen – ist das wieder die erste brauchbare deutsche Parodiensammlung.«[622] Zu Twardowskis Rilke-Abend schrieb eine Berliner Tageszeitung: »Twardowsky hört nicht, während er spricht, er hat schon vorher gehört, und zeichnet vor seinem inneren Blick sich kreuzende rhythmische Linien scharf und schnell nachziehend, das Herausgelauschte noch einmal. Zeichnet es zuweilen überscharf, oftmals allzuschnell, sich selbst mit Blickstarre, Körperwippen, Knietakt, Handrhythmik anfeuernd, keinen Winkel der inneren Landschaft undurchfegt zu lassen vom Atem des Wortes, und den dynamischen Antrieb anzupeitschen.«[623] Alan in DAS CABINET DES DR. CALIGARI war seine erste Filmrolle.[624]

Dazu kamen in Nebenrollen: *Rudolph Lettinger* (1865–1937) als Janes Vater Medizinalrat Dr. Olfen, *Ludwig Rex* (1888–1979)[625] als Verbrecher, der auf frischer Tat gefasst und zunächst für den Serienmörder gehalten wird, *Elsa Wagner* (1881– 1975) als Alans Wirtin, sowie *Henri Peters-Arnolds* als junger Arzt, *Hans Lanser-Ludolff* als alter Mann auf der Parkbank und viele andere als Polizisten, Ärzte, Stadtbewohner, Jahrmarktsbesucher und Irrenhausinsassen.

Hermann Warm hat zwischen 1954 und 1970 eine Reihe von Textvarianten verfasst, in denen er den Bau der CALIGARI-Kulissen und den Ablauf der Dreharbeiten beschrieben hat.[626] Für die Vorarbeiten gab er eine Zeitspanne von $1^1/_2$ bis 2 Wochen an,[627] für die eigentlichen Dreharbeiten, inklusive Bauten $3^1/_2$ bis $4^1/_2$ Wochen.[628] Werner Krauß gab die Zeit, die er an CALIGARI arbeitete mit »höchstens zehn Tage« an.[629] Davon ausgehend, dass

- die Produktionsmeldungen in Fachzeitschriften als Teil der Decla-Werbestrategie verspätet herausgegeben wurden,
- auch die Meldungen vom Eintritt Rudolf Meinerts in die Decla verspätet erfolgten,
- der Bericht von Claus Groth, der die CALIGARI-Dreharbeiten in die Zeit der »Du musst CALIGARI werden!«-Werbekampagne datiert, eine Konstruktion der Decla-Presseabteilung war,
- die CALIGARI-Dreharbeiten erst beginnen konnten, nachdem Lil Dagover mit ihrer Rolle in HARAKIRI fertig war und das Ende September der Fall war,
- die CALIGARI-Dreharbeiten parallel zu den BRILLANTENSCHIFF-Dreharbeiten stattfanden und diese Anfang Oktober begannen,
- und die CALIGARI-Dreharbeiten beendet waren, als der frühe Wintereinbruch Anfang November den »Spätsommer« beendete,

bleibt nur der Schluss übrig, dass die Vorarbeiten im September und die eigentlichen Dreharbeiten im Oktober 1919 durchgeführt wurden.

Die Dreharbeiten fanden im von der Decla gepachteten Atelier im Berliner Stadtteil Weißensee auf dem Grundstück Franz-Josef-Straße 9 statt (heute Liebermannstraße),[630] direkt neben dem Atelier von Joe May, wo er z.B. DIE HERRIN DER WELT (1919/20) drehte. Das CALIGARI-Atelier war noch ein Glashaus, wie es in den 1910er Jahren benutzt wurde, um Sonnenlicht zur Beleuchtung zu verwenden. 1919 wurden Filme freilich bereits mit künstlicher Beleuchtung gedreht, so auch CALIGARI, wie am Schattenwurf im Filmbild gut zu erkennen ist. Laut Hermann Warm fertigten er, Walter Reimann und Walter Röhrig in der $1^1/_2$ bis 2 Wochen dauernden Vorbereitungs-Phase Dekorationsentwürfe an, meist in mehreren Fassungen, die dann Wiene, Meinert und Kameramann Willy Hameister vorgelegt, diskutiert und ausgewählt wurden, dazu Requisitenlisten, Grundrissplanungen, die Eingruppierung in den Atelierplan, Werkzeichnungen für die Anfertigung einzelner Bauteile, Möbel, Requisiten usw. Walter Reimann machte Skizzen zu den Kostümen der Schauspieler, die am Ende der Vorarbeiten auch anwesend waren, um sich anhand der Skizzen ein Bild von dem geplanten ungewöhnlichen Film zu machen, und mit den Malern diskutierten.[631]

In den $3^1/_2$ bis $4^1/_2$ Wochen der eigentlichen Dreharbeiten wurden nach den Entwürfen die Dekorationen gebaut, Kostüme und Requisiten angefertigt. Hermann Warm erzählt vom Ablauf der Bau- und Dreharbeiten:

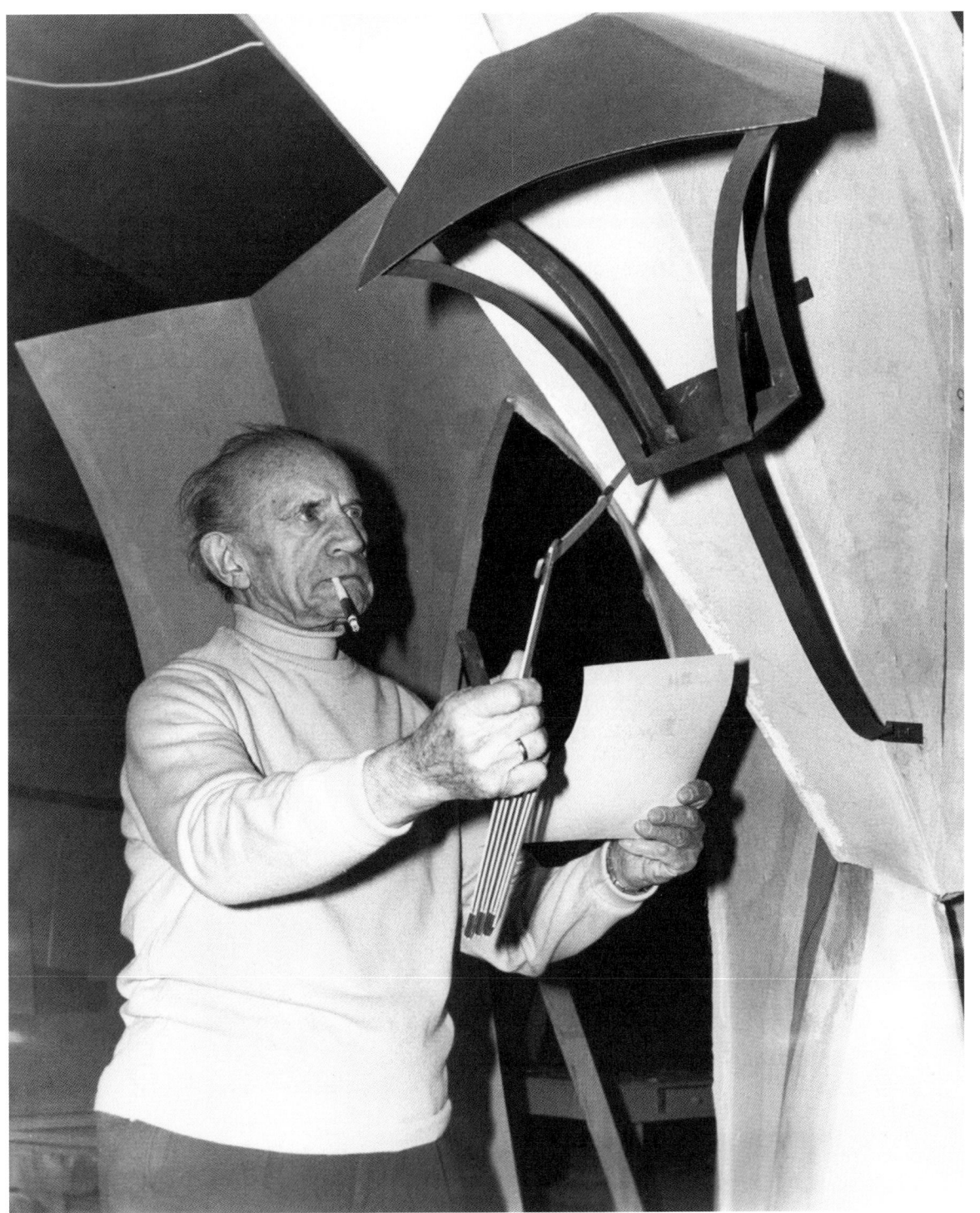

1971 rekonstruierte Hermann Warm im Alter von 82 Jahren die Caligari-Kulissen fürs Musée du cinéma in Paris

„DAS KABINETT DES DR. CALIGARI„ RATHAUSPLATZ.

„DAS KABINETT DES DR. CALIGARI„ BRÜCKE.

Architekturskizzen, rekonstruiert von Hermann Warm

Mit Furore ging es an die Arbeit; selbst die Bühnenarbeiter hatten Vergnügen daran. Wir drei Maler schafften immer bis in die Nacht hinein, wie in einem Taumel. Es war die damalige neue Welle, die alle Mitwirkenden umspülte und trug.

Ich, als der im Filmbau Erfahrene, übernahm in erster Linie das Konstruktive der Bauten, Röhrig mit der Malertruppe das Ausmalen der Dekors (diese wurden behandelt wie große Kohlezeichnungen, leicht farbig ausgetuscht), von Reimann unterstützt, sobald dieser mit dem Improvisieren der Kostüme fertig war, und am Ende half auch ich noch beim Ausmalen und Einrichten mit Möbeln und Stoffen.

Es war eine ideale Zusammenarbeit, kannten wir drei uns doch seit Jahren durch unsere Arbeit am Theater und in Theatermaler-Ateliers.

Aus dem benachbarten Joe May gehörenden Filmatelier schlichen sich manchmal Beauftragte ein: man wollte voller Spannung und Wißbegier erfahren, was die Verrückten da anstellen. Weißensee bei Berlin war ja damals Klein-Hollywood.[632]

Werner Krauß kolportierte später die Legende, er selbst und die anderen Schauspieler hätten die zu den expressionistischen Dekorationen passenden Kostüme und das Make-up erfunden: Als er zu den Dreharbeiten gerufen wurde, sagte man ihm, er solle in Cut und gestreifter Hose erscheinen, ganz naturalistisch. Als er dann so da auftauchte und die expressionistischen Dekorationen sah, überlegte er es sich anders und orderte Havelock, altmodischen Zylinder und Stock, die ganz schnell von einem Hilfsregisseur bei einem Trödler besorgt wurden. Dann setzten er und die anderen Schauspieler sich zusammen und entwarfen das expressionistische Make-up, z.B. den Strich unter Veidts Augen und das Aussehen von Dr. Caligari.[633] Diese Darstellung dürfte nicht der Wahrheit entsprechen. Von Walter Reimann vorliegende Kostümentwürfe legen nahe, dass es tatsächlich der Kostümbildner Reimann war, der die CALIGARI-Kostüme entworfen hat, und nicht die Schauspieler. Hermann Warm und Walter Reimann wiederum haben ihre Zusammenarbeit mit den Schauspielern so dargestellt, dass sie Regieaufgaben übernommen und den Schauspielern erklärt hätten, wie sie in den ungewöhnlichen Dekorationen zu agieren hätten:

Werner Krauß als Caligari und Conrad Veidt als Cesare waren mit der gleichen Begeisterung am Werke wie wir: ein ständiges Fragen, warum die zuckenden Linien, die schlingernden fangenden Ornamente, das Zerbrechen der Formen, die Dissonanzen von Helligkeit und Schwärze, von Überhöhungen und Absinken der Tiefe. Unsere Antworten auf dieses Fragen ergaben ein so harmonisches Eingehen, ein Finden des expressiven Ausdrucks im Gleichklang zu den gegebenen Dekorationen.

Hermann Warm[634]

Ich erinnere mich, daß Werner Krauß zu uns kam und fragte, warum er so gebückt an dem Zelt entlang schleichen müsse, denn Walter hatte auch die Kostüme entworfen und die Figuren in die Szene gestellt, daß Walter antwortete: »Weil Sie etwas Unheimliches sind.« Werner Krauß, der große Schauspieler, begriff das

Architekturskizze von Walter Reimann

und spielte so, und mit den Entwürfen und Bauten zum »Caligari-Film« stand Walter Reimanns Name in der gesammten Filmwelt, denn die Entwürfe sagten, wer der Träger der Idee war.

Margarete Reimann (Walters Witwe)[635]

Laut Hermann Warm errichteten sie die Bauten im Atelier nach Möglichkeit in chronologischer Reihenfolge, um den Schauspielern das Einfinden in ihre Rollen zu erleichtern und dem Regisseur die Arbeit zu erleichtern,[636] und die Dreharbeiten wurden dreimal je durch einen Bautag unterbrochen.[637] Natürlich dürfen wir annehmen, dass zuerst alle Szenen in einer Dekoration abgedreht wurden, bevor diese abgerissen und eine neue Dekoration aufgebaut wurde, z.B. dürften die Szenen im Irrenhaus-Garten, die den Anfangs- und Schluss-Rahmen bildeten, direkt nacheinander gedreht worden sein, möglicherweise erst am Ende der Dreharbeiten. Ebenfalls gegen Ende der Dreharbeiten müssen die Szenen gedreht worden sein, in denen zuerst (in der Binnenhandlung) der Direktor des Irrenhauses und dann (in der Rahmenhandlung) der Erzähler Franzis in die Irrenhaus-Zelle gesteckt werden. »Claus Groth« stellt in seiner Erzählung im *Illustrierten Film-Kurier*, die, wie wir annehmen, größtenteils konstruiert ist, die Aufnahmen dieser Szenen so dar:

> »[…] Caligari? – – Da hören Sie, wie er brüllt.« Im gleichen Moment erhob sich ein ohrenbetäubender Lärm und erschreckt und neugierig lief ich dem Regisseur Robert Wiene nach, der auf den Lärm hin auf seinen Posten zurückeilte. Ich kam noch rechtzeitig, um zu sehen, wie er zu meinem Erstaunen Werner Krauß in der vorzüglichen Maske eines Gelehrten in die Zwangsjacke stecken ließ, während Fritz Fehér mit geradezu satanischem Grinsen die Prozedur verfolgte. Er hatte aber zu früh gelacht, denn schon 5 Minuten später war ich Zeuge, wie Wiene Werner Krauß – er war der Dr. Caligari – befreien ließ, um nun Fehér selbst in dieses so gut in die heutige Zeit passende Kleidungsstück hineinzustecken.[638]

Mehr als fünf Minuten werden schon zwischen den beiden Aufnahmen gelegen haben, denn für den Schluss-Rahmen haben die Maler die vorher verwendeten Irrenhaus-Kulissen übermalt und so die expressionistischen Formen abgemildert.[639] Aber es ist sicher nicht verwegen anzunehmen, dass kurz nachdem diese Szenen aufgenommen wurden, der CALIGARI-Film im Kasten war.

Die CALIGARI-Werbekampagne

Im Januar des neuen Jahres 1920 startete die Decla die große Werbekampagne, mit der sie den Berlinern verkündete, dass in Kürze ein ungewöhnlicher Film in die Lichtspielhäuser kommen würde. Diese Werbekampagne ist in den Film-Fachzeitschriften nachweisbar ab dem 10. Januar 1920. Anzeigen nannten zunächst in verschiedenen Schreibweisen nur den Filmtitel:

Das Kabinett des Dr. Kaligari [640]
Das Kabinett des Dr. Caligaris [641]

Der offizielle Filmtitel war später laut Filmvorspann DAS CABINET DES DR. CALI-GARI, obwohl noch verschiedene Schreibweisen im Umlauf waren. So hieß es in den Uraufführungs-Kritiken oft *Das Kabinett des Dr. Caligari*, aber auch die Schreibweisen *Cabinet*, *Cabinett*, *Kabinet* und *Kaligari* waren zu finden. Der Filmhistoriker David A. Cook glaubt, dass das französisch klingende *Cabinet* in den 1930er Jahren von den Nazis zu *Kabinett* »eingedeutscht« wurde. [642]

Werbekampagnen in der Filmpresse, die als Vorankündigung nur den Filmtitel nannten, waren nichts Besonderes, im *Film-Kurier* erschienen z.B. häufig kleine, über das Blatt verteilte Anzeigen. Im Januar 1920 wurde mit diesem Mittel auch geworben für die Filme KÖNNEN GEDANKEN TÖTEN? (1920, Alfred Tostary), DIE ENTFESSELTE MENSCHHEIT (1920, Joseph Delmont) und DIE FRAU IM DELPHIN (1920, Artur Kiekebusch-Brenken). Ab dem 24. Januar erschien auch der berühmte Slogan:

DU MUSST
CALIGARI
WERDEN, [643]

meist in zwei von den Grafikern Erich Ludwig Stahl und Otto Arpke gezeichneten Motiven, die nur eine Andeutung des expressionistischen Stils waren: Hinter zwei verkrampften Händen, die die subjektive Sicht des Betrachters darstellen, dem auch der Imperativ gilt (ab 24.1.1920, siehe Abbildung auf S. 71), [644] und in einem hypnotischen Wirbel, der uns direkt in das Bild hinein zieht (ab 7.2.1920, siehe Abbildung auf S. 3). [645]

Auch auf den Plakatsäulen in Berlin erschien der geheimnisvolle Slogan. »Claus Groth« beginnt seine fiktive Reportage im *Illustrierten Film-Kurier* so:

> Vor einigen Wochen tauchte in Berlin ein neues Schlagwort auf: »Du mußt Caligari werden«. Von den Anschlagsäulen, in der Untergrundbahn, in den großen Cafés, von überallher rief es einem in grellen Farben an, und der Ruf pflanzte sich fort. In den Nachtbars und Klubs, auf der Straße sprachen Freunde und Bekannte uns mit dem kategorischen Imperativ an, ohne daß ein Mensch gewußt hätte, was diese Worte eigentlich bedeuten. Als kürzlich aber gar jemand behauptete, er sei bereits Caligari, beschloß ich der Bedeutung der Worte auf den Grund zu gehen, denn schließlich muß man doch den Ursprung geflügelter Worte wissen. [646]

Er fährt dann fort zu schildern, wie er die Declaateliers in Weißensee besucht und Robert Wiene beim Drehen seines neuen Films DAS CABINET DES DR. CALIGARI zusieht. Wie wir annehmen, steckt hinter Claus Groth in Wirklichkeit Decla-Pressechef Julius Sternheim, der vermutlich selbst Initiator der Werbekampagne war, und die

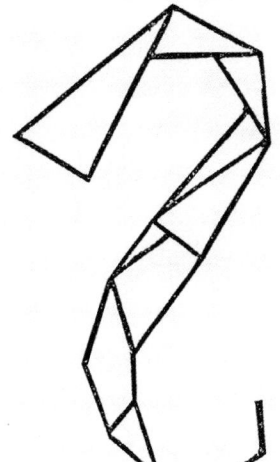

Das Kabinett

des

Dr. Kaligari

Das Kabinett des Dr. Kaligari: Motiv aus der Werbekampagne, Anfang 1920

Dreharbeiten waren zu dem Zeitpunkt längst beendet, als die CALIGARI-Plakate mit ihrem suggestiven Slogan die Berliner neugierig machten. Die Präsenz der CALIGARI-Plakate in der Berliner Öffentlichkeit im Januar und Februar 1920 wird jedoch auch von einigen zeitgenössischen Quellen dokumentiert:

> Seit etlichen Wochen mahnt eine erhobene Hand von Plakaten: »Du mußt Caligari werden!« ... Jetzt weiß man warum und bekennt sich gern zu dem Filmwerk *Das Kabinett des Dr. Caligari.*
>
> *Berliner Tageblatt, 28.2.1920*

> Endlich ist die Spannung gelöst. Die geheimnisvollen Plakate: *Du mußt Caligari werden,* die man in letzter Zeit an allen Anschlagsäulen, Untergrundbahnstationen usw. sah, haben sich als Ankündigung eines expressionistischen Films entpuppt, der zurzeit im Marmorhaus gezeigt wird.
>
> *Die Große Glocke, 3.3.1920*

> Seit Wochen kleben an den Litfaßsäulen, an den Reklamewänden der Untergrundbahnhöfe marktschreierische Plakate, grellbunt aufgemacht, faszinierend. Und aus wirren Buchstaben formen sich die geheimnisvollen Worte: »Du mußt Caligari werden«, die das Publikum in ihren Bannkreis reißen. Ein neues Theaterstück? Eine Revue? Der sensationelle Titel einer Bar? Eingeweihte wußten, daß es sich um einen Film handelt. Einen expressionistischen Film.
>
> *Danziger Zeitung, 6.3.1920*

Berlin hat ein neues Schlagwort mehr. »Du mußt Caligari werden.« Seit Wochen schrie einem dieser geheimnisvolle kategorische Imperativ von allen Plakatsäulen entgegen, sprang aus den Spalten aller Tageszeitungen hervor. Eingeweihte fragten: »Sind Sie auch schon Caligari?« So ungefähr wie man früher fragte: »Sie sind wohl Manoli?«[*] Und man munkelte von »Expressionismus im Film« und »verrückt«.

Kinematograph, 3.3.1920

Diese zeitgenössischen Uraufführungs-Kritiken repetieren die Decla-Werbestrategie: Neugierig gemacht durch die Plakate erfuhren die Berliner voller Verblüffung, dass es sich bei CALIGARI um einen neuen Film handelte. Tatsächlich waren die Plakate wohl genauso wie die Anzeigen in der Filmpresse mit dem »Decla«-Logo ausgestattet, sodass den Betrachtern schon klar gewesen sein muss, dass es ein neuer Film war, der da beworben wurde. Zeitgleich zum Start der Werbekampagne ließ die Decla auch einen Drehbericht im *Film-Kurier* veröffentlichen und verbreitete so die Nachricht, dass ein expressionistischer Film in Vorbereitung war.[647]

Uraufführung: Publikumsreaktion

Derart vorbereitet fand die große Premiere des CABINETS DES DR. CALIGARI am Donnerstag, den 26. Februar 1920 im Berliner Marmorhaus am Kurfürstendamm statt.[648] Hans Janowitz beschrieb den Abend der Uraufführung so:

> I shall never forget that trip from the Decla Building in the Friedrichstrasse, to the West End of Berlin on the night of the premiere.
> There were Erich Pommer, Julius Sternheim, Carl Mayer and myself in the car. The ride took us through the Tiergartenstrasse, the old West-End to the Gedaechtniskirche down the Kurfuerstendamm, and lasted approximately thirty minutes.
> Barely twenty words were exchanged; cigarettes and matches were offered. Cortesy necessitated the exchange of some words such as: »Cigarette?« »Thanks.« »Match?« »Thanks«. This was all until Erich Pommer broke the silence, voicing what we were all feeling: »It will be a horrible failure for all of us!«
> Finally, before a house full of expectant representatives of the press, and film and theatre celebrities, the picture began. Breathless silence reigned.

---

[*] Reklame der Zigarettenfirma Manoli war 1898 eine der ersten elektrischen Lichtwerbungen in Berlin: Um den Slogan »Rauche Manoli« wurde ein Kreis Glühlampen angebracht, die der Reihe nach an- und abgeschaltet wurden, sodass der Eindruck des Rotierens entstand. Mit über der Schläfe kreisendem Zeigefinger das rotierende Zeichen imitierend, entstand in Berlin das geflügelte Wort: »Bist du Manoli?« *Quelle:* Günther Luxbacher: »Eindrucksvolle Nachtreklame«. Erinnerung an einen historischen Streit um Sinn und Unsinn der Lichtwerbung. In: WZ, 17.12.1999. Auch Rudolf Arnheim erinnerte der CALIGARI-Imperativ noch im Jahr 1925 an Zigarettenreklame, vgl. letzten Absatz seiner Kritik Arnheim 1925.

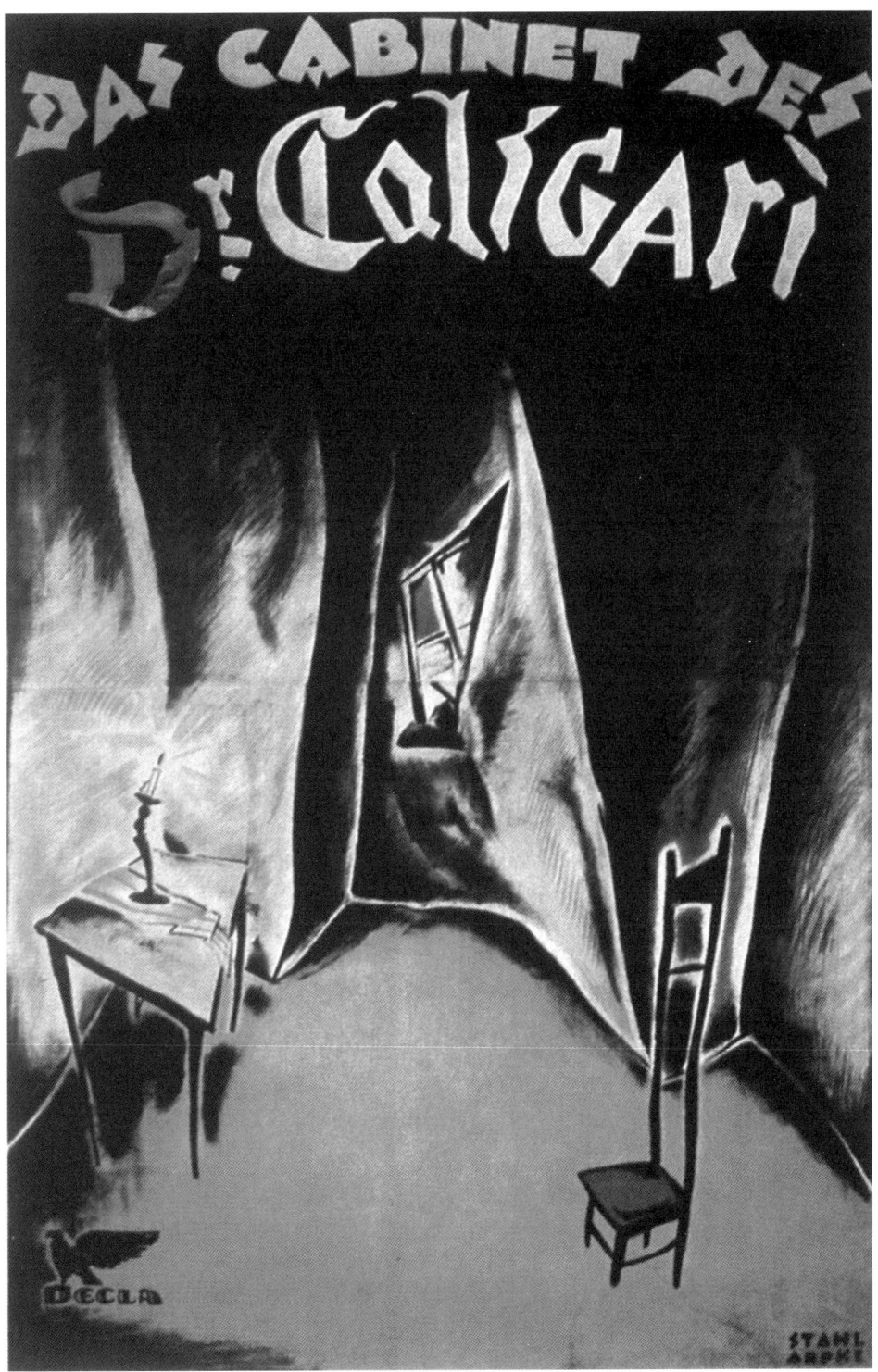

Filmplakat zur Uraufführung, Grafik von Erich Ludwig Stahl und Otto Arpke, 1920

> In the scene where the somnambulist, Cesare, opens his eyes for the first
> time, a woman in the audience screamed. And when Cesare attacks the sleep-
> ing girl, some women in the audience fainted, while others groaned and cried out.
> At the end a wave of relief swept over the spellbound audience, when Dr. Caligari
> was revealed as the mad Director of the Lunatic Asylum, and is overcome and
> forced into a straight-jacket.[649]

Auch diese Darstellung ist durchdrungen von nachträglicher dramaturgischer Über-
höhung, etwa wenn die Frauen im Publikum schreien und in Ohnmacht fallen. Die
angebliche spürbare Erleichterung des Publikums in der Szene, in der der Direktor des
Irrenhauses entlarvt wird, benutzt Janowitz, um zu untermauern, dass die Geschichte
seiner Meinung nach hier hätte enden sollen, so wie die Autoren es angeblich im Skript
auch vorgesehen hatten. Die nächste Seite nutzt er dazu, gegen die Irrenhaus-Rahmenhandlung zu polemisieren, dann setzt er seine Erzählung vom Abend der Uraufführung
fort:

> When the picture ended, there was a stunned silence. Mayer and I, standing at
> the back of the gallery, looked at each other. So it had been a failure? Suddenly
> this stunned silence was shattered by applause, applause rising to a crescendo
> which broke into a thunderous outburst of frantic calling and clapping, a raving au-
> dience, shouting with joy and acclamation. Again we looked at each other: Well,
> it's a success![650]

Für die Autoren war es wohl ein bittersüßer Erfolg, denn zweifellos dachten sie in diesem Moment auch an ihre Freundin Gilda Langer, die weniger als einen Monat zuvor
gestorben und begraben worden war, und ohne die es DAS CABINET DES DR. CALIGARI
vielleicht nie gegeben hätte. Für das Publikum war der Film gewöhnungsbedürftig.
Laut Uraufführungs-Kritiken gab es Ansätze einzelner Lacher, aber am Ende beklatschte
das Publikum den Film und seinen neuen visuellen Stil, so wie Janowitz es auch dargestellt hat. Die Darstellung dieser zwiespältigen Publikumsreaktion ist möglicherweise eine der Ursachen der späteren Legende, CALIGARI sei zuerst ausgelacht und erst
später ein Erfolg geworden. So schilderte die zeitgenössische Presse die Publikumsreaktion:

> Die wichtige Frage ist: Wie ging die Masse des Kinopublikums mit? Das war die
> andere Überraschung der Aufführung: der Expressionismus, in den Kunstausstel-
> lungen noch immer befehdet und verlacht, setzte sich auf der Leinwand mühe-
> los durch. Die schlagend neuartige Wirkung mancher Bilder – ein Jahrmarkt, ein
> Schattenkampf, eine Flucht über Dächer, Gefängniskorridor und Zelle, Kuppel-
> saal einer Irrenanstalt – war so stark, daß sie unmittelbaren Beifall auslöste.
>
> *B. Z. am Mittag, 27.2.1920*

Der Eindruck des Werkes war sehr stark und löste ehrlich verdienten Beifall aus, der in erster Linie dem Regisseur und mit ihm allen anderen galt.

Herbert Juttke in *Der Abend*, 27.2.1920

Einige der Bilder lösten lauten Beifall aus: wenn der Eindruck nicht trügt, dann wird das Publikum den expressionistischen Film aufnehmen.

Berliner Tageblatt, 28.2.1920

[Das Verhalten des Publikums ließ nicht darauf schließen], daß es im allgemeinen eine tiefere geistige Beziehung zu diesem bedeutsamsten Film der letzten Zeit gewonnen hatte.

Lichtbild-Bühne, 28.2.1920

Hoffentlich bleibt es nicht bei diesem einen, zweifellos geglückten Versuch, dem ein geladenes Publikum starken Erfolg beschied.

Der Film, 28.2.1920

Das Premierenpublikum ging willig mit, bei den ersten grotesken Bildern schien es, als wollten einzelne lachen, dann gewöhnte man sich an diese neue Welt und schließlich stimmte man ihr allgemein restlos zu.

Fritz Olimsky in der *Berliner Börsen-Zeitung*, 29.2.1920

Das Publikum schwankte zwischen Heiterkeit und Unverständnis: der Berliner hat, wenn er sich grault, einen Lacher zur Verfügung, der durch die Nase geblasen wird, das ist höchst effektvoll.

Kurt Tucholsky in der *Weltbühne*, 13.3.1920

Uraufführung: Filmkritik

DAS CABINET DES DR. CALIGARI wurde in ganz Deutschland, vor allem natürlich in Berlin, in Tageszeitungen, Film- und Kulturzeitschriften besprochen, darunter von so bedeutenden Kritikern wie Herbert Ihering und Kurt Tucholsky (Dokumentation der Uraufführungs-Kritiken im Anhang, S. 307–324). Die Kritiker feierten den »ersten expressionistischen Film« einhellig als Durchbruch der Kunst im Medium Film. Die Frage der Kino-Debatte: Kann Film Kunst sein? war damit auf einen Schlag beantwortet.[651]

Gelobt und hervorgehoben wurde vor allem die Leistung Robert Wienes: Für die zeitgenössischen Kritiker war es selbstverständlich, dass der Regisseur verantwortlich für die Ausführung eines Films ist. An zweiter Stelle kamen die Maler, die den expressionistischen Stil ausgeführt hatten. Es war in Filmkritiken damals allgemein üblich, die einzelnen Beteiligten eines Films der Reihe nach zu bewerten: den Regisseur, die Darsteller, Kameramann und Drehbuchautoren (diese in der Regel nach dem fertigen Film, nicht nach dem Originaldrehbuch, das Kritikern kaum jemals vorgelegen haben dürfte). Bei diesem Film überwog aber klar die Beurteilung des expressionistischen visuellen Stils, der allein den Kunstanspruch des Films begründete. Von den Darstellern wurden vor allem Werner Krauß und Conrad Veidt gelobt, weil ihre expressionistische Darstellung zum visuellen Stil passte; zu den wenigen Kritikpunkten, die in zeitgenössischen Besprechungen angeführt wurden, gehörte die Tatsache, dass die anderen Darsteller sich nicht so gut in den Stil fügten. Alexander Beßmertny mutmaßte in der *Neuen Schaubühne*, der expressionistische Film werde daher »zur Bereinigung der Leinwand von unvermögenden Darstellern beitragen.«[652] CALIGARI wurde einerseits als erster Vertreter des Genres des expressionistischen Films gesehen, dessen Fortführung vielversprechend sei, andererseits wurde eine »Flut« expressionistischer Filme befürchtet, die nur ein billiger Abklatsch wären. Martin Proskauer, in einer zweiten CALIGARI-Besprechung des *Film-Kuriers*, die nur einen Tag nach der ersten erschien, sah die Bedeutung des expressionistischen Stils so:

> Die Dekorationen in »Dr. Caligari« sind nicht gebaut, wie man die Dinge sieht, sondern wie man sie in besonderen seelisch stark gespannten Augenblicken empfindet.[653]

Allgemein konzedierten die Uraufführungs-Kritiker jedoch, dass der expressionistische Stil der Darstellung einer *kranken* Seele diente:

> Man kann sich zur modernen Kunst stellen, wie man will, in diesem Fall hat sie entschieden eine Berechtigung. Krankhafte Ausgeburten eines irren Geistes finden in diesen verzerrten, seltsam phantastischen Bildern einen zur höchsten Potenz gesteigerten Ausdruck. Die Welt malt sich anders im Hirn eines Wahnsinnigen, und wie die Gestalten seiner Phantasie zum Teil spukhafte Formen annehmen, so zeigt auch die Umwelt, in der sie sich bewegen, ein bizarres Gesicht: schiefe Zimmer mit dreieckigen Fenstern und Türen, unwirklich krumme Häuser und bucklige Gassen. Und man kann von diesen tollen Bildern wie von der Handlung sagen: »Ist es auch Wahnsinn, hat es doch Methode.«[654]

Der Kritiker des sozialdemokratischen *Vorwärts* empfand sogar:

> Der Film hinterläßt im Beschauer Mitgefühl für die geistig Kranken und Verständnis für die aufopfernde Tätigkeit der Irrenärzte und -pfleger.[655]

Diese Interpretation des expressionistischen Stils forderte intellektuelle Kritiker heraus, die zwar die Interpretation teilten, der Expressionismus in CALIGARI diene der Darstellung des Wahnsinns, darin aber eine Diffamierung des Expressionismus sahen, wie der Theaterkritiker Herbert Ihering:

Es ist bezeichnend, daß das Filmspiel »Das Kabinett des Dr. Caligari« von Carl Mayer und Hans Janowitz nur deshalb von der Regie expressionistisch durchgearbeitet wurde, weil es im – Irrenhause spielt. Man setzt also der Vorstellung der gesunden Wirklichkeit die Vorstellung der kranken Unwirklichkeit entgegen. Oder: Impressionismus ist da, wo man zurechnungsfähig, Expressionismus, wo man unzurechnungsfähig bleibt. Oder: der Wahnsinn als Entschuldigung für eine künstlerische Idee.[656]

Der Theaterkritiker Roland Schacht dagegen bemängelte nur die Verwendung der sogar doppelten Rahmenhandlung: Im Kern der Handlung befinde sich die Geschichte des Ur-CALIGARI, der mit seinem Somnambulen über die Jahrmärkte zieht und dabei grausame Morde verübt. Darüber gestülpt wurde die Geschichte des Irrenhaus-Direktors, der die Verbrechen des Ur-CALIGARI nur nachahmt. Und dann stellt sich auch noch heraus, dass die Geschichte des Irrenhaus-Direktors nur dem kranken Geist eines Irrenhaus-Insassen entspringt. Laut Schacht hätte die Ur-Geschichte völlig ausgereicht, insgesamt lobte er aber den künstlerischen Anspruch des Films.[657]

Uraufführung: Kommerzieller Erfolg

DAS CABINET DES DR. CALIGARI lief vier Wochen lang erfolgreich im Marmorhaus und wurde dann nach einer dreiwöchigen Pause erneut ins Programm genommen. Die Presse kommentierte den Publikumserfolg:

»Das Kabinett des Dr. Kaligari« bedeutet einen solchen Erfolg, daß es weiter auf dem Programm des Marmorhauses belassen wird.
Lichtbild-Bühne, 6.3.1920, nach der ersten Woche

Der Film »*Das Kabinett des Dr. Caligari*« läuft nun die dritte Woche. Das ist eine erfreuliche Tatsache. Es wird immer behauptet, das Wertvolle und Gute könne nicht gebracht werden, da es der Menge nicht gefalle und darum auch nicht rentiere. Hier ist nun wieder einmal etwas Gutes, für das geworben werden muß, damit es nicht auch wieder verschwindet wie die Märchenfilme Wegeners. »Das Kabinett des Dr. Caligari« ist ein Experiment, aber eines, das gelungen ist. Wie alles Neue ist dieser Film, ist die Art seiner Darstellung, eben weil sie so überraschend ungewöhnlich ist, der Gefahr ausgesetzt, daß sie kurzweg abgelehnt oder gar verlacht wird.
Vorwärts, 13.3.1920, nach der zweiten Woche

Das Cabinet des Dr. Caligari
Der dritte Weltklassefilm
Vier Wochen mit unvergleichlichem Erfolg im Marmorhaus
Anzeige der Decla in der *Lichtbild-Bühne*, 3.4.1920

Du mußt Caligari werden! Der große expressionistische Film »Das Kabinett des Dr. Caligari«, der vier Wochen ohne Unterbrechung im »Marmorhaus« gespielt wurde, ist ab heute nochmals in den Spielplan aufgenommen. Die Direktion ist zu dieser Wiederholung durch Hunderte von Zuschriften und Anfragen seitens des Publikums, das diesen sensationellen Film noch einmal zu sehen wünscht, angeregt worden. – Eine nochmalige Wiederholung ist wegen anderer kontraktlicher Verpflichtungen nicht möglich.

Film-Kurier, 16.4.1920, am Tag der Wiederaufführung

Das »Kabinett des Dr. Caligari« wird auch nach der 150. Aufführung im Marmorhaus bei ausverkauftem Hause gezeigt.

Film-Kurier, 4.5.1920, zur 150. Aufführung

Die Filmhistorikerin Kristin Thompson führt aus, dass die Kinos im Jahr 1920 in Deutschland Filme Monate im voraus buchten, sodass, weil ihre Nachfolger schon gebucht waren, auch erfolgreiche Filme nicht wochenlang gezeigt werden konnten, so wie das heute üblich ist. Das amerikanische »long run«-System ohne festgelegtes Enddatum wurde in Deutschland erst 1926 übernommen.[658] Die vierwöchige Laufzeit bei ausverkauftem Haus und anschließende Wiederaufnahme stellte also tatsächlich einen beachtlichen Erfolg dar.

Später entstand die Legende, CALIGARI sei zwar von den Kritikern wegen seines ungewöhnlichen Stils hoch gelobt worden, aber kein Publikumserfolg gewesen. Diese Legende verdankt ihr Entstehen zwei Ex-post-Vorurteilen: Das eine besagt, ein Film, der bei seiner ersten Aufführung nur vier Wochen läuft, sei kein übermäßiger Erfolg. Dies ist eine Ansicht, die unserer Gewöhnung an das »long run«-System entstammt, das es damals noch nicht gab. Das andere Vorurteil besagt, Filme ungewöhnlichen Stils sind Avantgarde- und keine Publikums-Filme. Thompson weist darauf hin, dass es auch die Unterscheidung zwischen Avantgarde und kommerziellem Film damals noch gar nicht gab, und dass CALIGARI so in der Tat für ein breites Publikum gemacht war.[659]

Eine Variante der Legende von CALIGARIS anfänglichem Misserfolg ist, dass der Film in Berlin nicht ankam und seinen Durchbruch erst nach der französischen Premiere in Paris hatte.[660] Diese Legende vermischt das Klischee, das Pariser Publikum stünde künstlerischen Experimenten aufgeschlossener gegenüber als das Berliner und die missverstandene französische Prägung des Schlagworts »Caligarismus«[661] mit dem Wissen darum, dass die Pariser Premiere – die erste Aufführung CALIGARIS im Ausland und die erste Aufführung eines Films in Frankreich nach dem I. Weltkrieg, dessen Herkunft aus Deutschland offen angegeben wurde – der Ausgangspunkt von CALIGARIS weltweitem Erfolg war. Die Aufführung CALIGARIS in Paris und der anschließende weltweite Erfolg rechtfertigen aber keine Spekulation über den Berliner Erfolg. Sie zeigen einfach das Resultat von Erich Pommers Streben, deutsche Filme im Ausland zu vertreiben, das sich bereits in der Proklamation der Decla-Weltklasse-Serie Anfang 1919 zeigte.

Andere Varianten besagen, dass CALIGARI zunächst in Berlin ein Misserfolg war, dann unter anderen Bedingungen wieder ins Programm genommen wurde und erst

Filmplakate zum Kinostart in Österreich;
links: Grafik von Rudolf Ledl und Fritz Bernhard, rechts: Grafik von Theo Matejko und Marcell Vértes

dann ein Erfolg wurde. Diese Legenden entstanden möglicherweise durch CALIGARIS Wiederaufnahme im Marmorhaus nach einer dreiwöchigen Pause, oder sie verdanken sich der Existenz einer internen Voraufführung des Films lange vor der offiziellen öffentlichen Premiere. Jedenfalls dienten sie einzelnen Personen der Herausstellung ihrer eigenen Leistung, die nach dem vermeintlichen Misserfolg ausschlaggebend für den darauf folgenden Erfolg gewesen sein soll:

–   Der Italiener Giuseppe Becce (1877–1973), der ab 1900 in Berlin lebte, war der möglicherweise bedeutendste Komponist des deutschen Stummfilms. Er hatte 1913 für die Messter-Film GmbH die Musik zu William Wauers RICHARD WAGNER komponiert (Wagners Original-Musik war wegen zu hoher Lizenzgebühren nicht verfügbar) und auch gleich die Titelrolle gespielt. Zwischen 1913 und 1919 komponierte er die Musik vieler Messter-Filme, zu denen Robert Wiene das Drehbuch geschrieben hatte. Ihn beauftragte die Decla mit der Komposition einer Originalmusik für DAS CABINET DES DR. CALIGARI. Später erzählte Becce seinem Biografen Hans Borgelt, CALIGARI sei bei seiner Uraufführung im Marmorhaus mit klassischer Musik von Schubert, Rossini, Bellini, Donizetti und Paul Lincke begleitet, ein völliger Misserfolg und nach wenigen Tagen aus dem Programm genommen worden. Auf Becces Drängen habe Erich Pommer ihm dann den Auftrag erteilt, eine Originalmusik zu komponieren, und nach sechs Wochen sei CALIGARI im Mozartsaal (wo Becce zu der Zeit das Orchester leitete) erneut aufgeführt und durch Becces Musik ein voller Erfolg geworden.[662] Aber weder wurde CALIGARI nach wenigen Tagen aus dem Programm des Marmorhauses genommen, noch war er dort ein Misserfolg, noch fand die Wiederaufführung nach dreiwöchiger Pause im Mozartsaal statt (stattdessen erneut im Marmorhaus).[663] Welche Musik bei der Uraufführung gespielt wurde, und wann Becces CALIGARI-Originalmusik erstmals zum Einsatz kam, ist nicht nachgewiesen.[664] Ein Lob der Musik in einer zeitgenössischen Uraufführungs-Kritik legt jedoch die Vermutung nahe, dass Becces Originalmusik bereits bei der Uraufführung am 26.2.1920 im Marmorhaus zum Einsatz kam.[665]

– Erich Pommer erzählte dem Soziologen George A. Huaco für sein Buch *Sociology of Film Art*, CALIGARI sei bei seiner Uraufführung vom Publikum ausgebuht, nach nur zwei Tagen aus dem Programm genommen und dann vergessen worden. Aber diesmal war es nicht der Komponist, sondern Pommer, der den Film rettete: Er tüftelte die große Werbekampagne aus, führte CALIGARI sechs Monate später wieder auf, und diesmal wurde der Film vom so vorbereiteten Publikum frenetisch bejubelt.[666] Diese Legende ist eine dramaturgische Konstruktion, die eine misslungene Voraufführung zum Auslöser der Idee für die große Werbekampagne macht. Da die im Januar 1920 gestartete Werbekampagne und die darauf gefolgte Premiere Ende Februar belegt ist, müsste die vergessene erste Premiere laut Pommer in den August 1919 datiert werden, ein Zeitpunkt, zu dem die CALIGARI-Dreharbeiten und wahrscheinlich tatsächlich die Werbekampagne gerade geplant wurden.

Das Erzählmotiv einer zweifachen Premiere entstand möglicherweise, weil es – wahrscheinlich lange vor der öffentlichen Premiere im Marmorhaus – eine interne Voraufführung des Films bei der Decla gab. Einigen Quellen zufolge wurde bereits in der Vorproduktions-Phase eine Probeszene produziert und aufgeführt, um die Wirkung des expressionistischen Stils zu testen.[667] Laut Pommer waren sogar Carl Mayer und Hans Janowitz bei der Aufführung dieser Probeszene anwesend und stellten daraufhin ihre Pläne ein, Alfred Kubin für die visuelle Gestaltung des Films zu gewinnen.[668] Hans Janowitz dagegen erzählte von einer internen Voraufführung des fertigen Films im Spätherbst 1919.[669] Wenn es stimmt, dass der Film Ende Oktober 1919 bereits fertiggestellt war und diese Aufführung kurz danach stattgefunden hat, dann sind zwischen Voraufführung und öffentlicher Premiere tatsächlich mehrere Monate vergangen. Vielleicht sind dies die beiden Aufführungen, an die Becce und Pommer sich erinnern? Dann wäre der Film zwar nicht nach einer ersten Premiere beim Publikum durchgefallen, aber man hätte nach einer ersten Aufführung und interner Kritik bei der Decla weiter daran gearbeitet, bis er schließlich bei seiner Premiere vor dem Berliner Publikum ein großer Erfolg wurde: Die Vermarktungsstrategie wurde ausgeklügelt und möglicherweise auch Becces Originalmusik komponiert, sodass sowohl Becce als auch Pommer auf die Idee kommen konnten, nach der (internen) ersten Aufführung habe ihr Anteil an der Produktion dem Film entscheidend zum späteren Erfolg verholfen. Tatsache ist, dass bei der Voraufführung die Autoren Mayer und Janowitz zum ersten Mal sahen, wie Wiene ihr Skript auf die Leinwand gebracht hatte. Und der Legende nach waren sie davon alles andere als begeistert.

Protest der Autoren
gegen die Rahmenhandlung

Im Einklang mit der Legende, die Drehbuchautoren wollten ihrem Film eine politische Aussage geben, und der später von Hans Janowitz und Siegfried Kracauer vertretenen Interpretation, die von den Produzenten hinzugefügte Irrenhaus-Rahmenhandlung habe diese Aussage umgekehrt, steht die Legende, die Autoren hätten, als sie von der Irrenhaus-Rahmenhandlung erfuhren, vehement dagegen protestiert. In Kracauers Formulierung:

> [Robert Wiene schlug] eine wesentliche Änderung der Originalhandlung vor – eine Änderung, gegen die beide Autoren heftig protestierten. Aber niemand beachtete sie. [...]
>
> Janowitz und Mayer wußten sehr wohl, warum sie die Rahmengeschichte so erbittert bekämpften: sie entstellte ihre eigenen Absichten oder verkehrte sie gar ins Gegenteil. Während die Originalhandlung den der Autoritätssucht innewohnenden Wahnsinn aufdeckte, verherrlichte Wienes *Caligari* die Autorität als solche und bezichtigte ihren Widersacher des Wahnsinns. Ein revolutionärer Film wurde so in einen konformistischen Film umgewandelt [...].[670]

Hans Janowitz hatte in dem Manuskript, das Kracauer als Quelle diente, die Behauptung vom Protest der Autoren gegen die Rahmenhandlung aufgestellt, und sogar behauptet, Carl Mayer und er haben juristisch gegen die Änderung ihres Drehbuchs vorgehen wollen und seien von Julius Sternheim nur mit Mühe davon abgehalten worden, ihren Protest in die Öffentlichkeit zu tragen.[671] An vielen Stellen äußerte er sich polemisch gegen die Irrenhaus-Rahmenhandlung und vertrat die Interpretation, ihr Drehbuch habe eine politische Aussage gehabt, und die Rahmenhandlung habe diese Aussage umgedreht:

> »Abstruse« the picture had become, we felt, by virtue of the faulty double capsulation. Otherwise it would have been absolutely clear and incapable of misinterpretation, but instead it had been degraded by the director, into an unnecessary, cheap, box-within-a-box narration, which obscured the dramatic nucleus, instead of assisting in its exposition.
>
> The simple narration of logical consequences in a complex, but lucid, case concerning human tragedy, symbolizing matters of wider dimension, which would have been still understandable to however naive a public, was degraded by this »box-within-a-box« device and presented as the fancy of a mentally deranged

person, whose insane imagination had distorted the character of his doctor, the psychiatrist, into the horrible figure of Dr. Caligari.[672]

Die Behauptung vom Protest der Autoren gegen die Irrenhaus-Rahmenhandlung erfüllt primär die Funktion, die Janowitz-Kracauer-Interpretation des CALIGARI-Films zu stützen. Diese Interpretation ist aber viele Jahre nach der Produktion des Films entstanden, angesichts eines durch das tyrannische Regime in Deutschland ausgelösten Weltkrieges, und es spricht viel dafür, dass der Protest der Autoren, den Janowitz beschreibt, im Jahr 1919 so nicht stattgefunden hat.

Mitwirkung der Autoren
in der CALIGARI-Vorproduktion

Es gibt Hinweise darauf, dass die Autoren, oder einer der Autoren, in der Tat mit der Ausführung ihres Drehbuchs nicht einverstanden waren. Anlässlich einer späteren Kontroverse um den Film ERDGEIST (1923), bei der Carl Mayer gegen die Umsetzung seines Drehbuchs durch den Regisseur Leopold Jessner protestierte, behaupteten einige Film-Fachzeitschriften, er habe dies bereits bei CALIGARI getan.[673] In einem Nachruf auf Robert Wiene dagegen gab der Filmjournalist Andor Kraszna-Krausz das Gerücht wieder, es sei Janowitz gewesen, der nicht gegen die Irrenhaus-Rahmenhandlung, sondern gegen die expressionistische Gestaltung des Films protestiert habe, und Mayer habe sich zusammen mit Wiene gegen Janowitz durchgesetzt.[674] Fritz Lang, wenn nicht CALIGARI-Regisseur, so doch jedenfalls Decla-Insider, erzählte:

> Soviel ich mich erinnern kann, trat am Anfang nur Hans Janowitz als Verfasser des Drehbuchs auf. Späterhin […] hörte ich, daß Janowitz sich mit Carl Mayer zerschlagen haben sollte und sogar für eine geraume Zeit als Verfasser des Films zurücktrat.[675]

Tatsächlich wurde in den ersten Ankündigungen des CABINETS DES DR. CALIGARI in der Fachpresse Mitte Oktober 1919 nur Carl Mayer als Verfasser genannt.[676] Es ist wahrscheinlich, dass Hans Janowitz nicht einverstanden damit war, dass die Decla seine Idee nicht umgesetzt hatte, Alfred Kubin für die visuelle Gestaltung des Films zu gewinnen, und stattdessen die expressionistische Gestaltung der drei Decla-Maler wählte. Außerdem hatte Janowitz wegen seiner literarischen Ambitionen und vor dem Hintergrund der Kino-Debatte im Jahr 1919 sicherlich noch Bedenken, seinen Namen als Verfasser eines Filmes zu nennen, obwohl ihm der Vertrag mit der Decla dieses Recht ausdrücklich zusprach. Carl Mayer dagegen hat sich im Jahr 1919 wahrscheinlich auf keine Kontroverse mit seinem neuen Auftraggeber eingelassen, der es ihm endlich ermöglichte, im Filmgeschäft zu arbeiten. Er verfasste noch im selben Jahr mindestens drei weitere Drehbücher für die Decla, darunter eins, das für Gilda Langer in der Hauptrolle geschrieben war, und er hat womöglich sogar an der Bearbeitung des CALIGARI-Drehbuchs mitgearbeitet. Leonardo Quaresima nimmt an, dass angesichts des Passus' im Drehbuch-Vertrag, der besagt, die Autoren verpflichten sich »eine kurze, für unsere Broschüre bestimmte Beschreibung kostenlos anzufertigen«, die Inhaltsangabe im zum Filmstart erschienenen *Illustrierten Film-Kurier* möglicherweise Mayer und Janowitz (wahrscheinlich aber nur Mayer) zugeschrieben werden könne.[677] Eine solche Zuschreibung würde tatsächlich der Legende den Boden entziehen, die Autoren hätten gegen die Irrenhaus-Rahmenhandlung protestiert, denn die Beschreibung im *Illustrierten Film-Kurier* folgt ganz der Filmhandlung und stellt die Binnengeschichte dar als Produkt des kranken Geistes der Hauptfigur Francis.[678]

Die interne Voraufführung des fertigen Films

»I never went to the studio to see the shooting of our first film, ›The Cabinet of Dr. Caligari‹«, schrieb Hans Janowitz mehr als dreißig Jahre nach den Dreharbeiten, »Neither did Carl Mayer.«[679] In seiner Version war Gilda Langer für die Hauptrolle in CALIGARI vorgesehen gewesen, vor Beginn der Dreharbeiten gestorben und dann durch Lil Dagover ersetzt worden, deshalb datierte er Langers Tod auch zu früh (April/Mai 1919) und erinnerte sich falsch, als er schrieb: »It was terrible enough to see the first preview of the film, without Gilda Langer as Jane.«[680] Hermann Warm, der seine Erinnerungen ebenfalls mehr als dreißig Jahre nach den Dreharbeiten aufgeschrieben hat, stimmte immerhin der Aussage zu, »[d]ie Drehbuchautoren Carl Mayer und Hans Janowitz haben sich nie während der Vorarbeiten oder der Dreharbeiten im Atelier gezeigt oder an Besprechungen teilgenommen.«[681]

Aber als der Film fertiggestellt war, nahmen die Autoren an der internen Voraufführung teil, die Janowitz erwähnte. In der *Story of a Famous Story*, geschrieben zwanzig Jahre nach den Ereignissen, erzählte Janowitz ausführlich von dieser Aufführung, die er in den Spätherbst 1919 datiert.[682] In der dortigen Version erzählte Janowitz die Legende, die Autoren hätten, entsetzt von der Irrenhaus-Rahmenhandlung, vehement protestiert und seien von Julius Sternheim nur mit Mühe zurückgehalten worden, die Decla zu verklagen oder ihren Protest in die Öffentlichkeit zu tragen. Robert Wiene sei der Aufführung von vornherein ferngeblieben, weil er den Zorn der Autoren fürchtete.

Die Voraufführung fand wahrscheinlich tatsächlich statt, aber unter anderen Bedingungen. DAS CABINET DES DR. CALIGARI war im Spätherbst 1919 fertiggestellt, musste aber noch geschnitten und mit Zwischentiteln, später auch Musik versehen werden. Wann genau der fertige Film intern vorgeführt wurde, lässt sich nicht mehr feststellen. In der Decla-Presseabteilung machte man sich Gedanken über die große Werbekampagne, die ab Januar 1920 die Aufmerksamkeit auf den sensationellen neuen Film lenken sollte, und in der Fachpresse war Mitte Oktober (also während die Dreharbeiten bereits liefen) bisher nur eine einzige kleine Meldung erschienen, die den Filmtitel und Carl Mayer als Autor nannte. Hans Janowitz reservierte seinen wirklichen

Namen für seine literarischen Arbeiten und verwendete in Ankündigungen seiner nächsten Filmprojekte, die ab Ende Oktober 1919 in der Fachpresse erschienen, das Pseudonym Hans Yanow.[683] Aber als im Januar 1920 die große CALIGARI-Werbekampagne begann und die Decla den neuen Film massiv in der Fachpresse ankündigte, erlaubte Janowitz, in der Werbung und später im Filmvorspann sogar seinen wirklichen Namen zu nennen. In den ersten CALIGARI-Ankündigungen Anfang Januar verwendete die Decla noch sein Film-Pseudonym Hans Yanow,[684] aber schon kurz danach nannte sie erstmals in Zusammenhang mit einem Filmprojekt Janowitz' wirklichen Namen (anfangs noch durch Diktierfehler verändert zu »Hans Yanowitz«).[685] Es liegt nahe anzunehmen, dass es Janowitz selbst war, der diese Änderung vorgeschrieben hat.

Bei der internen Vorauführung des CABINETS DES DR. CALIGARI mag Janowitz tatsächlich die Änderungen seines Drehbuchs kritisiert haben (und dies ist möglicherweise die Quelle der Legenden Pommers und Becces vom anfänglichen Misserfolg bei einer ersten Aufführung). Doch wahrscheinlich hat Mayer sogar an diesen Änderungen mitgewirkt, und Tatsache ist, dass Janowitz sich schließlich besänftigen ließ und von der filmischen Qualität der Umsetzung seines Drehbuchs durch Wiene offenbar so überzeugt war, dass er CALIGARI als eine seinen literarischen Werken gleichwertige Veröffentlichung anzusehen bereit war und ausdrücklich als Autor dieses Films genannt werden wollte.

Die Janowitz-Sternheim-Debatte

Als CALIGARI Ende Februar 1920 herauskam, war die expressionistische Gestaltung die alles beherrschende Sensation. In den Uraufführungs-Kritiken wurden vor allem der Regisseur Robert Wiene und die drei Maler Hermann Warm, Walter Reimann und Walter Röhrig hervorgehoben, die den expressionistischen Stil ausgeführt hatten. Die Autoren, die die Drehbuchvorlage geschrieben hatten, wurden nur am Rande erwähnt, manchmal sogar negativ: Das Manuskript sei »etwas abstrus« (*B. Z. am Mittag*),[686] »nicht übermäßig bedeutend« *(Lichtbild-Bühne)*,[687] oder enthalte »nichts, aber auch gar nichts Bemerkenswertes«, wie Alexander Beßmertny in der *Neuen Schaubühne* schrieb und es sogleich explizit gegen die Regie abgrenzte, die »einen Anfang zu neuen Möglichkeiten« bedeute.[688] Eine typische Äußerung im *Kinematograph:* »Robert Wiene führt die Regie mit gewohnter Meisterschaft und vermittelte im Verein mit den Kunstmalern Warm, Reimann und Röhrig starke Eindrücke, unterstützt durch die brillante photographische Wiedergabe.«[689]

Hans Janowitz, der für CALIGARI seinen wirklichen Namen verwendet hatte, reagierte auf diese Uraufführungs-Kritiken mit einem polemischen Aufsatz, den er unter einem Pseudonym in der Kulturzeitschrift *Das Tage-Buch* veröffentlichte.[690] Die Redaktion stellte dem Text eine Einleitung voran mit den Worten: »Hier spricht einer der besten Filmdichter; die Situation ist noch nicht so rein, daß er für seine Gedanken mit seinem wirklichen Namen eintreten dürfte, ohne Schaden zu erleiden.« Janowitz protestierte darin, aber nicht gegen vermeintliche Änderung seiner Ideen durch die Rahmenhandlung, sondern gegen die Ansicht, auch andere als die Drehbuchautoren seien als Schöpfer eines Films anzusehen. Zentrales Anliegen seines Textes ist der Anspruch, der Drehbuchautor sei der eigentliche Schöpfer eines Films und alle anderen an der Produktion Beteiligten spielten nur eine untergeordnete Rolle, eine These, die er später auch in der *Story of a Famous Story* vertrat, wo Janowitz die Rolle des Autors beim Film mit der eines Architekten beim Bau eines Hauses verglich[691] und das Film-Drehbuch eine »Zwangsjacke für den Regisseur« nannte.[692] Im *Tage-Buch* wendete er sich ausdrücklich gegen Maler und Regisseur: »Gegenüber der Wichtigkeit des Filmbuches ist alles Malerische, Regietechnische […] sekundär.«[693] »Eine der typischen Fehlmeinungen, die in der deutschen Filmproduktion […] dem Sinne der dramatischen Kunst im Film entgegenwirken [… ist der Irrtum], der Maler wäre eigentlich der Dichter des Films und nicht der Dramatiker.«[694] Die Tätigkeit des Malers sei einfach eine Übersetzung dessen, was der Drehbuchautor bereits vorgegeben hätte. Er warf den Malern also nicht vor, durch die expressionistische Gestaltung der Binnenhandlung seine Ideen geändert zu haben, sondern beanspruchte den Ruhm, den die Kritiker den Malern zusprachen, für sich und Carl Mayer allein. Unmittelbar nach der CALIGARI-Uraufführung bewegte Janowitz also nicht politischer Protest, sondern – Sorge um seinen Platz in der Filmgeschichte.

Julius Sternheim verfasste eine Replik zu Janowitz' Text, die wenig später ebenfalls im *Tage-Buch* erschien.[695] Im Gegensatz zu dem Literaten Janowitz blickte Sternheim auf die Filmproduktion aus Sicht der Produzenten und wies dem Drehbuchautor seinen Platz in einem Team zu, das gemeinsam den Film schafft. Die Funktion des Drehbuchautors darin sei vor allem, ein filmgerechtes Drehbuch zu schreiben. Explizit verwendete Sternheim die Bezeichnung »Filmautor« als Gegensatz zu Janowitz' »Filmdichter«:[696] Der Filmautor ist ein routinierter Hilfsarbeiter, der sich um die Grobarbeit des Manuskripts kümmert. Seine Arbeit besteht darin, eine Geschichte so aufzubereiten, dass sie »kurbelfertig« ist. Laut Sternheim würden zwar viele literarisch ambitionierte Autoren für den Film arbeiten wollen, aber nur aus pekuniären Gründen und halbherzig, und verstanden es nicht, Filmdrehbücher zu schreiben, die den Anspruch erfüllten, eine verfilmbare Vorlage für den Regisseur zu liefern. Ein deutlicher Seitenhieb auf Hans Janowitz, der schließlich zu jenen literarisch ambitionierten Autoren gehörte, die im Filmgeschäft zunächst nur eine lukrative Einnahmequelle sahen! Auch das CALIGARI-Drehbuch, das wissen wir, war von den Produzenten noch erheblich verändert worden, bevor es »kurbelfertig« war, und Julius Sternheim war daran beteiligt.[697]

Die beherrschende Frage der Kino-Debatte: ob Film Kunst sein könne? die durch CALIGARI positiv entschieden wurde, fand eine Antwort, mit der die Intellektuellen, die diese Debatte geführt hatten, nicht unbedingt gerechnet hatten: Nicht ein einzelnes Individuum hatte das Kunstwerk geschaffen, sondern ein Kollektiv ineinander greifender, zum Teil in unterschiedliche Richtungen strebender Kräfte.

TEIL 3:
WIRKUNG

Einzelbild: Dr. Caligari (Werner Krauß)

Lebensläufe nach CALIGARI

Für alle hier genannten Beteiligten war CALIGARI ein Schlüsselfilm ihrer persönlichen Karrieren, ein entscheidender Einfluss auf ihre Leben, für viele der einzige Grund, warum man sich später an sie erinnerte. Einige kamen auch von CALIGARI nicht mehr los und versuchten den Rest ihres Lebens, ihre Beteiligung daran zu vermarkten.

Der zweite entscheidende Einfluss auf alle Lebensläufe war der Nationalsozialismus in Deutschland. Spätestens nach Hitlers Machtübernahme im Januar 1933 und Goebbels' kurz darauf folgender radikaler Kontrolle der Filmindustrie teilten sich die Lebenswege der Menschen, die einst zusammen gearbeitet hatten am bedeutendsten deutschen Film: Die einen waren gezwungen ihrer Heimat den Rücken zu kehren, viele von ihnen Juden, von den Nazis verachtet und gejagt, und nicht jedem gelang die Flucht. Die anderen arrangierten sich mit dem Faschismus, mit mehr oder weniger Eifer, und mehr oder weniger Erfolg im neuen System.

Die Hälfte der hier aufgeführten Personen starb zwischen 1936 und 1945, die ersten waren Walter Reimann († 1936) und Robert Wiene († 1938). Walter Reimann wurde nur 49, Carl Mayer und Conrad Veidt nur 50. Die längsten Überlebenden waren Hermann Warm († 1976, mit 87) und Lil Dagover († 1980, mit 92).[698]

–   *Carl Mayer* hatte mit dem Einstieg ins Filmgeschäft durch CALIGARI seine berufliche Bestimmung gefunden und wurde der bedeutendste Drehbuchautor des deutschen Stummfilms. Kameramann Karl Freund schrieb: »Carl Mayer war der einzige hundertprozentige Filmschreiber, den ich kennengelernt habe. Der Film war das erste und einzige Medium, in dem er schuf, und die Kamera war das erste künstlerische Instrument, das er benutzte. […] Wenn man je einem Manne das Verdienst für die besten Filmwerke aus Deutschland zusprechen sollte, so müßte dies Carl Mayer sein.«[699] Und Filmhistoriker Jürgen Kasten resümiert, Mayer war »Wegbereiter fast aller einschneidenden Form- und Motivveränderungen« im deutschen Stummfilm der Zeit zwischen 1919 und 1924:[700] In CALIGARI brachte er den expressionistischen Film, für F.W. Murnaus DER LETZTE MANN (1924) entfesselte er die Kamera, und mit der »Trilogie« SCHERBEN (1921, Lupu Pick), HINTERTREPPE (1921, Leopold Jess-

Carl Mayer

ner) und SYLVESTER (1924, Lupu Pick) begründete er den so genannten »Kammerspielfilm« mit Konzentration auf einfache Handlung und nur wenige Orte und Figuren. Besonders fruchtbar war seine Zusammenarbeit mit F.W. Murnau, für den Mayer insgesamt sieben Drehbücher schrieb, inklusive SUNRISE (1927), eine für das Hollywood-Studio Fox produzierte Filmpoesie am Ende der Stummfilmzeit, die als Mayers und Murnaus größter Film gilt und in der zuletzt von der britischen Fachzeitschrift *Sight & Sound* durchgeführten Umfrage nach den besten Filmen aller Zeiten auf Platz 7 gewählt wurde.[701] Ab der zweiten Hälfte der 1920er Jahre geriet Mayer in finanzielle Schwierigkeiten, als die Ufa ihn mit Rückzahlungsforderungen für nicht vollendete Drehbuchprojekte konfrontierte. Um den Forderungen zu entgehen, verlegte er sich darauf, ungenannt als Drehbuchberater zu arbeiten, unter anderem für Kurt Bernhardt, Billy Wilder und Leni Riefenstahl.[702] Eine enge Zusammenarbeit verband ihn mit dem österreichischen Regisseur Paul Czinner (dem ehemaligen Verlobten von Gilda Langer) und seiner Frau, der Schauspielerin Elisabeth Bergner, denen er, 1933 zunächst in die Tschechoslowakei emigriert, 1935 nach London folgte, wo er zuletzt mit dem Dokumentarfilmer Paul Rotha zusammenarbeitete und 1944 arm wie eine Kirchenmaus starb. 1989 benannte seine Geburtsstadt Graz einen Drehbuchpreis nach Carl Mayer. Im Jahr 2010 gehörte er zu den ersten Filmkünstlern, die mit einem Stern auf dem neuen »Boulevard der Stars« in Berlin geehrt wurden.

– *Hans Janowitz* wollte sein ganzes Leben lang vor allem eins sein: ein Autor. Jemand, der Geschichten erzählt, die etwas aussagen über die Zeit, in der er lebt. Er tat dies in Gedichten, Erzählungen, Drehbüchern, Essays, dem schwungvollen Großstadt-Roman *Jazz*, und sogar sein Wirken als Unternehmer beschrieb er rückblickend als »novel of a factory«, den er nicht mit Tinte, sondern im Leben geschrieben habe.[703] Nach CALIGARI schrieb er nur noch wenige Drehbücher, oft Adaptionen vorhandener Stoffe, darunter auch zwei für Murnau (DER JANUSKOPF, 1920; MARIZZA, GENANNT DIE SCHMUGGLERMADONNA, 1922).[704] Als der Vater 1923 starb, ging Janowitz in die Tschechoslowakei zurück und verbrachte sechzehn Jahre als Leiter der in Familienbesitz befindlichen Ölmühle in seinem Geburtsort Poděbrady. Als die Deutschen 1939 die Tschechoslowakei überfielen, flohen Janowitz und seine Frau Leni

Hans Janowitz

nach New York. Viele Familienmitglieder, Freunde und Kollegen wurden von den Nazis ermordet.[705] In New York wurde Janowitz wieder als Unternehmer tätig, gründete eine Parfümfabrik (Jan Villon Perfume Co.), und schrieb nebenbei, sein Leben in Europa reflektierend: vor allem Gedichte und Kurzgeschichten über die böhmische Heimat, und seine Version der CALIGARI-Entstehungsgeschichte, die Siegfried Kracauer als Vorlage für *From Caligari to Hitler* diente.[706] Vergeblich versuchte Janowitz, erneut in der Filmbranche Fuß zu fassen, und dabei ließ CALIGARI ihn nicht mehr los: Schon 1941 hatte er einen Entwurf für eine Fortsetzung mit dem Titel *Dr. Caligari redivivus!* geschrieben und beim Versuch, Partner für ein amerikanische Verfilmung zu gewinnen unter anderem mit Erich Pommer verhandelt. Noch kurz vor seinem Tod korrespondierte er mit dem – ebenfalls aus Deutschland emigrierten – Fernsehproduzenten Felix Jackson über eine mögliche CALIGARI-Fernsehadaption.[707] Auch finden sich in seinem Nachlass viele Texte, in denen er noch einmal über die Zeit der CALIGARI-Entstehung erzählt. Er starb 1954 in New York.

– *Robert Wiene* galt Zeit seines Lebens als Schöpfer des expressionistischen Films, der die Kunst in das Medium Film brachte, bevor Siegfried Kracauer ihm posthum die Umkehrung der politischen Aussage in CALIGARI anlastete und Lotte Eisner den Regisseur als ganz unbedeutend erklärte.[708] Er drehte noch weitere Filme in expressionistischem Stil: den als CALIGARI-Nachfolger angelegten GENUINE der Decla-Bioscop nach einem Drehbuch von Carl Mayer mit Fern Andra und Hans Heinrich von Twardowski und RASKOLNIKOW (1922/23) nach Dostojewski mit Mitgliedern des Moskauer Künstlertheaters.[709] Weitere bedeutende Filme sind der Monumentalfilm I.N.R.I. (1923) über die Leidensgeschichte Christi mit Werner Krauß als Pontius Pilatus, der in Österreich gedrehte Psycho-Thriller ORLACS HÄNDE (1924) mit Conrad Veidt und der Opernfilm DER ROSENKAVALIER (1926), in dem auch Friedrich Fehér auftrat. Wienes erster Tonfilm DER ANDERE (1930) war ein Remake von Max Macks Film aus dem Jahr 1913, der als erstes Beispiel für den künstlerischen Film galt, sein letzter in Deutschland gedrehter Film der Spionagefilm TAIFUN (1933) mit Liane Haid und Viktor de Kowa, der in Deutschland verboten und später in einer veränderten Version und ohne Nennung Wienes Namens unter dem Titel POLIZEIAKTE 909 aufgeführt wurde. 1934 drehte Wiene in Budapest die deutsche und ungarische Version von EINE NACHT IN VENEDIG/EGY ÉJ VELENCÉBEN nach der Oper von Johann Strauß, dann floh er, von den Nazis als Jude verfolgt, nach London, wo er unter anderem als Berater für Friedrich Fehérs THE ROBBER SYMPHONY (1935) arbeitete. In seinen letzten Lebensjahren, ab Ende der Stummfilmzeit, plante er eine CALIGARI-Fortsetzung unter den Arbeitstiteln *Caligarismus* und *Das letzte Experiment des Dr. Caligari* und führte von London und Paris aus langwierige Verhandlungen um den Erwerb der Rechte mit der Ufa.[710] Nach jahrelanger Pause inszenierte er 1938 in Frankreich seinen letzten Film ULTIMATUM. Er starb kurz vor Beendigung der Dreharbeiten in Paris.

Taifun: Robert Wiene bei den Dreharbeiten, zweiter von rechts

- *Werner Krauß* hatte mit der Rolle des Dr. Caligari seinen Durchbruch als Filmschauspieler. Ein zeitgenössischer Kritiker schrieb: »Nach dieser Schöpfung
  darf man Krauß als den hervorragendsten Charakterdarsteller bezeichnen, den
  wir bisher im Film sahen. Ausgezeichnet in Haltung und Maske, selbst die
  sichtbar geklebte Nase stört nicht. Jede einzelne Handbewegung charakteristisch, jede Bewegung des Kopfes sprechend, jeder Schritt eine Bedeutung. Wundervoll in der Wiedergabe der Empfindungen. Eine Meisterleistung schlichtweg.«[711] Nach Caligari spielte Krauß, für seine Wandlungsfähigkeit gerühmt,
  eine Vielzahl unterschiedlicher Rollen in Film und Theater, unter anderem den
  schwermütigen Bahnwärter in Carl Mayers erstem Kammerspielfilm, Lupu
  Picks Scherben (1921) und in einer Art Paraphrase seiner Caligari-Rolle den
  von Mordlust befallenen Wissenschaftler, der sich einer Psychoanalyse unterzieht in G.W. Pabsts Geheimnisse einer Seele (1925/26). Neben vielen klassischen Rollen spielte er auch weiterhin dämonische Figuren wie Jack the Ripper in Paul Lenis Das Wachsfigurenkabinett (1923/24)[712] und Scapinelli im
  zweiten Student von Prag von Henrik Galeen (1926). Nach der Machtübernahme der Nationalsozialisten passte Krauß sich dem neuen Regime an, lieferte

auf der Bühne eine antisemitische Interpretation des Juden Shylock im *Kaufmann von Venedig* (Wien 1943) und spielte gleich mehrere Rollen in Veit Harlans berüchtigtem Nazi-Propagandafilm JUD SÜSS (1940). Nach dem Krieg am Burgtheater engagiert, spielte Krauß einen abgetakelten Schiffsarzt im Regie-Debüt des Burg-Schauspielers Curd Jürgens PRÄMIEN AUF DEN TOD (1949), das Anklänge an den deutschen Expressionismus aufwies. Bei seinem ersten Auftritt im Nachkriegsdeutschland kam es 1950 wegen seiner NS-Vergangenheit zu Protesten und dem Abbruch eines Gastspiels, 1954 galt er mit Verleihung des Bundesverdienstkreuzes und des Iffland-Rings als rehabilitiert. Kurz vor seinem Tod veröffentlichte er seine Autobiografie *Das Schauspiel meines Lebens* und starb 1959 in Wien.

– *Conrad Veidt* wurde für die Darstellung des Cesare in CALIGARI hoch gerühmt. »[W]enn Conrad Veidts Cesare an einer Mauer entlangstreifte, so war es nicht anders, als habe die Mauer ihn ausgedünstet«, schrieb Siegfried Kracauer später.[713] In den Uraufführungs-Kritiken hieß es: »Conrad Veidts dämonischer Typ, als Somnambuler von einfach unheimlicher Wirkung; nervenschwache Personen können Alpdrücken davon bekommen.«[714] »Veidt ist fast durchweg glänzend. Sein Erwachen aus dem Schlaf, die Prophezeiung, wie er die Gartenmauer entlang schleicht, den Berg emporkeucht, das ist überaus eindrucksvoll [...].«[715] »Conrad Veidt – Cesare – gespenstisches Grauen eines gefolterten Hirns gestaltend – ganz in seinem Elemente!«[716] Veidt, oder »Connie«, wie ihn seine Fans nennen, spielte in der Weimarer Republik weiter dämonische und exotische Rollen, unter anderem den Maharadscha in Joe Mays DAS INDISCHE GRABMAL (2 Teile, 1921) und den verunglückten Pianisten in Robert Wienes ORLACS HÄNDE (1924). Als Iwan der Schreckliche in Paul Lenis DAS WACHSFIGURENKABINETT (1923/24) wiederholte er die Frage aus dem CABINET DES DR. CALIGARI: »Wie lange werde ich leben?« Ab Mitte der 1920er Jahre spielte er auch in ausländischen Produktionen, emigrierte, mit einer Jüdin verheiratet, 1933 nach England, 1940 nach Hollywood, wo er, wie andere deutsche Emigranten auch, oft den Typen des Nazi-Schurken spielte.[717] Zu seinen bekanntesten Rollen gehörten der Großwesir Jaffar in dem phantastischen Abenteuerfilm THE THIEF OF BAGDAD (1940, Der Dieb von Bagdad) und der Nazi-Major Strasser in Michael Curtiz' CASABLANCA (1942). Connie starb 1943 in Los Angeles.

– *Friedrich Fehér*, der als Francis die eigentliche Hauptfigur des CABINETS DES DR. CALIGARI spielte (aus dessen Sicht die ganze Geschichte erzählt wird), wurde von der Kritik nicht besonders beachtet, sein Spiel allenfalls zu naturalistisch[718] und altmodisch genannt.[719] Als Schauspieler und Regisseur arbeitete er noch mehrfach mit Robert Wiene zusammen. 1933 floh er zuerst in die Tschechoslowakei, dann nach England, wo er wieder auf Wiene traf, der gerade versuchte, sein CALIGARI-Remake auf die Beine zu stellen. Laut Hans Feld arbeitete Wiene in London als Fehérs literarischer und künstlerischer Berater: »Sie waren ein Schauspieler-Ehepaar, Friedrich Feher und seine Frau.

Werner Krauß   Conrad Veidt

Beide von einem theatralischen Ausmaß, das in ihr Privatleben überfloß. [...]
Wenn immer Feher in unvorstellbaren Wutausbrüchen die Grenzen des selbst
Liberal-Erlaubten überschritt (und überschrie) bekreuzigte sich [seine Frau]
Magda Sonja und flehte zum Himmel um Vergebung.«[720] 1937 tauchte Fehér
bei einem Hollywood-Produzenten auf und behauptete, er habe drei Jahre
zuvor von Carl Mayer die Rechte an CALIGARI erworben, beabsichtige, den
Film in Amerika neu zu produzieren und versuchte, einen Vorschuss für die
Filmrechte zu bekommen. Eine Anfrage des Produzenten bei der Ufa ergab,
dass diese die Ansicht vertrat, ihrerseits die Filmrechte zu besitzen und Fehérs
Anspruch unbegründet war.[721] In den USA arbeitete Fehér als Orchesterleiter
und Geschäftsführer eines Supermarkts. Kurz vor seinem Tod kehrte er nach
Deutschland zurück. Er starb 1950 in Stuttgart.

–   *Hans Heinrich von Twardowski* gab in der Nebenrolle des ermordeten Alan
    ein eindrucksvolles Filmdebut. Er war der einzige Darsteller neben Krauß und
    Veidt, dem die Uraufführungs-Kritiker expressionistische Darstellungskunst
    zusprachen: »[Er lieh] einem jungen Manne die melancholische Eleganz seiner
    Gestalt [...] und [hat] für manche Gebärde eine schöne und ergreifende jüng-
    linghafte Echtheit«,[722] »[seine] melancholische Anmut [...] bewegte«.[723] In
    Robert Wienes CALIGARI-Nachfolger GENUINE (1920) spielte Twardowski

eine ähnliche Figur: den bleichen Jüngling Florian, den die Blut trinkende Sklavin Genuine in ihren Bann zieht und zum Mord verführt: »Der Florian des Hans Heinz von Twardowsky eine ausgezeichnete Leistung. Überschlanke, schwächliche, sinnlich erregende Jünglingshaftigkeit, die eben erst zum Leben und Liebe erwacht, mit großen verwirrten, beirrten Träumeraugen, mit weiten, schwingenden Gesten, mit lebhaftestem Mienenspiel, das Liebe und Lust, Entsetzen und Entzücken, Sehnsucht und Tollheit glänzend widerspiegelt.«[724] Zu Beginn der Tonfilmzeit ging Twardowski in die USA, teilte später das Schicksal von Veidt und anderen deutschen Immigranten, in amerikanischen Filmen als Nazi in Uniform besetzt zu werden, unter anderem als besonders ekelhafter »Henker« Heydrich in Fritz Langs Anti-Nazi-Film HANGMEN ALSO DIE! (1942, Auch Henker sterben). Twardowski starb 1958 in New York.

– *Lil Dagover* hinterließ einen gemischten Eindruck: »traumhaft schön war Lil Dagovers blasses Schweben«, schrieb eine zeitgenössische Kritikerin,[725] Herbert Ihering dagegen nannte sie »die süße Talentlosigkeit, die mit ihrer ausdruckslosen Glätte überall, aber hier erst recht unmöglich ist.«[726] In ihrer Autobiografie widmete sie ihrem »ersten Welterfolg« CALIGARI 25 Seiten,[727] auf denen sie sogar Iherings Kritik zitiert – allerdings ohne die Passage über ihre eigene Schauspielkunst. Dagover blieb Star-Schauspielerin der Decla, später Decla-Bioscop und Ufa. Als Glamour-Star des Dritten Reichs wurde sie »Hitlers Lieblingsdiva«;[728] da sie oft aristokratische Rollen spielte, auch die »große Dame« des deutschen Films genannt. 1946 entnazifiziert, tauchte sie auch nach dem Krieg noch in zahlreichen Filmen auf, inzwischen in der Rolle der Mutter und älteren Dame, so in einem Film der Edgar-Wallace-Reihe als DIE SELTSAME GRÄFIN (1961). Kurz vor ihrem Tod erschien ihre Autobiografie unter dem Titel *Ich war die Dame*. Sie starb als letzte Beteiligte der CALIGARI-Produktion im Alter von 92 Jahren 1980 in München.

– *Erich Pommer* setzte die Expansion der Decla-Film-Gesellschaft fort: Unter seiner Leitung fusionierte der Konzern noch 1920 mit der Deutschen Bioscop zur Decla-Bioscop, die 1921 in die Ufa aufging. Bei der Ufa übernahm Pommer wieder den Posten des Produktionsleiters und wurde der wohl mächtigste Filmproduzent der Weimarer Republik, unter dessen Ägide viele Klassiker des deutschen Films entstanden, einschließlich Fritz Langs METROPOLIS (1925–27) und Josef von Sternbergs DER BLAUE ENGEL (1930). 1933 emigrierte Pommer zunächst nach Frankreich, dann nach England und Amerika, in all diesen Ländern produzierte er Filme. Einmal plante er in Hollywood ein CALIGARI-Remake, ließ dann aber angesichts der inzwischen unübersichtlichen Rechtslage von diesem Plan wieder ab.[729] 1946 kehrte er als oberster Filmoffizier der amerikanischen Militärregierung nach Deutschland zurück, um die Neuordnung der deutschen Filmproduktion zu organisieren, produzierte später auch noch einige Filme in Deutschland und ging dann nach Amerika zurück, wo er mit seinem Sohn John E. Pommer noch einmal eine Filmproduktionsfirma gründete. Er starb 1966 in Los Angeles.

Erich Pommer nach dem Krieg

- *Rudolf Meinert,* der Produktionsleiter der Decla, der laut Hermann Warm »die Herstellung des Caligarifilms trotz des Widerstandes eines Teils der Decla-Direktion durchsetzte«,[730] stellte seine eigene Leistung überaus bescheiden dar: Nach einer Meldung des *Film-Kuriers* im Januar 1920, die ihm die »künstlerische Oberleitung« des CALIGARI-Films zusprach,[731] meldete er sich zu Wort und betonte, »daß Herr Dr. Robert Wiene diesen außerordentlichen Film in jeder Beziehung völlig selbständig [er]arbeitet, somit auch alleinigen Anspruch auf die künstlerische Leitung dieses Films zu machen hat.«[732] Auch nach dem Erfolg CALIGARIS kam es erneut zu Konflikten mit der Decla-Geschäftsleitung, die schließlich eskalierten, als Meinert auch den Film GENUINE in expressionistischem Stil gestalten ließ und dabei vor allem auf Widerstand Pommers traf, der inzwischen die Decla-Exportabteilung leitete und der Meinung war, dass sich weitere expressionistische Filme im Ausland nicht vermarkten lassen würden. Nach vielen erregten Debatten verließ Meinert Anfang 1921 entnervt die Decla-Bioscop, und Pommer nahm wieder den Posten des Produktionsleiters ein.[733] Meinert war weiterhin als Filmproduzent und ab 1922 auch wieder als Regisseur tätig. Er gehörte zu denjenigen, die schon in den 1920er Jahren Experimente mit Tonfilmen machten. 1933 ging er nach Prag, dann nach Wien, floh schließlich vor den Nazis nach Paris, wurde aber von ihnen eingeholt: Nach der deutschen Besetzung Frankreichs wurde Meinert in den Lagern Gurs und Drancy interniert, von wo aus er im März 1943 ins KZ Majdanek deportiert und dort kurz darauf ermordet wurde.

– *Julius Sternheim*, der Dramaturg und Drehbuchautor, über dessen Tätigkeit bei der Decla und Mitwirkung am Cabinet des Dr. Caligari kaum etwas bekannt ist, verließ die Decla im Jahr 1921 und ging zur Emelka (Münchner Lichtspielkunst AG, MLK) nach München,[734] kehrte jedoch kurz darauf als Direktor und Produktionsleiter der National-Film GmbH nach Berlin zurück,[735] schrieb Drehbücher und gründete dann seine eigene Produktionsfirma, die Sternheim-Film-GmbH.[736] Zu Sternheims 50. Geburtstag schrieb der *Film-Kurier:* »Julius Sternheim erfreut sich durch sein Fingerspitzengefühl in künstlerischen Dingen großer Sympathien in den Kreisen der Filmschaffenden«, und stellte in Aussicht, dass er in Kürze seinen ersten Tonfilm drehen würde.[737] Nachgewiesen ist ein Eintrag in der Judenliste,[738] wann Sternheim Deutschland verließ, ist jedoch nicht bekannt. Er starb 1941 in Johannesburg, Südafrika.

– *Hermann Warm*, der Hausarchitekt der Decla und Anführer der Gruppe der »drei Maler«, deren expressionistische Gestaltung als die eigentliche Sensation des Caligari-Films gefeiert wurde, entwarf noch viele Bauten für große Filme der Stummfilmzeit, darunter Fritz Langs Der müde Tod (1921), und F.W. Murnaus Schloss Vogelöd (1921) und Phantom (1922). Für den dänischen Regisseur Carl Theodor Dreyer arbeitete er in Frankreich an zwei herausragenden Produktionen: der Passionsgeschichte der französischen Nationalheldin La Passion de Jeanne d'Arc (1927), und dem frühen Ton- und suggestiven Horrorfilm Vampyr – Der Traum des Allan Grey (1931). Warm emigrierte 1941 in die Schweiz und kehrte 1947 nach Deutschland zurück, wo er die Bauten für einen der ersten DEFA-Spielfilme entwarf, Georg C. Klarens expressive Büchner-Verfilmung Wozzeck (1947). Rückblickend schrieb er später: »160 bis 170 Filme dürften es sein, die ich gemacht habe, davon 20 gute und zwei besondere: ›Caligari‹ und ›Jeanne d'Arc‹.«[739] 1954, anlässlich einer anekdotischen Serie eines Journalisten in einer Filmzeitschrift, die zahlreiche Legenden transportierte,[740] begann Warm, die Caligari-Geschichte aufzuarbeiten, und verfasste zahlreiche Essays, Vorträge und Interviews, in denen er zwei zentrale Behauptungen aufstellte: Die drei Maler sind es gewesen, die ganz allein auf die Idee der expressionistischen Gestaltung gekommen waren, und der inzwischen vergessene Rudolf Meinert ist der Produktionsleiter des Films gewesen. Warms Rekonstruktionen der Caligari-Architekturskizzen und des Decla-Ateliers befinden sich heute im Filmmuseum Berlin. Zur Eröffnung des Pariser Filmmuseums im Jahr 1972 rekonstruierte er die Caligari-Kulissen in Originalgröße. Er starb 1976 in Berlin.

– *Walter Reimann* war derjenige der »drei Maler«, der die Idee der explizit expressionistischen Gestaltung hatte. Er entwarf die Caligari-Kostüme und zeichnete das Titelblatt auf dem Caligari-Drehbuch. Der Erfolg des Caligari-Films hatte zwei direkte Auswirkungen auf Reimanns Schaffen, der sich selbst immer als Kunstmaler verstand: Seine Malerei wurde um das Jahr 1920 herum »expressionistisch«, und er begann, regelmäßig für den Film zu arbeiten. Lubitsch holte ihn für seinen letzten Stummfilm ETERNAL LOVE (1929, Der König der Bernina) nach Hollywood, danach machte Reimann auch zwei Filme in England. Aber dann kehrte er nach Deutschland zurück und begeisterte sich für den Nationalsozialismus. Er wurde Mitglied der NSDAP und NSBO, arbeitete an dem Blut-und-Boden-Propagandafilm EWIGER WALD (1936) und wurde zunächst mit der Planung der »ersten nationalsozialistischen Kultstätte Deutschlands«, der Freilichtbühne »Stedingsehre«, beauftragt (dann jedoch von einem lokalen Architekten abgelöst). Er starb 1936 in Berlin.[741]

Fritz Lang

– *Walter Röhrig*, der Jüngste und Dritte im Bunde der »drei Maler« wurde im Team mit seinem Kollegen Robert Herlth (1893–1962) zu einem der bedeutendsten Filmarchitekten des deutschen Stummfilms. Herlth, der wie Röhrig und Reimann durch Hermann Warm zum Film kam und zusammen mit Warm und Röhrig an Carl Froelichs TOTENINSEL (1921) und Fritz Langs DER MÜDE TOD (1921) beteiligt war, wurde daher versehentlich schon mal eine Mitarbeit an CALIGARI zugeschrieben.[742] 1936 trennte sich das Team, und Röhrig arbeitete an Nazi-Propagandafilmen, unter anderem Karl Ritters PATRIOTEN (1937) und Gustav Ucickys HEIMKEHR (1941). Eine der seltsamsten CALIGARI-Legenden besagt, dass Abgesandte der Filmindustrie des Deutschen Reiches Hitler zu seinem 50. Geburtstag am 20.4.1939 eine Mappe mit Zeichnungen von Filmarchitekten überreicht haben, die auch ein extra für diesen Anlass auf Büttenpapier gezeichnetes CALIGARI-Blatt von Walter Röhrig enthielt.[743] Er starb im Dezember 1945 in Caputh bei Potsdam.

– Und *Fritz Lang* wurde einer der bedeutendsten Regisseure des deutschen Stummfilms, sein erster Tonfilm M (1931) der »wichtigste deutsche Film«.[744] 1933 verließ er Deutschland, ging zunächst nach Frankreich, dann nach Amerika. Obwohl er sich dort dem Hollywood-Studiosystem anpassen musste, waren auch seine amerikanischen Filme in glasklarem Stil verfasst, persönlicher als sein deutsches Werk und wichtige Kommentare ihrer Zeit. Als Lang Ende der 1950er Jahre für Artur Brauners CCC noch einmal drei Filme in Deutschland inszenierte, war auch ein CALIGARI-Remake im Gespräch.[745] Denn gelegentlich, wenn Lang auf die Zeit zurück blickte, als er bei der Decla seine ersten Filme inszeniert hatte, wünschte er sich immer noch, er hätte damals auch die Regie in dem einen großen Film des Jahres 1920 übernommen: DAS CABINET DES DR. CALIGARI.

Einzelbilder aus Original (1919) und Remake (2005)

Filmische Nachfolger
und Adaptionen

Der expressionistische Film

Eines der Kriterien zur Erkennung von Schlüsselfilmen ist, dass sie Wellen gleichartiger Filme auslösen. So entstand nach dem CALIGARI-Erfolg eine Reihe einiger im engeren Sinne expressionistischer Filme, deren stilisierte Gestaltung zum Teil weit über CALIGARI hinausging, die aber allesamt kommerzielle Misserfolge wurden. Rudolf Kurtz behandelte in seinem 1926 erschienenen Standardwerk *Expressionismus und Film* neben CALIGARI als Auslöser der Welle genau fünf andere expressionistische Filme, die zwischen 1920 und 1924 entstanden, davon drei unter Mitwirkung wichtiger CALIGARI-Mitarbeiter und zwei Filmwerke des expressionistischen Theaterregisseurs Karlheinz Martin:[746]

– GENUINE war ein zweiter expressionistischer Film, den die Decla-Bioscop unter der Produktionsleitung Rudolf Meinerts noch im Jahr 1920 produzierte und herausbrachte. Meinert engagierte einen Teil des CALIGARI-Teams: Carl Mayer schrieb das Drehbuch und Robert Wiene führte wieder Regie, Willy Hameister übernahm die Kamera und Hans Heinrich von Twardowski spielte einen weiteren bleichen Jüngling, dem ein schlimmes Schicksal beschieden war, diesmal den Friseurlehrling Florian, der sich in das nach Blut dürstende Sklavenmädchen Genuine verliebt, die von einem reichen Sonderling in einem Haus am Rande der Stadt gefangen gehalten wird. Die drei CALIGARI-Maler standen offenbar nicht zur Verfügung, Hermann Warm schrieb später: »Wiene wollte, daß ich die Dekorationen für den Film machen sollte; ich lehnte ab, weil nach meiner Auffassung der Stoff trotz Carl Mayer keine expressionistische Formung forderte.«[747] Stattdessen übernahm der Maler César Klein die Gestaltung, der auch bereits die expressionistische Innendekoration des Marmorhaus-Kinos entworfen hatte, in dem sowohl CALIGARI als auch GENUINE uraufgeführt wurden. In der Geschäftsleitung der Decla-Bioscop war man durchaus nicht damit einverstanden, dass Meinert GENUINE erneut im expressionistischen Stil produzierte. In einer Vorstandssitzung im Oktober 1920 gab Erich Pommer zu Protokoll, er »habe, nachdem das Experiment mit CALIGARI gelungen sei, Direktor Meinert darauf aufmerksam gemacht, dass man nicht auf dieser Basis weiter experimentieren könne. Es sei ihm auch zugesagt worden, dass dieser Film nicht expressionistisch gehalten werde. Nachdem aber Cäsar Klein an dieser Filminszenierung mitgearbeitet habe, war es garnicht anders zu erwarten, wie es gekommen ist. Dieser Film sei überexpressionistisch und daher im Ausland nicht verwertbar.«[748] Der Konflikt führte schließlich dazu, dass Meinert die Firma verließ und Pommer wieder den Posten des Produktionsleiters übernahm. Auch später angesichts französischer Angriffe auf den CALIGARI-Stil äußerte sich Pommer noch negativ über eine Fortsetzung des expressionistischen Films, »der Caligarismus bedeutet in unserer Produktion nur einen Zwischenfall ohne Bedeutung und ohne Fortsetzung.«[749] Tatsächlich konnte GENUINE den Erfolg von CALIGARI nicht wiederholen: Die Kritiker goutierten zwar, dass die Hauptdarstellerin Fern Andra »aus einem entzückenden und reizenden Kostüm in das andere schlüpft«,[750] bemängelten aber, der Film habe »keine suggestive Kraft, bleibt totes Bilderbuch.«[751] Rudolf Kurtz urteilte rückblickend im Einklang mit der zeitgenössischen Einschätzung des Geschäftsmannes Pommer, dass mit GENUINE die »Konjunktur« des expressionistischen Films bereits zu Ende war.[752]

— VON MORGENS BIS MITTERNACHTS gilt neben CALIGARI als bedeutendster expressionistischer Film, entstanden ebenfalls im Jahr 1920, für die neu gegründete Ilag-Film. Im Unterschied zu CALIGARI waren unter den Mitarbeitern einige bereits vom expressionistischen Theater bekannte Künstler: Regisseur Karlheinz Martin und Architekt und Kostümbildner Robert Neppach hatten bereits 1919 bei der Inszenierung des expressionistischen Theaterstücks *Die Wandlung* zusammengearbeitet, jener Aufführung, die Filmhistoriker Barry Salt als Inspiration für die expressionistische Gestaltung der CALIGARI-Kulissen ansah.[753] Der Film war eine Adaption des Schauspiels von Georg Kaiser (1912, uraufgeführt 1917), die Hauptrolle spielte der archetypische expressionistische Bühnendarsteller Ernst Deutsch, weitere Rollen die Filmschauspielerin Erna Morena und erneut Hans Heinrich von Twardowski. Anders als bei CALIGARI und GENUINE war die Handlung nicht im Genre des Phantastischen angesiedelt und durch eine Rahmenhandlung von der Realität distanziert, sondern eine Auseinandersetzung mit der instabilen Gegenwart, in der Elend neben Übermaß existierten und die Kluft der sozialen Unterschiede immer größer wurde: Ein Bankangestellter (Deutsch) unterschlägt Geld, um einer eleganten Dame (Morena) zu imponieren. Doch diese lacht ihn aus, und er wird nun von der Polizei gesucht. Mit dem gestohlenen Geld entflieht er dem tristen Alltag und lebt für einen Abend in Saus und Braus. Doch in die feine Gesellschaft wird er damit nicht aufgenommen. Schließlich erzählt er alles einem Heilsarmee-Mädchen, und als selbst diese ihn verrät, erschießt er sich. Der Film

Genuine (1920, Robert Wiene): Filmplakat von Josef Fenneker

Oben: Von morgens bis mitternachts, unten: Das Haus zum Mond (beide 1920, Karlheinz Martin)

spielt komplett in expressionistischen Kulissen, meist schwarze Flächen mit weißen Linien bemalt. Bezeichnenderweise ist VON MORGENS BIS MITTERNACHTS nach seiner Fertigstellung nicht zur öffentlichen Aufführung in Deutschland gelangt. So ist eine der wenigen zeitgenössischen Kritiken, die wir kennen, ein Kommentar zu einer Sondervorstellung für die Vereinigung Münchener Filmkritiker im Februar 1922: »Damit nähert sich der Expressionismus den wesenhaften Möglichkeiten des Filmes schon viel mehr als im ›Caligari‹: dingliche und schauspielerische Darstellung gehen einheitlich zusammen, wobei freilich immer noch diesem Zusammengehen von außen her malerisch (mit aufgesetztem Weiß) nachgeholfen wird. Jedenfalls aber erscheint der photographische Naturalismus in diesem Regiewerk K.H. Martins glücklich überwunden und damit in der Entwicklung des Films aus seiner Reproduktionstechnik zu künstlerischer Formung ein weiterer Schritt getan. Welche Münchener Lichtspielleitung wird sich das Verdienst sichern, mit der öffentlichen Vorführung bahnbrechend voranzugehen?«[754] Der Film ist Ende des Jahres dann im Hongo-za-Kino in Tokio uraufgeführt worden und, wie zuvor auch CALIGARI und GENUINE, erfolgreich in Japan gelaufen.[755]

– DAS HAUS ZUM MOND, wieder entstanden in Zusammenarbeit mit Robert Neppach, war Karlheinz Martins zweiter ambitionierte expressionistische Film, mit dem er sich noch weiter von der Verfilmung dramatischer Vorlagen entfernte, gedreht ebenfalls noch 1920, diesmal für die neu gegründete Neos-Film GmbH, die bereits Mitte des Jahres auf negative Meldungen zur Produktion reagierte und verkündete, dass ihr Film »in gar keiner Beziehung zum ›Kabinett des Dr. Caligari‹ steht« und »weder wir noch einer unserer Verfasser unseren Film ›expressionistisch‹ nennt«.[756] Stattdessen kündigte man programmatisch an, Filme herstellen zu wollen, die »nach Ursprung, Art und Ausführung neu sein«[757] und den Anspruch erheben sollten, eine genuine Filmkunst zu begründen, die sich nicht an andere Kunstformen anlehnen und weniger an der Handlung, sondern am Bildhaften orientiert sein soll: »Im Film wirkt allein das Bild, das innere Erlebnis des Filmautors kann also auch nur im geistigen Sehen wirksamer Bilder sich vollziehen.«[758] Der Film wurde zwar im Januar 1921 aufgeführt, jedoch vom Publikum ausgelacht und von der Kritik verrissen. »Nein, so soll man ein phantastisches Drama nicht schreiben, nicht inszenieren und nicht spielen.«[759] »Die Regie Karlheinz Martins war herzlich schlecht. Ohne Einfall, ohne Pointe. Lauter wesenlose Passagen – Bühnenregie, zerflatternd in der Geste, aufs Wort angewiesen. Nichts aus den Darstellern herausgeholt.«[760] »Martin ist es nicht gelungen, diese von ihm geschaffene Welt zu ordnen. Der strenge, expressionistische Stil der Darsteller, die Linienführung der Regie, der es mehr auf stark gesehene Momente als auf Fluß der Handlung ankommt, das gemildert Expressionistische der Architektur geht schließlich in einem farblosen Kompromiß unter.«[761]

– RASKOLNIKOW war ein weiterer expressionistisch stilisierter Film von Robert Wiene. Er drehte ihn während der Inflationszeit 1922 für die Neumann-

Film-Produktion GmbH, nachdem CALIGARI auch im Ausland aufgeführt worden war und unter anderem in den Vereinigten Staaten und Frankreich für Furore gesorgt hatte. Der Film entstand nach Motiven von Dostojewskis *Schuld und Sühne* mit einem russischen Architekten (Andrej Andrejew) und russischen Darstellern. Er passierte im März 1923 die Zensur und wurde dann erst fast acht Monate später uraufgeführt. Zwar wurde die expressionistische Stilisierung gelobt: »Es sind Bauten im expressionistischen Stil, den Wiene im ›Caligari‹ in den Film einführte, und der seitdem erst diesmal wieder geglückt ist.«[762] Doch intellektuelle Kritiker wandten ein, dass man die komplexe Vorlage nicht angemessen in einem Filmwerk verarbeiten kann und plädierten erneut für eine genuine Filmkunst, so Kurt Pinthus: »Erfindet doch selbst starke Filmhandlungen, die ethisch-psychologisch geschwängert sind, statt Kunstwerke anderer Gattung mühsam zu vergewaltigen, zu schwächen, zu kastrieren.«[763] Außerdem wurde bemängelt, dass der naturalistische Stil der Darsteller und die stilisierten Kulissen nicht zusammenpassten: »Was in ›Caligari‹ durch den Stil des Werkes geboten war, führt hier zu einer Diskrepanz zwischen den Menschen des Films und ihrer Umwelt. Es wäre […] denkbar gewesen, den ganzen Film auf Irrealität zu stellen, die Handlung gewissermaßen zur Verbildlichung der Hirnvisionen der Hauptfigur zu machen. Wie man sich entscheiden mochte, man hätte den einmal beschrittenen Weg konsequent zu Ende gehen müssen: entweder Phantastik auf der ganzen Linie oder realistisches Milieu *und* realistische Darstellung, niemals durfte man eine Synthese zweier Stilarten geben, von denen eine die andere ausschließt.«[764]

–   DAS WACHSFIGURENKABINETT schließlich war, wie Griffiths INTOLERANCE (1916) und Langs DER MÜDE TOD (1921), ein Episodenfilm, der in verschiedenen Epochen spielt. Nach einem Drehbuch von Henrik Galeen, dessen erste Version bereits 1920 entstand, erzählen ursprünglich vier geplante, später drei einzelne Episoden die Geschichten der Figuren eines Wachsfigurenkabinetts. Der Film, prominent besetzt unter anderem mit den beiden wichtigsten CALIGARI-Darstellern Conrad Veidt und Werner Krauß, entstand unter der Regie des Filmbildners Paul Leni und der Spielleitung von Leo Birinski im Jahr 1923, wurde im Februar 1924 der Zensur vorgelegt und dann sogar erst ganze neun Monate später uraufgeführt. Sowohl zeitgenössische als auch spätere Kritiker heben die letzte und kürzeste Episode mit Krauß als Jack the Ripper[765] als stärkste Sequenz des Films, wenn nicht sogar des ganzen expressionistischen Films oder der gesamten Filmkunst hervor. In ihr mischen sich kreisende Karussells in Mehrfachbelichtungen und schrägen Kamerawinkeln mit Bildern, in denen Jack auf Opfersuche geht, »da wanken Wände, schieben sich kreuz und quer und durcheinander, schief und verschwimmend Menschen und Mileu.«[766] Siegfried Kracauer zählte die Episode »zu den größten Leistungen der Filmkunst«,[767] und Lotte Eisner sah darin »[r]einsten Expressionismus«.[768] So kommt es, dass die letzten Minuten des letzten expressionistischen Films gleichzeitig Höhepunkt und Zusammenfassung der Welle sind, und mit ihrer

Raskolnikow (1922/23, Robert Wiene)

Das Wachsfigurenkabinett (1923/24, Paul Leni): Werner Krauß als Jack the Ripper

Jahrmarktsatmosphäre und einem mordlüstern durch schräge Kulissen schreitenden Werner Krauß ein deutlicher Rückgriff auf ihren Anfang im CABINET DES DR. CALIGARI.[769]

Wie Erich Pommer schon 1920 angesichts der Produktion von GENUINE voraussah, ließen sich expressionistisch stilisierte Filme außer CALIGARI nicht verkaufen. Keiner dieser bis 1924 entstandenen im engeren Sinne expressionistischen Filme ist ein kommerzieller Erfolg geworden, viele gerieten danach in Vergessenheit. Der vollkommen abstrakte *absolute Film* schließlich, dem auch Rudolf Kurtz einen Teil seines Buchs *Der expressionistische Film* widmet,[770] gehört zur Avantgarde und nicht, wie CALIGARI, zum kommerziell orientierten Mainstream. Jedoch kann man dennoch von einem Erfolg der expressionistischen Welle sprechen, und zwar wenn man den Begriff weiter fasst. Bereits 1923 hatte der Filmkritiker und -theoretiker Béla Balázs in seiner Kritik zu RASKOLNIKOW diagnostiziert, dass eigentlich alle Filme »expressionistisch« geworden sind:

> Es ist ganz gewiß, daß der Film das eigenste Gebiet, vielleicht die einzige, rechtmäßige Heimat des Expressionismus ist. Die modernen Filme nähern sich alle diesem Stil, ohne es zu wollen, ohne es zu merken. Es gibt keinen Regisseur heute mehr, der einen »neutralen« Hintergrund duldet, der nicht die ganze Bildfläche »beseelt« haben möchte von derselben Stimmung, die die Gesichter der Akteure beseelt.[771]

So wurde später im weiteren Sinne des Begriffs auch oft die ganze Periode des Films der Weimarer Republik »deutscher Expressionismus« genannt, hauptsächlich aufgrund der Bildgewalt ihrer bekanntesten Vertreter, z.B. des Werks der drei berühmtesten deutschen Regisseure dieser Zeit, Lang, Murnau und Pabst (Lubitsch war ja schon 1922 nach Hollywood gegangen). Lotte Eisner behandelte in ihrem Hauptwerk *L'Écran démoniaque* eine große Anzahl ganz unterschiedlicher Filme dieser Periode, in denen sie expressionistische Elemente erkannte. Später wurde ihr vorgeworfen, damit den Expressionismus-Begriff der Beliebigkeit preisgegeben zu haben.[772] Als George A. Huaco 1965 eine Untersuchung über Filmströmungen vorlegte, fasste er den deutschen Expressionismus als Welle der Jahre 1920 bis 1931 auf und nannte pragmatisch einfach all jene Filme dieser Zeit »expressionistisch«, die jemals von Filmhistorikern mit diesem Etikett versehen wurden, darunter unter anderem auch Murnaus DER LETZTE MANN (1924), Josef von Sternbergs DER BLAUE ENGEL (1929/30) und als Höhepunkt Langs M (1930/31).[773]

Auch Filme aus anderen Ländern oder anderen Zeiten wurden gelegentlich dem Expressionismus zugeordnet oder als vom Expressionismus geprägt bezeichnet, so z.B.

– noch während der Zeit des deutschen expressionistischen Films in Frankreich entstandene Werke wie Marcel L'Herbiers DON JUAN ET FAUST (1922) und Ivan Mozzhukhins LE BRASIER ARDENT (1923),

- bildgewaltige russische Filme von Yakov Protazanovs AELITA (1924) bis Sergei M. Eisensteins IVAN GROZNYY (1944, Ivan der Schreckliche),
- die Universal-Horror-Filme, zuerst von dem nach Hollywood gegangenen Paul Leni (THE CAT AND THE CANARY, 1927; THE MAN WHO LAUGHS, 1928, mit Conrad Veidt; THE LAST WARNING, 1929), dann unter anderem von James Whale, der sich zur Vorbereitung seines ersten FRANKENSTEIN-Films (1931) DAS CABINET DES DR. CALIGARI ansah,[774] und den deutschen Emigranten Karl Freund (THE MUMMY; 1932) und Joe May (THE INVISIBLE MAN RETURNS, 1940),
- das Genre des amerikanischen *Film noir*, der zum Teil von deutschen bzw. österreichischen Emigranten geprägt wurde, z.B. Fritz Lang (THE WOMAN IN THE WINDOW, 1944; SCARLET STREET, 1945), Billy Wilder (DOUBLE INDEMNITY, 1944; SUNSET BLVD., 1950), Otto Preminger (LAURA, 1944; FALLEN ANGEL, 1945) und Robert Siodmak (THE SPIRAL STAIRCASE, 1945; THE KILLERS, 1946),
- gelegentliche Neuentdeckungen bisher nicht beachteter Einzelwerke, die unter dem Einfluss des Expressionismus entstanden sind, so schwer von CALIGARI beeinflusste Werke wie Károly Lajthays noch vor Murnaus NOSFERATU im Jahr 1921 entstandene ungarische *Dracula*-Verfilmung DRAKULA HALÁLA[775] oder die amerikanischen Avantgarde-Kurzfilme THE FALL OF THE HOUSE OF USHER und THE TELLTALE HEART nach Poe, beide aus dem Jahr 1928,[776]
- Filme mit expressionistischen Elementen, die in Deutschland und Österreich nach dem Zweiten Weltkrieg entstanden in dem Versuch, an durch die NS-Zeit abgebrochene Traditionen anzuschließen, z.B. Georg C. Klarens WOZZECK (1947), Wolfgang Liebeneiners LIEBE 47 (1948/49) und Curd Jürgens' PRÄMIEN AUF DEN TOD (1949)[777]
- und natürlich sämtliche Filme, die mit stark stilisierten Kulissen arbeiten, etwa bis hin zu den Werken von Tim Burton (zuletzt ALICE IN WONDERLAND, 2010) und Terry Gilliam (zuletzt THE IMAGINARIUM OF DOCTOR PARNASSUS, 2009, mit dem deutschen Verleihtitel DAS KABINETT DES DR. PARNASSUS).[778]

In den letzten paar Jahrzehnten bemühten Wissenschaftler sich, den Begriff »expressionistischer Film« wieder einzugrenzen. Lotte Eisner gab noch im Jahrzehnt der Erstveröffentlichung ihres Buchs zu: »Rein expressionistisch ohne Einschränkung« seien nur CALIGARI, VON MORGENS BIS MITTERNACHTS und vor allem die dritte Episode des WACHSFIGURENKABINETTS.[779] Barry Salt und Jürgen Kasten kehrten später zu Kurtz' Liste im engeren Sinne expressionistischer Filme zurück und fügten lediglich einen vergessenen Film hinzu: Hanns Kobes Bauerndrama TORGUS, das 1920/21 nach dem Drehbuch von Carl Mayer und mit Bauten von Karlheinz Martins Bühnenbildner Robert Neppach für die Centaur-Film GmbH entstand (auch bekannt unter dem Titel VERLOGENE MORAL),[780] Salt nennt ferner Langs spätere Großstadtphantasie METROPOLIS, rückblickend einer der Höhepunkte des deutschen Kinos der Weimarer Zeit. Weitere Filme, die mehr oder weniger starke Stilisierungen aufweisen und oft noch zu

Prämien auf den Tod (1949, Curd Jürgens): Werner Krauß als abgetakelter Schiffsarzt

den im engeren Sinne expressionistischen Werken gezählt werden, sind Paul Wegeners Wiederaufnahme seines Vorkriegsmotivs DER GOLEM, WIE ER IN DIE WELT KAM, Hans Werckmeisters Dystopie ALGOL (beide 1920), Murnaus Schauermär NOSFERATU (1921), Leopold Jessners nach einem Drehbuch von Carl Mayer entstandene Wedekind-Verfilmung ERDGEIST (1922/23), Arthur Robisons Eifersuchts-, Betrugs- und Rachedrama SCHATTEN (1923) und Robert Wienes in Österreich mit Conrad Veidt gedrehter Kriminalreißer ORLACS HÄNDE (1924). Hinzugefügt wurden der Liste der im Kontext des deutschen expressionistischen Films zu behandelnden Werke vergessene CALIGARI-Vorläufer wie Paul Czinners verschollene österreichische Filme HOMO IMMANIS und INFERNO, Lubitschs DIE PUPPE und RAUSCH und Robert Reinerts NERVEN (alle 1919).

Zusammenfassend lässt sich sagen, dass man mit dem Begriff »expressionistischer Film« im engeren Sinne eine Welle deutscher Filme bezeichnen sollte, die zwischen 1919 und 1924 entstanden, und im weiteren Sinne die Werke jener Tradition der Weimarer Zeit, in der das Bildhafte, Malerische und Architektonische, aber auch das Psychologische, im Vordergrund stand, eine Tradition, die man als Antwort auf die großen Fragen der Kino-Debatten der 1910er Jahre lesen kann: Kann Film Kunst sein? Und worin könnte eine genuine Filmkunst bestehen? Wenn die Antwort auf die letzte Frage ist, dass der Film ein primär visuelles Medium sein muss, dann hat die kurze Periode des deutschen Expressionismus diese Antwort mit Nachdruck etabliert und, wie Balázs das schon 1923 festgestellt hat, Auswirkungen auf die gesamte folgende Filmgeschichte gehabt.

Der CALIGARI-Film wurde auch Gegenstand zahlreicher Adaptionen in andere Medien und einiger Remakes im Medium Film, die sich zum Teil sehr weit vom Ursprung entfernen. All diese Adaptionen reflektieren die Bedingungen ihrer eigenen Entstehungszeit, werfen aber immer auch einen neuen Blick auf das Original, DAS CABINET DES DR. CALIGARI:

– *Romanfassung:* Im Zuge der französischen Vermarktung des CALIGARI-Films im Jahr 1922 wurde auch ein »Roman zum Film« hergestellt, der die Geschichte des Films nacherzählte. Briefwechsel und der Vertrag zwischen dem französischen Verleiher Cosmograph und der Decla-Bioscop gehören zu den Dokumenten, die der italienische Filmhistoriker Leonardo Quaresima Anfang der 1990er Jahre zufällig in Akten des Bundesarchivs entdeckte (zusammen mit dem Vertrag zwischen der Decla und den CALIGARI-Autoren).[781] Quaresima war auch der Erste, der den Roman analysiert hat, der schließlich auf Grundlage dieses Vertrags ausgeführt wurde von dem französischen Schriftsteller und Journalisten Georges Spitzmuller (1867–1926), eine Generation älter als die Drehbuchautoren Mayer und Janowitz, ein Spezialist für triviale Liebes-, Historien- und Abenteuerromane mit einem Œuvre von über hundert Werken.[782]

Im Roman folgt Spitzmuller inhaltlich und formal weitgehend dem Film, mit zum Teil wörtlicher Widergabe der Film-Zwischentitel und Textinserts und Beschreibung der Filmbilder bis hin zu den Farben der Viragierung.[783] In einem Vorwort weist der Autor die Richtung, in der er den Film interpretiert: Demnach stelle die Geschichte tatsächlich die verzerrte Sicht der Wirklichkeit durch die Augen eines Wahnsinnigen dar, doch es komme darauf an herauszufinden, ob irgendwo darin die objektive Wahrheit verborgen sei.[784] So vorbereitet schildert der Roman – anders als der Film – die Binnengeschichte konsequent aus Francis' Sicht, z.B. durch die Ich-Form der Erzählung, die den Leser ständig an die subjektive Erzählperspektive erinnert. Teile der Geschichte, die der Erzähler nicht persönlich miterlebt hat, werden von diesem als nachträglich bekannt gewordene Ereignisse oder Rekonstruktionen ausgewiesen und in die Chronolgie der Geschichte eingebaut, z.B. die Szenen von Janes Ausflug zum Jahrmarkt und Janes Entführung durch Césare.[785] Den Mord an Alain schildert Spitzmuller als angebliche *Vision* Francis', der am nächsten Tag erfährt, dass alles was er gesehen hat, sich tatsächlich so abgespielt habe.[786] Stärker als im Film, wo der Franzis der Binnenhandlung ein weitgehend rational handelnder Detektiv ist, ist er im Roman ein von übernatürlichen Ahnungen heimgesuchtes Individuum, das in die Ereignisse hineingeworfen wird und nahe daran ist, den Verstand zu verlieren.

Stärker als im Film wird auch das Liebes-Dreieck zwischen Francis, Jane und Alain betont: Der Erzähler Francis reflektiert explizit seine Rivalität zu

Alain,[787] und als er nach dem Mord an Alain an der Leiche des Freundes steht, erfüllt ihn nur der Gedanke: »Jane ist jetzt die meine!« Trotz der kummervollen Umstände macht ihn die Idee regelrecht beschwingt, und er gibt dem Gefühl der Glückseligkeit nach, bis die Polizei und Olfen eintreffen.[788] Später, so glaubt er, habe er Jane sogar seine Liebe gestanden und sei nicht zurückgewiesen worden.[789] Francis' Wahnsinn, so suggeriert Spitzmuller, basiert auf seiner Liebe zu Jane, und nach dem Mord an Alain sei diese darüber ebenfalls wahnsinnig geworden.

– *Theaterstücke:* Die erste CALIGARI-Bühnenadaption, die wir kennen, gehört ebenso wie Spitzmullers Roman in die französische Rezeption des Films in den 1920er Jahren. Das Stück *Le Cabinet du Docteur Caligari* von André de Lorde (1871–1942) und Henri Bauche (1880–1947) wurde uraufgeführt im Dezember 1925 in dem berühmten kleinen Théâtre du Grand-Guignol in Paris, das seit 1897 bestand und spezialisiert war auf blutige Horror-Stücke, die unverblümt Wahnsinn, Tod, Verbrechen und Gewalt zeigten und dabei das Publikum prächtig amüsierten, ein Nachfolger der Schaubuden und Gruselkabinette des Jahrmarkts und ein Vorläufer des Splatter-Films. In den 1920er Jahren war das Grand-Guignol auf dem Höhepunkt seines Erfolges. Ein typischer Grand-Guignol-Abend bestand aus mehreren kurzen Stücken, wobei sich Komödien und Farcen mit Horror-Stücken und psychologischen Thrillern abwechselten. Mitte 1925 kündigte das Theater an, man werde die Wintersaison mit einer CALIGARI-Adaption eröffnen, und das Stück solle ein noch schrecklicheres Ende bekommen als der Film.[790]

De Laude und Bauche haben die CALIGARI-Geschichte für ihre kurze Bühnenfassung radikal vereinfacht: Die Verbrechensserie in Holstenwall wird zu einem einzigen Verbrechen zusammengefasst: dem Angriff auf Jeanne, die vollständig im Mittelpunkt der Handlung steht. Konsequenterweise ist sie es, die die Voraussage erhält, sie werde nur noch bis zum Morgengrauen leben, und die Figur des Alan ist somit überflüssig geworden und fast komplett verschwunden.[791] Dadurch wird das Liebes-Dreieck zunächst zu einer linearen Beziehung zwischen Francis und Jeanne, deren Liebe nicht mehr ein Konkurrent im Weg steht, sondern ein Liebesverbot durch Jeannes Mutter, die angeblich wegen einer Herzkrankheit ihrer Tochter nicht erlaubt, dass diese sich mit Männern einlässt. Francis gerät auf dem Jahrmarkt in den Bann des Hypnotiseurs und Wahrsagers Dr. Caligari, doch als dieser in seiner Hypnose-Show die schöne Jeanne erblickt, ist er seinerseits hingerissen, und die Liebesbeziehung wird wieder zum Dreieck. Caligari macht ausgerechnet Francis zu seinem Handlanger, der in seinem Auftrag in Jeannes Schlafzimmer eindringt und sie entführt. Francis, der hier die Figur des Cesare in sich aufnimmt, erfährt eine eigenartige Persönlichkeitsdopplung: Einerseits stellt er Jeanne nach aus eigenem unerfülltem Verlangen, andererseits als Werkzeug Caligaris, der das Mädchen ebenfalls besitzen will. Caligari tötet schließlich Jeanne, und Francis, der Insasse eines Irrenhauses ist und in dessen krankem Hirn sich

Das Kabinett des Dr. Caligari: Carlos Trafics Stück im Ernst Deutsch Theater, 2001

die ganze Geschichte abgespielt hat, stachelt die anderen Insassen auf, den Anstaltsdirektor anzugreifen. Am Ende wird Francis von einem unsichtbaren Geist verfolgt, gepackt und erwürgt. Ein Schwall Blut strömt aus seinem Mund und Francis bricht tot zusammen, ein typisches Grand-Guignol-Ende.[792]

Nach diesem Stück gab es noch viele weitere Theateradaptionen des Stoffes. Im Bundesarchiv ist ein Brief aus dem Jahr 1930 erhalten, in dem der holländische Schauspieler D. van Ollefen, der CALIGARI für das Residenz-Theater in Haag zu einem Theaterstück umarbeiten wollte, bei der Ufa nach den Rechten anfragte;[793] wir wissen leider nicht, ob aus diesem Projekt etwas geworden ist. 1980 entstand eine Bühnen-Adaption des Stoffes, die öfter aufgeführt wurde: *Das Kabinett des Dr. Caligari* des argentinischen Schauspielers, Autors, Regisseurs, Performance-Künstlers und Schauspiellehrers Carlos Trafic (* 1939), der sich eng am Film orientierte. Jane ist in diesem Stück allerdings übersinnlich begabt und hat dadurch eine Affinität zu Cesare, was die beiden letztlich sogar zu einem Paar im Liebes-Dreieck macht (Francis-Jane-Cesare statt Francis-Jane-Alain). Anders als im Film treffen Francis und Alain Jane schon vor ihrer allerersten Begegnung mit Cesare. Jane allerdings weigert sich, auf den Jahrmarkt mitzukommen, als sie von dem »Somnambulisten« hört (nebenbei eine gute Erklärung für die im Film nicht erklärte Tatsache, dass die beiden jungen Männer allein auf den Jahrmarkt gehen und die

Angebetete erst hinterher treffen). Später trifft sie auf dem Jahrmarkt Caligari, der versucht, Jane zu hypnotisieren. Aber er scheint keine Macht über sie zu haben, die Verbindung zwischen Jane und Cesare ist stärker. Als Cesare später in Janes Schlafzimmer steigt, verliebt er sich und entführt sie.[794]

Aus den 1980ern sind einige weitere CALIGARI-Bühnenadaptionen bekannt.[795] In den 1990er und 2000er Jahren gab es mehrere Musical- und Performance-Versionen des Stoffes: 1997 wurde vom American Repertory Theatre (A.R.T.) in Cambridge, Massachusetts, das Stück *The Cabinet of Dr. Caligari* von John Moran und Bob McGrath aufgeführt, das sich explizit an der Grand-Guignol-Tradition orientierte, eine »Techno-Oper«, bei der die Darsteller synchron zu einem vorher aufgezeichneten Soundtrack agierten. Nach jeder Vorstellung wurde der Originalfilm mit Live-Musik vorgeführt.[796] 1998 wurde von der Theatergruppe Action Theater aus Baltimore, Maryland, das Stück *The Cabinet of Dr. Caligari* von Robb Bauer und Tony Tsendeas aufgeführt, die CALIGARI im Rückblick auf die Schrecken des Ersten Weltkriegs interpretierten und mit Georg Büchners *Woyzeck* und moderner »Trip-Hop«-Musik kombinierten.[797] 2001 wurden gleich zwei CALIGARI-Musicals aufgeführt: *Das Cabinet des Dr. Caligari* von Wolfgang Sréter, Toni Matheis und Raymund Huber im Südostbayerischen Städtetheater Landshut[798] und *The Cabinet of Dr. Caligari* von Douglas Hicton und Richard Lawton, aufgeführt beim Second Annual Midtown International Theatre Festival in New York.[799] 2002 folgte *Dr. Caligari* des Theaterstars Robert Wilson (*1941) im Deutschen Theater, Berlin, eine postmoderne Performance, in monochromes Licht und Stummfilm-Ästhetik getaucht, mit vielen visuellen und motivischen Zitaten aus der Filmgeschichte. »Jahrmarkt, Irrenhaus, Wahnsinn – alles wird zu Bild und Bewegung, zu künstlicher Tollheit gestylt. Tolles Rot! Tolles Gelb! Tolles Blau!«[800] 2007 wurde in Dresden Tobias Herzz Hallbauers »Hörspielbildertheater« *Das Cabinet des Dr. Caligari* uraufgeführt.[801]

– *Filme:* Seit Beginn des Tonfilmzeitalters waren immer wieder CALIGARI-Remakes als Tonfilm erwogen worden, unter anderem von einigen der an der Originalproduktion beteiligten Personen, die schließlich an der schwierigen Rechtslage scheiterten und diese noch komplizierten: Rechte an Stoff und Titel beanspruchen konnten zunächst einerseits Carl Mayer und Hans Janowitz als Autoren des Drehbuchs, andererseits die Ufa als Rechtsnachfolgerin der Decla. Robert Wiene bemühte sich seit 1929 um die Rechte für eine Fortsetzung; führte sowohl mit Mayer als auch mit der Ufa langwierige Verhandlungen von Berlin, Paris und London aus, schloss Verträge, leistete Zahlungen, nahm Kontakt auf zu dem französischen Schauspieler Jean Cocteau, den er für die Rolle des Cesare verpflichten wollte, und starb 1938. Aus seinen Geschäften resultierte unter anderem ein Anspruch, den der Schauspieler Friedrich Fehér erhob, als er 1937 bei einem Produzenten in Hollywood auftauchte und behauptete, er besitze die Rechte an CALIGARI, die er Mayer und Wiene 1934 abgekauft habe. Er konnte dafür allerdings keinen Beleg vorweisen.

Unabhängig von Wienes Projekt schrieb Hans Janowitz 1941 in New York einen eigenen Entwurf für eine Fortsetzung und versuchte dann jahrelang ebenfalls, amerikanische Produzenten dafür zu gewinnen, unter anderem Erich Pommer. 1944 starb Carl Mayer in London, und sein Anteil der Rechte ging auf seine Erben über. Ein Jahr später war der Krieg zuende, Janowitz schrieb an Edith Mayer, Carls Schwägerin, und suchte in Amerika die Zusammenarbeit mit den deutschen Emigranten Ernst und Maria Matray (1891–1978, 1907–1993), die in Hollywood Fuß gefasst hatten und nach Janowitz' Vorgaben ein eigenes Drehbuch schrieben. Auch dieses Projekt verlief schließlich im Sande, und Janowitz starb 1954. Doch so kam der Stoff nach Hollywood.[802]

1961 verkündete der Produzent Robert L. Lippert (1909–1976), er habe über den Agenten Paul Kohner die Rechte an CALIGARI erworben und beabsichtige, ein Remake zu produzieren.[803] Dieses wurde unter dem Titel THE CABINET OF CALIGARI noch im selben Jahr von dem exzentrischen Franzosen Roger Kay (1921–2001) in Hollywood inszeniert und im Mai 1962 uraufgeführt. Das Drehbuch stammte von dem amerikanischen Horror-Schriftsteller Robert Bloch (1917–1994), dessen bekanntestes Werk der kurz zuvor von Alfred Hitchcock verfilmte Roman *Psycho* ist (Roman 1959, Film 1960), und der nach CALIGARI noch weitere Drehbücher schrieb, z.B. zu William Castles STRAIT-JACKET (1963, Die Zwangsjacke) und THE NIGHT WALKER (1964, Er kam nur nachts). All diese Werke waren Psycho-Krimis, in denen die Protagonisten an der Grenze zum Wahnsinn stehen oder diese überschreiten, sie stehen somit allesamt in der Tradition des Original-CALIGARI.[804] Interessanterweise ist es in all diesen Werken die Figur der Frau, die im Mittelpunkt steht; die Hauptfigur Franzis aus dem Originalfilm verschwindet also und wird durch Jane ersetzt. In Kays CALIGARI wird aus der vom Monster bedrohten Jungfrau die Detektivin, die versucht herauszufinden, was (ihr) wirklich geschieht. Sie wird von der Angst vor Männern geheilt, als sie in die sexuelle Offensive geht: Eine junge blonde Frau namens Jane Lindstrom (Glynis Johns, *1923) sucht nach einer Reifenpanne Hilfe im Haus von Dr. Caligari (Dan O'Herlihy, 1919–2005). Der Doktor erscheint zunächst als freundlicher Gastgeber, der sie im Haus übernachten lässt, während ihr Wagen repariert wird. Doch am nächsten Tag unterzieht Caligari Jane einem intimen Verhör, setzt sie unter Drogen und hält sie gefangen. Jane trifft noch andere Gäste in Caligaris Haus, darunter Paul, den sympathischen Freund des Doktors, und Mark, einen jungen Mann in ihrem Alter, mit dem sie sich eine gemeinsame Zukunft vorstellen kann. Jane wird Zeugin, wie Caligaris Scherge eine ältere Frau foltert und tötet. Nach einem gescheiterten Selbstmordversuch verrät Jane Paul ihren Plan, Caligari, den sie für impotent hält, sexuell zu provozieren, damit er sie töte oder freilasse. Am nächsten Tag geht sie zu Caligari und bietet sich ihm an. Doch da nimmt Caligari Bart und Perücke ab: Caligari ist Paul. Durch den Schock erwacht Jane und findet sich als Insassin in einem

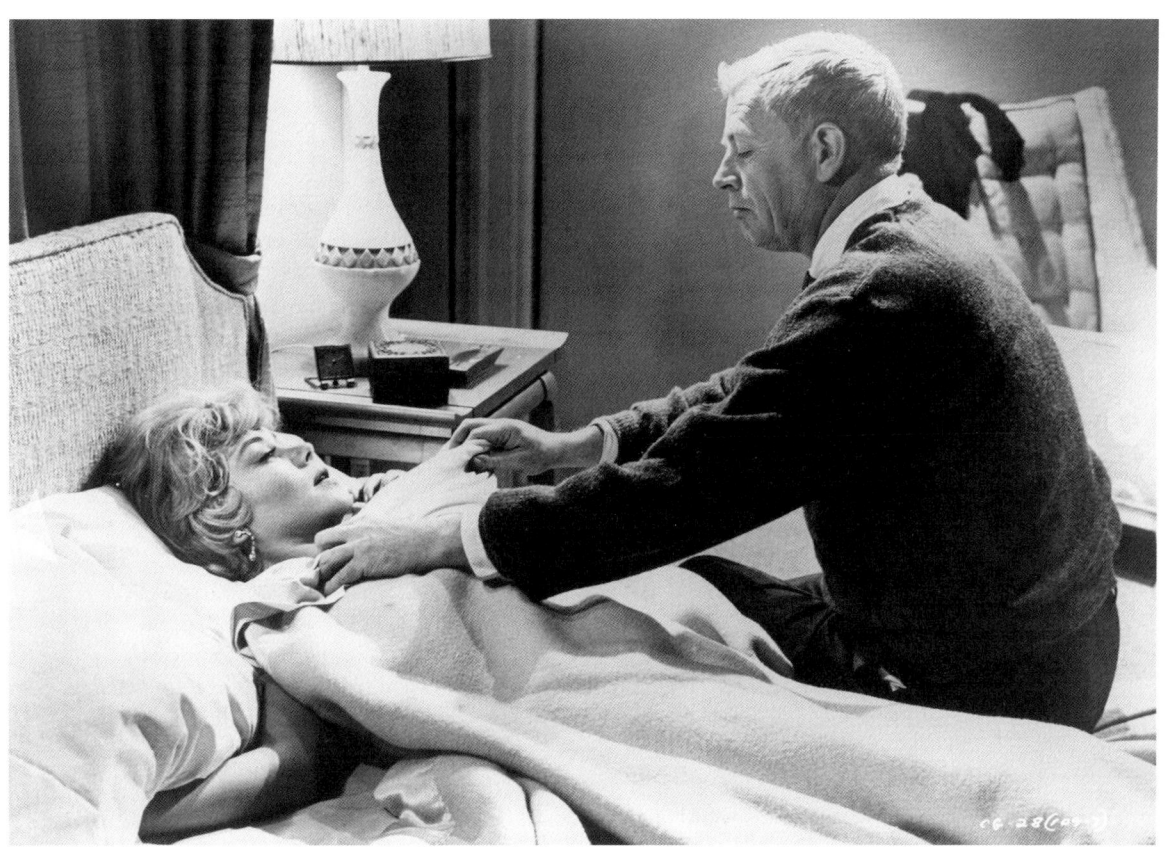

The Cabinet of Caligari (1961/62, Roger Kay): Glynis Johns als Jane, Dan O'Herlihy als Caligari

Sanatorium wieder. Ihr Arzt hat sie unter Drogen einer Schocktherapie ausgesetzt, um sie von ihrer Geisteskrankheit zu heilen, und sie hat Elemente ihrer Realität in ihren Albtraum eingebaut, z.B. ihren Arzt in die Figuren des bösen Caligari und des netten Paul geteilt. Jane ist auch nicht die junge Frau, als die sie sich im Traum gesehen hat, sondern sehr viel älter. Jetzt ist sie geheilt und kann die Klinik verlassen. Ihr Sohn, der ihr als Mark erschien, holt sie ab.

Trotz dieser plumpen Anspielung auf Ödipus bemühte der Film sich, wissenschaftlich fundiert zu klingen: Wie in PSYCHO taucht am Ende ein Psychiater auf und hält eine längere Rede, die den Zuschauern den Wahnsinn der Hauptfigur erklärt. In der Werbekampagne zum Film wurde behauptet, Regisseur Kay hätte einen Doktortitel in Psychologie von der Sorbonne und sei daher prädestiniert, diesen Film zu inszenieren – ein Echo auf Robert Wienes Doktortitel und die kolportierte Geistesgestörtheit seines Vaters, die ihn prädestiniert habe, den Original-CALIGARI zu inszenieren.[805] Wie im Original-CALIGARI erleben wir in Kays CALIGARI die schockierende Binnenhandlung aus subjektiver Perspektive der Hauptfigur, die hinterher in der Rahmenhandlung in Frage gestellt wird. Der in der Binnenhandlung bösartige Wissenschaftler erscheint in der Rahmenhandlung als benevolenter Arzt, der versucht, die

Hauptfigur zu heilen. Herbert G. Luft berichtet sogar von einem zweiten Ende, das die berühmte letzte Einstellung im Original-CALIGARI abwandelt, in der der Doktor zweideutig in die Kamera lächelt: Angeblich von Kay gedreht und von dem Produzenten Robert Lippert entfernt wurde eine Szene, in der der Psychiater ganz am Ende Perücke und Bart von Dr. Caligari aufsetzt.[806] Einem Kritiker fiel auch die Ähnlichkeit zu Rolf Thieles deutschem Film LA-BYRINTH (1959) auf,[807] in dem Nadja Tiller eine Alkoholkranke spielte, die in einem Psycho-Sanatorium durch einen Schock geheilt wird. Ulrich Gregor hatte LABYRINTH in seiner Filmkritik bereits »caligaresk stilisiert« genannt.[808]

In weiteren filmischen Adaptionen des CALIGARI-Stoffes rückt die Frauenfigur noch mehr in den Mittelpunkt, verschmilzt schließlich nicht nur mit Franzis, sondern wird sogar zu Dr. Caligari: In Rosa von Praunheims stilisierter Low-Budget-Produktion HORROR VACUI (1983/84), einem »deutsche[n] Gruselfilm, angeregt von Caligari, Mabuse und Bhagwan«, gerät der Student Frank (Folkert Milster) in die Fänge der Sekte der Madame C (Lotti Huber). Als sein Freund, der Medizinstudent Hannes (Thomas Vogt) mithilfe einer Journalistin (Ingrid van Bergen) die Machenschaften der Sekte aufdeckt und die Polizei das Haus umstellt, begehen die Sektenmitglieder kollektiven Selbstmord. Frank hat aufgrund eines Tricks überlebt, aber das Böse bleibt in der Welt: Am Ende enthüllt Hannes' Professor ihm, dass er in Wirlichkeit Madame C war.[809]

In Stephen Sayadians Avantgarde-Farce DR. CALIGARI (1989) führt die Urenkelin des ursprünglichen Caligari (Madeleine Reynal) Menschenversuche mit ihren Patienten durch, darunter ein masochistischer Kannibale (John Durbin) und eine unersättliche Nymphomanin (Laura Albert), die Caligari am Ende besiegt und ihre Identität annimmt. Hier ist also aus der Frau als Opfer und sexuell Passiver endültig die Täterin und sexuell Aggressive geworden. Der Vorspann ist illustriert mit Standbildern aus dem Original-CA-LIGARI, Sayadians Film aber ist eine Farce im Neonlicht der 1980er, mit aneinander gereihten bizarren Szenen voller surrealistischer Versatzstücke.[810]

Eine moderne Neuerzählung des CALIGARI-Stoffs bietet Chris R. Notariles Kurzfilm THE CABINET (2007), eine künstlerische Auseinandersetzung mit Psychiatrie und Expressionismus ist Javier Téllez' unter anderem im Potsdamer Einsteinturm gedrehter, als Videoinstallation für Ausstellungen konzipierter Kurzfilm CALIGARI UND DER SCHLAFWANDLER (2008).[811] In weiteren filmischen Adaptionen wird CALIGARI Gegenstand der postmodernen Auseinandersetzung mit dem Medium Stummfilm: Die 1991 in Cannes uraufgeführte internationale Co-Produktion THE CABINET OF DR. RAMIREZ des amerikanischen Opernregisseurs Peter Sellars kommt komplett ohne Dialog aus, und leitete damit eine Reihe moderner Stummfilme ein: Aris Iliopulos' I WOKE UP EARLY THE DAY I DIED (1998), Aki Kaurismäkis JUHA (1999), Andrew Lemans THE CALL OF CTHULHU (2005), Franka Potentes DER DIE TOLLKIRSCHE AUSGRÄBT (2006), Esteban Sapirs LA ANTENA (2007), Michel

Im Schatten der Made (2010, John Bock)

Hazanavicius' preisgekrönter THE ARTIST (2011) und Vladislav Kozlovs SILENT LIFE (2012). Direkt von CALIGARI inspiriert sind John Bocks neoexpressionistischer Experimentalfilm IM SCHATTEN DER MADE (2010)[812] und Harry Shottons und Gavin Sodos Kurzfilm THE CURSE OF DOCTOR CALIGARI (2006).[813] In David Lee Fishers amerikanischem »Remix« THE CABINET OF DR. CALIGARI aus dem Jahr 2005 schließlich wurde der Originalfilm mit neuen Schauspielern, die mittels Greenscreen-Technik vor den Original-Hintergründen agierten, als Tonfilm neu inszeniert – ein Experiment der Vermittlung eines Stummfilms an ein modernes Publikum, das leider nur deutlich machte, wie einzigartig die schauspielerischen Leistungen des Originalfilms waren.[814]

Darüberhinaus tauchen in einigen Filmtiteln CALIGARI-Anspielungen auf: 1922 kündigte die Berliner Aafa-Film-AG DAS KABINETT DES DR. SEGATO »über die Forschungen des berühmten italienischen Professors Segato im 18. Jahrhundert« an,[815] 1930 kam Robert Wohlmuths Tonfilm-Lustspiel DAS KABINETT DES DR. LARIFARI mit Max Hansen, Paul Morgan und Karl Jöken heraus; die Ufa, die die Rechte an CALIGARI hatte, erwog, gegen den Titel vorzugehen.[816] Der mexikanische Billig-Horrorfilm MISTERIOS DE LA MAGIA NEGRA (1957) erhielt nur in der deutschen Version den Titel DAS GRAB DES DR. CALIGARI,[817] und Terry Gilliams THE IMAGINARIUM OF DOCTOR PARNASSUS (2009) erhielt den deutschen Verleihtitel DAS KABINETT DES DR. PARNASSUS.[818]

–   *Comics, Hörspiele, Musikvideos:* CALIGARI ist noch in zahlreichen anderen Medien adaptiert worden. So publizierte der amerikanische Verlag Monster Comics im Jahr 1992 gleich zwei CALIGARI-Miniserien in jeweils drei Comic-Heften: eine Adaption des Films von Texter Ian Carney und Zeichner Mike Hoffman, die eng den Bildern des Films folgt; und eine weniger gelungene Neuerzählung von Texter und Zeichner Ken Holewczynski, der die Handlung in die Zukunft verlegt.[819] Auch der Modedesigner und Fotograf Karl Lagerfeld (* 1938) betonte stets, stark vom deutschen Stummfilm beeinflusst zu sein: »Der Stummfilm und der deutsche Expressionismus sind die Basis meiner persönlichen Ästhetik.«[820] Und: »Als ich zum ersten Mal ›Das Kabinett des Dr. Caligari‹ gesehen habe, konnte ich wochenlang nicht schlafen.«[821] 1995 veröffentlichte er den Fotoroman *Faust* mit Claudia Schiffer als Gretchen, dem als »Vorfilm« *Das Cabinet des Dr. Caligari* vorangestellt ist: Lagerfeld fotografierte in expressionistischen Kulissen Models in Motiven des Films nachgestellten Szenen und färbte die Schwarzweiß-Fotografien blau ein. Filmtitel, Akt-Zwischentitel und Endtitel entnahm er dem Original-Film.[822] 1997 produzierte der amerikanische Hörspiel-Macher Yuri Rasovsky (*1944) eine Hörspiel-Adaption in Hollywood, die nach eigenen Angaben auf seiner Erinnerung an eine Aufführung des Films basierte, die er Jahre zuvor einmal gesehen hatte, und inspiriert war durch Rainer Maria Rilke und Erinnerungen an eine deutsche Kleinstadt, in der er einen Teil seiner Jugend verbracht hatte.[823]

Heute ist CALIGARI ein Gegenstand der postmodernen Popkultur geworden, die spätestens seit den 1980er Jahren, basierend auf dem Fundus an Tri-

vialmythen und Ikonen, die sich inzwischen in unserem kulturellen Gedächtnis angesammelt hatten, in ihren Erzählungen nicht mehr nur auf einer linearen Ebene Geschichten erzählte, sondern auf einer vertikalen Ebene eine un-
überschaubare Anzahl von Zitaten und Anspielungen versammelte, die nur
verstehen kann, wer in der zeitgenössischen Popkultur zuhause ist. Das intellektuelle Vergnügen besteht dann darin zu erkennen, worauf all diese Anspielungen referieren. So verflocht das französische Ehe- und Autorenpaar Randy
und Jean-Marc Lofficier (*1953, 1954) in einer in den Jahren 1996 bis 2003
erschienenen Trilogie kunstvoll Elemente des deutschen Stummfilms mit der
Welt der *Superman*- und *Batman*-Comics, die sich seit Mitte der 1980er
Jahre verstärkt an ein erwachsenes Publikum richteten und z.B. die Psycho-
sen der Helden und Bösewichte verarbeiteten. Dabei war der 1999 erschienene Band *Batman: Nosferatu* nichts anderes als eine CALIGARI-Adaption.[824]
In der mit Anspielungen und Zitaten durchsetzten Comicserie *The League
of Extraordinary Gentlemen* lassen Alan Moore und Kevin O'Neill (beide
*1953) Trivialhelden des letzten Jahrhunderts aufeinander treffen. Die Serie
ist ein Pastiche, der so tut, als sei er schon zu Beginn des Jahrhunderts entstanden, komplett mit vermeintlich zeitgenössischer Werbung, Texten der
Herausgeber und den Comicheften beigefügten Kurzgeschichten. Im 2008 erschienenen Band *Black Dossier* gehört Dr. Caligari neben Dr. Mabuse und
Dr. Rotwang (aus METROPOLIS) zu einer deutschen Gruppe geheimnisvoller
Gestalten, die sich die »Zwielicht-Helden« nennen.[825] Auch in DOCTOR WHO
und den SIMPSONS finden sich Anspielungen auf CALIGARI.[826]

Subkulturen wie die Gothic- und Metal-Szenen benutzen Anspielungen
auf die CALIGARI-Ästhetik. Will man schon nicht den ganzen *gothic look* als
direkten Rückgriff auf die zombiehaften Bilder aus CALIGARI deuten, so finden
sich jedenfalls direkte CALIGARI-Referenzen auf dem Cover der ersten Single
der Dark-Wave-Band Bauhaus *Bela Lugosi's dead* (1979) und in den Musikvideos *Living Dead Girl* (1998) von Rob Zombie (*1965) und *Forsaken*
(2002) von Jonathan Davis (* 1971), letzteres zu sehen auch in der Titelse-
quenz von Michael Rymers modernem Vampirfilm QUEEN OF THE DAMNED
(2002, Königin der Verdammten), für den der Song geschrieben wurde. Einige
musikalische Interpretationen des Stoffes sind auf Schallplatte, CD oder als
MP3-Download veröffentlicht worden: Bereits 1920 komponierte Otto Weber
einen *Caligari Foxtrot*,[827] 1981 erschien unter dem Titel *Das Kabinett* Bill
Nelsons Musik für eine englische Bühnenadaption, 1983 nannte sich die britische New-Wave-Band Das Kabinette nach dem Film und erzählte in ihrem
Song *The Cabinet* die CALIGARI-Geschichte nach, 1996 brachte die Dark-
Wave-Band In the Nursery einen Soundtrack zum Film heraus, 2007 produzierte die deutsche Electro-Band EGOamp, deren Musiker sich Asmodi Caligari und Cesare Insomnia nennen, eine Coverversion des Songs *The Cabinet*,
2011 brachten sie unter dem Titel *Welcome to the Cabinet* ein ganzes Album
heraus, das sich CALIGARI und dem deutschen Stummfilm widmet.

Einzelbild: Werner Krauß, Conrad Veidt, Lil Dagover

Interpretationen

Der Status des CALIGARI-Films in der Filmgeschichte wurde festgeschrieben durch Interpretationen, die lange nach seiner Entstehungszeit entstanden. Seine Rezeption wurde vor allem durch zwei Hauptwerke der Filmliteratur beeinflusst, in denen CALIGARI jeweils eine zentrale Rolle spielt: Siegfried Kracauers 1947 erschienene politische Studie *From Caligari to Hitler* und Lotte Eisners fünf Jahre später herausgekommene Abhandlung über den expressionistischen Film *L'Écran démoniaque*. Diese beiden Werke waren so einflussreich, dass die Filmwissenschaft Jahrzehnte brauchte, sich von ihren fehlerhaften Darstellungen und überzogenen Schlussfolgerungen zu emanzipieren. Dennoch ist der Blick, den die beiden Werke im Nachhinein aus ihrer jeweiligen Perspektive auf den CALIGARI-Film warfen, heute unverrückbarer Bestandteil seiner Geschichte.

Siegfried Kracauers politische Interpretation

Kulturkritiker und Filmtheoretiker Siegfried Kracauer (1889–1966) arbeitete in den 1920er Jahren als Autor und Redakteur für die *Frankfurter Zeitung*, schrieb Filmkritiken und Analysen zur Alltagskultur seiner Zeit, darunter die beiden Studien *Das Ornament der Masse* (1927) und *Die Angestellten* (1930). 1933 emigrierte er zunächst nach Paris, 1941 kam er unter größten Schwierigkeiten nach New York, wo er in der Bibliothek des Museum of Modern Art arbeitete und dort in englischer Sprache seine Geschichte des deutschen Films schrieb, mit der er versuchte, den Aufstieg der Nationalsozialisten zu erklären: *From Caligari to Hitler – A Psychological History of the German Film*. Dieses brillant geschriebene und möglicherweise einflussreichste Buch zum deutschen Film war eines der ersten Werke, die Filme zu etwas anderem benutzten als Aussagen über Filme zu treffen. Kracauer vertritt darin die These, man könne in Filmen versteckte »psychologische Dispositionen« ausmachen, die dort unbewusst manifestiert seien und die helfen können, gesellschaftliche Entwicklungen zu erklären. So nahm er systematisch die deutsche Filmproduktion der Weimarer Zeit unter die Lupe, fand dort überall »präfaschistische« Tendenzen und versuchte zu zeigen, dass sich in den deutschen Filmen dieser Zeit die geheime Sehnsucht des Volkes nach einem Tyrannen spiegelte. Man kann Kracauers Argumentation so zusammenfassen:

1. Es gibt unterbewusste kollektive Dispositionen einer Nation (die Kollektivseele, das Kollektivbewusstsein). Diese Kollektivdispositionen werden durch vielfältige Ursachen erzeugt, verändern sich mit der Zeit, entziehen sich der rationalen Kontrolle und können ihrerseits gesellschaftliche Veränderungen auslösen oder zumindest mit bewirken.
2. Die Kollektivdispositionen zeigen sich am ehesten in Filmen; das heißt Untersuchung von Filmen ist ein geeignetes Mittel, um die im Untersuchungszeitraum vorherrschenden kollektiven Dispositionen aufzuzeigen. Für die Wahl von Filmen als Untersuchungsgegenstand nennt Kracauer zwei Gründe:
   – Filme werden von Kollektiven, nicht von Individuen geschaffen, das heißt die Art ihrer Produktion führt dazu, dass sich in Filmen statt individueller Eigenheiten eines Künstlers eher solche ausdrücken, die vielen Leuten gemeinsam sind.
   – Filme richten sich an ein Massenpublikum, daher wird man annehmen dürfen, dass populäre Filme tatsächlich herrschende Massenbedürfnisse befriedigen: Die Bedürfnisse des breiten Publikums bestimmen die Natur der Filme.
3. Die Untersuchung der deutschen Filme der Weimarer Republik zeigt, dass die kollektiven Dispositionen der Deutschen während dieser Zeit geprägt waren von Sehnsucht nach Autorität.
4. Nur unter Annahme dieser kollektiven Dispositionen ist Hitlers Aufstieg zu erklären.

In einem detaillierten Gang durch die deutsche Filmgeschichte beschreibt Kracauer die vermeintliche Wandlung der deutschen Kollektivseele während der Weimarer Zeit und folgert, dass die Deutschen während dieser Zeit in einen unbewussten Zustand gerieten, der es ihnen nicht mehr erlaubte, Hitler rationalen Widerstand entgegenzusetzen. Dr. Caligari ist dabei für Kracauer der archetypische Tyrann: eine Autoritätsfigur mit absolutem Herrschaftsanspruch, die Menschen unter ihre Gewalt bringt. Kracauer setzt CALIGARI an den Beginn einer Reihe von »Tyrannenfilmen«, die zeigen sollten, dass sich die Deutschen unbewusst nach einem solchen Tyrannen sehnten.

Zur empirischen Stützung seiner These verwendet Kracauer unter anderem das Manuskript, das Hans Janowitz im Jahr 1940 im amerikanischen Exil zur CALIGARI-Entstehungsgeschichte verfasst hatte:[828] Janowitz beschrieb darin, dass die Autoren mit ihrem Drehbuch ursprünglich eine aufrüttelnde politische Botschaft vermitteln wollten, einen Aufschrei gegen die Staatsautorität, die das Land in einen brutalen Krieg geführt hatte, und im Nachhinein betrachtet eine Vorahnung des Aufstiegs des nationalsozialistischen Regimes. Daher, so Janowitz, wurde am Ende des Drehbuchs Dr. Caligari als Sinnbild dieser Staatsautorität entlarvt und ins Irrenhaus gesteckt. Eine besondere Bedeutung kommt der Änderung dieser »Originalhandlung« durch die im

rowohlts deutsche enzyklopädie

Siegfried Kracauer

von Caligari
bis Hitler

Ein Beitrag zur Geschichte
des deutschen Films

Titelbild der ersten (stark gekürzten) deutschen Ausgabe 1958

Produktionsprozess hinzugefügte Rahmenhandlung zu, in der schließlich nicht Caligari ins Irrenhaus gesteckt wird, sondern der Aufklärer, der den Tyrannen zur Strecke bringen will. Die Autoren, so schreibt Janowitz, hätten gegen diese Änderung heftig protestiert, da sie ihre Botschaft genau umgekehrt hätte.[829] Kracauer interpretiert diese Umkehrung der Botschaft als Wirken der Kollektivseele, die verhinderte, dass die revolutionäre politische Botschaft zweier rational denkender Autoren in einen von einem Kollektiv erstellten und für ein Massenpublikum gemachten Film geriet: Die Umkehrung der Botschaft im fertigen Film zeige laut Kracauer, dass sich die deutsche Kollektivseele insgeheim nach einem Tyrannen sehnte.[830]

Kracauers Buch hatte in Deutschland eine wenig rühmliche Rezeptionsgeschichte: Karsten Witte beschrieb im Nachwort der erst über dreißig Jahre nach der Originalveröffentlichung herausgekommenen ersten werkgetreuen deutschen Ausgabe *Von Caligari zu Hitler*, die ursprünglichen Reaktionen auf Kracauers Werk seien in Westdeutschland »mehr oder weniger unverhohlen vom Ressentiment gegen Emigranten geprägt« gewesen.[831] Man wollte sich nicht darüber belehren lassen, wie in Deutschland der Faschismus zustande gekommen sein könnte und lehnte Kracauers Methode rundheraus ab. Eine drastisch gekürzte erste deutsche Ausgabe war 1958 unter dem Titel *Von Caligari bis Hitler – Ein Beitrag zur Geschichte des deutschen Films* erschienen, unter Weglassung Kracauers theoretischen Ansatzes und lediglich als informatives Werk zur Filmgeschichte beworben. Ironischerweise wurde dadurch die Akzeptanz von Kracauers These in der späteren akademischen Diskussion nur noch verstärkt. Denn die empirischen Belege, die Kracauer zur Stützung seiner These präsentiert hatte, wurden nunmehr unreflektiert übernommen in den Kanon der Fakten zur deutschen Filmgeschichte und insbesondere zur Entstehungsgeschichte des CALIGARI-Films. Kracauers These, nach den anfänglichen Ressentiments neu entdeckt, war dann viele Jahrzehnte lang die vorherrschende Beschreibung des deutschen Films der Weimarer Republik und galt als ultimative Lesart des CALIGARI-Films.

Jedoch ist Kracauers Beschreibung der Geschichte des Weimarer Films tatsächlich in vielerlei Hinsicht unzulänglich. Schon auf der Ebene der empirischen Grundlagen zeigten sich Fehler: Die Entdeckung des CALIGARI-Drehbuchs belegte, dass die »Originalhandlung« keineswegs einfach nur der Binnengeschichte des späteren Films entsprach, deren Aussage dann durch die Rahmenhandlung nur umgedreht worden wäre. Sowohl die revolutionäre Absicht der Autoren beim Drehbuchschreiben als auch der vehemente Protest gegen die vermeintliche Umkehrung ihrer Ideen erscheinen heute zweifelhaft. Ja selbst Janowitz' Darstellung der »Holstenwall-Geschichte« zeigte, dass er eher ein Schriftsteller war, der eine Geschichte konstruiert, als ein Zeitzeuge, der die historischen Fakten referiert. Janowitz' Beschreibung der CALIGARI-Entstehungsgeschichte und Kracauers Analyse des Weimarer Films reflektierten daher eher ihre eigene Entstehungszeit als die Zeit, von der sie handeln: Gestrandet im amerikanischen Exil, angesichts Hitlers mörderischer Tyrannei, die die Welt in einen neuen Krieg gestürzt und die europäische Heimat in ein Schlachtfeld verwandelt hatte, waren beide Männer eher auf der Suche nach Erklärungen für die aktuelle Situation statt nach einer objektiven Beschreibung der Weimarer Zeit.

Eine harsche, sehr kurze, aber treffende Kracauer-Kritik brachte Barry Salt in seinem zum ersten Mal 1979 erschienenen Essay *From Caligari to Who?*: Salt weist darauf hin, dass Kracauer eigentlich nicht viele Filme der Weimarer Zeit kennt und daher ein verzerrtes Bild dieser Zeit zeichnet. Er verwende gerade jene Werke, die seine These stützen, und ignoriere solche, die ihr widersprechen. Darüber hinaus benutze er ähnliche Filme, um zu komplett gegensätzlichen Schlussfolgerungen zu gelangen, und komplett gegensätzliche Filme, um ähnliche Thesen zu stützen.[832] Auf der Ebene des theoretischen Ansatzes schließlich ist Kracauer vorzuwerfen, dass er überhaupt nicht gezeigt hat, dass dieser allgemeine Gültigkeit beanspruchen könne. So hat bereits Paul Rotha, als er 1948 eine überarbeitete Neuausgabe seiner Filmgeschichte *The Film Till Now* vorlegte, Kracauers kurz zuvor erschienenes Buch mit dem Wunsch kommentiert, andere Autoren (womöglich sogar Kracauer selbst) sollten ähnliche Abhandlungen für die Filme anderer Länder vorlegen.[833] Das ist jedoch in dieser Form nie geschehen: Weder andere Autoren noch Kracauer selbst haben Kracauers These der Kollektivdispositionen auf die Filmgeschichte anderer Nationen angewandt, Kracauer hat sie maßgeschneidert auf den Film der Weimarer Republik für den einzigen Zweck, Hitlers Aufstieg zu erklären. Zusammenfassend lässt sich heute sagen, dass Kracauers Blick eine eingeschränkte Sicht darstellt, die unser Bild vom Film der Weimarer Republik geprägt hat, seiner Komplexität aber nicht gerecht wird.

Lotte Eisner: Expressionistische Filmkunst

Ähnliches lässt sich über Lotte Eisners Hauptwerk *L'Écran démoniaque* sagen, das 1952 in französischer Sprache und 1955 in überarbeiteter Form in deutscher Sprache als *Die dämonische Leinwand* erschien. Kunsthistorikerin Lotte H. Eisner (1896–1983) war 1927 in Berlin als Filmjournalistin zur Tageszeitung *Film-Kurier* gekommen, floh 1933 vor den Nazis nach Frankreich, versteckte sich dort, wurde aber entdeckt und interniert, überlebte, und half nach dem Krieg beim Aufbau der Cinémathèque Française, für die sie bis zu ihrer Pensionierung arbeitete. Auch Eisner ist, wie Kracauer, auf der Suche nach dem Deutschen im deutschen Film. Sie leitet die Motive des deutschen Films aus der deutschen Literatur und Geistesgeschichte ab, der Romantik, dem Expressionismus. Besonderen Einfluss erkennt sie im Theater Max Reinhardts, den sie auch im Untertitel ihres Buchs hervorhebt: *Influence de Max Reinhardt …* Von Reinhardt stammt laut Eisner der unnaturalistische Einsatz der Beleuchtung, die gezielt benutzt wird, um Wichtiges hervorzuheben und Anderes im Schatten verschwinden zu lassen. Dieser Gebrauch von Licht und Schatten, so Eisner, ist ein typisches Stilmerkmal des deutschen Films. Der zweite Einfluss auf den deutschen Film, den Eisner im Untertitel ihres Buchs nennt, ist die expressionistische Kunst: *… et de l'expressionnisme.*

Eisner wendete den kunsthistorischen Stilbegriff auf die deutsche Filmgeschichte an und beschreibt den deutschen Film nach dem Ersten Weltkrieg vor allem als »expressionistische Filmkunst«. Film ist bei Eisner also hauptsächlich Kunst, und daher betrachtet sie vor allem die großen Werke großer Meister wie Lubitsch, Lang, Murnau und Pabst, die in Zusammenarbeit mit ihren Filmarchitekten und Kameraleuten Film-kunstwerke erschaffen. Oft kanzelt Eisner dabei andere Regisseure als unwichtig ab: Robert Wiene sei »zweitklassig«, Manfred Noa »mittelmäßig«, Lupu Pick habe »nicht Murnaus Begabung« usw.[834] Wie Kracauers Buch vom Versuch des Autors geprägt war, die Welt zu erklären, in der er sich fand, in der der Aufstieg Hitlers ermöglicht worden war, ist Eisners Buch von den persönlichen Erfahrungen der Autorin geprägt, einer Kunsthistorikerin, die in den 1910er Jahren eifrige Theatergängerin und in den 1920er Jahren Filmjournalistin war. So räumt sie in ihren (allerdings von Martje Groh-mann geschriebenen) Memoiren offen ein, Filmgeschichten laufen immer Gefahr, durch die Vorlieben der Autoren einseitig geprägt zu werden: »Ich habe meine Vorlieben, meine Nostalgien, mein ganz persönliches Stilempfinden.«[835]

Auch Eisners, wie Kracauers, Buch hatte großen Einfluss auf unsere Sicht des Films der Weimarer Republik: Demnach war die deutsche Filmgeschichte in ihrer »Blütezeit« eine Abfolge großer expressionistisch geformter Meisterwerke. Kritik an Eisner lautete, dass dies ebenfalls eine eingeschränkte Sicht war, die viele Facetten des Weimarer Films überhaupt nicht berücksichtigt. So behandelt sie einen Großteil der deutschen Filmproduktion nicht, den sie als »mittelmäßig« einstuft, der aber vielleicht viel typischer für diese Zeit war als die von ihr hervorgehobenen Werke. Auch der Ex-pressionismus-Begriff, den Eisner transportierte, erschien als problematisch, behan-delte sie doch eine große Anzahl Beispiele »expressionistischer Filmkunst« auch aus Werken, die von ganz anderen Stilmerkmalen bestimmt wurden. So entstand der Ein-druck, alle von ihr behandelten Werke seien dem »Expressionismus« zuzuordnen, was den Begriff der Beliebigkeit preisgab. Eisner bemühte sich später, diesen Eindruck zu zerstreuen. So schränkte sie in einem Lexikonbeitrag wenige Jahre nach Veröffentli-chung der deutschen Ausgabe der *Dämonischen Leinwand* den Expressionismus-Be-griff auf nur wenige Werke ein, die sie als »[r]ein expressionistisch ohne Einschrän-kung« klassifiziert.[836] Und in ihre Memoiren, veröffentlicht kurz nach ihrem Tod, ließ sie schreiben: »[D]ie Tatsache, daß ich den expressionistischen Film ›erfunden‹ habe, berechtigt nicht zu der Annahme, daß jeder Künstler, den ich in meinem Buch erwähne, ein Expressionist gewesen sein muß.«[837] Später bemühten Wissenschaftler sich, den Expressionismus-Begriff sauberer abzugrenzen, unter anderem durch Rückgriff auf Rudolf Kurtz' schon 1926 erschienenes Standardwerk *Expressionismus und Film*, das auch Eisner häufig zitiert.[838]

Psychoanalyse

DAS CABINET DES DR. CALIGARI handelt von einem Psychologen, der selber verrückt wird. Die Geschichte findet jedoch im kranken Geist eines Erzählers statt, der seiner-seits verrückt ist und von eben jenem Psychologen, der als Figur in seiner Geschichte auftaucht, geheilt werden soll. Doch was bedeutet die rätselhafte Geschichte aus dem Inneren des kranken Geistes, und was ist der »Weg zu seiner Gesundung«, den Dr. Caligari im letzten Zwischentitel des Films in Aussicht stellt?

LOTTE H. EISNER

l'Écran Démoniaque

PANORAMA DU FILM ALLEMAND

ENCYCLOPEDIE DU CINEMA

Titelbild der Originalausgabe 1952

Es liegt nahe, diesen Film, der entstanden ist zu einer Zeit, als die Psychoanalyse den Höhepunkt ihrer Popularität erreichte, psychoanalytisch zu interpretieren, das heißt die Elemente des Films als Symbole der Seele zu deuten, die etwas anderes bedeuten als auf der Oberfläche ersichtlich. In einem zuerst 1975 in französischer Sprache veröffentlichten Essay assoziiert Catherine Clément in Anschluss an Eisners *L'Écran démoniaque* eine Ähnlichkeit der Gegenstände des CABINETS DES DR. CALIGARI mit denen der Psychoanalyse: Da sind zwei Halbwüchsige, die beide in dasselbe junge Mädchen verliebt sind; da ist ein Jahrmarktsgaukler, der sich für Hypnose und Somnambulismus interessiert; da sind der Arzt und die Irrenanstalt. Bei Clément steht Jane, die Frau, im Mittelpunkt des Films. Demnach erzählt der Film die Geschichte einer Frau, die sich selbst im Zentrum schmutziger Begehren der Männer sieht. Die Szene, in der Jane auf den Jahrmarkt geht und Dr. Caligari begegnet, der ihr den Somnambulen Cesare zeigt, deutet Clément als »Inszenierung der Verführung« und vergleicht sie mit der »Erzählung einer hysterischen Frau«: Caligari ist ein bösartiger Alter, der die junge Frau anlockt, um ihr einen obszönen Gegenstand zu zeigen, »vom Blickpunkt der Frau aus verbirgt die Bude einen Phallus, wird das Zimmer zum Schauplatz des Raubes, und das Asyl zum Schlupfwinkel des Doktors.«[839]

Auch in Patrice Petros Interpretation steht die Frau im Mittelpunkt des Films, und Cesare ist, wie schon bei Clément, ein Doppelgänger Janes: Beide Figuren werden durch somnambules Auftreten charakterisiert, beide haben eine Sonderstellung in der Figurenkonstellation des Films (Cesare das Monster, Jane die einzige Frau), beide sind Opfer und Schauobjekte, die den lüsternen Blicken der Anderen ausgesetzt sind, und als Cesare Jane auf Caligaris Befehl töten soll, zögert er und nimmt sie stattdessen mit sich, ein Zeichen für die Seelenverwandtschaft der beiden Figuren. Während der Film bei Clément aber die Angst der Frau vor dem Manne thematisiert, ist es bei Petro genau umgekehrt die Angst des Mannes vor der starken Frau, was am Ende dazu führt, dass der Mann wahnsinnig wird. Laut Petro reflektiert der Film die zu Beginn des Jahrhunderts gestärkte Stellung der Frau in der Gesellschaft.[840]

Ein weiterer Autor, der den CALIGARI-Stoff psychoanalytisch analysiert, ist Thomas Elsaesser. Auch er weist eine zentrale Bedeutung der Szene mit Jane in Caligaris Zelt zu, deren »sexuelle Konnotationen unmissverständlich sind«.[841] Elsaesser kommt zu dem Ergebnis, dass die Figurenkonstellation in CALIGARI mehrere ödipale Lesarten der Erzählung aus weiblicher und männlicher Sicht zulässt: Da ist zum einen Jane, die »beunruhigt über das lange Ausbleiben des Vaters« (Film-Zwischentitel) auf den Jahrmarkt geht und dort Caligari begegnet, der ihr Cesare als Phallus zeigt. In dieser Lesart ist Caligari der Doppelgänger Janes Vaters und Janes Geschichte enthüllt die von den Männern unterdrückte Wahrheit, dass der Vater die Tochter begehrt. In einer anderen Lesart ist die Binnengeschichte die Geschichte Franzis', als die sie der Film ja auch beschreibt: Hier ist Cesare der Doppelgänger Franzis', dessen geheime Wünsche er ausführt, indem er den Konkurrenten Allan ermordet und in Janes Schlafzimmer eindringt. Wenn die Binnenhandlung, wie die Film-Erzählung so offen nahelegt, sich im Innern des Geistes Franzis' abspielt, dann beschreibt sie eine Figur, die rational versucht zu verarbeiten, dass ihre Libido sie gegen die eigenen moralischen Prinzipien dazu drängt, den Konkurrenten zu töten und die Frau gegen deren Willen in seine Gewalt zu bringen. Damit ist Franzis auch ein Doppelgänger Caligaris und der Detektiv der Binnenhandlung muss wie Ödipus erkennen, dass er selbst der Täter ist. So beantwortet sich dann auch die Frage, die Elsaesser stellt: Warum ist Franzis eigentlich wahnsinnig geworden?

Kriegsneurosen

Ab den 1990er Jahren wurden CALIGARI und andere Filme der Weimarer Zeit statt als Vorgriff auf die NS-Zeit vermehrt als Reflektion der Kriegserfahrung gedeutet.[842] Vor allem Anton Kaes hat in Amerika zu diesem Thema geforscht und 2009 ein Buch über das *Shell Shock Cinema* veröffentlicht. Darin interpretiert er einige Filme, die nach dem Ersten Weltkrieg entstanden, darunter auch CALIGARI, als Auseinandersetzung mit Kriegsneurosen *(shell shock)*:[843]

Soldaten, die den Krieg in den Schützengräben erlebt hatten, waren oft traumatisiert, nach Sigmund Freud eine unterbewusste Reaktion auf die Extremsituation, der sie ausgesetzt waren. Fragwürdig war in diesem Zusammenhang die Rolle der Militärpsychiatrie, die vor der Aufgabe stand, Simulanten von echten Kranken zu unterscheiden, und – unter anderem um Simulanten abzuschrecken – mit Elektroschocks und anderen Methoden arbeitete, die ihrerseits zu direkten Todesfällen und Selbstmorden führten und nach dem Krieg öffentlich angeprangert wurden. Die sozialdemokratische Presse beurteilte das Vorgehen der Militärpsychiatrie als verbrecherisch und sogar verrückt, da es nicht darauf ausgerichtet sei, Patienten zu heilen, sondern allem Anschein nach nur dazu diente, Soldaten möglichst schnell wieder tauglich für den Dienst an der Front zu machen.

Kaes interpretiert DAS CABINET DES DR. CALIGARI als direkte Auseinandersetzung mit Kriegsneurosen und den Behandlungsmethoden der Psychiatrie: Die zentralen Figuren im Film sind ein renommierter Psychiater (Dr. Caligari) und ein Patient (Franzis), der Anzeichen einer schweren psychischen Störung aufweist, die einer Kriegsneurose gleicht. Ist der Patient wirklich krank oder nur ein Simulant? Und sucht der Psychiater wirklich einen Weg zu seiner Heilung, oder will er den Patienten nur ausnutzen und ist seinerseits kriminell oder gar verrückt? Die Erzählsituation, die den Film einrahmt, ähnelt laut Kaes ferner einer psychoanalytischen Sitzung, also der Methode, die Freud den Elektroschocks der Militärpsychiatrie entgegensetzte. Dabei bringt der Patient traumatische Erinnerungen aus dem Unterbewusstsein hervor, und die Aufgabe des Psychiaters ist herauszufinden, was die Neurose ausgelöst hat und wo sich Ansätze zur Heilung des Patienten ergeben. Sowohl die neue Methode der Psychoanalyse als auch das von ihr bisweilen eingesetzte Mittel der Hypnose wurden aber in der Öffentlichkeit ebenfalls kritisch betrachtet, sodass im Film Hypnose auch von Dr. Caligari zu seinen verbrecherischen Zwecken eingesetzt wird.

Der Somnambule Cesare schließlich stellt ein weiteres Opfer des Krieges und seine Behandlung durch die Militärpsychiatrie dar. Auch er zeigt die typischen Symptome einer Kriegsneurose. Die Frage, mit der er zu Beginn des Films konfrontiert wird, ist die Frage, die auch die Soldaten in den Schützengräben stellen: »Wie lange werde ich leben?« Im Film lautet Cesares Antwort: »Bis zum Morgengrauen.« Kaes sieht darin eine Analogie zu den Morgenoffensiven im Krieg, bei denen den Soldaten befohlen wurde, auf die feindlichen Stellungen zuzustürmen. Zehntausende kamen dabei im Maschinengewehrfeuer ums Leben, und in den Jahren nach dem Krieg wurde diese Militärtaktik durchaus mit Mord verglichen, so wie die Todesfälle im CABINET DES DR. CALIGARI nicht vom Schicksal bestimmt, sondern Morde sind. So ist CALIGARI in Kaes' Interpretation zwar nicht ein Film, der direkt Kriegsszenen beschreibt, handelt aber doch im Innern vom Krieg, seinen Bedingungen und Folgen. Er ist ein Versuch, das traumatische Erlebnis des Weltkriegs im Kino zu verarbeiten.

New Film History

Interpretationen sind unterschiedliche Blicke auf Werke. So wurde CALIGARI interpretiert als Vorbote kommender Zeiten, politische Prophetie, Blick in die Seele oder unter dem Gesichtspunkt, was dieser Film als Kunstwerk zur Filmkunst beigetragen hat. Das ist erlaubt, denn solche Lesarten vermitteln uns Erkenntnisse über den Film, die wir beim bloßen einmaligen Betrachten nicht gehabt hätten. Doch die Forscher, die der Kategorie New Film History zuzurechnen sind, gaben sich unzufrieden mit der Situation, dass solche oft viele Jahre im Nachhinein entstandenen Lesarten als einzig richtige Interpretationen in der Filmliteratur festgeschrieben und die Entstehungsgeschichte des Films nur im Hinblick auf diese Lesarten interpretiert worden war.

Beim Versuch, die tatsächlichen Bedingungen bei der Entstehung des Films zu untersuchen, war zunächst einmal empirische Aufräumarbeit zu leisten, und der Fokus wurde auf andere Faktoren gelenkt, die wichtig, von der traditionellen Filmgeschichtsschreibung aber überhaupt nicht behandelt worden waren, z.B. ökonomische Bedingungen (statt Schaffung eines Kunstwerks), die Rolle von Vorläufern (statt Singularität des »Meisterwerks«) oder Verflechtungen im internationalen Filmgeschäft (statt nationaler Film-Identität). So verfassten z.B. Mike Budd und Thomas Elsaesser seit Ende der 1970er Jahre Aufsätze, die sich von der traditionellen Sichtweise auf DAS CABINET DES DR. CALIGARI distanzierten und neue Lesarten anboten.[844] Budd gab später einen Sammelband heraus, der zahlreiche Aufsätze zu CALIGARI enthielt, die sich auf neu ermittelte empirische Daten bezogen oder den Film in einem neuen Licht interpretierten; Elsaesser veröffentlichte einen Sammelband und ein eigenes Buch zum Weimarer Film.[845] David Robinson wertete für seinen CALIGARI-Band in der Filmbuchreihe des British Film Institute die neuesten Forschungsergebnisse aus, etwa den Fund des »Originaldrehbuchs« in den 1970er Jahren,[846] und ab den 1990er Jahren wurde CALIGARI in neuer Lesart, die nicht auf die Zeit danach blickte sondern auf die Zeit davor, als Reflektion von Kriegsneurosen unmittelbar nach dem Ersten Weltkrieg gelesen.[847] Man kann sagen, die New Film History versuchte zunächst einmal zu rekonstruieren, wie Filme eingebettet in ihren historischen Kontext entstanden sind, unabhängig von späteren Einschätzungen. Und dabei machte sie so manche aufregende Entdeckung, und fand so manche neue Lesart.

Interessant ist ein Vergleich der New Film History mit dem etwa zeitgleich entstandenen *New Historicism* der Literaturwissenschaft. Da wurde Geschichtsschreibung ebenfalls eingebettet in Kontexte, die vorher nicht beachtet worden waren, und so gerieten plötzlich ganz neue Themen in den Blick der Forschung.[848] Jedoch betrachtet der New Historicism Geschichtsschreibung als grundsätzlich abhängig von den Interessen und Voreinstellungen desjenigen, der die Forschung betreibt. Geschichtsschreibung kann demnach niemals Anspruch auf Objektivität erheben, sondern muss immer narrative Konstruktion sein. Die New Film History dagegen geht sehr wohl von den Annahmen aus, dass es objektive Fakten gibt, wir in der Lage sind, diese zu erkennen, und sich die Darstellung von Geschichte daran messen lassen muss, inwieweit sie diese berücksichtigt. Dass Fritz Lang nicht nach dem Erfolg der SPINNEN von der CALIGARI-Regie abberufen wurde, sondern Robert Wiene zuvor bereits als Regisseur des Films engagiert worden war, ist zum Beispiel ein Faktum, das man nicht auch irgendwie anders darstellen kann. Auf der Ebene der Interpretation erlaubt die New Film History verschiedene Lesarten, die so unterschiedlich sein können wie die von Kracauer und Kaes. Aber Interpretationen müssen empirisch begründet sein, die Fakten berücksichtigen und sind umso besser, je genauer sie dies tun.

Ein Versuch, die Geschichte des CALIGARI-Films in diesem Sinne zu beschreiben ist dieses Buch.

Einzelbild: Friedrich Fehér

Nachwort: Kanons und Schlüsselfilme

DAS CABINET DES DR. CALIGARI ist ein Kanonfilm. Schon die Uraufführungs-Kritiker zeichneten ihn als bedeutsames Werk aus. Als er nach dem Ende der Stummfilmzeit in Berlin noch einmal aufgeführt wurde, galt er bereits als »Repräsentant einer ganzen künstlerischen Epoche«,[849] später als »berühmtester deutscher Film«.[850] Filmhistoriker Paul Rotha nannte ihn den »Tropfen Wein in einem Ozean aus Salzwasser«,[851] und Kulturkritiker Siegfried Kracauer wies ihm eine zentrale Position in seiner Interpretation der Weimarer Filmgeschichte zu. Selbstverständlich erschien CALIGARI auch auf der Liste herausragender Filmwerke, die Rotha 1930 vorlegte,[852] und bei einer Abstimmung über die »zwölf besten Filme« zur Brüsseler Weltausstellung 1958 kam CALIGARI auf Platz 12, als zweitbester deutscher Film einen Platz hinter Murnaus DER LETZTE MANN.[853]

Doch Kanons sind Veränderungen unterworfen. Sie sind zwar Versuche absoluter Festschreibungen der »besten«, »wichtigsten« und »größten« Werke. Doch sie werden erweitert und wieder reduziert, früher als wichtig eingeordnete Werke werden vergessen, andere neu entstandene oder neu entdeckte kommen hinzu. So wurde von Paul Rotha GENUINE, später vergessen, noch zu den bedeutendsten Filmwerken gezählt, NERVEN dagegen, noch nicht wiederentdeckt, überhaupt nicht erwähnt. Kanons sind eben auch nur ein Bild der Zeit, in der sie, die Kanons, entstanden sind. So wurde, als die britische Fachzeitschrift *Sight & Sound* ab 1952 alle zehn Jahre Umfragen nach den nicht zwölf, sondern »zehn besten Filmen« durchführte, CALIGARI nie genannt; und auch als die Liste im Jahr 2002 auf fünfzig Einträge erweitert wurde, kam CALIGARI nicht mehr vor.[854] Als berühmteste deutsche Filme galten inzwischen Langs M und METROPOLIS. Auch im 2003 im Auftrag der Bundeszentrale für politische Bildung aufgestellten Filmkanon, der 35 Einträge aus aller Welt umfasste, tauchte CALIGARI nicht auf, als Stellvertreter des Weimarer Horrorfilms wurde nunmehr NOSFERATU genannt.[855] Bei der zum hundertsten Geburtstag des Mediums Film im Jahr 1995 durchgeführten Umfrage des Deutschen Kinematheksverbunds nach den »100 wichtigsten deutschen Filmen« dagegen kam CALIGARI nach M auf Platz 2.[856] Sicher wird er seinen Status als eines der bedeutendsten Werke der Filmgeschichte behalten.

Zu Beginn meiner Forschungen über DAS CABINET DES DR. CALIGARI stand die überraschende Erkenntnis, dass über diesen bedeutenden Film vieles nicht bekannt war und in der Fachliteratur an wichtigen Stellen Lücken oder Widersprüche auftraten. Ich habe dann weitergeforscht, weil es mir schnell gelang, einige der Lücken zu füllen und einige der Widersprüche zu klären: Was erlebte Hans Janowitz wirklich am Hamburger Holstenwall? Wann wurde der Film eigentlich gedreht? Welche Einflüsse führten zu der expressionistischen Stilisierung? usw. Einige meiner Erkenntnisse sind ganz allgemeiner Natur: Glaub nicht alles, was Leute dir erzählen! Manche Anekdoten über bedeutende Ereignisse der Filmgeschichte sind einfach nur erfunden oder aufgebläht oder verdreht, gerade so wie die verzerrte Welt des Dr. Caligari. Es kommt darauf an herauszufinden, welche Quellen vertrauenswürdig sind und was sich wirklich empirisch über geschichtliche Fakten zum Film sagen lässt. Die empirischen Ergebnisse wiederum haben Folgen für die Interpretation des Films: Die Autoren haben mit der Erstellung des Drehbuchs keine erklärte politische Absicht verfolgt, sondern strebten vor allem danach, ein »kurbelfertiges« Film-Drehbuch vorzulegen, mit dem sie ins lukrative Filmgeschäft einsteigen konnten. Der expressionistische Stil kam in den Film weder als geniale Idee eines Einzelnen noch weil damit irgendeine konkrete Vorlage nachgeahmt worden wäre, sondern weil am Ende des expressionistischen Jahrzehnts genau der richtige Zeitpunkt erreicht war, an dem das expressionistische Experiment auch im kommerziellen Film gewagt werden konnte. Dass CALIGARI nicht nur Kunst, sondern auch und vor allem ein kommerzielles Produkt war, das gestaltet wurde, um verkauft werden zu können, wurde in der traditionellen Filmliteratur oft unterschlagen, durch die neuere Forschung aber eindeutig erwiesen. So zeigt die Analyse, dass sich die Macher des CALIGARI-Films eher bemühten den kommerziellen Konventionen der Zeit zu folgen als »revolutionär« zu sein. Auch die Film-Erzählung bewegte sich innerhalb damals populärer Traditionen, bildete jedoch schließlich ein herausragendes frühes Beispiel eines erst viel später etablierten Filmgenres: des Psycho-Thrillers. Und die Doppelbödigkeit der Handlung, die man so oder so interpretieren kann, kam zustande durch einen Bearbeitungsprozess vieler Hände.

Der entstandene Film ist ein Ergebnis komplexer Ursachen, kein »Meisterwerk« als großartige Leistung eines einzelnen Meisters, das aus dem Nichts geschaffen worden wäre und nur deswegen in den Kanon der größten Werke der Filmgeschichte gehörte, weil es Ausgangspunkt filmhistorischer Entwicklungen wurde, die nachher stattgefunden haben. Eine Schlüsselposition in der Filmgeschichte nimmt CALIGARI dennoch ein. Doch die interessante Blickrichtung ist sich anzusehen, wie er den Entwicklungen seiner Zeit entspringt und als »Schlüsselfilm« diese Zeit reflektiert. So zeigt uns der Blick auf CALIGARI die Schrecken des gerade beendeten Weltkrieges und das politische und soziale Chaos einer Gesellschaft auf dem Weg in eine ungewisse Zukunft. Er zeigt uns dies indirekter als etwa der zwei Monate zuvor herausgekommene Film NERVEN, der ebenfalls bereits expressionistische Elemente enthielt, den Krieg und seine Folgen unmittelbarer thematisierte und vielleicht gerade deswegen in seiner Zeit keinen Erfolg hatte. Direkt nach dem Krieg suchte das Publikum wohl eher nach Eskapismus statt nach Reflektion, und ein Film, der einerseits auf Ebene der Kulissen den Expressionismus plakativer zur Schau trug und andererseits auf Ebene der Erzählung den Krieg subtiler reflektierte, war offenbar besser geeignet, zum Schlüsselfilm dieser Zeit zu werden.

So steht CALIGARI genau an einem wichtigen Wendepunkt der deutschen Filmgeschichte. Aus diesem Film können wir ablesen, was vorher geschah, und was danach folgte, gerade so wie sich aus der Szene, in der Cesare die Zukunft prophezeit, der ganze Inhalt des CALIGARI-Films ableiten lässt. In gewissem Sinne ist DAS CABINET DES DR. CALIGARI aber auch ein Abbild der gesamten Filmgeschichte: Der verrückte Schausteller zeigt uns sein Kabinett, und auf der Leinwand erwachen die Toten zum Leben. Ist es Realität oder Illusion? Dir wird vielleicht etwas vorgegaukelt, und das was du siehst, muss nicht die Wahrheit sein. Dennoch enthalten die zwei Stunden, in denen der Kinosaal dunkel und die Leinwand erleuchtet ist, ein ganzes Universum, vom Anfang bis zum Ende. Wie lange werden wir leben? Bis zum Morgengrauen!

ANHANG 1:
ZEITGENÖSSISCHE TEXTE

Einzelbild: Cesare, ein unheimlicher Schatten (Conrad Veidt)

Uraufführungs-Kritiken

E.K.: Caligari
8-Uhr-Abendblatt (Berlin), 27.2.1920

Die Frage, ob Kunst im Film möglich ist, wurde gestern endgültig entschieden. Mit dem Filmwerk »Caligari« beginnt in der Beurteilung des Films eine neue Epoche. Es gilt, einen neuen Wertmesser zu finden für etwas bisher Noch-nicht-dagewesenes. Denn soviel steht fest: Der Film von gestern hat mit diesem Werk nichts, gar nichts mehr gemein. Das, was man im Marmorhaus sah, wächst weit über den Rahmen des Films hinaus. Stärkste Eindrücke, erzeugt mit künstlerischen Mitteln! Nicht mehr Film, nicht mehr Kientopp! Eine neue Aera ist angebrochen – der großen Kunst der Sprechbühne ist ein ebenbürtiger Faktor gegenübergestellt. Aber auch selbst die Wucht solcher Worte kann diese Schöpfung nicht restlos würdigen. Nur die elementare Eindringlichkeit, mit der sich das Gefühl »Kunst« dem Zuschauer einimpft, kann hier den richtigen Eindruck erwecken, daß dieser – sagen wir ruhig das Wort – Film ein Erlebnis ist. Diese Wirkung ist erzielt durch die restlose Ausnutzung des Rein-Bildmäßigen, in der vollendeten Anpassung von Handlung, Szene und Darstellung. Die Idee, die Vorstellung in den kranken Gehirnen (die Handlung spielt in einem Irrenhaus) in expressionistischen Bildern auszudrücken, ist ebenso glücklich gewählt wie gelöst. Hier hat dieser Stil eine Berechtigung, ergibt sich von selbst mit restloser Logik. Verständlich auch für jene Kreise, die für diese eindringliche Kunst noch nicht reif sind. Der Schöpfer dieses Werkes ist Regisseur Dr. Wiene. Ihm gebührt die weitgehendste Anerkennung für sein künstlerisches Schaffen. Ebenso den Malern Hermann Warm, Walter Röhrig und Walter Reimann. Lebhaften Anteil am Erfolge haben ferner die Verfasser Karl Mayer und Hans Janowitz. Um die Darstellung machten sich vor allem Werner Krauß, Conrad Veidt und Hanns Heinz von Twardowski, dann aber auch Fritz Fehér und Lil Dagover verdient. Der »Decla« (Aegide Rudolf Meinert) soll es hoch angerechnet werden, daß sie dem deutschen Film mit großzügigem Mut zu einer neuen Epoche verholfen hat.

Herbert Juttke: Das Kabinett des Dr. Caligari
Der Abend (Berlin), 27.2.1920

Das phantastische Filmspiel »Das Kabinett des Dr. Caligari«, das im Marmorhaus über die Leinwand rollt, ist ein Experiment, das man bis in die kleinsten Kleinigkeiten als gelungen bezeichnen darf. Richard Oswald versuchte das Spukhafte im Film in seinen »Nachtgestalten« im naturalistischen Milieu zu schildern, Robert Wiene nimmt den Expressionismus zu Hilfe und untermalt die Handlung im Verein mit seinen vortrefflichen künstlerischen Beratern Hermann Warm, Walter Reimann und Walter Röhrig sehr stark; dadurch werden die eigenartigen Geschehnisse schon äußerlich erfolgreich in ein unheimlich wirkendes Gewand gekleidet.

Die Verfasser Karl Mayer und Hans Janowitz führen uns zu Beginn in eine Irrenanstalt, in der ein junger Mann (Francis) einem älteren die Wahnideen seines Hirns vorgaukelt. – Das Spezialstudium des Direktors der Anstalt ist der Somnambulismus, den er an Hand eines alten Buches studiert, das den Lebenslauf des Dr. Caligari schildert. Ein Somnambule namens Cäsare wird eines Tages eingeliefert, und nun läuft das ganze Bestreben des Direktors darauf hinaus, ein Caligari zu werden. Er bezieht mit Cäsare eine Jahrmarktsbude, befiehlt ihm, Mord auf Mord zu begehen, bis er durch Francis gefaßt wird und in seiner eigenen Irrenanstalt als Insasse landet. – Francis hat seine Erzählung beendet und geht mit seinem Gefährten in das Haus zurück. Hier sind all die Gestalten, die er geschildert. Der Direktor kommt, Francis stürzt auf ihn zu: »Du bist Caligari!« Er wird überwältigt und fortgeschleppt, doch der Direktor hat sein Leiden erkannt und kennt nun auch den Schlüssel zu seiner Heilung.

Die Regie Robert Wienes ist eine Leistung wie man sie bisher im Film nur äußerst selten gesehen. Ihm stand eine Reihe erstklassiger Schauspieler zur Verfügung, die er zielbewußt und sicher zu leiten verstand so daß sie sich auch im Spiel und in den Bewegungen dem eigenartigen Milieu vorzüglich anpaßten.

Der prachtvolle Dr. Caligari von Werner Krauß war eine Figur ganz im Geiste E.T.A. Hoffmanns; Conrad Veidt gab den Somnambulen Cäsare ausgezeichnet mit kalter Starrheit und tierischer Wildheit. Die schöne Lil Dagover war eine liebreizende Jane; Fritz Fehér gab temperamentvoll, manchmal etwas zu naturalistisch, den Francis. Hans Heinrich von Twardowsky als sein Freund Allan war besonders eindrucksvoll in der Todesszene. Auch Rudolf Lettinger in einer kleinen Rolle soll nicht vergessen werden.

Die Photographie von Willy Hameister ist einwandfrei. Die erzählenden Titel rollen etwas zu langsam.

Der Eindruck des Werkes war sehr stark und löste ehrlich verdienten Beifall aus, der in erster Linie dem Regisseur und mit ihm allen anderen galt.

K.: Caligari – Expressionismus im Film
B. Z. am Mittag (Berlin), 27.2.1920

Der Film, der gestern in einer Pressevorstellung im Marmorhaus gezeigt wurde, wird schon durch seine selbstironische Aushangmarke »Du muß Caligari werden« – ein modernisierter Erlaß für Manoli links rum – populär werden. Damit aber wäre seine Auffälligkeit nur ganz äußerlich gekennzeichnet. Sein wirklicher Wert liegt darin, daß mit ihm ein völlig *neuer*, und künstlerisch neuer, Entwicklungsabschnitt des Films erreicht ist. Das bedeutet zugleich wieder einen entscheidenden Vorsprung des deutschen Films in der Weltproduktion.

Der Regisseur der Decla, Dr. Robert Wiene, bekam von den beiden österreichischen Autoren Carl Meyer und Hans Janowitz ein etwas abstruses Filmbuch »Das Kabinett des Dr. Caligari«. Es ist nicht möglich, die absichtlich unlogische Handlung nachzuerzählen. Es ist eine Irrenhausgeschichte, also gegen die Vernunft, Mordtaten eines Somnambulen unter hypnotischem Einfluß, mit anklingenden Problemen des alternierenden Bewußtseins, der Exteriorisation usw. Aber das Thema ist weder pedantisch wissenschaftlich noch brutal kriminell gewendet, sondern romantisch, recht deutlich in die Atmosphäre Meyrinks, Poes, Hoffmanns eingetaucht. Sollte nicht gerade dieses bißchen künstlerischen Stils im Film verloren gehen, so ergab sich sofort die Frage: mit welchen Mitteln kann man die konturverschwommene Stimmung des Unwirklichen, seelisch Verzerrten auf der Leinwand ausdrücken?

Der Regisseur fand die einzig richtige Antwort: nur mit *malerischen* Mitteln. Jeder nicht naturalistische, also stilisierte oder phantastische Film kann nur als Kontur- und Flächenkunst dargestellt werden. (Es ist hier schon wiederholt darauf verwiesen worden, daß der eigentliche und vorbestimmte »Dichter« der Licht*bild*kunst nur der Maler sein kann.) War also der Entschluß zu einem rein malerischen Stil zwingend – und damit begann schon das Experiment – so war es doch nicht der Entschluß zum expressionistischen Stil. Dieser kam nur der besonderen Nervosität des Themas am weitesten entgegen. Deshalb wagte man es mit dem Expressionismus, und es ist durchaus gelungen.

Es ist natürlich noch nicht denkbar vollkommener Expressionismus, der zur Anwendung kam. Die ausführenden Maler, Hermann Warm, Walter Reimann, Walter Röhrig, mußten – Film ist auch

Industrie – vorsichtig bleiben. Sie haben aber, wenigstens in der Darstellung der Landschaft, der Architektur, der Kulisse (mit Ausnahme der Möbel), auch nicht kompromisselt. Sie versuchten sogar das unüberwindlich naturalistische Element des Films, den lebenden Menschen, durch Kostüm, Maske usw. stilistisch zu bändigen. Sie werden aus ihrem ersten Versuch auch praktische Lehren ziehen: den expressionistischen Rhythmus der Umrisse noch entschiedener, stärker zu betonen, und die Dekoration noch größer, höher zu machen, um den hierneben verkleinerten Menschen unrealistischer erscheinen zu lassen. Der Regisseur wiederum wird das nächstemal die Geste der Spieler noch willkürlicher modeln. Gestern waren nur Werner Krauß – dessen schauspielerische Leistung in jedem Belang sehr interessant war – und Conrad Veidt soweit wie irgendmöglich stilecht. Danach kam Herr v. Twardowski, im Bewußtsein richtig, in der Ausführung nicht ganz einheitlich. Der schön gezeichnete Kopf Lil Dagovers fügte sich gut, aber verdienstlos ein. Feher, gefällig aussehend und angenehm in der Bewegung, spielte realistisch pathologisch, manchmal sogar nur kintoppdramatisch.

Aber das ist alles nur ästhetische Theorie. Die wichtige Frage ist: Wie ging die Masse des Kinopublikums mit? Das war die andere Überraschung der Aufführung: der Expressionismus, in den Kunstausstellungen noch immer befehdet und verlacht, setzte sich auf der Leinwand mühelos durch. Die schlagend neuartige Wirkung mancher Bilder – ein Jahrmarkt, ein Schattenkampf, eine Flucht über Dächer, Gefängniskorridor und Zelle, Kuppelsaal einer Irrenanstalt – war so stark, daß sie unmittelbaren Beifall auslöste.

Bestätigt sich dieser Erfolg auch auf die Dauer, so ist zu fürchten, daß wir eine Flut »expressionistischer« Filme bekommen werden. Das wäre der Gipfel des Filmkitsches, aber er würde ebenso schnell an seiner Lächerlichkeit wieder untergehen. Gelingen kann es nur, wenn Geschmack, Intellekt und, vor allem, vor allem! künstlerisches Urteil wie hier vereinigt am Werke sind.

– h.s. –: »Das Kabinett des Dr. Kaligari« –
Pressevorführung des Dekla-Konzerns im Marmorhaus
Die Post (Berlin), 27.2.1920

Ein Brodem von Unwirklichkeit lastet. Da – auf der Leinwand – sitzt ein Irrer. Sein Finger weist ins Wesenlose, malt zitternd Wesen und Vorgänge, spukhaft, bizarr, Bilder entstehen, von Schrecken geballt, pressen ihr Grauen auf den Schädel, schießen Flammengarben ins Hirn. Die Sinne wollen dem tollen Reigen entfliehen, können es aber nicht, sind gefangen. – Ja, diese Bilder! Etwas ganz Neues! Kein Filmprunk mehr, keine breit angelegte Umweltschilderung. Kubistische Stricheleien nur, spitzwinklige Ortszeichnungen, nur das Wesen, die Stimmung in Milieuform angedeutet. Die ganze Aufmerksamkeit wird auf die Gestalten konzentriert. Und die sind Körper gewordene Einfälle, vom Wahnwitz gepeitscht, grotesk. Menschengeist-Suchen und Tasten in Schicksalen sichtbar gemacht. – Jeder Spieler ein Selbst voll eindrucksschwerer Reife. Werner Krauß, Konrad Veidt, Lil Dagover, Fritz Feher, Hans Heinz von Twardowski, Rudolph Lettinger, Peter Arnolds u.a. schauten in Grimassen auf uns, Zerrbilder des Erdenfühlens, bezwingend in ihrer Kunst. Da kann man über Kleinigkeiten schweigen. – Die Regie Robert Wienes häufte die Handlungsmasse auf die Personen, faßte springende Szenen mit kunstverständiger Hand. – Dieser Film hat die Schranke eines Neulandes überflogen. Möge er bald Herr dieses Gebietes sein.

Anonym: Der erste expressionistische Film
Berliner Tageblatt, 28.2.1920

Seit etlichen Wochen mahnt eine erhobene Hand von Plakaten: »Du mußt Caligari werden!« … Jetzt weiß man warum und bekennt sich gern zu dem Filmwerk »Das Kabinett des Dr. Caligari«; es hat im Marmorhaus die Uraufführung erlebt und ist imstande, einen großen Teil der unvermeidlichen und berechtigten Einwände gegen das Filmdrama zu besiegen. Nicht die reichlich abenteuerliche Handlung ist hier das Entscheidende: wesentlich scheint, daß es dem Regisseur gelungen ist, das romantisch Gegeneinanderflutende, das Wirre und Filmkrasse der Handlung malerisch zu durchdringen. Es wird ein expressionistisches Experiment gewagt. Und es ist restlos gelungen. Mit Hilfe dreier Maler – Hermann Worm [sic], Walter Reimann und Walter Röhrig – ist eine bezwingend eindrucksvolle Stilisierung gelungen, die das naturalistische Element nicht ausschaltet. Diese Irrenhausgeschichte, im Stoff schon die Fülle verzerrter Gestalten bergend, ist so oder ähnlich oft genug dagewesen. Erstaunlich ist, wie sie durch die expressionistische Linie an Ausdrucksfähigkeit gewinnt. Einige der Bilder lösten lauten Beifall aus: wenn der Eindruck nicht trügt, dann wird das Publikum den expressionistischen Film aufnehmen. Der erste seiner Art ist freilich ein mit besonderem Verständnis geformtes Werk. Es wird von der reizenden Lil Dagover, dem hier in seinem eigentlichsten Rhythmus lebenden Conradt Veidt, dem jungen Hans Heinrich v. Twardowski und Werner Krauß (eine starke Leistung) mit feinstem Erkennen der neuen Form dargestellt. Es war ein verdienter Erfolg von nicht alltäglichem Ausmaß.

–r. [Ernst Jäger]: »Das Kabinett des Dr. Caligari« – Marmorhaus
Film-Kurier (Berlin), Nr. 50, 28.2.1920, S. 1

Die Regie: Sie muß zuerst genannt werden, denn sie ist ganz hervorragend und wandelt eigene Wege. Verantwortlich dafür zeichnet Robert Wiene. Das Stück verlangt Menschen mit besonderen Gefühlen und Audrucksweisen, die ihnen der Regisseur einhauchte. Alles abgetönt und abgerundet bis zur Vollendung. Straff, knapp, mitunter beklemmend die Geschehnisse.

Der Aufbau: Hermann Warm, Walter Reimann, Walter Röhrig. Zum ersten Male Futurismus im Film.

Das Auge wird gefangen. Geschmackvoll Neues, in künstlerischer Eigenart. Expressionismus und Futurismus begegnen sich, tauchen ineinander.

Die Darstellung: Eine einzige große Leistung: Werner Krauß als Dr. Caligari. Nach dieser Schöpfung darf man Krauß als den hervorragendsten Charakterdarsteller bezeichnen, den wir bisher im Film sahen. Ausgezeichnet in Haltung und Maske, selbst die sichtbar geklebte Nase stört nicht. Jede einzelne Handbewegung charakteristisch, jede Bewegung des Kopfes sprechend, jeder Schritt eine Bedeutung. Wundervoll in der Wiedergabe der Empfindungen. Eine Meisterleistung schlichtweg.

Fritz Fehér als Francis ließ die nötige Modulationsfähigkeit vermissen, darüber täuschen selbst einige glänzende Momente nicht hinweg. Conrad Veidt als Cesare hatte nicht viel zu spielen, was er brachte, war gut. Die Figur der Jane ist von den Autoren blaß und seelenlos geformt. Lil Dagover konnte nicht viel herausholen. Weich und gemütvoll und prächtig im Ausdruck Hans Heinz von Twardowski als Allan. Nebenbei Rudolf Lettinger als Sanitätsrat Olfers.

Die Photographie: Willi Hameister schuf ausgezeichnete Bilder und unterstützte durch seine Kunst den Regisseur vortrefflich. Besonders gut gelangen ihm seine Ueberblendungen. Viele Operateure sollten sich das Stück ansehen, um von Hameister zu lernen.

Das Manuskript: Spannend und gelungen im Aufbau.

[Zusatz der Redaktion:] Ueber die künstlerische Bedeutung dieses Filmes, der ganz eigenartige neue Wege einschlägt, behalten wir uns eine eingehendere Besprechung vor. D. Red.

Anonym: Das Kabinett des Dr. Kaligari
Lichtbild-Bühne (Berlin), Nr. 9, 28.2.1920, S. 16, 18

Man kann sich zu dem neuen Declafilm stellen wie man will, aber eins steht fest: es ist der modernste, aktuellste, gewagteste Film, den die Welt je gesehen hat. Man wird zugeben müssen, daß der Regisseur Robert Wiene die Trennung zwischen Leben und Film vollzogen hat. Was dieser Film darstellt, ist restlos stilisiertes Erleben, ist ein Versuch, vom Film aus zur Wirklichkeit eine Stellung zu nehmen, wie es bisher nur die reine Kunst versucht hat.

Das Manuskript scheint mir nicht übermäßig bedeutend, es ist eine Verbesserung Meyrinkscher Novellen, mit einem überdeutlichen Schluß. Das Wesentliche ist, daß die Situationen Regisseur, Schauspieler und Maler Gelegenheit geben, eine Atmosphäre photographisch zu verdichten, die bisher nur in anderen Kunstformen wiederzuspiegeln möglich war.

Dieser Film will die expressionistische Malerei im Kinoatelier lebensfähig machen. Mit dem Hute in der Hand konstatiere ich, daß eine Firma Hunderttausende für diesen Versuch hingelegt hat, und ich gratuliere den Herren von der Decla, daß dieser Film ein großer künstlerischer Erfolg ist, daß sie Neuland für die Kinematographie erobert hat.

Robert Wiene ist einer der geschmackvollsten und kultiviertesten Filmleute. Er hat die Sache fest in der Hand und hält den Stil streng durch. Gewiß: es ist nicht alles restlos gelöst. Massenszenen in einer expressionistischen Landschaft – das geht nicht. Gesunde plastische Kinder nehmen sich unter diesem Lilien- und Strahlenfeuer der Zeichnungen recht seltsam aus. Aber da, wo wenige Menschen in wohlangepaßten Kostümen spielen, ist eine Stileinheit erreicht, an die kein anderer Film heran kann. Ein paar Worte über die Schauspieler.

Krauß gibt in seinem Professor Kaligari eine Studie, die von Dostojewski ersonnen sein könnte. Ganz ungeheuerlich wie diese Augen faszinierend, wie ein Hinaufrücken der Brille wirkt. Jeder Naturalismus der Bewegung ist streng vermieden: alles Wirkliche ist aus dieser Figur herausgepumpt zum Besten einer höheren Wirklichkeit, die bedeutsamer und wesentlicher als unsere gelebte Welt ist. Auf absolut gleicher Höhe steht Veidt, der einer Vision Fleisch und Blut gibt, wie man sie im Film niemals gesehen hat. Grauen und Schwermut verschwistern sich in ihm, ein Blick dieser toten, leeren und doch strahlenden Augen dringt bis ins Herz. Ich muß bekennen, daß die Meisterschaft dieser Darstellung mich zu einem Enthusiasmus hingerissen hat, dessen man im Film selten fähig ist.

Bemerkt werden muß H.H. v. Twardowski, der einem jungen Manne die melancholische Eleganz seiner Gestalt lieh und für manche Gebärde eine schöne und ergreifende jünglinghafte Echtheit hat. Lil Dagover ist anmutvoll, aber blaß, schön aber unpersönlich, schlank glitt sie durch den Film.

Dank zu sagen ist dem Malertrio, das die Dekorationen geschaffen hat. Manches ist überstilisiert, manches ist gewaltsam, aber das Wesentliche ist erreicht, die Stileinheit ist gewahrt. Wundervoll ist der Rundblick über die Stadt: das ist der Versuch einer neuen Kunst, die wir begrüßen.

Ich möchte das mit einer Einschränkung sagen. Es wäre schrecklich, wenn jetzt eine Lawine von expressionistischen Filmen über uns herübergerollt käme.

Solche Dinge gelingen nur im einzelnen sind vereinzelt reizvoll. Der Himmel bewahre uns vor einer Schablone, die ganz gewiß unausbleiblich ist. Immerhin ist diese Befürchtung nicht allzu tragisch zu nehmen, da das Verhalten des Publikums nicht darauf schließen ließ, daß es im allgemeinen eine tiefere geistige Beziehung zu diesem bedeutsamsten Film der letzten Zeit gewonnen hatte.

Man darf der »Decla« zu diesem Erfolg aufrichtig gratulieren. Dieser Erfolg ist aber gleichzeitig auch im Hinblick auf die Fusion »Decla–Bioscop« von Bedeutung, denn man darf von ihm aus auf die Pläne schließen, die die Direktion des Konzerns auf der breiteren Basis sich realisieren wird.

P–l [Fritz Podehl]: Das Kabinett des Dr. Caligari
Der Film (Berlin), Nr. 9, 28.2.1920, S. 42

Der erste »expressionistische Film«! Aber das ist Schlagwort: Nicht der Film ist expressionistisch, sondern seine Aufmachung, seine Architektur und Dekoration, die versinnbildlichte Situation geworden ist, nicht zusammenhangslos neben der Handlung herläuft, sondern sich mit ihr verknüpft, indem sie die Bedeutung von Geste und Mimik unterstützt, *ein*deutig macht, was sonst vielleicht *mehr*deutig wäre. – Viel wichtiger als beim *Sprech*theater wird beim *Film* das Mitspielen der Umgebung. Hoffentlich bleibt es nicht bei diesem einen, zweifellos geglückten Versuch, dem ein geladenes Publikum starken Erfolg beschied.

Die Intellektuellen werden das Werk zweifellos überall warm aufnehmen, doch dürfte seine Eigenart auch diejenigen locken, die nur der Sensation wegen allwöchentlich ins Kino laufen. Gewisse Kreise glauben, durch diesen Film den Expressionismus popularisieren zu können. Wenn das möglich sein sollte, so würde »Das Kabinett des Dr. Caligari« bald Nachahmer finden. Da es sich um mehr als um eine Absonderlichkeit handelt, wäre das nur zu wünschen; denn dieses Werk erschöpft noch lange nicht alle Möglichkeiten, die die expressionistische Aufmachung zu schaffen in der Lage ist.

Die 6 Akte von Karl Mayer und Hans Janowitz geben die Geschichte eines Irren wieder, die der Kranke einem Leidensgefährten erzählt: Auf dem Jahrmarkt seines Heimatstädtchens zeigte ein Dr.

Caligari einen Somnambulen, der in schlafwandelndem Zustande unter dem unheilvollen Einfluß des Wunderdoktors die grauenhaftesten Verbrechen beging. Francis's Freund war von ihm ermordet worden, Francis's Braut erwürgte er, auch der Stadtsekretär wurde sein Opfer. Dem Eifer Francis's gelang es, den Somnambulen als Mörder festzustellen, aber Dr. Caligari, der geheimnisvolle Anstifter, entzog sich ihm: trotzdem verfolgte er ihn bis ins – Irrenhaus, wo er ihn als – Direktor der Anstalt wiederfand. Der Direktor ließ den Tobenden in die Zwangsjacke stecken, so sehr er auch schrie, nicht *er* sei verrückt, sondern höchstens jener, der Dr. Caligari, der Mordanstifter, der sich in den Anstaltsdirektor verwandelt habe.

Die Verfasser haben mit großem Geschick den spannungsgeladenen Stoff aus der Welt des wirklichen Geschehens hinübergeleitet in die phantastische des Erzählens. Die Handlung ist komprimiert, filmgerecht und folgerichtig und wäre restlos, wenn der Schluß eine befriedigendere Lösung hätte. Das Thema ist für den Aufbau einer expressionistischen Umwelt sehr geeignet. Die Dekorationen erwachsen aus der Handlung und Stimmung des Augenblicks: Schiefwinklige Aufbauten, absichtlich verzeichnete Perspektiven, matte und harte Konturen, auf den Szenenmittelpunkt konzentrierte Lichtquellen wirken gespenstisch, grausig, friedlich, lieblich, nüchtern, aufregend, wie es die Situation jeweils erfordert. Der erste Wurf der Herren Warm, Reimann und Röhrig ist jedenfalls geglückt. Doch hat Robert Wienes feinfühlige Regie erst den Erfolg entschieden: er verzichtet auf Naturalismus und steigert das Spiel entsprechend Inhalt und Umgebung ins Uebersinnliche. Werner Krauß (Dr. Caligari) war in Haltung, Maske und Geste ganz Dämon, Veidt schon äußerlich für die Rolle des Somnambulen wie geschaffen. Fritz Fehér lieh dem Francis sein Temperament, freilich ohne reich zu nüancieren. Lil Dagover, schön, blaß und duldend, gab die Braut Jane. – Die Photographie von Willy Hameister war in allen Bildern vorzüglich.

Eugen Tannenbaum: Expressionismus im Film
Berliner Abendpost, 29.2.1920

Wie die Bühnenkunst der jüngsten Zeit sich von den Landläufigkeiten des naturalistischen Prinzips abgewandt hat zu reinen Formen und Farben ohne Anlehnung an gegenständliche Bedeutung, so haben sich auch im Film vereinzelt Bestrebungen zur Stilisierung der szenischen und schauspielerischen Mittel gezeigt, ohne indes mutig die letzte Konsequenz zu ziehen. Nun ist unter der Regie von Dr. Robert Wiene ein Film entstanden »Das Kabinett des Dr. Caligari« (von Karl Mayer und Hans Janowitz), der die neuen Ausdrucksmöglichkeiten der expressionistischen Kunst erfolgreich auszunutzen versteht, indem er die »absolute« Form für das Gefühl der ausführenden Künstler gefunden hat und es dem Zuschauer als künstlerisches Symbol verständlich zu machen sucht.

Expressionismus – das ist: Die Bewegtheit des Innersten herausstellen. Auflösung der sinnlichen Wirklichkeit im Seelischen. Oder wie Kasimir Edschmid, der Bahnbrecher des literarischen Expressionismus, es einmal ausgedrückt hat: Der expressionistische Künstler schildert nicht, er erlebt. Er gibt nicht wieder, er gestaltet. Nun gibt es nicht mehr die Kette der Tatsachen: Fabriken, Häuser, Krankheit, Geschrei, Hunger. Nun gibt es ihre Vision. Die Tatsachen haben Bedeutung nur soweit, als durch sie hindurchgreifend die Hand des Künstlers nach dem faßt, was hinter ihnen steht.

Um diese Prinzipien im Film zu verwirklichen, mußte man der Malerei die entscheidende Rolle zuweisen. Die seither übliche, bis ins kleinste Detail naturgetreue Wiedergabe des Schauplatzes der Handlung mußte einer linearen Konturen- und Flächenwirkung weichen, die sich naturgemäß zur photographischen Reproduktion weit besser eignet als die (optisch unzulänglich bleibende) Wiedergabe des Raumes.

Die Kunstmaler Hermann Warm, Walter Reimann und Walter Röhring [sic] haben denn auch diesem rein malerischen Stil zu einem starken Ausdruck verholfen, indem sie die Grundstimmung stark betonten und damit den dramatischen Gedanken des Films rhythmisch ins Ungeahnte steigerten. Aber es genügt nicht, die Dekorationen und Requisiten vom Schematischen loszulösen. Auch der Schauspieler mußte in Ausdruck, Geste, Maske und Kostüm dieser neuen Welt angepaßt werden.

Es versteht sich von selbst, daß nicht jedes Filmmanuskript, nicht jeder Stoff sich für diesen malerischen Stil eignet. Nur das Mystische, Phantastische, das, wie hier, etwa aus der Atmosphäre E.A.

Poes, Meyrinks und E.T.A. Hoffmanns stammt, hat Aussicht auf künstlerische Verwirklichung.

Das Kabinett des Dr. Caligari ist das Wahngebilde eines Geisteskranken, der hinter den efeuüberwucherten Gartenmauern einer Irrenanstalt sein Leben verbringt, gehetzt und verfolgt von krankhaften Vorstellungen. Der Film schildert keinen »objektiven Tatbestand«, nicht die Perspektive vom Zuschauerraum aus. Vielmehr die Welt als Wille und Vorstellung des Irren. Und der Zuschauer wird gezwungen, alles mit *seinen* Augen zu sehen: Bizarr, grotesk, verzerrt, voll dunkler Geheimnisse und unerklärlicher Zusammenhänge. Ein Durcheinanderwirbeln von Gedanken, Mordtaten, ein Jahrmarktsfest, Flucht über Dächer, Irrenhaus, Zauberkabinett, Hypnose und Somnambulismus, das alles ist bunt zusammengewürfelt, sprunghaft wie der Zickzacklauf der Gedanken des irren Francois [sic]. Und so spiegelt sich die Umwelt in seinem Gehirn: Verzerrte Straßen und Zimmer, eine ins Uebermaß sich reckende Gefangenenzelle, von der eine unheimliche Macht ausgeht, gegeneinanderfallende Häuser, das ganze ins Phantastische gehobene Treiben eines Jahrmarktsfestes.

Den Schauspielern fehlte allerdings noch der Wille zur konsequenten Durchführung der von allem Kleinlichen des Mimischen und Pantomimischen befreiten Menschengestaltung. Bis auf Conradt Veidt, der dem Somnambulen eine großlinige Starrheit verlieh, und den Dr. Caligari von Werner Krauß, der der Welt E.T.A. Hoffmanns entsprungen zu sein schien. Hier war expressionistische Schauspielerkunst. Alles in allem: ein Weg in Filmneuland, fernab von der Landstraße des Naturalismus.

Herbert Ihering: Ein expressionistischer Film
Berliner Börsen-Courier, Nr. 101, 29.2.1920, S. 8

Expressionismus und Film forderten sich gegenseitig heraus. Der Film verlangte als letzte Konsequenz die Uebersteigerung und Rhythmisierung der Gebärde, der Expressionismus die Darstellungs- und Variationsmöglichkeiten der Leinwand. Gerade für den Schauspieler mußte der Film ein Zwang zu extensiver Darstellung werden und so den Tendenzen einer neuen Bühnenkunst entgegenkommen. Wenn man die übernaturalistischen Forderungen des Filmspiels rechtzeitig erkannt hätte, hätte das Kino – trotz der künstlerischen Demoralisierung durch den Betrieb – an der Entwicklung einer präzisen, akzentuierten, durch Sachlichkeit phantastischen mimischen Kunst mitarbeiten können. Aber man blieb soweit zurück und am Stofflichen haften, daß heute der expressionistische Film, der organische Entwicklung sein müßte, für ein sensationelles Experiment gehalten wird.

Es ist bezeichnend, daß das Filmspiel »Das Kabinett des Dr. Caligari« von Carl Mayer und Hans Janowitz nur deshalb von der Regie expressionistisch durchgearbeitet wurde, weil es im – Irrenhause spielt. Man setzt also der Vorstellung der gesunden Wirklichkeit die Vorstellung der kranken Unwirklichkeit entgegen. Oder: Impressionismus ist da, wo man zurechnungsfähig, Expressionismus, wo man unzurechnungsfähig bleibt. Oder: der Wahnsinn als Entschuldigung für eine künstlerische Idee. Aber wir wollen annehmen, daß Conrad Wiene [sic] das expressionistische Wagnis beim zweiten Male nicht so ungeheuer erscheint und er über die Motivierung seines Vorstoßes lacht. Denn für alles gesteigerte, Stoff überwindende Spiel – und das soll der Film geben – ist der Expressionismus Erfordernis und Gesetz. Nicht der Film ist gut, der über das Fehlen des Worts zur Not hinwegtäuscht, sondern der, dessen Vorgänge durch das Wort gestört würden. Der Rhythmus der Lautlosigkeit, der durch Gebärdengliederung die Sprache aufhebt, ist Ende und Ziel.

Im Einzelnen wird dieses Ziel im »Kabinett des Dr. Caligari« zwar angestrebt, aber nicht immer erreicht. Wenn in einer Dekoration, in der sich alle Linien überschneiden, ein handfestes, naturalistisches Bett steht, so wird der Rhythmus aufgehoben. Wenn Schauspieler in Landschaften und Zimmern, die mit ihren Formen über sich selbst hinausstreben, energielos und unbestimmt spielen, so fehlt die Fortsetzung des Prinzips auf den körperlichen Ausdruck. Wenn maskenhaft starr geschminkte Darsteller mit naturalistisch hergerichteten wechseln, so tilgt sich der Stil. Und was sich aneinander steigern sollte, hemmt sich. Von kleineren Rollen abgesehen – Herr Fritz Fehér macht die alte, kitschige, dicke Filmmimik und Lil Dagover ist die süße Talentlosigkeit, die mit ihrer ausdruckslosen Glätte überall, aber hier erst recht unmöglich ist. Der Expressionismus entlarvt. Er verlangt eine unnachgiebige Auswahl der Schauspieler.

313

In den Gliedern hatten den Stil Conrad Veidt, der über seinen eigenen Körper hinauswuchs, als Somnambule, und das Phänomen Werner Krauß als Dr. Caligari. Aber es ist seltsam: Werner Krauß, der im Schauspiel jeden Akzent ohne verkleinernde Nuancierung aus der unheimlichen Intensität seines Leibes holt, ist im Film, wo die Ausdruckskraft seines Körpers zur letzten Steigerung kommen müßte, oft unruhig und greift zu chargierenden Stützen, die er sonst nicht kennt.

Im übrigen: dieser Film ist im Malerischen – verantwortlich sind dafür die Herren Hermann Warm, Walter Reimann, Walter Röhrig – ein Fortschritt, in der Regie ein Versprechen. Um dies zu erfüllen, müssen Kompromisse entfernt, und für den Schluß die üblichen Rennereien, Verlegenheitsverfolgungen und banalen Gruppierungen weggeräumt werden. Dann kann der Film sich über die technische Beherrschung, die Lubitsch vertritt, zu einer freieren Rhythmisierung und damit zu einer ihm gemäßen Geistigkeit durchringen.

Oly. [Fritz Olimsky]: Expressionismus im Film – Das Kabinett des Dr. Caligari
Berliner Börsen-Zeitung, 29.2.1920

Ein erster Versuch, den Expressionismus in die Filmkunst einzuführen, und er ist über alles Erwarten glücklich ausgefallen. Eine ganz neue Welt ist dem Film hier erschlossen voll unerhörter Ausdrucksmöglichkeiten. Vor allem staunt man, wie alles bis ins kleinste sich dem neuen Stil anpasst, von den Szenarien bis zu den Darstellern, und diese wiederum buchstäblich vom Scheitel bis zur Sohle, von Werner Krauß' expressionistischem Scheitel und der expressionistischen Art, sich zu schminken, bis zu dem fein stilisierten Gang. Auch die Zwischentitel fügen sich vollkommen dem neuen Stil ein, in Sprache und Zeichnung, sie verschmelzen so mit den Bilderreihen zu einer Einheit, und auch die häufige Titelfolge empfindet man hier nicht wie sonst als störend. Auch die Begleitmusik ist sehr glücklich dem Rahmen des Ganzen angepaßt und wie selten geeignet, den Gesamteindruck noch zu verstärken. Ein unvergleichlich glückliches Zusammentreffen aller in Frage kommenden Faktoren. Das große Können von Hermann Warm, Walter Reimann und Walther Röhrig, die die wirkungsvollen Szenerien schufen, wäre Stückwerk geblieben und gerade diese Darsteller, und auch die hätten nichts vermocht ohne eben dieses Sujet, das Karl Mayer und Hans Janowitz vollendet zu formen wußten und das wie geschaffen ist für eine expressionistische Behandlung. Auf den Inhalt im Rahmen dieser kurzen Ausführung näher einzugehen, halte ich für ein Unding, die Handlung läßt sich mit ein paar dürren Worten gar nicht erschöpfend behandeln. Unerhört eindrucksvoll, bizarr und grotesk zieht sie an einem vorüber. Man staunt oft und weiß zunächst nicht recht, was man daraus machen soll, bis sich schließlich herausstellt, daß sich all das hinter den Mauern einer Irrenanstalt vollzieht. Werner Krauß in der Titelrolle bot eine ganz unvergleichliche Leistung, sein Dr. Caligari hatte etwas wahrhaft Dämonisches an sich, ganz erstaunlich dieses Minenspiel, in diesen Zügen lag schlechthin nichts Menschliches mehr. Nicht minder gut in seiner Art war Conrad Veidt als Cesare, das Übersinnliche, Geisterhafte, das wir aus seinen früheren Rollen kennen, hat er hier noch potenziert. Lil Dagover, die einzige Frauengestalt in dem Film, hatte eine verhältnismäßig undankbare Rolle, die ihr keine Gelegenheit gab, zu glänzen, mit ihrer strengen ernsten Schönheit bot sie ein dem Stoff angepaßtes geistig vertieftes Spiel. Auch Fritz Fehér als Francis wußte seine Rolle aus dem Geiste des Werkes heraus glaubhaft zu gestalten.

Dies war also zum erstenmal Expressionismus im Film. Das Premierenpublikum ging willig mit, bei den ersten grotesken Bildern schien es, als wollten einzelne lachen, dann gewöhnte man sich an diese neue Welt und schließlich stimmte man ihr allgemein restlos zu. Und doch kann ich die Ansicht von Carola Toelle nicht teilen, die – wie an dieser Stelle kürzlich ausgeführt – der Überzeugung ist, daß diese expressionistische Darstellung auch von der breiten Masse verstanden und als Selbstverständlichkeit hingenommen wird. Von dem Kurfürstendammpublikum mag das wohl gelten, von einem Durchschnittspublikum aber nimmer. Ich kann mir nicht denken, daß man sich allgemein soweit in diese neue Art hineinlebt, daß man die windschiefen Bauten und Fenster, die trapezförmigen Türen usw. als natürlich empfindet, und hier sind nach meinem Empfinden dieser neuen Kunst Grenzen gezogen. In der Geschichte des deutschen Films ist dieses Werk zweifellos ein Markstein. Wahrscheinlich zunächst von manchen Seiten bekämpft wird dieses Werk schließlich allseits anerkannt werden, aber damit ist nicht gesagt, daß die künstlerische Entwicklung unserer Filmkunst sich ausschließlich in dieser Richtung zu bewegen hat. Gewiß, wir werden gern derartige Filme sehen, wenn sie so trefflich gelungen sind wie dieser, aber dadurch wird nie der »natürliche« Film, wie ich ihn einmal nennen will, verdrängt werden, der die Wirklichkeit uns getreulich widerspiegelt ohne jede Stilisierung, so sehr eine solche auch den Gesamteindruck vertiefen mag. Ein Vergleich drängt sich einem hier förmlich auf: Wie das Kunstlied nie die naturwahren Schönheiten des Volksliedes verdrängen wird, so auch der expressionistische Film nie den in der Natur selbst aufgenommenen Film. Eins dürfen wir nicht verkennen, das eigentliche Feld des Films ist die Wirklichkeit, Realismus und nicht Expressionismus; so wird denn der neu beschrittene Weg immer auf Ausnahmen beschränkt bleiben müssen, aber diese werden uns, wenn sie so vollendet durchgeführt sind wie in diesem Falle, erlesene Kunstgenüsse bringen.

My [Wilhelm Meyer]: Filmkunst des Malers
Vossische Zeitung (Berlin), Nr. 110, 29.2.1920

Es gilt, eine neue Seite in der Geschichte des Films zu beginnen: »Das Kabinett des Dr. Caligari«, durch rhythmische Werberufe in den Lichtkreis allgemeiner Spannung gerückt, hat sich als eine künstlerische Einheit und ein Aufwärts in der Entwicklung des Filmspiels erwiesen; es stellt zum ersten Male die bildende Kunst ebenbürtig neben die darstellende und schweißt Bild und Bewegung zu einer Wirkungsharmonie zusammen. Das Gelingen wiegt doppelt, denn man rief Expressionisten zu Helfern, und konnte sie rufen, da der phantastische Spuk schließlich als das irre Erleben eines kranken Gehirns enträtselt wird. Diese Welt des Wahns, nicht durch flackernde, huschende Visionen, sondern durch die ruhige, aber verzerrte Einstellung eines seelischen Blickes zu geben – das ist in Bildern von seltener körperlicher Geschlossenheit und Stimmungsschwere geglückt. (Drei Maler: Warm, Reimann, Röhrig.) Der Spielleiter Wiene hat mit rühmenswertem Stilgefühl die bewegte menschliche Gestalt den toten und doch mit der Handlung lebenden Hintergründen verbunden. Vor allem der Caligari des Werner Krauß (der hier in die vorderste Reihe der Filmdarsteller tritt) ist in Maske, Miene und Gebärde von gespenstischer Romantik, stärkster E.T.A. Hoffmann; ihm zunächst Veidt mit der Leichenblässe des Somnambulen. Im Abstand Twardowski, Lettinger, Lil Dagover – aber von einem auf den inneren Klang des Spiels abgestimmten Regiewillen zusammengefaßt. Dies ist der bleibende Eindruck: hier ist ein Kunstwerk geschaffen, das willig den natürlichen Gesetzen des Films folgt und sein eigenstes und stärkstes Ausdrucksmittel, das Malerische, in einem Grade der Vollendung zur Auswirkung bringt.

Martin Proskauer: »Das Kabinett des Dr. Caligari.« – Ein Nachwort und eine Prophezeiung
Film-Kurier (Berlin), Nr. 51, 29.2.1920, S. 2

Immer deutlicher spürte man in letzter Zeit die Versuche denkender Filmregisseure, den Film in neue weiterführende Wege zu leiten. Man hatte erkannt, daß die naturalistischen Motive – ganz gleich, ob historischer oder moderner Natur – ein Dutzend Ausstattungs- und Abwandlungsmöglichkeiten ergaben, und daß man dann mit Regie- und Inszenierungspointen wieder von vorn anfangen müßte.

Es blieb also das Gebiet des phantastischen Films. Hier hat nun Robert Wiene mit dem »Kabinett des Dr. Caligari« einen kühnen und sicheren Schritt getan. Er hat sich zu der Erkenntnis vorgearbeitet, daß nicht allein der Film, der sich nicht ängstlich an die Geschehnisse des Alltags klammert, entwicklungsfähig ist, daß auch der »Prunkfilm« sich bereits in kostspieliger Naturalistik festrennt. Und er stellte der Phantastik des Sujets auch die gesamte Dekoration zur Verfügung.

In diesem Film ist alles von der Banalität des Alltags losgelöst. Straßen und Plätze, Mauern und Stuben, Dachfenster und Stühle erscheinen in einer besonderen Form betont, seltsam bedeutungsvoll und wichtig.

Die Dekorationen in »Dr. Caligari« sind nicht gebaut, wie man die Dinge *sieht*, sondern wie man sie in besonderen seelisch stark gespannten Augenblicken *empfindet*.

Wie Regie und Malerei diese Aufgaben gelöst haben, ist technisch ganz famos. Man fühlt, daß künstlerisches Temperament dahinter steckt.

Da ist ein Jahrmarkt. Er besteht in Wirklichkeit aus einem gemalten Hintergrunde, vor dem sich die Zeltschirme zweier Karussells drehen. Davor ist ein plattformartiger Vordergrund, auf dem sich, rasch und erregt getrieben, das Volk bewegt.

Das ist bildlich ganz hervorragend, und ich hatte, als ich die rotierenden Karussellspitzen sah, durch den *optischen Effekt* plötzlich das Dudeln der Jahrmarktsorgeln im Ohr. Das war eine vollendete Leistung der Regie.

So ist fast überall der charakteristische Eindruck der Dinge im wesentlichen erfaßt und noch *zugespitzt*.

Wir alle haben schon im Amtszimmer warten müssen und haben stets einen Mann gefunden, der, gleichsam über die *misera plebs* emporgeschraubt, auf hohem Drehstuhl thront und uns warten läßt. Hier greift jetzt die neue Idee des Regisseurs ein. Sein Amtssekretär hockt wie ein böses Tier oben auf überhohem Drehsessel und zischt dem Petenten entgegen: »Warten!«

Und das Wort erscheint auch, Stileinheit wahrend, im Titel in spitzer, hingespritzter, fast körperlich schmerzhafter Linienführung.

Gänge und Gassen sind in diesem Film, die durch Verschieben der Perspektive etwas von der Wucht des traumhaft Unwirklichen erhalten.

Dachfenster haben spitze, verzerrte Winkel. Dächer überschneiden sich in scharfen Linien, und wir fühlen (ohne daß es uns gesagt wird), daß dahinter *der Absturz* droht.

Von diesem Film an wird eine Wende *künstlerischer Filmauffassung* datieren.

Hoffentlich wird man auch mit Erfolg versuchen, auf moderne Sujets den eigenen Filmstil zu übertragen. Und dann wird man, dank Wienes Wegweiserarbeit, erkennen, daß der Filmprunk à la *Palais de Danse* abgewirtschaftet haben muß.

Wenn hier auch viel Arbeit geleistet wurde, so waren die toten Dinge, die sich aus Holz und Farbe schaffen lassen, der leichtere Teil. Die Herrschaft über die Menschen, über die Darsteller, war schwerer.

Fast restlos fügte sich Werner Kraus der Idee ein, ich sah schon lange nicht so gutes Spiel. Hier zeigte sich, daß der Schauspieler ein »*nachschaffend schöpferischer*« Künstler ist, wenn er seine Aufgabe wirklich erfüllt.

Auch Conradt Veidts Somnambule (wie von Kubin gezeichnet) war vorzüglich im Spiel und in der Linie seines Körpers. Die anderen – außer Twardowski – stecken noch zu sehr im Naturalistischen und stellten sich so abseits von der Grundidee.

Wenn die Weiterentwickler dieser Filmspezies noch auf stärkere Stilisierung des Spiels und vor allem der Kostüme achtet und sie zur *zeitlosen Wirkung* erhebt, so wird die Gesamtleistung noch größer und der künstlerische Genuß noch tiefer werden.

Aber – dieser »Dr. Caligari« ist ein erster Versuch, der als großer künstlerischer Gewinn zu buchen ist und den sich seine Schöpfer auf Grund ehrlicher und neue Werte schaffender Arbeit gutschreiben dürfen.

Anonym: Ein expressionistischer Film
Die Freiheit (Berlin), 3.3.1920

Die Möglichkeiten des Films sind wieder um einen künstlerisch gelungenen Versuch erweitert worden. Im »Marmorhaus« wird ein Film »Das Cabinet des Dr. Caligari« gezeigt, der die erste Anwendung expressionistischer Malweise mit auffallendem Erfolg auf die Filmwand bringt. Die phantastische, vorsichtshalber in ein Irrenhaus verlegte Handlung mit mancherlei kinomäßigen Bestandteilen tritt zurück vor der rein malerischen Kraft, die die Konturen der Wirklichkeit durchbrechend, oft seltsam bizarre und schöne Bilder schafft. Man möchte dem Film auch auf diesem Wege mutiges Fortschreiten wünschen; hier sind noch künstlerische Aufgaben zu lösen, die im Caligarifilm von mehreren Malern und Autoren angedeutet und darstellerisch (hier liegt noch ein Hauptproblem!) von Werner Krauß und Conradt Veidt am besten erfaßt wurden. Für die expressionistische Ausmalung des Films, die in Fachkreisen, z.B. in Vorschlägen und Zeichnungen von Grete Hart schon seit Jahren versucht wurde, würde in erster Reihe ein Künstler wie Feininger hohe Werte für Auge und Phantasie schaffen können und die Kinobesucher staunend zu weiterem Mitgehen zwingen.

Anonym: Das Cabinet des Dr. Caligari
Die Große Glocke (Berlin), 3.3.1920

Endlich ist die Spannung gelöst. Die geheimnisvollen Plakate: *Du mußt Caligari werden*, die man in letzter Zeit an allen Anschlagsäulen, Untergrundbahnstationen usw. sah, haben sich als Ankündigungen eines expressionistischen Films entpuppt, der zurzeit im Marmorhaus gezeigt wird. Expressionismus im Film, aber von wahrhaft künstlerischem Wert. Mit der Ausstattung waren die Herren Warm, Raimann [sic] und Röhrig betraut, die keine leichte Aufgabe hatten, da die neuartige Aufmachung leicht hätte lächerlich wirken können. Robert Wiene führte eine vorbildliche Regie. Werner Krauß war Dr. Caligari. Haltung und Minenspiel erinnerten an seine Schigolch-Rolle in der Büchse der Pandora. Conrad Veidt gab einen Somnambulen von unübertrefflicher Meisterschaft in Linie und Bewegung. Lil Dagover gefiel mir weniger als in Harakiri. Auch die übrigen Hauptrollen lagen bei Feher, Twardowski und Lettinger in guten Händen. Wird der Film bei der breiten Masse Anklang finden? Wert ist er es schon, doch wer weiß, ob das Publikum schon reif dafür ist.

E. B.: Das Cabinet des Dr. Caligari
Der Kinematograph (Düsseldorf), Nr. 686, 3.3.1920

»Das Cabinet des Dr. Caligari«. Ein Filmspiel in 6 Akten von Carl Mayer und Hans Janowitz. Regie: Robert Wiene, künstlerische Ausstattung: die Kunstmaler Hermann Warm, Walter Reimann und Walter Röhrig. Photographie: Willi Hameister, hergestellt von der Fabrikationsabteilung des Decla-Konzerns, Berlin SW 48.

Berlin hat ein neues Schlagwort mehr. »Du mußt Caligari werden.« Seit Wochen schrie einem dieser geheimnisvolle kategorische Imperativ von allen Plakatsäulen entgegen, sprang aus den Spalten aller Tageszeitungen hervor. Eingeweihte fragten: »Sind Sie auch schon Caligari?« So ungefähr wie man früher fragte: »Sie sind wohl Manoli?« Und man munkelte von »Expressionismus im Film« und »verrückt«. Nun ist er heraus, dieser erste expressionistische Film und abgesehen davon, daß er im Irrenhause spielt, kann man nichts Verrücktes an ihm finden. Man kann sich zur modernen Kunst stellen, wie man will, in diesem Fall hat sie entschieden eine Berechtigung. Krankhafte Ausgeburten eines irren Geistes finden in diesen verzerrten, seltsam phantastischen Bildern einen zur höchsten Potenz gesteigerten Ausdruck. Die Welt malt sich anders im Hirn eines Wahnsinnigen, und wie die Gestalten seiner Phantasie zum Teil spukhafte Formen annehmen, so zeigt auch die Umwelt, in der sie sich bewegen, ein bizarres Gesicht: schiefe Zimmer mit dreieckigen Fenstern und Türen, unwirklich krumme Häuser und bucklige Gassen. Und man kann von diesen tollen Bildern wie von der Handlung sagen: »Ist es auch Wahnsinn, hat es doch Methode.« Das Manuskript bringt in durchaus logischer Entwicklung die Erzählung eines Irren, der durch den unter eigenartigen Umständen erfolgten Tod eines Freundes wahnsinnig geworden ist und nun Wahrheit und Phantasie zu einer seltsamen Schauergeschichte verquickt. Ein gewisser Dr. Caligari, den er mit dem Direktor der Anstalt identifiziert und der durch einen Somnambulen, mit dem er auf Jahrmärkten herumzieht, geheimnisvolle Morde ausführen läßt, spielt darin die Hauptrolle. Die Handlung ist packend, viele Szenen direkt von faszinierender, atembeklemmender Wirkung, wie z.B. eine Mordszene, bei der man nur die Schatten der ringenden Personen sieht (technisch übrigens ein hervorragend gelungenes Bild) oder das Traumerlebnis der Braut des Irren, in dem sie von dem Somnambulen überwältigt und über die Dächer hinweg auf schwindelnd schmalem Weg entführt wird. Sehr eindrucksvoll wirkt auch das Schlußbild aus dem Hof des Irrenhauses mit dem Tobsuchtsausbruch des Wahnsinnigen und seiner Unschädlichmachung durch die Zwangsjacke. Fritz Fehér spielt diesen Irren mit vorzüglicher Mimik, wie überhaupt die schauspielerischen Leistungen sämtlicher Mitspielenden ganz hervorragend sind. Werner Kraus in der phantastischen Maske des Dr. Caligari; ein Kabinettstück, das ihm so leicht keiner nachmacht. Neben ihm Conrad Veidts dämonischer Typ, als Somnambuler von einfach unheimlicher Wirkung; nervenschwache Personen können Alpdrücken davon bekommen. Die Braut des Irren verkörpert Lil Dagover in sanfter Schönheit. Vorzüglich auch in kleineren Rollen, Rudolf Lettinger und Hans Heinz v. Twardowski, der bekannte Dichter und Rezitator. Robert Wiene führt die Regie mit gewohnter

Meisterschaft und vermittelte im Verein mit den Kunstmalern Warm, Reimann und Röhrig starke Eindrücke, unterstützt durch die brillante photographische Wiedergabe.

Die Decla-Filmgesellschaft hat mit diesem neuesten Werk bewiesen, daß die Filmkunst noch lange nicht mit ihrem Latein zu Ende ist, und daß noch neue, ungeahnte Möglichkeiten zu ihrer Weiterentwicklung offen stehen.

B.: Das Kabinett des Dr. Kaligari
Erste Internationale Film-Zeitung (Berlin), Nr. 10, 6.3.1920, S. 13

Hier wird einmal die Menge gepackt! – Hier steht auf hohem Piedestal ein Können, das uns sagt, zeigt – so malt sich in meinem Kopf die Welt. So ganz anders, so unerhört frei in allen Begriffen, herausspringend aus öder Alltäglichkeit. – Hier und da rieselt Grauen – tropft Geisterspuk – greift eiserne Spannung von uns Besitz.

Das Publikum verschlingt mit wilder Begier Bild für Bild, Szene für Szene, berauscht von dem Neuen – nie Gesehenen, kaum Geahnten. – Dort der Greis, ein mit dem Leben Fertiger: Weit vornübergebeugt werden seine Augen eins mit den vorübereilenden Bildern einer unbekannten Welt. – Hier der blasierte Lebejüngling: Zuerst ablehnende Arroganz – da, jetzt saugen sich seine Augen fest und lassen kein Bild. Und so alle.

Kaligari! Der Traum eines Irren – ein Erlebnis? Gleichviel. Wir folgen gern und wollen keins der Bilder missen, die Robert Wienes künstlerische Hand uns hervorzaubert. Wir tauchen unter in die Mysterien – die Welt der Irren.

Kaligari! Die Figur eines Wahnsinnigen –! Werner Krauß – ein Meister der Mimik – zieht uns hinüber in sein Reich. Sein Spiel ist tiefstes Empfinden – er wächst in seinem Kaligari zu einer künstlerischen Figur – riesengroß.

Kaligari! Der Somnambule! Was Konrad Seidl [sic] uns hier gab, war mehr als sinnenhafte Kopie – war ureigenstes Auffassen einer der schwierigsten Rollen. Einem belebten Gemälde gleicht der Schattenriß seines nachtwandelnden Mörders.

Zum Schluß: Das Kunstwerk »Kaligari«, wird es nicht Nachahmer finden – werden nicht findige Köpfe hier Geschäfte wittern? – Ich warne! Die Voraussetzungen für das restlose Gelingen dieses Werkes lagen im Sujet. – Man schütze uns vor einer Flut von angeblichem Expressionismus, Futurismus oder Kubismus! Es wäre unerträglich, durch sinnlose Serienfolge den künstlerischen Wert einer Schöpfung wie »Kaligari« herabgezogen zu sehen.

Das Kunstwerk steht – was nachkommt, ist Geschmacklosigkeit!

Peter Panter [Kurt Tucholsky]: Dr. Caligari
Die Weltbühne (Berlin), Nr. 11, 11.3.1920, S. 347–348

Seit Jahren, seit den großen Wegener-Films, habe ich nicht so aufmerksam im Kino gesessen wie beim ›Kabinett des Dr. Caligari‹.

Dieser Film, verfaßt von Karl Mayer und Hans Janowitz, inszeniert von Robert Wiene mit Hilfe der Maler Hermann Warm, Walter Reimann und Walter Röhrig, ist etwas ganz Neues. Der Film spielt – endlich! endlich! – in einer völlig unwirklichen Traumwelt, und hier ist ohne Rest gelöst, was seinerzeit bei der Inszenierung der ›Wupper‹ im Deutschen Theater erstrebt wurde und nicht ganz erreicht werden konnte. Wenn man nun noch die Schauspieler in weniger reale Kostüme steckte – wo gibt es in diesen schiefen, verqueren, hingehauenen Häusern solche soliden Kragen? –: dann wäre alles gut. (Fast alles: Herr Fehér ist es nicht, weil er sich, wie seine Partnerinnen, grade so bewegt, als ob er in einem schlechten Porten-Film mitwirkte.)

Aber nun laßt mich loben. Ein Wahnsinniger erzählt einem Kollegen der gleichen Fakultät sein Schicksal. Das Ganze unheimlich aufgebaut, verwischt, aber nicht ganz vom Raisonnement befreit. Fast jedes Bild ist gelungen: namentlich jene kleine Stadt auf dem Berge (alle Szenerien sind gemalt, nichts spielt vor wirklichen Dingen), ein Platz mit Karussells, merkwürdige Zimmer, entzückend stilisierte Amtsräume, in denen Hoffmannsche Beamte auf spitzen Stühlen sitzen und regieren. Verzwackt die Gebärden, verzwickt Licht und Schattenspiel an den Wänden …

Die Fabel vom Mißbrauch des Somnambulen eben nicht neu – aber höchst einprägsam gemacht. Manche Bilder haften: der Mörder in seiner hohen Zelle, Straßen mit laufenden Leuten, eine dunkle Gasse – man muß an Wunder glauben, um das gestalten zu können. Und die Mimen?

Werner Krauß wie aus einer Hoffmannschen Erzählung herausgeschnitten, er ist wie ein dicker Kobold aus einem deutschen Märchen, ein Bürgerteufel, eine seltsame Mischung von Realistik und Phantasie. Besonders bei ihm ist zu spüren: Niemand geht durch solche Gassen, weil es sie nicht gibt – ginge aber Einer, dann könnte er nur so gehen wie dieser unheimliche Kerl. (Goethe nannte das einmal die solide Mache in der Phantastik.) Veidt stelzt dünn und nicht von dieser Erde durch seine wirre Welt: einmal ein herrlicher Augenaufschlag, einmal wie von Kubin, schwarz und schattenhaft und ganz lang an einer Mauer hingespensternd.

Ein Mord wird sichtbar – als Schattenspiel an einer grauen Wand. Und zeigt wieder, wie das Geahnte schrecklicher ist als alles Gezeigte. Mit unserer Phantasie kann kein Kino mit. Und daß in diesem Film, von einer geraubten Frau, ein Schrei ertönt, den man hört, wirklich hört (wenn man Ohren hat) – das soll ihm unvergessen sein.

Das Publikum schwankte zwischen Heiterkeit und Unverständnis: der Berliner hat, wenn er sich grault, einen Lacher zur Verfügung, der durch die Nase geblasen wird, das ist höchst effektvoll. Ein Provinzgeschäft ist es nicht, und ich fürchte, nicht einmal ein berliner Geschäft.

Aber – die größeste von allen Seltenheiten –: ein guter Film. Mehr solcher!

J. P. M.: Ein Film von Eigenart
Vorwärts (Berlin), Nr. 134, 13.3.1920, S. 2

Der Film »Das Kabinett des Dr. Caligari« läuft nun die dritte Woche. Das ist eine erfreuliche Tatsache. Es wird immer behauptet, das Wertvolle und Gute könne nicht gebracht werden, da es der Menge nicht gefalle und darum auch nicht rentiere. Hier ist nun wieder einmal etwas Gutes, für das geworben werden muß, damit es nicht auch wieder verschwindet wie die Märchenfilme Wegeners. »Das Kabinett des Dr. Caligari« ist ein Experiment, aber eines, das gelungen ist. Wie alles Neue ist dieser Film, ist die Art seiner Darstellung, eben weil sie so überraschend ungewöhnlich ist, der Gefahr ausgesetzt, daß sie kurzweg abgelehnt oder gar verlacht wird. Hier wird bewußt die Welt von einem anderen Gesichtspunkt aus dargestellt als von dem bislang üblichen; hier schildert und malt ein Irrer die Trugbilder dessen, was er erlebt zu haben wähnt. Durch den Wahn verschroben und verzerrt, ersteht ein Reigen seltsamer und grauenhafter Geschehnisse, die aufregen und dahinrasen in einer Spannung, mit einer Eindruckskraft, wie sie bisher im Kino nie erlebt wurde, um dann zu verebben zu einem rührend menschlichen Ausklang.

Der Film hinterläßt im Beschauer Mitgefühl für die geistig Kranken und Verständnis für die aufopfernde Tätigkeit der Irrenärzte und -pfleger. Künstlerisch ist er eine Tat. Mit den dreieckigen Türen und Fenstern und den schiefen Häusern söhnt sich der Zuschauer bald aus. Die Beschränkung auf das zur Erklärung und Fortführung der Ereignisse unbedingt Notwendige, die Steigerung über die platte, alltägliche Wirklichkeit hinaus ist schöner und eindrucksvoller erreicht als durch die übliche Anhäufung von Prunk- und Modeluxus. Ueber die platte trostlose Wirklichkeit werden wir hoch emporgerückt.

Balthasar [Roland Schacht]: Caligari
Freie Deutsche Bühne (Berlin), Nr. 29, 14.3.1920, S. 695–698

Im Spätherbst des Jahres 1722, zur Zeit des Jahrmarktes, erschien auf der Stadtschreiberei zu Udine eines Morgens ein schon bejahrter, korpulenter, aber ungemein beweglicher und lebhafter Mann, der vorgab, Dr. Caligari zu heißen und um die Erlaubnis nachsuchte, in seiner Bude einen neuen Wundermann, einen Somnambulen, vorzuführen. Der Stadtschreiber erteilte zwar die Erlaubnis, jedoch, von allerlei lästigen Geschäften, die unterschiedliche Vorfälle des Jahrmarktes mit sich brachten, bedrängt, nicht ohne zuvor sichtlich den Zorn des als großen Gelehrten sich ausgebenden Alten dadurch, daß er ihn geraume Zeit hatte warten lassen, erregt zu haben. Am nächsten Morgen fand man den Stadtschreiber auf rätselhafte Weise ermordet. Niemand wäre es beigekommen, diesen schnellen und schrecklichen Tod, der die kleine Stadt in bedeutende Unruhe versetzte, mit dem Besuch des Alten in Verbindung zu bringen, hätten nicht Anlaß dazu verschiedene nicht minder grausige Vorgänge der Folgezeit gegeben. Unter den Besuchern der Schaubude des Dr. Caligari nämlich, der täglich wegen seiner seltsamen, wunderbaren Vorführungen vielen Zulauf fand, waren auch zwei Freunde, deren einer, auf die Aufforderung des Quacksalbers, den Schlafenden, der angeblich alles wußte und Vergangenheit wie Zukunft kannte, auf die Probe zu stellen, auf seine in übermütigem Tone vorgebrachte Frage, wie lange er noch zu leben habe, nach einigen Augenblicken beklemmenden Schweigens, während dessen der Schlafende, die leeren Augen auf sonderliche Art öffnend, den Fragenden drohend angeblickt hatte, die Antwort erhielt: Den nächsten Morgen schon wirst du nicht mehr sehen. Am nächsten Morgen wurde der Jüngling tatsächlich, und sonderbarerweise auf die gleiche Art wie der Stadtschreiber, mittels eines langen spitzen Instruments erstochen aufgefunden. Die Aufregung der Stadt wuchs, als ein bekannter Landstreicher einen Raubmord unternahm, dessen Gelingen jedoch durch rasches Zugreifen der Nachtwachen glücklich vereitelt wurde. Da er sich zur Tat eines langen spitzen Dolchmessers hatte bedienen wollen, so glaubte man bereits in ihm den Urheber auch der beiden vorhergehenden Bluttaten entdeckt zu haben, allein zu allgemeinem Erstaunen gab der Gefangene wohl die Tat, auf der er ertappt worden, zu, gestand auch die Absicht des Mordes freimütig ein, leugnete jedoch jede Schuld an den beiden anderen Vorfällen, die er vielmehr habe benutzen wollen, um den Verdacht auch seiner Tat dem unbekannten Mörder zuzuschieben. Und obgleich er dies nun mit vielen Eiden bekräftigte, wäre ihm von Seiten des Gerichtes kaum Glauben geschenkt worden, hätte nicht ein letzter Vorfall des Rätsels Lösung ergeben. Es wurden nämlich der Stadtarzt sowohl wie seine Söhne in der folgenden Nacht durch Geschrei aus dem Schlafzimmer der Tochter und Schwester aus dem Schlummer geschreckt, um, rasch herzugeeilt, durch ein offen stehendes Fenster gewahren zu müssen, wie mit Riesenkraft eine hagere Gestalt das ohnmächtige Mädchen über die Dächer davontrug. Mit Hilfe der rasch alarmierten Nachbarn gelang es ihnen, die Verfolgung des Räubers aufzunehmen und ihm nach rascher Jagd durch Vorgärten und über freies Feld nicht nur seine Beute abzujagen, sondern auch ihn selbst zu hetzen, bis er zusammenbrach. Man erkannte in ihm den Schützling des Dr. Caligari, der seinerseits am Morgen spurlos verschwunden war. Es ergab sich, daß das Mädchen, von dem Doktor in die Bude gelockt, dem Somnambulen gezeigt worden, dann aber in unbegreiflichem Schreck entflohen war. Von dem Dr. Caligari hat niemand wieder je etwas gehört.

Bis hierher bildet, durch einige untergeordnete Motive erweitert, das »Kabinett des Dr. Caligari« eine Einheit, aus der sich ein spannender Film ergibt. Es stellt sich jedoch im weiteren Verlauf heraus, daß der Direktor einer Irrenanstalt nur von diesem Dr. Caligari gelesen hat und nun unter der Zwangsvorstellung: du mußt Caligari werden, einen eingelieferten Somnambulen zu seinen Experimenten benutzt, so daß obige Handlung herauskommt. Es stellt sich aber weiterhin heraus, daß all dieses wiederum nur der Gedankengang eines Irrsinnigen ist, der den Direktor seiner Anstalt dieser Geschehnisse beschuldigt. Durch dieses Anhängen einer Doppelsphäre von Erklärungen, wird der dramatischen Wirkung der oben erzählten Begebenheit natürlich der Hals umgedreht. Der einen Erläuterung gibt der Zuschauer noch willig nach, die zweite enttäuscht und langweilt.

Aber diese Beanstandung ist so gut wie nebensächlich angesichts der sonstigen großen künstlerischen Bedeutung dieses Films im ganzen. Zum ersten Mal nämlich ist hier der Film grundsätzlich aus dem Bereich der Photographie in die reine Sphäre des Kunstwerks gehoben, zum ersten Male wird grundsätzlich der Nachdruck nicht auf das Was des brutalen und spannenden Geschehens, sondern auf das Wie gelegt, zum ersten Male keine vulgär illusionistische, sondern eine künstlerische Wirkung angestrebt. Die Vorgänge geschehen nicht im Bereich wirklicher oder Wirklichkeit vortäuschender Umwelt, sondern in einer phantastischen. Keine Naturaufnahmen, sondern Bilder, keine wirklichen Stadtansichten, oder Amtsräume, oder Bürgersalons, sondern Dekorationen, deren bildmäßige Komposition die seelische Dominante des Vorgangs klar und ungestört durch Zufälligkeiten der Wirklichkeit zum Ausdruck bringt. Die Schwierigkeit war nun offenbar, ob es gelingen würde, die wirklichen und sich bewegenden Menschen mit dieser Dekoration, mit diesem Gestaltungsprinzip überhaupt in Ein-

320

klang zu bringen. Und, von wenigen Ausnahmen namentlich in der Statisterie abgesehen, ist es gelungen, durch leichte Stilisierung in den Kostümen und durch richtige Einstellung der Spieler. Auch diese wirken jetzt weniger durch bedeutungsvolle Mimik als durch den künstlerischen Reiz ihrer Bewegung, bildmäßigen Erscheinung und Stellung im Bildganzen. Hier und da sind Unklarheiten, Fritz Fehérs Physiognomie erinnert fatal an einen besseren Seidenkommis, Werner Krauß, so gut er an sich ist, wirkt hier und da noch zu rund und isoliert, die Stilisierung der Dekorationen ist nicht immer ohne Manier, ein wichtiger Moment: wie der Somnambule sich entschließt, anstatt das Mädchen zu ermorden, es zu rauben, ist übergangen, aber das sind wieder nur Einzelheiten neben vielem Vortrefflichen: der schauerlich leeren Jahrmarktsgasse, den kreisenden Karussells, der traumhaften Treppe zur Stadtschreiberei, dem nächtigen Gäßchen der Stadt, dem Wagen und der Bude Caligaris, dem Schatten des heranschleichenden Mörders, dem Mordversuch mit der Alten, die aus dem Fenster schreit, der schlafgebundenen Erscheinung Cesares im Zimmer des Mädchens, dem Raub aus dem Bett mit der nachschleifenden Schleiermasse, der Gartenszene mit den Liebenden, dem am Tische unruhig wartenden Mädchen zu Beginn des vierten Aktes, der Irrsinnigen als Königin im sechsten.

Veidt ist fast durchweg glänzend. Sein Erwachen aus dem Schlaf, die Prophezeiung, wie er die Gartenmauer entlang schleicht, den Berg emporkeucht, das ist überaus eindrucksvoll, und wer den Künstler in so schwachen Leistungen wie »Prostitution« und »Wahnsinn« gesehen hat und nun mit der im »Reigen« (Oswald-Lichtspiele), und der jetzigen vergleicht, stellt mit Vergnügen eine Entwicklung zum Guten, ja künstlerisch Bedeutsamen fest.

Der Regisseur dieses Films aber, Robert Wiene, sei bedankt, daß er durch seine mutige Tat den Wenigen Recht gegeben hat, die nach so vielen Enttäuschungen noch immer nicht von dem ehrlichen Glauben an die künstlerischen Entwicklungsmöglichkeiten des Films lassen wollten. Ein Versuch wie dieser rechtfertigt wieder auf Monate hinaus, daß man den Film auch in seinen Zerrbildern immer wieder ernst zu nehmen bestrebt ist.

Christian Flüggen: Das Kabinet des Dr. Caligari
Deutsche Lichtspiel-Zeitung (München, Berlin), Nr. 12/13, 27.3.1920, S. 2

Wie man sich auch zu dem Film, den man in den Kammerlichtspielen und im Lichtschauspielhaus sah, stellen mag, eines muß ihm zugestanden werden: Es ist mal was anderes! Der Expressionismus, – meinetwegen Dadaismus – bisher Vorrecht der Sprechbühne, ist nun auch auf die Leinwand gesprungen und treibt dort sein eigenartiges Spiel. In unruhvollen Zeiten, die Tatkraft und Tat erfordern, ist das menschliche Gemüt nur zu leicht geneigt, dem Glauben an das Wunderbare sich hinzugeben. Kometen, Weltuntergang, Prophezeihungen, – nie sind sie mehr in Schwung, als wenn grausame Wirklichkeit auf den Menschen lastet. Dieser Hang zum Wunderbaren und Phantastischen hat von je Widerhall auf der Bühne, die ja das Spiegelbild des Lebens ist, gefunden. Das Außergewöhnliche, Spukhafte, Grausige begegnet uns auch in dem neuen Decla-Film. »Das Kabinett des Dr. Caligari« zeigt uns die Fieberphantasien eines Geisteskranken. Um die Sache ausdrucksvoll zu machen, werden diese Irrgänge eines menschlichen Hirnes expressionistisch vorgeführt, das heißt Logik, Statik, kurzum alle Gesetze der Dinge im Raum sind über Bord geworfen und es bleibt ein Kunterbunt, in dem die Menschen, die sich nun einmal noch immer nicht den Kopf zwischen die Arme nehmen oder die zwei Arme an eine Seite setzen können, geradezu altmodisch ausnehmen. Daß der Film trotz alledem stark interessiert, spricht für die ungeheuer reichen Darstellungsmöglichkeiten, die dieser Kunst eigen. Und spricht auch für die hohe künstlerische Leistungsfähigkeit der Decla, die die schwierige Aufgabe restlos löste und die verwegenen Sujets, der Saal in einer Irrenanstalt, Flucht über die Dächer usw. in packenden Bildern auf die Leinwand brachte. Unter den Darstellern seien genannt Lisl Dagover, Konrad Veidt und Werner Kraus, der ganz besonders gut charakterisiert.

Ernst Angel: Ein »expressionistischer« Film
Die Neue Schaubühne (Dresden), Nr. 4, April 1920, S. 103–105

Die »Decla« hat ihn angekündigt, seine Programmatik stellt ihn in Frage: Expressionismus, der sich selbst beim Namen nennt, hat wenig Hoffnung, es zu sein. Und kaum kommt er im Bild zu Wort, straft er sich auch schon Lügen: die Bildschriften treten unmotiviert aus ihrem Glied, sind unleserlich auf ein zerzacktes Bandornament gestreut. Dieser Expressionismus riecht nach Kunstgewerbe.

Ihn sucht des Weiteren eine ahnungslose Regie in Dekorationen und Versatzstücken zu beweisen. Ist er doch im Bau einer Filmfabel, in der Bewegung der Leiber problematisch; aber erkennt ihn nicht jedes Kind in schiefen Wänden? Verrutschten Türen? Verquollenen Möbeln? Sitzengebliebenen Häusern? – Man macht das Symptom selbständig, dessen Erreger man niemals kannte.

Solche Ausstattung läuft leer neben konventioneller Aktion und Geste und erntet selbst dort, wo sie Stofflichem begegnet, bestenfalls stilisierte Bühnenbilder, die den Film in ein »entworfenes« Milieu bis zur Atembeklemmung einpressen. Das Atelier sperrt die Türe hinter ihm ab und öffnet ihm nur selten auf sorgsam präparierten Streifen Bodens (jeder Quadratmeter frißt Honorar!) die Welt. Der Gefangene aber krepiert zwischen seinen entworfenen Möbeln.

Will die künstlich-künstlerische Filmbühne die Natur wieder einbeziehen, so wächst ihre Wirkung im umgekehrten Verhältnis zu der Weite ihres Schauplatzes: ein Dachfirst, ein Gewölbe, eine Treppe mögen gelingen; eine Stadt im Hintergrunde wirkt als flächiges Liliput.

Nun ist aber der Film angewiesen, durch Tiefe seines Schauplatzes die Fläche der Leinwand zu überwinden, durch Spannweite und Simultanität seiner Aktionen deren Metaphysik zu ersetzen. Die von Natur plastische, von Wort und Atmosphäre genährte Bühne läßt durch ihre drei Zimmerwände Welt hereinstürzen: mit ihren Mitteln arbeitend, verliert der Film seine eigenen aus der Hand und muß doch Abklatsch bleiben.

Mystik und Groteske sind Wirkungserscheinungen expressionistischen Ausdruckswillens, ohne ihm im Geringsten stoffliche Voraussetzung zu sein. »Das Cabinett des Dr. Caligari« setzt mit mystisch-grotesken Begebnissen ein, stellt also anstatt innerer Übereinstimmung eine mißverständliche Gemeinsamkeit her. Und wenn diese Mystik nach einigen Kopfsprüngen durch die Serpentinen eines »Doppeldreh« unversehens in protestantisch-moralischer Aufklärung landet, so ist ihr »Expressionismus« weit hinter dem eines amerikanischen Exzentrik-Films zurückgeblieben, der sich seine Uebersteigerungen aus dem täglichsten Leben sucht, ohne sie rationalistisch zu rechtfertigen.

Dr. Caligari, dämonischer Arzt und Mörder, ungreifbar dem Arm der Gerechtigkeit (er bedient sich eines Somnambulen als Werkzeug), wird von seinem Gegenspieler, dem er Freund und Geliebte raubte, im Irrenhause aufgespürt; dort haust der Unhold als Direktor. Der rächende Jüngling entlarvt den Hüter der Irren als selber Irren, dem das Exempel vergilbter Verbrechermemoiren zur fixen Idee wurde. Und alle diese Vorgänge, reproduziert als Erzählung des Jünglings, enthüllen sich schließlich als Phantasien eines abermals kranken Gehirnes und können darum mitsamt den anstößigen Dekorationen von einem geneigten Publico freundlichst zu Gute gehalten werden; umso eher, als auch der Direktor, ein de facto kreuzbraver Kerl, dem jungen Patienten nunmehr Genesung in Aussicht stellt. Man war schließlich im Irrenhause gewesen … Und ein einverständliches Lächeln streift den »Expressionismus«, der wieder einmal als Abwesender die Zeche zu bezahlen hat.

Denn es hätte des stofflichen Rückzuges nicht bedurft, um zwischen dem Kunstwillen unserer Zeit und dem Konjunkturwillen ihrer Unternehmer einen Strich zu ziehen: Expressionismus, der das Gegebene zerstört und die Trümmer durch seine Sehnsucht filtert, läßt sich nicht in eine Branche einführen wie etwa das Taylorsystem. Ehe die Natur ihre Anatomie opfert, muß sie einem Willen verfallen sein, der sie zu tieferer Natur vergewaltigt. Und ehe es schiefe Häuser gab, war ein Sturm in der Brust, sie zu knicken. Ausdrucksteigernde Entwürfe wird kein guter Regisseur in einem »naturalistischen« Film gelegentlich aufzunehmen verschmähen; oder sie durch Ortwahl, Beleuchtung, Perspektive zu ersetzen suchen. Mehr als illustrierenden Wert werden solche Versuche erst gewinnen, wenn sie aus Handlung und Gebärdenkunst erwachsen sind.

Alexander Beßmertny: Ein expressionistischer Film
Die Neue Schaubühne (Dresden), Nr. 5, Mai 1920, S. 136–137

»Das Cabinett des Doktor Caligari«.
Von Karl Meyer und Hans Janowitz. Regie Robert Wiene.

I

Was heißt hier (und wo anders) expressionistisch? – Eindeutig nur, daß keine realistischen Dekorationen verwandt werden. – So etwas kannte man und nannte es früher »stilisiert« und anders.

Aber auf das Seelische des Produkts angewandt, bedeutet »expressionistisch« hier, daß es sich um einen Film der Linie handelt, die mit dem »Golem« und dem »Studenten von Prag« begonnen hat.

Die Verfasser aber vermuten, scheints, gerade hier im Meta-Vernünftigen das Expressionistische. Eine Geschichte unter Verrückten aber ist noch kein aus dem Gewöhnlichen ins Ungewöhnliche transponiertes Ereignen.

II

Ein Irrer erzählt einem anderen eine Geschichte von sich, vom Anstaltsdirektor, von einem Somnambulen, einem Mädchen. Die Fabel ist gewöhnlich. Die Linie der Herkunft E.T.A. Hoffmann-Poe nur am Objekt, nicht an der Gestaltung zu spüren. Die Handlung ist dürftig. Der Direktor einer Irrenanstalt liest in einem alten Buch von einem Dr. Caligari, der einen Somnambulen zur Ausführung von Verbrechen benutzt hat. Als ein Somnambuler in die Irrenanstalt eingeliefert wird, versucht der Anstaltsdirektor mit ihm die gleichen Experimente, die der Dr. Caligari vor Jahrhunderten gemacht hat. Dies hätte die Möglichkeit gegeben, Bewußtseinsspaltungen am Somnambulen bildhaft zu machen und zu zeigen, wie er als Verbrecher tätig wird und doch gleichzeitig in seinem somnambulen Schlafe verharrt. Dies wäre für den Film eine neue, außerordentlich wichtige und ausbeutungsfähige Möglichkeit gewesen. Aber die Verfasser des Manuskripts brauchen nur den billigen Trick, den Dr. Caligari seinen Somnambulen während seiner nächtlichen Streifzüge durch eine Puppe von gleichem Aussehen ersetzen zu lassen. – Was also filmmäßig ein Problem wäre, ist filmungemäß als Detektivroman gestellt. Der Film-Vorwurf des Manuskripts enthält nichts, aber auch gar nichts Bemerkenswertes.

III

Die Regie aber bedeutet einen Anfang zu neuen Möglichkeiten. Da sind Bühnenbilder von unwirklicher Phantastik mit schiefen Wänden, verschnörkelten Straßen, karikierten Büros und einem Irrenhaussaal, wie ihn sich ein Irrer nur wünschen kann. Und das ist das entscheidend Wichtige, daß hier zuerst im Film nicht die romantische Tatsächlichkeit der Landschaft, sondern die romantische Unwirklichkeit, die Erfindung des Bühnendekorateurs die filmgemäße Wirklichkeit der Umgebung zu schaffen versucht, d.h. die wirkliche Welt der handelnden Personen, die eine andere ist, als die jedes anderen Menschen. – Dieser Regie-Auftakt bedeutet den Beginn einer Sublimierung, die den fertigen Film als psychische Einheit zu sehen versucht. Das Wesentliche ist dabei die Abstellung auf den Gesichtspunkt, der im Psychischen der Spiel-Personen die Stileinheit nach eben diesem psychischen Charakter verwirklicht.

Die zur Einheit mit den Personen gesteigerte Umgebung dieser Personen erfordert von den Schauspielern die Steigerung ihres Seins in die Einheit der zu ideal gedachten Personen geschaffenen Umgebung.

IV

Die erhöhten Anforderungen solcher Darstellung wurden von den Schauspielern in dem Film, der Anlaß zu diesen Bemerkungen gibt, mit wenig Ausnahmen nicht gesehen. – Der Held war einer jener Feld-, Wald- und Wiesen-Verrückten, die da meinen, stierer Blick, »glubsche« Augen genügten. Der Verrückte aber muß als aus der bürgerlichen Welt Entrückter dargetan werden. Diesen Schauspielern gelingt es immer nur, die bürgerliche Angst vor dem Irrenhaus zu spielen, was nicht irgendwie eine schauspielerische Leistung zu sein scheint. – Die verrückte Dame war eine brave Ophelia. – Eigenmächtig aber und auf dem Niveau ihrer Umgebung sind Werner Krauß als Dr. Caligari und Conrad Veidt als der Somnambule. –

Da ist eine Szene, wie dem Irrenarzt überall das Wort erscheint. – »Du sollst Caligari werden« –. Wenn auch die technische Möglichkeit solcher Halluzinationsvorführungen filmmäßig gegeben ist, so bleibt das Hineinspielen des Arztes in den Caligari Privatverdienst des Schauspielers.

Am eindrücklichsten bleibt wohl der Somnambule. Hier mit wenig Bewegung, aber der ideellen Einheit dieses Films gemäß, ist das Vorbild filmgemäßer Darstellung bei filmgemäßer Regie gegeben. –

V

Das Inszenierungsproblem, gelöst bei einer Regie, die der ideellen Haltung der Personen gemäß ist, kompliziert die Darstellung, weil sie vom Spieler Überwindung seiner Zufälligkeiten als Privatperson fordert. Der Zwiespalt von Szene und Mensch wird gerade beim Versagen des Menschen im vollendet Szenischen am peinlichsten evident. Darum wird dieser sogenannte expressionistische Film zur Bereinigung der Leinwand von unvermögenden Darstellern beitragen.

Anne Perlmann: Das Kabinett des Dr. Caligari – Declafilm
Pressevorführung in den Schadow-Lichtspielen
Der Kinematograph (Düsseldorf), Nr. 696, 16.5.1920

Mit dem Caligari-Film ging es mir – und wohl auch manchen anderen – wie zuerst mit dem Einsteinschen Relativitätsprinzip: je mehr die Zeitungen darüber schreiben, desto weniger klärte sich meine Vorstellung davon; man muß eben Caligari sehen! Und endlich ist er da – endlich, dabei denke ich nicht nur daran, daß Berlin uns Provinzlern um nahezu 200 Vorführungen voraus ist, sondern endlich, nachdem man sich lange nicht bewußt schien, daß das Lichtbild im Bilde wurzelt, endlich also haben wir ihn, den expressionistischen Film. Aus einem in absichtlicher Unlogik gehaltenen Manuskripte, das ein mittelmäßiger Regisseur bestenfalls in eine halbwissenschaftliche Psychopathentragödie oder ein kassenfüllendes Kriminaldrama gewandelt hätte, hat Film-Reinhardt Wiene einen nervenpeitschend-bizarren Bildertaumel geschaffen – ebenbürtig den Phantasiegebilden von Poe, Hoffmann, Meyringk. In den Dienst seiner Idee stellte sich das Malertrio Warm-Roimann-Röhrig [sic]; sie belebten den toten Rahmen zu versinnbildlichter Situation im Stile Lyonel Feiningers, mieden aber jede Uebertreibung, die lächerlich wirken könnte. Wichtiger Faktor zum Gelingen war die Photographie Willy Hameisters, der Vorzügliches vor allem in den Ueberblendungen leistete. Viel schwieriger als mit dem toten Material ließ sich die Stilisierungsidee in der Darstellung durchführen; denn der natürliche Mensch paßt am wenigsten in das durchgeistigte, vom Wirklichen befreite Bild (ich empfand störend die pausbäckigen Kinder und flotten Backfische in der romantisch expressionistischen Landschaft der Jahrmarktszene). Aber auch bei diesem spröden Elemente konnte Wiene der Idee, so weit eben möglich, gerecht werden; denn ihm standen *Künstler* zur Verfügung! Werner Krauß bezwang vollkommen den Stil, in jeder Geste von meisterhafter Dämonie; Conrad Veidt – Cesare – gespenstisches Grauen eines gefolterten Hirns gestaltend – ganz in seinem Elemente! Wer wurde nicht mitgerissen in den Taumel der grinsenden Forderung, Caligari zu werden! Wer könnte die Erweckung des Immerschlafenden – sein fast entmaterialisiertes Schreiten zum Mord und den unvergleichlich grausigen Raub der Jane vergessen. Von den übrigen Darstellern gelang die Einfühlung in den Stil am besten dem jungen Hanns Heinz Twardowsky, dessen melancholische Anmut uns bewegte; Fehars realistisch pathologisches Spiel hatte einige packende Momente; traumhaft schön war Lil Dagovers blasses Schweben. Und dann – in der wirklichen Helle der Straße umwirbelten mich unzählige Bilder – ja, war ich denn wahnsinnig – expressionistische Tanztees – Henny Portens lieblich runde Realistik in schiefwinkligen Zimmern – zuckerhutförmig das Haus des Kommerzienrats – die Flut der Nachahmungen – der expressionistische Kitsch, der uns, allen Aufklärungskitsch übertrumpfend, droht – Halluzinationspsychose war's nur! Wird es leider freilich nicht bleiben – und doch: dies Kunstwerk, das einzigartig bleiben müßte, aber vor Nachahmung ja nicht geschützt werden kann, ist so wertvoll, daß ich mit allen, die an eine Filmkunst glauben, Wiene und seinen Mitarbeitern recht von Herzen danken möchte!

324

Nr. 6
Jahrgang 1920

Einzelheft 50 Pt.

Illustrierter

Film-Kurier

JN DEN HAUPTROLLEN: CONRAD VEIDT — FRITZ FEHÉR
WERNER KRAUS — LIL DAGOVER

DAS CABINET DES DR. CALIGARI

Filmfchaufpiel in 6 Akten
von
KARL MAYER und HANS JANOWITZ
Regie: Robert Wiene.

Die Hauptdarfteller:

Dr. Caligari . . . . Werner Krauss
Cesare. . . . . Conrad Veidt
Francis. . . . . Fritz Fehér
Jane . . . . Lil Dagover

Die künftlerifchen Entwürfe ftammen von den Kunftmalern
HERMANN WARM, WALTER REIMANN,
WALTER RÖHRIG.
Die Photographie beforgte WILLY HAMEISTER.

Grund zu gehen, denn fchließlich muß man doch den Ur-
fprung geflügelter Worte wiffen. In den Declaateliers in
Weißensee fand ich dann die Spur. Der graubärtige Cerberus
an der Tür erklärte mir, der Weg zu Caligari führe nur über
feine Leiche. „Du follst nicht töten", dachte ich und schlich
mich durch die Hintertür ins Atelier, wo ich von dem Regiffeur
Robert Wiene erst mißtrauisch, als ich mich jedoch als Preffe-
vertreter legitimierte, äußerst liebenswürdig empfangen wurde.
Dadurch ermutigt und um meine Unwissenheit nach Möglichkeit zu verbergen, begann ich mein Interview mit der
Frage: „Sind Sie auch schon Caligari?", worauf er stutzte
und bejahen zu wollen schien, dann schüttelte er aber
energisch den Kopf und sagte: „Gott sei Dank noch nicht,

Du mußt
Caligari werden.

Vor einigen Wochen
tauchte in Berlin ein neues
Schlagwort auf: „Du mußt
Caligari werden". Von den
Anschagsäulen, in der Unter-
grundbahn, in den großen
Cafés, von überallher rief
es einem in grellen Farben
an, und der Ruf pflanzte sich
fort. In den Nachtbars und
Klubs, auf der Straße sprachen
Freunde und Bekannte uns
mit dem kategorischen Imperativ an, ohne daß ein Mensch
gewußt hätte, was diese Worte
eigentlich bedeuten. Als kürzlich aber gar jemand be-
hauptete, ich sei bereits Caligari, beschloß ich der Bedeutung der Worte auf den

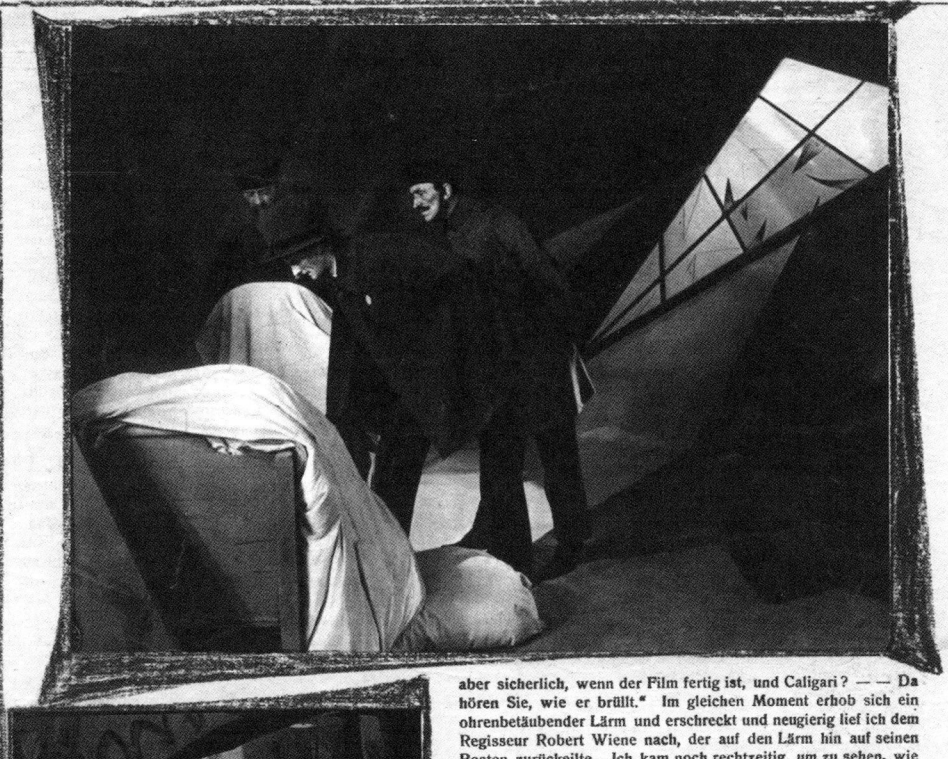

aber sicherlich, wenn der Film fertig ist, und Caligari? — — Da hören Sie, wie er brüllt." Im gleichen Moment erhob sich ein ohrenbetäubender Lärm und erschreckt und neugierig lief ich dem Regisseur Robert Wiene nach, der auf den Lärm hin auf seinen Posten zurückeilte. Ich kam noch rechtzeitig, um zu sehen, wie er zu meinem Erstaunen Werner Krauß in der vorzüglichen Maske eines Gelehrten in die Zwangsjacke stecken ließ, während Fritz Fehér mit geradezu satanischem Grinsen die Prozedur verfolgte. Er hatte aber zu früh gelacht, denn schon 5 Minuten später war ich Zeuge, wie Wiene Werner Krauß — er war der Dr. Caligari — befreien ließ, um nun Fehér selbst in dieses so gut in die heutige Zeit passende Kleidungsstück hineinzustecken. Das alles war so aufregend

und spielte sich so blitzschnell ab, daß ich in den Bann des ominösen Imperativs geriet und fühlte, hier muß man Caligari werden. In der auf diese Szene folgenden Pause machte mich Rudolf Meinert, der Leiter der Declafabrikationsabteilung mit den übrigen Mitarbeitern des Films bekannt. Conrad Veidt in der Maske eines Somnambulen (Cesare) hätte ich in der Tat nicht wiedererkannt und auch Lil Dagover machte zuerst derart weltferne Augen, daß ich sie nur an ihrem reizenden Lächeln wiedererkannte, mit dem sie mich als alten Freund begrüßte. Jetzt wußte ich mit einem Male: dies mußte der expressionistische Film sein, von dem sie mir vor Wochen bereits vorgeschwärmt hatte. Expressionistischer Film? — Wie mans

3

nehmen will, fiel der Regisseur Robert Wiene mir ins Wort und präsentiert mir gleichzeitig seine künstlerischen Mitarbeiter, die Kunstmaler Hermann Warm, Walter Reimann und Walter Röhrig, die sich alle drei zu gleicher Zeit räusperten. Ich übersetzte mir dieses Räuspern sofort richtig und bat um Entschuldigung und Aufklärung und ließ mir von jedem der Herren einen Vortrag halten über Kunst im Allgemeinen, dann Expressionismus in der Kunst überhaupt, und im Film im Besonderen. Ich wurde herumgeführt, ließ mir erklären und mich belehren, und möchte den Herren auf diesem Wege für die äußerst anregende halbe Stunde, die mich den Ernst und die künstlerische Gewissenhaftigkeit, mit der hier von allen Seiten unter Wienes Regie gearbeitet wurde, erkennen und bewundern ließen, meinen Dank abstatten.

Die Quintessenz der Ausführungen, die viele künstlerische Wahrheiten enthielten, will ich hier kurz wiedergeben.

Der „expressionistische Film" ist ein Schlagwort, eine nach Sensation haschende Phrase, meinte der Maler Reimann. Es gibt keinen expressionistischen Film, sondern der Expressionismus ist — filmtechnisch gesprochen — die rythmische Steigerung des dramatischen Gedankens im Manuskript, nicht mehr auf der bisher allgemein angewandten naturalistischen Basis, sondern auf der rein künstlerischen Empfindung aufgebaut. Und diese wieder findet notwendigerweise im Expressionismus ihren allein gültigen und allerstärksten Ausdruck.

Die rein geistige Durcharbeitung des Manuskriptes, das unbedingte Erfassen der

vom Autor gesehenen und erfühlten Situation, denen das gesprochene Wort nicht zu Hilfe kommen kann, ist es, was dem Expressionismus den Weg zum Film und wie ich hoffe, den auch allgemein zur freien Kunst ebnen wird, denn manch einer, dem „Expressionismus" bisher nichts war als ein leeres Wort, wird an diesen Bildern erkennen und ohne es zu ahnen, lernen, wie der Expressionismus der jeweiligen bildlich dargestellten Situation die gewollte Stimmung

einimpft und den Beschauer beispielsweise zwingt, einen Zwischentitel unbewußt so und mit d e r Betonung zu lesen, wie ihn der Schauspieler auf der Bühne gesprochen hätte. Diese Suggestion, die die häufige Lächerlichkeit der Titel unterbindet, muß eben aus dem Bilde herausgeschaffen werden und nicht, wie es letzthin versucht wurde, durch eine allegorische Umrahmung der Titelschrift, die das Publikum von der Handlung des Films abzieht und auch beim Nachlesen der Titel irritiert und stört.

Diese letzte Ausführung von Hermann W a r m , der schon längere Zeit bei der Decla künstlerisch tätig ist, war mir besonders interessant und fand, als ich den Film dann in der Vorführrung sehen durfte, vollauf Bestätigung. Walter R ö h r i g präzisiert disse Idee äußerst plastisch in dem Satz „Das Filmkunstwerk muß eine lebende Graphik werden". Hierauf führt auch die mitunter außerordentlich stark sichtbare Flächen-Linien und Tonauflösung der einzelnen Bilder zurück, d. i. eben die expressionistischoriginelle Form der Malerei, sie ist, wie die Herren ein-

stimmig und zu Recht betonten, keine sensationelle Absicht, sondern notwendig begründet in der Idee eines Manuskriptes. — Daß dieser Decla-Film infolge einer solchen künstlerischen Einheit eine Sensation, wenn auch im allerbesten Sinne für das Publikum darstellen wird, ist eine erfreuliche Tatsache, die ich nach den gewonnenen Eindrücken unbedenklich konstatieren darf.

Claus Groth.

Das Cabinet des Dr. Caligari.

Die Gartenmauern der Anstalt bergen ihre Geheimnisse. Es gibt Geister, die sonderbar sind und deren Wirken unbegreiflich wird. Es ist eine Welt der Bizarrerie, eine Welt der Verzerrtheit.... Ausgeburt der Phantasie. Diese Geister sagen, was s i e leben, l e b e n, was sie denken — — — denken? Ja, sie denken, diese Armen — Tanzspiele der Gedanken — — —

Die Gartenmauern der Irrenanstalt bergen ihre Geheimnisse.

Diese Menschen sehen ihre Welt, sprechen ihre Sprache, fühlen mit ihrem Empfinden, empfinden in ihrem Geiste. — I h r G e i s t ? Dieser ist das Unbegreifliche. Eine krankhafte Welt. Aber doch eine Welt. Die Welt der Tanzspiele des Geistes. Flimmern der Ideen. Kaleidoskop der Sinne. Überspannung der Nerven — — — Franzis, sein Freund Alan, Jane, der Weißbärtige, der Dr. Olfers und die anderen .... Sie leben ihre Welt. Die Welt der Tanzspiele, Kaleidoskope der Sinne. . . .

An der Gartenmauer erscheint das Wesen mit dem starren Auge. Mit den Zügen einer Madonna.... Der Geist über der Materie, der Körper ein Schemen. Und Franzis sieht auf zu einer Madonna. Seine Gottheit, seine Braut....! Der alte Gefährte des jungen Franzis sitzt regungslos.... In seinen überglänzenden Augen spielt die Verehrung wieder, die aus Franzis spricht. Ein Gott — — — Es gibt Geister, die sonderbar sind und deren Wirken unbegreiflich ist.

Der arme Grauhaarige lauscht seinem jungen Freunde, der

ihm von Alan erzählt. Von dem geheimnisvollen Kabinet, dem Jahrmarkt und dem Somnambulen. — Eine Welt der Bizarrerie. Im Wirbel der Gedanken schildert Franzis . . . . Das Heimatstädtchen Holstenwall mit den verzerrten Kirchtürmen, den Jahrmarkt, den Stadtsekretär — — und den alten Caligari — — Franzis sieht ihn, wie er im Stadthaus erscheint, die Erlaubnis einzuholen, seine Bude auf dem Jahrmarkt aufzuschlagen. Der alte kleine Caligari. Mit den dünnen Haaren, die vereinzelt über Stirn und Wangen hängen. Franzis sieht ihn, wie er schüchtern und ängstlich an den Rockschößen des Stadtsekretärs hochsieht und die Erlaubnis abwartet. . . Und Franzis erzählt, wie draußen auf dem Jahrmarkt des Alten Bude steht. Dieses Zeltdach mit dem interessanten Geheimnis. . . . Ein Somnambuler. . . . — — „Hereinspaziert! Hier ist zu sehen Cesare, das Wunder, Cesare, der Somnambule, der im Schlafen vollbringt, was er im Wachen niemals ausführen würde. — —"

„Hereinspaziert — "

Franzis hört den kreischenden Alten, wie er marktschreiend alle Welt unter das Zeltdach lockt. Er fühlt, wie Alan, angezogen von einer geheimnisvollen Macht, ihn mit sich reißt; er sieht die große Kiste, die Caligari öffnet. . . . Da steht lang, schwarz und tot Cesare, Cesare, der Somnambule, Cesare, das Wunder. . . . Alan haftet gefesselt an dem geschlossenen Auge Cesares, an dessen bleichem Gesicht — Puppenwachs. . . Die Spannung steigt. Caligari übt seine unheimliche Macht aus. Das schauderhafte Gebilde in der Kiste öffnet ruckweise seine Augen . . diese stechenden Augen . . . . weit starrt der Blick in die Leere

. . . sie machen beben, diese Augen . . . und Alan zittert an Franzis Arm Unverrückbar hängt Alans Blick an dem Erwachenden und geheimnisvoll gezogen nähert er sich dem Rätselhaften. „Stelle Deine Frage!" sagt Caligari und Alan schließt die Lider: „Wie lange werde ich noch leben?" Ängstlich hängt mein Blick an dem Somnambulen, an seinem Munde, der sich langsam öffnet. — — Ich schaudere. . . „Bis zum nächsten Morgen!" kreischt der Schlafende und Alan

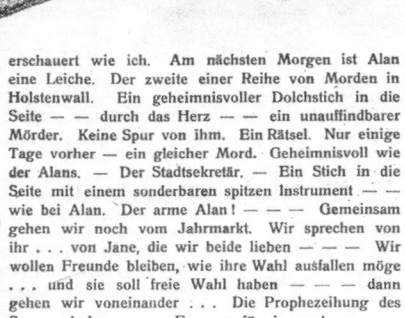

erschauert wie ich. Am nächsten Morgen ist Alan
eine Leiche. Der zweite einer Reihe von Morden in
Holstenwall. Ein geheimnisvoller Dolchstich in die
Seite — — durch das Herz — — ein unauffindbarer
Mörder. Keine Spur von ihm. Ein Rätsel. Nur einige
Tage vorher — ein gleicher Mord. Geheimnisvoll wie
der Alans. — Der Stadtsekretär. — Ein Stich in die
Seite mit einem sonderbaren spitzen Instrument — —
wie bei Alan. Der arme Alan! — — — Gemeinsam
gehen wir noch vom Jahrmarkt. Wir sprechen von
ihr . . . von Jane, die wir beide lieben — — — Wir
wollen Freunde bleiben, wie ihre Wahl ausfallen möge
. . . und sie soll freie Wahl haben — — — dann
gehen wir voneinander . . . Die Prophezeihung des
Somnambulen . . . . Es war für immer! — — —
Armer Alan! — —

Du treibst mich an, den furchtbaren Dingen nach-
zuforschen, die ringsum geschehen . . . Die Polizei
billigt mein Forschen — — —

Der Somnambule. . . . .

Der Kommissar ist mit mir hinter den Jahrmarkt-
buden . . . am Fenster des Zeltwagens. Der schwarze
Kasten ist sichtbar. Auch der alte Caligari ist da. Er
sitzt, als schliefe er; sein Auge ist halb geschlossen.
. . . Wir umschleichen den Wagen. — — —

Währenddem geschieht in Holstenwall der dritte
Mord. Ebenso rätselhaft wie die anderen . . . dasselbe spitze Instrument. . . . Ebenso spurlos . . .
Nur! Eine alte Frau sieht einen Mann laufen . . .
„Hilfe! Mörder! Haltet ihn!" Man verfolgt ihn . . .
hält ihn an — den Sanitätsrat Olfers! . . . Er leugnet
die Verbindung mit den beiden Morden . . . . Die

alte Frau, ja, die hat er töten wollen . . . wie der geheimnisvolle Mörder . . . mit dem Stich in die Seite und dem ähnlichen Mordwerkzeug . . . man weiß es, . . . um den Verdacht abzulenken — Ein Lauffeuer geht durch das Städtchen . . . bis zu Jane, Olfers Tochter, die ich liebe . . . die der Tote Alan liebte — —

Das Begräbnis! — — In dieser Nacht ein neues Rätsel . . . Jane . . . aus dem Bette verschwunden, vielleicht ermordet . . . man hörte den Angstschrei, man verfolgte . . . man fand die Arme erwürgt auf der Landstraße . . . und den Täter ohnmächtig, einige hundert Meter von ihr . . . Der Somnambule . . . Cäsare!!

Sonderbares Doppelspiel. Während sich dies ereignet, sind der Kommissar und ich am Zeltwagen Caligaris. Wir klopfen den Alten wach . . . Stundenlang stehen wir schon da . . . Er öffnet seinen Kasten . . . den er treu behütet — — Sein schlafendes Wunder, seinen Cesare — — Seltsam! — — Da liegt er, ruhig, gebrochen, leblos, mit geschlossenen Augen — — ein Wunder — — ein vollendetes Wunder —

Aber da kommt Kunde von dem neuen Mord — — jetzt, eben, und — — sonderbar! . . . Cesare ist der Täter!!! Überwiesen — — auch das Instrument ist da! — — Aber — — Cesare ist doch im Zeltwagen . . . Da! . . . in der Kiste — — oh! — — Eine Puppe!! Tote, leblose Wachsfigur! —

Die Aufregung in dem kleinen Holstenwall ist unbeschreiblich . . . . Im Wirrwarr verschwindet der alte Caligari, . . . die Spur geht zum Irrenhaus . . . .

Und Franzis erzählt, was sich in seinem Ideenkreis weiterbegibt. Tanzspiele der Phantasie.

Er forscht nach Caligari . . . Er kommt in das Narrenhaus: „Ist hier ein Dr. Caligari?“ — „Der Direktor ist heute zurückgekommen . . .“ Franzis wirbelt die Ärzte, die Wärter in Erregung . . Seiner Erzählung begegnet Kopfschütteln, seinem Wesen aufmersames Beobachten . . . Franzis will den Ärzten beweisen — — die alte Chronik — — ein Sammelwerk über Samnambulismus, herausgegeben im Jahre 1746 — — Da steht es klar . . .

DAS KABINET DES Dr. CALIGARI.

„Im Jahre 1722 zog in den kleinen Städchen Ober-Italiens ein Mystiker namens Dr. Caligari mit einem Somnambulen, genannt Cesare, auf Jahrmarktsplätzen umher und hielt monatelang Stadt um Stadt in Panik durch Morde, die stets unter den gleichen Umständen geheimnisvoll durchgeführt wurden, indem er seinem Somnambulen, den er vollständig unter seinen Willen gezwungen hatte, zur Ausführung seiner abenteuerlichen Pläne veranlaßte . . . .“

Die Ärzte suchen, blättern, entziffern . . Der Dr. Caligari ist der Direktor der Anstalt! — Der arme Franzis einer von den vielen Armen, die sonderbar sind, Geister, die sagen, was sie leben, leben, was sie denken. . . . Ausgeburt der Phantasie . . . . . Tanzspiele der Gedanken . . . . ihre Welt . . . eine Welt der Verzerrtheit, Kaleidoskop der Sinne . . . krankhaft . . . Zickzack . . . verrückt . . .

Franzis erzählt seinem Gefährten das Wahngebilde seines kranken Geistes, an das er glaubt, für das er lebt . . . Das Kabinet des Dr. Caligari. — — —

Die Gartenmauern der Irrenanstalt bergen ihre Geheimnisse.

Abonnenten der Tageszeitung (Bezugspreis monattich 4,50 Mk.) erhalten den wöchentlich erscheinenden Illustrierten Film-Kurier gratis
Verantwortlich für Inserate: Kurt Tramnitz, Berlin.
Verlag Film-Kurier Berlin W, Leipziger Straße 59. Fernsprecher: Amt Zentrum Nr. 762 und 10647.
Tiefdruck Rotophot A.-G. Berlin.

ANHANG 2:
DATEN UND VERZEICHNISSE

Einzelbild: Franzis und die Ärzte im Irrenhaus (links: Henri Peters-Arnolds, unten: Friedrich Fehér)

Anmerkungen

Wenn nicht anders angegeben, erfolgte Zugriff auf die Weblinks am 24.3.2012. Abkürzungen sind im Abkürzungsverzeichnis entschlüsselt, siehe S. 410–412.

1   Hanisch 1991, S. 387.
2   Kaul 1970, Budd 1990.
3   Gandert 1978, 1995; Sudendorf 1994. Das Drehbuch befindet sich im Besitz der SDK, eine Textfassung wurde veröffentlicht in Belach/Bock 1995, S. 46–111.
4   Kracauer 1947.
5   Regel 1984, Thüna 1984, Roß 1985; die Farbrestaurierung des BFArch wurde uraufgeführt 1984, erschien auf Video zuerst 1990 in Frankreich (Films Sans Frontières, 1999 auch DVD), 1996 in Deutschland (BMG Video, in der ersten Auflage wurde noch eine s/w-Version vertrieben; dann, bei fast identischer Aufmachung der Videohülle, die neue Farbversion), auf DVD 2002 in den USA (Kino Video), 2003 in Spanien (Divisa Home Video). Die auf anderem Material basierende Farbrestaurierung des FMM entstand ebenfalls 1984. 1994 wurde im Rahmen des »Project Lumière« von der CRB in Zusammenarbeit mit dem FMM und der CCB eine weitere Farbrestaurierung angefertigt und auf dem Il Cinema Ritrovato, Bologna vorgestellt (vollendet 1996); eine Veröffentlichung dieser Version auf DVD ist bereits vor längerer Zeit angekündigt worden (vgl. Hoffmann 2005), aber bisher nicht erfolgt. Einen Überblick über die Restaurierungsprojekte bringt Goergen 2001, S. 70–76.
6   Quaresima 1991.
7   Nau 1977; der Ausdruck »Deutschlands berühmtester Film« stammt aus der CALIGARI-Werbung des Atlas-Verleihs im Jahr 1964, vgl. Plakate und Trailer von Karl Oskar Blase in Müller/Weiland 2007, S. 129–131.
8   Hempel 1968, Hardt 1996, Jacobsen 1989, Kasten 1994, Jung/Schatzberg 1995, Reichmann 1997, Omasta/Mayr/Cargnelli 2003.
9   Zit. nach Eisner 1952, S. 19.
10 Kurtz 1926, S. 62.
11 Rotha 1930, S. 93f.
12 Elsaesser 1986, S. 246.
13 Allen/Gomery 1985, S. 26ff.
14 Elsaesser 1986, S. 249.
15 Ebd., S. 248.
16 Ebd., S. 249.
17 Gunning 1990a.
18 Über die Brüder Skladanowsky: Castan 1995.
19 Zur Entwicklung der frühen Kinematographie: Müller 1994, Garncarz 2010.
20 Gunning 1990.
21 Pinthus 1914, 1920.
22 Pinthus 1913.
23 Schweinitz 1992, S. 223f.
24 Zeller 1976, Kaes 1978, Güttinger 1984, Schweinitz 1992. Zum Beginn deutscher Filmkritik und -theorie: Diederichs 1986, 1996.
25 Pinthus 1913.
26 Pinthus 1914, Vorwort zur Neuausgabe 1963, S. 11f.

27 Ebd., S. 13.

28 Ebd., S. 17.

29 Schweinitz 1992, S. 224; Kasten 1990, S. 29–36.

30 Wie komme ich zum Film? In: FK, Nr. 11, 14.6.1919, S. 1.

31 Gehälter. In: TB, Nr. 3, 24.1.1920, S. 33.

32 Martin Feuchtwanger: Vorschläge für Pola Negri. In: TB, Nr. 51, 31.12.1920, S. 1639–1641.

33 B.E. Lüthge: Asta Nielsen in »Rausch«. In: FK, Nr. 31, 11.7.1919, S. 1.

34 Ernst Lubitsch: Asta und ich [Ernst Lubitsch' Ansichten über Filmregie]. In: FK, Nr. 32, 12.7.1919, S. 1.

35 Arzen von Cserepy: Starfilm-Ensemblefilm [Amerikanismus und Filmregie]. In: FK, Nr. 36, 17.7.1919, S. 1; Richard Oswald: Regisseure und Schauspieler [Die Technik des Regisseurs]. In: FK, Nr. 42, 25.7.1919, S. 1; E.A. Dupont: Warum? [Die Abwege der Filmregie]. In: FK, Nr. 45, 29.7.1919, S. 1; Joe May: Der große deutsche Film [Der Filmregisseur als Organisator]. In: FK, Nr. 57, 12.8.1919, S. 1; Urban Gad: Mittel und Ziele des Films [Der Senior der Filmregie]. In: FK, Nr. 67, 23.8.1919, S. 1f.

36 Star-System oder Ensemble-Film? In: LBB, Nr. 24, 14.6.1919, S. 14f.

37 Zur Zensur: Barbian 1993, Petersen 1995, Keitz 1999; zum Sexualfilm: Hagener 2000.

38 Karl Brunner: Der Wahrheit die Ehre! In: Die Hochwacht (Heidenau-Nord), Nr. 11/12 1919, S. 273–275.

39 Clara Zetkin: Gegen das Kinounwesen. In: Der Sozialdemokrat (Stuttgart), Nr. 273, 11.12.1919, S. 6, zit. nach Schweinitz 1992, S. 62.

40 Rudolf Kurtz: Der Reform-Film. In: WB, Nr. 15, 30.1.1919, S. 117–119.

41 Kurtz 1926.

42 Eugen Illés: Wann kann der Film dem Theater gefährlich werden? In: FK, Nr. 2, 2.6.1919, S. 1.

43 Carl Hauptmann: Film und Theater. In: DNS, Nr. 6, 1.6.1919, S. 165–172. Nachdruck unter anderem in: Kaes 1978, S. 123–130, Güttinger 1984, S. 369–375.

44 Quaresima 2007.

45 Victor Blüthgen: Die Kinokunst [Der Autorenfilm und seine Bewertung]. In: Kin, Nr. 326, 26.3.1913. Siehe auch: Max Schönfeld: Bühnendrama und Kinodrama. In: Kin, Nr. 336, 4.6.1913.

46 August Hermann Zeiz: Lichtspielkunst und Malerei. In: EIFZ, Nr. 27, 5.7.1913, S. 30–32.

47 Gustav Taudien: Maler heraus! In: Kin, Nr. 348, 27.8.1913.

48 Quaresima 2007, S. 17.

49 J.W.: Wer soll das Kinodrama schreiben? Eine Erwiderung. In: LBB, Nr. 36, 6.9.1913, S. 23, 26, 39; Gustav Taudien: Nochmals: Maler heraus! In: Kin, Nr. 353, 1.10.1913; J.W.: Eine Erwiderung. Offener Brief an Herrn Taudien. In: LBB, Nr. 42, 18.10.1913, S. 40, 45. Diesem Text war eine Anmerkung der Redaktion der LBB vorangestellt, die die Debatte damit für beendet erklärte.

50 J.W.: Der Student von Prag. In: LBB, Nr. 35, 30.8.1913, S. 23, 24, 29.

51 LBB, Nr. 38, 20.9.1913, S. 42.

52 Max Mack: Das Motiv. Fachwissenschaftliche Hinweise. In: LBB, Nr. 6, 7.2.1914, S. 11f.

53 Diese Formulierung taucht in zwei zeitgenössischen Kritiken auf: DP, 27.2.1920 und WB, Nr. 11, 11.3.1920, S. 347f (Kurt Tucholskys CALIGARI-Kritik); vgl. Kritiken im Anhang, S. 307–324.

54 Zum Expressionismus in der Malerei: Behr/Fanning/Jarman 1993, Long 1993, Kolberg 1996. Zum Expressionismus in der Literatur: Anz 2002. Interdisziplinärer Überblick: Beil/Dillmann 2010.

55 Mix 2000, S. 437–576.

56 Kracauer 1947, S. 76.

57 Camill Hoffmann: Theater in Dresden. In: DjD, Nr. 6/ 1918, S. 204–206. Zum expressionistischen Theater: Viviani 1970. Auf die Bedeutung des Theaters als Vorbild des expressionistischen Films hat schon Lotte Eisner hingewiesen: Eisner 1952.

58 Zu Ernst Stern: Hans-Michael Bock: Ernst Stern. In: CG, Lg. 43, 2006. Ein vor allem als Maler bekannter expressionistischer Künstler, der gelegentlich für Filmarbeiten engagiert wurde, war Ludwig Meidner, vgl.: Reinhard Kleber/ Angelika Schmid: Ludwig Meidner und der Film. Eine Spurensuche. In: Breuer/ Wagemann 1991, Bd. I, S. 118–127, 201–203. Zu Ernst Deutsch: Jürgen Kasten: Ernst Deutsch – Ekstase eines Flagelanten. In:

Hickethier 1986, S. 127–142 & 260f. Zu VON MORGENS BIS MITTERNACHTS siehe hier S. 268–271.

59 Kracauer 1947, S. 82; Eisner 1952, S. 47f.

60 Siehe z.B. Ida Katherine Rigby: The War Experience. In: Long 1993, S. 161–172.

61 Zum Verhältnis Erster Weltkrieg und Film: Paris 1999, Rother/Herbst-Meßlinger 2009, Stiasny 2009.

62 Kaes 2009, siehe auch S. 297f.

63 Henri Barbusse: Le Feu. Journal d'une escouade. Paris: Flammarion 1916. *Deutsch:* Das Feuer. Tagebuch einer Korporalschaft. Zürich: Rascher 1918.

64 Aufführung am 10.2.2008 im CinemaxX, Berlin; DVD: NERVEN. Edition Filmmuseum 2008.

65 DVD: J'ACCUSE. Flicker Alley 2008 (US).

66 Brownlow 1968, S. 531–537; siehe auch ders.: The Waste of War. Abel Gance's J'ACCUSE. In: Beiheft zur DVD, Flicker Alley 2008, S. 1–13.

67 Brownlow 1968, S. 534.

68 Kramer/Welsh 1978, S. 61.

69 Expressionismus im Film. In: EIFZ, Nr. 2, 10.1.1920, S. 27.

70 Kin, Nr. 638, 26.3.1919.

71 Wbg. [Hans Wollenberg] in: LBB, Nr. 4, 24.1.1920, S. 25.

72 Stefan Drößler: Rekonstruktion eines vergessenen Filmklassikers. In: Beiheft zur DVD, Edition Filmmuseum 2008, S. 2–7.

73 Stiasny 2009, S. 191.

74 Bordwell 2008, S. 269.

75 Heinz Schmid-Dimsch in: DF, Nr. 52, 28.12.1919, S. 35f.

76 P–l. [Fritz Podehl] in: DF, Nr. 4, 25.1.1920, S. 47. Weitere Kritiken zu NERVEN: Kin, Nr. 677, 31.12.1919, S. 46; zur DVD-Veröffentlichung: Jens Hinrichsen, in: fd, Nr. 20, 25.9.2008, S. 38f.

77 Leyda 1960, S. 81f. Über Meyerhold und Dorian Gray: Leyda 1960, S. 81f, 420f; Braun 1969, S. 303f, inkl. englischer Übersetzung Meyerholds Aufsatz über DORIANA GREYA, zuerst veröffentlicht in Izistorii kino (Moskau), Nr. 6, S. 18–24; Braun 1979, S. 131–133, 278; Hoover 1974, S. 241–244, 286, 324.

78 Eisner/Friedrich 1958, S. 269.

79 Siehe S. 153–157.

80 NKW, Nr. 12, Dezember 1919, S. 6, zit. nach Fritz 1969, S. 89.

81 Fritz 1969, S. 89f.

82 Fritz 1981, S. 114.

83 Kin, Nr. 677, 31.12.1919, S. 46.

84 Gertrud David: Der expressionistische Film. In: Kin, Nr. 658, 13.8.1919.

85 Die in diesem Kapitel angegebenen Einstellungsnummern und Daten zu Einstellungen (etwa Einstellungslängen und -größen) beziehen sich auf das Einstellungsprotokoll im Anhang S. 367–394.

86 Bordwell 2008, S. 263–280, 461f. Ein kürzerer, aber neuerer Text von Bordwell zu NERVEN, basierend auf der rekonstruierten Fassung, findet sich im Beiheft zur DVD-Veröffentlichung des Films, Edition Filmmuseum 2008.

87 Burch 1990, S. 183.

88 Ebd., S. 184.

89 Behr/Fanning/Jarman 1993, S. 1.

90 Noël Burch, zit. nach Salt 1983, S. 36.

91 Salt 1983.

92 Zum »Amerikanismus« siehe z.B. Arzen von Cserepy: Starfilm – Ensemblefilm [Amerikanismus und Filmregie]. In: FK, Nr. 36, 17.7.1919, S. 1.

93 Angaben nach Einstellungsprotokoll im Anhang.

94 Ich habe die Skalierung der Zeichnungen so gewählt, dass sie vergleichbar sind mit den Diagrammen in Salt 1983, S. 173–175, 244–249. Beim Vergleich der Einstellungslängen von Stummfilmen ist das Problem der Vorführgeschwindigkeiten zu beachten, die während der Stummfilmzeit, in unterschiedlichen Ländern, in einzelnen Filmen und manchmal sogar innerhalb von Filmen variierten. Salt hat seine Längenangaben so gewählt, dass die Bewegung der Figuren im Film »natürlich« erscheint, der hier analysierten CALIGARI-Fassung liegt eine Vorführgeschwindigkeit von 18 Bildern/Sekunde zugrunde; grundsätzlicher Aufsatz zum Thema: Sudendorf 1985, vielen Dank an Johannes Roschlau, der mich auf diesen Text aufmerksam gemacht hat.

95 Vgl. Belach/Bock 1995, S. 69.

96 Zeitgenössische Publikationen dieses Standbildes in: F&B, Nr. 21, Februar 1920, S. 4; IFK, Nr. 6/ 1920, S. 4, siehe hier S. 328.

97 Siehe http://www.dieseher.de und ähnliche Websites. Auch die IMDb hat inzwischen eine »goofs«-Rubrik für jeden Film eingerichtet, z.B. http://imdb.to/cnfUg6.

98 Salt 1983, S. 210f; zur Schuss-Gegen-
    schuss-Konstruktion in den Jahren
    1914–1919 siehe dort S. 163f.
99 Ebd., S. 103–106.
100 Ebd., S. 65–67, 111–113, 167–169;
    Turim 1989.
101 Griffith schrieb sich diese Erfindung selbst
    zu in einer Anzeige des *The New York
    Dramatic Mirror* vom 3.12.1911. Er ver-
    wendete für Parallelmontage den Aus-
    druck »switchback«, was zu terminologi-
    scher Verwirrung führte: Wenn Griffith
    die Erfindung des »flashback« zugeschrie-
    ben wird, ist damit eigentlich Parallel-
    montage gemeint, nicht Rückblende, siehe
    Turim 1989, S. 21.
102 Salt 1983, S. 67, 111, 169; Thompson/
    Bordwell 1994, S. 41f.
103 Salt 1983, S. 154f.
104 Vgl. Regel 1984, Goergen 2001.
105 Vergleich mit den Erzähltiteln des
    Drehbuchs siehe S. 99–101.
106 Siehe S. 3, 71, 236.
107 Regel 1984, S. 17.
108 Salt 1983, S. 160; siehe dort auch S. 67,
    120f.
109 FK, Nr. 185, 21.8.1920, auch veröffent-
    licht in DF, Nr. 36, 4.9.1920, S. 44f.
110 Salt 1983, S. 161.
111 Regel 1984, S. 16.
112 Roß 1985; bereits 1971 hatten Roger
    Manvell und Heinrich Fraenkel in ihrem
    Buch über den deutschen Film beschrieben,
    dass der Caligari-Film ursprünglich blau
    und gelbbraun eingefärbt war, Manvell/
    Fraenkel 1971, S. 17f; Siegfried Kracauer
    hatte in seiner 1960 in Englisch und 1964
    in Deutsch erschienenen *Theory of Film*
    einen kleinen Absatz über das Färben von
    Filmen als künstlerisches Mittel geschrie-
    ben, Kracauer 1960, S. 189f; und auch
    zeitgenössische Texte zur Einfärbung von
    Stummfilmen lassen sich gelegentlich fin-
    den, z.B. in: LBB, Nr. 27, 8.7.1916, S. 20;
    LBB, Nr. 29, 22.7.1916, S. 26, 28.
113 Vgl. Regel 1984, S. 16f; dort einmal
    Druckfehler: »blaugelb« statt »braungelb«.
114 Hesse 2003, S. 182.
115 Siehe hier S. 115–135.
116 Pommer 1947, S. 78; erstes Auftauchen
    der Legende: Winsten 1940; Varianten:
    Luft 1954; Kaul 1970, S. 22.
117 Salt 1983, S. 139–145, 181–183.
118 Thompson 1990, S. 134f.
119 Salt 1983, S. 146–148.
120 Janowitz 1940, S. 50.
121 Kracauer 1947, S. 76.
122 Siehe S. 39f.
123 Janowitz 1940, S. 38.
124 Prawer 1995, S. 11.
125 Ebd., S. 16.
126 Kracauer 1947, Eisner 1952, Prawer
    1980, 1995; Beispiele für Uraufführungs-
    Kritiken: Abd, 27.2.1920; B.Z., 27.2.1920;
    VZ, 29.2.1920; DNS, Nr. 5, Mai 1920,
    S. 136–137; Kin, Nr. 696, 16.5.1920; vgl.
    Anhang, S. 307–324.
127 Jörg 1994, Eisner 1952.
128 Todorov 1970, S. 75.
129 Belach/Bock 1995, S. 59.
130 Zu Opium: DF, Nr. 2, 11.1.1919, S. 40;
    LBB, Nr. 5, 1.2.1919, S. 38; DF, Nr. 7,
    15.2.1919, S. 183f; zu Nerven: Kin, Nr.
    677, 31.12.1919; zu Malaria: FK, Nr.
    92, 21.9.1919, S. 1; Kin, Nr. 664,
    24.9.1919; zu Der Teufel und die
    Madonna: Kin, Nr. 677, 31.12.1919; zu
    Der Mandarin: LBB, Nr. 19, 10.5.1919,
    S. 31f (Uraufführungsdaten zu diesem
    Film sind nicht nachgewiesen); zu Die
    Schreckensnacht im Irrenhaus Ivoy:
    DF, Nr. 4, 25.1.1920, S. 30; zu
    Wahnsinn: EIFZ, Nr. 40, 11.10.1919, S.
    50f; DF, Nr. 42, 19.10.1919, S. 46 & 54.
131 FK, Nr. 116, 19.10.1919, S. 1.
132 Bär 2005; ältere Beiträge zum Thema:
    Krauss 1930, Dettmering 1984, Kittler
    1985.
133 Freud 1919.
134 Nusser 1980, S. 92.
135 Buchloh/Becker 1973, S. 69.
136 Hesse 2003, S. 182.
137 Belach/Bock 1995, S. 95–97.
138 Prawer 1980.
139 Seeßlen/Weil 1980, S. 9.
140 Ebd., S. 24; vgl. Seeßlen/Jung 2006, S. 46.
141 Todorov 1970.
142 Ebd., S. 40.
143 Ebd., S. 43.
144 Ebd., S. 31.
145 Seeßlen 1980, S. 30 (Neuausgabe 1995,
    S. 22). Eine erneute erweiterte Neuauflage
    unter dem Titel *Filmwissen: Thriller* ist für
    Ende 2012 geplant. Darin wird laut Ver-
    lagsankündigung nun Caligari explizit als

früher Thriller behandelt, http://bit.ly/
GAKzV2.
146 Elsaesser 1986, S. 249.
147 Kaul 1970, S. 23.
148 Ebd., S. 15.
149 Ebd., S. 11f.
150 St, Nr. 3, 22.1.1956, S. 19.
151 Riess 1956, Bd. I, S. 116.
152 Kracauer 1947, S. 21.
153 Gunning 1990; siehe auch S. 24.
154 Siehe S. 289–293.
155 Weinberg 1946, S. 5; Bogdanovich 1967,
   S. 121; Kaul 1970, S. 23; Thompson
   1990, S. 129; Grant 2003, S. 58 & 177.
156 Siehe S. 218–220.
157 Ufa-Akten im BArch, R 109 I/5175.
158 Zur Gedächtnisforschung: John Kotre:
   Weiße Handschuhe. Wie das Gedächtnis
   Lebensgeschichten schreibt. München:
   Hanser 1996; Elizabeth F. Loftus: Falsche
   Erinnerungen. In: Spektrum der Wissenschaft, Januar 1998, S. 62–67; Daniel L.
   Schacter: The Seven Sins of Memory.
   How the Mind Forgets and Remembers.
   Houghton Mifflin, Co.; Boston, MA 2001.
159 Janowitz 1940.
160 Dagover 1979, S. 8.
161 Rotha 1938, S. 205.
162 Luft 1954, S. 378.
163 Rotha 1980, S. 2.
164 Janowitz 1940.
165 Ich verwende hier als erste Quelle, die
   vermutlich auf eine Aussage von Lang
   zurückgeht Weinberg 1946, S. 5. Direkte
   Äußerungen von Lang finden sich erst viel
   später, vgl. Anm. 155.
166 Pommer 1947.
167 Warm 1954.
168 Ich verwende hier als erste Quelle, die
   vermutlich auf eine Aussage von Krauß
   zurückgeht Goetz 1954, S. 133f. Krauß
   hat seine Version kurz darauf noch einmal
   selbst geschildert in Krauß 1958, S. 78f.
169 Aus einem Interview, das der Soziologe
   George A. Huaco 1962 mit Erich Pommer
   führte; später veröffentlicht in Huaco 1965.
170 Borgelt 1969.
171 Dagover 1979, S. 75–99.
172 Janowitz 1940, S. 1.
173 Ebd., S. 32.
174 Warm 1970, S. 16.
175 Huaco 1965, S. 34.

176 Borgelt 1969; zu Pommer und Becce siehe
   auch S. 245f.
177 Krauß 1958, S. 78.
178 Jaeger 1954, 16. Fortsetzung vom
   1.3.1954.
179 Janowitz 1940, S. 32f.
180 Ebd., S. 61–76 (Chapter 7: The Story of
   Holstenwall); in der Teilveröffentlichung
   von Janowitz' Skript in Budd 1990,
   S. 221–239 sind nur vier Kapitel abgedruckt, in denen die Holstenwall-Geschichte nicht enthalten ist.
181 Kracauer 1947, S. 67.
182 Janowitz 1940, S. 64.
183 Ebd., S. 65.
184 Ebd., S. 68.
185 Ebd., S. 7.
186 Ebd., S. 63.
187 Janowitz 1952, S. 8f.
188 Brakhage 1977, S. 217f.
189 Riess 1956, Bd. I, S. 111f.
190 Janowitz 1913.
191 Janowitz 1940, S. 66.
192 Ebd., S. 67.
193 Jung/Schatzberg 1995a, S. 114f.
194 Janowitz 1940, S. 62.
195 Ebd., S. 10.
196 Janowitz 1952a.
197 NHZ, 3.11.1913.
198 Zu Janowitz vgl. Brill 2003 und S. 142f.
199 In Janowitz 1952a gibt er Gertruds Alter
   mit 14 an.
200 HE, 4.11.1913.
201 NHZ, 5.11.1913.
202 HN, 3.11.1913.
203 NHZ, 4.11.1913.
204 *Fünf Jahre*: NHZ, 3.11.1913; *neun Jahre*:
   HE, 4.11.1913.
205 HE, 4.11.1913.
206 HN, 3.11.1913.
207 NHZ, 4.11.1913.
208 HN, 4.11.1913.
209 NHZ, 5.11.1913; HN, 5.11.1913.
210 NHZ, 5.11.1913.
211 HN, 4.11.1913.
212 Ebd., 3.11.1913 und 4.11.1913.
213 HE, 4.11.1913.
214 Ebd., 5.11.1913.
215 NHZ, 3.11.1913.
216 HN, 4.11.1913; NHZ, 4.11.1913.
217 NHZ, 4.11.1913.
218 HN, 5.11.1913.
219 Ebd., 6.11.1913; NHZ, 6.11.1913.

220 NHZ, 6.11.1913.
221 HE, 7.11.1913.
222 Janowitz 1952a.
223 NHZ, 10.11.1913.
224 Janowitz 1940, S. 7.
225 Ebd., S. 62.
226 Janowitz 1952/53, S. 2; Janowitz 1952a.
227 Zu Langer vgl. Brill/Schultke 1996, 2003 und hier S. 145–158.
228 Popper 1935.
229 Kracauer 1947.
230 Zur Spanischen Grippe: Vasold 2009.
231 Kracauer 1947, S. 49.
232 Klingaman 1987.
233 Daten und Hintergründe: Kaes/Jay/ Dimendberg 1994; Pollmann 1988.
234 Siehe hier S. 27f.
235 Siehe hier S. 161f.
236 Hempel 1968, Kasten 1994, Omasta/Mayr/ Cargnelli 2003; weitere Quellen zu Carl Mayer: Janowitz 1940, 1952a, 1952/53; Rotha 1947, 1980; Luft 1954, 1968, 1972; Verdone 1969; Spiess 1979; Frankfurter 1997; Brill 2009.
237 Janowitz 1940, S. 15.
238 Ebd. & Hempel 1968, S. 19.
239 Janowitz 1940, S. 15; Kasten 1994, S. 15.
240 Hempel 1968, S. 13–16.
241 Hans Feld: Carl Mayer – der erste Filmdichter. In: Kaul 1970, S. 25f.
242 Rotha 1980, S. 1; ähnlich im Brief Rothas an Kracauer vom 3.9.1944, zit. in Kracauer 1947, S. 269f.
243 Hempel 1968, S. 22; vgl. hier S. 161.
244 Hempel 1968, S. 17–19; Meldeunterlagen der Stadt Wien, WSL.
245 Mayr 2003, S. 16f.
246 Meldeunterlagen der Stadt Wien, WSL; Schreibfehler bei Hempel 1968, S. 19: Mayer sei zu dieser Zeit als Schauspieleleve auch in Berlin gewesen – gemeint ist Wien.
247 Janowitz 1940, S. 15f.
248 Hempel 1968, S. 19–21.
249 Mayr 2003, S. 17f.
250 Zum Residenztheater: Weddingen 1904, Deutsches Bühnen-Jahrbuch 1917–1919, Berliner Adreßbuch 1919, Erster Band. Berlin: Scherl, S. 22.
251 Siehe hier S. 161.
252 Siehe hier S. 148.
253 Kasten 1990a, S. 81; vgl. hier S. 255f.
254 Zit. nach Kaul 1970, S. 79.
255 Walter Kaul: Gedenkbogen für den zweiten Mann. In: Ders. 1970, S. 27f.
256 Janowitz 1940, S. 19–29.
257 Sudhoff 1992; Sudhoff/Schardt 1992; Janowitz 1924, Nachdruck 1994 in der Reihe »Vergessene Autoren der Moderne« mit einer Nachbemerkung von Dieter Sudhoff, S. 57f.
258 Jacobsen/Klapdor 1995, S. 20–42; Janowitz 1927, Neuausgabe 1999 mit einem Nachwort von Rolf Rieß, S. 124–134.
259 Schartner 2003; zu Hans Janowitz siehe auch Brill 2003.
260 Serke 1987, S. 406; Sudhoff 1992, S. 270f.
261 Brod 1960, S. 27.
262 Sudhoff 1992, S. 271f.
263 Janowitz 1940, S. 21; Serke 1987, S. 409.
264 Raabe 1972, S. 1081f.
265 Janowitz 1913; Bibliografien zu Janowitz befinden sich in: Raabe 1972, S. 1081f; Jacobsen/Klapdor 1995, S. 29–34; Brill 2003, S. B5–B7.
266 Serke 1987, S. 408; Schartner 2003, S. 47.
267 Janowitz 1940, S. 21f.
268 Ebd., S. 22f.
269 Brod 1960, S. 112–116.
270 Zit. nach Brod 1960, S. 114.
271 Sudhoff 1992, S. 255.
272 Janowitz 1940, S. 37: »my work for the newspapers«.
273 Janowitz 1952/53, S. 2.
274 Siehe S. 39; zu Ernst Deutsch: Jürgen Kasten: Ernst Deutsch – Ekstase eines Flagelanten. In: Hickethier 1986, S. 127–142 & 260f.
275 Janowitz 1940, S. 12; Janowitz 1952/53, S. 1f; Brigitte Mayr mutmaßt, Mayer und Janowitz könnten sich schon 1913/14 in Innsbruck kennen gelernt haben, Mayr 2003, S. 20.
276 Janowitz 1952/53, S. 2.
277 Luft 1954, 1972; Hempel 1968; Brill/Schultke 1996, 2003; Mayr 2003; Brill 2010, 2010a.
278 Janowitz 1940, »The Story of Jane«, S. 41–46.
279 Ebd., S. 13.
280 Luft 1972, S. 514.
281 Hempel 1968, S. 23.
282 Laut Janowitz 1940, S. 12, war 1918, als Janowitz und Langer sich in Berlin kennen lernten, ihr Verlobter, ein Offizier des Garderegiments, kurz zuvor im Krieg ge-

fallen. 1920, kurz vor ihrem Tod, verlobte sie sich überraschend mit dem Regisseur Paul Czinner, den sie kurz zuvor kennen gelernt hatte, siehe S. 153f.

283 Luft 1972, S. 514.

284 Edgar Allan Poe: The Philosophy of Composition, in: Graham's Magazine, April 1846; Elisabeth Bronfen: Over her dead Body. Death, feminity and the aesthetic. New York, London: Routledge 1992. Deutsch: Nur uber ihre Leiche. Tod, Weiblichkeit und Ästhetik. München: Kunstmann 1994.

285 Janowitz 1940, S. 56f.

286 Laut Meldeunterlagen der Stadt Wien, WSL, Brief an mich vom 5.6.2002.

287 Janowitz 1940, S. 42–44.

288 Ebd., S. 12.

289 Meldeunterlagen der Stadt Wien, WSL. Langer, die als Beruf Schauspielerin angab, hielt sich zw. Juli 1914 und August 1915 in Wien auf, Mayer zw. August 1911 und Oktober 1913 sowie im Oktober 1918. Langer war gemeldet: 16.7.–11.8.1914, Wien III, Fasangasse 2, Tür 13; dann abgemeldet nach Baden bei Wien, Witzmanngasse 6; 9.11.1914–4.5.1915, Wien VI, Linke Wienzeile 56, Tür 18; 7.5.– 18.8.1915, Wien IX, Porzelangasse 45, Tür 30, dann abgemeldet unbekannten Ortes. Auffällig ist, dass Langer einmal in der gleichen Straße wohnte, in der auch Mayer zuvor gemeldet war, Mayer: 19.– 24.8.1911, Wien III, Fasangasse 49, Tür 18, vgl. Postkarte Mayers an seinen Bruder Paul, Poststempel 21.8.1911, zit. in Hempel 1968, S. 17 (Text) & 18 (Faksimile).

290 Margarete Mayer, zit. nach Hempel 1968, S. 23.

291 Deutsches Bühnen-Jahrbuch 1918 (für das Jahr 1917), S. 304f.

292 Eintrag auf der Totenregisterkarte, Südwestkirchhof Stahnsdorf.

293 Ludwig Wolff: Was ich im Film nicht mehr sehen möchte. In: TB, Nr. 35, 11.9.1920, S. 1150–1152.

294 Max Prels: Filmbörse. In: TB 1, Nr. 35, 11.9.1920, S. 1147–1149.

295 LBB, Nr. 22, 2.6.1917, S. 47; Nr. 23, 9.6.1917, S. 66; Nr. 25, 23.6.1917, S. 42; Nr. 28, 14.7.1917, S. 31; Nr. 29, 21.7.1917, S. 21; DF, Nr. 29, 21.7.1917, S. 45.

296 Kasten 1990a, S. 66f; Kasten 1994, S. 22.

297 Robert Grötzsch: Dyckerpotts Erben. Komödie in drei Akten. Berlin, München: Drei Masken Verlag 1917. Angaben zur Aufführung im Residenztheater: Regie: Rudolf Blümner. Darsteller: Harry Liedtke (Richard Grunert), Rosa Valetti (Karoline Kynast), Julius Falkenstein (Emil Gericke), Fanny Ritter (Ottilie Gericke, Emils Frau), Gilda Langer (Else Gericke, ihre Tochter), Fritz Beckmann (Franz Wuttke, Diener), außerdem Gustav Roos, Kurt Brenkendorf, Rudolf Blümner und andere. Laufzeit laut BBC vom 20.9.–17.10.1917, zusätzliche Aufführungen 10.11., 13.11., 15.–17.11., 28.11., 11.12., 13.12.1917.

298 E. F. [Emil Faktor] in: BBC, Nr. 444, 22.9.1917, S. 5.

299 St. Gr. [Stefan Großmann] in: VZ, Nr. 484, 22.9.1917, S. 2.

300 W–r in: WaM, Nr. 39, 24.9.1917, S. 3.

301 Anzeigen in: HE, Nr. 4, 5.1.1918 bis Nr. 35, 10.2.1918.

302 Schöning 1997.

303 Conrad Veidt: Mein erster Film – Was Stars verraten. In: 25 Jahre Kinematograph (Jubiläumsausgabe) Dez. 1931/Jan. 1932. Veidt gibt an, dass DAS RÄTSEL VON BANGALOR sein erster Film gewesen sei, tatsächlich hatte er zuvor schon in vier anderen Filmen gespielt.

304 Siehe Brill 2010a. Das Fragment wurde von der Haghefilm Foundation und Haghefilm Conservation in Amsterdam für die SDK restauriert und uraufgeführt am 1.7.2011 auf dem Il Cinema Ritrovato, Bologna. Die deutsche öffentliche Uraufführung fand statt während eines Vortrags von Uli Rüdel bei den Bonner Stummfilmtagen am 14.8.2011. Vielen Dank an Oliver Hanley.

305 LBB, Nr. 4, 26.1.1918, S. 76.

306 Anzeigen der Union: DF, Nr. 52, 29.12.1917; Nr. 5, 2.2.1918, S. 71; LBB, Nr. 5, 2.2.1918; Nr. 6, 9.2.1918; Nr. 8, 23.2.1918; Nr. 13, 30.3.1918, S. 44; Nr. 23, 8.6.1918, S. 26; Nr. 36, 7.9.1918, S. 18; ein Starfoto von Langer platzierte die Union in Otten 1918, zw. den S. 36 und 37.

307 Besprechung von Egon Jacobsohn in Kin, Nr. 616, 23.10.1918.

308 Anzeige in DF, Nr. 52, 28.12.1918.

309 LBB, Nr. 31, 3.8.1918, S. 38.

310 DF, Nr. 16, 19.4.1919». S. 32; LBB, Nr. 16, 19.4.1919, S. 39; FW, Nr. 20, 17.5.1919, S. 25.

311 Lamprecht 1967–70 folgend nennen einige Filmografien Langer als Darstellerin in Langs erster Regiearbeit HALBBLUT (Uraufführung 3.4.1919). In den Anzeigen und Besprechungen zu HALBBLUT taucht Langer jedoch nicht auf. Der Film ist verschollen. In manchen Lang-Filmografien, z.B. Eisner 1976, S. 407, taucht Langer auch neben Werner Krauß und Carl de Vogt als Hauptdarstellerin eines Films namens *Die Frau mit den Orchideen* auf, nach einem Drehbuch von Fritz Lang und unter der Regie von Otto Rippert. Wahrscheinlich war dies der Arbeitstitel eines Films, der schließlich als erster Film der Helios-Film-Gesellschaft unter dem Titel TOTENTANZ realisiert wurde (Uraufführung 19.6.1919), allerdings ohne Langer und de Vogt, sondern stattdessen Sascha Gura und Josef Roemer; vgl. Fritz 1981, S. 108, Sturm 2001, S. 88.

312 LBB, Nr. 19, 10.5.1919, S. 35f.

313 K.: Gilda Langer. In: IFW, Nr. 31, 2.8.1919, S. 303.

314 Mehrseitige ausklappbare Anzeige in DF, Nr. 25, 21.6.1919.

315 Berliner Polizeizensur, Prüf-Nr. 43248, Juli 1919.

316 Filmprüfstelle Berlin, Prüf-Nr. 3615, 7.7.1921, S. 2. Original im Archiv des DIF, Faksimile: http://bit.ly/vL8YJ5.

317 Hoeppner 2001, S. 7, vermutet, dass der Film wegen des Verbots nie regulär ins Kino gekommen ist.

318 Dr. J. B. [Johannes Brandt] in: FK, Nr. 96, 26.9.1919, S. 1f.

319 L. B. [Ludwig Brauner] in: Kin, Nr. 664, 24.9.1919.

320 IFW, Nr. 39, 27.9.1919, S. 397.

321 FK, Illustrierte Wochenbeilage Nr. 1, 27.9.1919, Titelseite »Die vier Hauptdarstellerinnen der Decla«, siehe hier S. 227.

322 DF, Nr. 41, 12.10.1919, S. 36; Nr. 43, 26.10.1919, S. 33; Nr. 46, 16.11.1919, S. 44; Kin, Nr. 669, 29.10.1919; FT, Nr. 19, 31.10.1919, S. 2. Das Svenska Filminstitutet, Stockholm konnte keine Information über Langers Tätigkeit in Schweden ermitteln, E-Mail an mich vom 2.3.2000.

323 LBB, Nr. 48, 29.11.1919, S. 25f.

324 Kasten 1994, S. 26, vermutet, das Manuskript zu *Das lachende Grauen* sei Grundlage des später von Lupu Pick inszenierten Films GRAUSIGE NÄCHTE (1921).

325 DF, Nr. 6, 7.2.1920, S. 40; EIFZ, Nr. 6, 7.2.1920, S. 38.

326 Zit. nach Hempel 1968, S. 24.

327 Meldung im BBC, Nr. 58, 4.2.1920, S. 6; Janowitz 1940, S. 45; Janowitz 1952a, S. 8; Janowitz 1952/53, S. 2.

328 LBB, Nr. 6, 7.2.1920, S. 22; EIFZ, Nr. 6, 7.2.1920, S. 38; DF, Nr. 6, 7.2.1920, S. 40.

329 Luft 1972, S. 514.

330 Janowitz 1940, S. 41; Janowitz 1952/53, S. 2; Luft 1954, S. 377.

331 Siehe hier S. 210f und 228.

332 Todesanzeigen in BT und VZ vom 4.2.1920; Luft 1954, S. 377; Luft 1972, S. 514.

333 Janowitz 1940, S. 44f.

334 Janowitz 1952a, S. 7–9.

335 Siehe hier S. 124.

336 Kasten 1994, S. 255.

337 Sternheim 1920.

338 Janowitz 1920a.

339 BT und VZ, 4.2.1920; weitere Todesmeldungen: FK, Nr. 28, 3.2.1920, S. 3; BBC, Nr. 58, 4.2.1920, S. 6; Kin, Nr. 682, 4.2.1920; LBB, Nr. 6, 7.2.1920, S. 22; DF, Nr. 6, 7.2.1920, S. 40; EIFZ, Nr. 6, 7.2.1920, S. 38; Todesanzeige der Decla-Film-Gesellschaft: FK, Nr. 29, 4.2.1920, S. 4; LBB, Nr. 6, 7.2.1920, S. 29; DF, Nr. 6, 7.2.1920, S. 48.

340 Block Lietzensee, Gartenblock I, Gartenstelle 171. Der Grabstein liegt auf dem Boden, wahrscheinlich nicht mehr an der ursprünglichen Stelle. Nach unserem Fund wurde die Grabstelle gelegentlich in Listen in Stahnsdorf begrabener Persönlichkeiten aufgenommen, z.B. auf der Website von Hans Noordam: http://bit.ly/GM1TYB, in der MAZ: http://bit.ly/GWivgQ, und in Hans-Jürgen Mende: Lexikon Berliner Grabstätten. Berlin: Haude & Spener 2005, S. 472. Auf der Website des Friedhofs findet sich ein Foto des Blocks Lietzensee: http://www.suedwestkirchhof.de.

341 Janowitz 1940, S. 46.

342 Die Quelle ist auf dem Grabstein angegeben. Präzise Identifikation der Melodie gelang bei einer neuerlichen Exkursion, die ich im März 2012 mit dem Musiker

Stephan von Bothmer und Filmemacher Manfred Wilhelms unternahm.

343 Ebd., S. 12f; Janowitz 1952/53, S. 1f.

344 Janowitz 1940; Kracauer 1947.

345 Kracauer 1947, S. 73.

346 Siehe hier S. 289–293.

347 Siehe S. 247–250.

348 Belach/Bock 1995.

349 Jung/Schatzberg 1992a, 1995, 1995a; Kasten 1994, S. 47–59.

350 Janowitz 1919, S. 181.

351 Hempel 1968, S. 22, schreibt, aus den Militärunterlagen Mayers gehe hervor, dass er am 6.10.1918 zum Infanterie-Regiment, Standort Wien, als Landsturminfanterist beordert, aber schon am 7.10. ins Garnisonsspital I in Wien zur militärischen Untersuchung überwiesen wird, wo die Ärzte bescheinigen: »Zu jedem Landsturmdienste untauglich.« In den Meldeunterlagen der Stadt Wien befindet sich ein Meldzettel, laut dem er, aus dem Garnisonsspital I kommend, vom 14.10.–26.10.1918 noch in der Würzburggasse 6, Tür 3 gemeldet war.

352 Hempel 1968, S. 22.

353 Janowitz 1940, S. 14.

354 Kracauer 1947, S. 68.

355 Janowitz 1940, S. 21; Janowitz 1952/53, S. 2.

356 Kasten 1994, S. 19–21.

357 Janowitz 1940, S. 33; Janowitz 1952/53, S. 2.

358 Willi Handl in: BLA, 24.3.1919, zit. nach Kasten 1994, S. 20.

359 Emil Faktor in: BBC, Nr. 139a, 24.3.1919, S. 3; Fritz Engel in: BT, Nr. 127, 24.3.1919, S. 3; M. J. in: VZ, Nr. 153, 24.3.1919, S. 2; Alfred Kerr in: DT, Nr. 63, 26.3.1919, S. 1f.

360 Janowitz 1919b.

361 Kasten 1994, S. 19–21; Janowitz 1940, S. 33; Janowitz 1952/53, S. 2.

362 WStLB IN 145.534, zit. nach Schartner 2003, S. 52; Datierung laut Auskunft der Wiener Stadt- und Landesbibliothek, Handschriftensammlung, E-Mail an mich vom 11.2.2010.

363 Zur Geschichte des Drehbuchs: Kasten 1990a.

364 Wilhelm [Willy] Rath: Und der Verfasser? In: FK, Nr. 99, 30.9.1919, S. 1f.

365 Sternheim 1918.

366 Richard Kühle: Vom Verkauf des Filmmanuskriptes [Der Filmautor – Mitteilungen des Verbandes deutscher Filmautoren]. In: Kin, Nr. 649, 11.6.1919.

367 Kasten 1990a, S. 93–97; dort auch Nachdruck der Satzung des Verbandes deutscher Filmautoren aus Kin, Nr. 639, 29.1.1919.

368 Kasten 1994, S. 21.

369 Janowitz 1940, S. 35 (6 Wochen); Janowitz 1952a (6–8 Wochen); Angabe 6 Wochen ebenfalls bei Luft 1954, S. 377 (eine unabhängige Quelle, denn Lufts Angaben gehen vermutlich nicht auf Janowitz, sondern über Karl Freund oder Paul Rotha zurück auf Carl Mayer).

370 Drehbuch-Vertrag mit der Decla, BArch R 109 I/5175; siehe auch Quaresima 1991.

371 Prawer 1995, S. 11.

372 Janowitz 1940, S. 58f; Janowitz 1952a.

373 Rotha 1938, S. 204.

374 Janowitz 1940, S. 6.

375 Brief Carl Mayer an Ufa vom 23.5.1934, BArch R 109 I/5175.

376 Janowitz 1940, S. 6f.

377 Ebd., S. 33–35.

378 Rotha 1938, S. 204; Rotha 1980, S. 3. Im Text von 1980 widerspricht Rotha explizit dem späteren Anspruch von Janowitz, er sei mit Mayer auf dem Jahrmarkt gewesen. Rotha zitiert seinen Text von 1938 und um seine Behauptung zu betonen, fügt er dem Zitat sogar das Wort *allein* hinzu: »Mayer ging *allein* durch Charlottenburg« (Hervorhebung von mir).

379 Kasten 1994, S. 55.

380 II. Akt, 10. Bild, siehe Belach/Bock 1995, S. 65.

381 Janowitz 1940, S. 35f.

382 I. Akt, 6. Bild, siehe Belach/Bock, S. 52f.

383 Zu Gottowt siehe Brill/Ploog 2009.

384 Kaes 2009, S. 63.

385 Janowitz 1940, S. 36f.

386 Michael Nerlich: Stendhal. Reinbek bei Hamburg: Rowohlt 1993; vielen Dank für zusätzliche Informationen über Stendhal an Michael Nerlich und Manfred Naumann.

387 Feld 1969.

388 Prawer 1995, S. 14.

389 Mayr 2003, S. 17.

390 Janowitz 1940, S. 37.

391 Janowitz 1952/53, S. 2; andere Darstellung in Janowitz 1940, S. 12 & 38, wo Janowitz behauptet, sie wollten Werner Krauß

als Hauptdarsteller, hätten das Drehbuch daher zuerst der Decla angeboten, Wegener sei die zweite Wahl gewesen und sie hätten ihm das Drehbuch als nächstem angeboten.

392 Aus Rolf Hempels Briefwechsel mit Rochus Gliese, zit. nach Hempel 1968, S. 37.

393 BArch R 109 I/5175; siehe auch Quaresima 1991.

394 Janowitz 1952/53, S. 2.

395 Programmzettel des Thalia-Theaters, Hamburger Theatersammlung, Staats- und Universitätsbibliothek Carl von Ossietzky, Hamburg.

396 Richard Oswald: Spielleitung im Film. In: FK, Nr. 304, 24.12.1927, zit. in Jacobsen 1992, S. 217.

397 Krauß 1958, S. 78.

398 Gandert 1978, S. 1–3; Borgelt 1979, S. 171; Sudendorf 1994; Gandert 1995.

399 Zu Eisner siehe hier S. 293f.

400 Gandert 1978, S. 3.

401 Die hier gegebene Beschreibung und alle folgenden Zitate folgen dem Original-Exemplar des Drehbuchs im Drehbuch-Archiv der SDK, Berlin. Die nach langer Ankündigung 1996 veröffentlichte Buchausgabe ist eine Textfassung, in der formale Angleichungen und Fehlerkorrekturen vorgenommen wurden, die sich also nur zum Erfassen des Textinhalts eignet, Belach/Bock 1995.

402 Krauß 1958, S. 78; hier auf S. 170 zitiert.

403 Kracauer 1947, S. 69–73.

404 Jung/Schatzberg 1992a, S. 78–83; Jung/Schatzberg 1995, S. 69–76.

405 Rotha 1938, S. 205.

406 Walter Reimann: Entwürfe zu dem Caligari-Film. In: Reimann 1925, zw. den S. 190 und 191; Nachdruck in: Reichmann 1997, S. 61; Belach/Bock 1995, S. 70 (dort nur in schwarzweiß).

407 Kasten 1994, S. 49–54.

408 Siehe auch editorische Vorbemerkung in Belach/Bock 1995, S. 9.

409 Siehe Faksimile-Nachdruck des NOSFERATU-Drehbuchs in Lotte H. Eisner: Murnau. Frankfurt: Kommunales Kino 1979, S. 393–611.

410 Kasten 1994, S. 51.

411 Kasten 1994, S. 276–293.

412 Eisner 1978, S. 266; Längsfeld 1965, S. 35.

413 Die hier genannten und folgenden Beispiele stammen aus Der grüne Kuss, SDK,
Drehbuch-Sammlung. Die einzeln gestellten Wörter »Wilton.«, »Gina.«, »Da.« und »Jetzt.« kommen dort so häufig vor, dass ich hier keine bestimmte Stelle angebe.

414 Der grüne Kuss, 19. Bild im II. Akt.

415 Kasten 1994, S. 285.

416 Eisner 1978, S. 266. Das Zitat stammt wahrscheinlich nicht von Reimann selbst, sondern wurde von Eisner konstruiert. In zeitgenössischen Texten äußert sich Reimann so, dass der Filmstil zwar durch das Drehbuch angeregt wurde, sagt aber nicht, das Drehbuch sei auch in Mayers späterem Stil geschrieben gewesen, siehe hier S. 328f und Reimann 1925, S. 192.

417 Längsfeld 1965, S. 35; siehe auch Warm o.J., S. 1.

418 Kurtz 1926, S. 114.

419 Mayer 1924.

420 IFK, Nr. 6/ 1920, S. 5, siehe hier S. 329.

421 Reimann 1925, S. 192.

422 Jung/Schatzberg 1995a, S. 125 & 137, Anm. 41; vgl. Quaresima 1991.

423 Mayr 2003, S. 28, 34, 36–41, Anm. 65, 89, 93; siehe auch S. 41–43, 49–51, Anm. 103, 125.

424 BArch R 109 I/5175.

425 Sudhoff 1992.

426 Rieß 1995.

427 Laut Kalliope, Verbundinformationssystem Nachlässe und Autographen, http://kalliope.staatsbibliothek-berlin.de. Die Datenbank wird ständig erweitert.

428 Im Besitz des Instituts für Theater-, Film- und Fernsehwissenschaft, Köln, Theatersammlung, laut Kalliope.

429 FKM, Nr. 3/ 1969, S. 13–16.

430 BArch, E-Mail an mich vom 13.9.2002.

431 SDK, E-Mail an mich vom 3.9.2002; meine Recherche im Schriftgutarchiv am 1.10.2002.

432 Kalliope; Staatsbibliothek zu Berlin, E-Mail an mich vom 6.11.2002.

433 DLA, Brief an mich vom 14.10.2002.

434 R. St.: Die Bedeutung der Filmindustrie. In: BBC, Nr. 77, 15.2.1920, S. 8; siehe auch: Emil Frankfurter: Die volkswirtschaftliche Bedeutung der deutschen Filmindustrie. In: TB, Nr. 35, 11.9.1920, S. 1136–1138.

435 Zahlen nach Prinzler 1995; geringfügig andere Zahlen in Brennicke/Hembus 1983.

436 Ausblicke auf die Saison 1919. In: LBB, Nr. 5, 1.2.1919, S. 26f.

437 Pommer 1920.

438 Jacobsen 1992, S. 217; zu Erich Pommer: Jacobsen 1989, Hardt 1996.

439 Zur Geschichte der Eclair und Decla: Jacobsen 1989, S. 21–42; Lenk 1992, 1995; Hardt 1996, S. 11–58.

440 Anzeigen der Decla: DF, Nr. 52, 28.12.1918, S. 29f; Kin, Nr. 627, 8.1.1919; LBB, Nr. 7, 15.2.1919, S. 33f; DF, Nr. 7, 15.2.1919; Kin, Nr. 634, 26.2.1919; LBB, Nr. 8, 22.2.1919, S. 17–20, 29–32, 41–44, 57–60, 121f; Berichte: Das Declahaus. In: DF, Nr. 3, 18.1.1919, S. 22; Zur Friedensarbeit. In: LBB, Nr. 3, 18.1.1919, S. 58; Decla. In: Kin, Nr. 630, 29.1.1919; weitere Informationen: Lewandowski 1981, S. 120.

441 LBB, Nr. 7, 15.2.1919; DF, Nr. 7, 15.2.1919; Kin, Nr. 634, 26.2.1919.

442 Siehe auch Brill 2010c, 2010d.

443 Zu Lang siehe Brill 2010e.

444 DF, Nr. 29, 19.7.1919, S. 32; LBB, Nr. 29, 19.7.1919, S. 21; FK, Nr. 38, 19.7.1919, S. 3.

445 DF, Nr. 16, 19.4.1919, S. 32; LBB, Nr. 16, 19.4.1919, S. 39; FW, Nr. 20, 17.5.1919, S. 25.

446 LBB, Nr. 8, 22.2.1919, S. 33; Kin, Nr. 634, 26.2.1919; DF, Nr. 9, 1.3.1919, S. 119.

447 DF, Nr. 10, 8.3.1919, S. 71; LBB, Nr. 10, 8.3.1919, S. 19; Kin, Nr. 637, 19.3.1919.

448 8-seitige Anzeige als Beilage zu DF, Nr. 13, 29.3.1919; Meldungen zum Produktionsanlauf dann in DF, Nr. 19, 10.5.1919, S. 28 und LBB, Nr. 19, 10.5.1919, S. 29.

449 Siehe auch filmografische Daten S. 360–363.

450 Angekündigt als vierter Film der Decla-Weltklasse: FK, Nr. 78, 16.4.1920, S. 3; Kin, Nr. 692/93, 25.4.1920; dann im Programm für die Saison 1920/21 erster Film der Decla-Bioscop-Luxusklasse: Decla-Bioscop-Verleihprogramm. In: DF, Nr. 28, 10.7.1920, S. 40.

451 Arbeitstitel der Teile 3 und 4 laut Decla-Anzeigen in DF, Nr. 27, 5.7.1919 und LBB, Nr. 37, 13.9.1919. Lotte Eisner nannte später die Titel *Das Geheimnis der Sphinx* und *Um Asiens Kaiserkrone*, Eisner 1976, S. 407.

452 Laut BT, Nr. 507, 26.10.1919 gab die Decla allein für PEST IN FLORENZ rund eine Million Mark aus.

453 DF, Nr. 10, 8.3.1919, S. 71; LBB, Nr. 10, 8.3.1919, S. 19; Kin, Nr. 637, 19.3.1919; DF, Nr. 14, 5.4.1919, S. 40; LBB, Nr. 14, 5.4.1919, S. 36; Kin, Nr. 640/41, 23.4.1919.

454 DF, Nr. 20, 18.5.1918, S. 35; DF, Nr. 21, 25.5.1918, S. 31; Kin, Nr. 595, 29.5.1918; LBB, Nr. 23, 8.6.1918, S. 34; LBB, Nr. 25, 22.6.1918, S. 64; LBB, Nr. 28, 13.7.1918, S. 13; EIFZ, Nr. 33, 17.8.1918, S. 24; LBB, Nr. 36, 7.9.1918, S. 25; DF, Nr. 37, 14.9.1918, S. 104.

455 Lewandowski 1981, S. 120.

456 Pommer 1947.

457 Janowitz 1940, S. 37–39.

458 BArch R 109 I/5175, siehe Quaresima 1991.

459 Kin, Nr. 639, 29.1.1919.

460 Richard Kühle: Vom Verkauf des Filmmanuskriptes [Der Filmautor, Mitteilungen des Verbandes deutscher Filmautoren]. In: Kin, Nr. 649, 11.6.1919.

461 DF, Nr. 29, 19.7.1919, S. 32; LBB, Nr. 29, 19.7.1919, S. 22; FK, Nr. 38, 19.7.1919, S. 3; Kin, Nr. 655, 23.7.1919.

462 Erste Meldungen in der Filmpresse: DF, Nr. 25, 21.6.1919, S. 36; LBB, Nr. 25, 21.6.1919, S. 23. Die Decla reichte das Manuskript weiter: Laut voranstehender Meldungen sollte es zunächst verfilmt werden durch die Rex-Film-Gesellschaft von Lupu Pick, mit dem Mayer dann ab Mitte 1920 mehrfach zusammengearbeitet hat. Tatsächlich wurde *Der grüne Kuss* dann als DER BUCKLIGE UND DIE TÄNZERIN von der Helios-Film-Gesellschaft verfilmt, Mayers erster Zusammenarbeit mit dem Regisseur F.W. Murnau.

463 Erste Meldungen in der Filmpresse: DF, Nr. 29, 19.7.1919, S. 32; LBB, Nr. 29, 19.7.1919, S. 22; FK, Nr. 38, 19.7.1919, S. 3; Kin, Nr. 655, 23.7.1919; Meldungen in Zusammenhang mit den Manuskripten zu CALIGARI und *Die große Lüge*: DF, Nr. 41, 12.10.1919, S. 36; Kin, Nr. 667, 15.10.1919; Meldungen zu Gilda Langer als Hauptdarstellerin in *Das lachende Grauen*: LBB, Nr. 43, 25.10.1919, S. 20; DF, Nr. 43, 26.10.1919, S. 33; Kin, Nr. 669, 29.10.1919; EIFZ, Nr. 43, 1.11.1919, S. 36. Kasten nimmt an, dass *Das lachende Grauen* die Vorlage für den später realisierten GRAUSIGE NÄCHTE (1921, Lupu Pick) gewesen sein könnte, Kasten 1994, S. 26.

464 Erste Meldungen in der Filmpresse: DF, Nr. 41, 12.10.1919, S. 36; Kin, Nr. 667, 15.10.1919.

465 Erste Meldung in der Filmpresse: DF, Nr. 43, 26.10.1919, S. 32.

466 Erste Meldungen in der Filmpresse: LBB, Nr. 45, 8.11.1919, S. 28; EIFZ, Nr. 44, 8.11.1919, S. 45; DF, Nr. 45, 9.11.1919, S. 37.

467 DF, Nr. 16, 19.4.1919, S. 31.

468 Oliver bei der Decla. In: LBB, Nr. 22, 31.5.1919, S. 19; Der Decla-Konzern. In: LBB, Nr. 39, 27.9.1919, S. 14; Meldung zur Umwandlung in eine KG in der Rubrik »Handelsgerichtliches« in: LBB, Nr. 46, 15.11.1919, S. 40; zu David Oliver: Hampicke 1994.

469 Fusion Decla-Meinert. In: LBB, Nr. 48, 29.11.1919, S. 22; Wachsen der Decla. In: DF, Nr. 48, 30.11.1919, S. 38; Fusion Decla-Meinert. In: Kin, Nr. 674, 3.12.1919; Die Decla. In: DF, Nr. 49, 7.12.1919, S. 40; Literatur: Jacobsen 1989, S. 30f; Hardt 1996, S. 33; siehe auch: Warm 1954, S. 5. Warm schreibt die Berufung Meinerts ins Decla-Direktorium den Verleihdirektoren Saklikover und Schwab zu.

470 Decla-Bioscop. In: LBB, Nr. 6, 7.2.1920, S. 9f; Der Decla-Bioscop-Konzern. In: LBB, Nr. 12/13, 27.3.1920, S. 31f.

471 Warm 1970, S. 11. In einer früheren Version des Textes datiert Warm Meinerts Tätigkeit als Produktionsleiter der Decla präziser auf August/September 1919 bis Juli/August 1920, Warm 1954, S. 5.

472 Pommer 1947, S. 78.

473 Bogdanovich 1967, S. 121; Kaul 1970, S. 23; Thompson 1990, S. 129; Grant 2003, S. 58 & 177.

474 Kasten 1990, S. 39 & 95.

475 Salt 1990, S. 402.

476 Beja 1979, S. 94f: »There have been some claims that the production was really under the charge of Rudolf Meinert, but they are not widely credited.«

477 FK, Nr. 4, 6.1.1920, S. 1; Nr. 7, 9.1.1920, S. 3; Nr. 9, 11.1.1920, S. 3. Nach der vorherrschenden Rolle, die Erich Pommer als Produktionsleiter der Ufa im Film der Weimarer Republik spielte, war Meinert als CALIGARI-Produktionsleiter schnell vergessen und Pommer strickte an der Legende von seiner eigenen dominanten Rolle bei der CALIGARI-Produktion. Schon als der Film nach zwölf Jahren im Kino »Kamera« in Anwesenheit von Robert Wiene und Walter Reimann wiederaufgeführt wurde und Oskar Kalbus von der Ufa einen Einführungsvortrag hielt, sah sich die Lichtbild-Bühne am nächsten Tag zu einer, kaum wahrgenommenen, Richtigstellung veranlasst: »In einer Beziehung unterlief Dr. Kalbus ein filmgeschichtlicher Irrtum: der Produktionschef der Decla, der den ›Caligari‹ ermöglichte, war kein anderer als Rudolf Meinert«, LBB, Nr. 39, 16.2.1932, S. 2.

478 Fusion Decla-Meinert. In: LBB, Nr. 48, 29.11.1919, S. 22; Wachsen der Decla. In: DF, Nr. 48, 30.11.1919, S. 38; Fusion Decla-Meinert. In: Kin, Nr. 674, 3.12.1919; Die Decla. In: DF, Nr. 49, 7.12.1919, S. 40; Literatur: Jacobsen 1989, S. 30f; Hardt 1996, S. 33. Eine genaue Datierung der Fusion Decla-Meinert ist jedoch nicht nachgewiesen. In der Rubrik »Handelsgerichtliches« der LBB, in der etwa am 30.8.1919 noch zeitnah der vom 1.8. stammende Handelsregistereintrag der »Decla Lichtspiel GmbH« (mit der das Unternehmen begann, Kinos zu betreiben) gemeldet wurde (LBB, Nr. 35, 30.8.1919, S. 39), wurde die Umwandlung der Decla-Film-Gesellschaft Holz & Co. zur KG erst am 15.11.1919 gemeldet, ohne genaue Angabe des Tages der Eintragung ins Handelsregister (LBB, Nr. 46, 15.11.1919, S. 40), Meldungen zur Meinert-Film-Gesellschaft und zur Fusion Decla-Meinert erschienen dort nicht. Handelsregister-Unterlagen aus der Zeit zur Decla scheinen nicht mehr zu existieren (Schreiben des Amtsgerichts Charlottenburg an mich vom 28.10.2002).

479 Du mußt Caligari werden. In: IFK, Nr. 6/ 1920, S. 2–5, siehe hier S. 326–329.

480 Siehe Abbildungen S. 3 und 71.

481 Auslöser: E. A. Dupont: Filmkritik und Filmreklame. In: FK, Nr. 68, 24.8.1919, S.1f. Weitere Artikel im Film-Kurier: Filmkritik und Filmreklame. Eine Erwiderung der Filmjournalisten. In: FK, Nr. 74, 31.8.1919, S.1; E. A. Dupont: Filmkritik und Filmreklame. In: FK, Nr. 77, 4.9.1919, S. 3; Filmkritik und Filmpresse. In: FK, Nr. 78, 5.9.1919, S. 3; W[illi] Böcker: Film-

presse und Filmreklame. In: FK, Nr. 81, 9.9.1919, S. 3; Paul Ickes: Film-»Kritik«? [Das Wesen der Filmkritik]. In: FK, Nr. 82, 10.9.1919, S. 1; E. A. Dupont: »Filmkritik und Filmreklame«. In: FK, Nr. 86, 14.9.1919, S. 3; Hans Weißbach: Richtlinien für eine sachgemäße Filmkritik [Filmkritische Grundfragen]. In: FK, Nr. 87, 16.9.1919, S. 1f. In anderen Fachzeitschriften: Korruption. In: LBB, Nr. 35, 30.8.1919, S. 10; Noch einmal: Korruption. In: LBB, Nr. 36, 6.9.1919, S. 29f; Die »Korruption« in der Filmpresse. In: DF, Nr. 35, 30.8.1919, S. 25–28; Noch einmal die »Korruption in der Filmpresse«. In: DF, Nr. 36, 7.9.1919, S. 23–26; Und grauenhaft hub sich Rodenstein! [und andere Artikel]. In: FW, Nr. 29–39, 13.9.1919, S. 7–10; Literatur: Heuwinkel 1992, S. 32.

482 Brief an mich vom 30.6.1995, E-Mail an mich vom 17.9.2002; weiterer Artikel von Claus Groth zur CALIGARI-Uraufführung: Eine Offenbarung. In: F&B, Nr. 21, Februar 1920, S. 3–5.

483 DF, Nr. 16, 19.4.1919, S. 31; FW, Nr. 16/17, 26.4.1919, S. 37.

484 LBB, Nr. 35, 30.8.1919, S. 33; DF, Nr. 35, 30.8.1919, S. 35; FK, Nr. 75, 2.9.1919, S. 3; FW, Nr. 29–39, 13.9.1919, S. 33.

485 LBB, Nr. 47, 22.11.1919, S. 19; DF, Nr. 47, 23.11.1919, S. 43.

486 LBB, Nr. 10, 8.3.1919, S. 19; DF 4, Nr. 10, 8.3.1919, S. 71; Kin, Nr. 637, 19.3.1919.

487 LBB, Nr. 16, 19.4.1919, S. 39; DF, Nr. 16, 19.4.1919, S. 32; FW, Nr. 20, 17.5.1919, S. 25.

488 LBB, Nr. 25, 21.6.1919, S. 21; FK, Nr. 16, 24.6.1919, S. 3; Kin, Nr. 651, 25.6.1919; DF, Nr. 26, 28.6.1919, S. 33; FT, Nr. 2, 4.7.1919, S. 7 & 11; FW, Nr. 29–39, 13.9.1919, S. 36.

489 LBB, Nr. 14, 5.4.1919, S. 36f; DF, Nr. 14, 5.4.1919, S. 38f; Kin, Nr. 640/41, 23.4.1919.

490 LBB, Nr. 18, 3.5.1919, S. 30; LBB, Nr. 23, 7.6.1919, S. 21; DF, Nr. 23, 7.6.1919, S. 34; LBB, Nr. 24, 14.6.1919, S. 18; Kin, Nr. 650, 18.6.1919; FK, Nr. 12, 19.6.1919, S. 3.

491 FK, Nr. 12, 19.6.1919, S. 3; LBB, Nr. 25, 21.6.1919, S. 21; DF, Nr. 26, 28.6.1919, S. 33; FW, Nr. 29–39, 13.9.1919, S. 33.

492 LBB, Nr. 24, 14.6.1919, S. 17; DF, Nr. 24, 14.6.1919, S. 33; Kin, Nr. 650, 18.6.1919; FK, Nr. 12, 19.6.1919, S. 3.

493 LBB, Nr. 31, 2.8.1919, S. 37; FK, Nr. 51, 5.8.1919, S. 3; Kin, Nr. 657, 6.8.1919; FK, Nr. 53, 7.8.1919, S. 3; LBB, Nr. 32, 9.8.1919, S. 23; DF, Nr. 32, 9.8.1919, S. 28; Kin, Nr. 658, 13.8.1919; FK, Nr. 68, 24.8.1919, S. 3; LBB, Nr. 35, 30.8.1919, S. 33; DF, Nr. 35, 30.8.1919, S. 35; FK, Nr. 75, 2.9.1919, S. 3; FK, Nr. 76, 3.9.1919, S. 3; FW, Nr. 29–39, 13.9.1919, S. 36.

494 FK, Nr. 86, 14.9.1919, S. 3.

495 FK, Nr. 51, 5.8.1919, S. 3.

496 LBB, Nr. 31, 2.8.1919, S. 37; DF, Nr. 32, 9.8.1919, S. 28.

497 FK, Nr. 53, 7.8.1919, S. 3; LBB, Nr. 32, 9.8.1919, S. 23; Kin, Nr. 658, 13.8.1919.

498 LBB, Nr. 25, 21.6.1919, S. 20; Kin, Nr. 651, 25.6.1919; DF, Nr. 26, 28.6.1919, S. 33.

499 FK, Nr. 86, 14.9.1919, S. 3.

500 LBB, Nr. 46, 15.11.1919, S. 30; DF, Nr. 46, 16.11.1919, S. 44.

501 DF, Nr. 37, 14.9.1918, ohne Seitenangabe; siehe auch Bericht im redaktionellen Teil S. 104.

502 Eine erste Meldung, die die Fertigstellung von *Ein sterbendes Geschlecht* berichtet, gibt es in FK, Nr. 78, 16.4.1920, S. 3, also anderthalb Monate nach der CALIGARI-Uraufführung.

503 Beilage zu DF, Nr. 13, 29.3.1919.

504 LBB, Nr. 19, 10.5.1919, S. 29; DF, Nr. 19, 10.5.1919, S. 28.

505 DF, Nr. 27, 5.7.1919.

506 LBB, Nr. 30, 26.7.1919, S. 27; Kin, Nr. 656, 30.7.1919.

507 LBB, Nr. 19, 10.5.1919, S. 29; DF, Nr. 19, 10.5.1919, S. 28.

508 LBB, Nr. 19, 10.5.1919, S. 28; DF, Nr. 19, 10.5.1919, S. 30.

509 LBB, Nr. 20, 17.5.1919, S. 25; DF, Nr. 20, 17.5.1919, S. 28; FW, Nr. 20, 17.5.1919, S. 22.

510 LBB, Nr. 23, 7.6.1919, S. 21; DF, Nr. 23, 7.6.1919, S. 34.

511 Kin, Nr. 651, 25.6.1919; DF, Nr. 26, 28.6.1919, S. 33; FT, Nr. 2, 4.7.1919, S. 11.

512 LBB, Nr. 25, 21.6.1919, S. 21; FK, Nr. 16, 24.6.1919, S. 3; Kin, Nr. 651,

25.6.1919; DF, Nr. 26, 28.6.1919, S. 33;
FT, Nr. 2, 4.7.1919, S. 7.

513 Beispiele für Anzeigen in DF: Nr. 28,
12.7.1919, S. 52f; Nr. 43, 26.10.1919,
S. 4; Nr. 49, 7.12.1919, S. 111.

514 DF, Nr. 41, 12.10.1919, S. 34; LBB,
Nr. 42, 18.10.1919, S. 20.

515 LBB, Nr. 43, 25.10.1919, S. 21; DF,
Nr. 43, 26.10.1919, S. 34.

516 DF, Nr. 45, 9.11.1919, S. 37.

517 LBB, Nr. 41, 11.10.1919, S. 28; DF,
Nr. 41, 12.10.1919, S. 36; Kin, Nr. 667,
15.10.1919.

518 FT, Nr. 18, 24.10.1919, S. 6; DF, Nr. 43,
26.10.1919, S. 32 & 33; Kin, Nr. 669,
29.10.1919; FT, Nr. 19, 31.10.1919, S. 6.

519 DF, Nr. 50, 14.12.1919, S. 41; Kin,
Nr. 676, 17.12.1919.

520 Leider gibt es nur wenige Anhaltspunkte
zum tatsächlichen Zeitraum von Dreharbeiten anderer Decla-Filme der Saison
1919/20, z.B. gibt es keine Atelierbele-
gungspläne oder Terminpläne zu bekannten Außenaufnahmen: Die Außenaufnahmen von DIE INSEL DER GLÜCKLICHEN
etwa waren zuerst in der Umgebung der
bayrischen Königsschlösser geplant (LBB,
Nr. 8, 22.2.1919, S. 33; Kin, Nr. 634,
26.2.1919; DF, Nr. 9, 1.3.1919, S. 119;
LBB, Nr. 16, 19.4.1919, S. 34; DF, Nr.
16, 19.4.1919, S. 31), wurden dann aber
in die Privatanlagen des ehemaligen Herzogs von Anhalt in Wörlitz verlegt (LBB,
Nr. 18, 3.5.1919, S. 30; DF, Nr. 19,
10.5.1919, S. 28). Daten zur Drehzeit
konnten leider nicht ermittelt werden
(E-Mail vom Referat Bibliothek/Archiv
der Kulturstiftung Dessau Wörlitz an
mich vom 25.7.2001).

521 Meldungen über die Kulisse: LBB, Nr. 14,
5.4.1919, S. 36f; DF, Nr. 14, 5.4.1919,
S. 38f & 40; Kin, Nr. 640/41, 23.4.1919;
LBB, Nr. 16, 19.4.1919, S. 34; DF, Nr.
16, 19.4.1919, S. 31; DF, Nr. 23,
7.6.1919, S. 34; LBB, Nr. 23, 7.6.1919,
S. 21; Berichte: Königl. Baurat Franz
Jaffé: Florenz in Weissensee. In: LBB, Nr.
35, 30.8.1919, S. 41; Florenz in Weißensee. In: LBB, Nr. 38, 20.9.1919, S. 18; Dr.
J.B. [Johannes Brandt]: Florenz in Weißensee. In: FK, Nr. 96, 26.9.1919, S. 1.

522 LBB, Nr. 30, 26.7.1919, S. 27; Kin,
Nr. 656, 30.7.1919.

523 LBB, Nr. 32, 9.8.1919, S. 23; Kin, Nr. 658,
13.8.1919; DF, Nr. 33, 16.8.1919, S. 33.

524 FK, Nr. 98, 28.9.1919, S. 3.

525 LBB, Nr. 10, 8.3.1919, S. 19; DF, Nr. 10,
8.3.1919, S. 71; Kin, Nr. 637, 19.3.1919.

526 LBB, Nr. 14, 5.4.1919, S. 36f; DF, Nr. 14,
5.4.1919, S. 38f & 40; Kin, Nr. 640/41,
23.4.1919.

527 LBB, Nr. 18, 3.5.1919, S. 30.

528 LBB, Nr. 23, 7.6.1919, S. 21; DF, Nr. 23,
7.6.1919, S. 34.

529 LBB, Nr. 24, 14.6.1919, S. 18; Kin, Nr.
650, 18.6.1919; FK, Nr. 12, 19.6.1919,
S. 3.

530 FK, Nr. 12, 19.6.1919, S. 3; LBB, Nr. 25,
21.6.1919, S. 21; Kin, Nr. 651,
25.6.1919; DF, Nr. 26, 28.6.1919, S. 33;
FW, Nr. 29–39, 13.9.1919, S. 33.

531 FK, Nr. 2, 2.6.1919, S. 3.

532 LBB, Nr. 24, 14.6.1919, S. 17; DF,
Nr. 24, 14.6.1919, S. 33; Kin, Nr. 650,
18.6.1919; FK, Nr. 12, 19.6.1919, S. 3.

533 LBB, Nr. 31, 2.8.1919, S. 37; FK, Nr. 51,
5.8.1919, S. 3; Kin, Nr. 657, 6.8.1919;
DF, Nr. 32, 9.8.1919, S. 28; FK, Nr. 68,
24.8.1919, S. 3.

534 FK, Nr. 86, 14.9.1919, S. 3.

535 Erste Nennung des Filmtitels HARAKIRI:
DF, Nr. 39, 27.9.1919, S. 40; FK, Nr. 97,
27.9.1919, S. 3.

536 DF, Nr. 9, 28.2.1920, S. 53.

537 Sturm 2001, S. 27 & 49–51.

538 HARAKIRI: Drehberichte: Margot Meyer:
Japan in Stellingen. In: FK, Nr. 94,
24.9.1919, S. 1f; M. M. [Margot Meyer]:
»Harakiri«. In: FK, Nr. 97, 27.9.1919, S.
2; Ende der Dreharbeiten gemeldet: LBB,
Nr. 41, 11.10.1919, S. 29; DF, Nr. 41,
12.10.1919, S. 36; Kin, Nr. 667,
15.10.1919; DF, Nr. 43, 26.10.1919,
S. 32 & 33; Kin, Nr. 669, 29.10.1919.
DIE EHE DER FRAU MARY: Drehbericht:
Kr.: Carl de Vogt und Julius Brandt in der
Tonne. In: FK, Nr. 91, 20.9.1919, S. 2;
Ende der Dreharbeiten gemeldet: LBB,
Nr. 41, 11.10.1919, S. 30; DF, Nr. 41,
12.10.1919, S. 35; Kin, Nr. 667,
15.10.1919.

539 Drehbericht: Dr. J.B. [Johannes Brandt]:
Expressionismus im Film. Die neue Kunst
im Film. In: FK, Nr. 4, 6.1.1920, S. 1; erste
definitive Meldung vom Anlauf der Dreharbeiten: LBB, Nr. 4, 24.1.1920, S. 29;

348

DF, Nr. 4, 25.1.1920, S. 46; FK, Nr. 22, 27.1.1920, S. 3.

540 Anlauf: Siehe letzte Anm.; Abschluss: FK, Nr. 30, 5.2.1920, S. 3; LBB, Nr. 6, 7.2.1920, S. 22; DF, Nr. 6, 7.2.1920, S. 33; EIFZ, Nr. 6, 7.2.1920, S. 36.

541 »In den letzten Wochen ist in aller Stille eine neue Fusion in die Wege geleitet worden.« Fusion Decla-Meinert. In: LBB, Nr. 48, 29.11.1919, S. 22.

542 Leider gibt es zur Decla-Film-Gesellschaft und zur Meinert-Film-Gesellschaft keine Handelsregistereinträge mehr, die diese Datierung bestätigen würden, Briefwechsel zw. Amtsgericht Charlottenburg und mir zw. 7. und 28.10.2002. Auch die Protokolle der Vorstandssitzungen der Decla-Bioscop AG ab 9.3.1920 im Ufa-Bestand des Bundesarchivs geben darüber keine Auskunft, BArch R 109 I/5264.

543 Zum Wetter in Berlin: Berichte in den Tageszeitungen BBC und BT ab 1.11.1919.

544 Fusion Decla-Meinert. In: LBB, Nr. 48, 29.11.1919, S. 22; Wachsen der Decla. In: DF, Nr. 48, 30.11.1919, S. 38; Fusion Decla-Meinert. In: Kin, Nr. 674, 3.12.1919; Die Decla. In: DF, Nr. 49, 7.12.1919, S. 40.

545 Zehn Jahre Filmregisseur. In: LBB, Nr. 19, 10.5.1919, S. 22.

546 Lewandowski 1981, S. 120.

547 LBB, Nr. 41, 11.10.1919, S. 29; DF, Nr. 41, 12.10.1919, S. 36; Kin, Nr. 667, 15.10.1919; DF, Nr. 43, 26.10.1919, S. 32 & 33; Kin, Nr. 669, 29.10.1919.

548 DF, Nr. 41, 12.10.1919, S. 36; Kin, Nr. 667, 15.10.1919.

549 LBB, Nr. 25, 21.6.1919, S. 23; DF, Nr. 25, 21.6.1919, S. 36.

550 Margot Meyer: Japan in Stellingen. In: FK, Nr. 94, 24.9.1919, S. 1f; M. M. [Margot Meyer]: »Harakiri«. In: FK, Nr. 97, 27.9.1919, S. 2.

551 DF, Nr. 41, 12.10.1919, S. 34; LBB, Nr. 42, 18.10.1919, S. 20.

552 Bogdanovich 1967, S. 121; Kaul 1970, S. 23; Thompson 1990, S. 129; Grant 2003, S. 58 & 177.

553 Weinberg 1946, S. 5; Kracauer 1947, S. 72.

554 Meldungen in LBB, Nr. 46, 15.11.1919, S. 30 und DF, Nr. 46, 16.11.1919, S. 44.

555 LBB, Nr. 5, 31.1.1920, S. 27; FK, Nr. 43, 20.2.1920, S. 3; DF, Nr. 8, 21.2.1920, S. 70.

556 LBB, Nr. 4, 24.1.1920, S. 23; DF, Nr. 4, 25.1.1920, S. 46.

557 FK, Nr. 59, 10.3.1920, S. 3.

558 Aros 1932; Janowitz 1952/53, S. 2; Goetz 1954, S. 133; Jaeger 1954, 16. Forts. vom 1.3.1954, schreibt sogar explizit, Conrad Wiene habe behauptet, er, nicht Robert sei für die CALIGARI-Regie vorgesehen gewesen.

559 Jung/Schatzberg 1995, S. 26.

560 Dr. J.B. [Johannes Brandt]: Expressionismus im Film. Die neue Kunst im Film. In: FK, Nr. 4, 6.1.1920, S. 1; siehe auch Filmkritiken in B.Z., 27.2.1920; FK, Nr. 50, 28.2.1920, S. 1; FK, Nr. 51, 29.2.1920, S. 2; vgl. hier S. 307–324.

561 Kracauer 1947, S. 72–74; Kracauer folgt Hans Janowitz' Darstellung, die für Wiene noch wesentlich härtere Worte fand: Janowitz 1940, S. 48; Janowitz 1952/53, S. 2.

562 Eisner 1952, S. 21 & 23, siehe auch Eisner 1978, S. 266; Eisner folgt Hermann Warms persönlich übermittelter Darstellung. Warm hat in seinen Schilderungen die Leistung der Maler in den Mittelpunkt gerückt und die des Regisseurs heruntergespielt, deutlich in Warm 1970a.

563 Eisner 1954.

564 Jung/Schatzberg 1990, 1992, 1995, 1995a.

565 Janowitz 1940, S. 16; Kracauer 1947, S. 72; siehe auch Jung/Schatzberg 1995, S. 17–20.

566 Die meisten Angaben nach Jung/Schatzberg 1995; zu SATANAS: IFK, Nr. 3, 18.10.1919.

567 Meldung von SATANAS' Fertigstellung: FK, Nr. 114, 17.10.1919, S. 3; LBB, Nr. 42, 18.10.1919, S. 33f; DF, Nr. 42, 19.10.1919, S. 38; Kin, Nr. 669, 29.10.1919.

568 DF, Nr. 46, 16.11.1919, S. 39; LBB, Nr. 5, 31.1.1920, S. 31; FK, Nr. 26, 31.1.1920, S. 1f; BBC, Nr. 53, 1.2.1920, S. 8; VZ, Nr. 59, 2.2.1920; EIFZ, Nr. 6, 7.2.1920, S. 28f.

569 Wiene 1927.

570 Wiene 1922.

571 Brief von Rudolf Kurtz an Lotte Eisner vom 23.3.1958, zit. nach Jung/Schatzberg 1995, S. 73.

572 Warm 1970, S. 12; siehe auch Längsfeld 1965, S. 35.

573 Zu Warm: Warm 1954, Längsfeld 1965, Brill 2005; zu Reimann: Reichmann 1997.

574 Warm 1954, S. 5; Längsfeld 1965, S. 35; Warm 1970, S. 11.

575 Warm 1954, S. 6; Längsfeld 1965, S. 35; Warm 1970, S. 11f.

576 BArch R 109 I/5175, Erich Pommer Produktion an Rechts-Abteilung der Ufa, Berlin 29.6.1932 (Briefwechsel im Zuge von Recherchen nach den CALIGARI-Rechten).

577 *Warm:* Kurtz 1926, S. 66, ihm folgend z.B. auch Kracauer 1947, S. 75 und Eisner 1952, S. 27; *Reimann:* Eisner 1978, S. 268; *Röhrig:* IFK, Nr. 6/ 1920, S. 5, siehe hier S. 329. Es ist nicht auszuschließen, dass dieser Satz in Wirklichkeit von Julius Sternhem für den Claus-Groth-Bericht im IFK erfunden wurde (in der Form: »Das Filmkunstwerk muß eine lebende Graphik werden«).

578 Warm 1954, S. 6; Längsfeld 1965, S. 35; Warm 1970, S. 12.

579 Reimann 1925, S. 192; zu Reimanns Überlieferung der CALIGARI-Geschichte siehe auch Reichmann 1997, S. 68 (Notiz Margarete Reimanns aus den 1950er Jahren).

580 Eisner 1978, S. 266.

581 BBC, Nr. 79, 17.2.1920, S. 6.

582 Warm 1954, S. 8; Warm 1970, S. 14; siehe auch: Warm 1968. Im Gegensatz dazu behauptet Janowitz an einer Stelle, Warm sei der Einzige gewesen, der dem ursprünglichen Vorschlag der Autoren folgen wollte, die Kulissen im Stil Kubins zu entwerfen, Janowitz 1940, S. 47.

583 Kracauer 1947, S. 74; Jaeger 1954, 16. Forts. vom 1.3.1954.

584 Janowitz 1940, S. 2–4; Janowitz 1952a; Janowitz' Brief an Manfred Georg, New York vom 15.10.1952, SDK, Janowitz-Sammlung.

585 Pommer 1947, S. 76–78.

586 Rotha 1930, S. 94.

587 Carter 1930, S. 250.

588 Kracauer 1947, S. 75; Kracauer führt als Beleg Rotha und noch zwei andere Quellen an, die den »Sturm« allerdings nichts erwähnen: Janowitz 1940 und Vincent 1939.

589 Zit. nach Alms/Steinmetz 2000, S. 9.

590 Zu Herwarth Walden und dem Sturm: Alms/Steinmetz 2000; dh, Nr. 197, 1/2000, S. 31–79.

591 Carter 1930, S. 250.

592 DS, Nr. 6/1920, S. 93.

593 Kasten 1990, S. 44.

594 DS, Nr. 6/1922, S. 96.

595 Salt 1990; Warm 1970, S. 11.

596 Siehe hier S. 46f.

597 Kaes 2009, S. 57.

598 Siehe hier S. 38 oben; vgl. Beil/Dillmann 2010, S. 176 & 183–185; Kurt Tucholsky hatte in seiner CALIGARI-Kritik die *Wupper* bereits erwähnt, siehe S. 318.

599 Warm 1954, S. 6f; Längsfeld 1965, S. 35; Warm 1970, S. 12.

600 Warm 1970, S. 12; einer anderen Quelle zufolge erzählte Meinert später dem Schriftsteller Heinrich Fraenkel (1897–1986), er habe befürchtet, die expressionistischen Entwürfe der Maler gehen womöglich zu weit, und Erich Pommer traf die Entscheidung, den Film in diesem Stil durchzuführen, Manvell/Fraenkel 1971, S. 137f.

601 Louis Delluc, siehe Eisner 1952, S. 19.

602 Krauß 1958, S. 78.

603 Kaul 1970, S. 23; siehe auch Bogdanovich 1967, S. 121; Thompson 1990, S. 129; Grant 2003, S. 58 & 177.

604 Warm 1970, S. 15; siehe auch Warm o.J., S. 3.

605 Reimann 1925, S. 192.

606 Jung/Schatzberg 1995, S. 70; ähnlich in Jung/Schatzberg 1992a, S. 78f; ähnliche Interpretationen des Schlussrahmens z.B. in Ashmore 1950, Kaul 1970, S. 9 und Vogel 1974, S. 65f.

607 Zu Werner Krauß: Goetz 1954; Krauß 1958; Ihering 1997; Jürgen Kasten: Werner Krauß – Dr. Caligari, der verdrängte Bürger. In: Hickethier 1986, S. 87–110 & 258f.

608 Herbert Ihering: Theater der Expressionisten. Die Sturmbühne im Künstlerhaus. In: BBC, Nr. 486, 16.10.1918, S. 7.

609 Decla-Anzeige in: LBB, Nr. 7, 15.2.1919; DF, Nr. 7, 15.2.1919; Kin, Nr. 634, 26.2.1919.

610 Krauß 1958, S. 78.

611 Zu Lil Dagover: Aros 1932; Dagover 1979; Marcus Bier: Lil Dagover – vielgesichtige Erotik. In: Hickethier 1986, S. 171–193 & 263f; Frank-Burkhard Habel: Dame bleibt man sein Leben lang: Lil Dagover. In: Ders. 1999, S. 32–41.

612 Krauß 1958, S. 79.

613 Dagover 1979, S. 54–58; schon 1932 taucht eine Variante dieser Legende auf bei Aros 1932: Der Autor verwechselt Robert mit Conrad Wiene und erzählt, Conrad Wiene sei bereits mit den Vorbereitungen zu CALIGARI beschäftigt gewesen, als er die junge Frau auf der Straße traf. Nach Probeaufnahmen sei Lil Dagover dann für CALIGARI engagiert, und danach auch von der Decla fest unter Vertrag genommen worden.

614 Nachtrag in Gallasch 1980, S. 20.

615 Decla-Anzeige in: LBB, Nr. 7, 15.2.1919; DF, Nr. 7, 15.2.1919; Kin, Nr. 634, 26.2.1919.

616 Dagover 1979, S. 75.

617 Anzeige in LBB, Nr. 48, 29.11.1919, S. 25f.

618 Zu Conrad Veidt: Ickes 1927; Ramin 1933; Freund 1973; Holba/Robinson 1975; Gebauer 1975/76; Allen 1987; Jacobsen 1993; Soister 2002; Rainer Blume/Werner Fritsch: Conrad Veidt – die Nachtgestalt. In: Hickethier 1986, S. 111–126 & 259f; Daniel Kothenschulte: Anders als die Andern. Conrad Veidt zum 100. Geburtstag. In: fd, Nr. 3, 2.2.1993, S. 20f; Internet: http://www.conradveidt.de; http://www.conrad-veidt-society.de; http://bit.ly/bM6HbR (Fotos).

619 Siehe hier S. 149.

620 Jung/Schatzberg 1995, S. 26.

621 Hans Heinrich von Twardowski: Der rasende Pegasus. Berlin: Axel Juncker 1918 [erweiterte Ausgabe 1919].

622 Peter Panter [Kurt Tucholsky]: Der rasende Twardowski. In: WB, Nr. 5, 29.1.1920, S. 158.

623 BBC, Nr. 66, 9.2.1920, S. 7.

624 Zu Hans Heinrich von Twardowski: Heinz 1998.

625 Manche Quellen halten den Darsteller für Rudolf Klein-Rogge (1885–1955), Fritz Langs späteren Dr. Mabuse, Etzel und Rotwang, siehe z.B. Eintrag in der IMDb, http://imdb.to/bFB0Or.

626 Warm 1954, 1965, 1968, 1970, 1970a, 1982, o. J., weitere Dokumente befinden sich im Schriftgutarchiv der SDK; siehe auch Längsfeld 1965.

627 Warm 1970, S. 13; Warm 1970a.

628 Warm 1970, S. 15; Warm 1970a.

629 Krauß 1958, S. 79.

630 Später »Lixie-Atelier«, siehe Hans-Michael Bock: Berliner Film-Ateliers. Ein kleines Lexikon. http://bit.ly/cOgtgD. Der Platz vor dem Kulturzentrum »Brotfabrik« (einer ehemaligen Bäckerei) zwischen Prenzlauer Promenade und Heinersdorfer Straße wurde im Juni 2002 im Andenken an die Film-Tradition Weißensees »Caligari-Platz« genannt, eine feierliche Einweihung fand am 22.6.2002 statt, mit Vorführung des CABINETS DES DR. CALIGARI auf einer Wasserleinwand! Siehe http://www.caligari-platz.de. Vom 9.–19.9.2010 veranstaltete die Brotfabrik unter dem Namen »Somnambule« das »erste internationale Caligari-Festival«, siehe http://somnambule.brotfabrik.com.

631 Warm 1970, S. 13; siehe auch Warm 1954, S. 9.

632 Warm 1970, S. 15.

633 Goetz 1954, S. 133f; Krauß 1958, S. 78f; Rolf Hempel gibt an, die Anekdote im November 1963 von G.W. Pabst gehört zu haben, der erzählte, Krauß höchstpersönlich habe die neuen Kleider auf einem Trödelmarkt erstanden, Hempel 1968, S. 49; diese Version lässt auch Lil Dagover in ihrer Autobiografie wiedergeben, Dagover 1979, S. 86.

634 Warm 1970, S. 14.

635 Notiz aus dem Nachlass Margarete Reimanns, 1950er Jahre, zit. nach Reichmann 1997, S. 68.

636 Warm 1970, S. 13.

637 Ebd., S. 15.

638 IFK, Nr. 6/ 1920, S. 2–5, siehe hier S. 326–329.

639 Warm 1970, S. 15.

640 LBB, Nr. 2, 10.1.1920; FK, Nr. 11, 14.1.1920, S. 4; FK, Nr. 12, 15.1.1920, S. 4; DF, Nr. 3, 18.1.1920, S. 45f.

641 FK, Nr. 9, 11.1.1920, S. 4.

642 Cook 1981, S. 117.

643 LBB, Nr. 4, 24.1.1920, S. 17f; FK, Nr. 20, 24.1.1920, S. 4 (dort: »Du/musst/Dr. Kaligari/werden«).

644 EIFZ, Nr. 4, 24.1.1920, Titelblatt; FK, Nr. 23, 28.1.1920, S. 4; FK, Nr. 25, 30.1.1920, S. 4; LBB, Nr. 5, 31.1.1920, S. 25f; DF, Nr. 5, 1.2.1920, S. 49f; FK, Nr. 27, 1.2.1920, S. 4; FK, Nr. 29, 4.2.1920, S. 4; FK, Nr. 31, 6.2.1920, S. 4.

645 FK, Nr. 32, 7.2.1920, S. 4; FK, Nr. 35,
11.2.1920, S. 4; FK, Nr. 37, 13.2.1920,
S. 4; FK, Nr. 38, 14.2.1920, S. 4; FK,
Nr. 43, 20.2.1920, S. 4; FK, Nr. 45,
22.2.1920, S. 3; FK, Nr. 46, 24.2.1920,
S. 3.; FK, Nr. 47, 25.2.1920, S. 4; FK,
Nr. 48, 26.2.1920, S. 4.

646 IFK, Nr. 6/ 1920, S. 2, siehe hier S. 326.

647 Dr. J.B. [Johannes Brandt]: Expressionis-
mus im Film. Die neue Kunst im Film. In:
FK, Nr. 4, 6.1.1920, S. 1; siehe auch:
Expressionismus im Film. In: EIFZ, Nr. 2,
10.1.1920, S. 27; Wbg. [Hans Wollen-
berg]: Expressionismus im Film. In: LBB,
Nr. 4, 24.1.1920, S. 26; Claus Groth: Eine
Offenbarung. In: F&B, Nr. 21, Februar
1920, S. 3–5; Aros [Alfred Rosenthal]:
Der expressionistische Film. In: BBC,
Nr. 79, 17.2.1920, S. 6.

648 Das 1913 eröffnete Marmorhaus-Kino,
dessen Name von der Außenfassade aus
weißem Marmor stammt und dessen
Innendekoration von dem expressionistischen Maler César Klein gestaltet worden
war, wurde im Januar 2001 geschlossen,
siehe Gympel 2001; heute befindet sich in
dem Gebäude ein Bekleidungsgeschäft.

649 Janowitz 1940, S. 49f.

650 Ebd., S. 52.

651 Uraufführungs-Kritiken siehe im Anhang,
S. 307–324; dort die Film-, Theater- und
Kulturzeitschriften sowie die meisten
Berliner Tageszeitungen erfasst.

652 DNS, Nr. 5, Mai 1920, S. 137.

653 FK, Nr. 51, 29.2.1920, S. 2.

654 E.B. in: Kin, Nr. 686, 3.3.1920.

655 J.P.M. in: Vor, Nr. 134, 13.3.1920, S. 2.

656 BBC, Nr. 101, 29.2.1920, S. 8.

657 FDB, Nr. 29, 14.3.1920, S. 695–698.

658 Thompson 1990, S. 137.

659 Ebd., S. 124.

660 Riess 1956, S. 118f; Eisner 1982, S. 7.

661 Der Begriff »Le Caligarisme« wurde ursprünglich geprägt als negative Kennzeich-
nung des deutschen Films durch den Chefredakteur der Pariser Filmzeitschrift La
Cinématographie Française Paul de la
Borie, als Nachfolgebegriff zu »Boche-
Film«. Texte von de la Borie: Le Cabinet
du Docteur Caligari. In: CF, Nr. 159,
19.11.1921, S. 65; Le Cabinet du Dr Caligari. In: CF, Nr. 175, 11.3.1922, S. 10;
Gare au »Caligarisme«! In: CF, Nr. 178,

1.4.1922, S. 1–3; On Emboche. In: CF,
Nr. 181, 22.4.1922, S. 1–3; deutsche
Reflektion in der Zeitschrift Der Film:
Der deutsche Film in Frankreich. In: DF,
Nr. 52, 24.12.1921, S. 42f; »Das Kabinett
des Dr. Caligari« in Paris. In: DF, Nr. 11,
12.3.1922, S. 58f; Wie uns das Ausland
sieht. Was ist erwünscht? – Sturmangriff
gegen den Caligarismus. In: DF, Nr. 19,
7.5.1922, S. 31–37; Nochmals Caligari.
In: DF, Nr. 33, 13.8.1922, S. 53; Eindrücke
von einer Pariser Reise. In: DF, Nr. 12,
19.3.1922, S. 40; Ein französischer Sturmangriff gegen den »Caligarismus«. In: DF,
Nr. 18, 30.4.1922, S. 34; »Katharina die
Große« in Paris – Nochmals der Caligarismus. In: DF, Nr. 22, 28.5.1922, S. 36;
Nochmals der »Caligarismus«. In: DF, Nr.
26, 25.6.1922, S. 27; Forschungsliteratur:
Abel 1988 (mit englischer Übersetzung
zeitgenössischer französischer Filmkritiken), Kasten 1996a. Später wurde der
Begriff unreflektiert als Etikett für expressionistischen Film verwendet, vgl. die
fürchterlichen Artikel zu »Caligarismus«
und »Expressionismus« von Julia Gerdes
in Thomas Koebner (Hg.): Reclams Sach-
lexikon des Films. Stuttgart: Reclam 2002,
S. 89–91 & 154f.

662 Borgelt 1968–1969, Teil 9 vom 12.1. und
Teil 10 vom 19.1.1969.

663 Jedoch wurde CALIGARI später auch im
Mozartsaal aufgeführt, siehe Anzeige in
Kaul 1970, S. 24.

664 Die Partitur ist verschollen. Allerdings
haben zur Uraufführung der rekonstruierten CALIGARI-Version in Düsseldorf im
Jahr 1984 Lothar Prox und Emil Gerhardt
anhand anderer Becce-Stücke eine Musik
zusammengestellt, die Becces CALIGARI-
Komposition nahekommen soll. In einer
Einspielung des Orchestra della Svizzera
Italiana unter Leitung von Mark Andreas
in Lugano vom 5.12.1988 ist diese Musik
1990 in Frankreich auf der Videoveröffentlichung der rekonstruierten CALIGARI-
Version erschienen, 1999 auf DVD (Films
Sans Frontières); in einer von einem zwölf-
köpfigen Ensemble unter Leitung von Helmut Imig eingespielten Version 2001 bei
Koch Schwann auf CD, vgl. Mörchen
2002. Eine wunderbare Aufführung dieser
Musik durch das Landesjugendorchester

Bremen unter der Leitung von Stefan Geiger habe ich im Jahr 2006 im Bremer Kino 46 gesehen. Zu Becces Musik siehe auch: Joachim Fontaine: Caligari meets Schönberg. Das Gesamtkunstwerk von Musik, Kunst und Film im Expressionismus. In: Beil/Dillmann 2010, S. 314–320.

665 BBZ, 29.2.1920; siehe hier S. 314.

666 Huaco 1965, S. 34; siehe auch Luft 1954, S. 378f.

667 Kurtz 1926, S. 54; Pommer 1947, S. 78.

668 Pommer 1947, S. 78.

669 Janowitz 1940, S. 49.

670 Kracauer 1947, S. 72f.

671 Janowitz 1940, S. 48f.

672 Ebd., S. 77f.

673 C.L.: Autor und Regisseur. Zum Fall Mayer contra Jeßner. In: FK, Nr. 272, 13.12.1922; Herr Mayer protestiert. In: LBB, Nr. 51, 16.12.1922, S. 12; siehe auch: Kasten 1994, S. 150–152; Kasten 1996, S. 76.

674 Kraszna-Krausz 1938.

675 Kaul 1970, S. 23; Langs Aussage verträgt sich mit Janowitz' Darstellung, er habe Fritz Lang schon zuvor gekannt, und dieser habe vorgeschlagen, Janowitz solle ein Film-Drehbuch für die Decla schreiben, Janowitz 1940, S. 37.

676 DF, Nr. 41, 12.10.1919, S. 36; Kin, Nr. 667, 15.10.1919.

677 Quaresima 1991.

678 IFK, Nr. 6/ 1920, siehe hier S. 325–332; auch: EIFZ, Nr. 9, 28.2.1920, S. 33f.

679 Janowitz 1952/53, S. 2.

680 Ebd.

681 Warm 1970, S. 13, ähnlich schon in Warm 1954, S. 8.

682 Janowitz 1940, S. 49.

683 EWIGER STROM (1920, Johannes Guter): DF, Nr. 43, 26.10.1919, S. 32; *Der Teufel ist so alt wie die Welt* (nicht realisiert): LBB, Nr. 45, 8.11.1919, S. 28; EIFZ, Nr. 44, 8.11.1919, S. 45; DF, Nr. 45, 9.11.1919, S. 37; DER JANUSKOPF (Arbeitstitel *Schrecken*, 1920, F.W. Murnau): FK, Nr. 34, 10.2.1920, S. 3.

684 FK, Nr. 1, 1.1.1920; LBB, Nr. 1, 3.1.1920, S. 12a; EIFZ, Nr. 1, 3.1.1920, S. 30 & 31; DF, Nr. 1, 4.1.1920, S. 38; FK, Nr. 4, 6.1.1920, S. 1; Kin, Nr. 678, 7.1.1920; DLSZ, Nr. 2, 10.1.1920, S. 10.

685 FK, Nr. 7, 9.1.1920, S. 3; LBB, Nr. 2, 10.1.1920, S. 21; DF, Nr. 2, 11.1.1920, S. 43; EIFZ, Nr. 3, 17.1.1920, S. 31; Kin, Nr. 679/80, 21.1.1920.

686 B. Z., 27.2.1920.

687 LBB, Nr. 9, 28.2.1920, S. 16.

688 DNS, Nr. 5, Mai 1920, S. 136f.

689 Kin, Nr. 686, 3.3.1920.

690 Janowitz 1920 (als Hans Valentin); *Gründe für die Autorenzuschreibung an Hans Janowitz:* 1.) Verwendung des Pseudonyms Hans Valentin: Das Pseudonym verwendet er auch später wieder, um sich und seine Familie nach der Machtergreifung der Nazis zu schützen, siehe Rieß 1995, S. 24; 2.) Kontrahent Julius Sternheim: Decla-Direktor Sternheim antwortete auf den Valentin-Aufsatz und deutet Insider-Wissen über den Autor an: »Einer der heutigen lautesten Rufer im Streit um die geistige Urheber- und Vorherrschaft im Film wollte vor kaum Jahresfrist seinen Namen in einem, dann sehr erfolgreichen Film nur hinter einem Pseudonym verstecken wissen, da er fürchtete, seine Betätigung als Filmautor könnte seinen literarischen Ambitionen schaden.«, Sternheim 1920a, S. 1144; 3.) Direkter Hinweis in einem späteren Text von Hans Janowitz: »At one time I composed an essay on the dramaturgic structure of a motion picture, which was published in a Berlin periodical.«, Janowitz 1940, S. 30; 4.) Inhalt: Die im Valentin-Text vertretene Auffassung von der dominanten Rolle des Filmautors entspricht Janowitz' Auffassung in Janowitz 1940; 5.) Stil: Janowitz hat auch andere polemische Texte in ähnlichem Stil verfasst: gegen Kriegstreiber und Untertanentum (Janowitz 1919, 1919a, 1919c), und gegen Produzenten, die Ideen von Filmautoren ändern (Janowitz/Galeen 1921, Janowitz 1940); *Grund für die Datierung der Textentstehung:* Wie das Veröffentlichungsdatum von Sternheims Reaktion auf den Valentin-Text zeigt, liegen zwischen Entstehung und Veröffentlichung von Texten im *Tage-Buch* etwa drei Monate. Gehen wir vom Veröffentlichungsdatum des Valentin-Texts drei Monate zurück, befinden wir uns Mitte März 1920, zwei Wochen nach der CALIGARI-Uraufführung. Wir können also ver-

muten, dass Janowitz den Text geschrieben hat, kurz nachdem er die Kritiken in den Fachzeitschriften gelesen hat. – Janowitz' Text findet wenige Tage nach der Veröffentlichung eine kurze Erwähnung im *Film-Kurier,* allerdings nur unter Nennung des Namens Hans Valentin: FK, Nr. 127, 15.6.1920, S. 1; nur Sternheims, nicht Janowitz/Valentins Text wird in einem Überblick der *Hamburger Theaterzeitung* reflektiert: Kino und Film im »Tagebuch«. In: HTZ, Nr. 38, 24.9.1920, S. 14–17.

691 Janowitz 1940, S. 1.

692 Janowitz 1940, S. 32.

693 Janowitz 1920, S. 743.

694 Ebd., S. 744.

695 Sternheim 1920a.

696 Achtung, Terminologie: In einem ähnlichen Text von 1918 verwendet Sternheim ebenfalls den Ausdruck »Filmdichter«, allerdings nicht in der dann von Valentin intendierten Bedeutung, sondern genau in der Bedeutung, die er 1920 dem Ausdruck »Filmautor« zuschreibt, Sternheim 1918.

697 Auch später meldete Sternheim sich noch einmal zum Thema »Filmautor« zu Wort, als Reaktion auf einen »offenen Brief« von Willy Haas, der Filmautoren, die sich über die Umsetzung ihres Manuskriptes beschwerten, entgegenhielt, dass sie auf ihrem Urheberrecht bestehen können. Sternheim entgegnete, Filmautoren sollten erstmal so professionell werden, dass ihre Manuskripte sich überhaupt eigneten, in Filme umgesetzt zu werden; siehe: Haas 1921, Sternheim 1921, Schulz 1921, Sternheim 1921a.

698 Wichtige Quellen für dieses Kapitel waren die Biografien in CG und Weniger 2001.

699 Karl Freund: Ein Filmkünstler [Nachruf auf Carl Mayer]. Zit. nach Kaul 1970, S. 79–81.

700 Kasten 1990a, S. 81.

701 S&S, Nr. 9, September 2002, S. 46; die nächste Umfrage dieser Art wird zurzeit durchgeführt und 2012 veröffentlicht.

702 Siehe Kasten 1994, S. 34–41.

703 Janowitz 1940, S. 19.

704 Beide Filme sind verschollen. Jedoch gelang es im Jahr 2010, ein etwa 13-minütiges Fragment von MARIZZA zu restaurieren, das sich im Besitz eines italienischen Sammlers befand. Es wurde auf dem Stummfilmfestival in Pordenone am 6.10.2010 aufgeführt, siehe auch http://bit.ly/fgNJTN. Zu DER JANUSKOPF siehe Brill 2011.

705 »Nearly all of my friends of the early school days, in Prague, are gone. Deported. Shot. Gassed. Burned. The finest man I had in my factory, director Ingenieur Hajek, 64 years old, excellent as expert, brave and faithful as friend, killed by the beasts while deported to Poland. The same fate had my first Chemist. My good small town lawyer in Podebrady, a man of immortal honesty, his wife and two children, clever, beautiful people – killed and gassed. All my mother's family is gone. Grandparents, parents, children – all three generations gone in Birkenau. The same fate had the family of my father's side. Fathers, mothers, children – gone. Gassed. My brother Otto, the musician, thank God, is in New York. With his wife. A fine son of a cousin of mine, from Vienna, is in London. All the others have vanished – tortured to death by the mad ›master race‹, gone – ›Caligari‹, as I felt, from 1918, they would.«, Janowitz in einem Brief an Carl Mayers Schwägerin Edith, 24.10.1945, SDK, Nachlassarchiv. Eine Liste der NS-Opfer in Janowitz' Verwandtschaft enthält 33 Einträge, SDK, Nachlassarchiv.

706 Janowitz 1940, Kracauer 1947.

707 Felix Jackson, CBS Television an Janowitz, 22.6.1953, SDK, Nachlassarchiv.

708 Kracauer 1947, S. 72–74; Eisner 1952, S. 24; siehe auch hier S. 214.

709 Siehe hier S. 267f und 271f.

710 Briefwechsel zw. Wiene und Ufa in den Ufa-Akten des Bundesarchivs Berlin, BArch R 109 I/5175; die genannten Arbeitstitel dort im Brief Wienes an Ufa-Direktor Meydam vom 3.6.1932, S. 2.

711 FK, Nr. 50, 28.2.1920, S. 1; siehe hier S. 310.

712 Vgl. S. 272–275.

713 Kracauer 1947, S. 76.

714 Kin, Nr. 686, 3.3.1920; siehe hier S. 317.

715 FDB, Nr. 29, 14.3.1920, S. 697; siehe hier S. 321.

716 Kin, Nr. 696, 16.5.1920; siehe hier S. 324.

717 Siehe Brill 2009a.

718 Abd, 27.2.1920; siehe hier S. 308.

354

719 BBC, Nr. 101, 29.2.1920, S. 8; siehe hier S. 313.

720 Zit. nach Kaul 1970, S. 20.

721 BArch R 109 I/5175, Briefwechsel zw. W.H. Voeller von Fitra Productions, Hollywood, Friedrich Fehér und der Ufa, 17.5.–26.8.1937.

722 LBB, Nr. 9, 28.2.1920, S. 18; siehe hier S. 311.

723 Kin, Nr. 696, 16.5.1920; siehe hier S. 324.

724 L. K. Fredrik: Genuine. In: FK, Nr. 196, 3.9.1920, S. 1.

725 Kin, Nr. 696, 16.5.1920; siehe hier S. 324.

726 BBC, Nr. 101, 29.2.1920, S. 8; siehe hier S. 313.

727 Dagover 1979, S. 75–99.

728 Beyer 1991, S. 10.

729 Briefwechsel in der SDK, Janowitz-Sammlung.

730 Warm 1970, S. 12.

731 FK, Nr. 7, 9.1.1920, S. 3.

732 FK, Nr. 9, 11.1.1920, S. 3.

733 BArch R 109 I/5264, Protokolle der Vorstandssitzungen der Decla-Bioscop AG.

734 Die provisorische Leitung der Decla-Bioscop. In: FK, Nr. 222, 23.9.1921, S. 1; Julius Sternheims Abschied. In: DF, Nr. 40, 2.10.1921, S. 52.

735 Herr Sternheim doch bei der National. In: DF, Nr. 21, 21.5.1922, S. 39.

736 BArch R 109 I/5437a; Eine Sternheim-Film G.m.b.H. In: FK, Nr. 149, 29.6.1923, S. 2.

737 Julius Sternheim 50 Jahre. In: FK, Nr. 135, 12.6.1931, S. 2.

738 BArch, personenbezogene Unterlagen des ehemaligen Berlin Document Center aus der Reichskulturkammer.

739 Warm 1970, S. 16.

740 Jaeger 1954.

741 Der Nachlass von Reimann befindet sich seit 1989 im Archiv des Deutschen Filmmuseums, Frankfurt; Bestandsverzeichnis und viele Beiträge zu Reimanns Leben und Werk in Reichmann 1997.

742 Weinberg 1940, S. 3; Pommer 1947, S. 78; Rotha 1980, S. 2.

743 Gandert 1978, S. 32; zwei Bleistiftzeichnungen mit Entwürfen für dieses Blatt befinden sich im Archiv der SDK, Plakate/Set Design, Röhrig-Sammlung.

744 Nach einer Umfrage des Kinmatheksverbundes im Jahr 1995, siehe Kinmatheksverbund 1999.

745 Bogdanovich 1967, S. 140; Hans Janowitz behauptete, Lang sei auch für die Regie seines in Amerika geplanten Remakes vorgesehen gewesen, Telegramm von Janowitz an Paul Rotha, London vom 19.1.1945, SDK, Janowitz-Sammlung, auch zit. in Budd 1984, S. 12; Budd 1990, S. 33.

746 Kurtz 1926.

747 Warm 1970, S. 15; einer Angabe Lotte Eisners folgend wird manchmal fälschlicherweise Walter Reimann als Mitarbeiter an GENUINE angegeben, Eisner 1952, S. 28.

748 BArch R 109 I/5264, Protokoll der Vorstandssitzung der Decla-Bioscop AG vom 15.10.1920, S. 12.

749 Erich Pommer in der französischen Filmzeitschrift CF, zit. nach DF, Nr. 33, 13.8.1922, S. 53.

750 FK, Nr. 196, 3.9.1920, S. 1.

751 BBC, Nr. 415, 5. 9. 1920, S. 4; weitere zeitgenössische Kritiken: 8UA, 3.9.1920; DF, Nr. 36, 4.9.1920, S. 28; VZ, Nr. 437, 4.9.1920; BBZ, 5.9.1920; BLA, 5.9.1920; FuP, Nr. 9, 11.9.1920, S. 221; HTZ, Nr. 37, 17.9.1920, S. 17f; TB, Nr. 37, 25.9.1920, S. 1219f; DLSZ, Nr. 40, 9.10.1920, S. 3f; IFW, Nr. 37/ 1920, S. 374–376; Programmheft: IFK, Nr. 25/ 1920; siehe auch Brill 2010b und http://filmhistoriker.de/films/genuine.htm.

752 Kurtz 1926, S. 73. GENUINE galt lange Zeit als verschollen. Es war nur bekannt, dass sich in der Cinémathèque Française und der Cinémathèque de Toulouse nicht vorführbare Fragmente auf Nitrofilm befanden. Ein weiteres Fragment tauchte in Amerika in der Raymond Rohauer Collection auf, letzteres wurde 2002 als Extra auf der CALIGARI-DVD des amerikanischen Labels »Kino Video« veröffentlicht. 1996 gelang es jedoch dem FMM in Zusammenarbeit mit dem BFArch sowie Archiven in Bologna, Toulouse und Lausanne, eine rekonstruierte Version von GENUINE anzufertigen, die fast der Originallänge entspricht.

753 Salt 1990; siehe auch hier S. 220.

754 FK, Nr. 31, 4.2.1922, S. 2f.

755 K. Ok. [Krichi Okajima]: Japan und der deutsche Film. In: LBB, Nr. 52,

29.12.1923, S. 18; siehe auch Kurtz 1926, S. 66; Von Morgens bis Mitternachts galt lange Zeit als verschollen, bis Ende der 1950er Jahre im National Film Center in Tokio eine einzige Nitrokopie wiederentdeckt, umkopiert, später vom Staatlichen Filmarchiv der DDR erworben und am 21.1.1963 erstmals in Berlin aufgeführt wurde; in einer vom FMM restaurierten Fassung in der Edition Filmmuseum im Juli 2010 auf DVD erschienen und am 31.8.2010 auf Arte gesendet, siehe http://filmhistoriker.de/magazine/von_morgens_dvd.htm.

756 LBB, Nr. 26, 26.6.1920, S. 34.

757 DNS, Nr. 7, Juli 1920, S. 198.

758 DNS, Nr. 9, September 1920, S. 256.

759 LBB, Nr. 6, 5.2.1921, S. 33.

760 Willy Haas in FK, Nr. 25, 29.1.1921, S. 2, Nachdruck in Jacobsen/Prümm/Wenz 1991, S. 39–41; weitere Kritiken: 8UA, 29.1.1921; DF, Nr. 5, 29.1.1921, S. 49; Vor, Nr. 49, 30.1.1921; TB, Nr. 5, 5.2.1921, S. 157f; Kin, Nr. 729, 6.2.1921; Programmheft: IFK, Nr. 31/ 1920.

761 Kurtz 1926, S. 75; der Film gilt als verschollen, vgl. Kasten 1990, S. 100, Anm. 206.

762 BT, Nr. 519, 4.11.1923.

763 TB, Nr. 46, 17.11.1923, S. 1609.

764 FK, Nr. 243, 29.10.1923, S. 1; weitere zeitgenössische Kritiken: BBC, Nr. 508, 29.10.1923; VZ, Nr. 513, 30.10.1923; Vor, Nr. 508, 30.10.1923; LBB, Nr. 44, 3.11.1923, S. 13; DF, Nr. 44, 4.11.1923, S. 24; Kin, Nr. 872, 4.11.1923, S. 7; BT, 4.11.1923; DT, 28.12.1923; ausführlichere Behandlung von Raskolnikow in Jung/Schatzberg 1995, S. 101–107; eine Rekonstruktion wurde 1992 vom Nederlands Filmmuseum in Amsterdam angefertigt.

765 Nach einem Zensureingriff im Jahr 1928 wurde der Name der Figur in Spring Heeled Jack geändert, siehe LBB, Nr. 151, 23.6.1928, S. 21.

766 TB, Nr. 47, 22.11.1924, S. 1672; weitere zeitgenössische Kritiken in Bock 1986, S. 285–287, siehe auch dort S. 24–31 & 160–173; Drehbuch, Texte zum Film und weitere Quellen in: Belach/Bock 1994; Programmheft: IFK, Nr. 39/ 1924; siehe auch Brill 2012.

767 Kracauer 1947, S. 94; Programmheft: IFK, Nr. 39/ 1924.

768 Eisner 1952, S. 118.

769 Anfang Oktober 1925 verbrannte auf dem Zollamt in Paris das einzige Negativ des Films, die Versicherung zahlte später einen Schaden in Höhe von 230.000 Reichsmark, Kin, Nr. 973, 11.10.1925; LBB, Nr. 80, 2.4.1928, S. 3; eine restaurierte Version des Films wurde 2002 von Kino Video auf DVD veröffentlicht.

770 Kurtz 1926, S. 86–108.

771 DT, 28.12.1923, Nachdruck in: Béla Balázs: Schriften zum Film, Bd. 1: »Der sichtbare Mensch«. Kritiken und Aufsätze 1922–1926. München: Hanser; Berlin: Henschel 1982, S. 261f.

772 Sudendorf 1993, S. 91; Scheunemann 2003a, S. 1; vgl. hier S. 293f; zur Neubewertung des Begriffs »expressionistischer Film« siehe auch Quaresima 1992 und Elsaesser 1999.

773 Huaco 1965, S. 3–7 & 25–91.

774 Vry, 14.7.1931, S. 43.

775 Rhodes 2010.

776 Posner 2001, S. 121–130; beide 2005 in den USA auf DVD erschienen (»Unseen Cinema«, Image Entertainment).

777 Siehe mein: Form-Experimente: Auf der Suche nach der Innovation. In: Brill/Roschlau 2009, S. 72–75.

778 Vgl. Aumont/Benoliel 2008.

779 Eisner/Friedrich 1958, S. 264.

780 Salt 1979, S. 119; Kasten 1990, S. 73–78 & 101; zeitgenössische Kritiken zu Torgus in Omasta/Mayr/Cargnelli 2003, S. 271–273.

781 BArch R 109 I/5175; vgl. Quaresima 1991, 1997.

782 Spitzmuller 1922; das Exemplar der Stiftung Deutsche Kinemathek, das Quaresima verwendet hat, konnte dort später nicht mehr aufgefunden werden; er war so freundlich, mir seine Kopie zur Verfügung zu stellen. Die Französische Nationalbibliothek hat weitere Exemplare. Zu Spitzmuller: Émile Fourquet: Les hommes célèbres et les personnalités marquantes de Franche-Comté du IVe siècle a nos jours. Réimpression de l'édition de Besançon, 1929. Marseille: Laffitte Reprints 1993, S. 531; die Französische Nationalbibliothek

listet über hundert Werke Spitzmullers auf, http://bit.ly/bylJha.

783 Die Häuser Holstenwalds (sic) erscheinen im nächtlichen Mondlicht blau, mit grün-lich leuchtenden Fenstern, Janes Schlaf-zimmer ist weiß mit grünen, gelben und blauen Streifen, Césare trägt Jane über die grünlichen und bläulichen Dächer der Stadt, und Jane kommt im vergilbenden Halbschatten wieder zu sich; Spitzmuller 1922, S. 6, 33, 35, 37.

784 Ebd., S. 2.

785 Ebd., S. 29, 33.

786 Ebd., S. 18f.

787 Ebd., S. 17.

788 Ebd., S. 20.

789 Ebd., S. 23.

790 Georges Clarrière: Films and »Grand-Guignol«. [Latest From France.] In: Bsc, Nr. 981, 30.7.1925, S. 44; zum Grand-Guignol: Antona-Traversi 1933; LT, Nr. 2, 1969 [Grand-Guignol-Ausgabe]; Kersten/Neubaur 1976; Gordon 1988; Maerz 1992.

791 Alain ist hier in der Binnenhandlung nur noch Francis' Begleiter und übernimmt in der Rahmenhandlung die Rolle des alten Mannes, der Francis' Geschichte zuhört.

792 Lorde/Bauche 1927; das Stück, in dieser Veröffentlichung in sieben Bildern wieder-gegeben, wurde Anfang der 1950er Jahre erneut vom Grand-Guignol aufgeführt und enthielt da neun Bilder (Grand-Guignol-Theaterzettel 1951–2 und 1952–3, Aus-kunft von Mel Gordon, der glaubt, es sei möglich und wahrscheinlich, dass es sich bei den beiden zusätzlichen Szenen nur um eine neue Szeneneinteilung handle und nicht um eine Ergänzung des Textes, E-Mail an mich vom 17.1.2002). Zeitge-nössische Besprechungen: Regis Ginoux: Le noveau spectacle au Théâtre du Grand-Guignol. In: Cmd, Nr. 4732, 6.12.1925, S. 2; ap.: Dr. Caligaris Kabinett im Grand-Guignol. In: B.Z., Nr. 343, 15.12.1925.

793 BArch R 109 I/5175, Anfrage von D. van Ollefen vom 24.10.1930.

794 Uraufführung 15.3.1980, Freiburger Kam-mertheater (Regie Carlos Trafic): Gerhard Jörder: Filmischer als Film: »Caligari« in Freiburg. In: Th, Nr. 6, Juni 1980, S. 56f (ab 11.5.1989 noch einmal unter Trafics Regie aufgeführt im tif – theater im fride-ricianum, Staatstheater Kassel); Aufführ-ung des Ernst Deutsch Theaters Hamburg (Regie Katrin Kazubko), Gastspiel in Hagen, November 2000: Marianne Hoppe: Zwischen Wahnsinn und Realität. In: Wp, Nr. 270, 20.11.2000; -o-: Furcht erregen-der Caligari und sein Kabinett begeisterten. In: WR, 20.11.2000; Hamburg (ab 4.10.2001): Jan-Barra Hentschel: Schlaf-wandler als Mordwerkzeug. In: HN, 6.10.2001; Monika Nellissen: Herr Dok-tor, warum gucken Sie denn bloß so totenbleich? In: DW, Nr. 233, 6.10.2001, S. 43 (Regionalteil Hamburg); vielen Dank an Remmer Koch und Karin Nissen vom Ernst Deutsch Theater, Hamburg.

795 Cor Gout: In het kabinet van dr. Caligari. In: Sk, September/Oktober 1984, S. 18f; Robert Sklar: Screen Play. In: FC, Nr. 3–4, 1988, S. 52–55.

796 http://bit.ly/a8pKz6; Besprechung: Vry, 23.2.1997.

797 http://www.actiontheater.org, Zugriff am 31.12.2002 (nicht mehr online).

798 http://www.caligari-musical.de.

799 http://bit.ly/cTpp8Q; http://bit.ly/9cQULA; http://bit.ly/cAuBwF.

800 Peter Hans Göpfert: Jahrmarkt, Irrenhaus, Wahnsinn. In: BMp, Nr. 86, 28.3.2002, S. 15; weitere Besprechungen: Joachim Kronsbein: Katastrophe als Kopfgeburt. In: Sp, Nr. 13, 25.3.2002, S. 216; Chris-toph Funke: Suche nach dem Welten-schöpfer. In: NZZ, Nr. 73, 28.3.2002, S. 33; Matthias Heine: Ich Monster, Du Jane. In: DW, Nr. 74, 28.3.2002, S. 27; Andreas Kilb: Zum Jahrmarkt! In: FAZ, Nr. 74, 28.3.2002, S. 49; Harry Kroekel: Dr. Caligari wieder mal echt Wilson. In: BK, 28.3.2002 (siehe auch Ausgabe vom 30.3.2002: Rippenbrüche im Caligari-Cabinet); Kai Luehrs-Kaiser: Und dann und wann ein Urmel aus dem Eis. In: WK, Nr. 74, 28./29.3.2002, S. 23; Rüdiger Schaper: Der verspielte Zauber. In: TSP, Nr. 17719, 28./29.3.2002, S. 27; Christo-pher Schmidt: Der fliegende Robert. In: SZ, Nr. 74, 28./29.3.2002, S. 19; Ulrich Seidler: Als Sehtest brauchbar. In: BZ, Nr. 74, 28./29.3.2002, S. 9; Esther Slevogt: Wände reißen auf, Häuser fahren vorbei. In: taz, Nr. 6712, 28./29.3.2002, S. 17;

Beate Clausnitzer: Bei uns im Irrenhaus. In: Zt, Nr. 15, 4.4.2002, S. 38; Barbara Burckhardt: Im Kabinett des Doktor Wilson. In: Th, Nr. 5, Mai 2002, S. 16f; Interview mit Robert Wilson: Stummtheater. In: Schn, Nr. 37, Frühjahr 2005, S. 16f.

801 http://mysp.ac/ctmXeL, Zugriff am 17.8.2010 (nicht mehr online), zu Aufführungen in Berlin im September 2010 siehe http://bit.ly/fWFYds.

802 Ausführliche Briefwechsel zur Rechtesituation in den 1930er Jahren befinden sich in den Ufa-Akten des Bundesarchivs Berlin, BArch R 109 I/5175 und in der Janowitz-Sammlung, SDK, dort auch Janowitz' Briefwechsel mit Pommer und den Matrays (z.T. über die Agenten Paul Kohner und Julius B. Salter) und der Brief an Edith Mayer: vom 24.10.1945; Brief Cocteaus an Wiene in Cocteau 1979, S. 104f. Siehe auch: Kasten 1996, 1997.

803 Lippert, After 79, Billed Producer. In: Vry, Nr. 10, 1.2.1961, S. 3 & 17. Bei der Vermittlung der Rechte spielte möglicherweise Ernst Matray eine Rolle, vgl. Luft 1962, S. 364; siehe auch Kasten 1996, S. 89, der vermutet, Matray habe möglicherweise Janowitz und die Mayer-Erben abgefunden.

804 Zwischen Kay und Bloch kam es während der Produktion zum Bruch. Danach verlangte Kay, der das Drehbuch komplett umgeschrieben hatte, als alleiniger Autor genannt zu werden. Der Streit wurde von einem Schiedsgericht der amerikanischen Autorenvereinigung entschieden, das Bloch die alleinige Autorschaft zusprach, siehe Bloch 1993, Kapitel 31, S. 258–268 und THR, 6.3.1962. Laut Auskunft der Writers Guild of America sind deren Unterlagen streng vertraulich und stehen nicht zur Einsicht zur Verfügung, E-Mail an mich vom 16.11.2001. Vielen Dank an Tom Weaver, der die Produktionsmeldungen aus dem THR recherchiert und mir seine Notizen zur Verfügung gestellt hat.

805 THR, 26.7.1961; Murray Schumach: New Film Makes Horror A Science. In: NYT, Nr. 37942, 11.12.1961, S. 41; vgl. zu Wiene: Janowitz 1940, S. 16; Kracauer 1947, S. 72.

806 Luft 1962, S. 366; weitere zeitgenössische Besprechungen: Vry, Nr. 12, 16.5.1962, S. 6 & 19; FQ, Nr. 3, Frühling 1963, S. 50–52; Nw, 11.6.1962; SZ, Nr. 173, 20.7.1962, S. 12; Sp, Nr. 30, 25.7.1962, S. 62f; Zt, Nr. 30, 27.7.1962, S. 16; EFB, Nr. 30, 28.7.1962, S. 344f (Kritik Nr. 384, Ergänzung in Nr. 32, 11.8.1962, S. 373); fd, Nr. 32, 8.8.1962, S. 314 (Kritik Nr. 11298); mehr in der Ausschnittsammlung der Bibliothek des Filmmuseums Berlin; zu Kay und CALIGARI siehe auch Weaver 2001.

807 MFB, Nr. 344, September 1962, S. 125.

808 FKrit, Nr. 10, Oktober 1959, S. 263.

809 Zu HORROR VACUI siehe Praunheim 1984; Besprechungen: epd, Nr. 10, Oktober 1984, S. 24f; fd, Nr. 26, 28.12.1984, S. 587 (Kritik Nr. 24898); Zm, Nr. 23, 5.12.1984, S. 25f.

810 Zu DR. CALIGARI siehe Weaver 1994 (Interview mit Produzent Joseph F. Robertson).

811 http://bit.ly/dnpPRF; http://bit.ly/vxdqhG.

812 Zu THE CABINET OF DR. RAMIREZ siehe fd, Nr. 12, 13.6.1990, S. 9; Cdc, Juni 1991, S. 46; Sp, Nr. 42, 15.10.1990, S. 298, http://bit.ly/aQvLgX; Cdc, Dezember 1991, S. 72; NYT, Nr. 48514, 17.2.1991, Section 2, S. 11, 14 & 15, http://nyti.ms/9kTip9; Ausschnitt aus IM SCHATTEN DER MADE siehe auf http://vimeo.com/23795216.

813 http://bit.ly/cUPcjP.

814 Filmografische Daten zu CALIGARI-Remakes siehe hier S. 363–365.

815 LBB, Nr. 43, 21.10.1922, S. 70f; Kin, Nr. 819, 19.10.1922, S. 2f; LBB, Nr. 44, 28.10.1922, S. 40; DF, Nr. 44, 29.10.1922, S. 36; BT, Nr. 491, 29.10.1922; über Regisseur, Inhalt oder Aufführungen existieren keine weiteren Informationen, der Film wurde jedoch zensiert, war also fertiggestellt, 29.1.1923, B.06942, 5 Akte, 1604 m, Jv.

816 BArch R 109 I/5175; Besprechungen zu LARIFARI: LBB, Nr. 184, 2.8.1930, S. 2; Kin, Nr. 178, 2.8.1930; DF, Nr. 31, 2.8.1930, S. 3; DFZ, Nr. 32, 8.8.1930, S. 6f; Vry, 15.9.1931.

817 Hahn/Jansen 1989, S. 199f.

818 Besprechungen zu PARNASSUS: epd, Nr. 1, Januar 2010, S. 35; fd, Nr. 1, 7.1.2010, S. 27, siehe dort auch S. 6–10.

819 Carney/Hoffman 1992, Holewczynski 1992.

820 Zit. nach Rainer Haubrich: »Ich bin ein Papierfresser« [Interview mit Karl Lagerfeld]. In: Die Literarische Welt, Nr. 17, S. 1, Beilage DW, Nr. 98, 27.4.2002.

821 Zit. nach Peter Würth: Die Visionen des Karl Lagerfeld. In: Ztm, Nr. 44, 28.10.1994, S. 20–29, dort S. 26.

822 Lagerfeld 1995.

823 Rasovsky 1998; vielen Dank an Yuri Rasovsky, der mir sein Regie-Skript mit Produktionsnotizen zur Verfügung stellte.

824 Lofficier/Thomas/McKeever 1996 mit Superman als zentraler Figur ist eine METROPOLIS-, Lofficier/McKeever 1999 mit Batman eine CALIGARI- und Lofficier/McKeever 2003 mit Wonder Woman eine DER-BLAUE-ENGEL-Adaption.

825 Moore/O'Neill 2008, unpaginiert, siehe den dreiseitigen Text *The Sincerest Form of Flattery: Les Hommes Mysterieux and others, 1909–1924.*

826 In der 1966 ausgestrahlten DOCTOR-WHO-Geschichte THE GUNFIGHTERS, die im Wilden Westen spielt, nennt der Doctor (William Hartnell) sich Dr. Caligari; in der zu Halloween 2011 ausgestrahlten SIMPSONS-Episode TREEHOUSE OF HORROR XXII wird im Abspanntitel der Name des Hauptsprechers Dan Castellaneta (Homer Simpson) verballhornt zu The Cabinet of Dan Caligari-neta.

827 Die Noten gehören zu den Raritäten der CALIGARI-Sammlung im Archiv der SDK. Sie veröffentlichte das Klavierstück im Jahr 2001 in einer von Matthias Grabi eingespielten Version auf der CD *Musik zum deutschen Film, Vol. 1: 1900–1945.* Das Titelblatt der Noten ist abgebildet in Aurich/Jacobsen 2000, S. 51.

828 Janowitz 1940.

829 Siehe hier S. 247f.

830 Kracauer 1947, S. 67–83.

831 Ebd., S. 610.

832 Salt 1979, S. 122.

833 Rotha 1930, S. 18.

834 Eisner 1952, S. 21, 79 & 191.

835 Eisner/Grohmann 1984, S. 265.

836 Eisner/Friedrich 1958, S. 264.

837 Eisner/Grohmann 1984, S. 265.

838 Kurtz 1926; siehe auch hier S. 267–277.

839 Clément 1975, S. 131f.

840 Petro 1989, 1990; Petro orientiert sich an der Arbeit von Linda Williams, vgl. Linda Williams: When the Woman Looks. In: Doane/Mellencamp/Williams 1984, S. 83–99. Siehe auch McCormick 1993; zur Stellung der Frau in der Weimarer Republik siehe Abschnitt »The Rise of the New Woman« in Kaes/Jay/Dimendberg 1994, S. 195–219.

841 Elsaesser 1982, S. 22; ähnlich in Elsaesser 1999, S. 81.

842 Rickels 1994, Kaes 1997, 2009, Rogowski 2010.

843 Kaes 2009, Kapitel 2: Tales from the Asylum, S. 45–86.

844 Budd 1979, 1984, 1986; Elsaesser 1982.

845 Elsaesser/Wedel 1996; Elsaesser 1999.

846 Robinson 1997.

847 Rickels 1994, Kaes 1997, 2009, Rogowski 2010.

848 H. Aram Veeser (Hg.): The New Historicism. New York, London: Routledge 1989.

849 LBB, Nr. 39, 16.2.1932, S. 2.

850 Nau 1977; vgl. Müller/Weiland 2007, S. 129–131.

851 Rotha 1930, S. 93.

852 Rotha 1930, S. 621–690; in der Erstausgabe 1930 enthielt die Liste 114 Filme, in der Neuausgabe von 1949 bereits 260 (190 Spielfilme, 56 Dokumentar- und 14 Experimental- und Animationsfilme).

853 EFB, Nr. 40, 2.10.1958.

854 S&S, Nr. 9, September 2002.

855 Holighaus 2005.

856 Kinematheksverbund 1999; inzwischen erweiterte Liste auf http://bit.ly/9s1llX.

Filmografische Daten

1. Das Cabinet des Dr. Caligari

Das Cabinet des Dr. Caligari (DE 1919/20)
Regie: Robert Wiene. *Buch:* Carl Mayer, Hans Janowitz. *Kamera:* Willy Hameister.
Bauten: Hermann Warm, Walter Reimann, Walter Röhrig. *Kostüme:* Walter Reimann.
Kino-Musik: Giuseppe Becce.
Darsteller: Werner Krauß (Dr. Caligari), Conrad Veidt (Cesare), Friedrich Fehér (Franzis), Lil Dagover (Jane), Hans Heinrich von Twardowski (Alan), Rudolph Lettinger (Medizinalrat Olfen, Janes Vater), Ludwig Rex (Verbrecher), Elsa Wagner (Alans Wirtin), Henri Peters-Arnolds (junger Arzt), Hans Lanser-Ludolff (alter Mann).
Produktion: Decla-Film-Gesellschaft Holz & Co., Berlin. *Produktionsleitung:* Rudolph Meinert. *Drehzeit:* September/Oktober 1919.
Drehort: Film-Atelier Berlin-Weißensee.
Format: 35mm, s/w viragiert, 1:1.33, stumm.
Zensur: 1.) März 1920, B.43802, 6 Akte, 1780 m, Jv. 2.) 11.3.1921, B.1498, 6 Akte, 1703 m, Jv. *FSK:* 1.) 10.6.1964, 32202, 1371 m, ab 12, ff. 2.) 3.2.1995, 32202, 1505 m, ab 12, ff.
FBW: 1964, 9888, 1371 m, besonders wertvoll.
Uraufführung: 26.2.1920, Berlin (Marmorhaus); 3.9.1920, Wien (Kinostart); 3.4.1921, New York (Capitol Theatre); 14.11.1921, Paris (Colisée, einzelne Aufführung), 3.3.1922, Paris (Cinéma de l'Opéra, Kinostart). *TV:* 21.10.1961, ARD 2.
*Restaurierungen:** 1.) FMM, 1983, 1480 m, s/w; TV: 15.5.1983, ZDF; 2.) BFArch, 1984, 1492 m, Farbe; Uraufführung: 11.2.1984, Düsseldorf (Filmforum); TV: 5.12.1988, RTSI, CH; 1.6.1994, Arte; Video: 1990 (Films Sans Frontières, FR); 1996 (BMG Video, DE); DVD: 1999 (Films Sans Frontières, FR); 2002 (Kino Video, US); 2003 (Divisa Home Video, ES); 3.) FMM, 1984, 1562 m, Farbe; 4.) »Project Lumière« (CRB, FMM, CCB), 1996, 1577 m, Farbe; Uraufführung (vor Fertigstellung): 30.4.1994, Il Cinema Ritrovato, Bologna; 5.) Film Preservation Associates, Inc., 1996, Farbe; Laserdisc: 1996; DVD: 1997 (beides Image Entertainment, US), 2000 (Eureka Video, GB).

2. Decla-Filme der Saison 1919/20

Alle: *Produktion:* Decla-Film-Gesellschaft Holz & Co., Berlin. *Format:* 35mm, s/w, 1:1.33, stumm.

Weltklasse:

Pest in Florenz (DE 1919)
Regie: Otto Rippert. *Buch:* Fritz Lang. *Kamera:* Willy Hameister, Emil Schünemann. *Bauten:* Hermann Warm, Franz Jaffé, Walter Reimann, Walter Röhrig. *Kostüme:* F. & A. Diringer.

---

* Unterschiedliche Längen der Restaurierungen basieren hauptsächlich auf unterschiedlicher Laufzeit der Zwischentitel.

Kino-Musik: Bruno Gellert.
Darsteller: Theodor Becker (Franziskus, ein Einsiedler), Marga von Kierska (Julia, Courtisane), Otto Mannstaedt (Cesare, der Machthaber von Florenz), Anders Wikmann (Lorenzo, sein Sohn), Karl Bernhard (dessen Vertrauter), Franz Knaak (der Kardinal), Erner Hübsch (ein Mönch), Auguste Prasch-Grevenberg (Julias erste Bedienerin), Hans Walter (Julias Vertrauter), Julietta Brandt (die Pest), Erich Bartels.
Drehzeit: Mitte Juni – Anfang September 1919.
Drehorte: Film-Atelier und Freigelände, Berlin-Weißensee; Schloss Linderhof, Oberbayern (Außenaufnahmen). *Zensur:* 1.) Oktober 1919, B.43474, 7 Akte, 2622 m, Jv. 2.) 31.3.1921, B.1640, 7 Akte, 1979 m, Jv.
Uraufführung: 23.10.1919, Berlin (Marmorhaus).
Restaurierung: FWMS, 2001, 2078 m, s/w; Uraufführung: 10.2.2001, IFF Berlin (CinemaxX).

Harakiri (DE 1919)
(Madame Butterfly/Butterfly [Arbeitstitel])
Regie: Fritz Lang. *Buch:* Max Jungk.
Vorlage: John Luther Long, David Belasco (Theaterstück »Madame Butterfly« nach der Oper von Giacomo Puccini). *Kamera:* Max Faßbender. *Ethnografische Beratung und Bauten:* Heinrich Umlauff. *Ausstattung:* Völkerkundliches Museum I.F.G. Umlauff, Hamburg.
Darsteller: Paul Biensfeldt (Tokujawa, der Daimyo), Lil Dagover (O-Take-San, seine Tochter), Georg John (der Bonze), Meinhart Maur (Prinz Matahari), Rudolph Lettinger (Karan, der Tempeldiener), Erner Hübsch (Kin-be-Araki, der Wirt eines Teehauses), Käte Küster (Hanake, O-Take-Sans Dienerin), Niels Prien (Olaf J. Anderson, Seeoffizier), Herta Hedén [=Hedwig Wollan] (Eva, seine Frau), Loni Nest (O-Take-Sans und Olafs Sohn), Harry Frank, Josef Roemer, Karl Fenz.
Drehzeit: September – Anfang Oktober 1919.
Drehorte: Decla-Gelände auf dem Hagenbeck-Tierpark, Hamburg-Stellingen; Woltersdorf (Außenaufnahmen). *Zensur:* 1.) Dezember 1919, B.43664, 6 Akte, 2238 m, Jv. 2.) 26.1.1921, B.1170, 6 Akte, 2525 m, Jv.
Uraufführung: 18.12.1919, Berlin (Marmorhaus).
Restaurierung: BFArch, 1987, 1598 m, Farbe; Uraufführung: 20.5.1987, Berlin (Arsenal).

Das Cabinet des Dr. Caligari (DE 1919/20)
Siehe linke Seite

Der als vierter Film der Decla-Weltklasse angekündigte *Ein sterbendes Geschlecht* (FK, Nr. 78, 16.4.1920; Kin, Nr. 692/93, 25.4.1920) kam erst in der Saison 1920/21 unter dem Titel DAS BLUT DER AHNEN heraus (Regie: Karl Gerhardt, Produktion: Decla-Bioscop, Uraufführung: 5.11.1920).

Frauenklasse:

Die Insel der Glücklichen (DE 1919)
Regie: Josef Coenen. *Buch:* Wolfgang Geiger.
Kamera: Emil Schünemann. *Bauten:* Hermann Warm, Carl Ludwig Kirmse.
Darsteller: Paul Otto (Fürst Erik), Käte Röwen (Fürstin Elen, seine Gemahlin), Werner Krauß (Senator Dr. Wenning, ein Volksführer), Carola Toelle (Kate, seine Tochter), Viktor Sänger (Senator Slieve), Walter Goebel (Graf Rheyda, der Adjutant des Fürsten), Hanna Wisser (Gräfin Alix, seine Frau, Kates Freundin), Magnus Stifter (Minister Graf Fallström), Gertrud Wolle (Fräulein von Stynen, Hofdame).
Drehzeit: März 1919 (Atelier), Mai 1919 (Außenaufnahmen). *Drehorte:* Wörlitz, Privatanlagen des Herzogs von Anhalt (Außenaufnahmen). *Zensur:* 1.) Juli 1919, B.43231, 5 Akte, 1496 m, Jv. 2.) 5.2.1921, B.1255, 5 Akte, 1360 m, Jv. *Uraufführung:* 4.9.1919, Berlin (Marmorhaus, Theater am Moritzplatz).
In frühen Produktionsmeldungen wird Ressel Orla als Darstellerin genannt, wahrscheinlich vorgesehen für die Rolle der Elen (LBB, Nr. 8, 22.2.1919, S. 33; Kin, Nr. 634, 26.2.1919; DF, Nr. 9, 1.3.1919, S. 119).
Ursprünglich sollten die Außenaufnahmen in der Umgebung der bayrischen Königsschlösser stattfinden, mussten jedoch wegen der unruhigen politischen Lage in Bayern verlegt werden (LBB, Nr. 18, 3.5.1919, S. 30; DF, Nr. 19, 10.5.1919, S. 28).
Der Film gilt als verschollen.

Das ewige Rätsel (DE 1919)
Regie: Josef Coenen. *Buch:* Wolfgang Geiger.
Kamera: Willy Hameister. *Bauten:* Carl Ludwig Kirmse.

Darsteller: Carola Toelle (Eva), Werner Krauß (der Faun), Josef Ewald (Dichter Paul Wertmann), Toni Tetzlaff (Schlossherrin), Paul Otto (Richard), Josef Roemer (ein Jäger).
Drehzeit: April – Juni 1919. *Drehorte:* Bayern. *Zensur:* 1.) September 1919, B.43325, 5 Akte, Jv. 2.) 11.2.1921, B.1296, 5 Akte, 1466 m, Jv. *Uraufführung:* 16.10.1919, Berlin (Marmorhaus).

Die Ehe der Frau Mary (DE 1919)

Regie: Josef Coenen. *Buch:* Emil[e] Goerek.
Darsteller: Carola Toelle (Mary), Carl de Vogt (Stanley), Erika Unruh, Gertrud Wolle [Wollen, Wollan], Gustav Katsch, Julius Brandt, Michael Reiner-Steiner, Fred Goebel, Loni Nest, Karl Scholz.
Drehzeit: August/September 1919.
Zensur: 1.) Zensurdaten aus dem Jahr 1919 nicht nachgewiesen. 2.) 27.8.1920, B.340, 4 Akte, 1452 m, Jv. *Uraufführung:* 13.11.1919, Berlin (Marmorhaus).
In frühen Produktionsmeldungen wird Wolfgang Geiger als Autor genannt (DF, Nr. 35, 30.8.1919, S. 35; LBB, Nr. 35, 30.8.1919, S. 33; FK, Nr. 75, 2.9.1919, S. 3; FW, Nr. 29–39, 13.9.1919, S. 33).
Bei dem Schauspieler, der in einer Uraufführungs-Kritik Gustav Katsch genannt wird (LBB, Nr. 46, 16.11.1919, S. 36) und in frühen Produktionsmeldungen F.W. Katsch (LBB, Nr. 41, 11.10.1919, S. 30; DF, Nr. 41, 12.10.1919, S. 35; Kin, Nr. 667, 15.10.1919), könnte es sich um Kurt Katsch (1896–1958) handeln.
Der Film gilt als verschollen.

Der falsche Schein (DE 1919)

Regie: Emil Justitz. *Künstlerische Oberleitung:* Josef Coenen. *Buch:* Rudolf Strauß. *Bauten:* Carl Ludwig Kirmse.
Darsteller: Carola Toelle, Henri Peters-Arnolds, Robert Scholz, Claire Creutz, Helene Konschewska.
Zensur: 1.) 1919, 4 Akte, 1608 m. 2.) 2.11.1920, B.686, 4 Akte, 1484 m, Jv. *Uraufführung:* 11.12.1919.
Ein Roman zum Film von Hans Weißbach erschien in 46 Folgen im Film-Kurier (bis FK, Nr. 23, 28.1.1920).
Der Film gilt als verschollen.

Opfer (DE 1919/20)

Regie und Buch: Ernst Fiedler-Spies.
Kamera: A. O. Weitzenberg.
Darsteller: Carola Toelle (Sonja Sassuwitsch, Wilhelm Diegelmann (Mesenzwe, Polizeichef von Moskau), Jaro Fürth (Zar Paul I.), Werner Krauß (Premierminister Fürst Boris), Max Kronert (Wladimir Nikolai Sassuwitsch), Josef Rehberger (Wladimir Sassuwitsch), Ferdinand Robert (Fürst Subow), Henri Peters-Arnolds (Kronprinz Alexis, der Sohn des Zaren), Rudolph Lettinger, Max Marlinski.
Drehzeit: November/Dezember 1919. *Zensur:* 1.) Dezember 1919, B.43681, 5 Akte, 1310 m, Jv. 2.) 3.6.1921, B.2622, 5 Akte, 1074 m, Jv. *Uraufführung:* 15.1.1920, Berlin (Marmorhaus).
Ein Roman zum Film von Hans Weißbach erschien in 39 Folgen im Film-Kurier (FK, Nr. 24, 29.1.1920 bis Nr. 62, 13.3.1920).

Frauenruhm (DE 1920)

(Zwischen Ruhm und Frauenglück/Um Ruhm und Frauenglück [Arbeitstitel])
Regie: Ernst Fiedler-Spies. *Buch:* Alfred Schirokauer (nach seinem Roman »Frauenruhm«).
Darsteller: Carola Toelle, Adalbert Lenz, Josef Roemer, Hermann Vallentin, Rudolph Lettinger, Ernst Pröckl, Rudolf Forster, Lia Eibenschütz (Frau Dr. Lie).
Drehzeit: Januar 1920. *Zensur:* 1.) Februar 1920, B.43783, 5 Akte, 1645 m, Jv. 2.) 3.3.1921, B.1490, 5 Akte, 1575 m, Jv. *Uraufführung:* 12.3.1920, Berlin (Theater am Moritzplatz).
Der Film gilt als verschollen.

Abenteuerklasse:

Die Spinnen
Teil 1: Der goldene See (DE 1919)

Regie, Buch: Fritz Lang. *Kamera:* Emil Schünemann. *Bauten:* Hermann Warm, Otto Hunte, Carl Ludwig Kirmse. *Exotische Bauten, Requisite, Ethnografischer Rat:* Heinrich Umlauff.
Darsteller: Carl de Vogt (Kay Hoog, Sportsmann und Globetrotter), Ressel Orla (Lio Sha, Herrin der Spinnen), Georg John (Dr. Thelpas), Lil Dagover (Naela, Sonnenpriesterin), Edgar Pauly (Vier-Finger-John), Paul Morgan, Friedrich Kühne, Paul Biensfeldt, Harry Frank.
Drehzeit: Mai 1919 (Atelier), Juli/August 1919

(Außenaufnahmen). *Drehorte:* Film-Atelier Berlin-Weißensee, Decla-Gelände auf dem Hagenbeck-Tierpark, Hamburg-Stellingen (Außenaufnahmen). *Zensur:* 1.) Oktober 1919, B.43393, 5 Akte, 1951 m, Jv. 2.) 24.2.1921, B.1400, 5 Akte, 1900 m, Jv. *Uraufführung:* 3.10.1919, Berlin (Richard-Oswald-Lichtspiele). *Restaurierungen (beide Teile):* 1.) David & Kimberly Shepard, 1978; DVD: 1999 (Image Entertainment, US); 2.) FMM, 2001, 1586 m & 2343 m; Uraufführung: 12. & 13.2.2001, IFF Berlin. 3.) NFA, 2007; Uraufführung: 30.6.2007, IFF Karlovy Vary, CZ; DVD: 2012 (Kino Classics, US).

Die Spinnen
Teil 2: Das Brillantenschiff (DE 1919/20)

Regie, Buch: Fritz Lang. *Kamera:* Karl Freund. *Kamera-Assistenz:* Robert Baberske. *Bauten:* Hermann Warm, Otto Hunte, Carl Ludwig Kirmse. *Exotische Bauten, Requisite, Ethnografischer Rat:* Heinrich Umlauff. *Artistik, Stunts:* Hermann Stetza.
Darsteller: Carl de Vogt (Kay Hoog, Sportsmann und Globetrotter), Ressel Orla (Lio Sha, Herrin der Spinnen), Georg John (Herr der Spinnen), Rudolph Lettinger (John Terry, der Diamantenkönig), Thea Zander (Ellen, seine Tochter), Michael Reiner-Steiner (Kapitän des Diamantenschiffs), Friedrich Kühne (All-hab-mah, Yogi), Meinhart Maur (Chinese), Paul Morgan (Jude), Edgar Pauly (Vier-Finger-John), Karl A. Römer.
Drehzeit: Oktober – Anfang Dezember 1919. *Drehorte:* Film-Atelier Berlin-Weißensee, Decla-Gelände auf dem Hagenbeck-Tierpark, Hamburg-Stellingen (Außenaufnahmen). *Zensur:* 1.) Januar 1920, B.43748, 6 Akte, 2815 m, Jv. 2.) 3.11.1920, B.651, 6 Akte, 2219 m, Jv. *Uraufführung:* 6.2.1920, Berlin (Theater am Moritzplatz) [Voraufführung?]; 13.2.1920, Berlin (Admiralitätstheater), Potsdam (Obelisk-Theater) [Kinostart].
In frühen Produktionsmeldungen wird Gilda Langer als Darstellerin genannt (LBB, Nr. 41, 11.10.1919, S. 28; DF, Nr. 41, 12.10.1919, S. 36; Kin, Nr. 667, 15.10.1919; LBB, Nr. 46, 15.11.1919, S. 30; DF, Nr. 46, 16.11.1919, S. 44), wahrscheinlich eine Namensverwechslung mit Thea Zander.
Restaurierungen: Siehe Teil 1: Der goldene See.

Die angekündigten Teile 3 *Um Asiens Kaiserkrone* und 4 *Im Spinnennetz* wurden nicht realisiert.

3. CALIGARI-Adaptionen (Spielfilme)

The Cabinet of Caligari (US 1961/62)
(Das Kabinett des Dr. Caligari)

Regie: Roger Kay. *Regie-Assistenz:* Lee Lukather, Harold E. Knox. *Script Supervisor:* Dixie McCoy. *Buch:* Robert Bloch. *Kamera:* John Russell. *Licht:* George H. Merhoff. *Bauten:* Serge Krizman. *Bau-Ausführung:* Howard Bristol. *Requisite:* Tom Coleman. *Kostüme:* Wes Jeffries (Männer), Kathleen McCandless (Frauen). *Maske:* Gene Hibbs. *Frisuren:* Jane Shugrue. *Schnitt:* Archie Marshek. *Ton:* Jack Solomon. *Musik:* Gerald Fried.
Darsteller: Glynis Johns (Jane Lindstrom), Dan O'Herlihy (Paul/Caligari), Dick [= Richard] Davalos (Mark), Lawrence Dobkin (David), Constance Ford (Christine), J. Pat O'Malley (Martin), Vicki Trickett (Jeanie), Estelle Winwood (Ruth), Doreen Lang (Vivian), Charles Fredericks (Bob), Phyllis Teagardin (kleines Mädchen).
Produktion: Associated Producers, Inc., Los Angeles; *für:* Twentieth Century-Fox Film Corporation, New York. *Produzenten:* Robert L. Lippert, Roger Kay. *Production Manager:* Lee Lukather. *Länge:* 2876 m, 106 min. *Format:* 35mm, s/w, CinemaScope, Westrex. *Copyright:* 23.5.1962, LP21993. *Certification:* X. *FSK:* 5.7.1962, 28399, ab 18, nff. *Uraufführung:* 25.5.1962, New York; 13.7.1962 (Kinostart DE). *DVD:* 2005 (20th Century Fox Home Video, US).

Horror Vacui (DE 1983/84)
(Horror Vacui – Die Angst vor der Leere [Arbeitstitel])

Regie, Buch und Schnitt: Rosa von Praunheim. *Buch-Mitarbeit:* Marianne Enzensberger, Cecil Brown. *Kamera:* Elfi Mikesch. *Kamera-Assistenz:* Wolfgang Pilgrim, Lars Barthel. *Licht:* Wolfgang Pilgrim. *Ausstattung:* Ingeborg Stiborsky; *Assistenz:* Jürgen zum Brunnen, Volker März, Alexander Roob. *Requisite:* Michael Fechner. *Maske:* Ingrid Bendzuk. *Schnitt-Mitarbeit:* Mike Shephard. *Ton:* Mike Shephard, Ian Wright. *Musik:* Maran Gosov. *Sonstige Mitarbeit:* Volker Märe, Wolfgang Peetz, Jürgen Dormann, Simone Simon, Michael Maichle, Ulrike

Schütte, Heidi Springfeld, Stefan Breitel, Elke Granke, Ulrike Maares.
Darsteller: Lotti Huber (Madame C), Friedrich Steinhauer (Friedrich), Folkert Milster (Frank), Thomas Vogt (Hannes), Ingrid van Bergen (Journalistin), Günther Thews, Joaquin La Habana.
Produktion: Rosa von Praunheim Filmproduktion, Berlin/Westdeutscher Rundfunk (WDR), Köln. *Produzent:* Rosa von Praunheim. *Redaktion:* Joachim von Mengershausen. *Drehzeit:* 15.11.–30.12.1983. *Drehort:* Berlin. *Länge:* 2350 m, 86 min. *Format:* 16mm – Blow-Up 35mm, 1:1.37, Farbe. *FSK:* 29.1.1992, 67272, ab 16, Feiertagsfreigabe nicht beantragt. *Uraufführung:* 27.9.1984, Köln; 5.10.1984 (Kinostart DE). *Video:* 1992 (Atlas/Zweitausendeins). *DVD:* Rosa von Praunheim Filmproduktion, Berlin.
Laut epd, Nr. 10/ 1984, S. 24 Schnitt: Heide Breitel. Laut http://bit.ly/GMSPiQ ausführender Produzent: Renée Gundelach.
1985: LAFCA Experimental/Independent Film and Video Award.

Dr. Caligari (US 1989)

Regie: Stephen Sayadian. *Regie-Assistenz:* Robert Livingston, jr. *Script Supervisor:* Paula Jones. *Buch:* Jerry Stahl, Stephen Sayadian. *Kamera:* Ladi von Jansky [= Stephen Sayadian]; *Assistenz:* Dan Kneece, Voya Mikulic, Alicia Craft. *Kamera-Führung:* Paul Maibaum, Marc Saltarelli. *Steadicam:* Dan Kneece. *Licht:* Ernest P. Roebuck (Gaffer), Sean Amerson (Best Boy), Mike Mandell (Key Grip), Jim Williams (Grip), Ron Burchfield (Crane Operator). *Standfotos:* Abram Perlstein. *Bauten:* Stephen Sayadian, Bruce Moreland; *Assistenz:* Maylon Mizell. *Bau-Ausführung:* Paul Desmond. *Maler:* Mayzone (Scenic Artist), Gabor Lukin, Mark Moreland (Standby Painters). *Requisite:* Nancy Fallace, Steve Patino (Special Prop Effects), Leonard Dyal (Wrangler). *Kostüme und Chief Stylist:* Belinda Williams-Sayadian. *Maske:* Sheri Short; *Assistenz:* Jilliane Bennett, Valerie McKnight. *Special Makeup Effects:* Ken Diaz; *Assistenz:* Johnny Stardust, John Rizzo, Lesa Neilsen, Joe Montelongo, Jeanette Espinoza, Max Alvarez, Becky Ochoa, Terrie Diaz, Mike Sharum, Michael Maddie, Jeff Kennemore, Curt Massof, Bryant Holt, Diane Aguilera, Shaun Christensen, Adam Jones, Manuel Espinoza, Art Monreal, Cooke P. Rivera. *Baby-*

Maske: Jene Omens. *Frisuren:* Sheri Short, Lisa Lowe. *Schnitt:* G. Martin Steiner. *Ton:* Dennis Carr; *Assistenz:* Rodney Smith, Walter Anderson. *Musik:* Mitchell Froom. *Musik-Ausführung:* Alex Acuna (Percussion).
Darsteller: Madeleine Reynal (Dr. Caligari), Fox Harris (Dr. Avol), Laura Albert (Eleanor Van Houten), Jennifer Balgobin (Ramona Lodger), John Durbin (Gus Pratt), Gene Zerna (Les Van Houten), David Parry (Dr. Adrian Lodger), Barry Phillips (Cesare), Magie Song (Patient in Zwangsjacke), Jennifer Miro (Miss Koonce), Stephen Quadros (Vogelscheuche), Carol Albright (schreiender Patient), Catherine Case (Patient mit Extra-Hormonen), Debra Deliso (Grace Butler), Lori Chacko, Marjean Holden (Patienten im Bett), Vera Butler [= Nina DePonca] (menschliche Lampe), Salvadór R. Espinoza (spanischer Patient/Baby-Mann), Joseph Baratelli (Schuhverkäufer auf Video), April Hartz (Schuhkäufer auf Video), Anthony Robertson (Patient in Türrahmen), Tequila Mockingbird (Tür-Zunge), Brad Durham, Kathy Durham, Tommy Wright, Martin Corbin, Ray Mullins, Annette Karcher, Ky Moffet, Megan Berglevist, Tracey Mirmer, Kim Kruger, Anastasia Steiner, Charles Prior, Honey Davis, Randy Cook, Lisa La Mel, Jodie Davis, Brian Balrice, Carol Ercolono, Renee Le Ballister, Texacala Jones (Patienten der Irrenanstalt).
Produktion: Steiner Films, Fullerton, CA. *Produzent:* Joseph F. Robertson. *Executive Producer und Post Production Supervisor:* Gerald M. Steiner. *Production Manager:* Abbe Wool. *Production Controller:* Patricia Tabb. *Produktions-Assistenz:* Anastasia Steiner. *Drehort:* Fullerton Sound Stage, Fullerton, CA. *Länge:* 79 min. *Format:* 35mm, Farbe, 1:1.66, Dolby Stereo. *Certification:* R. *Uraufführung:* September 1989, IFF Toronto; 1.12.1989 (Kinostart US). *Video, Laserdisc:* Image Entertainment, US. *DVD:* 2002 (Excalibur Films, US).

The Cabinet of Dr. Ramirez (DE/FR/US/GB 1990/91)

(Das Kabinett des Dr. Ramirez/Le cabinet du Docteur Ramirez)
Regie und Buch: Peter Sellars. *Regie-Assistenz:* Katharina Wittich. *Script Supervisor:* Cornelia »Nini« Rogan. *Casting:* Diane J. Malecki. *Buch-Mitarbeit:* Mikhaïl Baryshnikov, Joan Cusack, Peter Gallagher, Ron Vawter. *Kamera:* David Watkin. *Kamera-Führung:* Cary Fisher.

Kamera-Assistenz: Ron Zarilla, John Cambria, Michael Cambria. *Licht:* Michael F. Barrow (Gaffer), David Landau (Nacht-Sequenzen). *Bauten:* George Tsypin (Production Design), John Magoun (Art Direction). *Bau-Ausführung:* Gretchen Rau; *Assistenz:* Jacqueline Arnot, Anthony Baldasare. *Kostüme:* Dunya Ramicova. *Maske:* Carla White. *Frisuren:* Victor DeNicola. *Schnitt:* Bob Estrin; *Assistenz:* Greg Finton. *Ton-Schnitt:* Leonardo Ruschin. *Mischung:* Milan Bor. *Musik:* John Adams. *Musik-Ausführung:* San Francisco Symphony Orchestra; *Leitung:* Edo de Waart. *Stunt-Koordination:* Pete Bucossi.
Darsteller: Mikhaïl Baryshnikov (Cesar), Joan Cusack (Cathy), Peter Gallagher (Matt), Ron Vawter (Dr. Ramirez), Kate Valk (Sue), Gregory Wallace (Bruce), Werner Klemperer (dicker Mann), Humbert Astredo (Mann mit rotem Dodge), Paul Butler (Drogenfahnder), Peyton Charnick (1. Polizist), Jim Clayburgh (2. Polizist), Herb Downer (Angestellter im Leichenhaus), Herbert Duarte (Sohn von 1. Polizist), Paul Eckstein (Hausmeister), Henderson Forsythe (älteres Mitglied), Mateo Gómez (Schüler), Henry Hayward (Obdachloser), Peter Francis James (Hausmeister), Michael Kirby (Cathys Vater), Ruth Maleczech (Cathys Mutter), Jeff Webster (Cathys Bruder), Richard Habersham (Cathys jüngerer Bruder), Ana Kohler [= Anna Köhler] (Empfangsdame), Pat McNamara (Killer), Manny Melendez (Sohn von 1. Polizist), Paul-Felix Montez (Ehemann von 1. Polizist), Mark Morris (Mime), Harsh Nayyar (Biber-Gourmet), Lola Pashalinski (Drogenfahnder), José Ramón Rosario (Angestellter im Leichenhaus), Elion Sacker (Super), Merlin Santana (Zeitungsjunge), Michael Stumm (Kriminalbeamter), Grafton Trew (Wachmann).
Produktion: Mediascope Film- und Fernsehproduktions GmbH, München. *Co-Produktion:* Canal+ Productions, Paris/Mod Films, Paris/Paladin Films S.a.r.l., Paris/WNET Channel 13, New York/British Broadcasting Corporation (BBC), London/Westdeutscher Rundfunk (WDR), Köln. *Produzenten:* Rainer Mockert, Eberhard Scheele. *Co-Produzenten:* George Ayoub, Jacques Kirsner, Yves Pasquier, Hugh Simon, Jac Venza. *Executive Producer:* Barry Cooper, David Lynch. *Line Producer:* Charles S. Carroll. *Associate Producer:* Richard Dooley. *Drehzeit:* 5.11.-5.12.1990. *Drehorte:* New York, New Jersey. *Länge:* 111 min. *Format:*

35mm, Duart color, 1:1.37, Dolby Stereo. *Uraufführung:* 14.5.1991, IFF Cannes; 4.12.1991 (Kinostart FR); Januar 1992, IFF Sundance. *TV:* 14.4.1993 (US); 4.8.1993, West 3 (DE).

The Cabinet of Dr. Caligari (US 2005)

Regie, Buch und Schnitt: David Lee Fisher. *Regie-Assistenz:* Jay Miles, Tobias Spellman. *Script Supervisor:* Iwona Kanclerz. *Casting:* James Levine, Antoinette Spolar. *Kamera:* Christopher Duddy; *Assistenz:* Keith Megna, Cameron Duddy. *Licht:* Rich Paisley (Gaffer), Alex Chu (Key Grip), Brian Farber (Grip), Tim Hedgecock, Robert Murphy (Elektrik). *Visual Effects Supervisor:* Josiah Holmes Howison. *Visual Effects Artists:* David Lee Fisher, Barbara K. Hintz. *Standfotos:* Leonard C. McLeod. *Bauten:* Kim Richey (Production Design), Michael J. Bertolina (Art Direction); *Assistenz:* David Corral, Jom Khamlak Sana. *Kostüme:* Paula Elins; *Assistenz:* Angelique Curtis. *Garderobe:* Shanna Knecht. *Maske:* Chrissy Morris; *Assistenz:* Lindsey Bench. *Frisuren:* Tracey Anderson. *Schnitt-Assistenz:* Barbara K. Hintz. *Ton:* Kelly Rush; *Assistenz:* David Raymond, Aarone Murphy. *Post-Production Sound:* Todd Goetz. *Sound Designers:* Eban Schletter, Erika Camp. *Musik:* Eban Schletter.
Darsteller: Judson Pearce Morgan (Francis Geist), Daamen J. Krall (Dr. Caligari), Doug Jones (Cesare), Lauren Birkell (Jane), Neil Hopkins (Alan), William Gregory Lee (Joseph, Janes Bruder), Randy Mulkey (Inspektor), Time Winters (Dr. Stern, Janes Vater), Richard Herd (Kommissar Hans Raab), Scott Lincoln (Verbrecher), Tim Russ (Stadtsekretär), John Bigham (Arzt in der Irrenanstalt), Alan Altshuld (Assistent des Stadtsekretärs), Ernest Misko (alter Mann), Darren Joel, Mitch Steinberg (Polizisten), Dr. Frank Bettag (Drehorgelspieler), Buckley Sampson (junge Frau), Ricky Skilliter, Brian Farber (kräftige Männer).
Produktion: Highlander Films, Sacramento, CA. *Produzenten:* Leonard C. McLeod, Paula Elins. *Co-Produzent:* Judson Pearce Morgan. *Produktions-Assistenz:* Brooke Canterbury, Nattana James, Brian Mulchy, Brad Weisberg. *Drehorte:* Burbank, CA. *Länge:* 76 min. *Format:* s/w (Cesares Blume in Farbe), 1:1.78. *Uraufführung:* 22.10.2005, Los Angeles, CA (Screamfest Horror Film Festival); 31.12.2005 (Kinostart US); *DVD:* 2007 (Image Entertainment, US).

Vorspanntitel

Einstellungsprotokoll

Kurze Inhaltsangabe

Auf einer Parkbank sitzen zwei Männer und erzählen einander Geschichten. Franzis' Geschichte handelt vom Cabinet des Dr. Caligari, einer Jahrmarktsbude, in der ein unheimlicher Schausteller, der sich Dr. Caligari nennt, einen Somnambulen namens Cesare vorführt. Franzis und sein Freund Alan, die beide verliebt in Jane sind, besuchen gemeinsam Caligaris Vorstellung. Dort erwacht Cesare aus seiner dunklen Nacht und sagt Alan voraus, er habe nur noch bis zum Morgengrauen zu leben. In der kleinen Stadt Holstenwall ist am selben Tag ein Verbrechen geschehen: Der Stadtsekretär, der Caligari warten ließ, ist ermordet worden. In der Nacht wird auch Alan ermordet. Franzis vermutet aufgrund der Prophezeiung des Somnambulen, dass Caligari und Cesare etwas mit dem Verbrechen zu tun haben. Gemeinsam mit Janes Vater Medizinalrat Olfen unternimmt er eine Untersuchung von Caligaris Wohnwagen. Doch da wird ein Mann bei einem Mordversuch verhaftet, den man für den Serientäter hält. Dennoch beobachtet Franzis in der Nacht Caligaris Wohnwagen. In derselben Nacht wird Jane von dem Somnambulen Cesare entführt. Bei einer neuerlichen Untersuchung von Caligaris Wohnwagen mithilfe der Polizei wird festgestellt, dass es sich bei dem vermeintlich dort in einer Kiste schlafenden Cesare um eine von Caligari präparierte Puppe handelt. Caligari flieht, und Franzis ist der Einzige, der ihn verfolgt. Er landet in einer Irrenanstalt am Rande der Stadt, und zu seinem Entsetzen stellt sich heraus, dass Caligari der Direktor dieser Anstalt ist. Bei einer nächtlichen Untersuchung in den Unterlagen des Direktors finden Franzis und die Ärzte Dokumente, die belegen, dass der Direktor dem Wahn verfallen ist, die Verbrechen eines mystischen Dr. Caligari zu wiederholen. Er wollte herausfinden, ob man einen Somnambulen zu Mordtaten treiben kann. Am nächsten Morgen wird der Direktor mit den Tatsachen konfrontiert, verhaftet und in eine Zwangsjacke gesteckt. Nun ist die Erzählung von Franzis auf der Parkbank beendet, und er geht zurück in den Innenhof der Irrenanstalt, deren Insasse er ist. Als er den Direktor erblickt, stürzt er sich auf ihn und schreit, nicht er sei wahnsinnig, sondern der Direktor, bei dem es sich in Wirklichkeit um den Dr. Caligari seiner Erzählung handeln soll. Franzis wird überwältigt und seinerseits in eine Zwangsjacke gesteckt. Der Direktor verkündet, er kenne nun einen Weg zu seiner Gesundung.

Hinweise zum Protokoll

Analysiert wurde die Farbrekonstruktion des BFArchs von 1984 in der Videoveröffentlichung von BMG aus dem Jahr 1996, die eine Vorführgeschwindigkeit von 18 Bildern/Sekunde zugrunde legt. Das Protokoll folgt dieser Version mit einer Ausnahme: Als T15 habe ich auch den Zwischentitel »Jahrmarkt.« eingetragen, der auf der Zensurkarte aus dem Jahr 1921 erscheint, aber in der BFArch-Fassung fehlt (vgl. Kaul 1970, S. 39). Verwendung fand dieser Zwischentitel (in nicht expressionistisch stilisierter Form) in der auf der s/w-Rekonstruktion des FMM beruhenden Fassung, die am 15.5.1983 im ZDF ausgestrahlt wurde.

In der BFArch-Rekonstruktion fehlen in einigen Einstellungen ein paar Einzelbilder, sodass diese Einstellungen Sprünge aufweisen, die in den anderen Versionen fließend sind (z.B. 183, 203). Diese wurden im Protokoll als einzelne, durchgehende Einstellungen gezählt.

Den einzelnen Szenen sind Angaben zu Handlungsort und -zeit vorangestellt. Innen/Außen und Tag/Nacht beziehen sich nur auf die Filmhandlung, nicht auf die Dreharbeiten (da alle Szenen im Atelier gedreht wurden). Den einzelnen Einstellungen ist jeweils eine Zeile vorangestellt, in der folgende Informationen eingetragen sind:

–   Einstellungsnummer; eigene Nummerierung für Titel (T) und Textinserts (I).
–   Information über Verwendung von Irisblenden und -masken als dreistellige digitale Zahl. Dabei steht die erste Ziffer für Iris-Aufblende zu Beginn der Einstellung, die zweite für Kaschierung des Bildkaders durch nicht ganz geöffnete Irisblende oder -maske und die dritte für Iris-Abblende am Ende der Einstellung (1 = vorhanden, 0 = nicht vorhanden). 101 bedeutet also z.B., die Einstellung beginnt mit einer Iris-Aufblende, ist nicht von einer Irisblende oder -maske umrahmt und endet mit einer Iris-Abblende.
–   Einstellungslänge in Sekunden.
–   Einstellungsgröße.

Darauf erfolgt eine Beschreibung des Bildinhalts. Wenn diese Beschreibung eine Information enthält, die dem Zuschauer erst später bekannt wird, steht diese Information beim ersten Auftreten in Klammern. Aufzählungen von Figuren erfolgen in der Reihenfolge, wie sie von links nach rechts im Bild zu sehen sind. Kommentare, die nicht zur Bildbeschreibung gehören, sind *kursiv* gesetzt.

Protokoll

Vorspann

T1. 000. 10. Titel (Zeichentrick)
Gleichzeitig: 1.) von hinten kommen vier Buchstaben und bilden das Wort EDCLA. 2.) von rechts kommt ein Adler, landet auf dem LA und vertauscht mit dem Schnabel die ersten beiden Buchstaben, sodass der Schriftzug lautet: DECLA.

T2. 000. 16. Titel
DAS CABINET DES
DR. CALIGARI.
Ein Filmspiel in 6 Akten
von
Carl Mayer und Hans Janowitz

T3. 000. 7. Titel
HERGESTELLT VON DER
DECLA-
FILM-GESELLSCHAFT
BERLIN

T4. 000. 5. Titel
Regie:
Robert Wiene

T5. 000. 10. Titel
Dekorative Ausstattung:
Hermann Warm
Walter Reimann
Walter Röhrig

T6. 000. 39. Titel (rollend)
Die Hauptrollen:
Werner Krauss
Conrad Veidt
Friedrich Fehér
Lil Dagover
Hans Heinz v. Twardowski
Rudolph Lettinger

T7. 000. 6. Titel
Photographie:
Willy Hameister

T8. 000. 3. Titel
DAS CABINET DES
DR. CALIGARI.

T9. 000. 3. Titel
I. Akt

Park, Außen/Tag

1. 100. 8. Halbtotale
In der linken Bildhäfte: zwei Männer auf einer
Parkbank (Franzis, alter Mann). Der alte Mann
hebt die Hand, schaut zu Franzis und redet
dabei.

2. 010. 2. Nah
Der alte Mann redet, Augen erst nach rechts,
dann geradeaus, dann nach links.

T10. 000. 14. Titel
»Es gibt Geister – – – Überall
sind sie um uns her – – –
mich haben sie von Haus und Herd –
von Weib und Kind
getrieben – –«

3. 010. 2. Nah
wie 2, der alte Mann redet und blickt nach
links zu Franzis (off).

4. 000. 8. Halbtotale
wie 1, links Franzis und der alte Mann. Hinten
rechts kommt eine weiß gekleidete Frau (Jane).
Franzis bemerkt sie.

5. 010. 2. Nah
Franzis blickt nach vorne rechts.

6. 000. 7. Halbtotale
wie 4, Jane kommt näher. Franzis und der alte
Mann blicken sie an. Der alte Mann wendet
den Kopf und blickt Franzis an.

7. 010. 2. Nah
wie 5, Franzis, nach vorne rechts zu Jane (off)
blickend, freudig erregt.

8. 000. 13. Halbtotale
wie 6, Jane kommt noch näher, hebt die Hände,
schiebt ein paar oben ins Bild ragende Zweige
beiseite und geht vorne rechts ab. Franzis und
der alte Mann blicken ihr nach.

9. 010. 4. Nah
wie 7, Franzis blickt versonnen nach links
vorne, Jane (off) nach und wendet sich gleichzeitig, ohne den Blick von ihr zu lassen, nach
rechts zu dem alten Mann (off).

T11. 000. 4. Titel
»Das ist meine Braut – – –«

10. 010. 2. Nah
wie 9, Franzis redet.

11. 000. 1. Halbtotale
wie 8, die beiden schauen nach vorne rechts,
Jane (off) nach. Franzis greift nach dem Arm
des alten Mannes.

12. 010. 7. Halbnah, dann Nah
Jane kommt auf die Kamera zu.

13. 000. 1. Halbtotale
wie 11, Franzis zeigt auf Jane (off).

14. 010. 2. Nah
Franzis und der alte Mann einander zugewandt,
vor sich hin blickend.

T12. 000. 10. Titel
»Was ich mit dieser
erlebt habe, ist noch
viel seltsamer, als
das, was Sie
erlebt
haben – – –«

15. 010. 1. Nah
wie 14, Franzis wendet sich dem alten Mann zu.

T13. 000. 6. Titel
»Ich will es Ihnen
erzählen.«

16. 010. 1. Nah
wie 15, Franzis erzählt, der alte Mann hört zu.

17. 000. 2. Amerikanisch
Jane geht nach links, von Zweigen etwas verdeckt.

18. 010. 1. Nah
wie 16, Franzis holt aus, hebt die Hand.

T14. 000. 8. Titel
»Die kleine Stadt wo
ich geboren bin – –«

19. 011. 1. Nah
wie 18, die beiden Männer.

Holstenwall (Rückblende), Außen/Tag

20. 111. 11. Totale
Die Stadt Holstenwall (Kulisse), auf einem Berg,
oben eine kleine Kapelle.

T15. 000. 2. Titel
Jahrmarkt.

21. 111. 10. Totale
Holstenwall jetzt im Hintergrund. Davor Zelte
eines kleinen Jahrmarkts. Eine Stiege mit hohem
Geländer führt von links nach rechts vom Jahrmarkt hoch zum Platz im Vordergrund.

Park, Außen/Tag

22. 110. 10. Nah
wie 19, Franzis und der alte Mann. Franzis, die
Hand vor sich zur Faust geballt, mit schreckgeweiteten Augen, erzählt.

T16. 000. 4. Titel
»Er – – –«

Vor dem Holstenwall-Jahrmarkt (Rückblende), Außen/Tag

23. 111. 28. Totale bis Halbnah
wie 21, von links über die Stiege schwerfällig
heran kommt ein Mann mit Stock und Zylinder
(Dr. Caligari). Er trägt ein dickes Buch unter'm
Umhang. (Iris-Abblende um seinen Kopf.)

*Kurt Tucholsky in der Weltbühne: » Werner
Krauß wie aus einer Hoffmannschen Erzählung
herausgeschnitten, er ist wie ein dicker Kobold
aus einem deutschen Märchen, ein Bürgerteufel, eine seltsame Mischung von Realistik und
Phantasie.«*
*Siegfried Kracauer: » Werner Krauß als Caligari
glich einem gespenstischen Zauberkünstler, der
selber die Linien und Schatten wob, durch die
er schritt.«*

Park, Außen/Tag

24. 011. 4. Nah
wie 22, Franzis blickt mit schreckgeweiteten
Augen nach oben, die Faust an seiner Brust.

T17. 000. 7. Titel
»Alan,
mein Freund«

Alans Stube (ab hier Rückblende Binnenhandlung), Innen/Tag

25. 000. 10. Halbtotale
In der linken Bildhälfte Alan, stehend ein Buch
lesend, hinten ein Fenster, rechts ein Stuhl, ganz
rechts angeschnitten Alans Bett. Alan geht
lesend zum Stuhl hinüber und lehnt sich an.

26. 010. 20. Nah
Alan liest, wird aber von Geräuschen am Fenster (off) abgelenkt und wendet sich schließlich
nach links hinten.

27. 000. 7. Halbtotale
wie 25, Alan klappt das Buch zu, geht Richtung
Fenster, legt das Buch ab, geht weiter zum Fenster.

28. 010. 6. Halbnah
Alan am Fenster. Er blickt hinaus, dreht sich
erfreut nach vorne.

29. 000. 17. Halbtotale
wie 27, Alan geht zurück in den Raum und
entscheidet sich hinauszugehen. Rechts ab,
kommt dann von rechts mit Hut und Mantel
zurück und geht links ab.

Straße (vor Franzis' Wohnung), Außen/Tag

30. 000. 7. Totale
Alan kommt von links hinten auf die nach
vorne laufende Straße. Ein Mann verteilt Flug-
blätter. Er gibt auch Alan eins, der liest.

I1. 000. 12. Insert
EXTRABLATT.
JAHRMARKT IN
HOLSTENWALL –
!Noch nie dagewesen!
SCHAUSTELLUNGEN
aller ART.

31. 000. 1. Totale
wie 30, Alan steht jetzt weiter vorne und hüpft
in einem Satz nach links die Treppe hoch in
eines der Häuser.

Franzis' Stube, Innen/Tag

32. 000. 10. Halbtotale
Franzis sitzt an einem Schreibtisch vor einem
Bücherregal, da kommt von links Alan herein-
gestürzt und zeigt dem Freund das Flugblatt.
Franzis steht auf. Überblende zu:

33. 010. 1. Halbnah
Die beiden Freunde. Alan zieht an Franzis'
Arm.

T18. 000. 7. Titel
»Komm Franzis, wir
wollen zum
Jahrmarkt – –!«

34. 010. 3. Halbnah
wie 33, Alan versucht Franzis nach links zu ziehen. Franzis wehrt sich vergnügt.

Flur (vor dem Büro des Stadtsekretärs), Innen/Tag

35. 000. 28. Halbtotale, dann Amerikanisch
Nach einigen anderen Passanten kommt Dr.
Caligari sich umsehend näher. Er trifft einen
von links kommenden Mann (einen Beamten),
zieht seinen Zylinder, setzt ihn wieder auf und
zieht eine Karte aus dem Mantel. Der Beamte
hebt abwehrend die Hand.

T19. 000. 11. Titel
»Gehen Sie nicht
hinein, der Herr
Stadtsekretär ist
heute böser
Laune!«

36. 000. 11. Amerikanisch
wie 35 Ende, Caligari besticht den Beamten mit
einem Geldschein und gibt ihm seine Karte.

I2. 000. 4. Insert
Dr. Caligari.

37. 000. 2. Amerikanisch
wie 36, der Beamte nimmt die Karte und geht
links vorne ab. Caligari folgt.

Büro des Stadtsekretärs, Innen/Tag

38. 000. 7. Halbtotale
Der Stadtsekretär sitzt rechts auf einem hohen
Stuhl, umringt von zwei Männern, hinten an
einem Schreibtisch noch zwei Beamte (einer
kaum zu sehen). Von links kommen durch die
Tür der erste Beamte und Caligari. Der erste
Beamte gibt dem Stadtsekretär Caligaris Karte
und geht wieder links ab. Caligari zieht seinen
Hut. Der Stadtsekretär schaut zu ihm herab.

T20. 000. 2. Titel
»Warten!!!«

39. 000. 6. Halbtotale
wie 38, der Stadtsekretär wendet sich wieder
seiner Arbeit zu, weist anscheinend auch die
anderen beiden Männer ab. Caligari setzt sich
brüskiert auf eine Wartebank links vorne.

40. 010. 9. Nah
Caligari blickt missmutig nach links, reckt den
Kopf nach rechts, blickt zu Boden.

41. 000. 14. Halbtotale
wie 39, die beiden Männer gehen links durch
die Tür ab, der Stadtsekretär blättert weiter in
seinen Unterlagen. Caligari steht auf und nähert sich dem Stadtsekretär. Schließlich bemerkt der ihn.

T21. 000. 2. Titel
»Warten!!!«

42. 000. 7. Halbtotale
wie 41, Caligari, zurückgewiesen, setzt sich
wieder auf seinen Warteplatz.

43. 010. 2. Nah
wie 40, der abgewiesene Caligari wiegt den
Kopf von rechts nach links.

44. 000. 8. Halbtotale
wie 42, der Stadtsekretär packt seine Unterlagen
zusammen, steigt von seinem hohen Stuhl herunter, zupft seine Kleidung zurecht und wendet
sich, in den Papieren blätternd, zum Gehen.

45. 010. 5. Nah
wie 43, Caligaris Blick folgt dem Stadtsekretär
(off). Schließlich ruft Caligari ihn an.

46. 000. 2. Halbtotale
wie 44, Caligari erhebt sich, und der Stadtsekretär hört ihn an.

T22. 000. 11. Titel
»Ich möchte um die Erlaubnis
bitten, mein Schauobjekt
auf dem Jahrmarkt
ausstellen zu
dürfen – – – –«

47. 000. 4. Halbtotale
wie 46, Caligari fertigt mit seinem Stock auf
dem Boden eine imaginäre Zeichnung. Der
Stadtsekretär ergreift das Wort.

T23. 000. 6. Titel
»Was ist das für ein
Schauobjekt – – –?«

48. 000. 2. Halbtotale
wie 47, Caligari antwortet.

T24. 000. 4. Titel
»Ein Somnambuler«

49. 001. 18. Halbtotale
wie 48, der Stadtsekretär lacht, ruft einen der
Beamten vom hinteren Schreibtisch und geht
vorne links ab. Während Caligari ihm entrüstet
nachsieht, kommt der Beamte heran, klopft ihm
auf die Schulter und winkt ihn zu sich. Caligari
folgt ihm nach hinten.

*In der englischen Exportversion ist hier noch
ein Zwischentitel eingefügt. Der Stadtsekretär
ruft dem Beamten zu: »Fakir.«*

Vor dem Holstenwall-Jahrmarkt, Außen/Tag

50. 110. 71. Totale
wie 23 (Iris-Aufblende rechts über einem kreisenden Karussell), im Vordergrund rechts ein
Mann mit einem Leierkasten, auf dem ein Affe
sitzt, im Hintergrund Jahrmarktszelte und ein
weiteres kreisendes Karussell. Überall viele
Jahrmarktsbummler. Einige geben dem Affen
Geld. Von rechts vorne kommt Caligari. Er
bleibt in der Mitte des Bildes stehen und blickt
sich um, wendet uns dann den Rücken zu und
beobachtet interessiert einen kleinen Mann, der
dem Affen ebenfalls Geld gibt. Dann geht Caligari weiter nach hinten und begibt sich, sich
umblickend, ins Gewimmel des Jahrmarktes.

Holstenwall-Jahrmarkt (vor Caligaris Zelt), Außen/Tag

51. 000. 31. Totale
Rechts ein Podest vor einem (Caligaris) Zelt,
links strömen viele Besucher auf und ab, darunter einige Kinder. Auch der kleine Mann
taucht wieder auf, ein abstraktes Plakat hoch-
haltend, und mischt sich in den Besucherstrom.

52. 010. 12. Halbnah
Caligari tritt vor sein Zelt, in der einen Hand
eine Glocke, in der anderen einen Ständer mit
einem aufgerollten Plakat. Er sieht sich um und
läutet. (Ab hier hat er die Brille auf der Stirn.)

53. 000. 19. Totale
wie 51, aufmerksam geworden nähern sich
viele Passanten Caligaris Zelt. Als sich genug
angesammelt haben, legt Caligari die Glocke
nieder und preist seine Schaustellung an. Er
entrollt das Plakat, das eine große dunkle Gestalt zeigt (Cesare).

T25. 000. 12. Titel
»Herrrrreinspaziert!
Hier ist zum ersten
Male zu sehen – – –
Cesare, der
Somnambule!«

54. 001. 7. Totale
wie 53, Caligari deutet mit dem Stock auf das
Plakat und gibt dazu verschiedene Erklärungen
ab.

T26. 000. 3. Titel
Ende des
ersten
Aktes

T27. 000. 3. Titel
II. Akt

T28. 000. 8. Titel
In dieser Nacht
geschah das erste
einer Kette
geheimnisvoller
Verbrechen.

Schlafzimmer des Stadtsekretärs, Innen/Tag

55. 100. 12. Halbtotale
Rechts ein zerbrochenes Fenster. Links ein zerwühltes Bett. Zwei Polizisten in Uniform und
ein Mann in Zivil (der Kommissar) stehen
rechts daneben und schauen auf den Ermordeten (nicht zu sehen).

T29. 000. 27. Titel (rollend)
»Mord!
Ein Stich in die
Seite mit einem
sonderbaren spitzen
Instrument
hat den Tod
des Stadtsekretärs
herbeigeführt – – –«

56. 001. 21. Halbtotale
wie 55, die Polizisten und der Kommissar
schauen sich im Zimmer um.

Vor dem Holstenwall-Jahrmarkt, Außen/Tag

57. 110. 23. Totale
wie 50 (Iris-Aufblende rechts über Leierkastenmann mit Affe und kreisendem Karussell, wie
in 50), von rechts vorne kommen Franzis
(dunkler Hut) und Alan (heller Hut), Alan hat
die Hand auf Franzis' Schulter. Sie blicken sich
vergnügt um und gehen nach hinten Richtung
Jahrmarkt. Einige Mädchen kommen über die
Stiege heran und umringen den Leierkastenmann. Alan und Franzis drängen sich im Hintergrund zur Stiege durch und gehen hinunter
zum Jahrmarkt.
Vor Caligaris Zelt, Außen/Tag

58. 000. 9. Halbtotale
weiter weg als 52, aus Sicht inmitten des Publikums. Caligari, heftig die Glocke schwingend,
davor Zuschauer, rechts abgestellt das Cesare-
Plakat. Unter den Zuschauern sind vorne auch
Franzis (dunkler Hut) und Alan (heller Hut).
Caligari stellt die Glocke beiseite und kündigt
seine Show an.

T30. 000. 79. Titel (rollend)
»Herrrrreinspaziert.
Hier ist zum ersten
Male zu sehen – – –
Cesare, der
Somnambule!
Cesare das
Wunder – – –
Dreiundzwanzig Jahre
alt, schläft seit
dreiundzwanzig Jahren
– – – ununterbrochen – – –
Tag und Nacht – – –,
Cesare wird vor
Ihren Augen aus der
Totenstarre
erstehen – – – –
Herreinspaziert –!«

59. 000. 33. Halbtotale
wie 58, Caligari hebt das Cesare-Plakat hoch,
deutet mit dem Stock darauf und preist seine
Show an. Schließlich öffnet er die Zeltplane

und lässt die Zuschauer hinein, weiterhin wild gestikulierend und ausrufend. Franzis und Alan blicken sich kurz an.

60. 010. 4. Halbnah
Gegenschuss von oben (Caligaris Sicht): das Publikum, darunter viele Kinder, darin Alan und Franzis. Alan kommt ein Stück näher an Franzis heran und drängt den Freund, mit in Caligaris Show zu kommen.

T31. 000. 3. Titel
DAS CABINET DES
DR. CALIGARI.

Im Zelt, Innen/Tag

61. 000. 32. Totale
Aus Sicht inmitten des Publikums. Caligari tritt hinter einem Vorhang auf der Bühne hervor, läutet abermals mit der Glocke und kündigt gestenreich den kommenden Akt an. Auf sein Signal wird der Vorhang von einem unsichtbaren Helfer gehoben und gibt den Blick frei auf eine aufrecht stehende mannshohe Kiste rechts. Caligari geht eine Stufe hoch zur Bühne, bleibt links von der Kiste stehen und wendet sich dem Publikum zu.

62. 000. 29. Halbtotale
Näher, auf der Bühne. Nur Caligari links und die Kiste rechts zu sehen. Caligari kündigt den Akt an, holt oben von der Kiste einen kleinen Stab, klopft damit auf den Deckel der Kiste und öffnet sie endlich. Innen steht ein unheimlicher schwarz gekleideter Mann mit geschlossenen Augen (Cesare), Caligari fährt fort, Cesare zu beschreiben.

63. 010. 3. Groß
Caligari blickt nach rechts zu Cesare (off).
Anschlussfehler: In den Groß- und Nahaufnahmen 63–67 hat Caligari die Brille vor den Augen (davor und danach: auf die Stirn geschoben).

64. 010. 5. Nah
Caligari und Cesare, der mit geschlossenen Augen da steht. Caligari, mit dem Stab in der Hand, sagt: »Erwache!«

65. 010. 2. Groß
wie 63, Caligari sagt etwas.

66. 010. 2. Nah
wie 64, Caligari bewegt die Hand mit dem Stab Richtung Cesare.

T32. 000. 26. Titel (rollend)
»Cesare!! – – –
Hörst Du mich?!
Cesare, ich rufe
Dich – – ich
Dr. Caligari – – –
Dein Herr – –
erwache für
Augenblicke aus
Deiner dunklen
Nacht – – – – –«

67. 010. 2. Nah
wie 66, Caligari jetzt den Arm mit dem Stab vor Cesare ausgestreckt.

68. 010. 34. Groß
Cesare öffnet langsam, ganz langsam die Augen und starrt uns an.
Hans Janowitz über die Uraufführung des Films im Februar 1920: »In the scene where the somnambulist, Cesare, opens his eyes for the first time, a woman in the audience screamed.«

69. 000. 43. Halbtotale
wie 62, Caligari und Cesare. Cesare hebt die Hände, macht ein paar fragile Schritte aus der Kiste Richtung Publikum, bleibt dort stehen und senkt die Arme wieder. Caligari tritt hinzu und hebt an, wieder das Wort zu ergreifen.

70. 000. 4. Halbnah
Gegenschuss von oben: Franzis und Alan verfolgen gebannt das Geschehen (sie haben die Plätze getauscht, Franzis jetzt links und ohne Hut).

71. 000. 1. Halbtotale
wie 69, Caligari und Cesare. Caligari führt die Hand zum Hut.

72. 010. 8. Nah
Caligari zieht seinen Zylinder und spricht sardonisch grinsend zum Publikum (off).

T33. 000. 57. Titel (rollend)
»Meine verehrten
Herrschaften!
Cesare der

Somnambule – –
wird Ihnen alle
Fragen beantworten – –
Cesare kennt alle
Geheimnisse – – –
Cesare kennt die
Vergangenheit und
sieht die Zukunft – – –
Überzeugen Sie
sich selbst – – –
Treten sie heran!
Fragen Sie – – –«

73. 000. 11. Halbtotale
wie 71, Caligari und Cesare. Caligari (Zylinder
in der Hand) blickt sich fragend im Publikum
(off) um.

74. 000. 6. Halbnah
wie 70, Franzis und Alan. Alan drängt es, Caligaris Aufforderung zu folgen. Franzis versucht,
ihn zurückzuhalten.

75. 000. 8. Halbtotale
wie 73, Caligari und Cesare auf der Bühne. Erst
Alan, dann auch Franzis kommen von vorne
links heran. Franzis versucht immer noch, seinen
Freund zurückzuhalten, aber Alan, jetzt rechts
im Bild, steigt einen Schritt zur Bühne empor,
wird dort von Caligari angehalten und bleibt
gebannt stehen. Caligari setzt den Zylinder
wieder auf und schiebt die Brille auf die Nase.

76. 000. 1. Nah
Alan, mit großen Augen zur Bühne emporbli-
ckend.

T34. 000. 5. Titel
»Wie lange werde
ich leben?«

77. 000. 4. Nah
wie 76, Alan stellt die Frage.

78. 000. 1. Halbtotale
wie 75, Cesare Alan zugewandt (Caligari hat
den Zylinder wieder auf dem Kopf und die
Brille vor den Augen).

79. 010. 6. Nah
Cesare blickt nach rechts zu Alan (off) und öffnet den Mund.

T35. 000. 2. Titel
»Bis
zum
Morgengrauen – –«

80. 010. 2. Nah
wie 79, Cesare spricht.

81. 000. 9. Nah
wie 77, Alan entsetzt, verfällt in hysterisches
Gelächter.

82. 000. 3. Nah
Franzis blickt mit wachsendem Entsetzen hoch
zur Bühne (off).

83. 000. 13. Totale
wie 61, Bühne aus Sicht inmitten des Publikums,
Franzis nimmt Alan und führt ihn von der
Bühne. Sie gehen ein Stück nach vorne und
dann rechts ab.

Straße in Holstenwall, Außen/Nacht

84. 000. 21. Totale
Dämmerung. Von rechts hinten kommt ein
Nachtwächter, entzündet eine Straßenlaterne
auf der linken Seite und geht links vorne ab.
Hinten gehen zwei Passanten von links nach
rechts, dann kommen von links hinten Franzis
und Alan (wieder beide mit Hüten). Alan entdeckt an der Wand links vorne ein Plakat und
stürzt darauf zu (Alan jetzt links im Bild).

85. 111. 17. Detail, Halbnah, Detail
Irisblende umrahmt auf der linken Seite das
Plakat:

Mord
in
Holstenwall
1000 Mk

zieht dann auf und zeigt Alan und Franzis.
Alan beugt sich vor und liest voller Entsetzen
den Text. Franzis nimmt den Freund bei der
Hand. Irisblende schließt sich soweit, bis sie
wieder das Plakat umrahmt.

86. 000. 12. Totale
wie 84, während Alan (links) noch auf das Plakat blickt, erblickt Franzis eine Frau (Jane), die
von Hinten links ins Bild kommt. Er nimmt den
Hut ab, geht zu ihr und schüttelt ihre Hand.
Jetzt kommt auch Alan hinzu. Er schüttelt Jane
ebenfalls die Hand und geht hinten nach links
um die beiden herum, sodass Jane in ihrer
Mitte steht.

87. 000. 7. Halbnah
Alan (mit Hut), Jane und Franzis (ohne Hut).
Jane hält beiden die Hand. Sie unterhalten sich,
die Männer sind verzaubert.

88. 000. 8. Totale
wie 86, Franzis setzt den Hut wieder auf, und
die Drei setzen sich in Bewegung. Sie gehen
vorne links ab.

Eine andere Straße, Außen/Nacht

89. 001. 12. Halbtotale
Alan, Jane und Franzis durchqueren das Bild
von rechts nach links. *(Für dieses Bild wurden,
leicht umgestaltet, dieselben Kulissen verwendet wie für 84–88.)*

Caligaris Wohnwagen, Außen/Nacht

90. 101. 26. Halbtotale
Caligari öffnet die Wohnwagentür, blickt
umher, springt hinaus, blickt sich nach allen
Seiten suchend um, steigt dann wieder in den
Wagen und schließt die Tür hinter sich.

T36. 000. 4. Titel
Heimweg

Straße vor Franzis' Wohnung, Außen/Nacht

91. 000. 16. Halbtotale
näher als 31, Franzis und Alan kommen von
links hinten und gehen versonnen den Weg entlang weiter nach vorne. Dann bleiben sie stehen
und Franzis blickt schwärmerisch zu Alan hinüber.

92. 000. 1. Halbnah
Franzis blickt zu Alan und spricht.

T37. 000. 6. Titel
»Alan, wir lieben
sie beide …«

93. 000. 8. Halbnah
wie 92, Franzis blickt noch immer zu Alan hinüber. Alan nickt leidenschaftlich. Franzis spricht.

T38. 000. 23. Titel
»Wir wollen ihr die freie
Wahl lassen – – –
Wir aber wollen Freunde
bleiben, wie ihre Wahl
auch ausfallen möge …«

94. 000. 2. Halbnah
wie 93, Alan nimmt Franzis' Hand und drückt
sie fest.

95. 001. 7. Halbtotale
wie 91, die Freunde schütteln sich noch einmal
kräftig die Hände, dann geht Franzis links in
seine Wohnung ab. Alan geht nach rechts.

T39. 000. 3. Titel
Nacht

Alans Stube, Innen/Nacht

96. 000. 12. Halbtotale
Schlafecke (ganz rechts in Bild 29): Alan liegt
im Bett und schläft, da steigt rechts an der
Wand ein unheimlicher Schatten hoch. Alan erwacht und wendet sich entsetzt nach links.

97. 000. 1. Detail
(Alans) Hände, abwehrend empor gereckt.

98. 000. 0. Halbtotale
wie 96, der Schatten hat jetzt seine Hand erhoben, darin ein Dolch.

99. 010. 2. Halbnah
Alan, vor Entsetzen keuchend.

100. 010. 11. Halbnah
Schatten an der Wand: Der Eindringling packt
Alan und sticht schließlich mit dem Dolch auf
ihn ein.

T40. 000. 4. Titel
Ende des
II. Aktes

T41. 000. 3. Titel
III. Akt.

Straße vor Franzis' Wohnung, Außen/Tag

101. 100. 15. Totale
weiter als 95, wieder so wie in 31, von hinten
kommt eine Frau (Alans Hauswirtin), kreuzt
den Weg zweier Passanten, und betritt schließlich nach links Franzis' Haus.

Franzis' Stube, Innen/Tag

102. 100. 14. Halbtotale, dann Amerikanisch
wie 32, Franzis richtet gerade seine Krawatte,
da kommt von links die Wirtin. Franzis dreht
sich um, die Wirtin kommt mit schreckgeweiteten Augen näher. Franzis hebt die Hände, als
ob er die schlimme Nachricht abwehren wollte.

T42. 000. 9. Titel
»Herr Franzis – –
Herr Franzis – –
Herr Alan ist tot – –
– Ermordet –«

103. 000. 33. Amerikanisch
wie 102 Ende, Franzis hört die Nachricht,
dreht sich starr nach vorne um, während die
Wirtin weinend ihr Gesicht verdeckt. Dann
dreht er sich wieder zu ihr um und sie wenden
sich zusammen zum Gehen.

Alans Stube, Innen/Tag

104. 000. 42. Halbtotale bis Halbnah
wie 29, etwas weiter rechts: Erst Franzis (in
Mantel und mit Hut in der Hand), dann auch
die Wirtin kommen von links ins Bild, das Fenster ist zerbrochen, rechts ist Alans zerwühltes
Bett zu sehen. Franzis blickt auf das Bett, lässt
seinen Hut fallen und taumelt in die rechte
Hälfte des Bildes. Dort fängt er an, intensiv
nachzudenken, kommt ein paar Schritte nach
vorn.

T43. 000. 8. Titel
»Die Prophezeihung
des Somnambulen...?!«

105. 001. 11. Halbnah
wie 104, im Hintergrund links noch immer die
Wirtin, im Vordergrund rechts Franzis, der grü-
belnd die Hand zum Kopf führt. (Iris-Abblende
um Franzis).

Treppe (zum Polizeirevier), Außen/Tag

106. 110. 6. Totale
Franzis kommt von rechts vorne und stürmt
die Treppe hoch, den Hut in der Hand. (Links
am Boden steigt Dampf auf.)

Polizeirevier, Innen/Tag

107. 010. 10. Halbtotale
Zwei Polizisten am Schreibtisch. Franzis kommt
von links vorne hereingestürmt. Die Polizisten
steigen von ihren Stühlen und umringen ihn.

108. 000. 24. Halbnah
Die beiden Polizisten stehen um Franzis herum,
der aufgeregt und gestenreich von dem Mord
an Alan berichtet. Schließlich, während die
Polizisten sich hinter seinem Rücken kurz verständigen, hält Franzis inne.

T44. 000. 9. Titel
»Ich will nicht ruhen, bis
ich die furchtbaren
Dinge, die ringsum
geschehen, begreife –.«

109. 000. 7. Halbnah
wie 108, Franzis mit erhobener Hand, wie
einen Schwur leistend.

110. 010. 29. Halbtotale
wie 107, der links stehende Polizist marschiert
links vorne ab, Franzis demonstriert dem anderen noch einmal die Bewegung des Messerste-
chens, dann kommt der abgegangene Polizist
mit dem Kommissar zurück, und während die
drei Staatsdiener sich hinten unterhalten,
kommt Franzis ein paar kleine Schritte vor und
bleibt dann stehen, als könne er das alles
immer noch nicht fassen.

Treppe zum Polizeirevier, Außen/Tag

111. 010. 47. Totale
wie 106, Franzis kommt langsam mit gebeug-
tem Haupt die Treppe hinunter, bleibt dann stehen, fährt sich mit der Hand über den Kopf,
bedeckt das Gesicht mit dem Arm, und geht
schließlich rechts vorne ab (den Hut hat er
immer noch in der Hand). (Irisblende beginnt
sich zu schließen.)

Mauer (vor Janes Wohnung), Außen/Tag

112. 000. 17. Totale
Vorne links auf der Treppe steht Jane, an der
Mauer sind ein paar Gartenmöbel aufgestellt,
von rechts hinten kommt Franzis herange-
stürmt. Jane hüpft von der Treppe, begrüßt ihn
und merkt schnell, dass etwas nicht stimmt.
Franzis nimmt den Hut ab und bleibt mit hän-
gendem Kopf stehen. Jane blickt ihn fragend
an, er wendet sich ihr zu.

113. 010. 41. Halbnah
Franzis (Hut ab) und Jane, er sagt ihr, dass
Alan tot ist. Jane stößt ihn entsetzt von sich,
Franzis sinkt auf den Gartenstuhl, Jane fragt,
wie das geschehen ist, und Franzis antwortet:
»Ermordet!« Beide voller Entsetzen. Dann steht
Franzis auf, und beide gehen links ab.

Janes Boudoir, Innen/Tag

114. 000. 18. Totale
Franzis und Jane kommen von links, Jane be-
deutet ihm zu warten, geht rechts ab, nach einer
Weile kommt ein älterer Mann (Janes Vater,
Medizinalrat Olfen) von rechts zurück. Über-
blende zu:

115. 010. 25. Halbnah
Franzis und Olfen. Franzis berichtet von dem
Mord und seinem Verdacht. Olfen nimmt seine
Hand.

T45. 000. 12. Titel
»Ich will von der Polizei
die Ermächtigung
erwirken, den
Somnambulen
zu untersuchen – – –«

116. 010. 7. Halbnah
wie 115, Olfen macht den Vorschlag, und
Franzis stimmt zu: »Ja. Ja! Kommen Sie!« Sie
wenden sich nach links zum gehen.

Gasse, Außen/Nacht

117. 001. 32. Totale
Von hinten schleicht sich ein fremder Mann
(der Verbrecher) an und betritt schließlich nach
links eines der Häuser.

118. 110. 4. Totale
(Iris-Aufblende nur um das Fenster links oben.)
Eine Frau erscheint am Fenster, winkt und ruft
hinaus. (Irisblende öffnet sich noch ein wenig
weiter.)

T46. 000. 2. Titel
»Mörder – – –
Hilfe
Mörder – – «

119. 010. 1. Halbtotale
Die Frau am Fenster, jetzt näher und in der
Mitte des Bildes.

120. 000. 5. Totale
weiter als 117, gleiche Kameraposition wie 118
(links oben das Fenster, die Frau ist nicht zu
sehen): der Verbrecher kommt mit einem Dolch
in der Hand aus dem Haus und will nach hin-

ten fliehen, von wo er gekommen ist, trifft dort aber auf alarmierte Männer, flieht zurück nach vorne und geht vorne links ab, verfolgt von Männern, die jetzt auch von rechts kommen.

Straße vor Franzis' Wohnung, Außen/Nacht

121. 001. 14. Totale
wie 101, der Verbrecher und seine (sechs) Verfolger kommen von rechts hinten. Die Männer stellen ihn vor Franzis' Wohnung, nehmen ihm den Dolch ab und führen ihn ab nach hinten links.

Caligaris Wohnwagen, Innen/Tag

122. 110. 40. Halbtotale
(Iris-Aufblende zunächst nur um Caligari.) Caligari rührt in einem Napf ein Essen an, öffnet dann die links liegende Kiste, in der Cesare schläft (mit dem Kopf zum Fenster). Caligari richtet den schlafenden Somnambulen auf in sitzende Position, setzt sich auf den Schemel daneben und beginnt, Cesare zu füttern.

Caligaris Wohnwagen, Außen/Tag

123. 010. 8. Halbtotale
wie 90, Franzis und Olfen kommen von links und nähern sich dem Wohnwagen. Franzis klopft an die Tür.

Caligaris Wohnwagen, Innen/Tag

124. 010. 12. Halbtotale
wie 122, Caligari hört das Klopfen, legt Cesare wieder hin, schließt die Kiste und geht nach hinten zur Tür.

Caligaris Wohnwagen, Außen/Tag

125. 010. 12. Halbtotale
wie 123, Franzis (auf der rechten Seite) klopft noch einmal, Caligari öffnet die Tür und steigt hinaus, in der Mitte zwischen den beiden Männern stehend.

126. 000. 26. Halbnah
Olfen, Caligari und Franzis. Olfen und Franzis befragen ihn. Caligari weigert sich, sie hinein zu lassen. Auch als Olfen ihm die Ermächtigung der Polizei zeigt, weigert er sich zunächst weiter, überlegt es sich dann aber anders und bittet die Männer in seinen Wohnwagen. Olfen betritt ihn als erster, dann Franzis und Caligari.

Treppe zum Polizeirevier, Außen/Tag

127. 010. 9. Totale
wie 111, von rechts vorne kommen die (vier) Männer mit dem Gefangenen und bringen ihn die Treppe hoch. (Links am Boden steigt Dampf auf.)

Polizeirevier, Innen/Tag

128. 000. 11. Halbtotale
wie 110, am Schreibtisch ein Polizist und der Kommissar, hinten links steht der zweite Polizist. Die Männer mit ihrem Gefangenen kommen von links vorne herein. Alle umringen den Verbrecher, die Männer, die ihn gebracht haben, zeigen mit den Fingern auf ihn, rechts steht der Kommissar.

129. 010. 6. Nah
Kamera schwenkt von rechts nach links über drei Männer links vom Gefangenen (off): den mit schwarzem Schnurrbart, den mit weißem Bart *(zwischen ihnen fehlt der mit flachem Hut)* und den ohne Bart *(der eigentlich rechts vom Gefangenen steht)*. Sie blicken nach rechts und reden heftig.

130. 000. 5. Halbtotale
wie 128, die Männer stehen um den Gefangenen herum und bezichtigen ihn.

131. 010. 4. Nah
Der Gefangene, umringt von einigen Männern. Er blickt nach rechts zum Kommissar (off) und schweigt.

132. 000. 20. Halbtotale
wie 130, einer der Männer auf der linken Seite reicht dem Kommissar auf der rechten Seite den Dolch, den der Verbrecher bei sich hatte, als sie ihn erwischt haben. Der Kommissar

wägt den Dolch in der Hand und weist seine
beiden Polizisten an, den Mann festzunehmen.
Sie kommen heran, packen ihn und führen ihn
nach links vorne ab. Zurück bleiben die vier
Männer, die den Verbrecher gebracht haben,
und der Kommissar mit dem Dolch in der
Hand. Die Männer betonen die Last des durch
den Dolch gegebenen Beweises und gehen dann
links vorne ab.

Caligaris Wohnwagen, Innen/Tag

133. 010. 11. Halbtotale
wie 124, die Kiste ist geöffnet, darin sitzt Cesare mit geschlossenen Augen. Olfen untersucht
ihn. Franzis links davon verfolgt die Untersuchung, Caligari steht starr nach vorne blickend
rechts im Bild.

134. 010. 10. Nah
Caligari blickt verstohlen nach links zu den
Männern (off) hinüber.

135. 010. 5. Halbtotale
wie 133, Olfen wendet sich an Caligari.

T47. 000. 4. Titel
»Wecken Sie
ihn auf!!«

136. 010. 10. Halbtotale
wie 135, Caligari blickt Olfen an und weigert
sich: »Nein!« Franzis wird plötzlich abgelenkt,
blickt durch das Fenster hinten links und öffnet
daraufhin die Tür.

Caligaris Wohnwagen, Außen/Tag

137. 000. 6. Halbnah
weiter als 126, von links kommt ein Mann mit
einem Zettel, gibt ihn Franzis und geht wieder
links ab. Franzis liest. Olfen kommt ebenfalls
aus dem Wohnwagen.

I3. 000. 11. Insert
EXTRABLATT
DAS RÄTSEL VON
HOLSTENWALL GELÖST!
DER DOPPELMÖRDER BEI
EINEM DRITTEN
MORDVERSUCH ERGRIFFEN!

138. 001. 32. Halbnah
wie 137, Franzis und Olfen lesen, da kommt
auch Caligari aus dem Wohnwagen. Die beiden
Männer gehen links ab, Caligari hebt seinen
Zylinder, jetzt allein im Bild, verbeugt sich mehrmals und lacht hämisch. Dann setzt er den Zylinder wieder auf, steigt zurück in den Wohnwagen und blickt sich noch einmal um.
(Iris-Abblende um Caligari.)

T48. 000. 3. Titel
Ende des
III. Aktes

T49. 000. 3. Titel
IV. Akt.

T50. 000. 8. Titel
Beunruhigt über das
lange Ausbleiben
des Vaters – – – – –

Janes Boudoir, Innen/Tag

139. 000. 24. Halbnah
Jane, in der linken Bildhälfte, liest in einem
kleinen Buch, sieht sich besorgt nach links um,
legt dann das Buch beiseite und erhebt sich.
Schwenk: Kamera folgt ihr, sodass sie immer
bis etwa zur Hüfte im Bild bleibt.

Polizeirevier, Innen/Tag

140. 000. 4. Amerikanisch
näher und weiter links als 132. Links die beiden
Polizisten und der Verbrecher, rechts Franzis
und Olfen, im Hintergrund der Kommissar.
Franzis fährt den Verbrecher heftig an.

141. 010. 2. Groß
Franzis, blickt stumm nach links zum Verbrecher (off).

142. 000. 3. Amerikanisch
wie 140, alle blicken wartend auf den Verbrecher.

143. 010. 6. Groß
Der Verbrecher blickt nach rechts Richtung Franzis (off) und beginnt zu reden.

T51. 000. 10. Titel
»Mit den beiden
Morden habe ich
nichts zu tun – –
so wahr mir
Gott helfe – – –«

144. 010. 3. Groß
wie 143, der Verbrecher spricht weiter und blickt zu Boden.

145. 000. 3. Amerikanisch
wie 142, Franzis und Olfen fordern ihn auf, weiter zu reden.

146. 010. 1. Groß
wie 144, er redet weiter.

T52. 000. 27. Titel (rollend)
»Die alte Frau – – –
das ist wahr – – –
die habe ich töten
wollen – – –
mit einem Stich
in die Seite mit
einem ebensolchen
Dolch – – – um den
Verdacht auf den
geheimnisvollen
Mörder zu
lenken – – –«

147. 010. 5. Groß
wie 146, er redet weiter.

148. 000. 2. Amerikanisch
wie 145, alle blicken ihn an.

149. 010. 8. Nah
Franzis und Olfen, schweigend.

150. 001. 5. Amerikanisch
wie 148, der Verbecher beendet seine Erzählung, Franzis stützt den Kopf an eine Hand. (Iris-Abblende um Franzis.)

Vor dem Holstenwall-Jahrmarkt, Außen/Tag

151. 110. 29. Totale
wie 57 (Iris-Aufblende rechts über Jane und einem Karussell, das sich nicht dreht), Jane ist ganz allein. Sie kommt von rechts und geht über die Stiege auf den menschenleeren Jahrmarkt.

Vor Caligaris Zelt, Außen/Tag

152. 000. 9. Totale, dann Halbtotale
näher als 54, Jane kommt sich umsehend von hinten näher und sieht dann das Cesare-Plakat vor dem Zelt vorne rechts. Sie steigt einen Schritt zu dem Podest hoch. Schwenk: Kamcra folgt ihr, sodass jetzt auch der Zelteingang ganz rechts zu sehen ist.

153. 010. 3. Nah
Caligari öffnet rasch die Zeltplane und erblickt links Jane (off).

154. 000. 1. Halbtotale
wie 152 Ende, Jane links, Caligari rechts.

155. 010. 3. Nah
Jane erschrickt beim Anblick Caligaris (off).

156. 000. 2. Halbtotale
wie 154, Caligari kommt etwas näher und hört Jane an.

T53. 000. 8. Titel
»Ist mein Vater nicht
hier – – –
der Medizinalrat
Olfen – – – –?«

157. 000. 2. Halbtotale
wie 156, Caligari schüttelt den Kopf.

158. 010. 5. Nah
Caligari blickt hoch und überlegt. Dann blickt er wieder nach links auf Jane (off).

159. 000. 22. Halbtotale
wie 157, Jane will schon gehen, aber Caligari
hält sie an. Er bittet sie mit Gesten, in sein Zelt
zu kommen. Schließlich nimmt er sogar den
Zylinder ab und lädt sie ausdrücklich ein. Jane
zögert, aber als Caligari vorangeht, folgt sie
ihm nach rechts ins Zelt. Kamera schwenkt ein
Stück weiter nach rechts.

Im Zelt, Innen/Tag

160. 000. 22. Amerikanisch
Caligari und Jane kommen von links. In der
Mitte auf der Bühne steht Cesares geschlossene
Kiste. Caligari geht auf die linke Seite neben
die Kiste, vorsichtig folgt auch Jane und bleibt
rechts von der Kiste stehen. Caligari öffnet die
Kiste und präsentiert dem Mädchen den darin
mit geschlossenen Augen stehenden Cesare.

161. 010. 1. Groß
wie 65, Caligari sieht schweigend nach rechts
zu Jane (off).

162. 001. 45. Amerikanisch
wie 160, Caligari erweckt Cesare, der die
Augen öffnet und sie auf die gebannte Jane
richtet. Jane kommt zuerst näher heran und
wendet sich dann steif vor Entsetzen ab. Aber
sie kann den Blick nicht von Cesare lassen.
Schließlich bedeckt sie den Kopf mit dem Arm
und läuft links vorne ab. Caligari und Cesare
blicken ihr nach. (Iris-Abblende um Caligaris
Kopf, wo sie eine Weile verharrt.)

T54. 000. 6. Titel
Nach dem
Begräbnis.

Vor dem Friedhof, Außen/Tag

163. 111. 21. Totale
Olfen, Jane und Franzis, schwarzgekleidet,
kommen aus dem Friedhoftor und gehen an
der Mauer entlang rechts ab.

T55. 000. 4. Titel
Nacht

Vor dem Holstenwall-Jahrmarkt, Außen/Nacht

164. 010. 16. Totale
wie 151, Franzis, von rechts kommend, geht über
die Stiege auf den menschenleeren Jahrmarkt.

Vor Caligaris Zelt, Außen/Nacht

165. 000. 34. Totale
wie 54, Franzis schleicht sich von hinten links
heran, kriecht auf das kleine Podest vor Caligaris Zelt, lugt hinein, steigt dann wieder hinunter und wendet sich nach hinten rechts.

Caligaris Wohnwagen, Außen/Nacht

166. 000. 6. Halbtotale
wie 125, Franzis kommt von links, schleicht
sich an den Wohnwagen an und blickt durch
das Fenster.

167. 010. 2. Nah
Franzis am Fenster, blickt hinein.

168. 010. 4. Halbnah
Franzis' Sicht durch das Fenster: Caligari sitzt
mit geschlossenen Augen neben der offenen
Kiste, in der anscheinend Cesare liegt und
schläft (mit den Füßen zum Fenster, anders
herum als in 122/124).

169. 010. 1. Nah
wie 167, Franzis auf seinem Beobachtungsposten.

Janes Schlafzimmer, Innen/Nacht

170. 100. 3. Totale
Jane im Vordergrund schlafend. (Iris-Aufblende
links über Jane)

Mauer vor Janes Wohnung, Außen/Nacht

171. 000. 20. Totale
wie 112 (ohne Gartenmöbel), Cesare streift von
rechts an der Mauer entlang und geht links die
Stufen hoch (zu Janes Wohnung).
*Kurt Tucholsky in der Weltbühne: »Veidt stelzt
dünn und nicht von dieser Erde durch seine*

wirre Welt: einmal ein herrlicher Augenauf-
schlag, einmal wie von Kubin, schwarz und
schattenhaft und ganz lang an einer Mauer hin-
gespensternd.«
Siegfried Kracauer: »Und wenn Conrad Veidts
Cesare an einer Mauer entlangstreifte, so war
es nicht anders, als habe die Mauer ihn ausge-
dünstet.«

Janes Schlafzimmer, Innen/Nacht

172. 000. 4. Totale
wie 170, im Vordergrund schläft Jane, im
Hintergrund erscheint Cesare am Fenster.

173. 010. 13. Halbtotale
Cesare am Fenster, erhebt sich. Er hat einen
langen, spitzen Dolch in der Hand.

174. 000. 3. Totale
wie 172, Jane schläft, am Fenster jetzt Cesare
stehend.

175. 010. 11. Halbtotale
wie 173, Cesare bricht eine Strebe heraus und
setzt einen Fuß in Janes Schlafzimmer.

176. 000. 31. Totale
wie 174, Cesare, jetzt im Raum, kommt langsam von hinten näher, bleibt neben Janes Bett
stehen und hebt den Dolch.

177. 010. 1. Nah
Cesare, mit erhobenem Dolch.

178. 000. 4. Totale
wie 176, Cesare holt zum Stich aus, hält aber
inne und blickt auf die schlafende Jane.

179. 010. 6. Nah
wie 177, Cesare blickt Jane (off) an und senkt
langsam wieder den Arm. *(Hier muss er den*
Dolch fallen lassen, ist aber nicht zu sehen.)

180. 000. 10. Totale
wie 178, Cesare berührt Jane leicht mit der
Hand, in der er eben noch den Dolch hatte. Sie
erwacht sofort und springt auf.

181. 010. 6. Nah
Cesare ergreift Jane. Leichter Korrekturschwenk
nach rechts.

Hans Janowitz über die Uraufführung des Films
im Februar 1920: »And when Cesare attacks
the sleeping girl, some women in the audience
fainted, while others groaned and cried out.«

182. 000. 2. Totale
wie 180, sie kämpfen, Cesare versucht Jane
von hinten zu umfassen.

183. 010. 3. Nah
wie 181 Anfang, Cesare schlingt von hinten
seine Arme um Jane.

184. 000. 3. Totale
wie 182, Cesare hat Jane von hinten umfasst
und hievt sie aus dem Bett. Jane stößt einen
Schrei aus.
Kurt Tucholsky in der Weltbühne: »Und daß
in diesem Film, von einer geraubten Frau, ein
Schrei ertönt, den man hört, wirklich hört
(wenn man Ohren hat) – das soll ihm unver-
gessen sein.«

Schlafzimmer der Diener, Innen/Nacht

185. 010. 4. Halbtotale
Leichte Aufsicht: Ein junger und ein alter Diener
in ihren Betten, erwachen von Janes Schrei (off).

Janes Schlafzimmer, Innen/Nacht

186. 000. 10. Totale
wie 184, Cesare schleppt Jane, die sich nicht
mehr wehrt, aus dem Bett nach hinten zu dem
Fenster, durch das er eingestiegen ist.

Schlafzimmer der Diener, Innen/Nacht

187. 010. 2. Halbtotale
wie 185, die beiden Diener eilen nach hinten.

Janes Schlafzimmer, Innen/Nacht

188. 000. 17. Totale
wie 186, die beiden Diener kommen von links
hinten und entdecken das zerwühlte, doch leere
Bett. Erst ein Dienstmädchen und dann auch
Olfen kommen ebenso heran, Olfen wirft sich
vor Entsetzen auf das leere Bett, während die

drei anderen nach hinten zu dem zerbrochenen
Fenster laufen.

189. 010. 2. Halbtotale
wie 175, der junge Diener steht am Fenster und
zeigt nach draußen, auch der ältere Diener
kommt heran.

190. 000. 1. Totale
wie 188, Olfen springt von Janes Bett auf und
läuft ebenfalls zum Fenster.

191. 010. 4. Halbtotale
wie 189, Olfen drängt sich durch zu den anderen, alle recken ihre Hände nach draußen.

Dächer, Außen/Nacht

192. 110. 18. Totale
Cesare trägt die bewusstlose Jane unter dem
linken Arm im Zickzack über die Dächer.

Caligaris Wohnwagen, Außen/Nacht

193. 010. 1. Halbnah
wie 168, Franzis' Sicht durch das Fenster: Caligari sitzt immer noch neben dem anscheinend
in seiner Kiste schlafenden Cesare.

194. 010. 1. Nah
wie 169, Franzis auf seinem Beobachtungsposten.

Mauer vor Janes Wohnung, Außen/Nacht

195. 000. 13. Totale
wie 171, Cesare kommt, die bewusstlose Jane
unter dem linken Arm tragend, von links die
Treppe herunter und trägt sie nach rechts die
Mauer entlang. *(Die Irisblende beginnt sich zu
schließen, ist gleich darauf aber wieder vollständig geöffnet.)* Dann erscheinen links die
beiden Diener, die Cesare verfolgen.

Brücke, Außen/Nacht

196. 010. 36. Totale
Cesare, Jane unter dem linken Arm, kommt
deutlich langsamer geworden von hinten links
auf uns zu. Olfen und die beiden Diener sind
schon direkt hinter ihm. Cesare geht auf die
Knie, lässt Jane liegen und flieht dann weiter,
vorne links ab. Eine große Menge Verfolger
kommt heran, Olfen und die Diener kümmern
sich um Jane, die anderen verfolgen den Flüch-
tenden, vorne links ab. Olfen und die Diener
tragen Jane zurück.

Feld, Außen/Nacht

197. 010. 14. Halbtotale
Cesare, von links kommend, bricht mit ausge-
streckten Armen kraftlos zusammen.

Caligaris Wohnwagen, Außen/Nacht

198. 010. 6. Nah
wie 194, Franzis auf seinem Beobachtungsposten, blickt sich um, enttäuscht, dass die ganze
Nacht nichts passiert ist.

199. 000. 4. Halbtotale
wie 166, Franzis schleicht sich wieder weg,
links ab.

Janes Boudoir, Innen/Nacht

200. 000. 6. Totale
näher als 114, Olfen und das Dienstmädchen
(das nach rechts abgeht) kümmern sich um die
immer noch bewusstlose Jane. Franzis kommt
von links hereingestürzt, wirft den Hut in der
Hand auf den Sessel links, stürzt dann zu Jane
und redet auf sie ein. Überblende zu:

201. 000. 21. Amerikanisch
Olfen streicht Jane über's Haupt, und sie
schlägt die Augen auf. Mit starrem Blick sieht
sie sich um, erblickt Franzis, und sieht dann
nach vorne.

T56. 000. 1. Titel
»Cesare …!«

202. 000. 15. Amerikanisch
wie 201, Jane schreit: »Cesare!« Franzis schüttelt sacht den Kopf, aber Jane widerspricht:
»Doch! Es war Cesare!« Franzis steht auf und
blickt ungläubig auf Jane hinunter.

T57. 000. 16. Titel
»Es <u>kann</u> nicht Cesare
gewesen sein – – –
Cesare schlief während
der Zeit – – – ich habe
ihn stundenlang
beobachtet – – –«

203. 001. 20. Amerikanisch
wie 202, Franzis argumentiert mit erhobener
Hand, aber Jane bleibt starrsinnig: »Und es
war doch Cesare!« Franzis weicht zurück, die
beiden anderen blicken ihn an, dann greift er
nach seinem Hut und stürzt hinaus, links ab.
Olfen wendet sich seiner Tochter zu. (Iris-Abblende über Jane.)

T58. 000. 3. Titel
Ende des
IV. Aktes.

T59. 000. 3. Titel
V. Akt.

Polizeirevier, Innen/Nacht

204. 110. 37. Amerikanisch
ähnlich 150, die Polizisten sitzen am Schreibtisch. (Iris-Aufblende über dem Polizisten links.)
Franzis kommt von vorne links mit dem Hut in
der Hand hereingelaufen. Die Polizisten steigen
sofort von ihren Stühlen und horchen, links und
rechts von Franzis, dessen Erzählung. Franzis
fährt mit der Hand an die Stirn, dann kommt

ihm ein Gedanke, und er wendet sich an den
linken Polizisten.

T60. 000. 7. Titel
»Ist der Gefangene
– – sicher – – in
seiner Zelle – –?«

205. 010. 11. Amerikanisch
wie 204, der linke Polizist nickt, Franzis dreht
sich ungläubig zu dem anderen um, der auch
nickt.

T61. 000. 4. Titel
»Ich möchte
ihn sehen – – –«

206. 010. 4. Amerikanisch
wie 205, die Polizisten verständigen sich kurz
und gehen dann mit Franzis links ab.

Treppe zum Polizeirevier, Außen/Nacht

207. 010. 5. Totale
wie 127, Franzis voran, kommen die drei Männer die Treppe herunter und wenden sich nach
links. (Links am Boden steigt Dampf auf.)

Gefängnis, Innen/Nacht

208. 000. 16. Totale
(Irisblende am Anfang noch nicht ganz geöffnet,
öffnet sich ganz nach links.) Von rechts hinten
kommen die drei Männer, jetzt die Polizisten
voran, vorbei an den Zellennummern 4 und 5.
Vor Zelle 5 auf der linken Bildseite bleiben die
Polizisten stehen, Franzis kommt langsam hinterher.

209. 010. 2. Nah
Die beiden Polizisten und Franzis blicken in die
Zelle (off).

210. 010. 8. Totale
Ihre Sicht: Der Gefangene in seiner Zelle, an
seine Hände ein großes Gewicht gekettet.

211. 010. 10. Nah
wie 209, Franzis blickt nachdenklich die beiden
Polizisten an, dann sinnend vor sich hin.

Caligaris Wohnwagen, Außen/Nacht

212. 010. 4. Nah
näher als 198, Caligari blickt durch das Fenster
nach draußen.

213. 010. 2. Halbnah
wie 193, Sicht nach innen: Caligari und Cesare.

214. 000. 2. Halbtotale
wie 199, Franzis, der Kommissar und die beiden Polizisten kommen von links, Franzis
blickt durch das Fenster.

215. 010. 0. Halbnah
wie 213, seine Sicht: Caligari und Cesare.

216. 000. 11. Halbtotale
wie 214, der Kommissar postiert die beiden
Polizisten links und rechts der Tür und klopft.
Caligari öffnet und steigt hinaus.

217. 010. 5. Nah
Caligari weigert sich, die Polizisten einzulassen.
Kurzes Handgemenge mit dem Kommissar.

218. 000. 10. Halbtotale
wie 216, der Kommissar bedeutet Caligari, zur
Seite zu treten, öffnet die Tür und lässt seine
beiden Polizisten in den Wohnwagen treten.

219. 010. 14. Nah
Caligari, mit der Hand an der Brust, blickt
nach links hinüber, dann zu Boden.

220. 000. 4. Halbtotale
wie 218, die beiden Polizisten tragen die Kiste
aus dem Wohnwagen und stellen sie vorne auf
dem Boden ab.

221. 010. 5. Nah
Caligari blickt entsetzt nach vorne rechts auf
die Kiste (off), lässt dann die Augen nach links
und rechts wandern.

222. 000. 5. Halbtotale
wie 220, der Kommissar öffnet die Kiste, darin
eine schwarzgekleidete Gestalt. Die Männer
beugen sich über die Kiste.

223. 010. 2. Nah
Franzis' Sicht: die Kiste, darin eine schwarzgekleidete Gestalt, die wie Cesare aussieht.

224. 000. 10. Halbtotale
wie 222, Franzis hebt die Gestalt mühelos heraus: es ist eine Puppe! Gleichzeitig geht Caligari links hinten ab. Franzis lässt die Puppe an-
gewidert fallen und stürzt Caligari (off)
hinterher, während die Polizisten nur auf die
Puppe gucken.

Feldweg, Außen/Nacht

225. 010. 11. Totale
Caligari kommt vorne rechts ins Bild und flieht
den Weg hinauf, kurz darauf folgt Franzis. Caligari am Ende nach rechts ab.

Brücke, Außen/Nacht

226. 010. 12. Totale
wie 196, von hinten links kommt Caligari nach
vorn, gefolgt von Franzis.

Anderer Feldweg, Außen/Nacht

227. 010. 7. Totale
Caligari, mit dem Rücken zu uns, flieht. Franzis
folgt. *(Es wurde, leicht umdekoriert und neu
bemalt, dieselbe Kulisse verwendet wie in 225.)*

Vor der Irrenanstalt, Außen/Nacht

228. 110. 7. Halbtotale
Caligari kommt von rechts, vorbei an einem
Schild »Insane asylum«, und durchschreitet das
Tor. Unmittelbar darauf folgt Franzis.

229. 010. 12. Halbnah
Franzis steht links von dem Schild, das jetzt
lautet: »IRRENANSTALT«. Er weicht zurück,
durchschreitet dann aber auch das Tor.

Hof der Irrenanstalt, Außen/Tag

230. 000. 22. Totale
Franzis kommt vorne rechts ins Bild, begleitet
von einem Wärter. In der Mitte der sternförmi-
gen Zeichnung auf dem Boden bedeutet der
Wärter Franzis stehenzubleiben und eilt im
Hintergrund durch den rechten der drei Torbö-

gen über die Treppe davon. Franzis bleibt zurück und sieht sich um. Der Wärter kommt in Begleitung eines jungen Arztes zurück und geht vorne rechts wieder ab, während Franzis und der Arzt miteinander sprechen.

231. 000. 1. Amerikanisch
Franzis und der Arzt.

T62. 000. 5. Titel
»Ist hier ein
Kranker Namens
Dr. Caligari?«

232. 000. 32. Amerikanisch
wie 231, der junge Arzt schüttelt den Kopf. Von hinten kommt ein anderer, älterer Arzt. Der junge holt den älteren heran, sodass beide rechts von Franzis stehen und ihm zuhören. Nach einer kurzen Pause machen die Ärzte einen Vorschlag.

T63. 000. 9. Titel
»Der Direktor ist heute
zurückgekommen – – –
Vielleicht sprechen
Sie mit ihm
selbst – – –«

233. 000. 9. Amerikanisch
wie 232, Franzis nickt heftig und geht mit dem älteren Arzt nach hinten auf den mittleren Torbogen zu, während der junge Arzt noch eine Weile stehen bleibt und sich dann auch zum Gehen wendet.

Flur (vor dem Büro des Direktors), Innen/Tag

234. 010. 12. Halbtotale
Der ältere Arzt und Franzis kommen von hinten links heran, der Arzt öffnet eine Tür auf der rechten Seite, und Franzis geht hinein, die Hand am Hut. Der Arzt schließt die Tür wieder.

Büro des Direktors, Innen/Tag

235. 000. 2. Halbtotale
Franzis kommt von rechts herein, den Hut abgenommen, links steht ein Skelett, hinten am Schreibtisch sitzt der Direktor, über ein Buch gebeugt. Franzis kommt näher.

236. 010. 9. Nah
Der Direktor blickt von seinem Buch auf: es ist Caligari!

237. 000. 5. Halbtotale
wie 235, der Direktor jetzt aufblickend. Franzis will sich zuerst auf ihn stürzen, wendet sich dann aber um und stürzt von Schauder ergriffen hinaus. Vorne rechts ab.

Flur vor dem Büro des Direktors, Innen/Tag

238. 010. 6. Halbtotale
wie 234, Franzis kommt rückwärts aus der Tür, blickt schaudernd zurück und taumelt dann nach hinten links den Weg zurück, den er gekommen ist.

Hof der Irrenanstalt, Außen/Tag

239. 000. 13. Totale
näher als 230, Franzis kommt aus dem mittleren Torbogen und stürzt vor einem Sessel zu Boden. Drei Ärzte kommen herbei und helfen ihm in den Sessel (die beiden schon bekannten und ein dritter mit Bart).

240. 000. 8. Amerikanisch
Franzis (sitzend) berichtet den um ihn stehenden Ärzten von der Begegnung im Büro des Direktors.

T64. 000. 7. Titel
»Er – – er selbst – – –
und kein anderer
ist Caligari – – –«

241. 000. 15. Amerikanisch
wie 240, Franzis berichtet, erst mit erhobenen Händen, am Ende mit der Hand vor dem Kopf. Ausblende.

T65. 000. 11. Titel
Während der Direktor
jetzt unter
Beobachtung gestellt,
in seiner
Villa schläft – –

Schlafzimmer des Direktors, Innen/Nacht

242. 001. 5. Halbtotale
Leichte Aufsicht: der Direktor schläft schwer atmend. (Iris-Abblende sehr schnell.)

Weg vor der Villa des Direktors, Außen/Nacht

243. 000. 3. Totale
Aufblende. Franzis kommt von links heran und wird an der Tür von dem älteren Arzt empfangen.

T66. 000. 2. Titel
»Er schläft.«

244. 000. 5. Totale
wie 243, der Arzt und Franzis gehen den Weg nach links zurück (in Richtung Irrenanstalt). (243 und 244 wurden in einer Einstellung gedreht.)

Flur vor dem Büro des Direktors, Innen/Nacht

245. 010. 4. Halbtotale
wie 238, der junge Arzt, dann Franzis und die anderen beiden Ärzte, kommen heran. Der junge Arzt öffnet die Tür zum Büro auf der rechten Seite. Sie gehen hinein.

Büro des Direktors, Innen/Nacht

246. 000. 19. Halbtotale
ein Stück weiter links als 237, die drei Ärzte und Franzis kommen von links vorne herein, der junge Arzt macht das Licht an *(hier wechselt die Färbung von blau zu gelb)*. Dann durchwühlen sie die Unterlagen auf dem Schreibtisch des Direktors. Schließlich hat der ältere Arzt eine Idee. Er geht nach vorne links und schiebt das Skelett ein Stück nach links zur Seite, sodass er rechts davon in einen Schrank greifen kann. Hinten am Schreibtisch stehen der junge Arzt, Franzis und der bärtige Arzt und sehen ihm zu.

247. 010. 3. Halbnah
Der junge Arzt, Franzis und der bärtige Arzt schauen nach rechts *(müssten eigentlich nach links schauen, und der Bärtige hat seinen Kittel nur hier ganz aufgeknöpft)*.

248. 010. 6. Halbnah
Links der ältere Arzt, rechts das Skelett. Der Arzt holt aus einem Schrank einen Stapel Bücher, schlägt das obere auf, nickt, und wendet sich mit den Büchern nach links *(müsste sich eigentlich nach rechts wenden, das Skelett müsste links stehen, und auch sein Kittel ist nur hier ganz aufgeknöpft)*.

249. 010. 5. Halbnah
Franzis und die Ärzte am Schreibtisch, mit einem ganzen Stapel Büchern. Der ältere Arzt legt die neuen Bücher vor Franzis hin, und der schlägt das obere Buch auf.

I4. 000. 7. Insert: Buchdeckel
Somnam-
bulismus
Ein Samelwerk
der Universität Upsala
Herausgegeben im Jahre 1726

250. 010. 1. Halbnah
wie 249, Franzis blickt von dem Buch auf.

T67. 000. 3. Titel
»Sein
Specialstudium.«

251. 010. 14. Halbnah
wie 250, der junge Arzt auf der linken Seite spricht, Franzis blickt ihn an, dann wenden sie sich wieder dem Buch zu. Franzis schlägt Seite um Seite um.

Schlafzimmer des Direktors, Innen/Nacht

252. 000. 4. Halbtotale
näher als 242, starke Aufsicht: der Direktor schläft noch immer schwer atmend.

Büro des Direktors, Innen/Nacht

253. 010. 5. Halbnah
wie 251, Franzis und die Ärzte vertieft über dem Buch. Der junge Arzt links zeigt kurz mit dem kleinen Finger auf die Seite, die sie gerade lesen.

I5. 000. 20. Insert: Buchseite
Das Cabinet
des Dr. Caligari.
Im Jahre 1703 zog in den
kleinen Städten Ober-Italiens ein Mÿstiker namens
Dr. Caligari, mit einem Somnambulen, genant Cesare,
auf Jahrmarktsplätzen umher

I6. 000. 15. Insert: Buchseite
… und hielt monate-
lang Stadt für Stadt
in Panik durch Mor-
de, die stets unter
den gleichen Umstän-
den ausgeführt wur-
den …

254. 010. 0. Halbnah
wie 253, Franzis und die Ärzte vertieft über
dem Buch.

255. 010. 18. Nah
Kamera schwenkt von links nach rechts über
die vier Lesenden.

256. 010. 1. Halbnah
wie 254, die vier Männer vertieft über dem
Buch.

I7. 000. 29. Insert: Zwei Buchseiten
… indem er einen
Somnambulen, den
er vollständig unter
seinen Willen ge-
zwungen hatte, zur
Ausführung seiner
abenteuerlichen Plä-
ne veranlaßte. Durch
eine dem Cesare

getreu nachgebildete
Puppe, die an Stelle
des abwesenden
Cesare im Kasten
lag, verstand Dr.
Caligari jeden Ver-
dacht auf die Täter-
schaft des Somnam-
bulen zu beseitigen.

257. 000. 3. Halbnah
wie 256, Franzis blättert weiter in dem Buch,
legt es dann beiseite und blickt auf das Heft darunter.

I8. 000. 2. Insert: Buchdeckel
Mein
Tagebuch.

258. 000. 6. Halbnah
wie 257, Franzis blickt alle Ärzte aufgeregt an,
dann schlägt er das Tagebuch auf, sie beugen
sich tief darüber und beginnen zu lesen.

I9. 000. 9. Insert: Tagebucheintrag
12. März …..
… Endlich … endlich!
… Heute meldete man
die Einlieferung eines
Somnambulen …

259. 001. 1. Halbnah
wie 258, die Irisblende schließt sich um die Lesenden nach links unten. Gleichzeitig:

Büro des Direktors (Rückblende), Innen/Tag

260. 101. 91. Halbtotale, dann Amerikanisch
… öffnet sich die Irisblende von rechts oben
und zeigt den Direktor (in der Vergangenheit)
an seinem Schreibtisch sitzen, genau da, wo
Franzis und die Ärzte in der Gegenwart in seinem Tagebuch lesen. Der junge Arzt kommt
von links vorne ins Bild und macht dem Direktor eine Mitteilung. Der erhebt sich sofort und
gibt dem Arzt eine Anweisung. Der Arzt geht
kurz zurück nach links vorne und winkt seine
Helfer (off) herein. Zwei Wärter kommen von
links vorne und schieben den reglosen Cesare
in einem Rollstuhl hinein, zusammen mit den
beiden anderen Ärzten, die wir schon kennen.
Caligari kommt hinter seinem Schreibtisch hervor, begutachtet den Somnambulen, streicht
ihm durch's Haar, nimmt seine Hand und gerät
in einen absurden Freudentaumel. Dann bemerkt er, dass die fünf Männer immer noch da
stehen und ihm zugucken und schickt sie weg.
Als sie das Bild nach links verlassen haben,
umarmt er Cesare, stößt einen Freudenschrei
aus, läuft zurück zum Schreibtisch, holt ein
dickes Buch, blättert darin und vergleicht den

Inhalt der Buchseiten mit dem lebenden da sitzenden Cesare. Schließlich lacht er irre, reißt ein paar Seiten heraus, wirft das Buch weg und umarmt Cesare. Die Irisblende schließt sich wieder nach rechts oben. Gleichzeitig:

Büro des Direktors, Innen/Nacht

261. 100. 4. Halbnah
wie 259, … öffnet sich die Irisblende von links unten und zeigt wieder Franzis und die Ärzte, die in der Gegenwart das Tagebuch lesen.

Schlafzimmer des Direktors, Innen/Nacht

262. 000. 4. Halbtotale
wie 242, der Direktor schläft schwer atmend.

Büro des Direktors, Innen/Nacht

263. 001. 1. Halbnah
wie 261, Franzis und die Ärzte über dem Buch.

I10. 000. 36. Insert: Tagebucheintrag (rollend)
…. Nachmittag.
Der Wunsch … der uner-
bittliche Drang meines Lebens erfüllt sich …! Jetzt
werde ich das psychiatri-
sche Geheimnis jenes Caligari
lösen!! Jetzt werde ich ergrün
den, ob es wahr ist, daß
ein Somnambule zu Hand-
lungen gezwungen werden
kann, die er im wachen
Zustand niemals begehen,
die er verabscheuen würde …
Ob es wahr ist, daß der
Schlafende bis zum Mord
getrieben werden kann …

264. 001. 1. Halbnah
wie 263, die Lesenden. Die Irisblende schließt sich nach unten links. Gleichzeitig:

Büro des Direktors (Rückblende), Innen/Nacht

265. 110. 13. Halbnah
Die Irisblende öffnet sich von oben rechts. Vergangenheit: Der Direktor liest in einem Buch und blickt auf.

T68. 000. 2. Titel
Zwangsvorstellungen.

266. 010. 29. Halbnah
wie 265, der Direktor greift sich an den Kopf, beugt sich schwer atmend über das Buch, und reißt es schließlich an sich.

T69. 000. 10. Titel
»Ich muss alles wissen …
ich muss in sein
Geheimnis dringen
ich muss
Caligari
werden ….«

267. 010. 5. Halbnah
wie 266, der Direktor geht links ab.

Weg vor der Villa des Direktors (Rückblende), Außen/Nacht

268. 101. 63.Totale
wie 244 (Iris-Aufblende von links), der Direktor, mit dem Buch im Arm, kommt von hinten den Weg entlang (aus Richtung Irrenanstalt), taumelt, geht ein Stück zurück (wendet uns den Rücken zu). Über ihm am Himmel erscheint der Schriftzug: DU MUSST CALIGARI WER-DEN (Einblendung), er versucht danach zu fassen, aber die Schrift verschwindet wieder. Dann erscheint die Schrift rechts an der Wand (Einblendung), dann wieder Buchstabe für Buchstabe am Himmel, dann überall Buchstabe für Buchstabe: DU MUSST CALIGARI WERDEN bzw. nur CALIGARI. Der Direktor taumelt und geht den Weg zurück ab. Unten rechts bleibt noch kurz der Schriftzug CALIGARI stehen, als die Irisblende sich um die letzte Position des Direktors schließt.

T70. 000. 3. Titel
Ende des
V. Aktes

T71. 000. 3. Titel
VI. Akt.

Büro des Direktors, Innen/Nacht

269. 110. 33. Halbnah
wie 264, Franzis und die drei Ärzte. Franzis hält das Buch umklammert und lässt es dann sinken. Alle blicken erschüttert auf. Franzis wendet sich nach rechts, spricht kurz und blickt dann wieder nach vorne.

270. 000. 9. Halbtotale
wie 237, Franzis und die Ärzte hinten am Schreibtisch. Rechts vorne kommt ein Mann herein, nimmt seine Mütze ab und macht eine Mitteilung. Franzis springt auf.

T72. 000. 7. Titel
»Draussen im Felde
haben wir den
Schlafenden
gefunden ....«

271. 001. 9. Halbtotale
wie 270, der Mann voran, dann Franzis und die Ärzte gehen vorne rechts ab.

Feld, Außen/Nacht

272. 110. 33. Halbtotale
Mehrere Männer stehen diskutierend um den am Boden liegenden Cesare herum. Von links kommen der Mann, der ihm die Nachricht überbracht hat, und Franzis (Hut auf) ins Bild. Franzis stürzt heran, beugt sich über Cesare, richtet sich wieder auf und erteilt dann den Männern eine kurze Anweisung. Sie heben Cesare auf und tragen ihn, alle links ab.

Flur vor dem Büro des Direktors, Innen/Tag

273. 010. 24. Halbtotale
wie 245, von hinten links kommen Franzis, die drei Ärzte und vier Wärter, die eine Trage (mit dem mit einem Tuch bedeckten Cesare) tragen. Auf ein Zeichen von Franzis stellen sie sie ab, dann öffnet Franzis die Tür zum Büro und tritt nach rechts ein, die Hand am Hut.

Büro des Direktors, Innen/Tag

274. 000. 5. Halbtotale
wie 270, der Direktor steht mit dem Rücken zu uns am Fenster, die Hände hinter dem Rücken. Franzis (Hut ab) kommt von rechts vorne herein und tritt von links an den Schreibtisch.

275. 010. 2. Halbnah
Der Direktor dreht sich herum und blickt nach links zu Franzis (off).

276. 000. 1. Halbtotale
wie 274, Franzis links vor dem Schreibtisch des Direktors, der sich jetzt zu ihm umgedreht hat.

T73. 000. 8. Titel
»Herr Direktor – –
Legen Sie die Maske ab,
Sie sind
Dr. Caligari!«

277. 010. 3. Halbnah
wie 275, der Direktor kommt mit weit aufgerissenen Augen einen Schritt näher.

278. 000. 88. Halbtotale, dann Amerikanisch
wie 276, Franzis winkt heran: von vorne rechts kommen die Ärzte und die Träger. Sie stellen die Trage (mit Cesare) im Vordergrund ab und gruppieren sich darum. Der Direktor ist vor seinen Schreibtisch getreten, Franzis zeigt auf die Trage, dann kommen er und der Direktor näher und Franzis reißt das Tuch beiseite, sodass der liegende Cesare enthüllt wird. Der Direktor schreckt zurück, nähert sich dann dem Somnambulen und wirft sich auf ihn. Dann blickt er auf und scheint erst jetzt die Männer

zu bemerken, die um ihn herum stehen. Nach langem Zögern stürzt er sich auf den älteren Arzt links und legt die Hände um seinen Hals. Daraufhin stürzen sich alle auf den Direktor, legen ihm eine Zwangsjacke an (dabei verliert er seine Brille) und führen ihn nach links ab. Alle bis auf Franzis, der die ganze Szene von hinten beobachtet hat, und den anderen erst nach einer Weile mit erhobener Hand folgt. Franzis links ab, zurück bleibt der nach wie vor regungslose Cesare.

Vor Zelle, Innen/Tag

279. 010. 20. Halbtotale
Von vorne rechts kommen vier Wärter, die den in der Zwangsjacke steckenden sich heftig wehrenden Direktor (ohne Brille) in die Zelle schleppen. Zwei der Ärzte (der ältere und der bärtige) folgen und bleiben mit dem Direktor in der Zelle, nachdem die Männer ihn auf eine Pritsche geworfen haben und wieder nach vorne rechts abgegangen sind. Von vorne rechts kommt jetzt auch Franzis ins Bild.

280. 010. 20. Halbnah
Aufsicht: Der Direktor (ohne Brille) liegt auf der Pritsche, sich heftig gegen die Zwangsjacke stemmend. Schließlich lassen seine Kräfte nach und die Bewegungen werden langsamer. Schwer atmend bleibt er mit weit geöffneten Augen liegen.

281. 011. 15. Halbtotale
wie 279, die beiden Ärzte lassen den Direktor zurück, schließen die Zellentür und gehen vorbei am rechts stehenden Franzis vorne rechts ab. Franzis bleibt wie vom Donner gerührt stehen. (Iris-Abblende um Franzis.)

Park (Rahmenhandlung), Außen/Tag

282. 100. 17. Halbtotale
wie 1, in der linken Bildhäfte sitzen Franzis und der alte Mann. Franzis beendet seine Erzählung.

T74. 000. 10. Titel
»… und seit diesem Tage hat der Wahnsinnige die Zelle nicht mehr verlassen.«

283. 000. 25. Halbtotale
wie 282, Franzis blickt stumm vor sich hin, der alte Mann steht auf und animiert Franzis zum Gehen. Franzis steht auf und sie gehen nach rechts hinten, dorthin, von wo Jane am Anfang der Rahmenhandlung gekommen ist.

Hof der Irrenanstalt, Außen/Tag

284. 000. 4. Totale
wie 230, der Hof ist mit allerlei Gestalten bevölkert, darunter auch rechts sitzend Cesare, der gerade aufsteht. Links wie auf einem Thron sitzt Jane.

285. 010. 3. Halbnah
Jane, sitzend.

286. 000. 7. Totale
wie 284, Cesare geht jetzt auf der rechten Seite langsam nach vorne und streichelt eine Blume auf seiner Schulter. Hinter den Torbögen kommt von rechts der ältere Arzt und beginnt hinter dem linken Torbogen, die Treppe hinunter zu gehen.

287. 010. 2. Halbnah
ein Mann mit weißem Bart, heftig gestikulierend.

288. 010. 3. Groß
derselbe Mann, redend.

289. 010. 1. Halbnah
wie 287, der Mann mit erhobenem Arm gestikulierend.

290. 000. 5. Totale
wie 286, Cesare ein paar Schritte näher, der ältere Arzt hinten links.

291. 010. 3. Halbtotale
Eine sitzende Frau in weißem Kleid, die ein unsichtbares Klavier spielt.

292. 000. 11. Totale
wie 290, Cesare jetzt nach rechts gewandt, der
ältere Arzt durchquert den Hof und geht hinter
Jane links ab. Von rechts vorne kommen der
alte Mann und Franzis.

293. 000. 2. Amerikanisch
Von rechts vorne kommen der alte Mann und
Franzis. Sie passieren einen Mann mit Bart, Ce-
sare, der versonnen mit seiner Blume an der
Mauer steht, und die Frau mit dem unsichtbaren
Klavier. Als Franzis Cesare sieht, schreckt er
zurück.

294. 010. 1. Nah
Cesare mit Blume.

295. 000. 4. Amerikanisch
wie 293, Franzis nimmt den alten Mann beiseite
und zeigt auf Cesare.

T75. 000. 9. Titel
»Sehen Sie .....
das ist Cesare ....
lassen Sie sich niemals
von ihm wahrsagen,
sonst sind Sie tot ....«

296. 000. 1. Amerikanisch
wie 295, Franzis deutet auf Cesare.

297. 010. 2. Halbtotale
Cesare mit Blume.

298. 000. 22. Amerikanisch
wie 296, Franzis lässt von dem alten Mann ab
und blickt starr vor sich hin. Der alte Mann
wendet sich entsetzt von ihm ab und geht hinter Franzis links ab. Jetzt blickt Franzis nach
links und seine Stimmung ändert sich. Erfreut,
mit erhobenen Armen, geht er nach vorne links.

299. 000. 10. Halbtotale
Jane sitzend links vorne, Franzis kommt von
rechts hinten, nähert sich Jane und bleibt neben
ihr stehen.

T76. 000. 9. Titel
»Jane ..
ich liebe Sie ...
wollen Sie nicht endlich
meine Frau werden«
Dies ist die erste Erwähnung von Janes Namen.

300. 000. 3. Halbtotale
wie 299, in der linken Bildhälfte: Franzis steht
bei Jane. Diese wendet sich leicht nach rechts
ihm zu.

301. 010. 5. Groß
Jane wendet sich abwesend nach links und
beginnt zu sprechen.

T77. 000. 9. Titel
»Wir Königinnen ...
dürfen nicht nach
unserem Herzen
wählen ...«

302. 010. 9. Groß
wie 301, Jane schüttelt sacht den Kopf, wendet
ihn dann und blickt starr nach rechts oben vor
sich hin.

303. 000. 3. Halbtotale
wie 300, Franzis wendet sich von Jane ab.

304. 000. 5. Totale
weiter als 292, Franzis erblickt im mittleren
Torbogen einen Mann, der die Treppe hinun-
terkommt (den Direktor) und läuft aufgeregt
nach rechts zu zwei Frauen herüber.

305. 010. 3. Halbtotale
Der Direktor, ohne Brille, die Hände auf dem
Rücken, kommt die Treppe hinunter. Schwenk:
Kamera folgt ihm.

306. 000. 2. Totale
wie 304, Franzis bei den Frauen, der Direktor
legt die letzte Stufe auf dem Weg nach unten
zurück.

307. 000. 3. Nah
der Direktor, jetzt am Fuß der Treppe, lächelnd.

308. 000. 4. Halbtotale
Der Direktor in der Mitte spricht kurz mit
einem Patienten, rechts Franzis zwischen den
beiden Frauen.

309. 010. 1. Halbnah
Franzis zwischen den beiden Frauen.

T78. 000. 11. Titel
»Ihr glaubt alle
ich – sei wahnsinnig –!
Es ist nicht wahr – –
der Direktor
ist wahnsinnig!!«

310. 010. 2. Halbnah
wie 309, Franzis hebt die Hände und stürzt
sich nach links vorne.

311. 000. 1. Halbtotale
wie 308, Franzis stürzt sich von hinten auf den
Direktor.

T79. 000. 4. Titel
»Er ist
Caligari …
Caligari …
Caligari!«

312. 000. 11. Halbtotale
wie 311, Franzis ringt mit dem Direktor. Wärter und die drei Ärzte, die wir schon kennen,
kommen heran und nehmen Franzis fest. Franzis wird in eine Zwangsjacke gesteckt und nach
links abgeführt. Alle Anwesenden folgen.

Vor Zelle, Innen/Tag

313. 010. 23. Halbtotale
wie 281, von rechts vorne kommend bringen
vier Wärter Franzis in die Zelle, der Direktor
und zwei Ärzte (der ältere und der bärtige) folgen. Die Wärter werfen Franzis auf die Pritsche
und gehen wieder rechts vorne ab. Zurück bei
Franzis bleiben der Direktor und die beiden
Ärzte. Der Direktor beugt sich über Franzis.

Irrenhaus-Zelle, Innen/Tag

314. 010. 35. Halbnah
Der Direktor rüttelt leicht den liegenden Franzis. Dann dreht er sich herum und setzt seine
Brille auf. Die Ärzte richten Franzis auf, der
den Direktor mit großen Augen anstarrt. Der
Direktor wendet sich Franzis wieder zu,
streicht ihm gütig über den Kopf, legt ihn wieder hin und geht ein paar Schritte auf uns zu.
Während er die Brille wieder abnimmt spricht
er versonnen nach oben blickend.

T80. 000. 8. Titel (rollend)
»Endlich begreife ich
seinen Wahn.
Er hält mich für jenen
mystischen Caligari – –!

Und nun kenne ich auch
den Weg zu seiner
Gesundung – – –«

315. 011. 12. Halbnah
wie 314, der Direktor streicht sich durch's
Haar, steckt die Brille weg und blickt vor sich
hin. Die Irisblende beginnt sich zu schließen,
verharrt eine Weile auf seinem Gesicht, und
schließt sich dann ganz.

T81. 000. 6. Titel
ENDE

*Louis Delluc: »Das Wort ›Ende‹ überrascht
uns wie eine Ohrfeige.«*

Literatur

Wenn eine andere als die Originalausgabe verwendet wurde, ist diese als »verw. Ausg.« gekennzeichnet, Seitenzahlangaben in den Anmerkungen verweisen dann auf diese verw. Ausg. Wenn nicht anders angegeben, erfolgte Zugriff auf die Weblinks am 24.3.2012. Abkürzungen sind im Abkürzungsverzeichnis entschlüsselt, siehe S. 410–412.

Abel, Richard 1988: French Film Theory and Criticism. A History/Anthology 1907–1939. Vol. I: 1907–1929. Princeton, NJ: Princeton UP.

Adkinson, Robert V. (Hg.) 1972: The Cabinet of Dr. Caligari. A Film by Robert Wiene, Carl Mayer and Hans Janowitz. London: Lorrimer; New York: Simon & Schuster [Classic film scripts].

Allen, Jerry C. 1987: Conrad Veidt. From Caligari to Casablanca. Pacific Grove, CA: Boxwood Press.

Allen, Robert C./Gomery, Douglas 1985: Film History. Theory and Practice. New York u.a.: McGraw-Hill.

Alms, Barbara/Steinmetz, Wiebke (Hg.) 2000: Der Sturm im Berlin der zehner Jahre. Delmenhorst: Städtische Galerie Delmenhorst Haus Coburg [Katalog zur Ausstellung, 18.6.–6.9.2000].

Antona-Traversi, Camillo 1933: L'histoire du Grand Guignol. Théâtre de l'epouvante et du rire. Paris: Librairie théâtrale.

Anz, Thomas 2002: Literatur des Expressionismus. Stuttgart, Weimar: Metzler.

Arnheim, Rudolf 1925: Dr. Caligari redivivus. In: Sts, Nr. 19, Oktober 1925, S. 47f. *Nachdruck* in: ders.: Kritiken und Aufsätze zum Film. Hg. Helmut H. Diederichs. München, Wien: Hanser 1977, S. 177f; Taschenbuch: Frankfurt: Fischer 1979, S. 177f.

Aros [Alfred Rosenthal] 1932: Lil Dagover. Der Werdegang einer schönen Frau. Berlin: Scherl.

Ashmore, Jerome 1950: The Cabinet of Dr. Caligari as Fine Art. In: CAJ, Sommer 1950, S. 412–418.

Asper, Helmut G. 2002: »Etwas besseres als den Tod …«. Filmexil in Hollywood. Marburg: Schüren.

Aumont, Jacques/Benoliel, Bernard (Hg.) 2008: Le Cinéma expressionniste. De *Caligari* à Tim Burton. Rennes: Presses Universitaires de Rennes [ersch. 2009].

Aurich, Rolf/Jacobsen, Wolfgang 2000: Hypnose & Krieg, Mord & Kokain/Hypnosis & war, murder & cocaine. In: Wolfgang Jacobsen/Hans Helmut Prinzler/Werner Sudendorf (Hg.): M: Filmmuseum Berlin. Berlin: Nicolai, S. 35–52.

Bär, Gerald 2005: Das Motiv des Doppelgängers als Spaltungsphantasie in der Literatur und im deutschen Stummfilm. Amsterdam, New York: Rodopi [Internationale Forschungen zur Allgemeinen und Vergleichenden Literaturwissenschaft Bd. 84].

Barbian, Jan-Pieter 1993: Filme mit Lücken. Die Lichtspielzensur in der Weimarer Republik: von der sozialethischen Schutzmaßnahme zum politischen Instrument. In: Jung 1993, S. 51–78.

Barlow, John D. 1982: German Expressionist Film. Boston: Twayne.

Barsacq, Léon 1970: Le Décor de Film. Paris: Éditions Seghers. *Englisch:* Caligari's Cabinet and other Grand Illusions. A History of Film Design. Revised and edited by Elliott Stein. Boston: New York Graphic Society 1976.

Behr, Shulamith/Fanning, David/Jarman, Douglas (Hg.) 1993: Expressionism reassessed. Manchester, New York: Manchester UP.

Beil, Ralf/Dillmann, Claudia (Hg.) 2010: Gesamtkunstwerk Expressionismus. Kunst, Film, Literatur, Theater, Tanz und Architektur 1905 bis 1925. Ostfildern: Hatje Cantz [Katalog zur Ausstellung Mathildenhöhe Darmstadt, 24.10.2010–13.2.2011].

Beja, Morris 1979: Film & Literature. An Introduction. New York: Longman.

Belach, Helga/Bock, Hans-Michael (Hg.) 1994: Das Wachsfigurenkabinett. Drehbuch von Henrik Galeen zu Paul Lenis Film von 1923. München: text + kritik [Reihe FILMtext].

– **1995:** Das Cabinet des Dr. Caligari. Drehbuch von Carl Mayer und Hans Janowitz zu Robert Wienes Film von 1919/ 20. München: text + kritik [Reihe FILMtext, ersch. 1996].

Beyer, Friedemann 1991: Die Ufa-Stars im Dritten Reich. Frauen für Deutschland. München: Heyne.

Bieger, York/Eisengarten, Elke/Hamacher, Rolf-Ruediger (Hg.) 1994: Caligaris Erben. Der Katalog zum Thema »Psychiatrie im Film«. Bonn: Psychiatrie-Verlag.

Birett, Herbert (Hg.) 1980: Verzeichnis in Deutschland gelaufener Filme. Entscheidungen der Filmzensur. 1911–1920. Berlin, Hamburg, München, Stuttgart: Saur.

Bloch, Robert 1993: Once Around the Bloch. An Unauthorized Autobiography. New York: Tor.

Bock, Hans-Michael (Hg.) 1986: Paul Leni. Grafik Theater Film. Frankfurt: Filmmuseum [Katalog zur Ausstellung, 10.8.-26.10.1986].

Bogdanovich, Peter 1967: Fritz Lang in America. London: Studio Vista; New York: Praeger.

Bordwell, David 1997: On the History of Film Style. Cambridge, MA; London: Harvard UP.

– **2008:** Poetics of Cinema. New York, London: Routledge.

Borgelt, Hans 1968–1969: Das war nur in Berlin zu drehen. Aus dem langen Leben des Filmkomponisten Dr. Giuseppe Becce. Serie in: TSP, ab Nr. 7051, 17.11.1968. *Zu CALIGARI:* Teil 9 in Nr. 7095, 12.1.1969, S. 39; Teil 10 in Nr. 7101, 19.1.1969, S. 40.

– **1979:** Filmstadt Berlin. Berlin: Nicolai.

Brakhage, Stan 1977: Film Biographies. Berkeley: Turtle Island.

Braun, Edward 1969: Meyerhold on Theatre. London: Methuen.

– **1979:** The Theatre of Meyerhold. Revolution and the Modern Stage. London: Methuen.

Brennicke, Ilona/Hembus, Joe 1983: Klassiker des deutschen Stummfilms 1910–1930. München: Goldmann [Citadel-Filmbücher].

Breuer, Gerda/Wagemann, Ines 1991: Ludwig Meidner. Zeichner, Maler, Literat. 1884–1966. Stuttgart: Hatje [2 Bde., Katalog zur Ausstellung Mathildenhöhe Darmstadt, 15.9.-1.12.1991].

Brill, Olaf 2001: Caligari auf DVD. In: epd, Nr. 2/ 2001, S. 10.

– **2003:** Hans Janowitz. In: CG, Lg. 37.

– **2005:** Hermann Warm. In: CG, Lg. 41.

– **2009:** Carl Mayer – der Filmdichter. In: Karl Acham (Hg.): Kunst und Geisteswissenschaften aus Graz. Werk und Wirken überregional bedeutsamer Künstler und Gelehrter: vom 15. Jahrhundert bis zur Jahrtausendwende. Wien, Köln, Weimar: Böhlau [Kunst und Wissenschaft aus Graz Bd. 2], S. 284-296.

– **2009a:** Die Erfindung der Hollywood-Nazis. http://bit.ly/anuvq9.

– **2010:** Die Muse des Dr. Caligari. http://gildalanger.de/2010-02-26_muse_des_dr_caligari.htm.

– **2010a:** Dreißig Sekunden Gilda. http://gildalanger.de/2010-03-18_dreissig_sekunden_gilda.htm.

– **2010b:** Genuine. In: EdpF, Lg. 89.

– **2010c:** Die Spinnen. In: EdpF, Lg. 89.

– **2010d:** Les vampires. In: EdpF, Lg. 89.

– **2010e:** Fritz Lang. In: CG, Lg. 49.

– **2010f:** Frankenstein. In: EdpF, Lg. 91.

– **2011:** Der Januskopf – Eine Tragödie am Rande der Wirklichkeit. In: EdpF, Lg. 93.

– **2012:** Das Wachsfigurenkabinett. In: EdpF, Lg. 97.

– **/Ploog, Tommy 2009:** John Gottowt. In: CG, Lg. 47.

- /Roschlau, Johannes (Hg.) 2008: Alles in Scherben! ...? Film – Produktion und Propaganda in Europa 1940–1950. Hamburg: CineGraph.
- 2009: Schatten des Krieges. Innovation und Tradition im europäischen Kino 1940–1950. Hamburg: CineGraph.
- 2010: cinema trans-alpino. Deutsch-italienische Filmbeziehungen. Hamburg: CineGraph.
- 2011: Europas Prärien und Cañons. Western zwischen Sibirien und Atlantik. Hamburg: CineGraph.
- /Schultke, Thomas 1996: »Wandelnde Psyche war sie« [zu Gilda Langers 100. Geburtstag]. In: Xtro, Nr. 9, 2/ 1996, S. 56f.
- 2003: Gilda Langer. In: CG, Lg. 38.
Brod, Max 1960: Streitbares Leben. Autobiographie. München: Kindler.
Bronner, Stephen Eric/Kellner, Douglas (Hg.) 1983: Passion and Rebellion. The Expressionist Heritage. South Hadley, MA: Bergin.
Brownlow, Kevin 1968: The Parade's Gone By ... London: Secker & Warburg.
Buchloh, Paul G./Becker, Jens P. 1973: Der Detektivroman. Studien zur Geschichte und Form der englischen und amerikanischen Detektivliteratur. Darmstadt: Wissenschaftliche Buchgesellschaft. *2. überarbeitete und ergänzte Auflage [verw. Ausg.]:* 1978.
Budd, Michael [Mike] 1979: Retrospective Narration in Film: Re-reading »The Cabinet of Dr. Caligari«. In: FCr, Nr. 1, Herbst 1979, S. 35–43.
- 1984: Authorship as a Commodity. The Art Cinema and The Cabinet of Dr. Caligari. In: WA, Nr. 1/ 1984, S. 12–19.
- 1986: The National Board of Review and the Early Art Cinema in New York: *The Cabinet of Dr. Caligari* as Affirmative Culture. In: CJ, Nr. 1 Herbst 1986, S. 3–18. Online: http://www.jstor.org/pss/1224983.
- (Hg.) 1990: The Cabinet of Dr. Caligari. Texts, Contexts, Histories. New Brunswick, NJ, London: Rutgers UP.
Burch, Noël 1969: Praxis du cinéma. Paris: Gallimard. *Englisch:* Theory of Film Practice. London: Secker & Warburg 1973.
- 1990: Life to those Shadows. Berkeley: University of California Press, London: BFI.
Byrne, Richard B. 1966: Films of Tyranny. Shot Analyses of The Cabinet of Dr. Caligari, The Golem and Nosferatu. Madison, WI: College Printing & Typing.
Carney, Ian/Hoffman, Michael [Mike] 1992: The Cabinet of Dr. Caligari. Seattle, WA: Monster Comics [3 Bde.].
Carter, Huntly 1930: The New Spirit in the Cinema. London: Shaylor.
Castan, Joachim 1995: Max Skladanowsky oder der Beginn einer deutschen Filmgeschichte. Stuttgart: Füsslin.
Cherchi Usai, Paolo 1994: Burning Passions. An Introduction to the Study of Silent Cinema. London: BFI.
- /Codelli, Lorenzo (Hg.) 1990: Before Caligari. German Cinema 1895–1920/Prima di Caligari. Cinema tedesco 1895–1920. Pordenone: Ed. Biblioteca dell'Immagine.
Clément, Catherine B. 1975: Les charlatans et les hystériques. In: Com, Nr. 23/ 1975, S. 212–22. *Deutsch [verw. Ausg.]:* Die Scharlatane und die Hysteriker. In: FKrit, Nr. 243, März 1977, S. 122–137. *Englisch:* Charlatans and Hysterics. In: Budd 1990, S. 191–204.
Cocteau, Jean 1979: Kino und Poesie. Notizen. Ausgewählt von Klaus Eder. München, Wien: Hanser.
Cook, David A. 1981: A History of Narrative Film. New York, London: W.W. Norton & Co. *Neuauflage [verw. Ausg.]:* 1990.
Courtade, Francis 1984: Cinéma expressionniste. Paris: Henri Veyrier.
Dagover, Lil 1979: Ich war die Dame. München: Schneekluth.
Dahlke, Günther/Karl, Günter (Hg.) 1988: Deutsche Spielfilme von den Anfängen bis 1933. Berlin: Henschel.
Dettmering, Peter 1984: Literatur, Psychoanalyse, Film. Aufsätze 1978 bis 1983. Stuttgart-Bad Cannstatt: Frommann-Holzboog.

Diederichs, Helmut H. 1986: Anfänge deutscher Filmkritik. Stuttgart: Fischer + Wiedleroither.
– 1996: Frühgeschichte deutscher Filmtheorie. Ihre Entstehung und Entwicklung bis zum Ersten Weltkrieg [Habilitationsschrift]. Online 2001: http://bit.ly/aPauuE.

Doane, Mary Anne/Mellencamp, Patricia/Williams, Linda (Hg.) 1984: Re-Vision. Essays in Feminist Film Criticism. Frederick, MD: University Publications of America [The American Film Institute Monograph Series Bd. 3].

Durgnat, Raymond 1967: Caligari is Dead – Long Live Caligari. In: ders.: Films and Feelings. London: Faber & Faber 1967, S. 87–98. *Nachdruck* in: ders.: Durgnat on Film. London: Faber & Faber 1976, S. 85–96.

Eisner, Lotte H. 1952: L'Écran démoniaque. Influence de Max Reinhardt et de l'expressionnisme. Paris: Éditions André Bonne. *Deutsch:* Die dämonische Leinwand. 1. Wiesbaden-Biebrich: Der neue Film 1955; 2. *[verw. Ausg.:]* Überarbeitete, erweiterte und autorisierte Neuauflage. Frankfurt: Kommunales Kino 1975; 3. Frankfurt: Fischer 1980.
– 1954: Mise en garde et mise au point. L'ecole expressionniste. In: Cinéma, Nr. 11/ 1954, S. 14–23 & 96 [deutsche Übersetzung im SDK-Schriftgutarchiv, Warm-Sammlung].
– 1976: Fritz Lang. London: Secker & Warburg.
– 1978: L'influence de l'art expressionniste. In: Paris – Berlin 1900–1933. Rapports et contrastes France – Allemagne 1900–1933. Paris: Centre national d'art et de culture Georges Pompidou 1978, S. 266–273. *Deutsch [verw. Ausg.]:* Der Einfluß des expressionistischen Stils auf die Ausstattung der deutschen Filme der zwanziger Jahre. In: Paris – Berlin 1900–1933. Übereinstimmungen und Gegensätze Frankreich – Deutschland. München: Prestel 1979, S. 266–273.
– 1982: »Filmkritiker sind heute wohl immer verhinderte Regisseure« [Interview von Heinz Peter Schwerfel]. In: FKo, Nr. 11, 25.5.1982, S. 5–8.
– /Friedrich, Heinz (Hg.) 1958: Film, Rundfunk, Fernsehen. Frankfurt: Fischer [Das Fischer Lexikon Bd. 9].
– /Grohmann, Martje 1984: Ich hatte einst ein schönes Vaterland. Memoiren. Heidelberg: Wunderhorn.

Elsaesser, Thomas 1982: Social Mobility and the Fantastic. German Silent Cinema. In: WA, Nr. 2/ 1982, S. 14–25. Leicht veränderter *Nachdruck* in: 1. James Donald (Hg): Fantasy and the Cinema. London: BFI 1989; 2. Budd 1990, S. 171–189.
– 1986: The New Film History. In: S&S, Nr. 55, Herbst 1986, S. 246–251.
– 1999: Das Weimarer Kino – aufgeklärt und doppelbödig. Berlin: Vorwerk 8.
– /Barker, Adam (Hg.) 1990: Early Cinema – Space, Frame, Narrative. London: BFI.
– /Wedel, Michael (Hg.) 1996: A Second Life: German Cinema's First Decades. Amsterdam: Amsterdam UP [Film Culture in Transition].

Feld, Hans 1969: Ein Brief zum Fall Robert Wiene [datiert London, 19.10.1969]. In: FKM, Nr. 4, Dezember 1969, S. 19

Feurich, Jörg Peter 1968: Carl Mayer und das soziale Engagement. In: epd, Nr. 5, Mai 1968, S. 7–10.

Fischer, Robert (Hg.) 1985: Das Cabinet des Dr. Caligari [protokolliert von Klaus Peter Heß]. Stuttgart: Verlagsgemeinschaft Fischer, Kress, Wiedleroither [Focus Film-Texte 3]. *Überarbeitete Neuausgabe (nur Filmprotokoll):* Das Cabinet des Dr. Caligari. Stuttgart: Wiedleroither 2000 [Filmprogramm 297].

Fischer, Wolfgang 1919: Zu Besuch bei Gilda Langer. In: FT, Nr. 19, 31.10.1919, S. 2.

Frankfurter, Bernhard 1997: Carl Mayer: Im Spiegelkabinett des Dr. Caligari. Der Kampf zwischen Licht und Dunkel. Wien: Promedia.

Freud, Sigmund 1919: Das Unheimliche. In: Ima, Nr. 6/ 1919, S. 297–324.

Freund, Rudolf 1973: Ein diesseitiger Dämon. Der Schauspieler Conrad Veidt (1893–1943). In: Pri, Nr. 4, S. 266–277.

Fritz, Walter 1969: Geschichte des österreichischen Films. Wien: Bergland.
– 1981: Kino in Österreich 1896–1930. Der Stummfilm. Wien: Österreichischer Bundesverlag.

Gallasch, Peter F. 1980: »Hätten Sie nicht Lust, bei mir zu filmen?« [Nachruf auf Lil Dagover]. In: FKo, Nr. 2, 12.2.1980, S. 17–20.

Gandert, Gero 1978: The Case of Dr. Caligari. Facts and Conjectures about the Most Famous German Film [35-seitiges Vortragsmanuskript in deutscher und englischer Sprache]. SDK, Schriftgutarchiv.

– **1995:** In einem Haus am Mondsee. In: Belach/Bock 1995, S. 7f.

Garncarz, Joseph 2010: Maßlose Unterhaltung. Zur Etablierung des Films in Deutschland 1896–1914. Basel, Frankfurt: Stroemfeld [nexus 89].

Gebauer, D. 1975–76: Conrad Veidt – Dämon, Teufel, Held, Genie – Ein Magier der Filmleinwand. In: Retrospektive [Internationale Filmfestspiele Berlin], Nr. 9 (1975), S. 80–109; Nr. 10 (1976), S. 74–89.

Gerhold, Hans 1984: Das Kabinett des Doktor Caligari. In: fd, Nr. 13, 27.6.1984, S. 284f.

Gersch, Wolfgang 1975: Der expressionistische Film. In: Pri, Nr. 6, S. 255–265 & 288.

Goergen, Jeanpaul 2001: Gute Kopien. Restaurierungen und Editionen (I). In: Fb, Nr. 16, Sommer 2001, S. 65–76. Online: http://bit.ly/984UY2.

Goetz, Wolfgang 1954: Werner Krauß. Hamburg: Hoffmann & Campe.

Gordon, Mel 1988: The Grand Guignol. Theatre of Fear and Terror. New York: Amok Press. *Überarbeitete Neuausgabe:* New York: Da Capo Press 1997.

Grafe, Frieda 1970: Doktor Caligari gegen Doktor Kracauer oder: Die Errettung der ästhetischen Realität. In: SZ, Nr. 48, 25.2.1970, S. 47. *Nachdruck:* 1. In: FKrit, Nr. 5/ 1970, S. 242–244; 2. In: Frieda Grafe/Enno Patalas: Im Off. Filmartikel. München: Hanser 1974, S. 159–163.

Grant, Barry Keith (Hg.) 2003: Fritz Lang: Interviews. Jackson: University Press of Mississippi [Conversations with filmmakers series].

Gunning, Tom 1990: The Cinema of Attractions. Early Film, Its Spectator and the Avant-Garde. In: Elsaesser/Barker 1990, S. 56-62.

– **1990a:** »Primitive« Cinema – A Frame-up? Or The Trick's on Us. In: Elsaesser/Barker 1990, S. 95–103.

Güttinger, Fritz (Hg.) 1984: Kein Tag ohne Kino. Schriftsteller über den Stummfilm. Frankfurt: Deutsches Filmmuseum.

Gympel, Jan 2001: Bei Dr. Caligari geht das Licht aus. In: DW, 26.1.2001, S. 32. Online: http://bit.ly/dvhneY.

Haas, Willy 1921: An die Filmdichter! Eine Mahnung. In: FK, Nr. 64, 16.3.1921, S. 2.

Habel, Frank-Burkhard 1999: »Verrückt vor Begehren«. Die Filmdiven aus der Stummfilmzeit. Ein leidenschaftlicher Blick zurück in die Zeit der ersten Stars. Berlin: Schwarzkopf & Schwarzkopf.

Hagener, Malte (Red.) 2000: Geschlecht in Fesseln. Sexualität zwischen Aufklärung und Ausbeutung im Weimarer Kino 1918–1933. München: text + kritik [CG-Buch].

Hahn, Ronald M./Jansen, Volker 1989: Lexikon des Horror-Films. Bergisch-Gladbach: Bastei-Lübbe.

Hampicke, Evelyn 1994: Vom Aufbau eines vertikalen Konzerns. Zu David Olivers Geschäften in der deutschen Filmbranche. In: Manfred Behn (Red.): Schwarzer Traum und weiße Sklavin. Deutsch-dänische Filmbeziehungen 1910–1930. München: text + kritik [CG-Buch], S. 22–29. *Englisch:* The Danish Influence. David Oliver and Nordisk in Germany. In: Elsaesser/Wedel 1996, S. 72–78 & 297f.

Hanisch, Michael 1991: Auf den Spuren der Filmgeschichte. Berliner Schauplätze. Berlin: Henschel.

Hardt, Ursula 1996: From Caligari to California. Erich Pommer's Life in the International Film Wars. Providence, Oxford: Berghahn 1996 [Buchfassung der Dissertation an der University of Iowa 1989].

Heinz, Rainer 1998: Von Caligari bis Casablanca. Der vergessene Schauspieler Hans Heinrich von Twardowski. In: fd, Nr. 11, 26.5.1998, S. 46f.

Hempel, Rolf 1968: Carl Mayer. Ein Autor schreibt mit der Kamera. Berlin: Henschel.

Heß, Klaus Peter 1988: Das Kabinett des Dr. Caligari. Materialien zu einem Film von Robert Wiene. Duisburg: atlas film.

Hesse, Sebastian 2003: Kamera-Auge und Spürnase. Der Detektiv im frühen deutschen Kino. Basel, Frankfurt: Stroemfeld/ Roter Stern [KINtop Schriften 5].

Heuwinkel, Christiane 1992: Die Metamorphose der Tagespresse. Der Filmkritiker E. A. Dupont. In: Jürgen Bretschneider (Red.): Ewald André Dupont. Autor und Regisseur. München: text + kritik [CG-Buch], S. 25–34.

Hickethier, Knut (Hg.) 1986: Grenzgänger zwischen Theater und Kino. Schauspielerporträts aus dem Berlin der Zwanziger Jahre. Berlin: Ästhetik und Kommunikation.

Hoeppner, Klaus (Red.) 2001: Fritz Lang. Filmblätter, Filmografie, Bibliografie [zur Berlinale-Retrospektive 2001]. Berlin: Filmmuseum [FilmHeft 6].

Hoffmann, Kay 2005: Die deutsche Klassik [Zu Restaurierungen und DVD-Veröffentlichungen der FWMS]. In: FTVK, Nr. 6, 20.6.2005, S. 94 & 97.

Holba, Herbert/Robinson, David 1975: From Caligari to Hollywood. Conrad Veidt. In: FoF, Summer 1975, S. 27–46.

Holewczynski, Ken 1992: Caligari 2050. Seattle, WA: Monster Comics [3 Bde.]. *Nachdruck in 1 Bd.:* Livonia, MI: Caliber Press 1993.

Holighaus, Alfred (Hg.) 2005: Der Filmkanon. 35 Filme, die Sie kennen müssen. Bonn: Bundeszentrale für politische Bildung; Berlin: Bertz + Fischer [Schriftenreihe Bd. 448].

Hoover, Marjorie L. 1974: Meyerhold. The Art of Conscious Theater. Amherst, MA: Massachusetts UP.

Houston, Penelope 1994: Keepers of the Frame. The Film Archives. London: BFI.

Huaco, George A. 1965: The Sociology of Film Art. New York, London: Basic Books.

Hubbert, Julie 2005: Modernism at the Movies: *The Cabinet of Dr. Caligari* and a Film Score Revisited. In: MQ, Nr. 1, Frühling 2005, S. 63–94. Online: http://bit.ly/a5CetN; DOI: 10.1093/musqtl/gdi002.

Ickes, Paul 1927: Conrad Veidt. Ein Buch vom Wesen und Werden eines Künstlers. Berlin: Filmschriftenverlag.

Ihering, Herbert 1997: Werner Krauss. Ein Schauspieler und das neunzehnte Jahrhundert. Berlin: Vorwerk 8.

Jacobsen, Wolfgang 1989: Erich Pommer. Ein Produzent macht Filmgeschichte. Berlin: Argon.

– **1992:** Produktion: Erich Pommer. In: Jung/Schatzberg 1992, S. 215–229.

– **(Hg.) 1993:** Conrad Veidt. Lebensbilder. Berlin: Argon.

– **/Kaes, Anton/Prinzler, Hans Helmut (Hg.) 1993, ²2004:** Geschichte des deutschen Films. Stuttgart, Weimar: Metzler.

– **/Klapdor, Heike (Red.) 1995:** FilmExil (München), Nr. 7, Dezember 1995 [Themenschwerpunkt Schriftsteller als Drehbuchautoren; über Hans Janowitz: S. 20–42]. Berlin: SDK.

– **/Prümm, Karl/Wenz, Benno (Hg.) 1991:** Willy Haas. Der Kritiker als Mitproduzent. Texte zum Film 1920–1933. Berlin: Edition Hentrich.

Jaeger, Ernst 1954: Nicht zur Veröffentlichung. Vergeßnes, Bekanntes und Indiskretes aus deutscher Filmgeschichte. In: DnF, 25.2.1954, S. 2 (15. Forts.); 1.3.1954, S. 2 (16. Forts.); 4.3.1954, S. 2 (17. Forts.).

Janowitz, Hans 1913: Das zierliche Mädchen. In: Der Brenner (Innsbruck), Nr. 11, 1.3.1913, S. 477–483. *Nachdruck* in: Sudhoff/Schardt 1992, S. 363–369.

– **1919:** Rufe nach der »starken Armee«. Ein Wort an Waffengläubige. In: Der Friede (Wien), Nr. 60, 14.3.1919, S. 180f.

– **1919a:** Der Rückfall. In: Der Revolutionär (Mannheim), Nr. 6, 2.4.1919, S. 8–10.

– **1919b:** Die Vorhölle. In: Der Friede (Wien), Nr. 65, 18.4.1919, S. 311.

– **1919c:** Wehrzwang und kein Ende. In: Der Revolutionär (Mannheim), Nr. 16, 1.10.1919, S. 22–25.

– **1920:** Kunst des Dramas im Film der Zukunft. In: TB, Nr. 22, 12.6.1920, S. 741–745 *[als Hans Valentin]*.

– **1920a:** Das Märchen von Gilda Langer [Nachruf]. In: TB, Nr. 35, 11.9.1920, S. 1158. Leicht veränderter und gekürzter *Nachdruck:* 1. FH, Nr. 1, Januar 1921, S. 12f. 2. FT, Nr. 5, 30.1.1921, S. 3.

– **1924:** Asphaltballaden. Berlin: Die Schmiede. *Nachdruck:* Siegen: Universität-Gesamthochschule Siegen 1994 [Vergessene Autoren der Moderne LX].

–   **1927:** Jazz. Berlin: Die Schmiede. *Neuausgabe:* Bonn: Weidle 1999.
–   **1940:** »Caligari«. The Story of a Famous Story. Unveröffentlichtes Typoskript, NYPL, Billy Rose Theatre Collection [Fotokopie im Nachlassarchiv der SDK].
–   **1941:** Dr. Caligari redivivus. Das Kabinett des Dr. Caligari/II. Teil. Schauspiel in drei Akten. Unveröffentlichtes Manuskript, SDK, datiert 11.1.1941.
–   **1952:** Some new chapters on Holstenwall and Dr. Caligari. Trying telling another tale of »The Cabinet of Dr. Caligari«. Unveröffentlichtes 11-seitiges Manuskript, datiert auf den 30./31.12.1952, SDK.
–   **1952a:** In memoriam Carl Mayer (1894–1944). New York 1952. Darin: Interview mit Barry Gray, datiert auf den 6.11.1952. Unveröffentlichtes handgeschriebenes Notizheft, SDK.
–   **1952/53:** A Chapter about Carl Mayer and his World without Words. Unveröffentlichtes 3-seitiges Typoskript, SDK.
–   **/Galeen, Henrik 1921:** »Die Geliebte Roswolsky's«. Ein Wort der Autoren. In: FK, Nr. 213, 13.9.1921.
Jörg, Holger 1994: Die sagen- und märchenhafte Leinwand. Erzählstoffe, Motive und narrative Strukturen der Volksprosa im »klassischen« deutschen Stummfilm (1910–1930). Sinzheim: Pro Universitate.
Jung, Uli (Hg.) 1993: Der deutsche Film. Aspekte seiner Geschichte von den Anfängen bis zur Gegenwart. Trier: WVT Wissenschaftlicher Verlag Trier [Filmgeschichte International Bd. 1].
–   **/Schatzberg, Walter 1990:** Robert Wiene's Film Career before Caligari; La carriera cinematografica di Robert Wiene prima di Caligari. In: Cherchi Usai/Codelli 1990, S. 292–311.
–   **(Hg.) 1992:** Filmkultur zur Zeit der Weimarer Republik. Beiträge zu einer internationalen Konferenz vom 15. bis 18. Juni 1989 in Luxemburg. München, London, New York, Paris: Saur.
–   **1992a:** Caligari: Das Kabinett des Dr. Wiene. In: Jung/Schatzberg 1992, S. 71–89.
–   **1995:** Robert Wiene. Der Caligari-Regisseur. Berlin: Henschel.
–   **1995a:** Ein Drehbuch gegen die Caligari-Legenden. In: Belach/Bock 1995, S. 113–138.
Kaes, Anton (Hg.) 1978: Kino-Debatte. Texte zum Verhältnis von Literatur und Film 1909–1929. München: dtv; Tübingen: Niemeyer.
–   **1979:** The Expressionist Vision in Theater and Cinema. In: Gertrud Bauer Pickar/Karl Eugene Webb (Hg.): Expressionism Reconsidered. Relationships and Affinities. München: Fink, S. 89–98.
–   **1997:** Weimar Cinema and the Trauma of the Great War. Vortrag am Goethe-Institut, London, 1.11.1997.
–   **2009:** Shell Shock Cinema: Weimar Culture and the Wounds of War. Princeton, NJ: Princeton UP; Taschenbuch und Kindle Edition: Princeton, NJ: Princeton UP 2011.
–   **/Jay, Martin/Dimendberg, Edward (Hg.) 1994:** The Weimar Republic Sourcebook. Berkeley, Los Angeles, London: University of California Press.
Kasten, Jürgen 1990: Der expressionistische Film. Münster: MakS.
–   **1990a:** Film schreiben. Eine Geschichte des Drehbuches. Wien: Hora.
–   **1994:** Carl Mayer: Filmpoet. Ein Drehbuchautor schreibt Filmgeschichte. Berlin: VISTAS.
–   **1996:** Die Verträge des Dr. Caligari. Zur Vertrags-, Verwertungs- und Rezeptionsgeschichte des berühmtesten deutschen Drehbuchs. In: Michael Schaudig (Hg.): Positionen deutscher Filmgeschichte. 100 Jahre Kinematographie: Strukturen, Diskurse, Kontexte. München: Schaudig & Ledig 1996 [diskurs film Nr. 8], S. 75–90.
–   **1996a:** Boche-Filme. Zur Rezeption deutscher Filme in Frankreich 1918–1924. In: Sibylle M. Sturm/Arthur Wohlgemuth (Red.): Hallo? Berlin? Ici Paris! Deutsch-französische Filmbeziehungen 1918–1939. München: text + kritik [CG-Buch], S. 33–50.
–   **1997:** Besessene und Geschäftemacher. Zur Rezeptionsgeschichte von *Das Cabinet des Dr. Caligari.* In: Frankfurter 1997, S. 136–146.
Kaul, Walter (Red.) 1970: Caligari und Caligarismus. Berlin: Deutsche Kinemathek.
–   **1971:** Schöpferische Filmarchitektur. Berlin: Deutsche Kinemathek.
Keitz, Ursula von (Hg.) 1998: Früher Film und späte Folgen. Restaurierung, Rekonstruktion und Neupräsentation historischer Kinematographie. Marburg: Schüren [Schriften der Friedrich Wilhelm Murnau Gesellschaft e.V. Bd. 6].

401

– **1999:** Filme vor Gericht. Theorie und Praxis der Filmprüfung in Deutschland 1920 bis 1938. http://bit.ly/t3Wevu.

Kersten, Karin/Neubaur, Caroline (Hg.) 1976: Grand Guignol. Das Vergnügen, tausend Tode zu sterben. Frankreichs blutiges Theater. Berlin: Wagenbach.

Kinematheksverbund (Hg.) 1999: Die deutschen Filme. Deutsche Filmografie 1895–1998. Die Top 100 [CDROM]. Frankfurt: Deutsches Filminstitut – DIF; Berlin: Filmmuseum Berlin Deutsche Kinemathek.

Kittler, Friedrich A. 1985: Romantik – Psychoanalyse – Film: eine Doppelgängergeschichte. In: Jochen Hörisch, Georg Christoph Tholen (Hg.): Eingebildete Texte. Affairen zwischen Psychoanalyse und Literaturwissenschaft. München: Fink, S. 118–135. Erweiterter *Nachdruck* in: Friedrich A. Kittler: Draculas Vermächtnis. Technische Schriften. Leipzig: Reclam 1993, S. 81–104.

Klingaman, William K. 1987: 1919: The Year Our World Began. New York: St. Martin's Press.

Kolberg, Gerhard (Hg.) 1996: Die Expressionisten. Vom Aufbruch bis zur Verfemung. Ostfildern-Ruit bei Stuttgart: Museum Ludwig Köln, Hatje [Katalog zur Ausstellung, 1.6.-25.8.1996].

Kracauer, Siegfried 1947: From Caligari to Hitler. A Psychological History of the German Film. Princeton, NJ: Princeton UP. *Deutsch:* 1. Von Caligari bis Hitler. Ein Beitrag zur Geschichte des deutschen Films. Hamburg: Rowohlt 1958; 2. *[verw. Ausg.:]* Von Caligari zu Hitler. Eine psychologische Geschichte des deutschen Films. Frankfurt: Suhrkamp 1979, 1984.

– **1960:** Theory of Film. The Redemption of Physical Reality. New York: Oxford UP. *Deutsch [verw. Ausg.]:* Theorie des Films. Die Errettung der äußeren Wirklichkeit. Frankfurt: Suhrkamp 1964.

Kramer, Steven Philip/Welsh, James Michael 1978: Abel Gance. Boston, MA: Twayne.

Kraszna-Krausz, Andor 1938: Robert Wiene. An exclusive account of the life of the man who made »The Cabinet of Dr. Caligari«. In: WFN, Nr. 8/ 1938, S. 185.

Krauß, Werner 1958: Das Schauspiel meines Lebens. Einem Freund erzählt. Stuttgart: Henry Goverts.

Krauss, Wilhelmine 1930: Das Doppelgängermotiv in der Romantik. Studien zum romantischen Idealismus. Berlin: Emil Ebering 1930 [Germanische Studien Bd. 99].

Krautz, Alfred (Hg.) 1984: International Directory of Cinematographers, Set- and Costume Designers in Film. Vol. 1: Germany (from the beginnings to 1945). München, New York, London, Paris: Saur.

Kurtz, Rudolf 1926: Expressionismus und Film. Berlin: Verlag der Lichtbildbühne. *Nachdruck:* 1. Zürich: Rohr 1965; 2. Hg. und mit einem Nachwort versehen von Christian Kiening und Ulrich Johannes Beil. Zürich: Chronos 2007

Lagerfeld, Karl 1995: Faust. Göttingen: Steidl.

Lamprecht, Gerhard 1967–70: Deutsche Stummfilme. 1903–1931 [9 Bde. + 1 Index]. Berlin: SDK.

Längsfeld, Wolfgang 1965: Der Mann, der Caligari baute. Ein Gespräch mit dem Filmarchitekten Hermann Warm. In: Film, Nr. 7/ 1965, S. 34–37.

Ledig, Elfriede 1988: Der Stummfilm. Konstuktion und Rekonstruktion. München: Schaudig, Bauer, Ledig [diskurs film Bd. 2].

Lenk, Sabine 1992: Lichtblitze. Prolegomena zur Geschichte der französischen Filmproduktionsgesellschaft Eclair im Deutschen Reich und in der K.u.K. Monarchie Österreich-Ungarn. In: KINt, Nr. 1: Früher Film in Deutschland, S. 29–57.

– **1995:** Lichtblitze. Die Produktionsgesellschaft Eclair – ein Nachtrag. In: KINt, Nr. 4: Anfänge des dokumentarischen Films, S. 163–167.

Lewandowski, Herbert 1981: Ein Blick hinter die Kulissen. In: Friedrich Wilhelm Murnau. Ein großer Filmregisseur der 20er Jahre. Kassel: Stadtsparkasse, S. 118–124.

Leyda, Jay 1960: Kino. A History of the Russian and Soviet Film. London, Boston, Sydney: George Allen & Unwin, ²1973, *[verw. Ausg.:]* ³1983.

Lofficier, Randy & Jean-Marc/Thomas, Roy/McKeever, Ted 1996: Superman's Metropolis. New York: DC Comics.

– **/McKeever, Ted 1999:** Batman: Nosferatu. New York: DC Comics.

– **2003:** Wonder Woman: The Blue Amazon. New York: DC Comics.

Long, Rose-Carol Washton (Hg.) 1993: German Expressionism. Documents from the End of the Wilhelmine Empire to the Rise of National Socialism. Berkeley, Los Angeles, London: California UP.

Lorde, André de/Bauche, Henri 1927: Le Cabinet du Docteur Caligari. Drame en sept tableaux. D' aprés le célèbre film de MM. Karl Meyer et Janowitz. Représenté pour la première fois au théâtre du Grand-Guignol, le 2 décembre 1925. In: LNR, 15.7.1927, S. 81–95 & 165–180.

Luft, Herbert G. 1954: Notes on the World and Work of Carl Mayer. In: QFRT, Nr. 4, Sommer 1954, S. 375–392. Online: http://www.jstor.org/pss/1209773. *Deutsch, gekürzt:* Ein vergessener Großer des Films: Carl Mayer. In: Fku, Nr. 39/ 1963, S. 11–17.

– 1962: The Cabinet of Caligari. In: FiR, Nr. 6, Juni/Juli 1962, S. 364–366.

– 1968: Carl Mayer, Screen Author. In: CJ, Nr. 1, Herbst 1968, S. 29–38. Online: http://www.jstor.org/pss/1225225.

– 1972: Carl Mayer. Film Scriptwriter Extraordinary Of Post-World War I Germany. In: FiR, Nr. 9, November 1972, S. 513–526.

Maerz 1992: Grand Guignol. Ein Essay über Frankreichs blutiges Theater. In: Thomas Gaschler/ Eckhard Vollmar: Dark Stars. 10 Regisseure im Gespräch. München: belleville, S. 214–227.

Manvell, Roger/Fraenkel, Heinrich 1971: The German Cinema. London: Dent & Sons; New York: Praeger.

Mayer, Carl 1924: Sylvester. Ein Lichtspiel. Potsdam: Kiepenheuer.

Mayr, Brigitte 2003: Aufbruch ins Ungewisse. Carl Mayer: Ein Leben im Exil. Graz, Wien, Berlin, Prag, London. In: Omasta/Mayr/Cargnelli 2003, S. 9–52.

McCormick, Richard W. 1993: From Caligari to Dietrich: Sexual, Social, and Cinematic Discourses in Weimar Film. In: Signs, Nr. 3/ 1993, S. 640–668.

Meyers, Jeffrey 1986: Caligari and Cipolla: Mann's »Mario and the Magician«. In: MFS, Nr. 2, Sommer 1986, S. 235–239.

Mix, York-Gothart (Hg.) 2000: Hansers Sozialgeschichte der deutschen Literatur 1890–1918 [Bd. 7]. München, Wien: Hanser.

Moore, Alan/O'Neill, Kevin 2008: The League of Extraordinary Gentlemen: Black Dossier. La Jolla, CA: America's Best Comics.

Mörchen, Roland 2002: Das Cabinet des Dr. Caligari [CD-Rezension]. In: fd, Nr. 1, 1.1.2002, S. 35.

Müller, Corinna 1994: Frühe deutsche Kinematographie. Formale, wirtschaftliche und kulturelle Entwicklungen 1907–1912. Stuttgart, Weimar: Metzler.

Müller, Jens/Weiland, Karen (Red.) 2007: Film Kunst Grafik. Ein Buch zur neuen deutschen Filmgrafik der sechziger Jahre. Frankfurt: DIF [Katalog zur Ausstellung, 29.11.2007–10.2.2008].

Nau, Peter 1977: In Dr. Caligaris Zwangsjacke. In: FR, Nr. 213, 14.9.1977, S. 12.

Neumann, Dietrich (Hg.) 1996: Filmarchitektur von Metropolis bis Blade Runner. München, New York: Prestel.

Neumann, Hans-Joachim/Rappold, Olaf 1986: Das Cabinet des Dr. Caligari. In: EdpF, Lg. 2.

Nusser, Peter 1980: Der Kriminalroman. Stuttgart: Metzler. *3. aktualisierte und erweiterte Auflage [verw. Ausg.]:* Stuttgart, Weimar: Metzler 2003.

Omasta, Michael/Mayr, Brigitte/Cargnelli, Christian (Hg.) 2003: Carl Mayer Scenar[t]ist. Ein Script von ihm war schon ein Film. »A script by Carl Mayer was already a film«. Wien: Synema.

Ott, Frederick W. 1986: The Great German Films. From Before World War I to the Present. Secaucus, NJ: Citadel 1986.

Otten, Max 1918: Der Weg zum Film. Bd. 1: Der Filmschauspieler. Berlin: Verlag der Lichtbildbühne.

Paris, Michael (Hg.) 1999: The First World War and Popular Cinema. 1914 to Present. Edinburg: Edinburgh UP; New Brunswick, NJ: Rutgers UP 2000.

Pegge, C. Denis 1956: *Caligari:* Its Innovations in Editing. In: QFRT, Winter 1956, S. 136–148 Online: http://www.jstor.org/pss/1209834.

Petersen, Klaus 1995: Zensur in der Weimarer Republik. Stuttgart, Weimar: Metzler.

Petro, Patrice 1989: Joyless Streets. Women and Melodramatic Representation in Weimar Germany. Princeton, NJ: Princeton UP.

– 1990: The Woman, The Monster and THE CABINET OF DR. CALIGARI. In: Budd 1990, S. 205–217.

Pinthus, Kurt 1913: Quo vadis – Kino? In: LTB, 25.4.1913. *Nachdruck u.a. in:* 1. Kaes 1978, S. 72–75; 2. Güttinger 1984, S. 299–301; 3. Schweinitz 1992, S. 366–369.

–   (Hg.) **1914**: Das Kinobuch. Leipzig: Wolff [ersch. 1913]. *Neuausgabe:* Zürich: Die Arche 1963.

–   (Hg.) **1920**: Menschheitsdämmerung. Berlin: Rowohlt. *Neuausgabe:* Menschheitsdämmerung. Ein Dokument des Expressionismus. Reinbek bei Hamburg: Rowohlt 1959.

Pollmann, Bernhard 1988: Chronik 1919. Dortmund: Chronik Verlag [Chronik-Bibliothek des 20. Jahrhunderts].

Pommer, Erich 1920: Bedeutung der Konzerne in der Filmindustrie. In: TB, Nr. 35, 11.9.1920, S. 1139–1141.

–   **1947**: Carl Mayer's Debut. In: Rotha 1947, S. 5. *Nachdruck:* The Origin of Dr. Caligari. In: Stauffacher 1947, S. 35–37. *Deutsch [verw. Ausg.]:* Carl Mayers Debut. In: Kaul 1970, S. 76–79.

Popper, Karl R. 1935: Logik der Forschung. Wien: Springer [ersch. 1934].

Posner, Bruce (Hg.) 2001: Unseen Cinema. Early American Avant-Garde Film 1893–1941. New York: Black Thistle Press, Anthology Film Archives.

Praunheim, Rosa von 1984: Horror Vacui. In: Peter W. Jansen/Wolfram Schütte (Hg.): Rosa von Praunheim. München, Wien: Hanser 1984 [Reihe Film 30], S. 241–245.

Prawer, Siegbert S. 1980: Caligari's Children. The Film as Tale of Terror. Oxford: Oxford UP; New York: Da Capo.

–   **1995**: Vom »Filmroman« zum Kinofilm. In Belach/Bock 1995, S. 11–45.

Prinzler, Hans Helmut 1995: Chronik des deutschen Films 1895–1994. Stuttgart, Weimar: Metzler.

Quaresima, Leonardo 1991: L' »atto di nascita« del Caligari. In: C&C, Nr. 62, Sep.-Dez. 1991, S. 19–24. *Deutsch:* Die »Geburtsurkunde« des Caligari. In: fd, Nr. 5, 3.3.1992, S. 16–17.

–   **1992**: Der Expressionismus als Filmgattung. In: Jung/Schatzberg 1992, S. 174–194.

–   **1997**: Wer war Alland? Die Texte des Caligari. In: Frankfurter 1997, S. 99–118. *Auch:* Quién era Alland? Los textos del Caligari. In: AdlF, Nr. 29, Juli 1998, S. 50–71.

–   **2007**: Der letzte Tag (1913). In: Christoph Fuchs/Michael Töteberg (Hg.): Fredy Bockbein trifft Mister Dynamit – Filme auf den zweiten Blick. München: text + kritik, S. 15–20.

Raabe, Paul (Hg.) 1972: Index Expressionismus. Bibliographie der Beiträge in den Zeitschriften und Jahrbüchern des literarischen Expressionismus 1910–1925. Bd. 2. Nendeln, Liechtenstein: Kraus-Thomson.

Ramin, Robert 1933: Conrad Veidt. Ein Leben für den Film. Berlin: Scherl [Illustrierte Filmbücher Nr. 13].

Rasovsky, Yuri 1998: The Cabinet of Dr. Caligari. Hollywood: The Hollywood Theater of the Ear [Audiocassette, CD, Download].

Regel, Helmut 1984: »Das Cabinet des Dr. Caligari« in Farbe. Zur Rekonstruktion durch das Bundesarchiv. In: epd, Nr. 3/ 1984, S. 16–18.

Reichmann, Hans-Peter (Red.) 1997: Walter Reimann. Maler und Filmarchitekt. Frankfurt: Deutsches Filmmuseum [Kinematograph Nr. 11].

Reimann, Walter 1925: Ein Nachwort zum »Caligari«-Film. In: DFT, Nr. 9, 25.9.1925, S. 192 & Nr. 10, 5.10.1925, S. 219–221.

Rhodes, Gary D. 2010: Drakula halála (1921): The Cinema's First Dracula. In: HS, Nr. 1, Januar 2010, S. 25–47. Online: http://bit.ly/w1vmnJ; DOI: 10.1386/host.1.1.25/1.

Rickels, Laurence 1994: The Demonization of the Home Front: War Neurosis and Weimar Cinema. In: Thomas W. Kniesche/Stephen Brockmann (Hg.): Dancing on the volcano. Essays on the Culture of the Weimar Republic. Columbia, SC: Camden House 1994, S. 181–193.

Riess, Curt 1956: Das gab's nur einmal. Das Buch der schönsten Filme unseres Lebens. Hamburg: Verlag der Sternbücher. [Erweiterte und veränderte Fassung einer Serie in St, Nr. 49, 4.12.1955 – Nr. 8, 23.2.1957]. *Nachdruck [verw. Ausg.]:* Das gab's nur einmal. Die große Zeit des deutschen Films. Wien, München: Molden 1977 [2 Bde.; später erschienen: Bd. III. Frankfurt, Berlin, Wien: Ullstein 1985].

Rieß, Rolf 1995: Im Schatten von Dr. Caligari. Hans Janowitz im Exil. In: Jacobsen/Klapdor 1995, S. 21–27.

–   **1999**: Nachwort. In: Hans Janowitz: Jazz [Neuausgabe]. Bonn: Weidle, S. 124–134.

Robinson, David 1997: Das Cabinet des Dr. Caligari. London: BFI.

Rogowski, Christian (Hg.) 2010: The Many Faces of Weimar Cinema. Rediscovering Germany's filmic legacy. Rochester, NY: Camden House.

Roß, Heiner 1985: Spurensicherung: Das Cabinet des Dr. Caligari. In: Das Cabinet des Dr. Caligari [Programmzettel zum 15. Internationalen Forum des Jungen Films]. Berlin: IFF Berlin.

Rotha, Paul 1930: The Film Till Now. London: Jonathan Cape. *Nachdruck:* London: Vision Press 1949, 1951, 1960, 1963; *[verw. Ausg.:]* Feltham, Middlesex: Hamlyn 1967.

– **1938:** It's in the Script. In: WFN, September 1938, S. 204f.

– **(Hg.) 1947:** A Tribute to Carl Mayer. 1894–1944. Memorial Programme. 1947 [16-seitige Broschüre zur Veranstaltung im Scala Theatre, Charlotte Street, London am 13.4.1947. Mit Beiträgen von Erich Pommer, Paul Rotha, Ivor Montagu, Karl Freund, Anthony Asquith und Gabriel Pascal].

– **1980:** Carl Mayer in England. Unveröffentlichtes 16-seitiges Typoskript, SDK, datiert Juli 1980.

Rother, Rainer/Herbst-Meßlinger, Karin (Hg.) 2009: Der Erste Weltkrieg im Film [Zu einem Symposium der Deutschen Kinemathek, 30.10.-1.11.2008]. München: text + kritik.

Rubenstein, Lenny 1983: *Caligari* and the Rise of Expressionist Film. In: Bronner/Kellner 1983, S. 363–373.

Salt, Barry 1979: From Caligari to Who? In: S&S, Nr. 2, Frühling 1979, S. 119–123. *Nachdruck* in: ders. 2006, S. 55–63.

– **1983:** Film Style and Technology: History and Analysis. London: Starword.

– **1990:** From German Stage to German Screen; Dai palcoscenici tedeschi agli schermi tedeschi. In: Cherchi Usai/ Codelli 1990, S. 402–423.

– **2006:** Moving into Pictures. More on Film History, Style, and Analysis. London: Starword.

Schartner, Irmgard 2003: Heute vergessen: Otto, Hans und Franz Janowitz und ihre Verbundenheit mit Karl Kraus. In: Zw, Nr. 2, September 2003, S. 46–54.

Scheunemann, Dietrich (Hg.) 2003: Expressionist Film. New Perspectives. Rochester, NY: Camden House [Studies in German Literature, Linguistics, and Culture].

– **2003a:** Activating the Differences: Expressionist Film and Early Weimar Cinema. In: ders. 2003, S. 1–31.

Schneider, Irving 1990: Deus ex Animo, or Why a Doc? In: JPFT, Nr. 1, Frühling 1990, S. 36–39.

Schöning, Jörg (Red.) 1997: Triviale Tropen. Exotische Reise- und Abenteuerfilme aus Deutschland 1919–1939. München: text + kritik [CG-Buch].

Schulz, Franz 1921: Bemerkungen über den Filmdichter. In: FK, Nr. 109, 11.5.1921, S. 1f.

Schweinitz, Jörg (Hg.) 1992: Prolog vor dem Film. Nachdenken über ein neues Medium 1909–1914. Leipzig: Reclam.

Seeßlen, Georg 1980: Kino der Angst. Geschichte und Mythologie des Film-Thrillers. Reinbek bei Hamburg: Rowohlt [Grundlagen des populären Films Bd. 5]. *Erweiterte und überarbeitete Neuauflage:* Thriller. Kino der Angst. Marburg: Schüren 1995 [Grundlagen des populären Films].

– **/Jung, Fernand 2006:** Horror. Geschichte und Mythologie des Horrorfilms. Marburg: Schüren [Grundlagen des populären Films].

– **/Weil, Claudius 1980:** Kino des Phantastischen. Geschichte und Mythologie des Horror-Films. Reinbek bei Hamburg: Rowohlt [Grundlagen des populären Films Bd. 2].

Serke, Jürgen 1987: Böhmische Dörfer. Wanderungen durch eine verlassene literarische Landschaft. Wien, Hamburg: Zsolnay.

Silberman, Marc 1983: Industry, Text, and Ideology in Expressionist Film. In: Bronner/Kellner 1983, S. 374-383.

Soister, John T. 2002: Conrad Veidt on Screen. A Comprehensive Illustrated Filmography. Jefferson, NC; London: McFarland.

Spiess, Eberhard 1979: Carl Mayer: Ein Filmautor zwischen Expressionismus und Idylle. Frankfurt: Kommunales Kino [Filmblätter 11]. [Erweiterte deutsche Fassung seines Beitrags »Note sur quelques films attribués à Carl Mayer« aus Verdone 1969, S. 174–177.]

Spitzmuller, Georges 1922: Le cabinet du docteur Caligari. Ciné-roman fantastique. Illustré par le film. Paris: Ciné-Collection.

Stauffacher, Frank (Hg.) 1947: Art in Cinema. San Francisco: San Francisco Museum of Art. *Nachdruck:* New York: Arno Press 1968.

Sternheim, Julius 1918: Der Schrei nach dem Filmautor. [Der große Film II. Teil.] In: DF, Nr. 45, 9.11.1918, S. 39.

– **1920:** In Memoriam [Nachruf auf Gilda Langer]. In: FK, Nr. 31, 6.2.1920, S. 3.

– **1920a:** Der Filmautor, gestern und morgen. In: TB, Nr. 35, 11.9.1920, S. 1142–1144.

– **1921:** Nochmals: »Fabrikant und Filmdichter«. Eine Erwiderung. In: FK, Nr. 104, 4.5.1921, S. 1f.

– **1921a:** Der Messias der Friedrichstraße. Noch ein Wort zur Debatte vom Filmdichter. In: FK, Nr. 116, 20.5.1921, S. 1f.

Stiasny, Philipp 2009: Das Kino und der Krieg. Deutschland 1914–1929. München: text + kritik.

Sturm, Georges 2001: Die Circe, der Pfau und das Halbblut. Die Filme von Fritz Lang 1916–1921. Trier: Wissenschaftlicher Verlag Trier [Filmgeschichte International Bd. 8].

Sucher, C. Bernd (Hg.) 1995, ²1999: Theaterlexikon. Personen. München: dtv.

Sudendorf, Werner 1985: Variation der Geschwindigkeit. In: FFFL, Nr. 8, S. 114–119.

– **1993:** Expressionism and film: the testament of Dr. Caligari. In: Behr/Fanning/Jarman 1993, S. 91–100.

– **1994:** Caligari. In: Lothar Schwab/Elisabeth Moortgat (Red.): Deutsche Kinemathek. Das Filmmuseum. Berlin: Reimer, S. 48–51.

Sudhoff, Dieter (Hg.) 1992: Franz Janowitz. Auf der Erde und andere Dichtungen. Werke, Briefe, Dokumente. Innsbruck: Haymon [Brenner-Studien Bd. 12].

– **/Schardt, Michael M. (Hg.) 1992:** Prager deutsche Erzählungen. Stuttgart: Reclam.

Surowiec, Catherine A. (Hg.) 1996: The Lumiere Project. The European Film Archives At the Crossroads. Lisboa: Guide-Artes Gráficas (Projecto Lumiere).

Thiele, Jens 1994: Die dunklen Seiten der Seele: Das Cabinet des Dr. Caligari (1920). In: Werner Faulstich/Helmut Korte (Hg.): Fischer Filmgeschichte. Bd. 1: Von den Anfängen bis zum etablierten Medium. 1895–1924. Frankfurt: Fischer 1994, S. 344-360.

Thompson, Kristin 1990: Dr. Caligari at the Folies-Bergère, or, The Successes of an Early Avant-Garde Film. In: Budd 1990, S. 121–169.

– **/Bordwell, David 1994:** Film History. An Introduction. New York u.a.: McGraw-Hill.

Thüna, Ulrich von 1984: Ein neuer »Caligari«. In: epd, Nr. 3/ 1984, S. 18–19.

Todorov, Tzvetan 1970: Introduction à la littérature fantastique. Paris: Editions du Seuil. *Deutsch: [verw. Ausg.:]* Einführung in die fantastische Literatur. München: Hanser 1972.

Tsivian, Juri 1993: Caligari in Rußland. Der deutsche Expressionismus und die sowjetische Filmkultur. In: mAV, Nr. 2/ 1993, 35–48. Online (unvollständig): http://bit.ly/9hs86g. Auch in: Oksana Bulgakowa (Hg.): Die ungewöhnlichen Abenteuer des Dr. Mabuse im Lande der Bolschewiki. Berlin: Freunde der Deutschen Kinemathek 1995 [Zur Filmreihe »Moskau-Berlin/ Berlin-Moskau 1900–1950« im Martin-Gropius-Bau, Berlin, 6.9.–31.12.1995], S. 169–176.

Turim, Maureen 1989: Flashbacks in Film. Memory & History. New York, London: Routledge.

Vasold, Manfred 2009: Die Spanische Grippe. Die Seuche und der Erste Weltkrieg. Darmstadt: Primus.

Verdone, Mario (Hg.) 1969: Carl Mayer e l'Espressionismo. Atti del Convegno Internazionale di Studi su Carl Mayer. Rom: Bianco e Nero. [Aufsätze zum Symposium anlässlich der Filmfestspiele in Venedig 1967, zuerst in: Bianco e Nero, Nrn. 7–12/ 1968.]

Vincent, Carl 1939: Histoire de l'Art Cinématographique. Brüssel: Editions du Trident.

Viviani, Annalisa 1970: Das Drama des Expressionismus. Kommentar zu einer Epoche. München: Winkler.

Vogel, Amos 1974: Film as a Subversive Art. London: Weidenfeld & Nicolson; New York: Random House. *Deutsch:* 1. Film als subversive Kunst. St. Andrä-Wördern: Hannibal 1997; 2. *[verw. Ausg.:]* Reinbek bei Hamburg: Rowohlt 2000.

Warm, Hermann 1954: Das Kabinett des Dr. Caligari. Ein wahrheitsgemäßer Bericht über die Vorarbeiten und Herstellung dieses Films und der an dieser Arbeit Beteiligten, verbunden mit einer kurzen Schilderung der Entwicklung des Filmbildes (Filmarchitektur) durch den Filmbildner. Unveröffentlichtes Typoskript, SDK.

– **1965:** Meine Arbeit beim Film. In: Fku, Nr. 43, 1965, S. 11–13.

– **1968:** Die Dekorationen des Caligarifilms. Baubeschreibungen und technische Erläuterungen. Unveröffentlichtes Typoskript, SDK, datiert 3.11.1968.

– **1970:** Gegen die Caligari-Legenden. In: Kaul 1970, S. 11–16.

– **1970a:** Notizen zum Caligarifilm. In: SZ, Nr. 48, 25.2.1970, S. 47.

– **1982:** Naissance de Caligari/Les trois Lumières [zu CALIGARI und DER MÜDE TOD]. In: Cin, Nr. 75, Februar 1982, S. 3–7.

– **o.J.:** Dekorationen für den Film »Das Kabinett des Dr. Caligari«. Kurze Erläuterungen zu der Dekorativen-Ausgestaltung sowie der beabsichtigten Bedeutung. Unveröffentlichtes Typoskript, SDK.

Weaver, Tom 1994: Good At Being Bad [Interview mit Joseph F. Robertson]. In: Fg, Nr. 136, September 1994, S. 14–19 & 80. *Auch in* ders.: It Came from Weaver Five. Interviews with 20 Zany, Glib and Earnest Moviemakers in the SF and Horror Traditions of the Thierties, Forties, Fifties and Sixties. Jefferson, NC; London: McFarland 1996, S. 255–267.

– **2001:** The Man Alone [Interview mit Dan O'Herlihy]. In: Sl, Nr. 285, April 2001, S. 73–77.

Weddingen, Otto 1904: Das Residenztheater in Berlin. In: Ders.: Geschichte der Theater Deutschlands [2 Bde.]. Berlin: Ernst Frensdorff, Bd. I. S. 350–354.

Weinberg, Herman G. 1940: The Cabinet of Dr. Caligari. New York: Fifty-Fifth Street Playhouse [Programm zur Wiederaufführung].

– **1946:** An Index to the Creative Work of Fritz Lang. In: S&S, Nr. 2/ 1946 Supplement [Index Series, Nr. 5].

Weniger, Kay 2001: Das große Personenlexikon des Films. Die Schauspieler, Regisseure, Kameraleute, Produzenten, Komponisten, Drehbuchautoren, Filmarchitekten, Ausstatter, Kostümbildner, Cutter, Tontechniker, Maskenbildner und Special Effects Designer des 20. Jahrhunderts [8 Bde.]. Berlin: Schwarzkopf & Schwarzkopf.

Wiene, Robert 1922: Expressionismus im Film. In: BBC, Nr. 353, 30.7.1922.

– **1927:** Wie ich zum Film kam? In: Sonderausgabe des D.L.S. [Deutsches Lichtspiel Syndikat]. Aus Anlaß der Jubiläumstagung des Reichsverbands Deutscher Lichtspieltheaterbesitzer am 15.-18. August 1927 in Nürnberg, S. 14.

Wilhelm, Wolfgang 1944: Karl Mayer. An Appreciation [Nachruf]. In: S&S, Nr. 50, Juli 1944, S. 32.

Winsten, Archer 1940: One producer's secret of a famous masterpiece. In: NYP, 7.10.1940.

Zeller, Bernhard (Hg.) 1976: Hätte ich das Kino! Die Schriftsteller und der Stummfilm. Stuttgart: Klett [Katalog zur Ausstellung des DLA, 24.4.-31.10.1976].

Bildnachweis

Die Abbildungen in diesem Buch stammen aus folgenden Archiven und Privatsammlungen. Wir danken für die Bereitstellung der Bilder und den Rechteinhabern für die freundliche Genehmigung zum Abdruck. Nicht in allen Fällen war es möglich, die Rechteinhaber zu ermitteln. Bei berechtigten Ansprüchen bitten wir um Meldung beim Verlag.

CineGraph, Hamburg:
28, 106 (beide), 195, 202, 207

Deutsche Kinemathek, Museum für Film und Fernsehen, Berlin:
2, 3, 6, 25, 32, 43, 57, 93 (beide), 97 (beide), 100 (beide), 119, 123, 132 (beide), 143, 151, 169 (rechts), 171, 182 (beide), 213, 227, 231, 232 (beide), 234, 237 (beide), 239, 245 (beide), 256, 257, 259, 269, 427–432 (alle), sowie Vor- und Nachsatzbild

Deutsches Filminstitut, Frankfurt:
47 (beide), 56, 71, 91, 169 (links), 174, 187, 188, 189, 193, 229, 263, 270 (beide), 273 (beide), 274, 277

Ernst Deutsch Theater, Hamburg:
280

Filmmuseum München:
Titelbild, 14, 21, 22, 48, 83 (beide), 85 (beide), 87 (alle), 94, 114, 136, 184, 254, 266 (oben), 288, 300, 306, 334, 366

Focke Strangmann:
125

Frederick C. Wiebel, Jr.:
103

John Bock:
285

Michael Farin:
295

Olaf Brill:
31 (alle), 146-147 (alle), 167 (beide), 225 (beide), 261 (beide), 265, 283, 291

Paramount Pictures:
111

Südwestkirchhof Stahnsdorf:
158

SYNEMA – Gesellschaft für Film & Medien, Wien:
139

Theaterwissenschaftliche Sammlung der Universität zu Köln:
38 (oben)

University of Southern California, Doheny Memorial Library, Department of Special Collections, Los Angeles:
38 (unten)

Abkürzungsverzeichnis

Zeitungen, Zeitschriften, Periodika

8UA	8-Uhr-Abendblatt (Berlin)
Abd	Der Abend (Berlin)
AdlF	Archivos de la Filmoteca (Valencia)
BAp	Berliner Abendpost
BBC	Berliner Börsen-Courier
BBZ	Berliner Börsen-Zeitung
BK	Berliner Kurier
BLA	Berliner Lokal-Anzeiger
BMp	Berliner Morgenpost
Bsc	The Bioscope (London)
BT	Berliner Tageblatt
B.Z.	B.Z. am Mittag (Berlin)
BZ	Berliner Zeitung
CAJ	College Art Journal (New York)
Cdc	Cahiers du cinéma (Paris)
CF	La Cinématographie Française (Paris)
CG	CineGraph, Lexikon zum deutschsprachigen Film [Loseblattsammlung] (München)
Cin	Cinématographe (Paris)
CJ	Cinema Journal (Austin, TX)
Cmd	Comoedia (Paris)
Com	Communications (Paris)
C&C	Cinema & Cinema (Bologna)
DAZ	Deutsche Allgemeine Zeitung (Berlin)
DF	Der Film (Berlin)
DFT	Die Filmtechnik (Berlin)
DFZ	Deutsche Filmzeitung (München)
dh	die horen (Bremerhaven)
DjD	Das junge Deutschland (Berlin)
DLSZ	Deutsche Lichtspiel-Zeitung (München, Berlin)

DnF	Der neue Film (Wiesbaden)
DNS	Die Neue Schaubühne (Dresden)
DP	Die Post (Berlin)
DS	Der Sturm (Berlin)
DT	Der Tag (Berlin)
DW	Die Welt (Berlin, Hamburg)
DWa	Die Wahrheit (Berlin)
DZ	Danziger Zeitung
EdpF	Enzyklopädie des phantastischen Films [Loseblattsammlung] (Meitingen)
EFB	Evangelischer Film-Beobachter (München)
EIFZ	Erste Internationale Film-Zeitung (Berlin)
epd	*bis 1983:* epd Kirche und Film; *ab 1984:* epd Film (Frankfurt)
F&B	Film und Brettl (Berlin)
FAZ	Frankfurter Allgemeine Zeitung
Fb	Filmblatt (Berlin)
FC	Film Comment (New York)
FCr	Film Criticism (Edinboro, PA)
fd	film-dienst (Köln)
FDB	Freie Deutsche Bühne (Berlin)
FFFL	Film und Fernsehen in Forschung und Lehre (Berlin)
Fg	Fangoria (New York)
FH	Film-Hölle (Berlin)
FiR	Films in Review (New York)
FK	Film-Kurier (Berlin)
FKM	DIF – Filmkundliche Mitteilungen (Frankfurt)
FKo	Film-Korrespondenz (Köln)
FKrit	Filmkritik (München)
Fku	Filmkunst (Wien)
FoF	Focus on Film (London)
FQ	Film Quarterly (Berkeley, CA)
FR	Frankfurter Rundschau

Frei	Die Freiheit (Berlin)	Sl	Starlog (New York)
FT	Film-Tribüne (Berlin)	Sp	Der Spiegel (Hamburg)
FTVK	Film & TV Kameramann (München)	St	Der Stern (Hamburg)
		Sts	Das Stachelschwein (Frankfurt, Berlin)
FuP	Film und Presse (Berlin)		
FW	Die FilmWelt (Berlin)	SZ	Süddeutsche Zeitung (München)
GG	Die Große Glocke (Berlin)	taz	die tageszeitung (Berlin)
HE	Hamburger Echo	TB	Das Tage-Buch (Berlin)
HN	Hamburger Nachrichten	Th	Theater heute (Berlin)
HS	Horror Studies (Bristol)	THR	The Hollywood Reporter (Los Angeles)
HTZ	Hamburger Theaterzeitung		
IFK	Illustrierter Film-Kurier (Berlin)	TSP	Der Tagesspiegel (Berlin)
IFW	Illustrierte Film-Woche (Berlin)	Vor	Vorwärts (Berlin)
Ima	Imago (Leipzig, Wien)	Vry	Variety (New York)
JPFT	Journal of Popular Film & Television (Bowling Green, OH)	VZ	Vossische Zeitung (Berlin)
		WA	Wide Angle (Baltimore, MD)
Kin	Der Kinematograph (Düsseldorf, ab 1923 Berlin)	WaM	Die Welt am Montag (Berlin)
		WB	Die Weltbühne (Berlin)
KINt	KINtop, Jahrbuch zur Erforschung des frühen Films (Basel, Frankfurt)	WFN	World Film News (Edinburgh)
		WK	Weser-Kurier (Bremen)
		Wp	Westfalenpost (Hagen)
LBB	Lichtbild-Bühne (Berlin)	WR	Westfälische Rundschau (Dortmund)
LNR	La Nouvelle Revue (Paris)		
LT	Le Théâtre, cahiers dirigés par Arrabal (Paris)	WZ	Wiener Zeitung
		Xtro	X-TRO Filmmagazin (Hochheim am Main)
LTB	Leipziger Tageblatt		
mAV	montage AV (Marburg)	Zm	Zoom (Bern)
MAZ	Märkische Allgemeine Zeitung (Potsdam)	Zt	Die Zeit (Hamburg)
		Ztm	Zeitmagazin (Hamburg)
MFB	Monthly Film Bulletin (London)	Zw	Zwischenwelt (Wien)
MFS	Modern Fiction Studies (Baltimore, MD)		
MNN	Münchner Neueste Nachrichten		
MQ	The Musical Quarterly Cary, NC)		

Institutionen/Archive

NBZ	Neue Berliner Zeitung	ARD	Arbeitsgemeinschaft der öffentlich-rechtlichen Rundfunkanstalten der Bundesrepublik Deutschland
NHZ	Neue Hamburger Zeitung		
NKW	Neue Kino-Woche (Wien)		
Nw	Newsweek (New York)		
NYP	New York Post	BArch	Bundesarchiv (Berlin)
NYT	The New York Times	BFArch	Bundesarchiv-Filmarchiv (Berlin, Koblenz)
NZZ	Neue Zürcher Zeitung		
OZ	Ostsee-Zeitung (Stettin)	BFI	British Film Institute (London)
Pri	Prisma, Kino- und Fernseh-Almanach (Berlin/DDR)	CCB	Cineteca del Comune di Bologna
		CRB	Cinémathèque Royale de Belgique (Brüssel)
QFRT	The Quarterly of Film, Radio & Television (Berkeley, CA)		
		DIF	Deutsches Filminstitut, *früher:* Deutsches Institut für Filmkunde (Frankfurt)
S&S	Sight & Sound (London)		
Schn	Schnitt (Köln)		
Signs	Signs: Journal of Women in Culture and Society (Chicago, IL)	DLA	Deutsches Literaturarchiv, Schiller-Nationalmuseum (Marbach)
		FBW	Deutsche Film- und Medienbewertung (Wiesbaden-Biebrich)
Sk	Skoop (Amsterdam)		
		FMM	Filmmuseum München

FSK	Freiwillige Selbstkontrolle der Filmwirtschaft (Wiesbaden)	Ebd.	Ebenda
		ersch.	erschienen
FWMS	Friedrich-Wilhelm-Murnau-Stiftung (Wiesbaden)	f	und folgende
		ff	feiertagsfrei
IMDb	Internet Movie Database	Forts.	Fortsetzung
LAFCA	Los Angeles Film Critics Association	frz.	französisch
		Hg.	Herausgeber
NFA	Národní filmový archiv (Prag)	IFF	Internationale Filmfestspiele
NYPL	New York Public Library	Jv.	Jugendverbot
RTSI	Radiotelevisione Svizzera Italiana (Lugano)	km	Kilometer
		Lg.	Lieferung/Ergänzungslieferung
SDK	Stiftung Deutsche Kinemathek, Museum für Film und Fernsehen (Berlin)	m	Meter
		min.	Minute(n)
		Mio.	Million
WSL	Wiener Stadt- und Landesarchiv, Magistrat der Stadt Wien	mm	Millimeter
		nff	nicht feiertagsfrei
WStLB	Wiener Stadt- und Landesbibliothek	Nr.	Nummer
		NS	Nationalsozialismus
ZDF	Zweites Deutsches Fernsehen (Mainz)	NSBO	Nationalsozialistische Betriebs-zellenorganisation
		NSDAP	Nationalsozialistische Deutsche Arbeiterpartei

Sonstige Abkürzungen

Länder- und Bundesländerkürzel nach ISO 3166

*	geboren	o.J.	ohne Jahr
†	gestorben	Red.	Redakteur(in)
Anm.	Anmerkung	S.	Seite(n)
Bd.	Band	s.o.	siehe oben
bzw.	beziehungsweise	s.u.	siehe unten
C	Celsius	s/w	schwarzweiß
ca.	circa	TV	Fernseh-Erstsendung
cm	Zentimeter	u.a.	und andere/unter anderem
ders.	derselbe	UP	University Press
dies.	dieselbe	usw.	und so weiter
DOI	Digital Object Identifier	verw. Ausg.	verwendete Ausgabe
dt.	deutsch	vgl.	vergleiche
		z.B.	zum Beispiel
		zit.	zitiert
		zw.	zwischen

Register

Bei der Alphabetisierung wurden Satz-, Leer- und Sonderzeichen sowie diakritische Zeichen nicht berücksichtigt, d.h. O'Herlihy wurde wie Oherlihy einsortiert, De Grasse wie Degrasse, ä wie a, é wie e, ø wie o usw. Nicht aufgelöste Namenskürzel wurden nicht verzeichnet. Bei den Filmtiteln sind verzeichnet Originaltitel, wenn im Text genannt auch deutsche Verleihtitel. Reihen- und Episodentitel werden einzeln aufgeführt. Arbeitstitel und nicht realisierte Filmprojekte sind als solche gekennzeichnet. Kursive Seitenzahlen verweisen auf Abbildungen.

Hoffmann, E.T.A. 96, 97, 102, 106, 107f, 166, 168, 308, 313, 315, 319, 323, 324, 370
Hoffmann, Kay 335, 400
Hoffmann, Regina 11
Holba, Herbert 351, 400
Holden, Marjean 364
Holewczynski, Ken 286, 358, 400
Holighaus, Alfred 359, 400
Holmes Howison, Josiah 365
Holt, Bryant 364
Holz, Fritz 30, 186, 346, 360
Holz, Peter 11
Hoover, Marjorie L. 337, 400
Hopkins, Neil 365
Hoppe, Marianne 357
Hörisch, Jochen 402
Houston, Penelope 400
Huaco, George A. 246, 275, 339, 353, 356, 400
Hubbert, Julie 400
Huber, Lotti 284, 364
Huber, Raymund 281
Hübsch, Erner 361
Hunte, Otto 362, 363

Ickes, Paul 347, 351, 400
Iffland, August Wilhelm 260
Ihering, Herbert 181, 224, 241, 242, 262, 313, 350, 400
Iliopulos, Aris 284
Illés, Eugen 34, 149, 336
Imig, Helmut 352
Insomnia, Cesare 287

Jackson, Felix 258, 354
Jacobsen, Wolfgang 170, 186, 335, 340, 344, 345, 346, 351, 356, 359, 395, 400, 404
Jacobsohn, Egon 341
Jaeger, Ernst 217, 339, 349, 350, 355, 400
Jaffé, Franz 208, 348, 360
Jäger, Ernst 310
James, Henry 109
James, Nattana 365
James, Peter Francis 365
Jannings, Emil 30
Janowitz, Franz 142, 143, 405, 406

Janowitz, Gustav 142, 143
Janowitz, Hans 7, 10, 95, 96, 118, 120, 121–128, 131–134, 138, 140, 141, 142–144, *143*, 145, 146, 153f, 156, 157, 159–162, 164–170, 173f, 181, 183, 191, 192, 194, 215, 217, 218, 238, 240, 243, 246, 247–251, 256–258, *257*, 278, 281, 282, 290, 292, 302, 307, 308, 311, 312, 313, 314, 317, 318, 323, *326*, 338, 339, 340, 341, 342, 343, 344, 345, 349, 350, 352, 353, 354, 355, 358, 359, 360, 368, 374, 383, 395, 396, 400, 403, 404, 405
Janowitz, Leni 256
Janowitz, Otto 142, 143, 354, 405
Jansen, Peter W. 404
Jansen, Volker 358, 399
Jansky, Ladi von siehe Sayadian, Stephen
Janson, Victor 149
Jarman, Douglas 336, 337, 396, 406
Jasset, Victorin-Hippolyte 51
Jay, Martin 340, 359, 401
Jeffries, Wes 363
Jessner, Leopold 248, 255f, 277, 353
Jesus Christus 258
Joel, Darren 365
John, Georg 162, 361, 362, 363
Johns, Glynis 282, *283*, 363
Jöken, Karl 286
Jones, Adam 364
Jones, Doug 365
Jones, Paula 364
Jones, Texacala 364
Jörder, Gerhard 357
Jörg, Holger 99, 338, 401
Jung, Fernand 338, 405
Jung, Uli 124, 173, 181, 214, 223f, 335, 339, 343, 344, 349, 350, 351, 356, 395, 400, 401, 404
Jungk, Max 361
Jürgens, Curd 260, 276, 277

Justitz, Emil 191, 362
Juttke, Herbert 241, 307

Kaes, Anton 40, 168, 297f, 299, 335, 336, 337, 340, 343, 350, 359, 400, 401, 403
Kafka, Franz 142, 143
Kaiser, Georg 39, 268
Kalbus, Oskar 346
Kaligar, Louis 168
Kanclerz, Iwona 365
Karcher, Annette 364
Karl, Günter 397
Kasten, Jürgen 11, 138, 148, 165, 167, 176, 178, 179f, 197, 198, 255, 276, 335, 336, 340, 341, 342, 343, 344, 345, 346, 350, 352, 353, 354, 356, 358, 401
Katsch, F.W., Gustav oder Kurt 362
Kaul, Walter 335, 338, 339, 340, 346, 349, 350, 352, 353, 354, 355, 401, 404, 407
Kaurismäki, Aki 284
Kay, Roger 282–284, *283*, 358, 363
Kazubko, Katrin 357
Keitz, Ursula von 336, 401
Kellner, Douglas 397, 405
Kennemore, Jeff 364
Kerr, Alfred 343
Kersten, Karin 357, 402
Khamlak Sana, Jom 365
Kiekebusch-Brenken, Artur 236
Kiening, Christian 402
Kierska, Marga von 190, 361
Kilb, Andreas 357
Kirby, Michael 365
Kirchbach, W. *187*, *202*
Kirmse, Carl Ludwig 361, 362, 363
Kirsner, Jacques 365
Kittler, Friedrich A. 338, 402
Klapdor, Heike 340, 400, 404
Klaren, Georg C. 264, 276
Kleber, Reinhard 336
Klein, César 24, 267f, 352
Klein-Rogge, Rudolf 351
Klemperer, Werner 365

Filmtitel

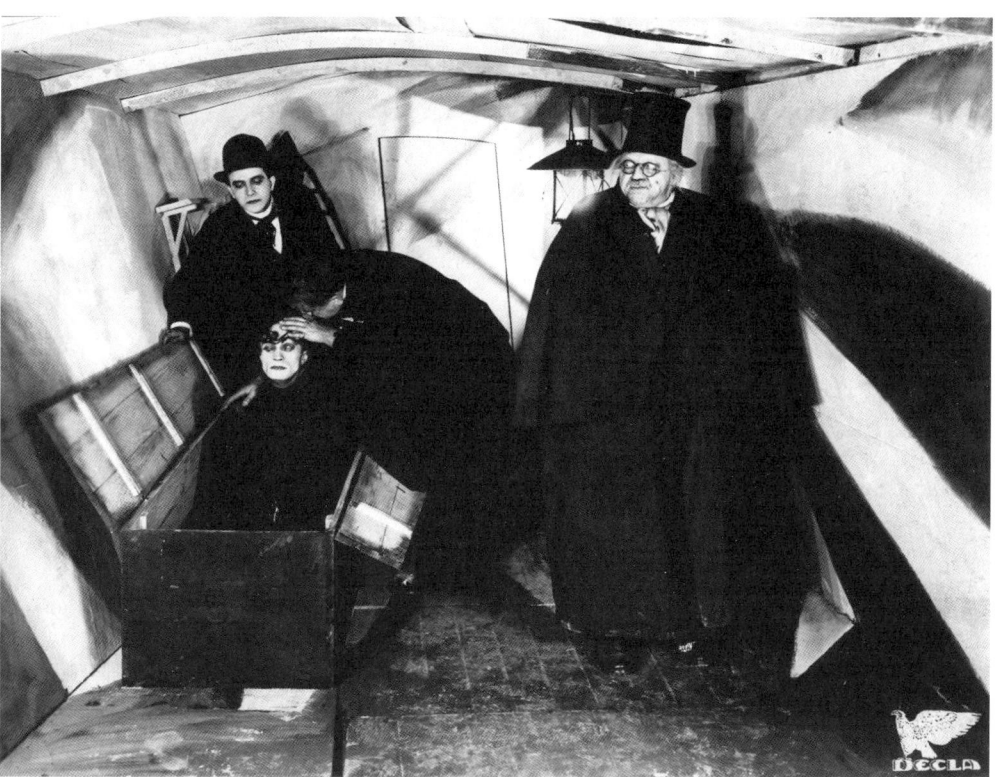

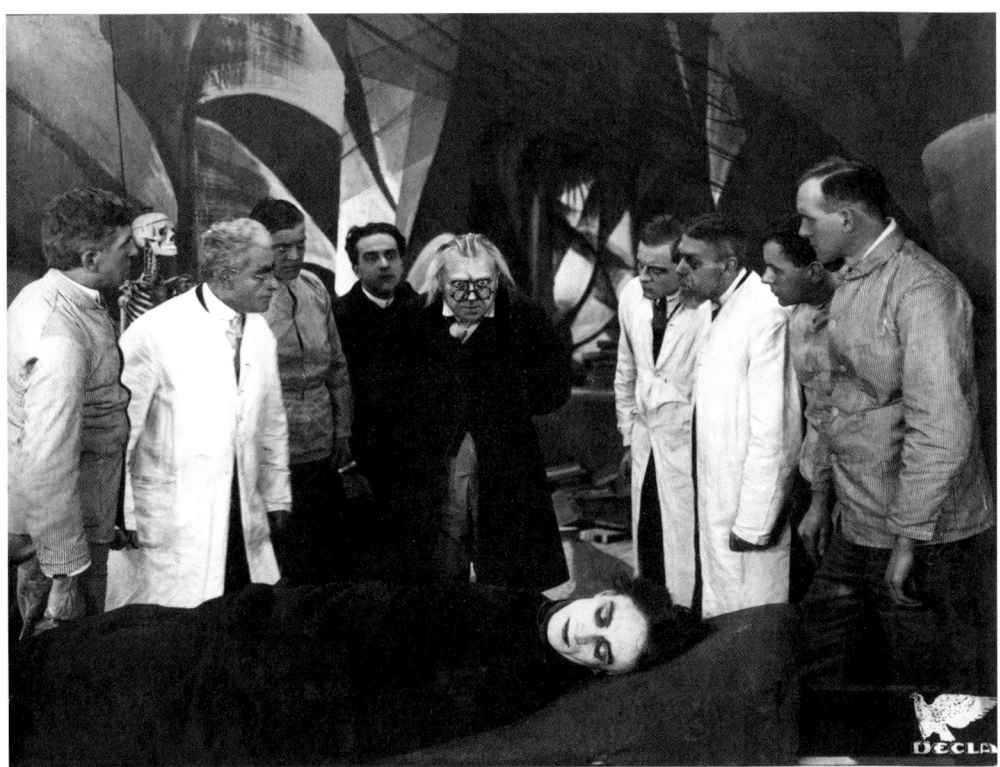